# COLLECTION

## COMPLÈTE

# DES MÉMOIRES

RELATIFS

## A L'HISTOIRE DE FRANCE.

*P. de L'Estoile, tome 2.*

DE L'IMPRIMERIE DE RIGNOUX.

# COLLECTION

COMPLÈTE

# DES MÉMOIRES

RELATIFS

## A L'HISTOIRE DE FRANCE,

DEPUIS LE RÈGNE DE PHILIPPE-AUGUSTE, JUSQU'AU COMMENCEMENT
DU DIX-SEPTIÈME SIÈCLE;

AVEC DES NOTICES SUR CHAQUE AUTEUR,
ET DES OBSERVATIONS SUR CHAQUE OUVRAGE,

Par M. PETITOT.

TOME XLVI.

PARIS,
FOUCAULT, LIBRAIRE, RUE DE SORBONNE, N° 9.
1825.

# MEMOIRES

DE

# PIERRE DE L'ESTOILE

(JOURNAL DE HENRI IV),

DEPUIS LE 2 AOUST 1589, JOUR DE LA MORT DU ROY, JUSQUES AU
22 MARS 1594, JOUR DE LA RÉDUCTION DE PARIS.

*Mihi, non aliis.*

# MEMOIRES

DE

# PIERRE DE L'ESTOILE.

[AOUST 1589.] Les nouvelles de la mort du Roi furent sceues à Paris dès le matin du 2 aoust 1589, et divulguées entre le peuple l'après disnée : lequel, pour tesmoignage de la joie qu'il en avoit, en porta le deuil vert (qui est la livrée des fous). Et fist incontinent madame de Montpensier, par une fureur insolente et ostentation enragée, distribuer à tous les conjurés des escharpes vertes. A celui qui lui en porta les premieres nouvelles, lui sautant au col et l'embrassant, lui dist : « Ha! mon ami, soiés le bien venu! Mais est-il vrai, « au moins? ce meschant, ce perfide, ce tyran est-il « mort? Dieu! que vous me faites aise! Je ne suis marrie que d'une chose : c'est qu'il n'a sceu, devant que « de mourir, que c'estoit moi qui l'avois fait faire. » Puis se retournant vers ses demoiselles : « Et puis, dit-elle, « que vous en semble? ma teste ne me tient-elle pas « bien à ceste heure? Il m'est avis qu'elle ne me bransle « plus comme elle faisoit. » Et à l'instant s'estant acheminée vers madame de Nemoux sa mere (qui ne s'en monstra moins contente qu'elle), estans toutes deux montées en leurs carrosses, et se faisant proumener par la ville, en tous les quarefours et places où elles voiioient du peuple assemblé, lui crioient à haute voix : « Bonnes « nouvelles, mes amis! bonnes nouvelles! Le tyran est « mort : il n'y a plus de Henri de Valois en France. »

Puis s'en estant allées aux Cordeliers, madame de Nemoux monta sur les degrés du grand autel, et là harangua ce sot peuple sur la mort du tiran : monstrant en cest acte une grande immodestie et impuissance de femme, de mordre encores sur un mort. Elles firent faire aussi des feux de joie partout : tesmoignans par paroles, gestes, accoustremens dissolus, livrées et festins, la grande joie qu'elles en avoient. Ceux qui ne rioient point, et qui portoient tant soit peu la face melancolique, estoient reputés pour politiques et heretiques.

D'autre part, les theologiens et predicateurs, en leurs sermons, crioient au peuple que ce bon religieux qui avoit si constamment enduré la mort pour delivrer la France de la tiranie de ce chien Henri de Valois estoit un vrai martyr; le voulant faire croire ainsi à quelques coquefredouilles et oisons embeguinés, appeloient cest assassinat et trahison detestable une œuvre grande de Dieu, un miracle, un pur exploict de sa providence : jusques à la comparer aux plus excellents misteres de son incarnation et resurrection.

C'estoit la jurisprudence des moines et prescheurs de ce temps, ausquels les parricides et les assassinats plus execrables estoient censés des miracles et des œuvres de Dieu : dont il ne faut autres tesmoins que les ecrits et libelles diffamatoires criés et publiés à Paris contre la memoire de ce pauvre prince, du nombre desquels sont ceux qui suivent, imprimés avec privilege de la sainte Union, signé Senault, reveus et approuvés par les docteurs en theologie, que j'ai extraict de mon inventaire, et que j'ai gardé et garde pour tesmoins à la posterité de leur doctrine, par laquelle ils vendoient les places de paradis aux assassins, aussi naifvement que pourroit faire un marchand les sieges d'une foire : laquelle vendition toutefois se fait plus aisement deça qu'elle ne se livre là hault.

1. Testament de Henri de Valois.
2. Coc à l'asne.
3. Passavant escrivant à son ami des nouvelles de la cour, et commence : « On dit que frere Henri, troisieme de ce nom, a esté engendré derriere un gros buisson. »
4. Harangue prononcée par nostre Saint Pere sur le jugement de frere Clement.
5. Les Traces des admirables jugemens de Dieu en la mort miserable de Henri de Valois.
6. Histoire memorable recitant la vie de Henri de Valois et les louanges de frere Clement.
7. Graces à Dieu pour la justice du cruel tiran!
8. Le Martire de frere Jacques, de l'ordre Saint-Dominique.
9. Discours aux François sur la mort de Henri de Valois, excommunié.
10. Le Tirannicide.
11. Le Discours au vrai de la mort de Henri de Valois.
12. Discours veritable des derniers propos qu'a tenus Henri de Valois à Jan Desparnon.
13. La Recompense qu'à receu Henri de Valois pour avoir creu et hanté son ami Jean Desparnon.
14. Histoire admirable à la posterité des faits et gestes de Henri de Valois.

15. Histoire du combat de Jean Desparnon avec sa chambriere.

(Il y en a plusieurs autres semblables, tous discours de vauneants et faquins esgouts de la lie d'un peuple.)

Le lundi 7 du present mois d'aoust, tous ceux qu'on avoit emprisonnés le dernier du mois passé pour faciliter le coup du moine furent eslargis et mis dehors des prisons, pour ce que, la cause cessant, le fondement demeuroit nul. Comme aussi furent eslargis plusieurs detenus longtems auparavant aux prisons du Louvre et de la Bastille, mais en baillant de l'argent et paiant bonne ransson, ce fondement demeurant toujours.

Le jeudi 24 aoust 1589, une bande de ligueus et ligueuses de Paris, qui avoient fait partie d'aller à Saint-Cloud par devotion et veneracion des cendres du jacobin, qu'ils révéroient comme un nouveau saint et martir : comme ils en revenoient dans un basteau rapportans des cendres dudit jacobin, fut le dit basteau submergé, et ceux de dedans naiés près les Bons-Hommes, sans qu'il en reschappast un seul des huit personnes qui y estoient dedans. Jugement de Dieu grand et remarquable sur ces nouveaux idolâtres : car de faire un saint d'un martir à double potence, c'est proprement faire du ciel une hostelerie de tirans.

Le jeudi dernier aoust 1589, M. de Neufville, secrétaire du Roi, oncle de ma femme, mourust à Paris entre dix et onze heures du soir, et fust enterré aux Innocens (où je me trouvai) le deuxieme de septembre, au lieu mesme où M. de Vaucourtois, oncle de ma femme, avoit peu auparavant esté inhumé.

## Supplément tiré de l'édition de 1719.

Henry de Bourbon, roy de France, quatrieme du nom, et de Navarre, glorieusement regnant, parvint à la couronne le mercredy 2 aoust 1589, suivant la loy fondamentale du royaume, qui la defere à l'aisné du sang royal de France, en quelque degré qu'il touche à celui auquel il succede.

Il eut besoin d'un grand courage et d'une vertu extraordinaire pour dissiper les factions qui s'opposerent à luy. Outre sa religion, qui fut le plus grand obstacle à ses desseins, il avoit contre luy la plus grande partie de ses sujets, les princes de sa propre maison [1], des puissances étrangeres très-formidables [2]. Il estoit sans argent, presque sans troupes, souvent denué de tout secours. Cependant il conquit presque tout son royaume pied à pied, et fut par tout victorieux.

Il n'avoit que dix à onze ans, et étoit nommé le prince de Navarre ou de Bearn, lors qu'au retour du voyage de Bayonne, que le roy Charles IX fit en 1564, estant arrivé avec Sa Majesté à Salon du Crau en Provence, où Nostradamus faisoit sa demeure, il pria son gouverneur qu'il pût voir ce jeune prince. Le lendemain le prince estant nud à son lever, dans le temps que l'on lui donnoit sa chemise, Nostradamus fut introduit dans sa chambre; et l'ayant contemplé assez longtems, il dit au gouverneur qu'il auroit tout l'héri-

---

[1] *Les princes de sa propre maison :* le vieux cardinal Charles de Bourbon, roi de la Ligue; le jeune cardinal de Bourbon, qui se fit chef du tiers parti; le comte de Soissons, qui voulut épouser la sœur du Roi sans son consentement. — [2] *Des puissances étrangeres très-formidables :* le Pape, le roi d'Espagne Philippe II, toute la maison d'Autriche, les ducs de Savoie et de Lorraine.

tage. « Et si Dieu, adjouta-t'il, vous fait grace de vivre
« jusques-là, vous aurez pour maître un roy de France
« et de Navarre. »

Ce qui sembloit lors incroyable est arrivé en nos
jours : laquelle histoire prophetique le Roy a depuis
raconté fort souvent, même à la Reyne : y adjoutant
par gausserie qu'à cause qu'on tardoit trop à luy bailler
la chemise, afin que Nostradamus pût le contempler à
l'aise, il eut peur qu'on vouloit lui donner le fouet.

Ce pronostic s'est accomply par l'entiere extinction
de la branche royale de Valois, qui a gouverné la France
deux cent soixante un ans [1] avec différens succès, à
commencer au roy Philippe VI, dit de Valois : en sorte
qu'il n'en reste de postérité masculine que Charles, duc
d'Engoulesme [2], fils de Charles IX. Mais parce qu'il
est bastard, il n'a pû succeder à la couronne.

Le même mercredy 2 aoust, jour de la mort du Roy,
se fit derriere les Chartreux le duel de Jean de Lisle Marivault [3] du party du Roy, et de Claude de Maroles du
party de la Ligue, qui demeura victorieux. Et comme
Lisle Marivault estoit très-renommé pour sa valeur et
grande force de son corps, les ligueurs se servirent de
ce succès pour animer davantage leur party. Les prescheurs de Paris debitoient dans leurs sermons que c'estoit un second coup du ciel, et que le jeune David avoit
tué le philistin Goliat. Ce qui faisoit de merveilleux
effets.

Dès que ceux du party de la Ligue, ou qui la soute-

---

[1] *Deux cent soixante un ans :* depuis 1328 jusqu'en 1589. —
[2] *Charles, duc d'Engoulesme :* fils naturel du roi Charles IX et de
Marie Touchet. — [3] *Jean de Lisle Marivault :* Il étoit frère de Claude
de Lisle-Marivaut, qui se distingua à la bataille d'Ivry.

noient en effet ou apparence, furent revenus de la joye ou de la surprise qu'avoit causé la mort du Roy, chacun pensa à s'élever ou à se soutenir contre le party contraire. Il n'estoit pas permis à Paris de se montrer autre que ligueur; les gens de bien y estoient exposés à la perte de leurs vies et de leurs biens, et aux mouvemens d'une populace furieuse et emportée, que les moines, les curez et les predicateurs excitoient continuellement au sang et au carnage, ne leur prechant autre Evangile.

Le duc de Mayenne n'osant prendre la royauté pour luy, fit déclarer roy de la Ligue le vieil cardinal Charles de Bourbon, lors prisonnier à Tours, qui fut nommé Charles x : vray roy de theatre et en peinture, car il n'exerça un seul moment la royauté; et le duc de Mayenne prit pour luy toute l'authorité, sous le nom de lieutenant general de l'Etat et couronne de France : titre nouveau et inconnu dans ce royaume, et aussy fort mal concerté, à ce qu'aucuns disoient.

Le mardy 8 aoust, le Roy, qui ne pouvoit plus tenir le siege devant Paris, faute d'argent et de munitions, le leva, et prit le pretexte de la conduite du corps du feu Roy à Compiegne, où il le laissa en depost en l'abbaye de Sainte-Cornille, son armée l'accompagnant comme pour honorer son convoy.

Il prit en passant Creil sur la riviere d'Oise, Clermont en Beauvoisis, et autres villes; et en repassant pour aller en Normandie prendre l'argent des receptes et y faire vivre son armée, il s'empara de Mante, de Gisors et autres places, qui resserrerent merveilleusement les vivres à nos Parisiens.

Le duc de Mayenne écrivit en toutes les provinces et villes du royaume la delivrance de Paris et l'éloignement du Roy, qu'encore il traitoit honestement, l'appellant le roy de Navarre, pendant que les ligueurs et leurs prescheurs ne le nommoient point autrement que le Bearnois.

Rollet, gouverneur de Pont de Larche, et Emar de Chattes, commandeur de Malte et gouverneur de Dieppe, livrerent leurs places au Roy genereusement et de bonne grace : en sorte que le Roy, touché de leurs sousmissions, dit tout haut qu'il sentoit dès ce jour le plaisir qu'il y avoit d'estre roy de France, et d'avoir de bons et fidels sujets.

*Supplément tiré de l'édition de* 1736.

En ce temps-là, le Roy envoya le sieur Bigot, et ensuite le sieur de La Marsilliere son secretaire, vers M. de Villeroy, pour lui dire qu'il eût à se rendre dans le parc de Boulogne, et qu'il vouloit se servir de lui pour procurer la paix et contenter le duc de Mayenne. Mais en ayant demandé la permission à ce duc, il fut refusé; et lui permit seulement d'écrire au Roy, de sa part, que sa religion et le respect qu'il portoit à M. le cardinal de Bourbon, qu'il avoit recogneu pour roy, ne lui permettoit pas d'entendre ses propositions, surtout pendant le temps que le cardinal ne seroit point libre.

Le vendredy quatriéme du mois d'aoust, Henry IV fit un discours [1] aux princes et seigneurs qui étoient avec lui à Saint-Cloud, sur le droit naturel qu'il a à la couronne de France, que la nature lui donne; promet de donner la liberté de conscience, et de rentrer dans la religion catholique, apostolique et romaine,

[1] *Fit un discours :* Ce discours se trouve parmi les pièces insérées dans les Mémoires de la Ligue.

lorsqu'il en sera suffisamment instruit. Ce discours fort et pathétique entraîna le plus grand nombre des princes et des officiers de l'armée, qui le reconnurent pour roy, à condition qu'il tiendroit la promesse de se faire instruire.

Le samedy cinquiéme dudit, le duc de Mayenne fait publier dedans Paris un édit en faveur de la sainte Union et du cardinal de Bourbon, proclamé roi de France sous le nom de Charles x; promet l'assemblée des Estats du royaume, et prend la qualité de lieutenant général de l'Estat et couronne de France. On dit qu'il pense plus à lui qu'au cardinal.

Le mercredy neuviéme, le duc de Mayenne envoya à Orléans et autres villes de son parti sa déclaration.

Le lundy vingt-septiéme jour d'aoust, le duc de Mayenne est sorti de Paris, publiant qu'il alloit prendre le Bearnois : sçavoir le roi Henri IV, qu'il alloit poursuivre avec une armée grandement supérieure à celle du Roi. En ce temps parurent nombre de pieces et libelles, tant contre le Roy que contre son predecesseur, comme aussi il en parut d'autres contre les ligueurs: les uns et les autres pleins de calomnies et d'animosités.

[SEPTEMBRE.] Le mardy 12 septembre, fut ordonné par arrest qu'à l'advenir ne seroit faite à Paris aucune levée de deniers, que selon les formes ordinaires. Ce qui fust fait pour empécher que l'on envoiast des billets aux particuliers, selon qu'on avoit commencé.

Le jeudy 21 septembre, fust la journée et rencontre d'Arques qu'on appelle: en laquelle Dieu assista et favorisa visiblement le Roy, faisant voir que ce n'est point le nombre des gens de guerre ni la puissance des armées, mais sa seule volonté, qui donne les victoires à qui lui plaist. Car en ce combat cinq cens chevaux, douze cens hommes de pied françois, et deux mil cinq cens Suisses, mirent en routte cette grande et puissante armée de la Ligue, qui estoit de vingt-cinq à trente mil hommes : dont à Dieu seul en est la gloire, et non à ceux qu'il y a employé, car l'effet en est par dessus la force humaine.

En ce combat, le Roy, avec une pique en la main, fist merveilles, accompagné de M. de Chastillon [1], qui en avoit aussi une ; et firent de la besongne eux deux plus que deux douzaines d'autres.

### Supplément tiré de l'édition de 1719.

Dans tout le commencement de septembre, le bruit estoit à Paris que le Roy estoit tellement acculé et reduit en un petit coin de Normandie, qu'il ne pouvoit s'empescher d'estre pris ; ou qu'il falloit qu'il se sauvât par mer en Angleterre ou à La Rochelle, tant il estoit pressé par de grosses troupes : et luy en avoit peu. Même plusieurs de Paris et des plus simples, qui le croyoient ainsy, avoient arré des chambres et places pour le voir passer quand on l'ameneroit lié et garotté, comme il en estoit bruit.

### Supplément tiré de l'édition de 1736.

Le mercredy treisiéme de septembre, le duc de Mayenne arriva auprès de Dieppe, où estoit le Roy.

Le samedy seiziéme, il attaqua un fauxbourg de

---

[1] *M. de Chastillon :* Coligny de Châtillon, fils ainé de Gaspard de Coligny.

Dieppe appelé Pollet, où il fut repoussé par le Roy avec perte.

Le vingtiéme, il attaqua les retranchemens de l'armée du Roy, mais inutilement.

Le samedy vingt-troisiéme, il fit attaquer la Maladrerie, d'où il fut vigoureusement repoussé; et Sagonne, commandant des chevaux legers, y fut tué. D'un autre côté les lansquenets se jetterent dans la tranchée, criant: *vive le Roy!* Ceux qui étoient dedans les reçurent comme leurs amis. Cependant les lansquenets ayant apperceu du secours, ils tournerent leurs armes contre ceux qui leur avoient sauvé la vie, et se rendirent maîtres de cette tranchée par cette lâche tromperie; mais pour un temps seulement, en ayant été chassés par le sieur de Châtillon.

Le dimanche vingt-quatriéme, le duc de Mayenne délogea à la faveur de la nuit.

Le mardy vingt-sixiéme, il est revenu se camper dans les villages qui sont entre Dieppe et Arques.

[OCTOBRE.] Le samedy 21 octobre, La Chapelle Marteau(1), prevost des marchands à Paris, ala au Palais en armes, accompagné de Bussi et ses satellites, et contraingnit les presidens et conseillers de la cour de parlement de juger sur le champ le procès, c'est-à-dire d'absoudre et remettre en leurs mains un sergent des Seize, nommé Le Gay, appelant d'une sentence du chastelet, par laquelle il avoit esté condamné à estre pendu et estranglé, pour les excès qu'il avoit commis, et violences dont il avoit usé à l'endroit de M. Fa-

(1) *La Chapelle Marteau :* Il étoit maître des comptes, et gendre du président de Neuilly.

vier, conseiller en la cour. Sur laquelle bravade et indignité faite à une cour de parlement, la premiere de l'Europe, furent faits par une damoiselle des vers françois qui coururent à Paris nonobstant le mauvais air, qu'on trouvera escrits dans un petit livre de mes recueils.

Le lundy 30 octobre, le Roy, qu'on appelloit à Paris le Bearnois, et que ce sot peuple, pippé et persuadé d'ailleurs, faisoit mort ou pris il n'y avoit que trois jours, parut devant la ville avec toutes ses forces et son armée.

*Supplément tiré de l'édition de 1736.*

Le lundy deuxiéme du mois d'octobre, la ville d'Arques fut prise par le duc de Mayenne, et reprise par le Roy.

Le lundy neuviéme d'octobre, le duc de Mayenne leva le siege, et prit la route de Picardie, et laissa le Roy tranquille possesseur de Dieppe.

Le samedy vingt-uniéme, le roy Henry IV partit de Dieppe, alla à petites journées à Meulan (1), où il passa la Seine; et marcha vers Paris, pour obliger le duc de Mayenne de quitter la Picardie, ou d'accepter une bataille.

Le mardy trente-uniéme du mois d'octobre, le Roy a logé son armée aux environs de Paris, ès villages de Gentilly, Mont-Rouge, Vaugirard et autres : ce qui

(1) *A Meulan :* Le Roi, pendant son séjour à Meulan, monta au haut d'un clocher avec Rosny, Belangreville et autres, pour reconnoître la position du duc de Mayenne. L'artillerie ennemie qui tiroit continuellement contre ce clocher en ayant coupé la moitié, le Roi et ceux de sa suite furent obligés de descendre à l'aide d'une corde et d'un bâton passé entre leurs jambes.

donne grande inquiétude à Paris. Cependant les predicateurs ne cessent pas de le charger d'injures, l'appellant tyran et usurpateur.

En ce mois parut une copie de l'arrêt donné par le parlement de Rouën le 3 septembre, déclarant criminels de leze-majesté divine et humaine, ennemis de Dieu, de l'Etat et couronne de France, tous les adherans au Roy; eux et leur postérité privés de tous privileges de noblesse; leurs estats vacans et impétrables; indignes de posseder aucuns benefices ni dignité en ce royaume; leurs biens et heritages acquis et confisqués au roy Charles x. De plus, ordonne que tous les gentilshommes catholiques, et autres personnes faisans profession d'armes, seront tenus dans huitaine prendre les armes, pour la manutention de l'honneur de Dieu et de l'Eglise catholique, apostolique, romaine, etc.

Paroît encore un imprimé qui assure que le 23 et 24 de septembre le duc de Nemours avoit taillé en piéces six cens hommes des troupes du Bearnois; que les Espagnols et Normands avoient enlevé deux navires chargés de munitions, armes, chevaux et grande finance, que la royne d'Angleterre envoyoit au roy de Navarre.

[NOVEMBRE.] Le mecredi premier de novembre, jour de Toussaints, à la faveur d'un brouillas qui se leva comme par miracle incontinent après la priere faite dans le Pré-aux-Clercs sur les six heures du matin, le Roy surprist les fauxbourgs, où il y eut grande désolation et meurtre des pauvres habitans, principalement par les troupes de M. de Chastillon, qu'on disoit s'estre souvenu des massacres de son pere et autres huguenots, faits par les Parisiens; et pour ce avoir crié en entrant:

*Saint-Berthelemy!* Sa Majesté entra au fauxbourg Saint Jacques sur les sept à huit heures du matin, coucha au Petit-Bourbon, maison apartenante à maistre Hiérosme, chapelain, secrétaire du Roy, venue de son ayeul, et à lui donnée de la confiscation du feu duc de Bourbon; et coucha Sa Majesté en la salle dudit logis, où il se fist faire son lit au pied de la table, de paille fresche, sur laquelle il dormit et reposa environ trois heures

Ce jour de Toussaint, le Roy ayant envie de voir à descouvert sa ville de Paris, monta au haut du clocher de l'église Saint-Germain des Prés, où un moine le conduisit, avec lequel il se trouva comme seul. En estant descendu, dit au mareschal de Biron qu'une appréhension l'avoit saisi, estant avec ce moine, se souvenant du cousteau de frere Clement; et que jamais il ne s'accompagneroit de moine, qu'il n'eust fait premierement fouiller voir s'il auroit un cousteau.

Le jeudi 2 novembre, le duc de Mayenne arriva à Paris sur les dix heures du matin, et rasseura cette grande ville, qui se vid à deux doigts près de sa ruine, par ung pétard qui fust attaché à la porte Saint Germain : lequel (comme Dieu voulust) ne joua pas. Et le vendredi 3, le Roy fit retirer ses troupes, et laissa la ville libre, après avoir essayé, mais en vain, d'attirer le duc de Maienne à une bataille.

Le mecredi 15 novembre, ung nommé Raphelin fust pendu et estranglé à Paris, accusé de conspiration contre la ville.

Le vendredi 17, on envoya par les maisons de Paris chercher les viels pots de fer et de cuivre, pour faire (à ce qu'on disoit) des boulets pour l'artillerie.

Le lundi 20 novembre, le sire Blanchet et Serouse,

huissier des comptes, furent pendus et estranglés à Paris, pour avoir (ainsi que l'on disoit) conspiré contre l'estat de la ville. Ils en accuserent plusieurs, et entre autres le president Blancmesnil, qui fust pris au logis de M. Du Plessis de Thou, où il s'estoit caché. Quand au sire Blanchet, c'estoit un bon bourgeois de ville, homme de bien, et bon serviteur du Roy; mais trop peu discret et secret pour une telle entreprise. Et me souvient qu'estant à la Conciergerie lorsque le Roy fust tué, deux honnestes hommes de mes amis l'aiant entendu avec moi discourir sur les affaires de ce temps, firent des lors le jugement de sa fin telle qu'elle est advenue.

Le vendredi 24 novembre, fust pendu et estranglé à Paris ung nommé Servin, pour cause de trahison et conspiration contre la ville.

Le samedi 25 novembre, Lois de L'Estoile mon fils partist de Paris pour aller à la guerre avec le chevalier Picard, où je fus comme forcé de le laisser aller, pour éviter à plus grand inconvenient: le malheur du siecle estant tel, qu'un homme de bien ne pouvoit estre ici en sûreté, s'il ne connivoit aux armes et rebellions qui se faisoient contre le Roy.

Le jeudi trentieme et dernier novembre 1589, madamoiselle Caminat, voisine de ma mere, lui presta une lettre que lui escrivoit de sa prison de Tours le prieur des jacobins, en date du 25 de ce mois, de laquelle je retirai une copie, et la fis courir comme elle meritoit. On la trouvera escrite dans un de mes livres de receuils. Entre autres particularités, y en a une d'un chat mort que ce bon prieur lui ramantoit dans sa lettre, qui lui montra comme elle entroit dans son convent, et lui dit qu'il ne faisoit non plus de conte du

Bearnois et le craingnoit aussi peu que ce chat mort qu'elle voyoit.

*Supplément tiré de l'édition de* 1736.

Le mercredy premier novembre, le parlement de Paris verifia la déclaration du conseil de la sainte Union, portant que le cardinal de Bourbon estoit reconnu pour roi; et que cependant le titre et le pouvoir de lieutenant general de l'Estat et couronne de France, attribués au duc de Mayenne, demeureroient en leur entier, et continueroient jusques à la délivrance du roy Charles x [1].

Le vendredy troisiéme jour de novembre, le Roy n'ayant pas reçû l'artillerie necessaire pour battre la ville, sortit des fauxbourgs, et emmena environ quatre cents prisonniers, après avoir demeuré en bataille rangée depuis les sept heures du matin jusqu'à onze, pour attirer le duc de Mayenne à une bataille; mais personne ne parut hors des portes de Paris. Entre ces prisonniers estoit Edmond Bourgoin [2], prieur des jacobins, trouvé l'épée à la main et armé d'une cuirasse, et peu de temps après tiré à quatre quartiers à Tours, par arrest du parlement.

Le lundy sixiéme de novembre, quelques zélés ayant remarqué que pendant que le Roy estoit maître des fauxbourgs, le president Blanc Menin, president au parlement, avoit son visage plus riant que de coutume,

---

[1] *La délivrance du roy Charles* x : A cette nouvelle, le Roi fit transférer le cardinal du château de Chinon à Fontenay, dont il changea le gouverneur. — [2] *Edmond Bourgoin :* Il avoit été confesseur de Jacques Clément. Il avoua qu'il avoit contribué à la mort de Henri III, et loué en chaire ce parricide.

le prirent prisonnier, et commencerent de lui faire son procès, comme homme suspect, et attaché au Bearnois. Cependant il n'en mourut pas, par les soins de son frere (1), seigneur de Gevre, et secretaire d'Estat.

Le mercredy huitiéme du mois de novembre, la Royne veuve d'Henry III envoya un gentilhomme au Roy, qui étoit à Estampes, pour le prier de lui vouloir faire justice de l'assassinat commis en la personne d'Henry III, son mari. Sa requeste portoit : « Sire, je « ne vous represente point l'affliction commune, ni le « devoir d'un légitime successeur, mais une douleur « qui m'est particulierement sensible par-dessus toutes « les angoisses qui se peuvent imaginer, et qui ne peut « recevoir allegeance que par une pleine justice du par- « ricide commis en la personne du Roi mon seigneur « et mon epoux. Et pour ce, d'autant que vous tenez, « sire, le prieur des jacobins de Paris, principal au- « theur et instigateur d'un meurtre si détestable, qui « a esté pris aux fauxbourgs de cette ville armé contre « Votre Majesté, je la supplie me faire justice au chas- « timent des coupables, principalement de cettuy-icy, « afin que vostre regne commençant par un tel debvoir « de pieté, Dieu donne si bon succès à vos entreprises, « que vous ayez victoire sur vos ennemis et l'accrois- « sement de sa gloire. »

Le Roy renvoya la requeste de la Royne au parlement de Tours, auquel il manda de rendre promptement justice à la Royne, en la personne d'Edmond Bourgoin.

Le vendredy dixiéme de novembre, le gentilhomme

---

(1) *Par les soins de son frere :* Il trouva moyen de sortir de Paris, et se retira à Châlons.

de la Royne douairiere rapporta que le même jour Sa Majesté estoit party d'Estampes pour aller à Tours, et réduire dans son voyage quelques villes qui tenoient pour la Ligue.

On apprit, quelques jours après, que le Roi estoit arrivé à Tours le vingt-uniéme de novembre; qu'il avoit reduit sous sa puissance les villes de Janville et de Vendôme; que le gouverneur du chasteau de cette derniere ville, nommé Maillé-Bennehard, avoit été pendu pour avoir trompé le feu Roi; et que Robert Jessé, cordelier, avoit eu le même sort, accusé par les habitans que dans ses prédications il les avoit incité de prendre les armes contre le Roi.

Le vingt-uniéme, le Roi arriva à Tours, où il donna audience à l'ambassadeur de Venise (1).

Le samedy vingt-cinquiéme de novembre, le Roy partit de Tours pour aller faire le siege de la ville du Mans.

Le même jour, procession à Paris pour implorer le secours de Dieu en faveur de l'Union.

[DÉCEMBRE.] Le mecredi 20 décembre, le chasteau de Vincennes fust rendu par composition, après avoir

(1) *L'ambassadeur de Venise :* Jean Moncenico, ambassadeur de la république de Venise en France, avoit informé le sénat de la mort de Henri III, et du parti que les princes, les officiers de la couronne et les grands du royaume avoient pris de reconnoître le roi de Navarre pour son successeur. Sur cet avis, le sénat de Venise s'assembla : la délibération dura deux jours, pendant lesquels les ambassadeurs d'Espagne, de Savoie et du Pape représentèrent en vain que le roi de Navarre étant excommunié, et déclaré par le Pape indigne d'être roi, on ne devoit pas le reconnoître; mais malgré les intrigues et les menaces du légat, il fut unanimement résolu que Jean Moncenico, déjà ambassadeur en France, continueroit le même office auprès de Henri IV. C'est la première puissance catholique qui ait reconnu Henri IV.

enduré quelques coups de canon, à la charge que le capitaine et soldats sortiroient armes et bagues sauves, et seroient rendus en lieu de seureté. Ce qui fut accordé et entretenu.

En cest an 1589, sept jours après la mort du très-chrestien roy Henry troisiesme, roy de France et de Polongne (comme Dieu est juste et admirable en toutes ses procedures et jugements), un des plus meschans seditieux et ligués larrons de Paris, nommé François Perrichon, tavernier et capitaine du quartier de l'Ecole Saint-Germain-de-l'Auxerrois, tua un autre ligueux son compagnon, nommé Muteau, apparanté et soustenu des principaux et premiers ligueux de Paris; lesquels poursuivirent si vivement et animeusement la justice de ce meurtre, que combien que ledit Perrichon fût des plus grands ligueux de Paris, porté et appuyé des Seize, comme aiant barricadé le feu Roy de plus près et jusques à la porte de sa maison du Louvre : ce néanmoins, au rapport de maistre Hierosme Anroux (1), conseiller en la grand'chambre, fut condamné à estre pendu et estranglé. Ce qui fust executé le 9 aoust de cest an 1589, auquel jour nous le vismes pendre, M. Sebilet et moi, au carrefour devant le chastelet, estant sortis de la Conciergerie deux jours auparavant, où nous l'avions veu amener et crier après nous *aux politiques!* disant qu'il nous falloit tous pendre.

Sur la fin de cest an 1589, Dieu adjousta aux victoires du Roy, qui lors l'invoquoit et s'attendoit à son secours, plusieurs bonnes places et villes, qu'il lui mist entre les mains : entre les autres la ville de Vendosme, de son ancien patrimoine, et qui de double droit lui

(1) *Anroux* : ou Auroux, grand ligueur du conseil des Quarante.

appartenoit, en laquelle il ne voulut entrer; et cependant fist faire justice du gouverneur qui y commandoit pour la Ligue, appelé Maillé Benehard (1), et d'un seditieux cordelier nommé Jessé, qui animoit le peuple au sang et à la rebellion; puis prit la ville du Mans, laquelle commandoit Bois-Dauphin (2), qu'il rendist incontinent et assez lâchement, attendu sa brave response, qui etoit de s'y enterrer et tous ceux qui estoient avec lui, plustost que d'en sortir. Finablement ayant sommé la ville de Falaise, tenue pour une des meilleures places de la Normandie, Dieu comme inopinément la bailla en ses mains avec son gouverneur Brissac (3), qui peu de jours auparavant avoit mandé fierement à Sa Majesté qu'il avoit juré sur ses pasques de ne parler jamais de la capitulation de cette place, laquelle toutesfois il ne lui rendist seulement, mais soi-mesme à sa discretion : laquelle il esprouva pleine de clemence, voire trop grande, au jugement des hommes. Mais ce prince regardoit lors à Dieu, qui conduisoit et lui et son affaire.

En ce temps, et sur la fin de l'année, fut publié secretement à Paris un escrit à la main qui n'a esté imprimé, composé par M. de Villeroy, qui est un *Advis d'Estat sur les affaires de ce temps*, adressé au duc de Mayenne, par lequel il le conseille de traicter plustost avec le Roy, moiennant qu'il se fasse catholique, que non pas avec l'Espagnol.

Le discours est beau, digne d'estre recueilli, et qui

(1) *Maillé-Benehard*: Jacques de Maillé-Erezé, seigneur de Benehart. — (2) *Bois-Dauphin* : Urbain de Laval de Bois-Dauphin. Il fut depuis maréchal de France.—(3) *Brissac*: Charles de Cossé, comte de Brissac, gouverneur de Paris en 1594. Il ménagea la soumission de la capitale, et fut fait maréchal de France.

sent bien l'esprit de M. de Villeroy. On le trouvera escrit dans mes livres.

Au mesme temps ceux de Paris firent battre de la monnoie au coing et armes de leur nouveau roy Charles, cardinal de Bourbon, avec cette inscription : *Carolus X, Dei gratiâ Francor., rex christianiss.* On y forga des escus, des quarts et des francs; et furent faits depuis à Paris force pourtraits en taille douce qu'on y vendoit avec la susdite inscription. Sur quoi furent semés les suivans quatrains :

> Infidele à son Roy sur la fin de son aage,
> Pour frustrer son nepveu de sa vocation,
> D'autant qu'il estoit roy d'imagination,
> Les badaux de Paris en ont fait une image.

> Second Melchisedec, aussi grand roy que prebstre,
> Dont les pretantions nous ont si cher cousté,
> Ceux qui par dessus lui en France vouloient estre,
> Subtils, à son breviaire ont un sceptre ajousté.

Sur la fin du mois de novembre de cest an 1589, maistre Thomas Sebilet, ancien advocat du Palais, aagé de soixante et dix-sept ans, homme de bien et docte, et de mes meilleurs amis, et duquel j'ai eu beaucoup de beaux memoires et recueils ( estant l'homme le plus curieux du monde, mais rond et veritable ), mourust à Paris, m'aiant dit huict jours auparavant dans le Palais qu'il ne vivroit plus gueres : dont il remercioit Dieu, pour ce qu'à tout homme de bien ( de son humeur et de son aage principalement ) la vie devoit estre ennuieuse, estans reduits sous une forme de republique où on voiioit la liberté esteinte et la tirannie establie.

Il avoit pour un ennemi ung des Seize, nommé Delestre ( comme chaque honneste homme à Paris avoit son seize); lequel lui en voulant toujours et le travaillant, avança les jours à ce bon homme, qui estoit un des plus vers vieillards de Paris, et qui moins soustenoit des incommodités de vieillesse, et qui a laissé un grand regret de soi à tous ses amis, et particulierement à moi qui l'aimois uniquement, aians esté compagnons ensemble de mesme fortune et prison, et symbolysans fort d'humeur, encores que l'un fust jeune et l'autre vieil.

En cest an 1589, audit mois de novembre, le curé de Saint Germain de l'Auxerrois[1], corrompu par argent, sauva la vie à M. de Sponde, maistre des requestes, prisonnier ici avec le grand Canaie sous une fausse deposition : à savoir qu'il avoit confessé et communié à la Toussaint ledit Sponde, malade dans Paris à l'extremité. Ce qui estoit faux, et dont les Seize lui firent reproche, disant qu'il avoit pris de l'argent pour sauver un huguenot, lequel sans lui ils eussent saccagé et trainé à la riviere.

En cest an mesme, la derniere feste de la Toussaints, un tonnelier des Seize, demeurant en la rue de Larondelle à Paris, tua de sa main une fort honnête femme veufve de Greban l'orloger, lui faisant accroire qu'elle etoit huguenotte. Du quel meurtre tant s'en faut que justice en fust faite, ni aucune poursuite; qu'au contraire il en etoit tenu pour meilleur catholique, et plus zelé; et disoit son curé de Saint-André que c'estoit le meilleur catholique de sa paroisse, et le plus homme de bien.

Au mesme temps, un autre seize nommé Emonnot[2]

---

[1] *Le curé de Saint Germain de l'Auxerrois:* Jacques Cœuilly. —
[2] *Emonnot :* Il étoit procureur au parlement.

tua un bon catholique nommé Minterne, auquel il fist accroire qu'il etoit politique, pour lui voler quatre cents escus qu'il avoit sur lui. Et ses compagnons saccagerent et trainerent à la riviere un nommé Cabri, maistre du havre aux fauxbourgs Saint-Germain, en qualité de politique; et une autre pauvre femme nommée Laroche, qui avoit esté mon hostesse, en qualité de huguenotte. Tous lesquels meurtres et assassinats etoient non seulement impunis à Paris, mais approuvés et loués comme vrais tesmoingnages d'un bon zele à la religion catholique.

*Supplément tiré de l'édition de 1736.*

Le vendredy huitiéme jour de décembre, le duc de Mayenne ecrivit à tous les gouverneurs et commandans des villes du royaume d'assembler le ban et arriere ban, pour se rendre dans le quinzieme jour de janvier prochain au lieu qui leur sera marqué, afin de soutenir le droit de monseigneur le cardinal de Bourbon, notre roi légitime et naturel, détenu en misérable prison et en captivité par le roi de Navarre son propre nepveu, sujet et serviteur, et par les heretiques.

Le samedy 23 dudit, le Roi attaqua la ville d'Alençon. A son arrivée, il se rendit maître des fauxbourgs; peu de jours après le chasteau se rendit aussi, et entraîna par son exemple les villes d'Argentan, de Bayeux, de Lizieux, et plusieurs autres moins considerables.

[JANVIER.] Le samedy 20 janvier 1590, le cardinal Cajetan, de la maison de Sermonnette, legat *à latere*, arriva à Saint-Jacques du Hault Pas; et d'autant qu'il ne se tenoit asseuré dans le fauxbourg, après que le peuple se fut retiré il vint à l'evesché sur le tard, où il souppa et coucha. Et le lendemain, qui estoit le dimanche 21 janvier, avant jour retourna audit Saint-Jacques, où il celebra la messe; et après disner fist son entrée dans la ville, où sa mule, son ciel et son dais lui furent ostés, selon la façon et ceremonie accoustumée à l'entrée d'un legat. Puis estant entré dans l'eglise de Nostre-Dame de Paris, après le *Te Deum* chanté solennellement, fut conduit en la maison de l'evesque de Paris, qui lui avoit eté magnifiquement preparée pour y faire sa residence tant qu'il seroit de sejour en ladite ville de Paris.

Ce dimanche 21, lorsque le legat faisoit son entrée, fust trouvé mort en son logis à Paris M. Aigrefin, advocat au grand conseil, estant tumbé ou ayant esté precipité des fenestres du plus haut estage de sa maison.

Ce jour, M. de Sermoise, maistre des requestes, me presta une lettre que lui avoit escrit M. Despesse, advocat du Roy, sur les affaires de ce temps : laquelle on trouvera escrite dans un de mes livres de receuils. Elle est dactée du dernier jour de l'an passé 1589, et n'a esté imprimée.

*Supplément tiré de l'édition de 1736.*

Le dimanche quatriéme du mois de janvier, quelques royalistes firent courir le bruit que le Roi s'estoit rendu maître de la ville de Falaise, le premier jour de cette année : nouvelle que les ligueurs zelés contrarioient, d'autant que cette ville estoit bien munie, et que le brave Brissac en étoit le commandant. Mais avant la fin du même jour on apprit que cette ville avoit été donnée au pillage, et que Brissac, par composition, avoit eu par grace la vie sauve.

Le lundy cinquiéme, le cardinal Cajetan, legat du Pape, est arrivé à Paris accompagné de plusieurs evêques italiens, et autres gens lettrés. Plusieurs evêques des provinces qui sont ici sont allés à sa rencontre, même le cardinal de Gondy, qui est revenu de sa campagne exprès pour cela. Les principaux de l'Union, avec dix mille bourgeois, l'ont reçû au fauxbourg de Saint-Jacques (1); M. La Chappelle-Marteau, prevost des marchands, dans sa harangue l'a asseûré de la soumission des Parisiens au Pape. Tout le monde est en joye : il n'y a que le legat que les harangues trop longues de tous les corps de la ville ont fatigué grandement.

Le mercredy septiéme, la joye augmenta dans Paris parmy le peuple, à cause que la veille le duc de Mayenne avoit pris la ville de Pontoise.

Le vendredy quinziéme, le legat fut en personne au parlement, accompagné d'un très-grand nombre de ligueurs, avec grande pompe. Les députés furent le recevoir, et l'introduisirent dans la salle d'audience. Les officiers du parlement estant en leur place, il s'a-

---

(1) *Au fauxbourg de Saint Jacques :* « Il fit, dit Le Grain, une station
« au fauxbourg Saint Jacques, attendant les Suisses, qui alloient le sa-
« luer d'une salve de huit ou dix mille tant mousquetaires qu'arque-
« busiers, cependant que l'on faisoit la décharge du canon et de l'ar-
« tillerie pour le bien veigner. Mais lui, qui avoit ouï parler de la suf-
« fisance et adresse de telles gens au maniement de ces bastons là,
« trembloit de peur que quelque lourdaut ou quelque politique s'étant
« glissé parmi eux n'eût chargé à plomb, et faisoit perpétuellement
« signe de la main que l'on cessât. Mais eux, pensant que fussent be-
« nedictions qu'il leur donnât, rechargeoient toujours, et le tinrent une
« bonne heure en cette alarme. »

vança pour se placer dans le coin, où est un dais destiné uniquement pour le Roi; mais le premier président le retint, et le prenant par la main, comme voulant lui faire honneur, le fit asseoir sur le banc au-dessous de lui. Le legat, qui s'étoit flatté tenir la place du souverain du royaume, dissimula, et fit une grande harangue en latin sur la puissance et la grandeur du Pape, sur l'amour qu'il avoit pour le royaume de France, et sur le zele qu'il esperoit des François pour conserver la religion catholique, apostolique et romaine.

Depuis l'arrivée du legat, il paroît un libelle contre le Roi, qui a pour titre : *L'Apocratie*[1], *ou Rabais du caquet des politiques Jebusiens de notre âge; dedié aux agens et catholiques associés de Navarre.* L'anonime prétend prouver, dans le commencement de ce livre, que Henri III estoit un hypocrite et un tyran; que celuy qui le tua est un saint. Il met en œuvre pour cette fin plusieurs passages de l'Ecriture, des peres et des docteurs.

Ensuite il avance, et bien plus au long, que le Béarnois estant heretique ne peust estre roi de France; et cela pour trois raisons. La première, parce qu'il faut en conscience éviter l'heretique et le punir de mort, quand on peut l'attraper. La seconde, à cause de la religion, qui risqueroit de se perdre entièrement en France, quand même le Béarnois renonceroit à son erreur : car s'il estoit roi, il auroit main-forte en son royaume; et s'il tomboit derechef, comme il peut arriver estant déja apostat, il gasteroit et infecteroit

---

[1] *Apocratie* : Cet écrit se trouve dans les Mémoires de la Ligue.

tous ses sujets, et les feroit heretiques. La troisiéme, à cause des malheurs personnels et inévitables que doivent craindre ceux qui le recevront pour roi : car ne luy ne ses adherans n'ont pas oublié la vengeance qu'ils ont déliberé prendre de la Saint-Barthelemy; et on lui a entendu dire, en partant de Bearn, qu'il baigneroit ses mains jusques au coude dans le sang des catholiques.

Ces trois raisons sont farcies d'une tirade de passages de l'Ecriture, des peres, des conciles, des théologiens, et de maximes de politique.

[FEBVRIER.] Le 5 febvrier 1590, la bulle du pape Sixte v, contenant les facultés du legat, donnée à Rome le 25 septembre 1589, fust verifiée au parlement de Paris, et imprimée par Nicolas Nivelle et Rolin Thierri, imprimeurs de la sainte Union à Paris.

Le 10 febvrier 1590, fust faite au college de Sorbonne à Paris une solennelle assemblée de tous messieurs de la Faculté de théologie, pour confirmer et corroborer la sainte Union. La conclusion et resolution de laquelle assemblée avec tous ses articles, et aussi la forme du serment, fust exhibée et communiquée à M. le legat : laquelle, après qu'il eust approuvée comme tendant directement à l'extermination totale des heretiques, et exclusion sans remission du roy de Navarre, soit qu'il se fit catholique ou non, fut solennellement jurée sur les saints Evangiles, puis enregistrée, et en après manuellement signée par messieurs les evesques et curés du corps de la Faculté, et par chacun des assistants, docteurs, bacheliers et licentiers, y aians esté tous appelés et convoqués par serment; la forme duquel, avec leur deliberation et resolution, fut peu après imprimée à Paris, avec permission, par G. Chaudiere.

Le vendredi vingt-troisieme febvrier 1590, le prieur des jacobins de Paris, nommé Bourgoing, fust executé dans la ville de Tours, et tiré à quatre chevaux, comme complice, fauteur et consentant de la mort du feu Roy; et même d'avoir induit et persuadé frere Clement à ce faire. Ce qu'il a nié jusques à la fin; et persistant en sa denegation, mourut fort constamment, faisant sur l'echafaut, avant que mourir, une fort belle priere à Dieu pour la conversion du Roy qui est aujourd'huy. Ce qui etoit fort louable en une personne de sa profession et qualité, mais non pour en faire un saint et un martyr comme a fait la Ligue à Paris, le canonisant par un discours imprimé en cest an 1590, et faisant possible d'un meurtrier un martyr.

Une confession generale des principaux pilliers de l'Union courut en ce temps à Paris et partout, nonobstant le mauvais air, qui estoit drosle et bien faite.

### Supplément tiré de l'édition de 1736.

Dans le commencement du mois de fevrier, le légat Cajetan travailloit de toutes ses forces pour empêcher qu'on ne s'accommodât avec le Bearnois, et le duc de Mayenne battoit vigoureusement la ville de Meulan avec onze pieces de canon. Le duc de Nemours gouvernoit Paris.

En ce temps on vit paroître un arrêt du parlement séant à Tours, contre le legat Cajetan, portant défense à toutes sortes de personnes, sur peine d'encourir le crime de leze-majesté, sans espoir d'obtenir jamais leur grace, d'avoir aucune correspondance ni communication avec les ennemis de l'Estat, nommement avec le cardinal Cajetan, jusques à ce qu'il se fust presenté au Roy et au parlement, selon les loix de la France, les droits du royaume et les libertés de l'Eglise gallicane.

Autre arrest du parlement séant à Paris, qui casse absolument celui de Tours.

Le mardy vingt-deuxiéme jour de fevrier, nouvelles que le Roy estoit parti de Lisieux et s'estoit rendu à Meulan, d'où il avoit fait lever le siege au duc de Mayenne.

[MARS.] Le dimanche 11 mars 1590, dans l'eglise et monastere des Augustins à Paris, fut publiquement et solennellement réiteré le serment de l'Union, et presté de nouveau entre les mains de M. le legat, assisté de plusieurs evesques et prelats, par messieurs les prevost des marchands, eschevins, colonels, capitaines, lieutenans et enseignes de tous les quartiers et dixaines de Paris. L'ordre qui y fut observé fut tel : Après que la messe eut été chantée, et qu'un religieux eut fait une predication pour les exhorter tous à se tenir fermes dans le parti de la sainte Union, ils allerent les uns après les autres jurer sur le livre des Evangiles, qui estoit ouvert devant ce legat, vestu et seant en pontificat, d'employer leurs vies pour la conservation de la religion catholique, apostolique et romaine de la ville de Paris et autres du parti de l'Union; et de ne prester jamais obeissance à un roy heretique, quel qu'il fût, pour quelque occasion que ce fût : ains de venir à revelation de tout ce qui viendroit à leur connoissance pouvoir estre au prejudice de la sainte Union. Une pareille forme de serment par escrit fust après dressée, que les colonels et capitaines eurent charge de faire jurer au peuple, chacun en leurs quartiers.

Le mecredi 14 mars 1590, fut donnée la bataille à Ivry près Dreux, en laquelle le Roy fut victorieux : Dieu l'aiant voulu de rechef obliger par une tant belle et insigne victoire, laquelle s'il eût poursuivie venant droit à Paris, comme il pouvoit et devoit, on tient que la Ligue, effrayée et demontée de tous points, lui eust ouvert les portes, et par mesmes moiens mis fin à beaucoup de pauvretés et miseres qu'on a souffert depuis. Mais le conseil de Dieu estoit autre, à cause de nos peschés, qui faisoient la division entre lui et nous; et ne pense point qu'on puisse alleguer autre cause valable de si insigne faute, laquelle peu de rois et princes, quelques grands guerriers et advisés qu'ils aient esté, ont peu eviter quand Dieu les a voulu chastier avec leurs peuples. Ce qui se remarque assés par les histoires.

Le vendredi 16 mars 1590, la ville de Vernon se rendit à l'obeissance du Roy, et deux jours après celle de Mante, en laquelle le Roy se rafraischit, et passa son temps à jouer à la paume. Fit partie contre des boulangers de la ville qui lui gaingnerent son argent, et ne lui vouloient donner sa revenche, pour ce qu'ils disoient qu'ils avoient joué à couppecul en trois parties. Dont le Roy, pour avoir sa raison d'eux, et se donner carriere, fit le lendemain crier le petit pain d'un carolus à deux liards. De quoi messieurs les boulangers bien empeschés vinrent supplier Sa Majesté d'avoir pitié d'eux, et prendre sa revenche telle qu'il lui plairoit, mais que ce ne fust point sur leur pain.

Puis parlant de la journée d'Ivry, et gossant à sa

maniere accoustumée, disoit que quelque chose que la Ligue dist, qu'il avoit bien congneu de ce jour qu'il estoit roy, pour ce qu'aiant touché les escrouëlles, il en avoit gueri plusieurs Espagnols.

On lui fist aussi deux plaisans contes qui firent rire Sa Majesté : l'un du sieur de Rumesnil, brave gentilhomme qui ce neanmoins aiant pris l'epouvante, fut veu fuir en ceste journée; et pour ce qu'il avoit un cheval tout semblable à celui du Roy, on eut crainte que ce fût Sa Majesté, qui se sentant blessée, se retirast de la presse : qui fut cause qu'estant suivi et se voyant recongneu, tua son cheval pour donner couleur à la honte de sa fuitte. L'autre conte fut de l'abbé Delbéne et de Morlas, qui en fuyant discouroient ensemblement de la vertu.

Le mardi 27 mars, M. le legat se rendit à Noisy, maison appartenante à M. le marechal de Retz, sous la foi et parole de M. le marechal de Biron, qui lui envoya un passe port du Roy, après avoir donné à entendre à Sa Majesté le desir qu'avoit le legat de lui parler et communiquer. Ils disnerent ensemble audit Noisy où étoit messire Pierre de Gondi, cardinal evesque de Paris; et là, une heure devant disner et deux heures après, parlerent ensemble des affaires du temps. Et aians proposé quelques moyens pour y donner ordre, se rencontrerent si mal, que tout se passa en discours ordinaires, et plaintes des miseres que les guerres civiles entraînent ordinairement après elles. Aussi cest abouchement avoit eté prattiqué par le legat à deux fins : l'une pour gansgner tousjours temps, et amuser le Roy pendant qu'on se muniroit à Paris; l'autre, pour contenter aucunement le pape Xiste son maistre, qui lui avoit donné charge de composer plustost les affaires de France que les aigrir, reconnoissant qu'il avoit esté trompé aux desseins et intentions de ceux de la Ligue, qui commençoient à avoir le Pape pour fort suspect, jusques à l'apeler politique et fauteur de l'heresie. De quoi font foi les lettres à lui ecrites par la Sorbonne en date du 29 avril 1590, dont je tirai une copie, qu'on trouvera escrite dans ung mien livre de recueils.

Le samedi dernier jour de mars 1590, M. le legat alla voir M. du Maine à Saint-Denis, pour le consoler et reconforter de ses pertes, et lui donner courage de poursuivre ses entreprises (M. de Lion y estoit, et plusieurs autres prelats et seigneurs de son parti); aux remonstrances et offres desquels M. du Maine en les remerciant leur dist: qu'il n'avoit point peur, tant que ses affaires iroient bien, d'avoir faute d'hommes et d'amis; mais que deux vers latins qu'il avoit appris au colege, et tousjours retenus, et qu'il avoit trouvé veritables, principalement depuis sa derniere desroute et infortune, lui faisoient peur; qui estoient :

*Dum fueris felix, multos numerabis amicos;*
*Tempora si fuerint nubila, solus eris.*

## Supplément tiré de l'édition de 1736.

Le jeudi premier jour de mars, le legat Cajetan, sur le bruit qu'il devoit se faire une conference à Tours, à laquelle les evêques avoient été invités pour aviser et travailler à la conversion d'Henry IV, il leur écrivit une lettre circulaire pour les avertir de ne point s'y trouver, soit que celui ou ceux qui les avoient convoqués n'avoient pas le pouvoir de le faire, soit que le lieu où elle étoit assignée étoit sous la puissance d'un excommunié, soit que si Henry de Bourbon vouloit se faire instruire il suffisoit de lui donner un ou plusieurs docteurs, qui lui expliqueroient les decrets du concile de Trente et le catechisme romain ; et par d'autres raisons contenuës au long dans sa lettre circulaire : après lesquelles il leur défend de se rendre à Tours ni en aucune autre assemblée, par la puissance à lui commise par le Pape; et déclare que ceux qui y assisteront meriteront d'être excommuniés, et déposés de leurs dignités.

Le lundy cinquiéme de mars, le parlement séant à Paris donne un arrest qui ordonne à toutes personnes de reconnoître Charles x pour roi, de lui rendre les devoirs de fideles sujets, et d'obéir en tout au duc de Mayenne, lieutenant general de la couronne.

Le vendredy neuviéme jour de mars, nouvelle que le Roi avoit mis le siege devant Dreux le premier de ce mois; qu'il avoit fait donner un assaut le troisiéme, qui avoit duré depuis midi jusques à la nuit; et qu'il s'étoit retiré, sur la marche du duc de Mayenne qui venoit à lui avec une armée grandement supérieure à la sienne.

Le dimanche onziéme jour de mars, le cardinal de Cajetan, legat, fit faire une procession aux Augustins, à laquelle se sont trouvés ledit legat, l'archevêque de Lyon (1), les evêques de Rennes (2), de Frejus (3), de Senlis (4), de Plaisance (5), d'Ast (6), de Cherda; le predicateur Panigarole, le referendaire comte Porcia, le

---

(1) *L'archevêque de Lyon* : Pierre d'Epinac. — (2) *Les evéques de Rennes* : Aimard Hennequin. — (3) *De Frejus* : Gérard Belanger, désigné évêque de Fréjus. — (4) *De Senlis* : Guillaume Rose. — (5) *De Plaisance* : Philippe de Sega. — (6) *D'Ast* : François Panigarole, cordelier.

protonotaire Blanchettin, Bernardin de Mendosa, ambassadeur d'Espagne; celui de la fuë royne d'Ecosse, qui étoit archevêque de Glasco, avec celui du duc de Ferrare; le duc de Nemours, gouverneur de Paris; le chevalier d'Aumale, la cour du parlement, les chambres des comptes, et les autres cours souveraines; le prevost des marchands, les echevins, les colonels et capitaines de la garnison et des quartiers, etc. La messe fut chantée par Foulon, abbé de Sainte-Geneviéve. Le frere Christin Florat fit la prédication [1], et exhorta les auditeurs de mourir plûtôt que de recevoir un roi heretique.

Le samedy dix-septiéme jour de mars, parut une déclaration imprimée du roi d'Espagne, sur les troubles et miseres et calamités qui affligent la chretienté, et notamment le royaume de France, en date du huitiéme de mars; dans laquelle il rappelle tous les malheurs qui ont accablé la France et surtout la religion, depuis la mort d'Henry II jusqu'à ce jour, et la crainte qu'il y a que le Turc ne s'empare du reste de l'Europe pendant les divisions que causent les heresies, et principalement de la France affoiblie, notamment par la guerre civile. Après quoi il exhorte tous les princes chrétiens de vouloir s'unir à lui pour extirper l'heresie, et pour délivrer le très-chrétien roi de France Charles X, injustement détenu en captivité par les heretiques [2].

Le dimanche dix-huitiéme jour de mars, cry dans les rues d'une lettre du roi Philippe, roi d'Espagne, à

---

[1] *Fit la prédication :* De Thou dit que la prédication fut faite par frère Bernard, feuillant. — [2] *Par les heretiques :* Les ligueurs firent diverses entreprises pour le mettre en liberté, après qu'il eut été transféré de Chinon à Fontenay.

son grand chancelier Gaspard de Quiroga, archevêque de Tolede, contenant ce qui suit : « Notre cher et bien
« aimé, nous voulons bien dépêcher vers Votre Reve-
« rence le commandeur de Castille, present porteur,
« avec memoires et instructions pour dresser un estat
« des beneficiers de nos royaumes, pays, terres et sei-
« gneuries qui pourront soudoyer en partie les deux
« armées; que nous faisons dresser pour le secours du
« royaume de France, qui est en très-grand peril, si
« l'on n'y remedie promptement. A quoi nous desirons
« dresser tout l'effort de nos armes pour extirper les
« heresies, et pour délivrer de captivité notre frere et
« bon ami le très-chrétien roi Charles dixiéme : ce qui
« ne se peut faire sans un bon et notable fonds de fi-
« nance, qui ne se peut faire en France à cause des
« calamités et guerres civiles qui y ont eu cours l'espace
« de trente ans. Au moyen de quoi, mettant en consi-
« dération la misere des catholiques d'icelui royaume,
« nous avons avisé, suivant les supplications qu'ils nous
« ont faites, de les secourir à ce besoin d'hommes et
« d'argent, pour s'opposer aux armes des héretiques,
« qu'ils veulent faire descendre d'Allemagne pour plan-
« ter l'héresie en France : ce qui est la cause qu'incon-
« tinent les presentes vûës, nous vous prions de faire
« assembler en diligence les conciles provinciaux à la
« maniere accoûtumée, et de taxer raisonnablement,
« selon leurs qualités, tous ceux qui tiennent benefices
« en nosdites provinces, et nous envoyer les procès-
« verbaux de leurs offres, afin que sur iceux nous puis-
« sions faire état de lever ce qui est nécessaire pour
« l'entretenement desdites forces, vous exhortant au
« reste de faire prier Dieu en vos eglises pour le salut

« general de la chrétienté, et principalement dudit
« royaume de France, et pour tous ceux qui ont les
« armes en main pour la défense de notre sainte foi et
« religion catholique, apostolique et romaine, pour la-
« quelle, et non pour une autre considération, nous
« voulons exposer tous nos moyens, voire notre propre
« vie. Cependant vous satisferez au contenu de cette
« lettre et des memoires que vous donnera ledit com-
« mandeur de Castille; et m'assurant que vous n'y fe-
« rez faute, nous nous en reposerons entièrement sur
« V. R., et prierons Dieu vous vouloir augmenter ses
« saintes bénédictions. A Madrid, le neuviéme mars
« mil cinq cens nonante. PHILIPPE. Par mandement de
« Sa Majesté, *Jean de Vasquès.* »

Le soir du même jour, réjouissance et illumination à la maison de l'ambassadeur d'Espagne et autres de la ville.

Le lundy dix-neuviéme jour de mars, grande affliction pour la route [1] du duc de Mayenne, battu entiérement par le roy de Navarre, le quatorziéme dudit mois, à la bataille d'Ivry.

Le premier qui a porté cette triste nouvelle est le sieur Du Tremblai, qui a été present à l'action.

Le samedy dernier jour de mars, grand conseil chez le nonce [2], et à la maison de ville sur la nouvelle que l'armée victorieuse du Roi avançoit vers Paris.

[AVRIL.] Le dimanche premier avril, le Roy entra

---

[1] *La route :* La déroute. — [2] *Grand conseil chez le nonce :* Dans ce conseil il fut convenu que les prédicateurs emploieroient toutes les ressources de leur éloquence pour prévenir l'effet que pourroit produire sur l'esprit des Parisiens la nouvelle de la bataille d'Ivry.

dans la ville de Corbeil, qui de son bon gré se rendist à lui, et recongneust Sa Majesté : laquelle leur promit et protesta, suivant la requeste que les gens d'Eglise et habitans dudit lieu lui en firent, non seulement les maintenir en leur religion catholique, mais aussi l'avancer et faire fleurir autant ou plus que pas un des rois ses predecesseurs.

Le samedi 7 avril 1590, la ville de Melun fut rendue au Roy par composition. Les soldats ne sortirent de l'isle que le mecredi en suivant, d'autant qu'ils n'avoient promis rendre la place si non au cas qu'ils ne fussent point secourus dans trois jours.

La prise de cette ville, avec celle de Corbeil, Montereau, Lagni, et autres passages des rivieres saisis en mesme temps, qui etoient les clefs des vivres de Paris, avancerent fort le dessein du Roy, qui estoit de faire faire une diette à ceux de Paris, qui peust temperer l'ardeur de leurs resolutions et frenaisies.

*Supplément tiré de l'édition de 1736.*

Au commencement du mois d'avril, le legat, qui avoit appris que le Roy approchoit de Paris, et que cette ville n'étoit pas en état de se défendre, se determina de parler de paix. Il se rendit pour cette fin à Noisi, avec le cardinal de Gondy, Villeroy et les prélats italiens qui étoient à sa suite. Mais il revint sans avoir rien fait.

Le vendredy treiziéme du mois d'avril, l'arrêt du parlement de Rouën contre les gentilshommes qui suivroient le parti du roi de Navarre fut ici publié. Il est du dixiéme du même mois, et porte commandement à tous les gentilshommes et autres qui ont suivi le roi de Navarre, de se retirer dans huit jours, pour toute prefixion et délais, en leurs maisons, avec assûrance qu'ils bailleront de ne jamais porter les armes pour ledit roi de Navarre, ou de se rendre en l'armée catholique, conduite par le sieur duc de Mayenne, lieutenant général de Sa Majesté. Autrement, et à faute de ce faire dans ledit temps, et icelui passé, ladite cour les a déclarés et déclare atteints et convaincus du crime de leze-majesté divine et humaine, et comme tels punis là où ils pourront être appréhendés, etc.

Le même jour, arriverent nouvelles que le susdit parlement avoit fait executer à mort quelques prisonniers serviteurs du roi de Navarre.

Le dimanche vingt-neuviéme d'avril, les prédicateurs Boucher et Guincestre exhorterent leurs auditeurs, l'un à Saint-Mery et l'autre à Saint-Eustache, de plûtôt mourir que de recevoir la paix de la part d'un heretique.

[MAY.] Le lundi 7 may 1590, furent pendus et etranglés à Paris, au bout de la rue Pavée, sur le quay des Augustins, trois soldats qui avoient pris à rançon Spire Ruelle, habitant de Corbeil, et qui estoit de l'Union des plus avant; et s'estoient avoués de M. de Nemoux, comme estans de ses gardes : ce qui estoit faux. Ils dirent à l'eschelle qu'ils estoient de la confrérie du nom de Jesus, en l'esglise Saint-Gervais. L'un des trois fust deslié, et gaingna la riviere pour se sauver; mais il fut blessé, repris, et près des deux autres pendu et estranglé.

Ce mesme jour, les trouppes du Roy commencerent à paroistre, et approcher Paris.

Ce mesme jour, madame de Guise fist mettre sur le bureau le procès qu'elle avoit à l'encontre de lui pour le comté de Beaufort.

Le mecredi 9 may 1590, le pont de Charanton fut rendu au Roy. Le capitaine fut pendu, et quelques soldats.

Le vendredi 11 may, y eust escarmouche de part et d'autre, mais legere, n'y aiant eu qu'un soldat blessé du costé du Roy, et deux ou trois au plus de ceux de Paris.

Le samedi 12 mai 1590, le Roy fit attaquer le fauxbourg Saint-Martin avec grand nombre d'infanterie et cavalerie; mais il fut si bien defendu qu'il ny peust rien faire, et fut contraint se retirer avec perte de ses gens et beaucoup de blessés, entre lesquels fust M. de Lanoue, qui eust son cheval tué sous lui. Et dura l'escarmouche depuis deux heures après midy jusques à près de six heures du soir.

Le lundi 14 may 1590, les peres feuillants, capucins, et autres gens d'Eglise, firent monstre en armes en fort belle ordonnance; et avoient pour leur capitaine l'evesque de Senlis, qui estoit un fol en teste, disoient les politiques, qu'on avoit baillé aux huguenots. Et pour les autres chefs et soldats, le curé de Saint-Cosme, Saint-Jacques, dom Bernard, le prieur des chartreux, avec plusieurs autres moines et religieux de diverses livrées et façons, accompagnés de quelques bourgeois de la ville qu'on appelloit catholiques zelés; et en ce bel ordre et equipage marchans par Paris, et portans un crucifix et image de la vierge Marie pour enseingne. Armés comme ils estoient, allerent demander la benediction à M. le legat, qui les avoit surnommés les vrais Machabées ; auquel voulant faire une salue après avoir eu sa benediction, quelques-uns d'entre eux qui n'estoient pas bien asseurés de leurs bastons, par mesgarde tuerent un de ses gens, et blesserent un serviteur de l'ambassadeur d'Espagne.

Sur ceste belle procession on trouva des billets semés par ces mechans politiques, ainsi qu'on disoit, composés du quatrain suivant :

> Messieurs, asseurer se fault,
> Puisqu'à la my may on void faire
> Du mardi gras le mistere,
> D'avoir karesme bien haut.

Le jeudi 17 may 1590, M. de Nemours, gouverneur de Paris, prevoyant qu'encore qu'il y eût assez bon nombre de gens de pied dans la ville, toutesfois il y manquoit fort de la cavallerie pour faire les sorties et escarmouches, fit appeler le seingneur de Vitri, qui avoit une fort belle compagnie de cent cinquante hommes, avec promesse de deux mil escus pour s'entretenir : lequel moiennant icelle y vinst, et fust paiée ladite somme audit Vitri par l'ambassadeur d'Espagne.

Le samedi 26 may 1590, fust rapporté à la police, sur la recherche generale des grains qui avoit esté faite à Paris par le commandement de M. le gouverneur, et le conte du nombre des personnes qui pouvoient estre au plus près dans la ville, que pour le regard du bled il y en avoit environ pour un mois, estant bien mesnagé ; et outre qu'il y avoit esté trouvé quinze cents muits d'avoine, pour s'en servir après à faute du bled : et quant au nombre des personnes, qu'il y avoit deux cents vingt mille ames et plus dans la ville de Paris.

Le mardi 29 mai 1590, sur les deux heures après minuit, quelques troupes royales passantes près Paris donnerent des resveils à la ville, avec tambours, trompettes, clairons, hautsbois et cornets à bouquin. A l'occasion de quoi y eut alarme à Paris : dont le Roy etant adverty se prist à rire, disant qu'il falloit bien dire que sa maistresse (qu'il appeloit Paris) fust bien farouche, puisqu'elle en vouloit jusques à la douce musique qui lui envoyoit pour la resjouir.

En ce temps le duc Desparnon (1), qui avoit abandonné le Roy au fort de sa necessité, le voyant devant Paris bien à cheval, s'avisa de lever des troupes pour son service; et à cest effet lui depescha un des siens avec lettres pour le lui faire entendre, et lui demander de l'argent, sachant bien qu'il n'en avoit point. Mais aussitôt que Sa Majesté les eust veues, il dit à l'autre : « Il ne vous faut point d'autre despêche, si non de vous « en retourner, et dire à M. d'Espernon que je lui « mande, mès que j'aye les Indes (2), que je lui enverrai « de l'argent. »

En ce mois de may, et le 8 d'icelui, mourut prisonnier dans la ville de Fontenay-le-Comte, en Poictou, le bonhomme de cardinal de Bourbon (3), que les ligueurs appeloient leur Roy sans couronne, toutesfois si non celle que l'ordre de sa profession lui avoit mis sur la teste. Il deceda d'une retention d'urine qui lui causa une

---

(1) *Le duc Desparnon* : Jean-Louis de Nogaret de La Valette, duc d'Epernon. Il avoit été l'un des mignons de Henri III. — (2) *Mès que j'aye les Indes* : dès que j'aurai les Indes. — (3) *Cardinal de Bourbon* : En septembre, on avoit présenté en son nom une requête aux chefs de la Ligue, pour qu'on lui fît une pension proportionnée au titre de roi, que les ligueurs lui avoient déféré. Cette pension ne lui avoit pas été accordée.

fievre continue, laquelle l'envoya en l'autre monde. Sur la fin de ses jours, comme si ce bon prince se fust ravisé sur le tard, il disoit qu'il savoit bien qu'on en vouloit à ceux de la maison de Bourbon; appeloit son neveu le Roy. « Le Roy mon neveu, disoit-il quand « il en parloit. Ce que j'ai fait, je l'ai fait pour lui et « mes autres neveux. Le feu Roy et la Reine connois- « soient fort bien mes intentions. »

*Supplément tiré de l'édition de 1736.*

Le samedy premier du mois de may, fête de Saint Jacques et Saint Philippe, les principaux de la sainte Union s'assemblerent pour trouver les moyens de retenir le peuple (1), duquel ils craignoient un soulevement. Le conseil trouva à propos de consulter la Sorbonne, afin de pouvoir agir en sûreté de conscience. Ils dresserent pour cela une requête et certains articles sur les affaires presentes, qui furent portés à la Sorbonne. Cette requête fut signée du prévost des marchands, des echevins, et de plusieurs bourgeois.

Le vendredy septiéme jour de may, la Sorbonne, après avoir examiné dans deux assemblées les questions proposées à la requête du corps de ville, tous ses suppôts assemblés pour la troisiéme fois dans la grande salle du college de Sorbonne, donnerent la décision sur les cas suivans :

1° Si avenant la mort du roi très-chrétien Charles dixiéme (ce qui à Dieu ne plaise!), ou au cas qu'il

---

(1) *De retenir le peuple :* La victoire que Henri IV avoit remportée à Ivry, les villes qu'il avoit déjà prises sur le cours de la Seine, et l'approche de ce prince vers Paris, effrayèrent les Parisiens; il y eut des assemblées qui donnèrent de l'inquiétude aux Seize.

vînt à ceder son droit du royaume à Henry de Bourbon durant son injuste détention, les François sont francs, ou peuvent en sûreté de conscience recevoir pour roi ledit Henry, ou autre prince fauteur de l'heresie, même supposé qu'il fût absous des crimes et censures qu'il a encourues, consideré le peril évident de perfidie, et la subversion de la religion et du royaume?

2° Si celui qui procure ou permet de faire la paix avec ledit Henry, ou qui le permet le pouvant empêcher, peut être accusé ou suspect d'heresie, ou fauteur d'icelle?

3° Si cela est du droit divin, et si on y peut manquer sans peché mortel et peine de damnation; et au contraire si c'est chose meritoire de s'opposer par tous moyens audit Henry : et au cas qu'on résiste jusques à la mort, si cela peut être appellé martyre?

### DECISION.

La sacrée Faculté, après avoir célébré la messe du Saint Esprit, et après une meure délibération, a déclaré son avis en cette maniere :

Il est de droit divin inhibé et défendu aux catholiques de recevoir pour roi un héretique ou fauteur d'heresie, et ennemi notoire de l'Eglise; et plus étroitement encore de recevoir un relaps, et nommément excommunié du Saint Siége.

Que s'il échet qu'aucun, diffamé de ces qualités, ait obtenu en jugement exterieur absolution de ces crimes et censures, et qu'il reste toutesfois un danger évident de feintise et perfidie, et de la ruine et subversion de la religion catholique, icelui néanmoins doit être exclus du royaume par le même droit.

Et quiconque s'efforcera de faire parvenir un tel personnage au royaume, ou lui aide et favorise, ou même permet qu'il y parvienne, le pouvant empêcher et le devant selon sa charge, cestui fait injure aux sacrés canons, et le peut-on soupçonner d'heresie, et d'être pernicieux à la religion et à l'Eglise; et pour cette cause on peut et on doit agir contre lui, sans aucun respect de dégré ou prééminence.

Partant, puisque Henry de Bourbon est heretique ou fauteur d'heresie, notoirement ennemi de l'Eglise, relaps, nommément excommunié par notre Saint Pere, et qu'il y auroit danger évident de feintise et perfidie, et ruine de la religion catholique, au cas qu'il vînt à impetrer exterieurement son absolution : les François sont tenus et obligés en conscience de l'empêcher de tout leur pouvoir de parvenir au gouvernement du royaume très-chrétien, et de ne faire aucune paix avec lui, nonobstant ladite absolution; et quand ores tout autre legitime successeur de la couronne viendroit à deceder ou quitter de son droit, tous ceux qui le favorisent font injure aux canons, sont suspects d'heresie, pernicieux à l'Eglise, et comme tels doivent être soigneusement repris et punis à bon escient.

Or comme ceux qui donnent aide ou faveur en quelque maniere que ce soit audit Henry, prétendant au royaume, sont déserteurs de la religion, et demeurent continuellement en peché mortel : ainsi ceux qui s'opposent à lui par tous moyens à eux possibles, mûs du zele de religion, méritent grandement devant Dieu et les hommes; et comme on peut à bon droit juger qu'à ceux-là étant opiniâtres à établir le royaume de Satan la peine éternelle est préparée, ainsi on peut dire avec raison que ceux-ci seront récompensés au ciel du loyer éternel, s'ils persistent jusques à la mort; et comme défenseurs de la foi, remporteront la palme du martyre. (*Décidé unanimement en Sorbonne le septiéme jour de may* 1590.)

Le même jour sur le soir, le roi de Navarre campa devant Paris(1), depuis la porte Saint-Antoine jusques à celle de Montmartre, et donna ordre de brûler tous les moulins qui étoient ès environs.

Le mardy onziéme de may, par ordre du duc de Nemours, les Parisiens commencerent à fortifier leur ville; ils abbattirent plusieurs maisons dans les fauxbourgs, dont les ennemis auroient pû les endommager. A ces travaux contribuerent tous les bourgeois, qui plus, qui moins. Les seigneurs qui étoient dans la ville alloient souvent voir les travailleurs, et les animoient par leur presence; et les predicateurs, entre autres Pierre Christin, par leurs exhortations.

Le mercredy douziéme de may, les seigneurs se rendirent chez M. le duc de Nemours, sçavoir : le legat, l'ambassadeur d'Espagne, celui d'Ecosse, le cardinal de Gondi, l'archevêque de Lyon, et plusieurs du corps du parlement; délibererent de donner volontairement de l'argent pour payer les soldats et autres.

Le quatorziéme, le chevalier d'Aumale fit une sortie, et força les ennemis d'abandonner l'abbaye de Saint-Antoine : action brave et genereuse, mais qui fut ta-

(1) *Campa devant Paris :* Henri IV n'avoit alors que douze mille hommes de pied et trois mille chevaux; il y avoit dans Paris plus de cinquante mille hommes armés. Vers minuit, l'armée du Roi attaqua les faubourgs, qui en moins de deux heures furent tous pris. Rien ne pouvoit plus entrer dans la ville, qui auroit été obligée à se rendre, si le Roi eût été bien servi.

chée par le vol de ses soldats (1), qui pillerent les vases sacrés et les ornemens de l'eglise des religieuses.

Le même jour, l'ambassadeur d'Espagne donna une somme assez considérable pour la fonte de treize canons.

Le jeudy dix-septiéme jour de may, M. de Vitri (2) entra dans Paris à la tête de trois cens chevaux, que l'ambassadeur d'Espagne se chargea de payer tous les mois.

Le jeudy dernier jour de may et fête de l'Ascension, procession generale, à laquelle assisterent les chapitres, paroisses et convens de Paris, où furent portées toutes les reliques de Paris et de Saint-Denys, avec si grande dévotion et affluence du peuple, qu'il ne s'en étoit encore vûë de semblable. Le duc de Nemours notre gouverneur, le chevalier d'Aumale et autres seigneurs catholiques, s'y trouverent. Cette procession s'est faite à Notre-Dame (3), où lesdits seigneurs ont juré, sur le grand autel de cette eglise, d'employer leurs moyens et leurs vies pour la conservation de la religion catholique de la ville de Paris et autres de ce royaume; avec protestation de plûtôt mourir que de prêter obéissance au roi de Navarre. Le même fut fait par tous ceux qui se trouverent dans l'eglise, avec une constance merveilleuse.

[JUIN.] Le vendredi premier juin 1590, sur la necessité proposée à M. le legat par M. de Paris, fut advisé au conseil, où estoit l'ambassadeur d'Espagne,

---

(1) *Le vol de ses soldats:* L'abbaye Saint-Antoine étoit un couvent de religieuses. Le chevalier d'Aumale le livra au pillage. — (2) *M. de Vitri:* Louis de L'Hôpital, marquis de Vitry. — (3) *A Notre-Dame:* Cayet et Mézeray disent que cette procession fut faite aux Augustins. Peut-être ont-ils confondu cette procession avec celle qui fut faite le 11 mars de la même année.

qu'on prendroit tous les ornemens d'argent, hors mis ceux qui estoient necessaires au service divin, de toutes les eglises et paroisses de Paris, pour paier les gens de guerre qui faisoient service à l'Union.

Le lundi 4 juin 1590, dom Bernardin Mandosze, ambassadeur d'Hespagne, offrit donner chaque jour pendant le siege pour six vingts escus de pain, tant aux pauvres honteux qu'aux autres de la ville. Ce qu'il fist : dont les pauvres se sentirent fort allegés, comme aussi des ausmonnes que le legat leur fit distribuer en ce temps.

Le vendredi 8 juin 1590, le sieur de Potrincourt rendist au Roy, à faute de vivres et munitions, la ville et chasteau de Beaumont sur Oise, qui fut une nouvelle espine au pied des Parisiens.

Le vendredi 15 juin 1590, dom Bernardin Mandosze, ambassadeur d'Hespagne, se trouva en une assemblée chez M. Courtin, conseiller en la cour, où se faisoit une espreuve du pain auquel on mesloit de l'avoine, et où le conseil se tenoit pour donner ordre à la famine qui s'augmentoit à Paris de jour en jour ; où ledit ambassadeur fit ouverture d'un moyen estrange, et duquel on n'avoit jamais oui parler : qui estoit qu'il estoit besoin de faire passer sous la meule et par le moulin les os des morts qui sont aux Innocens de Paris, et les reduire en poudre, pour d'icelle trempée et mollifiée avec de l'eau en faire du pain, qui pourroit servir pour nourrir ceux qui n'avoient point de bléd ni moien d'en avoir : opinion qui fut tellement reçue, qu'il ne se trouva homme en l'assemblée qui y contredist.

Amenzoar dit quelque chose approchant de cela,

non toutefois du tout semblable, livre 3, traicté 3, chapitre 4, *de epidemiá. Redii, inquit, in Hispaniam, et vidi homines qui comedebant orobum, quibus dolor stomachi sequebatur. Et vidi similiter in civitate quâdam, quæ vocabatur Mazarus, homines qui, propter intensam famem, quærebant et frangebant ossa antiqua et vetusta cadaverum, et comedebant medullas eorum, et moriebantur subitò.*

Le samedi 16 juin 1590, ceux du Roi tirerent à coup perdu sur Paris, de deux pieces qu'ils avoient posées sur le mont des Martirs de Montmartre : du boulet de l'une desquelles fut blessé le president Rebours, qui en eust la jambe rompue, comme il estoit dans la chambre de M. de Roissi devisant avec lui. Et pour ce que ledit Rebours estoit tenu pour royal et politique, les predicateurs en leurs chaires en faisoient une gosserie, et disoient que les coups que tiroient les roiaux alloient tout à rebours.

Le vendredi 22 juin 1590, fust constitué prisonnier à Paris un nommé Regnart, procureur en chastelet, accusé de trahison et conspiration contre la ville.

Le samedi 23 juin 1590, Noiret, trompette et crieur juré à Paris, fust pendu et estranglé, pour avoir porté quelques lettres au camp du Roy, escrites par quelques uns qu'on tenoit dans la ville pour roiaux.

Le mecredi 27 juin 1590, Regnart, procureur, fust amené à la cour, apelant d'une sentence de mort contre lui donnée au chastelet, pour raison d'une pretendue conspiration et intelligence qu'on le disoit avoir avec l'ennemi. Depuis le vendredi qu'il avoit esté constitué prisonnier, il n'avoit point mangé jusques à ce jour, selon le bruit commun de tout Paris.

Le vendredi 29 juin 1590, jour Saint Pierre, M. le legat traitta à Paris (où on commençoit à faire de froids repas) quelques particuliers des Seize : ce qui fit entrer tout plein de gens en opinion et soubson de quelque remuement. Ils disoient qu'il les avoit traités fort frugalement, et qu'ils n'y avoient vu aucune vaisselle d'argent que des culiers, aiant vendu tout le reste pour subvenir à la nécessité de Paris.

Le samedi dernier juin 1590, fust pendu en la place de Greve à Paris le procureur Regnart, après que la sentence contre lui donnée en chastelet eust esté confirmée par arrest.

En ce mois, moururent à Paris Pigenat, curé de Saint-Nicolas des Champs, ung des tonnans predicateurs de la Ligue, et des confidans et appointés de madame de Montpansier et du legat; auquel tinst compagnie le curé de Saint-Jean, de mesme ligue et humeur; et furent tous deux plaisamment pasquillés et honorés.

*Supplément tiré de l'édition de 1736*

Le vendredy premier jour du mois de juin, le duc de Nemours et le sieur de Vitri firent une sortie du côté du fauxbourg Saint-Marceau, et obligerent les royalistes de fuir vers Juvisy.

Le samedy deuxiéme jour de juin, notre gouverneur alla à son accoûtumée aux Augustins, où il faisoit ordinairement des assemblées depuis le siege. Avec lui s'y trouverent nombre d'ecclesiastiques, religieux, et docteurs de Sorbonne; et fut résolu de faire une revûë extraordinaire, tant des ecclesiastiques et religieux que des ecoliers.

Le lendemain dimanche troisiéme jour de juin, la sus-

4.

dite revûë se fit en cet ordre (1) : Rose, evêque de Senlis, étoit à la tête comme commandant et premier capitaine, suivi des ecclesiastiques marchant de quatre en quatre. Après étoit le prieur des chartreux, avec ses religieux; puis le prieur des feuillans, avec ses religieux ; les quatre ordres mandians, les capucins, les minimes, entre lesquels il y avoit des rangs des ecoliers. Les chefs de ces differens religieux portoient chacun d'une main un crucifix, et de l'autre une halebarde, et les autres des arquebuses, des pertuisanes, des dagues, et autres diverses especes d'armes que leurs voisins leur avoient prêtées. Ils avoient tous leurs robes retroussées, et leurs capuchons abattus sur les épaules; plusieurs portoient des casques, des corselets, des petrinals. Hamilton, ecossois de nation, et curé de Saint-Cosme, faisoit l'office de sergent, et les rangeoit, tantôt les arrêtant pour chanter des hymnes, et tantôt les faisant marcher; quelquefois il les faisoit tirer de leurs mousquets. Tout le monde accourut à ces spectacles nouveaux, qui representoient, à ce que les zelés disoient, l'Eglise militante. Le legat y accourut aussi, et approuva par sa présence une montre si extraordinaire et en même temps si risible; mais il arriva qu'un de ces nouveaux soldats, qui ne sçavoit pas sans doute que son arquebuse étoit chargée à bale, voulut saluer le legat, qui étoit dans son carosse avec Panigarole, le jesuite Bellarmin, et autres Italiens; tira dessus, et tua un de ses ecclesiastiques, qui étoit son aumosnier. Ce qui fit que le legat s'en retourna au plus vîte, pendant que

---

(1) *Se fit en cet ordre* : Mézeray et de Thou donnent à cette revue le nom de procession.

le peuple crioit tout haut que cet aumosnier avoit été fortuné d'être tué dans une si sainte action.

Le même jour, le chevalier d'Aumale fit une sortie sur les royalistes du côté de la porte Saint-Antoine; et favorisé de l'artillerie qui étoit sur les remparts, les obligea de se retirer au plus vîte à Charenton, les ayant poursuivis jusques-là.

Le lundy quatriéme du mois de juin, un nommé Moret avec plusieurs autres bourgeois furent jettés dans l'eau (1), pour avoir dit qu'il seroit bon de faire la paix avec le roi de Navarre. Or tous ceux qui parloient de paix étoient regardés pour fauteurs des hérétiques.

Le sieur Gouard, peu de temps auparavant ambassadeur à Rome, soit de son mouvement propre, ou avec le consentement du roi de Navarre, demanda à communiquer avec le legat. Il fut conduit à la maison de Gondi, où le legat et le cardinal de Gondi se trouverent. On y parla de la paix, mais à condition que le roi de Navarre se feroit catholique. Gouard ne répondit rien à cette condition; mais de retour, il la communiqua à quelques gentilshommes de l'armée, qui solliciterent le comte de Soissons d'en aller parler au Roi, et de lui remontrer la perte de la ville de Paris, la plus riche et la plus peuplée du royaume; et en même temps la perte de tant de noblesse qui le suivoit, et qui periroient s'il continuoit la guerre. Mais le Roi ne répondit rien à la condition.

Le mardy douziéme de juin, le roi de Navarre attaqua le château du bois de Vincennes. Le chevalier d'Aumale, qui en reçut à temps l'avis, y accourut avec mille

---

(1) *Furent jettés dans l'eau*: C'étoit la peine prononcée par les Seize contre ceux qui parloient de paix.

arquebusiers et quatre cens chevaux, et le contraignit de se retirer avec perte.

Le mercredy treiziéme jour de juin, attroupement du peuple qui demandoit la paix, dont aucuns furent mis en prison.

Le jeudy quatorziéme juin, le sieur Vitry (1) vint avec quelques trompettes pour braver les Parisiens; mais il fut repoussé vigoureusement, et obligé de se retirer à Charenton.

Le vendredy quinziéme de juin. pour retenir les murmures du peuple et encore des bons bourgeois qui souffroient, et donner plus de pouvoir au duc de Nemours, le parlement rendit un arrêt par lequel il commande et défend que nul, de quelque état, dignité, qualité et condition qu'il soit, ait à parler d'aucune composition avec ledit Henry de Bourbon, à peine de la vie: ains s'y opposer de tous les moyens, sans y épargner aucune chose, voire jusques à y exposer et espandre leur propre sang. Et outre ordonne que tous les habitans de ladite ville de Paris ayent à obéir au sieur duc de Nemours, en tout ce qui leur sera commandé de sa part par leurs capitaines. Cet arrêt a été leu et publié par tous les carrefours de cette ville le même jour.

Le dix-septiéme jour de juin, le sieur de Saint-Pol (2)

(1) *Le sieur Vitry:* Il faut lire Givry: Anne d'Anglure, seigneur de Givry. —(2) *Le sieur de Saint-Pol:* gentilhomme d'une maison si pauvre, que ses sœurs avòient été mariées à des paysans. Après avoir été nourri page dans la maison de Beauvais-Nangy, il suivit la carrière des armes, et il parvint bientôt à la charge de mestre de camp. Comme il étoit intrépide, hardi et ferme, le duc de Guise en fit un de ses braves, le nomma lieutenant général pour la Ligue, puis maréchal de France. Saint-Pol prit le titre de duc de Rethelois. Le jeune duc de Guise le tua d'un coup d'épée.

escorta heureusement un convoy de vivres, et le conduisit à Paris, après avoir pris sur la Marne un grand batteau chargé de munitions des royalistes; et fit entrer le tout par la porte Saint-Antoine.

Le lendemain dix-huitiéme du mois de juin, le roi de Navarre fit canoner la ville; mais sans dommage, sinon de quelques cheminées qui furent abbattues, et un homme qui fut blessé aux jambes. Le duc de Nemours lui répondit par autant de coups de canon, qui n'eurent pas plus d'effet que ceux des royalistes.

Le dix-neuviéme, le roi de Navarre dès la pointe du jour fit jouer son canon, auquel le duc de Nemours a fait répondre; et dit-on que le Béarnois y a perdu nombre de soldats du côté de Mont-faucon.

Le mercredy vingtiéme du mois de juin, le bled, dont on avoit fait la recherche il y a environ un mois, manqua pour les pauvres gens; et n'avoient autres choses à manger que des boüillies faites de son d'avoine : encore sont-elles très-cheres. Ce qui augmenta leurs plaintes et leurs crieries.

Le vendredy vingt-deuxiéme, l'ambassadeur d'Espagne commença de donner aux pauvres six-vingt écus par jour, pour leur acheter du pain. Le legat donna cinquante mille écus pour la même fin, et fit vendre ou engager son argenterie, et ne retint pour lui qu'une cuilliere d'argent.

Le même jour, ledit ambassadeur ayant vû que le peuple se réjoüissoit et chantoit les loüanges du roi d'Espagne, il fit jetter en passant par les carrefours, à grandes poignées, des demi-sols, dont il avoit fait battre une grande quantité aux armoiries d'Espagne. Ce qu'il promit continuer quelques jours.

Le dimanche vingt-quatrième, l'archevêque de Lyon [1] et l'ambassadeur d'Espagne passans devant le Palais, où il y avoit une grande multitude de pauvres criant à la faim [2], l'ambassadeur leur fit jetter un nombre de ces demi-sols [3]; mais les pauvres n'en firent pas de cas, et lui dirent de leur faire jetter du pain; qu'ils mouroient de faim, et que cet argent leur étoit inutile, ne trouvant rien à acheter pour manger.

L'archevêque de Lyon voyant que ce peuple refusoit l'argent et ne demandoit que du pain, fut surpris, et courut aussi-tôt vers les officiers de police, leur remontrer qu'il étoit nécessaire de pourveoir à ce pauvre peuple. Et sur le champ ils firent crier à son de trompe que tous les curés, marguilliers des paroisses, les superieurs des couvens et communautés, eussent à se trouver le lendemain au Palais.

Le lundy vingt-cinquième jour de juin, fut de-

[1] *L'archevêque de Lyon :* Pierre d'Epinac. On attribuoit son zèle pour la Ligue au désir qu'il avoit de devenir cardinal. — [2] *Criant à la faim :* On lit dans le *Discours véritable et notable du siege de la ville de Paris :* « C'étoit chose pitoyable de voir les pauvres défaillir et
« tomber de foiblesse, se mourans peu à peu de faim dans les hôpi-
« taux, sur les fumiers, et au milieu des ruës; et tous communément,
« tant à cause de la faim que de la mauvaise nourriture, devenoient
« gros et enflez par tout le corps, comme hydropiques : spectacle qui
« à la vérité émouvoit un chacun à telle compassion qu'il est impos-
« sible d'exprimer. Bref, la nécessité étoit si extrême, qu'un chien ne
« paroissoit pas si-tôt en ruë, que l'on ne courût avec lassets et cor-
« dages pour le prendre, le faire cuire et le manger. Ce qui s'est fait
« en plusieurs endroits de la ville publiquement; et plusieurs ne se
« nourrissoient que de chats qu'ils mangeoient en leurs maisons. » —
[3] *Nombre de ces demi-sols :* Mendoze avoit fait battre des demi-sols aux armes de Castille, sans que le duc de Nemours et le parlement s'en plaignissent. Il les fit jeter au peuple, qui chanta d'abord les louanges de la Ligue et du roy d'Espagne ; mais comme on ne trouva pas de pain à acheter, on n'en fit bientôt plus de cas.

mandé aux gens d'Eglise assemblés au Palais qu'ils contribuassent au soulagement des pauvres, ou en argent ou en grain. Alors un des marguilliers, parlant pour tous, proposa qu'il seroit bon que les ecclesiastiques nourrissent quinze jours les pauvres qui sont dans la ville; que ceux qui avoient des provisions audelà de leur nécessaire les vendroient à ceux qui n'avoient que de l'argent. Mais un ecclesiastique, repondant pour tous, remontra qu'ils ne pouvoient le faire sans en communiquer plutôt aux deputés du clergé. Mais M. le duc de Nemours dit que la necessité requeroit de déliberer sur le champ, et commanda aux ecclesiastiques d'obéir. Sur quoi les prelats s'assemblerent incontinent, et fut ordonnée une visite dans toutes les maisons des ecclesiastiques, seculieres et regulieres.

Le mardy vingt-sixiéme, fut commencée ladite visite par les capitaines de quartier, accompagnés de deux ou trois prud'hommes des mêmes quartiers. Ce même jour le recteur du college des jesuites, appellé Tyrius, fut chés le legat accompagné du pere Bellarminus, pour le supplier qu'il lui pleût exempter la maison de cette visite. Alors le prevost des marchands, qui étoit présent, dit d'une voix qui fut ouïe de tous : « Monsieur « le recteur, votre priere n'est civile ni chretienne. « N'a-t-il pas fallu que tous ceux qui avoient du bled « l'ayent exposé en vente, pour survenir à la nécessité « publique? Pourquoi serez-vous exempt de cette visite? « Votre vie est-elle de plus grand prix que la nostre? » Cette réponse entenduë rendit honteux le recteur.

Par la visite qui fut faite dans la maison des jésuites, on y trouva quantité de bled, et du biscuit pour les nourrir plus d'un an; quantité de chair salée, des legumes, foin et autres vivres, en plus grande quantité qu'aux quatre meilleures maisons de Paris. Chés les capucins on y trouva du biscuit en abondance; enfin dans toutes les maisons des ecclésiastiques on y trouva des provisions au-delà de ce qui leur étoit nécessaire pour la demi-année.

Le lendemain, il fut ordonné par le conseil des Seize que les ecclésiastiques donneroient à manger une fois le jour aux pauvres qui leur seroient marqués de leur quartier, dont on leur donna les rôles. Cependant on ordonna à toutes les maisons pauvres d'amener en certain lieu leurs chiens et leurs chats (1), qui furent tués; et ensuite les firent cuire dans de grandes chaudieres, et en distribuerent le potage aux pauvres, avec un morceau de chair de chien ou de chat, et un morceau de pain.

En ce temps moururent plusieurs personnes tant pauvres que riches; et tous les jours on en trouvoit étendus sur le pavé en divers quartiers, tant à cause de la mauvaise nourriture depuis quelque temps, que par le manque des vivres.

Pour le soulagement des pauvres fut ordonné par M. le duc de Nemours qu'on auroit recours au trésor de Saint-Denys; et fut livré premiérement par Roland, trésorier, et les religieux dudit Saint-Denys, un crucifix d'or pesant dix-neuf marcs quatre onces cinq gros, lequel a été porté à la Monnoye; plus, une couronne d'or pesant dix marcs dix onces, qui a été pareillement

(1) *Leurs chiens et leurs chats:* Les chiens et les chats furent réunis dans divers quartiers de la ville sous la garde des ecclésiastiques, qui en nourrirent les pauvres pendant quinze jours.

portée à la Monnoye. Ces deux pieces ont rendu mille huit cens quarante-sept écus.

[JUILLET.] Le dimanche premier jour du mois de juillet 1590, dans la grande eglise de Nostre-Dame à Paris, fust fait un vœu solennel au nom de toute la ville à Nostre-Dame de Laurette, à laquelle on promist que sitost qu'on seroit delivré de ce siege, qu'on lui feroit present d'une lampe et d'un navire d'argent pesant trois cents marcs, avec autres offrandes et actions de graces, en reconnoissance du bien que ses prieres auroient aporte. A cette solennité y eust un si grand concours et affluence de peuple, qu'il y eust une pauvre femme grosse qui y fut estoufée de la presse avec son fruit.

Le mardi 3 juillet 1590, fut faillie l'entreprise qu'avoit le duc de Mayenne sur la ville de Senlis, en laquelle estoient ja entrés en habit desguisé douze de ses capitaines, qui y furent pris et executés; et plusieurs prestres et moines de ceste faction pendus et estranglés avec leurs habits de religieux.

Le jeudi 5 juillet 1590, La Chapelle-Marteau, prevost des marchands à Paris, assembla la ville, et en l'hostel d'icelle leust publiquement les lettres que le duc de Mayenne escrivoit à ceux de Paris, par lesquelles il les exhortoit de tenir bon et prendre courage, les asseurant de secours dans la fin du mois au plus tard, et qu'au cas qu'il leur faillist, qu'il leur abandonnoit sa femme et ses enfans.

Ces belles paroles servoient de pain à ce sot peuple, auquel encores qu'on donnast souvent de telles remises et baies, toutefois, depuis que le pere Christin, Commolet, Boucher ou autre predicateur les avoit asseurés et confirmés en esperance d'un secours de quinze jours, ils s'en retournoient contens et saouls pour un mois, tant ils avoient envie de gaingner ce beau paradis qu'ils leur preschoient ne se pouvoir autrement acquerir que par se laisser mourir de faim.

Ce jour, les minimes du fauxbourg Saint-Honoré à Paris refuserent la communion à six gentilshommes catholiques de l'armée du Roy qui s'y presenterent, leur disant qu'ils estoient excommuniés, comme fauteurs, adherans et assistans à un heretique. De quoy ils se trouverent fort offensés et scandalisés, menassans de brusler et eux et leur maison. Mais enfin il leur en fallust passer par-là; et s'en plaingnans au Roy, il leur dit : « Pourquoi y allés-vous? Scavés-vous pas comme « ils en usent? Quand ce seroit moimesme, ils m'en « feroient autant, et le faudroit endurer. » Cela disoit le Roy pour ce que desja une fois ils l'avoient refusée à ceux de son parti, et dit audacieusement que s'il eust esté en leur puissance, ils leurs eussent fermé leur maison au nés, et à leur Roy avec. Dont Sa Majesté déslors advertie n'avoit respondu autre chose, si non qu'il faloit avoir patience : que c'estoit l'Eglise, et qu'il avoit promis de ny point toucher.

Le samedi 7 juillet 1590, le legat qui estoit à Paris envoya demander seureté au Roy de pouvoir parler au fauxbourg Saint-Germain, en la maison de Gondi, au seingneur marquis de Pizani, qui estoit près de Sa Majesté. Ce que le Roy lui accorda, et lui en fist depescher un passeport, disant que puis qu'il avoit demandé seureté pour venir aux fauxbourgs, que c'estoit signe qu'il seroit bien tost en peine d'en demander pour pouvoir demeurer en sa ville de Paris.

Le lundi 9 juillet 1590, la ville de Saint-Denis fust rendue au Roi, aiant Sa Majesté voulu demeurer elle mesme en garde toute la nuit du dimanche, pour empescher qu'aucun secours n'y entrast. La composition fust des plus belles et honorables qui se puissent voir, mesmes pour gens pressés de faim et necessité, comme ils estoient : car ils eurent tout ce qu'ils demanderent, emporterent tout ce qu'ils voulurent, mesmes leur furent baillés des chevaux pour conduire leur artillerie : ce qu'on n'a point accoustumé d'accorder à des vaincus. Mais le Roy trouvoit ceste ville de telle importance, tant pour incommoder Paris que pour se loger, qu'il ne se soucioit pas à quel pris il la tirast des mains de la Ligue. Aussi l'appeloit il la citadelle de Paris, dont il disoit vouloir estre le gouverneur, pour pourveoir en personne aux necessités de sa bonne ville, de laquelle les habitans estans allés au devant de lui, un nommé Godefroi, moine de Saint-Denis, lui fist une harangue pour l'eglise, le priant la vouloir maintenir et eux aussi. Ce qu'il leur promist; « mais à la charge, « dit-il, que vous prierez Dieu pour moi : autrement je « dirai que vous estes ligueux. » Puis Sa Majesté s'estant fait monstrer les belles reliques et precieux joiaus qui estoient en ladite esglise, avisant la couronne de laquelle on avoit osté les principales pierreries et diamans, demanda quelles estoient devenues? « M. du « Maine, dirent-ils, les en a fait oster. Il en a donc la « pierre, dit le Roy, et moi la terre? » Il se fist après montrer les sepultures; et regardant celle du roy Henri II et celle de la Reine mere toute preste près de lui, Sa Majesté avec un petit soubris commença à dire :

« O quelle est bien là! » Venu à celle du feu roy dernier, Henry III : « Ventre saint-gris, dit-il, voilà
« mon bon frere; je veux qu'on me mette là auprès
« de lui. »

Incontinent après la reduction de ceste ville, les grandes chaudieres de boulie qu'on apeloit les chaudieres d'Espagne, pour ce que c'estoit l'ambassadeur qui les donnoit, et les marmitées de chair de cheval, asne et mulet, qui estoit le manger ordinaire des pauvres, parurent à Paris, et se voioient estalées aux coins des rues, où on se battoit à qui en auroit.

Le mecredi 11 juillet 1590, le capitaine Potrincourt et son lieutenant furent pris par ceux du Roy, comme ils mangeoient une salade en ung cabaret des fauxbourgs Saint-Martin.

La nuict du vendredi 27 juillet 1590, le Roy executa une chose, laquelle on tient que s'il eust plus tost faite elle lui eust servi grandement pour la fin de son dessein, qui fust de prendre tous les fauxbourgs, lesquels aussitost il fist fortifier avec retranchemens et barricades; et fist approcher le canon d'un gect de pierre des portes de la ville, et faire beaucoup de trous aux maisons qui commandoient aux murailles, pour empescher ceux de la ville s'avancer sur icelles ni aller sur le rempart.

La plus grand part du peuple commença alors à manger du pain d'avoine et de son, et encores par poids : ce qui se prattiquoit jusques aux meilleures maisons de Paris, qui ne donnoient à leurs gens à chacun par jour que demie livre ou peu plus de ce pain. La chair de cheval estoit aussi si chere, que les petits n'en pouvoient acheter : si qu'ils estoient contraints de chasser aux chiens et les manger, et des herbes crues, sans pain : qui estoit chose hideuse et pitoiable à voir.

Tout ce qui estoit à bon marché à Paris estoient les sermons, où on repaissoit le pauvre monde affamé de vent, c'est-à-dire de baies et menteries : lui donnant à entendre que c'estoit chose fort agreable à Dieu de mourir de faim, voire et qu'il valoit mieux tuer ses propres enfans, n'ayant de quoi leur donner à manger, que de recevoir et recognoistre pour roy un heretique; estant au surplus tous les predicateurs bien empeschés à excuser et donner couleur au long secours du duc de Maienne, et faire gouster au peuple les nouvelles de madame de Montpensier, qui estoit tout l'Evangile qui se preschoit en ce temps à Paris, selon les billets que ladite dame leur envoyoit pour l'Evangile de chaque jour (1).

Ce jour de vendredi 27 juillet, M. de Nemours, qui ne dormoit ne nuit ne jour, et qui souventefois mettoit lui-même la main à l'œuvre, fist terrasser la porte Saint-Honoré, que le Roy deliberoit de battre vivement : la remparant de telle façon qu'il rendist ce lieu là asseuré contre tout ce que l'ennemi y pouvoit attenter.

Ce jour mesme, M. de Gland, frere de ma femme, estant à la boutique de maistre Jean de Saint-Germain l'apotiquaire, fust blessé à la jambe d'un coup de boulet tiré à l'avanture par ceux du Roy, duquel pour n'avoir fait que fraier il guairist tost apres, n'i aiant voulu employer autre chirurgien pour l'en penser que soi-mesmes.

(1) *L'Evangile de chaque jour :* C'étoit ce qu'on appeloit *prêcher par billets.*

Le samedi 28 juillet, je vis près les Cordeliers à Paris un pauvre homme qui mangeoit de l'oing, de quoi on fait de la chandelle. Et lui ayant demandé s'il n'avoit autre chose à manger, me dit que non; et qu'il y avoit plus de huit jours que cette viande lui servoit de pain à lui et à sa femme, et à trois petits enfans qu'il avoit. Dont m'estant fait enquerir, trouvai qu'il estoit vrai, et qu'il y avoit près de la moitié des pauvres de la ville qui s'en nourrissoient au lieu de pain; et toutesfois c'estoit plus d'un mois avant la levée du siege : ce qui monstroit bien la grande necessité de Paris.

Pendant ce mois de juillet, la saison estant de cueillir les grains et faire la moisson, qui estoit fort belle et en grande quantité, tout autour de la ville de Paris : ceux de ladite ville, qui estoient fort pressés de faim, s'efforçoient d'aller couper, et sortoient, aux despens bien souvent de leurs bras et de leurs jambes : car on ne voiioit autre chose tous les jours qu'hommes et femmes coutelassés en revenir. Il y avoit toutefois parfois des rencontres et escarmouches où l'ennemi estoit battu à son tour : car le chevalier d'Aumale, Victri, Grandmont, Potrincourt, Lignerac et autres gentilshommes estans dans Paris faisoient des sorties pour soustenir ces pauvres gens, qui se hazardoient d'aller couper quelques grains autour de la ville. Qui estoit quelque soulagement de la necessité, mais petit, eu esgard à la grande multitude du peuple.

Le mardi dernier jour du present mois de juillet 1590, M. Gohorri, secretaire du Roy, me monstra un peu de pain blanc qu'il avoit recouvert pour un sien ami malade, qu'il me jura avoir paié au prix d'ung escu la livre.

Ce jour j'achetai un minot de bled mestail huit escus, lequel je cachai sous la fausse trappe de ma galerie.

Ce jour le Roy aiant quitté la religion (1) de Montmartre pour aller à celle de Longchamp, le mareschal de Biron se trouvant à son disner, et ayant envie de faire rire le Roy, lequel estoit fort prié et importuné en ce temps de changer de religion, lui va dire : « Sire, il « y a bien des nouvelles. — Et quelles sont-elles, dit « le Roy ? — C'est que chacun dit à Paris et partout que « vous avés changé de religion. — Comment cela, dit « le Roy ? — Celle de Montmartre à Longchamp, res- « pondit M. le mareschal. — Ventre saint-gris, dist le « Roy, la rencontre n'en est pas mauvaise, s'ils se « vouloient contenter de ce changement, et moi et « tout. »

*Supplément tiré de l'édition de 1736.*

Au commencement de ce mois, on s'apperçut que l'armée royale avoit augmenté, surtout par le grand nombre des gentilshommes qui se rendoient à son camp : entr'autres M. le duc de Nevers, qui étoit bon catholique et autrefois bon ligueur, s'y étoit rendu, et avoit emmené quant à soi cinq cens chevaux. On disoit que ce duc avoit quitté le parti de la Ligue, par l'avis que le cardinal Charles de Bourbon, qu'il avoit visité quelques jours avant sa mort, lui avoit dit que quoique catholique, il pouvoit en conscience servir Henry IV, qui le lui demandoit.

Le lundy neuviéme jour de juillet, a été faite une courte trêve entre les deux partis, à cause de la querelle (2) advenuë entre deux braves cavaliers, Montglas

---

(1) *La religion* : le couvent. — (2) *A cause de la querelle* : Montglat

royaliste, et Contenan ligueur, l'un et l'autre vrais gentilshommes. Ce dernier avoit dit quelques paroles contre l'honneur de l'autre, qui en demandoit réparation. Pour ce leur fut permis combat; et se sont trouvés à la porte Saint-Honoré, où en présence des principaux officiers du camp et de la ville se sont donné chacun un coup de lance, un coup de pistolet et deux coups d'épée, mais avec un égal avantage, et se sont séparés. Après quoi un coup de canon a fait finir la trêve.

Le mardy dixieme jour de juillet, le bruit a couru que le legat avoit eu une longue conference avec le marquis de Pisany; et dit-on que c'est pour parler de paix, et qu'il se charge de proposer au roi de Navarre une suspension d'armes pour quelque temps, et de prendre le Pape pour l'arbitre de la paix. Mais aucuns disent que cestui-ci revenu depuis peu de son ambassade de Rome, le legat n'a eu cette conference avec lui que pour apprendre les intrigues du conclave.

Le dimanche vingt-deuxiéme jour de juillet, les prédicateurs de la Ligue[1], nommément Boucher, Aubry,

et le baron de Contenan s'étoient rencontrés dans la sortie que le duc de Nemours avoit faite pour secourir Saint-Denis. Comme ils étoient amis, quoique de partis opposés, ils se donnèrent parole, et se retirèrent seuls à part pour parler de quelque accord. Mais Contenan s'étant aperçu que quelques royalistes venoient en courant vers eux, se retira vers les siens, et se plaignit d'avoir été trahi. Ses discours furent rapportés à Montglat, qui lui en demanda raison.

[1] *Les prédicateurs de la Ligue :* Les principaux prédicateurs des Seize étoient Hamilton, curé de Saint-Côme; Jean Boucher, curé de Saint-Benoît; Guillaume Rose, évêque de Senlis; Christophe Aubry, curé de Saint-André-des-Arcs ; frère Bernard de Montgaillard, dit *le petit Feuillant ;* François Pigenat, docteur en Sorbonne, curé de Saint-Nicolas des Champs; Jacques Commelet, jésuite; Guillaume Lucain ;

Hamilton et le petit Feüillant, prêcherent le matin et le soir en diverses eglises pour exhorter les pauvres à patience, leur promettant que dans peu ils recevroient un grand secours; et que s'ils venoient à mourir dans cette affliction pour le soutien de la sainte religion catholique, apostolique et romaine, leurs ames iroient en paradis.

En ce temps, la mortalité causée par la famine répandoit dans tous les quartiers de la ville un grand nombre de morts, et on ne pouvoit aller dans les ruës de Paris sans en trouver.

Le lundy vingt-troisiéme, plusieurs se sont jettés pendant la nuit dans les fossés pour eschapper la faim; et ont été aux pieds du Roi lui demander du pain, et qu'il lui plût laisser sortir un certain nombre de ces pauvres gens. Le Roi, attendri par leurs larmes, leur a permis d'en sortir jusques à trois mille.

Le même jour, mourut de faim une chambriere de la maison de madame de Montpensier.

Le mercredy vingt-cinquiéme jour de juillet, allant à Saint-Eustache, on entendit aucuns deviser sur la mort d'une dame riche de près de trente mille écus; laquelle ne trouvant pas avec argent de quoi vivre, et voyant deux de ses petits enfans morts de faim, les avoit cachés et fait saler par sa servante; et l'une et l'autre s'en sont nourries au lieu du pain. La dame étant morte, la servante raconte par la ville cet acci-

docteur; Evailly, curé de Saint-Germain-l'Auxerrois; Feuardent, cordelier; Jean Guarinus, cordelier, savoyard de nation; Jacques Pelletier, curé de Saint-Jacques de la Boucherie, etc. « On leur distribuoit, dit Vi-
« try dans son Manifeste, *les doublons d'Espagne*, *pour les encourager*
« *à crier de plus en plus dans leurs chaires*; *et y semer des invectives*
« *contre Henri* IV. »

dent. D'autres m'ont raconté qu'un honnête homme nommé d'Orlan, parent du prevost des marchands, étant mort, n'ayant pû trouver un chien pour en avoir la cervelle dont les medecins lui avoient ordonné faire un boüillon; et que ledit prevost, pour secourir son parent, ayant sçû que madame de Montpensier avoit un petit chien, avoit été vers elle pour la supplier de le lui donner pour deux mille écus de pierreries qu'il lui portoit, et lui avoit exposé la nécessité extrême où se trouvoit son parent. A quoi ladite dame de Montpensier avoit répondu qu'elle gardoit son petit chien pour sa propre vie, prévoyant que n'ayant pas du secours des Espagnols, la famine ne sçauroit cesser encore.

Le vendredy vingt-septieme jour du mois de juillet, se sont assemblés de divers quartiers de Paris grand nombre de bons bourgeois, et sont allés vers le duc de Nemours notre gouverneur, auquel ils ont remontré avec larmes qu'il étoit déja mort trente mille personnes par la famine, et que le secours des Espagnols, si souvent promis et dès long-temps attendu, ne venoit pas; il plût leur donner des vivres, ou leur permettre se rendre au roi de Navarre. Le duc de Nemours leur a répondu qu'il communiqueroit leur demande à son conseil pour y aviser, et que dans peu il leur feroit sçavoir la décision.

Ce même jour, grand nombre de pauvres ont fait une sortie, non pas pour repousser les ennemis, mais pour aller aux champs couper des épics de bled, comme ils avoient fait déja mainte fois pour s'en nourrir, ne trouvant pas dans la ville pas même des herbes et des peaux des plus vils animaux : car on avoit déja mangé les ânes, les chiens, les rats, les os des morts, dont on avoit fait de la poussiere plûtôt que de la farine, voire des pierres d'ardoise, qu'on piloit et qu'on avaloit dans de l'eau. Mais les royalistes ont tiré sur eux, et peu sont revenus sains et sauves. Il n'y a que ceux qui ayant des hardes les ont troquées avec du pain, du vin et autres vivres, que les soldats touchés de compassion ont favorisé; encore étoient-ils en très-petit nombre.

Dans le même temps, un grand nombre de bourgeois et autres, dont la plûpart étoient armés, se sont présentés au palais demandant du pain ou la paix. Les gouverneurs leur ont parlé amiablement et doucement, leur donnant esperance qu'ils auroient en peu de tout.

Dans le même temps, le nommé Gois, capitaine de quartier, y est accouru, cuidant par belles paroles les appaiser; mais un d'entre eux, nommé Germain, lui a détaché un grand coup de coutelas sur l'épaule.

A ce bruit est accouru le chevalier d'Aumale, qui a fait fermer les portes du palais, et fait enfermer une partie de ces gens, qu'on dit être d'accord avec le roy de Navarre, qui pour cette émotion leur a fait promettre du pain.

Le lundy trentiéme jour du mois de juillet, M. de Nemours, sortant ce matin de sa maison pour aller visiter quelque poste vers les murailles de la ville, a rencontré un homme qui d'un air effrayé lui a dit: « Où allez-vous, M. le gouverneur? N'allez plus outre « dans cette ruë; j'en viens, et ai trouvé une femme « demi-morte, ayant à son col un gros serpent entor- « tillé, et autour d'elle plusieurs bêtes envenimées. »

Ce qu'ayant entendu le gouverneur, s'est retiré en sa maison avec l'inconnu, et a envoyé de ses gens pour verifier le fait : ce qu'ils ont affirmé, et dit en outre que dans la rue voisine y avoit pareillement des serpens, et autres bêtes de cette espece. Sur quoi il a envoyé querir un jesuite et le cordelier Panigarole, ausquels il a demandé que signifient ces bêtes venimeuses qui s'engendroient dans la ville. Deux chambrieres qui étoient alors dans la chambre du gouverneur, et qui avoient entendu le récit, ont soûpiré grandement; et une a dit : « Par ma foi, monsieur, c'est un jugement « de Dieu. J'ai bien peur que ces bêtes ne nous vien- « nent manger dans la maison. » Mais Panigarole a dit que ces bêtes étoient un effet de magie, et une illusion par laquelle le diable tâche de décourager les catholiques; et quand cela seroit vrai, il vaudroit mieux être dévorés par ces bêtes, que laisser entrer dans la ville ces maudits hérétiques. L'argent d'Espagne lui a fait tenir ce discours.

[AOUST.] Le mecredi premier jour d'aoust 1590, comme je passois au carrefour Saint-Sevrin, je vis et leu les mots suivants escrits d'un charbon contre la muraille dudit carrefour : *Pereat sociètas judaica, cum gente Ibera!*

Ce jour mesme, contre la muraille d'une des portes de Saint-Innocent qui entre dans les halles de Paris, fust peinte une plaisante drollerie, par laquelle estoit le duc de Mayenne representé avec de grands cizeaux qu'on appelle des forces, peintes au dessus de lui, qu'il taschoit d'avoir, et suoit fort pour y attaindre. Mais il ne pouvoit, et y avoit escrit en grosses lettres : *Je ne puis avoir mes forces*. Je m'y fus proumener sur le midi avec M. des Forneaux mon beau-frere, et mon nepveu Tronson, qui nous dit l'avoir veu et leu au matin; mais tout estoit desja chafourré et effacé.

Ce jour mourust la nuict, à unze heures du soir, M. Sanguin, beau frere de M. de Rochefort.

Le jeudi second jour d'aoust 1590, fust faite à Paris en la salle Saint-Lois une assemblée generale, en laquelle, après plusieurs seances et deliberations, M. le cardinal de Gondi evesque de Paris, et M. l'archevesque de Lion primat des Gaules, furent requis et chargés de se transporter vers le Roy, que les plus honnestes apeloient le roy de Navarre à Paris. Et après lui avoir remonstré le miserable estat de ce royaume, le supplier de se vouloir disposer à quelques bons moyens pour le remettre en quelque repos, avec l'honneur de Dieu et la seureté de la religion catholique, apostolique et romaine. Et de mesme furent les susdits chargés et requis de passer vers M. le duc de Maienne, pour le prier de rechercher toutes voies honnestes pour faire que ledit estat peust avoir une bonne tranquillité, avec la conservation de ladite religion et seureté des catholiques.

Le vendredi 3 aoust 1590, les theologiens et prelats de Paris assemblés envoierent leur resolution signée à M. le legat, sur la question à eux proposée par ledit seingneur : de laquelle proposition et response s'ensuit l'extrait fidelement collationné à l'original.

### QUÆSTIO.

*Utrum, stante civitatis Parisiensis necessitate, qua eam hæretico Regi certis conditionibus reddi opor-*

*teat, qui viri ecclesiastici eum Regem adierint animo eum convertendi, vel saltem catholicæ religionis meliores conditiones obtinendi, incurrant censuras bullæ sanctiss. Sixti V? Dat. Romæ, 5 id. sept. 1585.*

### RESPONSIO.

*Anno Domini 1590, die tertiâ aug., cum ab illustr. Henrico cardinali Cajetano in Gallias legato, supradicta quæstio veris theologis proposita fuisset; congregati in ejusdem palatio, nos, infra scripti re optimè ventilata et discussa, negative respondimus : Viri ecclesiastici qui stante necessitate ut suprà, animo ut suprà, hæreticum Regem adierint, supradictæ bullæ censuras non incurrunt.* FR. FRANCISCUS, *episcopus Astensis;* ROBERTUS BELLARMINUS; FOELIX VINCENS, *societatis Jesu;* JACOBUS TYRIUS, *etc.*

Le samedi 4 aoust 1590, ma femme acheta de madame de Bellemaniere du beurre sallé qu'elle lui vendit ung escu la livre, qu'on avoit accoustumé avant ce temps d'avoir à quatre sols.

Le beurre frais fust vendu ce jour au marché trois francs et demi la livre, et les œufs au prix de huict francs le quarteron.

Le dimanche 5 aoust 1590, le suivant placcard fust semé aux Augustins à Paris. Il estoit imprimé en gros canon, et y en eust quantité de jettés.

« Pauvres Parisiens, je deplore vostre misere, et ai encores plus grand pitié de ce qu'estes tousjours badaux. Ne voyés vous point à veue d'œil que ceste ame damnée d'ambassadeur d'Hespagne, qui a fait tuer nostre bon roy, se moque de vous, en vous faisant manger tant de boullie qu'il voudroit que vous en fussiés ja tous crevés, pour s'emparer de vos biens et de la France s'il pouvoit. Lui seul empesche la paix et le repos de la pauvre France tant desolée, ensemble la reconciliation du Roy et des princes en une parfaite et vraie amitié. Il a mangé vos crucifix, reliques d'or et couronne royale, si long tems et si cherement gardés. Croiés qu'il en fera autant de la France si vous l'endurés. Que tardés vous donc que vous ne le jettés subitement dans un sac à vau l'eau, pour s'en retourner plus tost en Hespagne? »

Le lundi 6 aoust 1590, suivant la resolution des theologiens et de l'assemblée faite à Paris en la salle Saint-Lois, les deputés de Paris sortirent avec la permission et benediction de M. le legat, pour aller trouver le Roy à Saint-Antoine des Champs, où Sa Majesté avoit disné; laquelle les ouist fort benignement et receust courtoisement, mais sans rien leur accorder de leurs demandes; et s'en retournerent comme ils estoient venus. Les raisons en sont amplement deduites aux memoires qui en ont esté imprimés.

Ce jour un seize de Paris devisant avec un Italien à la porte du passementier Leroy qui est au bout du pont Saint-Michel, estant entrés en propos sur ceste conference, disoit en grande colere à cest Italien : « Ces
« meschans se moquent de nous, et nous appellent
« mangeurs d'asnes et de chiens. » Auquel va respondre tout froidement l'Italien : « *Nonne verò.* — Oui, mais
« ce dit l'autre se colerant encore plus fort, s'ils en-
« troient une fois ici dedans, pensés vous qu'ils ne nous

« fissent pas tous pendre? — *Se po fare*, dist tout dou-
« cement l'Italien. »

Ce mesme jour on trouva escrit d'un charbon, contre la porte Saint-Antoine, le huittain suivant :

> Plusieurs pour la sainte Ligue
> Souffrent plus que l'Enfant prodigue :
> Car, disnant avec les pourceaux,
> Il mangeoit choux, rave et naveaux;
> Et eux, avec leurs maigres lippes,
> Sont bien heureux manger les trippes
> Et boudins d'asnes et chevaux,
> Faute de si friands morceaux.

Contre les ovants des boucheries de la porte de Paris, où il n'i avoit que frire, sinon quelques pieces de vieilles vaches et graisses de chevaux, asnes et chats qu'on y voyoit estalés, au lieu des moutons, veaux et bœufs, on trouva ce mesme jour escrit en grosses lettres ce qui s'en suit : *Hæc sunt munera pro iis qui vitam pro Philippo profuderunt.*

Le mecredi 8 aoust 1590, fust excité un tumulte au Palais à Paris, partout plein de gens que la faim comme les loups chassoit hors du bois, et lesquels avec les armes demandoient la paix ou du pain. Ceste entreprise avoit esté tramée par un bon nombre des bourgeois de la ville, voire et des premiers et plus apparans, qui eussent bien desiré le Roy dedans Paris, pour n'avoir plus gueres que frire en leurs maisons non plus que le menu peuple, qui, pour l'extreme pauvreté et misere où il estoit reduit, ne demandoit qu'à changer de maistre et de condition. Mais la mine fut esvantée; et l'entreprise, conduite plus par la passion que par la raison, fut decelée dès le jour de devant à M. de Nemours par le pere Christin et autres : dont M. Molé (¹) advertist le soir bien tard M. le president Brisson, et le fust trouver en son logis pour lui remonstrer le grand danger et inconvenient inevitable qui en adviendroit; et le prier de tant faire ( pour ce qu'il estoit des principaux qui conduisoit l'œuvre), que la partie au moins se remist à une autre fois. Mais M. Brisson n'en tenant autrement conte, et trouvant meilleur d'en tenter le hasard à toute extremité, respondit à M. Molé en ces mots : « *Brute, times!* » Et de ceste opiniastre resolution faillist à ruiner les plus gens de bien de Paris et toute la cour de parlement pour la seconde fois : car le lendemain tous ces beaux entrepreneurs et demandeurs de pain s'estans assemblés en armes au Palais, furent dissipés et rompus en un instant, pour estre mal conduits et soustenus, et ne se recongnoistre les uns les autres. Tellement que comme politiques, seditieux, fauteurs et adherans à un heretique, au lieu de pain on leur donna des coups, et au lieu de paix un gibet : y en aiant eu plusieurs d'entre eux emprisonnés et rançonnés, autres battus, chassés, et quelques-uns de pendus. Et faut confesser que sans la sagesse et moderation qu'y apporta M. de Nemours, il en fust peu reschappé de toute ceste grande multitude, et que sans lui la meilleure partie de la cour de parlement eust couru fortune ce jour des biens et de la vie. Car en ce tumulte un des capitaines zelés de Paris, nommé Robert Legois, avoit esté tué : dont les Seize ses compagnons se vouloient revencher sur les politiques; et eust-on bien de la peine de les retenir

---

(¹) *M. Molé :* Edouard Molé. Les ligueurs l'avoient fait procureur général du parlement de Paris. Il fut président en 1602.

de mettre les mains bien avant au sang. Quelques-uns racheterent leur vie par de l'argent, entre autres Allegrain, conseiller en la cour, qui paia douze cens escus pour sortir; Jumeauville, six cents escus; Talon, advocat, sept cents escus. Le president de Thou [1] donna deux cens escus pour avoir un passeport, et trois cens pour retirer son bastard, qui avoit esté mis prisonnier avec les autres; et fut ledit president rescous des mains du chevalier d'Omale par M. de Nemours, qui le reconduist en sauveté en sa maison : car le chevalier d'Omale le menassoit l'espée au poing. Auquel ce bon president fist une response digne de son aage et de sa qualité, lui disant que son espée lui faisoit aussi peu de peur que lui pouvoit faire son bourrelet qui portoit sur l'espaule.

Maistre Jean Prevost, curé de Saint-Sevrin, fust tiré de la presse par Senault [2], un des Seize, et reconduit par lui en seureté jusques en sa maison, après l'avoir exhorté de reprendre le parti de la Ligue qu'il avoit laissé : car ce curé estoit vulgairement apelé par eux *le Politique*, comme celui de Saint-Supplice *le Ministre*, et celui de Saint-Eustace *le Pape des halles*; et ce d'autant que ces trois estoient les seuls dans Paris qui ne preschoient point par billets; tous les autres imitoient le proverbe des sorciers : *Fais du pis que tu pourras, et le diable ne sçaura que te demander.* Aussi, à force de crier contre les heretiques, ils se cassoient ventre et poulmons pour imprimer leur catholicon au cerveau du peuple.

---

[1] *Le president de Thou* : Augustin de Thou, oncle de l'historien Jacques-Auguste de Thou. — [2] *Par Senault*: Pierre Senault, clerc au greffe du parlement.

Le jeudi 9 aoust 1590, ung nommé Le Prestre, marchant joalier à Paris, fust pendu par sentence du grand prevost, comme seditieux, c'est-à-dire, pour s'estre trouvé à la journée du pain le jour de devant, et pour avoir blessé un marchand ligueur et des principaux, nommé Le Goix : ce qu'il a maintenu de faux jusques à la fin, et que c'estoit Compan l'eschevin, qui lui en vouloit, qui estoit cause de sa mort. Comme la verité est qu'il le haioit fort, mesmes à cause de la religion : dont toutefois Compan avoit autrefois fait profession, aussi bien que Le Prœbstre, qui y voulust mourir, disant que ce qu'il l'avoit abjurée avoit esté par timidité et contre sa conscience : dont il crioit merci à Dieu. Ce que voyant, le peuple commença à tumultuer, et crier selon sa coustume *au chien* et à *l'heretique*, disant que quand il n'eust esté chargé d'autre crime que de cestui là, qu'on lui faisoit encores trop de grace de le faire mourir si doucement.

Cependant estant à l'eschelle, il donna une assignation à Compan pour comparoir bientôt devant le grand juge, et là rendre raison du tort qu'il lui faisoit. Laquelle porta : car au bout du mois justement ledit Compan mourust, et fust apelé de Dieu pour comparoir à la susdite assignation.

Le samedi 11 aoust 1590, le clerc de M. Favier, conseiller en la cour, fust pendu à Paris, pour avoir, à la journée du pain, porté deux pistoles bandées et amorcées, et une espée, à la porte du Trésor. Ce qu'il disoit avoir fait par le commandement de son maistre, auquel il ne prist jamais mieux que de s'en aller : car si on l'eust peu attraper, on lui eust fait tenir le haut bout de la potence auprès de son valet.

Ce jour fust vendue au marché la livre de beurre quatre francs; les œufs huict et neuf sols la piece. Ung membre de mouton fut vendu quatre escus, et ung septier de bled quatrevingts escus.

Je vis ce jour, près la croix Saint-Eustace, une pauvre femme qui mangeoit la peau d'un chien. Nous estions ensemble mon frere Du Couldrai et M. de Gland, qui le vit comme moi, et me dit qu'il l'escriroit en son registre.

Le mardi 14 aoust 1590, veuille de la Nostre-Dame, sortist de ceste ville de Paris ma femme [1] grosse, preste d'accoucher; et emmena avec elle Anne de Lestoille et mon petit Matthieu, avec sa nourisse et sa germaine; et se retira avec ma mere à Corbeil, qui lui fust une chere sortie et à moi aussi, toutefois comme necessitée et du conseil de son frere, pour la grande famine qui estoit ici.

On m'acheta ce jour deux œufs vingt sols.

Le mecredi 15 aoust, jour de la Nostre-Dame, comme j'estois à ma porte, sur les cinq heures du soir se vinst presenter à moi un pauvre homme fort have, mourant de faim, qui tenoit un sien enfant entre ses bras, d'environ cinq ans, que je vis incontinent expirer entre les bras du pauvre pere, qui lui ferma les yeux en ma presence, et m'asseura qu'il y avoit trois jours que lui ni son enfant n'avoient rien mangé, et plus de quinze jours qui n'avoient veu pain. Ce qui me fit si grande pitié, qu'allant moimesmes querir un pain (dont je n'ai jamais eu faute pendant la necessité: de quoi je donne gloire à Dieu en m'humiliant), le

---

[1] *Ma femme :* Sa femme étoit une Baillon, et sa mère fille et sœur des deux gardes des sceaux Monthelon.

donnai à ce pauvre homme, avec une piece d'argent : Dieu s'estant voulu servir de moi en cest endroit pour possible lui sauver la vie, ou dumoins l'alonger : comme j'eusse fait de bon cœur à son enfant, si Dieu me l'eust plus tost adressé; mais quand il vinst à ma porte, le pauvre enfant jettoit les derniers sanglots.

Le jeudi 16 aoust 1590, fust publié à Paris qu'il estoit permis à toutes personnes de sortir la ville : car la famine estoit tellement renforcée et la necessité accrue, que le pain fait des os de nos peres, qu'on apeloit ici le pain de madame de Montpensier pour ce qu'elle en exaltoit partout l'invention (sans toutefois en vouloir taster), commençoit d'estre en usage; mais lequel toutefois ne dura gueres : car ceux qui en mangeoient en mouroient : comme aussi il avoit esté fait pour cela, selon le dire de beaucoup. On m'en donna un morceau que je gardai longtemps, et jusques à la treufve, que je le donnai à un mien ami de Tours qui me vinst voir.

Ce jour, un de mes amis, homme docte et fort aisé, me vinst voir chez moi pour me demander du pain, me disant qu'il mouroit de faim, et qu'il y avoit quatre jours que son pain d'avoine lui estoit failli. Je l'en aidai de ce que je peu; et sçachant que j'aimois la poësie, me donna des sonnets qu'il avoit composés sur ce subject.

Le jour mesme, il m'envoya un escrit satirique qui couroit sous main à Paris, fait contre les predicateurs et prescheurs de famine : comme si la religion eust consisté à mourir de faim. Il estoit intitulé *l'Anti-Damoclès*, et contenoit environ deux feuillets d'escriture à la main que je copiai; et se trouvera escrit dans mes livres de recueils.

Le vendredi 17 aoust 1590, s'esleva un bruit de paix à Paris, fondé sur le desir commun, et aussi sur ce que messieurs de Gondi et Lyon sortoient ce jour de Paris pour aller trouver le Roy. Dequoi les Seize de Paris et autres mutins de la ville prirent l'alarme, estant venus jusques à ceste barbarie de dire qu'il valoit mieux tuer ses enfants, voire les manger à belles dents, que de se rendre à un heretique, n'estant toutefois tant le zele de la religion qui les faisoit ainsi parler, que la peur qu'ils avoient du medecin qu'on nommoit *La Corde*.

Ce jour fust vendue la livre de beurre quatre francs et demi, et le lendemain cent sols; et les œufs douze sols.

Le samedi 18 aoust 1590, Bussy-Leclerc (1), capitaine de la Bastille, vinst aborder M. le president Brisson, auquel il dit qu'il avoit entendu qu'il se parloit d'une paix ou d'un accord; mais qu'il lui vouloit bien donner à entendre au nom de tous les bons catholiques, s'estant chargé d'en porter la parole, que c'estoit chose qu'on ne souffriroit jamais à Paris, et à laquelle ils estoient tous deliberés de s'opposer de fait et de force. A quoi le president Brisson filant doux, respondit qu'il n'en avoit point ouï parler; que M. de Nemours ne lui en avoit point communiqué. Toutefois, qu'il leur pouvoit respondre d'une chose : qu'ils avoient un bon gouverneur, et sage, et bien zelé à la religion : le salut et conservation de laquelle il prefereroit tousjours à toutes les necessités du monde, et que de sa part il y apporteroit tout ce qui despendoit de lui, aiant en ce fait plus d'esgard à la religion qu'à la necessité, encores qu'elle fust très-grande. A quoi repliqua Bussi auda-

(1) *Bussy-Leclerc :* Il avoit été prévôt de salle, puis procureur au parlement.

cieusement : « Necessité! Je sais que c'est la couver-
« ture de tout que ceste belle necessité. Mais je vous
« dirai : Je n'ai qu'un enfant, on parle de la neces-
« sité : je le mangerai plus tost à belles dents, que de
« me rendre jamais. Et si j'ay une espée bien tren-
« chante ( va-il dire en regniant Dieu et y mettant
« la main dessus), avec laquelle je mettrai en quatre
« quartiers le premier que je sçaurai, ou oirrai dire
« seulement qui parlera de la paix. »

Le dimanche 19 aoust 1590, une damoiselle de Paris estant allée visiter une des princesses (qu'on appeloit ici la Reine mere [1]), estant tumbée sur les propos ordinaires de la necessité de Paris, ceste damoiselle lui ayant dit qu'elle estoit très-grande, voire telle et si enorme que si on n'i donnoit remede, il y avoit danger que les propres meres fussent contraintes enfin de tuer leurs enfans, n'ayant de quoi leur donner à manger; et que pour son particulier d'elle ( se prenant à pleurer profondement ), Dieu congnoissoit à quoi elle en estoit réduite; ladite dame, pour la consoler, lui respondist en ces termes : « Et quand vous en seriez là reduitte,
« que pour vostre religion il vous faudroit tuer vos
« enfans, pensés-vous que ce soit si grand cas que
« cela? De quoi sont faits vos enfans, non plus que
« ceux de tous les autres, de boue et de crachat? Ma
« foi, voila une belle matiere pour en tant plaindre la
« façon ! »

---

[1] *La Reine mere* : Anne d'Est, veuve en premières nôces de François de Lorraine, duc de Guise; et en deuxièmes, de Jacques de Savoie, duc de Nemours. On l'appeloit la *Reine mère*, parce que ses deux fils les ducs de Guise et de Nemours prétendoient se faire rois de France.

Le lundi vingtieme aoust 1590, ayant esté representée au Roy l'extresme misere et pauvreté de son peuple de Paris, où on commençoit à voir les ruës et entrées des maisons pavées de morts : Sa Majesté aimant mieux faillir aux reigles de la guerre qu'à celles de la nature, mesmes à la sienne, qui a tousjours esté plaine de clemence; rompant la bariere des loix militaires, et considerant que tout ce pauvre peuple estoit chrestien, et que c'estoient tous ses subjets, accorda premièrement passeport pour toutes les femmes, filles, enfans et escoliers qui voudroient sortir : lequel s'estendit en fin à tous les autres, jusques à ses plus cruels ennemis, desquels mesmes il eust soin jusques à commander que sortans, ils fussent humainement receus en toutes ses villes où ils se voudroient retirer. Il permist davantage, contre toutes les loix de la guerre, que les princes et princesses qui estoient dans la ville fussent secourus de quelques vivres. Ce qui a esté fort ingratement reconneu, et une des principales causes (pour en parler humainement) qui a engardé que le siege n'a point eu l'effet qu'il devoit avoir.

Le vendredi 24 aoust, jour Saint Berthelemy 1590, le septier de bled fust vendu à Paris cent escus. Ma chambriere m'acheta quatre œufs un escu; le beurre, au prix de deux escus la livre, qui fust vendu le lendemain six francs et demi, et jusques à sept francs. Le jeudi de devant elle me fist manger de la chair de cheval qui passa en guise de vache, n'en ayant rien sceu que huict jours après, et ne m'en estant point trouvé mal, Dieu merci.

Le samedi 25 aoust 1590, un advocat des Seize, nommé Fontanon, mourust à Paris d'une fievre chaude;

qui estoit un des grands ennemis que j'eusse sans le savoir, car je ne le connoissois pas seulement de visage : tant s'en fault que je lui eusse jamais fait mal aucun ou desplaisir; et toutefois avoit dit peu au paravant à une honneste femme dans le Palais, me montrant au doigt et ne pensant pas qu'elle me congneust, que j'estois un des plus grands heretiques et politiques de Paris, et que je devois estre sec il y avoit dix ans. Dont ladite dame m'advertist pour m'en donner garde; mais oncques puis ne le peus voir ni congnoistre non plus qu'au paravant : et les premieres nouvelles que j'en eus fust de sa mort.

Pendant ce temps, qui estoit six jours avant la levée du siege de Paris, et jusques à la fin d'icelui, vous eussiés veu le pauvre peuple, qui commençoit à mourir à tas, manger les chiens morts tous cruds par les ruës; autres mangeoient les trippes qu'on avoit jetté dans le ruisseau; autres des rats et souris qu'on avoit semblablement jetté; et quelques-uns les os de la teste des chiens moulus (chose qui monstroit une grande extremité); et estant la pluspart des asnes, chevaux et mulets mangés, on vendoit les peaux et cuirs desdites bestes cuites, dont les pauvres mangeoient avec fort bon appetit. De ce que j'escris mes yeux en ont veu une bonne partie, et le reste m'a esté testifié par gens dignes de foi, et mesmes par un pauvre bonhomme que je nourissois durant ce temps : lequel, pour un morceau de pain, me sçavoit à dire tout ce qui advenoit de nouveau et prodigieus dans la ville.

Finablement la necessité croissant, deux ou trois jours devant la levée du siege, les lansquenets, gens de soi barbares et inhumains, mourants de male rage de faim, commencerent à chasser aux enfans comme aux chiens, et en mangerent trois : deux à l'hostel Saint-Denis et un à l'hostel de Palaiseau; et fust commis ce cruel et barbare acte dans l'enceinte des murailles de Paris, tant l'ire de Dieu estoit embrasée sur nos testes. Ce que tenant du commencement pour une fable, pour ce qu'il me sembloit que *hoc erat atrocius vero*, j'ai trouvé depuis que c'estoit verité, confessé et tesmoingné par la propre bouche des lansquenets. De moi, j'ai oui tenir ceste proposition à un grand catholique de Paris qui estoit du conseil des Neuf, qu'il y avoit moins de danger de s'accommoder d'un enfant mort en telle necessité, que de recongnoistre le Bearnois, estant heretique comme il estoit; et que de son opinion estoient tous les meilleurs theologiens et docteurs de Paris, et entre autres monsieur son curé, qui estoit celui de Saint-André-des-Ars.

Le mecredi 29 aoust 1590, madame Louvet refusa de M. de Rochefort vingt-cinq escus d'un minot de bled, le lui voulant vendre trente escus. Et le samedi suivant, qui estoit le premier septembre et le troisiesme du siege levé, elle envoya offrir à M. de Gland, mon beau frere, une mine de bled pour sept escus.

Ce jour, M. Cotton, M. Desforneaux et moi obtinsmes un passeport de M. de Nemoux pour sortir nous et nostre train hors de Paris : car nous estions à la fin de nostre pain, au moins moi, qui avois ja composé avec le capitaine Saint-Laurens à cinquante escus, pour me rendre en seureté là où je voudrois aller. Mais le siege fust levé le lendemain matin, qui estoit le jeudy 30 aoust 1590, y aiant esté mis le septiesme may audit an 1590; et par ainsi fusmes arrestés, et nostre voiage rompu, à mon grand regret.

Après ce siege levé, on dit que Dieu avoit fait un aussi grand miracle qu'il en eust point fait depuis la creation d'Adam, de dire que nous avions peu nous sauver, estans conduits par un aveugle (Mendoze), gouvernés par un enfant (M. de Nemoux), et conseillés par un prebstre (le cardinal Cajetan, legat) qui n'entendoit rien au fait de la guerre.

En ce mesme temps un certain personnage de Paris disoit à un honneste homme qu'un borgne (entendant de nostre maistre Boucher) gouvernoit tout Paris comme un petit roy; auquel l'autre respondit qu'il ne s'en estonnoit point, pour ce qu'au royaume des aveugles les borgnes estoient rois.

Le vendredi dernier aoust 1590, le Roy escrivist de sa propre main à madame de La Rocheguion (1) la lettre qui s'ensuit :

« Ma maistresse, je vous escris ce mot le jour de la veille d'une bataille. L'yssue en est en la main de Dieu, qui en a desja ordonné ce qui en doit advenir, et ce qu'il congnoist estre expedient pour sa gloire et pour le salut de mon peuple. Si je la perds, vous ne me verrés jamais : car je ne suis pas homme qui fuie ou qui recule. Bien vous puis-je asseurer que si j'y meurs, ma penultiesme pensée sera à vous, et ma derniere sera à Dieu, auquel je vous recommande et moi aussi. Ce dernier aoust 1590, de la main qui baise les vostres, et qui est vostre serviteur,

« HENRI. »

---

(1) *Madame de La Rocheguion* : Gabrielle d'Estrées, femme de Nicolas d'Amerval, seigneur de Liancourt et de La Roche-Guyon. Elle fut depuis duchesse de Beaufort.

Ce mot de lettre fut porté à madame de La Rocheguion à La Rocheguion, par un grand laquais basque que le Roy y envoia exprès : Sa Majesté estant resolue de donner le lendemain la bataille au prince de Parme, lequel lui aiant fait lever le siege de devant Paris (qui estoit ce qu'il vouloit faire), n'en tinst autrement conte, et s'en mocqua. En quoi nous pouvons remarquer que les providences des hommes, et mesmes celles des plus grands rois et princes, sont fort incertaines, et qu'elles despendent de ceste grande de là haut qui tient les conseils et les evenemens en sa main, et en dispose bien souvent tout au rebours de ce que les hommes en ont arresté. Aussi n'y a il point de doute (comme l'yssue l'a bien monstré) que le conseil qu'on donna au Roy de lever tout à fait le siege de devant Paris sans laisser les fauxbourgs bloqués, comme il estoit en sa puissance, ne fust tres pernicieux et desavantageux pour lui. Et toutefois ce prince en estoit, et ne vouloit escouter ceux qui lui remonstroient, mesmes à M. de La Noue, ung des plus vieux et experimentés capitaines de la France, et des plus fideles et asseurés serviteurs qu'il eust, et qui, pour congnoistre la ruse et l'humeur de l'Hespagnol, lui predisoit ce qui en advinst : à sçavoir qu'il perdroit Paris qu'il tenoit en ses mains, et si ne donneroit point de bataille. Il fist en plain conseil une response de desdain et de moquerie, disant qu'il voioit bien que M. de La Noue n'estoit pas encores bien asseuré; et qu'il lui sembloit que les Hespagnols le tenoient desja aux fesses pour le remener en Flandres prisonnier : tant l'ardeur de ce prince à combattre estoit grande, selon la generosité naturelle qui est en lui : ne prevoiant pas cependant que son ennemi avoit un dessein contraire au sien, qui ne pouvoit empescher que suivant le conseil de M. de La Noue, et de ses autres bons conseillers et serviteurs.

Parlant des forces de l'Hespagnol, il disoit : « Leur « infanterie est bonne et brave; et pour ne vous en « mentir point, je la crains. Mais je me fie en Dieu, « et en ma noblesse et cavalerie françoise, que les « plus grands diables mesmes craindront d'affronter. » Puis se riant, disoit : « Le Bearnois est pauvre, mais « il est de bonne maison. »

*Supplément tiré de l'édition de 1736.*

Le mercredy premier jour du mois d'août, a été faite une procession pour demander à Dieu qu'il favorise les intentions du duc de Mayenne et de notre gouverneur, et qu'il envoye un prompt secours à notre misere et calamité.

Le jeudy deuxiéme août, ont été pendus deux hommes des plus mutins des attroupés de vendredi dernier.

Déclaration du Roi, par laquelle il promet de conserver la religion catholique, apostolique et romaine, sans y rien innover ni souffrir y être innové que par l'avis d'un concile légitimement assemblé, auquel il se conformera. Et de ce jour il prend en sa protection ladite religion, ensemble tous les bourgeois, manans et habitans de la ville de Paris, tant ecclésiastiques que autres, leurs personnes et biens : promettant en outre, en bonne foi et parole de roi, que ceux qui aideront à remettre icelle ville en son obéissance ne seront recherchés des choses passées et advenues à l'occasion des presens troubles.

Le vendredy troisiéme d'août, le cardinal de Gondy evêque de Paris, et l'archevêque de Lyon ont été au parlement, et ont dit qu'ils ne pouvoient accepter la députation du conseil, vû le decret de Sorbonne et l'excommunication du Pape contre tous ceux qui auroient communication avec le roi de Navarre; et sur ce ont avisé le legat sur ce qu'il convenoit faire (1) dans ce cas de necessité pressante.

Le samedy quatriéme du mois d'août, le legat examina sur la demande du conseil, et appella pour ses conseillers Tyrius recteur du college des jésuites, et Panigarole cordelier, ausquels il proposa le cas suivant : sçavoir si les Parisiens, contraints par la famine, encourroient excommunication en se rendant à ce prince hérétique? De plus, si les députés vers un tel prince pour le convertir, ou pour soutenir les droits de l'Eglise catholique, étoient compris en l'excommunication du pape Sixte v? A quoi les deux docteurs répondirent que non.

Le même jour, le cardinal de Gondy et l'archevêque de Lyon écrivirent au roi de Navarre qu'il lui plût leur envoyer un passeport pour se rendre à Saint-Denys, pour lui communiquer les intentions de la ville de Paris. Le Roi leur envoye dire par leurs mêmes envoyés qu'il seroit le lendemain à Saint-Antoine, où ils pourroient lui parler à loisir.

Le dimanche cinquiéme jour du mois d'août, le

---

(1) *Ont avisé le legat sur ce qu'il convenoit faire :* Le légat, le duc de Nemours, l'ambassadeur d'Espagne désiroient que ces deux prélats allassent vers le Roi, non pas pour traiter la paix, mais pour satisfaire le peuple et gagner du temps, en attendant les secours que le duc de Parme promettoit.

cardinal de Gondy et l'archevêque de Lyon se sont rendus à Saint-Antoine des Champs (1), où le Roy étoit déjà arrivé, accompagné de plus de douze cens gentilshommes. Ils l'ont trouvé dans le cloître, où ils lui ont fait leur reverence; et lui les a reçûs fort benignement. Après cette premiere vûë, ils sont montez dans une sale à ce préparée; et là M. le cardinal de Gondy a dit dans sa harangue la substance de ce qui suit : Les bourgeois et gens de bien de Paris, contristés d'un juste désir de voir finir leurs miseres, les ont députés vers Sa Majesté pour la prier d'y apporter remede; et afin qu'il fût plus efficace, leur permettre et leur donner passe-port pour aller trouver le duc de Mayenne, pour le porter à travailler avec Sa Majesté à une paix generale : d'où ils retourneroient dans quatre jours; que si les Parisiens étoient réduits au désespoir, l'exemple des Gantois et de Sancerre pourroit leur servir d'exemple.

Le Roi leur a dit qu'il alloit leur faire réponse; et après avoir entretenu à part ces deux députés, il est entré dans une autre chambre pour y déliberer avec son conseil. Une heure après, le Roi est venu les y rejoindre, et leur a d'abord demandé leur pouvoir, qu'ils lui ont présenté à l'instant. Cette pancarte étoit dressée en forme d'arrêt, portant que le conseil assemblé dans la chambre de Saint-Louis avoit ordonné que mes-

(1) *A Saint-Antoine des Champs :* à une portée de canon des murailles de la ville. Le roi de Navarre avoit fortifié cette abbaye pour tenir Paris assiégé de ce côté. Pendant le temps que dura la conférence, il y eut trève de part et d'autre. « Et certes, dit l'auteur du Discours notable du siége de Paris, ce fut un digne et notable spectacle de voir
« le gracieux accueil et les courtoisies dont ils usoient de part et d'au-
« tre : s'entre-accüeillant si amiablement, qu'on eût pensé qu'il n'y
« avoit jamais eu dissension ni différent entre eux. »

sieurs le cardinal de Gondy et l'archevêque de Lyon iroient vers le roy de Navarre, pour le supplier d'entrer dans une pacification generale de ce royaume; et iroient ensuite vers le duc de Mayenne, pour l'induire à rechercher ladite pacification. « Arrêtez-vous là, a dit
« le Roi! Si je ne suis que roi de Navarre, je n'aurois
« que faire de pacifier Paris et la France. Et toutes-
« fois, sans m'amuser à cette formalité qui est contre
« ma dignité, sçachez que je désire plus que tout autre
« de voir mon royaume en repos. J'aime la ville de
« Paris comme ma fille aînée, et lui veux faire plus de
« bien qu'elle n'en demande, pourvû qu'elle m'en sçache
« gré, non point au duc de Mayenne ni au roi d'Es-
« pagne. Le bruit du secours espagnol ne m'étonne
« point : Paris et le royaume sont un trop gros morceau
« pour la bouche du roi Philippe. Je donne aux Pari-
« siens huit jours pour aviser à leur reddition, et aux
« articles d'une paix pour tout le royaume. Au refus,
« je sçaurai fort bien user du droit de victorieux, à
« l'encontre des principaux moteurs et fauteurs de la
« rebellion. L'exemple de Sancerre et des Gantois est
« impertinent. Ceux de Sancerre s'étoient résolus à ces
« extrêmités sur les violences par lesquelles on leur vou-
« loit ôter leurs biens, la liberté, leur religion et la vie.
« Mais je veux rendre aux Parisiens la vie que Men-
« dose, ambassadeur d'Espagne, leur ravit par la fa-
« mine, et ne veux nullement les contraindre dans leur
« religion, ni autrement. Pour les Gantois, les Pari-
« siens ont assés montré le cœur qu'ils ont, en laissant
« occuper leurs fauxbourgs. J'ai cinq mille gentils-
« hommes avec moi qui ne se laisseront pas traiter à la
« gantoise. D'ailleurs j'ai Dieu pour moi, et la justice

« de ma cause. Faites fidel rapport de mes paroles à
« ceux qui vous ont envoyés. »

Après cette réponse, le Roi parla en particulier au cardinal de Gondy et à l'archevêque de Lyon, et leur montra des lettres qui venoient d'être surprises, envoyées par Mendose au roi d'Espagne, par lesquelles il se plaint que trop tôt les théologiens ont résolu qu'il étoit licite d'envoyer vers le prince de Béarn ; et finit la lettre par ce mot : « Dieu sauve votre catho-
« lique Majesté, et me veüille consoler ! » Le Roi leur a montré encore d'autres nouvelles, et tenu avec eux d'autres propos ; après lesquels il est monté à cheval.

Le lundy sixiéme d'août, le cardinal de Gondy et l'archevêque de Lyon firent rapport au conseil de la Ligue de tous les propos que le Roi avoit tenus avec eux.

Le lendemain, les prescheurs, sur le bruit qui avoit couru la veille que le Roi ne vouloit point de paix, animerent leurs auditeurs (1), leur affirmant qu'ils ne devoient esperer aucune grace ne douceur du Roi ; qu'il avoit permis à ses ministres de ruiner la religion et de détruire la ville de Paris, qui en étoit le plus solide rempart. Ainsi le peuple fut abusé par le conseil de la Ligue et par ses prescheurs.

(1) *Animerent leurs auditeurs* : Panigarole, un des prédicateurs les plus furieux de la Ligue, écrivoit au duc de Savoie : « Les prédica-
« teurs, fort offensez, ajouterent encore autres infinies raisons, et pré-
« cherent deux fois le jour en chacune eglise durant le siege avec telle
« menée, qu'ils ont confirmé le peuple à cette résolution de vouloir
« plutôt mourir que de se rendre ; et menaçoient le premier qui parle-
« roit de composition ou de paix ; et les femmes protesterent à leurs
« maris que plutôt que de se rendre par famine, elles voudroient man-
« ger tous leurs enfans. Le roy même de Navarre a confessé plusieurs
« fois que tout son mal venoit des prédicateurs et des curez. »

Le mercredy huitieme jour du mois d'août, le cardinal de Gondy et l'archevêque de Lyon s'acheminerent vers le duc de Mayenne, qui les renvoya vers le Roy, avec déclaration qu'il ne désiroit que la paix; et en même temps il donna avis aux Seize de ne point s'allarmer de ce traité : qu'il mourroit plûtôt que de faire la paix.

Pendant ce temps de trêve, le Roi, qui auroit pû se rendre maître de Paris, ne pensoit qu'à se divertir avec les dames, et n'écouta pas les avis qu'on lui donnoit que le duc de Mayenne le trompoit, et qu'il ne cherchoit qu'à pousser le temps avec l'épaule. Il n'en voulut rien croire, et accorda des passe-ports aux dames, aux ecoliers, aux ecclesiastiques, voire à ceux qui s'étoient montrés ses plus cruels ennemis.

Le jeudy seizieme jour du mois d'août, le roi de Navarre, qui n'avoit point encore réponse favorable des assiégés, a fait dresser pendant la nuit deux batteries auprès de la porte Saint-Germain, où il sçavoit que la muraille étoit foible et le fossé peu exhaussé; mais ayant appris par ses travailleurs que la porte de Saint-Germain avoit été terrassée et fortifiée par un grand retranchement que le duc de Nemours avoit fait faire pendant le siége, il a abandonné ce dessein.

Le lundy vingtiéme du mois d'août, un bruit s'est répandu que Dandelot (1) étoit venu hier dans Paris faire des propositions de paix, et qu'il promettoit au duc de Nemours de lui donner la princesse Catherine,

---

(1) *Dandelot* : Charles Dandelot, frère de Châtillon, et fils de l'amiral de Coligny. Dans une sortie, il avoit été fait prisonnier par les ligueurs, comme le comte de Brissac avoit été fait prisonnier par les royalistes. L'un et l'autre étoient libres sur parole.

sœur du Roi, en mariage. Mais que ce duc avoit répondu qu'il avoit pris les armes, non pour ses interêts, mais pour le soutien de la religion; et que si le Roi vouloit se faire catholique, il seroit le premier à mettre les armes bas.

On a dit encore que le duc de Mayenne étoit arrivé à Meaux, et que le duc de Parme devoit l'y joindre (1) dans trois ou quatre jours, étant parti le sixiéme de ce mois de Valenciennes, pour secourir Paris.

Le mardy vingt-uniéme d'août, les Parisiens sont affligés de nouveau par la construction de deux forts (2) que le Roi fait construire sur la Seine, par lesquels ils seront bloqués plus étroitement.

Le jeudy trentiéme du mois d'août, grande joye dans Paris. Les sentinelles, au commencement du jour, n'ayant point vû autour de leurs murailles l'armée du Roi, en ont averti toute la ville par des marques d'une grande allegresse : ce qui a donné lieu aux habitans de courir sur les remparts, pour s'assûrer d'une nouvelle

---

(1) *Le duc de Parme devoit l'y joindre :* Le duc de Parme arriva à Meaux le 23 du mois d'août, quatre heures avant le cardinal de Gondy et l'archevêque de Lyon, députés du conseil de l'Union. Ces députés lui proposèrent l'accord général, la suspension d'armes, et le ravitaillement de Paris. Il répondit que c'étoit perdre le temps que de proposer aucun traité avec l'hérétique, étant envoyé par le roi catholique son maître au secours des catholiques de France, pour l'extermination de l'hérésie et la défense de la religion catholique; que quoiqu'il fût envoyé pour secourir la ville de Paris, il confessoit toutefois n'être en état de lui donner du secours avant que toutes ses forces fussent arrivées; et que quant au ravitaillement, il s'en rapportoit à la prudence du duc de Mayenne. — (2) *La construction de deux forts :* Henri IV devant abandonner le blocus de Paris pour aller au devant du duc de Parme, ordonna la construction de deux forts, afin de rendre plus difficile le ravitaillement de la place pendant son absence.

à laquelle ils ne s'attendoient pas. Cependant on fait continuer la garde.

Le même jour fut faite une procession à Notre-Dame, à laquelle le legat, l'archevêque de Lyon, le duc de Nemours et plusieurs autres seigneurs se trouverent, avec la plus grande partie du peuple. Le *Te Deum* fut chanté en actions de grace; et le prescheur Panigarole fit un brief discours sur la liberté que Dieu venoit de donner à la ville: dans lequel il donna de grandes louanges au legat et au duc de Nemours, et dit au peuple que Dieu avoit récompensé la patience et la perseverance dans leurs miseres et afflictions.

[SEPTEMBRE.] Le vendredi 7 septembre 1590, le duc de Maienne et le prince de Parme prirent Lagni à la barbe du Roy, qui ne la peust jamais secourir. Dont estans entrés dedans par assault, mirent tout au fil de l'espée, et y exercerent grandes cruautés. On disoit que le matin après que le duc de Parme eust recongneu la ville et l'assiette des forces du Roy, il dit au duc de Mayenne, avec une garbe et bravade hespagnole, que la ville estoit à eux, et que maugré tout le monde, il l'enleveroit ce jour et la prendroit, fust-elle sur la moustache du roy de Navarre.

Le dimanche 9 septembre 1590, Compan, eschevin, mourust à Paris à deux heures après minuit, et partist de ceste vie pour comparoistre à l'assignation que Le Prebstre lui avoit donnée le neufvieme du mois passé. Il fut regretté de ceux de la Ligue, qui seuls le tenoient pour homme de bien.

Ce jour, Poncet, lieutenant du baillivf du Palais,

qui estoit un des grands catholiques zelés de l'Union, fust enterré dans l'eglise des Cordeliers.

Le lundi 10 septembre 1590, sur les deux heures après minuict, fust donnée une alarme à Paris, où on sonna le tocsain partout, jusques à cinq heures du matin. La cause de ladite alarme fust qu'on avoit descouvert les ennemis, qui donnerent entre la porte Papale et la porte Saint-Marceau, et planterent quatre eschelles contre sa muraille : l'une desquelles M. de Gland mon beau frere m'asseura avoir veue chez la damoiselle de Vouzé, faite de trois eschelles entées l'une dedans l'autre, longue de trente six pieds, aiant deux rouelles au haut et deux pointes par bas. A chacun bras ils avoient apporté une eschelle de douze ou quinze pieds, pour descendre du haut du rampart en bas.

Le mardi 11 septembre 1590, les lansquenets commencerent à abattre les maisons qui sont sur les fossés vis-à-vis de la porte de Nesle, et disoient qu'on leur avoit donné les desmolitions en paiement. Mais M. de Nemours se transporta apres disner sur le lieu, et leur fit deffenses de rien emporter.

Ce jour mourust à Paris madamoiselle Aurillot, apelée communement *la devoté*. Un nommé frere Estienne, minime, son confesseur et pere spirituel, fist imprimer chez Jehan Corbon, au Cœur bon, devant Saint-Hilaire, une oraison funebre faite par lui sur le trespas de ceste bonne dame, avec plusieurs epistres, revelations, illuminations, ecstases et ravissemens de ladite dame, que ce bon minime ne fait gueres moindres que ceux de l'apostre saint Pol. J'en tirai un de la pochette d'une bigotte de la Ligue, n'estant possible d'en recouvrer autrement; pour ce qu'Acarie le maistre des comptes, qu'on apeloit à Paris *le laquais de la Ligue*, en avoit retiré toutes les copies, et n'en faisoit distribuer qu'à ceux qui congnoissoit estre bien avant de l'Union. Par la lecture de ce beau livre, tout homme d'esprit congnoistra la difference qu'il y a entre superstition et religion, pour embrasser l'une et rejetter l'autre, comme vaine et sotte en toutes façons.

Le jeudi 13 septembre 1590, le bled mestail fut vendu dans les halles de Paris vingt-quatre escus le septier; et le samedi suivant 15 dudit mois, fust baillé le matin à dix escus dans la Greve, l'après disnée à huict escus, et sur le soir bien tard à six escus : qui est chose rare, et que j'ai bien voulu remarquer comme l'ayant vue.

Ce jour de samedi 15 septembre 1590, on eust nouvelles à Paris que le Pape estoit decedé dès le 28 aoust 1590, jour Saint-Augustin; et le lendemain, qui estoit le dimanche 16, j'ouis prescher à nostre curé (1), dans Saint-André, ceste mort comme un des grands biens et miracles, avec celui du siege, que Dieu avoit fait entre les deux Nostres-Dames; usant de ces mots : que Dieu nous avoit delivrés d'un meschant pape et politique; lequel s'il eust vescu plus longuement on eust esté bien estonné d'ouir prescher à Paris contre le Pape, et toutesfois qu'il l'eust falu faire. Sa mort est notable, extraite fidelement du discours d'un gentilhomme romain.

Le lundi 17 septembre 1590, le bled mestail fust vendu à Paris cinq escus le septier, et six escus le froment. Le mecredi 19, le froment fust vendu sept, et le mestail six; et le samedi 22, le froment huit, et le

---

(1) *Nostre curé* : Christophe Aubry, curé de Saint-André-des-Arcs.

mestail six escus et demi, et sept escus. J'en acheptai ce jour un septier de mestail, à la Greve, six escus deux tiers.

Ce jour de samedi 22 septembre, arriverent à Paris les nouvelles de la mort de M. le president Despesse, autant agreables à ceux de la Ligue que desplaisantes et ennuieuses aux gens de bien et aux bons serviteurs du Roy. Il fust enterré à Senlis le mecredi 19 de ce mois, et mourust, ainsi qu'on disoit, d'ennui et fascherie de voir le siege de Paris levé. Quand le parlement fust transporté par le feu Roy à Tours, Sa Majesté l'aiant fait president, il bailla son estat d'avocat du Roy à maistre Loys Servin, avocat en parlement. Et sur ce que le feu Roy en faisoit difficulté, pour la legereté de l'esprit dudit Servin, il lui dit que les sages avoient perdu son Estat, et qu'il falloit que les fols le retablissent.

Le lundi 24 septembre, le legat Cajetan partist de Paris pour s'en retourner à Romme, où il trouva le Pape son maistre mort, et bien à point pour lui : car il lui eust fait trencher la teste, pour avoir contre son exprès commandement et volonté allumé le feu de la sedition, au lieu de l'esteindre. Il laissa à Paris, pour bonne odeur de sa legation, une fumée de benedictions dont il avoit repeu ce sot peuple durant la famine, lequel il faisoit manger à vide.

Ce jour, le procureur Pasquier fust mis en terre.

Le jour mesme, Michel, procureur en la cour, qui estoit un des Seize de Paris, mourust, au grand regret de toute la confrairie.

Le vendredi 28 septembre 1590, un mareschal de M. le legat fust fouetté dans la cour du Palais à Paris, pour avoir volé et derobbé, au logis d'un chanoine nommé Bernage, pour quinze cents escus de meubles qui avoient appartenu à feu M. de Joieuse.

Ce mesme jour le general Benoist mourust à Paris, et fust enterré le lendemain, sans torche et sans cierge. On le tenoit pour le plus grand politique de Paris; mais pour ce qu'il estoit pauvre, les Seize (ausquels la congnoissance de ceste matiere appartenoit) disoient qu'il ne l'estoit point, et qu'on se trompoit.

Il estoit de la confrairie des penitens du feu Roy, surnommé leur trompette, pour ce qu'il ne faisoit que peter à la procession.

*Supplément tiré de l'édition de 1736.*

Le lundy troisiéme septembre, on a eu avis que le roy de Navarre étoit campé avec toute son armée à la vûë de celle des ducs de Mayenne et de Parme, et qu'il avoit envoyé un herault à nos deux liberateurs pour leur demander bataille. A quoi le duc de Parme avoit sagement répondu qu'il n'étoit venu de si loing que pour secourir Paris; que si pour cela il lui falloit donner bataille, il la donnera, mais qu'il fera ce qui lui conviendra le mieux. Les Parisiens, qui craignoient que le roi de Navarre ne fût victorieux dans cette bataille, exaltent grandement cette réponse, et la prudence du duc de Parme, qui certainement est très-louable.

Les politiques, qui raisonnent sur l'attaque du 10 septembre, disent que le Roi, s'il n'avoit pas voulu conserver la ville de Paris, l'auroit pû emporter déjà plusieurs fois [1], ayant suffisamment des forces pour cela;

---

[1] *L'auroit pû emporter déjà plusieurs fois* : Panigarole écrivoit au duc de Savoie : « Le duc de Nemours l'a confessé, et moi je l'ai vû,

mais qu'il n'avoit fait ce détachement de son armée que pour attirer le duc de Parme hors de ses retranchemens et lui donner bataille, pour se rendre maître ensuite de la ville de Paris sans verser le sang des Parisiens. D'autres disent que le duc de Parme dans cette conjoncture devoit sortir de ses retranchemens, et ne pas refuser la bataille d'une armée harassée et fatiguée par un long siege.

Le mercredy douziéme jour de septembre, il y eut grande joye dans Paris, par la nouvelle que le roi de Navarre, après avoir mis en œuvre toutes les ruses de la guerre pour faire sortir les ducs de leur retranchement, mais inutilement, avoit envoyé ses troupes, partie en Touraine, partie en Champagne, partie en Normandie, partie en Bourgogne, et dans quelques places aux environs de Paris; et par-là donné moyen au duc de Mayenne de se rendre à Paris sans courir risque.

Le mardy 18 septembre, ledit duc de Mayenne arriva à Paris, avec les principaux de son armée et de son conseil. Mais on ne fut à l'encontre de lui, et ne lui fut pas faite entrée, parce qu'on ne sçavoit pas son arrivée. Toutesfois les Parisiens ne témoignerent pas grande joye, et le regardoient d'un œil plus triste que joyeux, estant encore combattus de la faim, et plus

« que si le roy de Navarre au dernier mois eût éprouvé sa force, il
« prenoit Paris sans doute, parce qu'il étoit dégarni d'hommes, et la
« plupart de ce qui restoit demi morts de faim ; et en étoit mort un tel
« nombre de ceux de la garnison, qu'il y restoit fort peu de soldats.
« Il n'y avoit plus personne qui allât aux murailles, que les prêtres et
« les moines. Mais je crois qu'il n'a pas voulu la forcer, ou pour n'a-
« voir pas sçu la foiblesse, ou parce qu'il ne vouloit pas le sac et pil-
« lage de la ville de Paris. »

7.

touchés des maux qu'ils avoient endurés que de bonne esperance pour l'avenir.

Le samedy 22 septembre, le duc de Parme fit commencer le siege de Corbeil pendant qu'il étoit lui-même *incognito* à Paris, n'ayant pris avec lui que sept ou huit cavaliers. Il visita cette grande ville dont on avoit tant parlé; mais les efforts d'un siege si long et si malheureux qu'elle venoit de soutenir le toucherent plus que sa grandeur et ses édifices.

Le lundy 24, il se rendit au siege de Corbeil, et donna en partant l'esperance qu'il s'en rendroit le maître en moins de cinq ou six jours.

Le mardy 25, le cardinal Cajetan, legat, partit de Paris (1) pour retourner à Rome. En partant, il laissa Philippe Sega (2), evêque de Plaisance, avec la qualité de vice-legat. Mais le parlement et les Seize ne voulurent pas lui donner cette qualité, disant que le Pape étant mort, le cardinal Cajetan ne pouvoit pas deleguer un autre à sa place. Ainsi on lui donna seulement la qualité d'agent de la cour de Rome jusques à ce que le nouveau Pape y auroit pourvû.

En ce mois, le roi de Navarre a envoyé chercher le sieur de Cheverny, chancelier du roi Henry III; lequel

(1) *Partit de Paris :* Le légat Cajetan, en retournant à Rome, passa à Corbeil pour y saluer le duc de Parme : il étoit accompagné de l'évêque d'Ast, des prélats italiens, et du président d'Assy, l'un des députés de Paris qui devoit prier le prince de dégager entièrement la ville. En même temps arrivèrent à Choisy, où étoit logé le duc de Mayenne, les députés des Seize, qui présentèrent à ce duc des mémoires tendant à faire raser tous les châteaux de l'ancienne noblesse. Le duc ne fit point de réponse. Plusieurs de son conseil étoient d'avis de mettre en pièces ledit mémoire et ceux qui l'avoient présenté. — (2) *Philippe Sega :* Il étoit évêque de Plaisance en Espagne, et fut fait cardinal en 1591 par le pape Innocent IX.

s'est rendu incontinent auprès de Sa Majesté qui est à Aubervilliers, qui lui a donné des marques de sa bienveillance; et ensuite, en présence des princes et des premiers officiers de l'armée, lui a donné les sceaux de France, en lui disant : « Voilà, M. le chancelier,
« deux pistolets desquels je desire que vous me serviez,
« lesquels je sçai que vous pourrez fort bien manier.
« Vous m'avez avec eux bien fait du mal plusieurs fois,
« mais je vous le pardonne : car c'étoit par le comman-
« dement et pour le service du feu Roy mon frere. Ser-
« vez-moi de même, et je vous aimerai autant et mieux
« que lui, et croirai votre conseil : car il s'est trouvé
« mal de n'avoir voulu le suivre. » Alors le sieur Cheverny a baisé humblement les mains du Roy, qui lui a dit : « Aimez-moi, je vous prie, comme je vous aime,
« et croyez que je veux que nous vivions comme si
« vous étiez mon pere et mon tuteur. » Puis se tournant vers les princes, qui étoient présens : « Messieurs, ces
« deux pistolets que j'ai baillé à M. le chancelier ne font
« pas tant de bruit que ceux de quoi nous tirons tous
« les jours, mais ils frappent bien plus fort et de plus
« loin ; et le sçais par experience, par les coups que j'ai
« reçus. »

[OCTOBRE.] Le jeudi 4 octobre 1590, M. Desiré, conseiller au grand conseil, fust enterré.

Le lundi 8 octobre 1590, le pere Christin, predicateur de madame de Nemoux, et qui estoit de ces prescheurs de jeusne quand ils sont saouls, mourust à Paris, et fust enterré le mecredi 10 aux Augustins.

Le jeudi 11 octobre 1590, furent apportées à Paris nouvelles de Romme que le cardinal *Joannes Bap-*

tista *Castaneus* ou *a Cattaneo, cardinalis tituli Sancti Marcelli*, avoit esté esleu pape, et avoit pris le nom d'Urbain septiesme.

Ce jour, vinrent les nouvelles à Paris de la mort de Jacques Cujas à Bourges, le mecredy 3 octobre 1590; qui fust une grande perte, car c'estoit l'honneur des bons esprits et la lumiere des lois.

Son testament, qui n'a point esté imprimé, et duquel M. Pithou me donna la copie, est notable.

Le vendredi 12 octobre 1590, madame Cotton (1) ma mere, qui pour le siege et la famine s'estoit retirée à Melun, revinst en sa maison de Paris, où elle trouva M. des Forneaux, son gendre, malade à l'extremité : comme aussi il mourust le lendemain, qui estoit le samedi 13 du present mois d'octobre. Pendant son sejour à Melun, mourust Loise Tronson ma sœur, aagée de vingt-cinq ans, qui estoit une bonne fille et sage, et à laquelle ma mere et nous tous perdismes beaucoup. Il mourust aussi au dit Melun un de mes meilleurs amis, nommé Michel Corbiere, homme docte et craingnant Dieu, et de la douce compagnie duquel je faisois beaucoup d'estat.

Ce jour, courust à Paris un faux bruit de la mort de Besze (2), qui continua bien huict jours; et n'estoient autres nouvelles en ce temps que de morts et de maladies.

Le lundi 15 octobre 1590, vinrent nouvelles à Paris que le Pape, qui avoit esté esleu le 16 septembre, et avoit pris le nom d'Urbain sixieme, estoit mort le vingt-septiesme septembre ensuivant, et n'avoit esté pape que onze jours.

(1) *Madame Cotton :* Marguerite de Montholon. — (2) *Besze :* Théodore de Bèze.

Ce jour on nous dit les nouvelles de la mort de madamoiselle de Neufville, cousine de ma femme, fille unique de M. de Neufville son oncle, en son vivant secretaire du Roy : laquelle estoit morte à Senlis dès le lundi 8 de ce mois.

Le mardi 16 octobre 1590, la ville de Corbeil fust prise d'assaut par les Hespagnols, entre trois et quatre heures après midi. Il y avoit prés d'un mois qu'elle estoit assiegée : qui fust un grand avantage pour les affaires du Roy, et reculement de celles de l'Hespagnol, qui y perdist du temps, des hommes et de la reputation beaucoup (1). De quoi le Roy est tenu à ceux de la Ligue principalement, qui lui firent ce bon service sans y penser : car encores qu'il y eust dedans un très-bon capitaine et genereux, qui estoit le capitaine Rigaut (2), si est-il bien certain que si le duc de Parme n'eust point manqué de munitions là devant, comme ceux de la Ligue lui avoient promis, que la ville eust esté bien tost à lui. Ce qu'il dit à Rollant quand il y retourna pardevers lui pour s'en excuser : « Si vous estiez à moi, lui dit le duc de Parme, aussi « bien que vous estes à M. du Maine, devant qu'il « fust demie heure, vous seriez pendu, pour vous.

---

(1) *Qui y perdist du temps, des hommes et de la réputation beaucoup* : Le siége fut plus long que le duc de Parme ne l'avoit cru. Il dura depuis le 24 septembre jusqu'au 16 octobre. Les seigneurs attachés au parti de Mayenne faisoient hautement des plaisanteries sur les difficultés que le duc de Parme avoit éprouvées pour se rendre maitre d'une ville aussi peu importante. Ils affectoient de dire en présence de ce prince que les places ne se prenoient pas en France à la vue de l'artillerie comme en Flandre. Mayenne lui-même étoit jaloux des succès du duc de Parme, auquel il supposoit le projet de s'emparer des provinces, et de faire des conquêtes dans la France, sous prétexte de la secourir. — (2) *Le capitaine Rigaut* : ancien commis au greffe du châtelet.

« aprendre à me faire perdre ma réputation devant
« une bicoque (1).

Le jeudi 18 octobre 1590, qui estoit le jour Saint
Luc, j'eus nouvelles que ma femme estoit prisonniere
entre les mains des Hespagnols à Corbeil, et qu'elle
avoit esté mise à cinq cens escus de rançon.

Ce jour, Boucher, fils du president Dorçay, fust
esleu prevost des marchands de Paris; Langlois, des
Prés, Poncher et Brette, eschevins; et fut ordonné
que Brigard demeureroit procureur de la ville. On disoit à Paris, sur l'eslection faite de Boucher pour prevost des marchands, que si un *marteau* avoit assommé le peuple, qu'un *boucher* l'escorcheroit (2).

Le lundi 22 octobre 1590, je receus lettres de ma
femme, par lesquelles elle me mandoit qu'elle avoit
esté mise à cent soixante et quinze escus de rançon,
que madamoiselle Miron avoit payés pour elle; et
qu'elles s'estoient retirées à Villeroy.

Ce jour, nous eusmes nouvelles ici de la mort de
M. de La Grange, conseiller du Roy en son grand conseil, cousin de ma femme, decedé à Senlis le mecredi
precedent 17 de ce mois.

Le mecredi dernier jour d'octobre, veille de la
Toussaint 1590, ma femme revinst à Paris en sa maison, sous la conduite de Dieu, qui l'a preservée d'aussi
grands hazards que femme ait couru il y a long-temps.
De quoi je prie Dieu qu'elle puisse faire son proufit,
et moi aussi.

En ce mois d'octobre 1590, le mecredi 24 du dit
mois, mourust en sa maison à Paris M. Buier, secre-

---

(1) *Devant une bicoque* : La ville fut livrée au pillage. —(2) *Un boucher l'escorcheroit* : Boucher succédoit à La Chapelle-Marteau.

taire du Roy, aagé de soixante et dix-huict ans, un de mes meilleurs amis, *homo antiquâ probitate et fide, et verus Israelita, in quo dolus non erat.*

En ce mesme temps mourust dans la ville de Tours maistre François de Monthelon mon oncle, garde des sceaux de France, sans sceaux toutefois, pour se les estre ostés à soi-mesme (chose si rare qu'on en manque d'exemples) : procedant le tout d'une conscience trop scrupuleuse, et d'un excès de zele à la religion catholique, apostolique romaine. Personnage cependant à jamais regrettable pour sa singuliere probité, doctrine et vertu.

*Supplément tiré de l'édition de 1736.*

Dans le commencement de ce mois on apprit l'élection et en même temps la mort d'un nouveau Pape : c'étoit Jean-Baptiste Castagne [1], issu d'une ancienne famille de Geneti, qui fut élû le quinziéme du mois de septembre dernier, et prit le nom d'Urbain VII, et mourut le vingt-septiéme du même mois. Les Espagnols et les Seize de Paris le regretterent grandement, et disoient que ce bon Pape avoit promis de soûtenir la Ligue en France, et d'en chasser les heretiques; et avoit destiné pour cela les trésors que son prédecesseur avoit renfermés dans le château Saint-Ange.

En ce mois, les royalistes ont pendant quelque

---

[1] *Jean-Baptiste Castagne :* Cette élection fut agréable aux deux partis. Le Roi la vit avec plaisir, parce que le nouveau Pape, qui passoit pour avoir beaucoup de modération dans le caractère, n'avoit jusquelà montré aucune prédilection en faveur des Espagnols. Les ligueurs espéroient qu'il tiendroit la promesse qu'il avoit faite de se déclarer ouvertement pour eux, et de les secourir avec les trésors qui étoient déposés au château Saint-Ange.

temps relevé le courage d'une nouvelle amazone : c'est Marguerite d'Ally, femme de François Coligny, qui, ayant entendu que le capitaine Salard, gouverneur de Montargis pour la Ligue, avoit surpris Chastillon, et entré dans la basse-cour de son château, avoit avec quelques soldats et ses domestiques fait une sortie sur lui, repoussé ses gens avec avantage, voire avoit fait ledit Salard prisonnier.

Le cœur de noble Jean Spifame, seigneur de Buisseaux, Passi, Maisons, etc., conseiller et doyen du parlement, mort à Nangis en Brie, fût porté dans l'eglise des Augustins.

[NOVEMBRE.] Le dimanche 11 novembre 1590, le duc de Maienne eust nouvelles que M. de Givri(1) avoit repris Corbeil la nuict d'entre le samedi et le dimanche, qui estoit la veille Saint-Martin; et qu'en moins d'une heure ce gentilhomme avoit enlevé les trophées du duc de Parme et une bonne partie de la gloire de l'Hespagnol.

Le vendredi 16 novembre 1590, madame Houdric, belle mere de M. Du Rousseau, cousin de ma femme, mourust à Paris en sa maison.

Sur la fin de ce mois de novembre 1590, le duc de Parme commença à s'accheminer pour sortir de France, et reprendre le chemin de son pays. Le Roy en estant adverti monta incontinent à cheval et le suivist, lui donnant tousjours quelque bourrade, estant marri (à ce qu'il disoit) de ce qu'en recompense qu'il lui avoit apporté sa robbe fourrée, il ne lui pouvoit donner sa

(1) *M. de Givri* : Anne d'Anglure, seigneur de Givny, tué au siége de Laon en 1594. Le Roi lui avoit écrit que la ville de Châtillon avoit été reprise avec deux échelles.

chemise blanche. Contre ledit prince de Parme fust fait le sonnet suivant, qu'un de mes amis me donna :

> Ce preux, ce rodomont, ce grand preneur de villes,
> Qui des siens déserteur se donne aux estrangers,
> Suivant la foy lorraine et ses faux messagers,
> Veult rendre les François à sa grandeur serviles.
> Il prend du premier coup, par ses ruses subtiles,
> Lagni, bourg habité de pitaux et bergers;
> Et, par l'ardeur d'un chef s'eslançant aux dangers,
> Il prend les Corbillas, pour leurs pesches utiles.
> O glorieux exploits! ô la rare valeur!
> Mais à peine il partoit, quand par soudain malheur
> Il voit que ses deux forts sont repris sans deffence.
> Va tost, duc triumphant, va trouver tes Parmois,
> Conte-leur ta conqueste, et dis-leur qu'en trois mois
> Tu as pris et perdu deux villages en France.

Quand le duc de Maienne vinst prendre congé de Son Excellence, entre autres avis qu'il lui donna il lui conseilla d'entretenir le Roi (qu'il appeloit le prince de Bearn) de paix ou de treufve, et l'amuser tousjours par quelque ouverture de l'un ou de l'autre : « Car le « temps et la temporisation ruineront plustost ce prince, « dit-il, que la force; pour ce que c'est un Bearnois « qui use plus de bottes que de souliers. »

En ce mois de novembre 1590, mourust à Paris La Mer, medecin du conseil des Neuf, *qui habebat quidem zelum Dei, sed non secundum scientiam.*

En ce mois de novembre 1590, maistre Hugues Lemasson, qu'on apeloit le pere des Seize, avec son gendre maistre Pierre Senault, ayant fait eriger une tumbe à Saint-Innocent pour eux et toute leur famille, où selon la coustume ordinaire ils avoient fait graver *Cy gisent,* etc., on y mist avec un charbon : *S'ils ne sont pendus.* Et autant de fois qu'ils le faisoient effacer, autant de fois on le rescrivoit.

En ce mesme mois mourust à Paris André Thevet le cosmographe, grand voyageur, mais insigne menteur et fort ignorant, comme ses livres et escrits en font foy. M. de Thou, en l'onziesme livre de son Histoire (page 431 et 32), descrit la suffisance et vie du personnage.

Un docte homme de nostre temps lui fist croire qu'Anacreon avoit lui-mesme escrit qu'il estoit mort d'un pepin de raisin : ce que ce pauvre homme alloit publiant et confirmant partout. Son sepulchre est aux Cordeliers, lequel il a fait faire; et se sentant proche de sa fin, il alloit tous les jours pour le haster. Comme aussi il mourust tout aussitost, estant fort aagé.

### Supplément tiré de l'édition de 1736.

A la cour du roy de Navarre, la musique de la chapelle du Roy fut retablie : dont l'archevêque de Bourges prit la charge, pour à la suite de la cour dire tous les jours la messe du Roy, et faire des prieres continuelles pour sa conservation et sa conversion.

Le jeudi 14 de novembre, le clergé de Paris a présenté une requête au duc de Mayenne, pour le prier d'ordonner que pour la manutention de l'Union aucuns officiers et beneficiers nouvellement pourvûs ou à pourvoir en cette ville de Paris, et autres unies, ne pourront être reçûs à l'exercice et administration de leurs offices et benefices, qu'au préalable eux et leurs collateurs n'ayent fait et prêté le serment qui suit :

« Nous jurons et promettons à Dieu, à sa glorieuse
« mere, anges, saints et saintes de paradis, de vivre
« et mourir en la religion catholique, apostolique et
« romaine; employer nos biens et moyens pour la con-

« servation d'icelle, et ne souffrir ne endurer aucune
« domination d'un heretique : ains nous employer de
« tous nos moyens à l'extirpation des hérésies, ruine
« des hérétiques, sans y rien épargner, jusqu'à la der-
« niere goute de notre sang. Jurons aussi d'entendre
« de tout notre pouvoir à la garde et conservation de
« cette ville de Paris, à l'établissement d'un repos as-
« sûré en icelle, et des villes et communautés unies, à
« la décharge et soulagement du pauvre peuple. Jurons
« aussi et promettons d'obéir à monseigneur le duc de
« Mayenne, lieutenant general de l'Etat royal et cou-
« ronne de France; le défendre envers tous et contre
« tous, ensemble les autres princes, prélats, seigneurs
« et gentilshommes de cette ville, et autres qui sont
« unies et s'uniront ci-après pour la défense de la reli-
« gion catholique, apostolique et romaine; reconnoître
« et honorer les magistrats, et leur rendre obéissance :
« et si nous sçavons chose qui soit contraire à l'hon-
« neur de Dieu, de son Eglise, de mondit sieur, des
« magistrats, du repos et publique tranquillité, de les
« en avertir sans y user d'aucune connivence ou dissi-
« mulation, pour quelque respect que ce soit; et gene-
« ralement promettons ne nous abandonner jamais les
« uns les autres, et n'entendre à aucun traité, sinon
« d'un commun consentement de tous lesdits princes,
« prélats, villes et communautés unis sous l'autorité de
« mondit seigneur le duc de Mayenne. »

Le reste de ce mois on fut attentif à la poursuite du roy de Navarre contre le duc de Parme, qu'il harsella dans toutes les occasions.

Le vendredi 30 de novembre, et fête de Saint-André, on a fait une procession generale aux Augustins, en action de grace de ce que Dieu avoit délivré cette ville du débourlement que le roy de Navarre avoit fait, et favorisé la retraite du duc de Parme, dont Dieu s'est servi pour faire lever le siége devant cette ville.

[DECEMBRE.] Le samedi 8 decembre 1590, le pont de Saint-Cloud fust pris par le capitaine Andrinon, seigneur d'Antichant, qui y commandoit pour l'Union; et le lundi suivant fut repris par M. de Nemoux.

Le lundi 10 de decembre 1590, le Roy estant à Saint-Quentin, eust nouvelles comme le mesme jour la ville de Corbie avoit esté remise en son obeissance : qui lui fust une fort agreable nouvelle, comme estant une des plus fortes places de la Picardie, et en laquelle on trouva grande quantité de munitions de guerre et de vivres.

Le samedi 15 decembre 1590, mourust à Paris mon frere Du Couldray, aagé seulement de vingt huit ans, d'un crachement de sang et mal de poulmon, dont on avoit preveu sa mort quelque temps auparavant; à laquelle tous les honnestes hommes et tous les siens et moi particulierement ai eu grand regret.

Le mardi 18 decembre 1590, le duc de Nemoux sortist de Paris pour s'en aller en son gouvernement, laissant messieurs de la cour et de la justice fort contens de lui, pour les avoir tousjours fort respectés et honorés; et les catholiques zelés pareillement, pour avoir esté bon tenant contre le Roy, auquel avant que se rendre il eust fait mourir un grand peuple, Sa Majesté n'ayant de tous ses subjects ung plus cruel felon et plus obstiné ennemi que lui.

Le mecredi 26 decembre 1590, qui estoit le lendemain de Noël, furent apportées nouvelles à Paris que Nicolas Sphondrat, milannois, evesque de Cremonne, cardinal, les uns disent sans tiltre, les autres du tiltre Saint-Nicolas, avoit esté esleu pape et avoit pris le nom de Gregoire quatorziesme, en memoire du pape Gregoire treiziesme, qui l'avoit fait cardinal l'an 1583.

Le dimanche 30 decembre 1590, on rouvrist à Paris la boucherie de chair de cheval, qui avoit esté fermée peu de temps après que le siege fut levé : ce qui monstroit bien la misere et necessité du petit peuple, au cri duquel et à sa requeste on fust contraint d'ouvrir ladite boucherie.

En cest an 1590, pendant le siege de Paris, mourust l'abbé Delbene, bon serviteur du Roy et des dames de la cour, desquelles il fust fort regretté.

En ce mesme an 1590, et pendant ledit siege, mourust dans l'Hostel-Dieu de Paris une pauvre femme de la religion, qu'on apeloit Claudine, femme d'Antoine Piat, potier de terre de son mestier : laquelle estant devenue folle de l'apprehension des temps et de la misere commune qui regnoit, couroit les rues de Paris, et cependant chantoit des pseaumes continuellement, faisoit les plus belles et ardentes prieres à Dieu qu'il estoit possible : tellement que M. de Chavagnac, curé de Saint-Supplice, lui ayant parlé pour la remettre, rendist ce tesmoingnage qu'en sa vie il n'avoit veu personne si bien instruite en la crainte de Dieu qu'elle, ni qui sceust tant de passages de la sainte Escriture, ni qui rendist meilleure raison de sa foy, et qu'elle en sçavoit plus que lui. Toutefois disoit une infinité de folies, crioit après les moines, les reprenant de leurs vices;

taxoit les idolatreries et superstitions (dont elle estoit souvent batue et fouettée); ne vouloit porter une cotte rouge : disoit que c'estoit la robbe du legat; et qu'elle avoit veu un grand homme au ciel, tenant un coutelas, qui lui avoit dit qu'elle allast dire à madame de Montpensier qu'elle ne se fardast plus, et au legat qu'il fist la paix. Finablement un jour avant sa mort revinst en bon sens, et mourust avec une grande connoissance de Dieu. C'estoit une des plus belles femmes de Paris, et mourust en la fleur de son aage.

Sur la fin de cest an 1590, depuis la levée de siege, y eust si grande mortalité à Paris, que les medecins et apothiquaires disoient que la peste de l'an 1580 n'en avoit tant tué en six mois qu'avoit fait en quatre mois la maladie des fievres chaudes, provenantes de la mauvaise nourriture qu'avoit eu le peuple pendant la famine. Elle en emporta des bons et des meschants, encores plus principalement de ces zelés catholiques qu'on apeloit, qu'elle fist voler de par delà avec leurs aisles de volerie : comme entre les autres Sainction, qui mourust enragé; Boreau, notaire, qu'on nommoit le bourreau; le procureur Michel, beau frere de Senault; Cocquin, procureur, un de ses compagnons, auquel le nom convenoit fort bien; Revesie, et tout plain d'autres semblables garnemens qui avoient emprisonné la cour : lesquels le commissaire de Bart et le notaire Hatte, qui fust hasté de partir, suivirent de près. Ils mouroient tous de fievres chaudes enragées, qu'on appeloit (pour parler catholiquement) zelées. Et peust-on dire à la verité que la maladie en tua plus que n'eust fait le glaive de l'ennemi entrant de furie dans Paris.

Le nombre seul des procureurs du parlement de Paris qui sont decedés en ladite ville de Paris, depuis Pasques 1590 jusques à Noël, est de soixante-deux; desquels je recouvrai une liste avec leurs noms et surnoms, qui me fust baillée le lundi dernier de l'an 1590.

Le jeudi 20 de decembre 1590, veuille de la Saint-Thomas, mourust à Paris en sa maison maistre Ambroise Paré, chirurgien du Roy, aagé de quatre-vingts ans, homme docte, et des premiers de son art; qui non obstant les temps avoit tousjours parlé et parloit librement pour la paix et pour le bien du peuple : ce qui le faisoit autant aimer des bons comme mal vouloir et haïr des meschants, le nombre desquels surpassoit de beaucoup l'autre, principalement à Paris, où les mutins avoient toute l'auctorité : non obstant lesquels ce bon homme, se fiant possible à ses vieux ans, comme Solon, ne laissoit à leur dire la verité. Et me souviens qu'environ huict ou dix jours au plus avant la levée du siege, M. de Lyon passant au bout du pont Saint-Michel, comme il se trouva assiegé d'une foulle de menu peuple mourant de faim, qui lui crioit et lui demandoit du pain ou la mort, et ne s'en sachant comment depestrer, maistre Ambroise Paré, qui se rencontra là, lui va dire tout haut : « Monseingneur, « ce pauvre peuple ici que vous voiés autour de vous « meurt de male rage de faim, et vous demande mise- « ricorde. Pour Dieu, monsieur, faites-la lui, si vous « voulés que Dieu vous la face; et songés un peu à la « dignité en laquelle Dieu vous a constitué; et que les « cris de ces pauvres gens qui montent jusques au ciel « sont autant d'adjournemens que Dieu vous envoie pour « penser au deu de vostre charge, de laquelle vous lui « estes responsable. Et pourtant selon icelle, et la puis-

« sance que nous sçavons tous que vous y avez, pro-
« curés nous la paix, ou nous donnés de quoi vivre :
« car le pauvre monde n'en peult plus. Voiés vous pas
« que Paris perist au gré des meschants qui veulent
« empescher l'œuvre de Dieu, qui est la paix? Opposés
« vous y fermement, monsieur, prenant en main la
« cause de ce pauvre peuple affligé; et Dieu vous benira
« et vous le rendra. » A quoi M. de Lion ne respondit
quasi rien, si non que contre sa coustume s'estant
donné la patience de l'ouir tout du long sans l'interrompre, il dit après que ce bon homme l'avoit tout
estonné; et qu'encores que ce fust un langage de politique que le sien, toutefois qu'il l'avoit resveillé et fait
penser à beaucoup de choses.

En cest an 1590, et quasi en mesme temps, mourust
à Paris en sa maison M. de Moulinet, ung de mes meilleurs amis, homme de Dieu, et lequel en sa mort fist
une ample confession et reconnoissance des biens qu'il
avoit receus de Dieu, et de la foi qu'il avoit en lui; si
qu'on le peult prononcer bien heureux, comme estant
mort en Nostre Seingneur.

Quelque temps au paravant mourust à Paris une
bonne damoiselle de mes amies, nommée madamoiselle
Morel, pauvre des biens de ce monde, mais craingnant
Dieu : qu'on eust de la peine à faire enterrer, pour la
grande presse qu'avoient lors (qui estoit environ deux
mois après le siege) les prestres de Saint-André-des-
Ars sa paroisse, qui ne pouvoient fournir à enterrer
les morts, tant la mortalité estoit grande.

Quinze jours au paravant estoit mort un advocat
voisin de ma mere, très-honneste homme, nommé
M. Guibert, que sa femme (à ce qu'on disoit) avoit

laissé mourir de faim dans son lit, faute d'argent : encores qu'elle eust des chaisnes et autres bonnes besongnes d'or enterrées pour en faire, estant d'ailleurs femme vertueuse, mais avaricieuse.

En ce mesme an mourust aux cachots de la bastille de Bussi maistre Besnard Palissi, prisonnier pour la religion, aagé de quatrevingts ans; et mourust de misere, necessité et mauvais traitemens; et avec lui trois autres pauvres femmes detenues prisonnieres pour la mesme cause de religion, que la faim et la vermine estranglerent.

Ce bon homme en mourant me laissa une pierre qu'il appeloit sa pierre philosophale, qu'il asseuroit estre une teste de mort que la longueur du temps avoit convertie en pierre, avec une autre qui lui servoit à travailler en ses ouvrages : lesquelles deux pierres sont en mon cabinet, que j'aime et garde soigneusement en memoire de ce bon vieillard, que j'ai aimé et soulagé en sa necessité, non comme j'eusse bien voulu, mais comme j'ay peu.

La tante de ce bon homme, qui m'apporta lesdites pierres, y estant retournée le lendemain voir comme il se portoit, trouva qu'il estoit mort; et lui dit Bussi que si elle le vouloit voir, qu'elle le trouveroit avec ses chiens sur le rempart, où il l'avoit fait traisner comme un chien qu'il estoit.

En ce mesme temps mourust à Paris le clerc de l'audiance de la chancellerie, qu'on apeloit Jean Verger, homme que j'aimois, et qui faisoit et entendoit bien sa charge; digne d'une meilleure et plus grande, à cause d'un bon jugement naturel, conjoinct avec une très-grande memoire que Dieu lui avoit donné.

En cest an 1590, pour tousjours entretenir le peuple

de Paris en ses devotions, et lui donner aide et confort en ses miseres, M. le legat donna charge à Panigarole, evesque d'Ast (1), italien, homme docte et fort pathetique et persuasif, de prescher. Ce qu'il fist dans l'eglise de Nostre-Dame de Paris, avec grand concours et affluence de peuple, principalement de dames et damoiselles, ausquelles la façon de Panigarole revenoit fort; et là combattoit, par beaucoup de vifs et subtils argumens, l'heresie et l'heretique, tendant tous aux fins de non recevoir le roy de Navarre pour roy : qui estoit l'unique but et subject de ses predications, comme estoit celui de tous les predicateurs de Paris. A quoi il s'emploioit fort bien, mais sans colere et sans injures, qui estoient ordinaires aux chaires des autres. Et quand il se commençoit un peu à eschauffer, et que la passion le gaingnoit, alors prenant un verre d'eau froide, le beuvoit en sa chaire, et ainsi passoit sa colere : trouvant fort mauvaises les invectives et injures dont usoient les predicateurs de Paris en leurs sermons, principalement contre la memoire du feu Roy. Et le dit un jour à Boucher, qui pardessus les autres en faisoit gloire et marchandise, et aboioit contre les cendres du feu Roy, qu'il n'eust jamais pensé que les François eussent esté si vindicatifs et outrecuidés de mesdire ainsi de leurs rois après leur mort. Et quand ils eussent esté les plus grands tirans du monde, toutefois qu'avec la mort l'envie et la colere de tout homme qui avoit un grain d'humanité en lui devoit cesser, non seulement à l'endroit d'un roy, mais du plus petit particulier ennemi du monde. Qu'il n'eust jamais creu, s'il ne l'eust veu

---

(1) *Panigarole, evesque d'Ast :* François Panigarole, de l'ordre des cordeliers. Il avoit prêché la Saint-Barthelemy à la cour de Charles IX.

et ouï de ses aureilles, qu'après avoir eu raison de leur roy telle qu'ils la pouvoient demander, ils eussent le cœur de le dechiqueter encores après sa mort, et le charger journellement de mille opprobres et injures; et qu'en cela le François estoit bien pire que l'Italien, auquel on reprochoit la vengeance, qui toutefois s'assouvissoit avec la mort de leurs plus grands ennemis.

[JANVIER 1591.] Le jeudi 3 janvier 1591, qui estoit le jour Sainte-Genevieve, la riviere de Seine, qui estoit si basse en ceste saison que l'on pouvoit quasi aller à pied sec du quai des Augustins en l'isle du Palais (ce qui n'avoit esté veu de memoire d'homme), vinst à croistre ce jour sans aucune cause apparente : car la gelée avoit continué huict jours entiers sans pluie, et continuoit et serroit plus fort qu'auparavant. La cause toutefois pouvoit estre de ce que le dimanche et lundi precedens le vent de couchant avoit tiré, qui pouvoit avoir chassé les nuées vers l'orient et vers les sources des rivieres, où estant crevées, les pluies avoient causé la creue des eaux ; ou que le vent estant au levant, avoit chassé l'eau en abondance à val la riviere; ou que les arches des ponts estant gelées, l'eau ne pouvant passer avoit regorgé contre mont.

La nuict de ce jour 3 de ce mois, jour Sainte-Genevieve, quelques heures après minuict, le chevalier Domale (1), avec des troupes françoises et quelques lansquenets, entra par escalade dans la ville de Saint-Denis; et s'estant saisi d'une porte, fist entrer ses troupes bien avant dans la ville : la grande place de laquelle il gaingna avec tant d'heur et de valeur, que s'il eust esté

(1) *Le chevalier Domale :* Claude de Lorraine, chevalier d'Aumale.

secondé, on tient qu'il s'en fust fait maistre, et l'eust remise comme il avoit desseingné en l'obeissance de la Ligue. Mais les soldats de la garnison, conduits et assistés de la valeur de M. de Vicq(1) leur general et gouverneur, venans à se reconnoistre, chargerent si vivement ceux qui estoient entrés et s'estoient separés pour butiner, et leur maistre d'autre costé qui vouloit prendre La Raverie avec Saint-Denis, qu'ils furent contraints de tourner le dos et se mettre en fuite, abandonnant leur chef, qui y laissa ce jour les bottes et la vie, au grand regret de tous les ligueus, joie et contentement de tous les gens de bien : car il est assez verifié que si son entreprise eust reussi, il eust fait au retour une Saint Berthelemy à Paris de tous les plus apparans et signalés politiques qu'on apelle, et eust sacrifié à l'Union les ames de tous ceux qui estoient suspects de tenir ou adherer tant soit peu au parti du Roy, qu'il appeloit le parti du Bearnois; et exposé par mesme moïen au sac et au pillage les meilleures maisons de Paris, qui en estoient toutes suspectes, à cause des biens et de l'argent qu'il y avoit dedans. Il l'avoit ainsi promis et juré aux Seize, desquels il s'estoit fait chef, et avec lesquels il avoit souppé le jour de devant en une certaine maison de Paris, où au sortir de la table, en signe d'ostage et d'amitié, il beut à eux tous, disant ces mots : « Messieurs, voilà le dix-septiesme qui va boire aux « Seize. » Ce qu'on a sceu d'un de la confrairie.

Les nouvelles en aiant esté portées au Roy, il se jetta tout aussi tost à genoux; et dressant les yeux et les mains vers le ciel, fist tout haut une fort belle et ar-

---

(1) *M. de Vicq :* frère de Médéric de Vicq, qui fut garde des sceaux sous Louis XIII.

dente priere à Dieu, pour le remercier de tant de biens et de delivrances qu'il lui faisoit sentir journellement. Puis se retournant vers sa noblesse, magnifioit Dieu (ce qui est beau en un roy, et de tant plus louable qu'il est rare), leur disant « qu'il ne pensoit « pas, je ne dirai point (leur disoit-il) roy, mais « homme au monde, qui ait receu tant de bien faits et « graces de Dieu que moi. » Prenant plaisir à les leur specifier et discourir, les exhortans finalement de rendre graces à Dieu de la delivrance de ceste ville, qui lui estoit de très-grande consequence.

Le samedi 19 janvier 1591, un nommé Eloy Bertrand, dit Du Saulsoy, soldat du regiment de Tremont, après avoir fait amande honorable, fust pendu et estranglé à Paris, pour avoir tiré la barbe à M. L'Huillier, maistre des comptes, colonel de son quartier, par ce qu'il le vouloit empescher d'abattre une maison dedans la ville, sans commandement du gouverneur, permission du conseil, ni ordonnance du prevost des marchands.

Le dimanche 20 janvier 1591, y eust à Paris une chaude alarme qui commença à onze heures du soir et continua jusques à cinq heures du matin. Fust sonné le tocquesain par toutes les eglises et paroisses de la ville; les bourgeois se mirent en armes et tellement en devoir, que l'entreprise de l'ennemi descouverte, il n'en remporta que honte et confusion. Le president de Nulli, colonel de son quartier, fust au logis du jeune Vigni, secretaire du Roy, lequel aiant trouvé avec ses armes prest de sortir, ne lui fist rien, et se contenta. Mais bien lui dit (comme Vigni lui mesme me l'a conté) que s'il l'eust trouvé dans son lit ou sans ses armes, qu'il l'eust mené prisonnier comme politique, s'estant transporté exprès en sa maison pour cela.

Le mardi 22 janvier 1591, le *Te Deum* fust chanté à Nostre-Dame, où la cour, les princesses et officiers de la ville assisterent, pour remercier Dieu de ce qu'il avoit conservé Paris, et avoit fait reussir l'entreprise des ennemis à neant, qui avoient deliberé de se saisir de la porte Saint-Honoré par le moyen de quelques gens de guerre desguisés en paysans, et chargés de sacs de farine, qui devoient donner entrée dedans la ville à l'armée du Roy.

On l'a depuis apelée la journée des Farines, et en a-t-on fait une feste solennelle à Paris.

En ce mois de janvier et le 20 dudit mois, qui estoit le dimanche, M. de Verdilli, procureur du Roy en la cour des aydes, fust emprisonné; et disoit-on que c'estoit pour quelque intelligence ou autre advis et escrit qu'il avoit envoié de Paris à l'ennemi.

Le mecredi 23 janvier 1591, on eut nouvelles à Paris que l'armée du Roy, se retirant des environs de la ville, tiroit à Creil et à Senlis.

### Supplément tiré de l'édition de 1736.

Le mardi premier jour de janvier ou de l'an, la nouvelle de l'élection de Nicolas Sfrondate, cardinal de Cremone, natif de Milan, qui avoit succedé à Urbain VII dans la papauté, le cinquiéme du mois dernier, rejouït grandement le parti de l'Union [1], qui

---

[1] *Rejoüit grandement le parti de l'Union:* Avant son élection, le cardinal de Crémone avoit dit au duc de Piney, ambassadeur de Henri IV, que, pour le bien de la chrétienté, il falloit qu'il y eût un roi de France et un roi d'Espagne, afin que l'un servît de barrière à l'autre.

en fit chanter le *Te Deum* dans Nostre-Dame. On dit
que ce nouveau Pape a promis de secourir la Ligue,
et d'ouvrir les trésors du château de Saint-Ange en sa
faveur. On dit encore que le roy de Navarre en est
moult contristé, parce qu'il sçait que de longue main
il est chaud partisan d'Espagne.

Le vendredi 11 de janvier, et huit jours après cette
entreprise, les parens du chevalier d'Aumale envoyerent à Saint-Denys un cercueil de plomb pour y mettre
son corps et le porter à Paris, où il fut enterré à Saint
Jean en Greve. En le tirant du cercueil de bois, fut
trouvé grand nombre de rats et de souris qui avoit
commencé de le ronger. Sur quoi on fit ces vers (1) :

> Qui est ce corps qu'embaumé dans Paris
> L'on porte en terre avec pompe royale?
> C'est, nous dit-on, le chevalier d'Aumale,
> Qui la couronne en Saint Denys a pris.
> Pourquoi n'a-t-on apporté les souris
> Et tant de rats trouvés dedans sa bierre?

Mais il céda bientôt aux sollicitations des ministres d'Espagne et des
agens de la Ligue.

(1) *Sur quoi on fit ces vers :* Avec ces vers on en trouve d'autres beaucoup plus piquans dans les Mémoires de la Ligue. Nous citerons les
deux pièces suivantes :

> *Mure salax animal nullum est magis adde rapaxque;*
> *At magis ille salax, et magis iste rapax.*
> *Nil mirum est igitur si extincti funus honorant*
> *Mures, qui inter eos rex statui poterat.*

> Saint Antoine, pillé par un chef des Unis (1),
> Alla, comme au plus fort, se plaindre à saint Denys,
> Qui lui dit : « A ce tort la vengeance est promise. »
> Un peu de temps après ce pillart entreprit
> De prendre saint Denis; mais saint Denis le prit,
> Et vengea dessus lui l'une et l'autre entreprise.

(1) *Un chef des Unis :* Le chevalier d'Aumale avoit pillé le couvent de l'abbaye Saint-Antoine.

« C'eût bien été ( se fit une tripiere )
« Pour les zelés dans Paris un repas. »
Un autre dit : « C'en est la fourmiliere
« Que ce Paris; mais il ne le sçait pas. »

Le jeudi 17 janvier, et le jour ensuivant, messieurs le gouverneur, le prevost des marchands, les echevins, les capitaines de quartier firent la ronde dans tous les remparts de la ville, sur un avis qu'ils avoient reçu d'une entreprise que le Roy, qui étoit aux environs avec ses troupes, devoit faire. Ils posterent des gardes et des sentinelles dans tous les lieux où il leur parut necessaire; les Seize avertirent tous les bourgeois d'appeller dans leurs maisons le plus grand nombre qu'ils pourroient, et d'être armés et allertes, et de faire sonner le toczin à la premiere vûë des ennemis. On envoya des gens hors la ville pour découvrir si on ne les découvriroit point, et d'en donner avis promptement; mais ils ne virent rien qui peust les allarmer. Au retour de ces envoyés, aucuns disoient que c'étoit une fausse allarme qu'on avoit pris.

Le samedi 19, M. de Belin, gouverneur, fit par précaution terrasser la porte Saint Honoré, et doubler les gardes à toutes les portes. Il ne parut vers les quatre heures du soir que neuf ou dix paysans qui conduisoient des chevaux chargés de farine, lesquels étant arrivés à la porte Saint Honoré demanderent d'entrer. Ceux qui étoient à la porte leur demanderent s'ils n'avoient pas vû les ennemis. Ils répondirent naïvement qu'ils n'avoient apperçû que quelques hommes à cheval, qu'ils avoient évités en se cachant, craignant qu'ils ne voulussent leur prendre la farine qu'ils portoient vendre à Paris. Alors les portiers, ne se doutant de rien, leur dirent que cette porte étoit terrassée, et qu'ils eussent à aller à la porte Saint Denys, qui n'étoit pas bouchée; ou qu'ils descendissent vers la riviere, où ils trouveroient un bateau qui prendroit leur farine. Ces paysans se retirerent sans rien dire.

Le dimanche 20 de janvier, ceux qui sortirent les premiers de Paris ne trouverent plus les susdits paysans; mais bientôt après plusieurs bourgeois du faubourg de Saint Honoré furent rapporter, les uns chez le gouverneur, les autres chez le prevost des marchands, les autres chez les echevins, que la nuit derniere étoient entrés d'abord dans le fauxbourg dix chevaux chargés de farine, et conduits par des gentilshommes en habit de paysans, mais bien armés au-dessous; qu'après eux environ soixante autres gentilshommes habillés et armés de même, et conduisant des charrettes et des chevaux chargés, s'étoient arrêtés aux Capucins; ensuite une troupe d'environ cinq cens hommes armés de cuirasses, et puis une autre d'environ huit cens arquebusiers; et que le roy de Navarre avec plusieurs autres seigneurs s'étoit arrêté au bout du faubourg, et que tous ces gens-là s'en étoient retournés lorsque les paysans, qui étoient pareillement des gentilshommes, leur eurent dit que la porte Saint Honoré étoit terrassée.

Par ce discours on a été convaincu que le roy de Navarre, par ce stratagême, avoit voulu surprendre Paris. Ce qui donna occasion de louer la prudence du gouverneur, qui avoit fait terrasser la porte; car si les dix premiers fussent entrés, ils s'en seroient saisis, et fait entrer les troupes du roy de Navarre.

Aussi, devant faire ce même jour une procession generale à l'occasion de l'élection du pape Gregoire XIV, pour lequel on avoit fait chanter le *Te Deum* quelques jours auparavant, il fut dit qu'au premier jour on rendroit graces à Dieu d'avoir protégé la ville contre les ruses des hérétiques, et que dans la suite on festeroit tous les ans ledit jour vingt-huit janvier.

Les jours ensuivans, les Seize eurent fréquentes conferences avec l'ambassadeur d'Espagne, dans lesquelles ils le prierent instamment de procurer à Paris une garnison espagnole, pour s'en servir contre les entreprises du roy de Navarre. Mendoze en parle au duc de Mayenne, qui renvoye cette affaire au parlement. Les Seize travailloient à diminuer la puissance du duc de Mayenne, et l'ambassadeur d'Espagne à rendre son maître plus puissant dans Paris.

[FEBVRIER.] Le mardi 12 febvrier 1591, les Hespagnols et Neapolitains arriverent à Paris, et furent logés aux hostels et maisons des absens : les Neapolitains aux quartiers Saint-Sevrin, Saint-Cosme et Saint-André-des-Ars; et les Hespagnols aux quartiers Saint-Germain de l'Auxerrois et Saint-Eustace, près le logis de la Roine. Il y en eust aussi tout plain de logés dans les colleges, qui la pluspart estoient vuides et deserts, à cause du temps.

Le vendredi 22 febvrier 1591, fust faite procession generale à Paris, pour remercier Dieu de l'argent que le Pape promettoit fournir tous les mois pour l'entretenement de la guerre. Ce jour, il tonna bien fort après disner.

Le samedi 23 febvrier, fust presentée à la chancelerie de Paris, où j'estois, une lettre contre le commissaire Louchart; laquelle, encores qu'elle fust de justice, ne peust jamais estre expediée ni sellée, n'i aiant eu maistre des requestes ni secretaire assés hardi pour y toucher, attendu la qualité du personnage.

Le lundi vingt-cinquieme dudit mois de febvrier, qui estoit le lundy gras, Paris estoit plain de processions commandées qui se faisoient pour la delivrance de Chartres, que le Roy tenoit assiegée; et le mecredi des cendres tous les predicateurs de Paris la recommanderent aux prieres du peuple, comme la mere nourisse de Paris.

Le jeudi dernier dudit mois de febvrier, on me fist voir un *troisiesme Advertissement à la France*, de maistre René Benoist, curé de Saint-Eustace, qu'il avoit fait imprimer : auquel les bons compagnons disoient que les advocats du Palais de Paris, qui dès longtemps n'en faisoient plus, et sur la prattique desquels il entreprenoit, vouloient fournir contredits; mais les plus sages furent d'avis que non, pour ce que lesdits advertissements estoient si mal faits, qu'ils ne meritoient response.

*Supplément tiré de l'édition de* 1719.

Le seigneur legat avant son depart avoit publié des pardons qui firent remplir des troncs; mais il y en eut de volés. Surquoy on fit courir ces vers :

> Beaucoup de bonnes gens, sur la foy de l'Eglise,
> Dans la fente des troncs avoient leur piece mise
> Pour gagner les pardons que le Pape a donnez;
> Mais ils n'ont rien gagné, et doivent bien comprendre
> Que les larrons tous seuls ont les pardons gagnez :
> Car c'est bien les gagner qu'entierement les prendre.

*Supplément tiré de l'édition de* 1736.

Le mercredi 6 de fevrier, le parlement de Paris,

après plusieurs assemblées et maintes contestations entre eux, sur la proposition de l'ambassadeur d'Espagne qui demandoit l'entrée d'une garnison espagnole dans Paris pour le défendre, donna son consentement pour quatre mille hommes, et cinq cens pour la ville de Meaux.

Le mardi 12 de fevrier, lesdits quatre mille hommes, partie Espagnols et partie Napolitains, entrerent dans Paris; mais non pas sans faire murmurer les politiques, qui disoient que les François se donnoient lâchement aux Espagnols.

[MARS.] Le dimanche 3 mars 1591, y eust renfort à Paris de saluts, processions et grandes messes, qui furent commandées d'estre celebrées par toutes les paroisses pour la delivrance de la ville de Chartres, qu'on faisoit desja bien pressée, encores qu'à peine fust elle assiegée.

Le jeudi 7 mars estoit le sermon de la Cananée, que tous les predicateurs de Paris unanimement interpreterent et fort allegoriquement pour ladite ville de Paris; et que sa fille estoit Chartres, et le diable qui la tourmentoit le Bearnois; et qu'il falloit prier Nostre Seingneur et l'importuner, pour sa delivrance.

Le dimanche 10 du present mois de mars, s'esleva un faux bruit à Paris que le Roy avoit levé le siege de devant Chartres, et qu'il estoit blessé; lequel faux bruit fust rennié à deux jours de là par les politiques, en despit des ligueus, qui avoient fait courir l'autre : car ils disoient que Chartres estoit pris, et que de ce qu'on avoit fait courir le bruit que le Roy estoit blessé, qu'il n'en estoit rien : mais qu'il estoit malade, et en Chartres. Se taschans à persuader, et aux autres, ce qu'ils eussent bien voulu à sçavoir, que le Roy eust esté maistre de Chartres : se monstrant en tout cela aussi sages les uns que les autres.

Ce jour mourust Selincour, un des gouverneurs de l'arsenail de Paris, qui avoit esté blessé de sa propre espée le dimanche 3 de ce mois, par un marchand de vins nommé Levasseur, à raison de quelques meubles qu'avoit le dit Vasseur au dit Selincour appartenans : dont il voulut que l'autre lui fist restitution. Mais le principal fondement de leur querelle estoit une garse que Selincour avoit vendue au Vasseur; et disoit le dit Vasseur en avoir payé à Selincour quatre cens escus lors qu'il se maria à la veufve Yver, controleur de la chancelerie de Paris. Laquelle estant morte, ledit Selincour vouloit ravoir sa garse : ce que l'autre refusoit faire, si on ne lui rendoit prealablement son argent. Querelle digne du temps.

Le mecredi 13 mars 1591, nostre maistre Boucher, qui preschoit le quaresme à Saint-Germain de l'Auxerrois, s'estant mis sur le Bearnois et les politiques, dit qu'il falloit tout tuer et exterminer; et que desja par plusieurs fois il les avoit exhortés à ce faire, mais qu'ils n'en tenoient compte : dont ils se pourroient bien repentir; dit qu'il estoit grandement temps de mettre la main à la serpe et au cousteau, et que jamais la necessité n'en avoit esté si grande.

Et encores que ses sermons ordinaires ne fussent que de tuer, si est-ce que celui qu'il fist ce jour fust par dessus les autres cruel et sanguinaire : car il ne prescha que sang et boucherie, mesme contre ceux de la cour et de la justice, qu'il crioit ne valoir rien du tout;

excitant le peuple par gestes et paroles atroces à leur courir sus, et à s'en desfaire. Jusques là qu'un conseiller de la cour, de mes amis, qui y estoit, me dit le lendemain, me racontant ce que dessus, qu'il l'avoit veu en telle furie, que si la presse où il estoit lui eust permis de sortir, qu'il s'en fust allé bien viste, de peur qu'il avoit qu'en la colere où il le voioit il ne descendist de sa chaire pour saisir quelque politique au colet, et le manger à belles dents. Il dit aussi qu'il eust voulu avoir tué et estranglé de ses deux mains ce chien de Bearnois; et que c'estoit le plus plaisant et agreable sacrifice qu'on eust sceu faire à Dieu.

Le dimanche 17 mars 1591, M. de Senlis, qui preschoit dans Nostre-Dame, dit qu'il nous falloit avoir un roy, et que sans cela nous ne ferions jamais rien qui vaille; qu'il en faloit demander un à Dieu, non pas heretique ni bearnois : il s'en falloit bien garder; ni aussi estranger ou hespagnol : mais un qui fust bon catholique du sang de France; et qu'il n'en falloit point d'autre. Ce qui estonna beaucoup de gens, car on n'avoit point encores oui tenir aux predicateurs ce langage; et toutefois ils prescherent quasi tous le mesme : qui estoit à dire que leurs billets de ce jour portoient cela.

Le dimanche 24 mars 1591, les billets des predicateurs de Paris portoient l'advis qu'on avoit receu que le Roy bransloit pour se faire catholique : tellement que leur evangile de ce jour fust aux fins de non recevoir ce relaps et excommunié, quelque bonne mine qu'il fist; et tout le fruit qu'on recueillist ce jour de leur doctrine fust un magazin d'injures qu'ils vomirent contre le Roy. Le curé de Saint-André l'apela fils de p...., et bastard. Boucher l'apela le dragon roux, duquel est fait mention en l'Apocalipse; dit que sa mere estoit une vieille louve, qui s'en chargeoit partout où elle pouvoit. Lucain dit qu'il sçavoit de bonne part que ceux de Tours, et principalement ceux de son beau parlement, le sollicitoient fort de se faire catholique, lui remonstrans que c'estoit l'unique moyen qu'il avoit de ruiner la Ligue : et qu'il sçavoit de bonne part qu'ung des favorits du Bearnois avoit dit depuis huict jours ces mots : « Que le Roy face le catholique seulement six « mois, et qu'il s'asseure, comme on lui a promis, que « six mois après il verra ruinée et exterminée toute ceste « racaille de Ligue. » Commolet dit qu'il n'i avoit que les heretiques et politiques qui souhaitoient qu'il allast à la messe; et que devant les bons catholiques ils ne l'apeloient que le roy de Navarre : mais en derriere, quand ils se trouvoient avec ceux de leur farine, qu'ils l'apeloient à pleine bouche le Roy. Que l'un et l'autre langage estoit une vraie marque de politique, pour ce que l'apeler roi de Navarre, on sçavoit bien qu'il n'i avoit rien, et que le roy d'Hespagne le lui gardoit; et quant à la France, qu'il n'estoit roi que de quelques boues et fanges de la Beausse. L'apela chien, heretique, tiran et meschant, et exhorta le peuple à ne l'appeler plus autrement. Rose dit ce jour qu'il avoit eu certain advis, et de bonne part, qu'on ne parloit à la cour du Bearnois d'autre chose si non que le Roy seroit bientost catholique : et que ses courtisans se moquans de ceux de Paris, disoient tout haut que ce seroit une messe qui leur cousteroit bien cher. Mais s'ils le vouloient croire, qu'il n'en pisseroit jamais plus roide (usant de ces propres mots) : car il iroit à la messe tant qu'il voudroit; mais du royaume de France et de Paris, il y commanderoit encores moins qu'il n'avoit jamais fait, car toutes ces mines là n'estoient bonnes qu'à attrapper des niais. Nostre maistre Ceuilli, curé de Saint-Germain de l'Auxerrois, l'appela ce jour bouc, puant, et dit qu'il faisoit mine de vouloir revenir à la messe pour attraper les minons; mais qu'il s'en advisoit bien tard, et qu'il n'estoit recevable : sans en alleguer autres raisons que des injures, n'aiant en toute sa teste ledit curé autant de cervelle qu'il en faudroit pour frire un œuf.

Voilà un eschantillon des beaux sermons qui furent faits ce jour à Paris.

Le lundi 25 mars 1591, Boucher prescha les billets et proscriptions des politiques de la cour du parlement de Paris et autres, qui eurent lieu incontinent après. Son conseil avoit esté de les tuer, comme il l'avoit souvent presché en plaine chaire. Mais Dieu ne permist que ce conseil sanguinaire entrast en la teste du duc de Maienne, lequel se contentant de les chasser, envoïa à ceux de la cour et des comptes qu'il soubçonnoit pour tels, le premier jour d'avril en suivant, ses lettres de cachet, par lesquelles il les interdisoit de l'exercice de leurs estats, avec commandement de sortir Paris, et se retirer en villes de l'Union.

Ce jour, le minime qui preschoit à Saint-André denoncea les vigiles au lendemain, et le service le jour d'après, qui se feroit en la dite eglise Saint-André pour le remède de l'ame du feu chevalier d'Omale, tué dans la ville Saint-Denis comme il la pensoit surprendre, le jour Sainte-Genevieve de l'an present 1591 : exhortant un chacun de s'y trouver, pour rendre l'honneur à la memoire de ce bon chevalier, lequel il mist ( comme firent aussi tous les autres) à une des plus hautes places de paradis, audessus de Michel l'archange. Or ses services estoient commandés estre faits par toutes les paroisses de Paris, avec injonction expresse de s'y trouver; et disoient les curés et predicateurs que les bons catholiques n'avoient garde d'y faillir. Tellement qu'ils en faisoient comme une marque de politique de ne s'y point trouver : ce qui fut cause d'y faire aller tous les politiques de Paris, au moins la pluspart : non par devotion ni pour prier Dieu pour son ame, laquelle ils croioient estre à tous les diables, au fin fond d'enfer; mais pour remercier Dieu de la grace qu'il leur avoit faite, et à tous les gens de bien, de les delivrer d'un si pernicieus et cruel ennemi que cestui là. Beaucoup de la Ligue et des plus zelés firent de grands scrupules sur ces services, que leurs confesseurs eurent bien de la peine à soudre; et croi qu'ils en sont demeurés là : car ils disoient que, selon la maxime de leurs theologiens, ceux qui mouroient en ceste guerre sainte pour la manutention de la foi et religion catholique contre les ennemis d'icelle, comme avoit fait le chevalier d'Omale très-valeureusement et les armes au poing, alloient droit en paradis, et ne passoient point par le feu de purgatoire : comme aussi ils l'avoient oui prescher à eux mesmes; et que cela estant ainsi, il sembloit que tous ces services et prieres qu'on faisoit pour son ame estoient illusoires, et ne lui servoient de rien. Laquelle difficulté je serois d'avis de renvoyer pour souldre à celui qui disoit que madame sainte Genevieve, dépitée contre le parti, s'estoit fait ce jour politique.

Le mecredi 27 du present mois de mars, le curé de Saint Sevrin fist un sermon en sa paroisse qui offensa fort les Seize et les mutins, qu'on appeloit les zelés : car il les appela par plusieurs fois larrons et voleurs, et tellement chatouilla les aureilles de quelques prestres et autres qui y estoient, qu'ils le contraingnirent de sortir de sa chaire demie heure avant l'heure, par le bruit et tintamarre des cloches qu'ils se prirent à sonner pour cest effet. Et au sortir de son sermon, un advocat du grand conseil de sa paroisse dit tout haut que leur curé estoit malade, et qu'il lui faloit faire prendre l'air : voulant dire qu'il le falloit chasser. Et un patissier proche de ladite eglise, qu'il le falloit trainer à la voirie, ou le mener à la riviere.

*Supplément tiré de l'édition de 1736.*

En ce mois, les Seize reçurent des lettres favorables (1) de la cour de Rome, qui leur promettoient un grand secours en troupes et en argent. Ils en devinrent plus hauts, et marquoient du mepris pour le duc de Mayenne. Les lettres qu'ils reçurent en même temps du roy d'Espagne les tourna entiérement de son parti ; et ne prindrent d'autre avis et d'autre conseil que de Mendoze son ambassadeur, et du cardinal de Plaisance, qui n'estimoit pas le duc de Mayenne.

Alors parut un tiers parti en faveur du cardinal de Bourbon, autrefois Vendôme, et neveu du cardinal Charles de Bourbon, que les ligueurs avoient reconnu pour roy sous le nom de Charles X. Il prétendoit que, par la mort de son oncle, il avoit autant de droit à

---

(1) *Reçurent des lettres favorables* : Par ces lettres, le pape Grégoire XIV promettoit de payer six mille Suisses, et d'envoyer son propre neveu avec mille chevaux italiens et deux mille hommes de pied.

la couronne de France qu'il en avoit eu lui-même; et
que d'ailleurs étant catholique, il devoit l'emporter
sur le roy de Navarre, entiérement attaché aux erreurs
des hérétiques. On dit que Jean Touchard, abbé de
Bellosane, qui avoit été précepteur de ce cardinal, et
Jacques-David Du Perron, l'entretiennent dans ces
prétentions. Il a écrit au Pape ses raisons, et le prie de
le favoriser de sa protection, pour obtenir une couronne qui lui appartient par succession. Il donna cette
lettre à un tunquois appellé Scipion Balbanes, pour
la porter à Rome. Mais l'envoyé du duc de Mayenne,
qui alloit à Rome en même temps, trouva le moyen de
voir cette lettre, dont il a donné promptement avis
au duc de Mayenne.

[AVRIL.] Le lundi premier avril 1591, les billets
des proscriptions, arrestés et signés par le duc de
Mayenne, auctorizés et verifiés au conseil des Seize,
qui les avoient sollicités et poursuivis, ne pouvans avoir
mieux, commencerent à trotter par Paris; et en envoya-
l'on à plusieurs et diverses personnes du corps de la
cour et de la chambre des comptes : entre les autres à
messieurs les Brisars, Pastoureau, Clin, Feu, Ammelot,
Baron, de Mesmes, Chermois, messieurs de Pleurs,
La Martiniere dit Le Comte, et autres; lesquels se
trouverent aussi prests à s'en aller comme on avoit
esté prompt à les chasser. Un seul de Mesmes, conseiller en la cour, fist prier pour demeurer et ne s'en
aller point, et qu'on lui donnast sa maison pour prison:
ce qu'il obtinst enfin de M. de Maienne par l'interces-
sion de madame de Nemoux sa mere, à la charge de
ne sortir aucunement de son logis, sinon pour aller à

l'eglise. Au contraire, le conseiller Bragelonne dit Chermois, aiant eu commandement de ne bouger, et ayant eu lettres de M. du Maine pour cest effect, à la sollicitation de quelques siens amis qui les avoient poursuivies sans qu'il en sceust rien, ne s'en voulust jamais aider, mais de son billet, et sortist la ville des premiers.

Le president Brisson [1], qui avoit esté mis sur le rolle, en fust effacé, et à la fin n'eust point de billet, à la faveur d'un seize qui avoit asseuré un de mes amis qu'il en auroit un. Mais le retrouvant deux jours après, il lui dit en ces termes, comme lui mesme me l'a conté : « Je t'avois dit dernierement que cest homme de bien « de Brisson auroit un billet; mais il n'en aura point. « Si tu me demandes pourquoi, je ne te sçaurois dire « autre chose, sinon que cest homme nous endort. « Nous sçavons tous fort bien qu'il ne vault rien; mais « il nous a tant promis à ce coup d'estre homme de « bien et de mieux faire, que nous lui avons encores « pardonné. »

M. Chartier [2], doien de la cour de parlement, aagé de soixante-dix-huit ans, avoit esté aussi mis sur le rolle, pour tenir, disoient-ils, la confession d'Ausbourg, et estre heretique il y avoit trente-cinq ans. Mais à la faveur de M. Molé son gendre, procureur general, il fust effacé, combien que ledit Molé ne fust en gueres meilleure opinion envers eux, et que M. d'Orleans, advocat du Roy, ait dit souvent que quelque bonne

---

[1] *Le president Brisson* : Il avoit cru pouvoir se maintenir entre les deux partis, mais il ne tarda pas à être victime de sa fausse politique. — [2] *M. Chartier* : Il avoit épousé Marie de Montholon, et étoit, par cette alliance, oncle de Pierre de L'Estoile.

mine qu'il fist, qu'il estoit serviteur du Roy; et qu'on avoit beau lui dire tout ce qu'on vouldroit, mais qu'il s'asseuroit que Molé n'avoit jamais esté des leurs, ni n'en seroit, quelque contenance et profession qu'il fist au contraire. Et toutefois fut d'avis qu'on le retinst ici: comme furent beaucoup d'autres, et mesmes des plus grands, qui le soustenoient et favorisoient. Ce qui n'a pas nuit aux affaires du Roy : car encores qu'il ne fist pour son service ce qu'il eust bien voulu, et qu'il eust esté bien requis, si empeschoit-il beaucoup de mal, qu'un autre tenant ceste place eust peu faire, au prejudice des affaires de Sa Majesté.

Ce lundi premier d'avril, je fus avec M. de Gland mon beau-frere voir faire monstre aux Neapolitains, qui estoient environ trois cens, sans aucunes enseingnes; et remarquasmes ensemble que de tous leurs mosquetaires et harquebusiers il n'y en avoit point qui tirast en joue, horsmis un que mon beau-frere me monstra. Les autres appuioient tous le fust de leur harquebouze contre leur estomac, à la façon des lansquenets.

Le fils de maistre Jean de Saint Germain l'apothicaire y fust blessé par hazard d'un coup de basle au costé droit : dont il mourust tost après.

Le vendredi 5 avril 1591, s'esleva un faux bruit à Paris de secours entré dans Chartres; et le prescha Commolet en son sermon, usant de ces mots, en trepignant des pieds et frappant sur sa chaire avec les mains, de joie qu'il en avoit : « Va te pendre, va te pendre, va
« te pendre, te dis-je encore un coup, politique! Il y a
« de bonnes nouvelles de Chartres : ton Bearnois est
« bien peneus. Il y est entré du secours, maugré sa

« moustache et ses dents. » La verité estoit toutefois au contraire, et que ceste nouvelle estoit apostée pour amuser les manans.

Ce jour mesme 5 avril, un pauvre miserable accusé de voleries, et convaincu d'infinis excès, malices et meschancetés, fust condamné par sentence du chastelet à estre pendu et estranglé; dont aiant appelé à la cour, la sentence aiant esté par faveur adoucie et commuée au fouet, il se pendit et estrangla de ses deux mains : sa conscience executant possible, par un juste jugement de Dieu, sa premiere sentence comme juste, contre l'inique arrest de messieurs de la cour de parlement.

Le samedi sixieme du present mois d'avril, M. de Trianon, oncle de ma femme, mourust en sa maison à Paris, aagé de soixante-quatorze ans.

Ce jour, M. de Gland mon beau-frere m'estant venu voir, me conta comme le conseiller Le Clerc, un de ses amis, avoit esté surpris et tué en sa maison du Tremblay près Monfort-Lammaurri : trahi, à ce que lui avoit dit le chanoine Saint André, par sa chambriere, et tiré par un soldat d'une longue pistole qu'ils appelent chasseligue, lesquelles jettent la balle fort grosse, et sont de l'invention de M. de La Noue, qui les a ainsi surnommées.

Ce mesme jour, Brigard, procureur de la ville de Paris, qui avoit tant fait de services à l'Union comme un des premiers pillars et principaux supposts d'icelle, fust emprisonné par Bussi Leclerc son grand cousin, qui l'alla prendre jusques en sa maison, et l'emmena prisonnier en sa bastille, nonobstant toute la connoissance et le cousinage : estant chargé (à ce qu'on disoit) d'avoir intelligence avec quelques uns des principaux du parti du Roi avec lesquels il estoit, apres pour monopoler et brasser une trahison (1).

Le mecredi 10 avril 1591, l'Italien qui preschoit le quaresme dans l'eglise de la Sainte Chapelle du Palais à Paris engagea son ame au diable (en presence de tous les assistants en son sermon, entre lesquels j'estois), au cas que le Bearnois entrast jamais dans Chartres; et repeta par deux fois qu'il le l'osoit bien prendre sur la damnation de son ame, et les asseurer qu'il ne la prendroit point; et apelant le Roy chien, heretique, athée, et tiran; dit qu'il avoit couché avec nostre mére l'Eglise, et fait Dieu cocu, ayant engrossé les abesses de Montmartre et de Poissi. Mais que Dieu en auroit bien sa raison; et quand il ne lui auroit fait autre tort que cestui-là, que jamais il ne permettroit qu'il entrast dans ceste bonne ville de Chartres. Il invectiva apres contre le magistrat et ceux de la justice, auctorisant les proscriptions qu'on en faisoit, incitant le peuple à les continuer, et faire pis. Les autres predicateurs prescherent le mesme ce jour à Paris, où on pouvoit dire que Dieu seul retenoit la fureur et les mains du peuple, incité et acharné par telles sanglantes predications.

Le jeudi 11 avril 1591, la ville de Chasteauthierri fut prise par le duc de Maienne, pillée, et saccagée. Les habitans se retirerent au chasteau.

Le vendredi 12 dudit mois d'avril, jour du vendredi oré, arriverent à Paris pendant le service les nouvelles de la composition de Chartres, qui se devoit rendre au Roy si dans huict jours elle n'estoit se-

(1) *Brasser une trahison :* Il étoit accusé d'avoir des correspondances avec le maréchal de Biron.

courue. De quoi tous les predicateurs et curés de Paris crierent enragement; entre les autres Rose, evesque de Senlis, qui prescha que c'estoit un meschant peuple que celui de Chartres, lequel huict jours auparavant il avoit presché pour le meilleur et le plus devot de toute la France. Il est vrai qu'il dit qu'il le l'avoit bien trompé, et qu'il connoissoit à ceste heure que tout n'en valoit rien; et entrant sur la capitulation, dit qu'elle estoit infame et vilaine, et ceux qui l'avoient faite encores plus vilains s'ils en tenoient quelque chose. « Car c'est, dist-il, à Dieu et à Nostre Dame avec « laquelle vous avez capitulé premierement, et non « avec le Bearnois, auquel vostre foi donnée est nulle, « pour ce que c'est un heretique. Que si vous la gar- « dez, dist-il, asseurez-vous que Dieu et la bonne « dame à laquelle vous avés baillé les clefs de vostre « ville se sçaura bien venger du tort que vous lui « faites. » Puis aiant cessé telles apostrophes pathetiqués plus plaisantes que piteuses, leur dist qu'il estoit bien adverti qu'il y avoit encores beaucoup de bon peuple et catholique là dedans qui n'aprouvoit ceste infame capitulation; et pourtant qu'il falloit que tous les bons catholiques priassent Dieu qu'il donnast à ce bon peuple une inspiration, avec la force et le zele du seingneur des armées, pour courir sus, et transpercer de leurs propres espées ceux qui avoient brassé ce meschant accord; « dont j'entends, dist-il, « que les principaux et les plus grands sont estans « tous politiques, et aians plus d'esgard à leurs biens « et commodités qu'à la religion. »

Le jour de Pasques 14 du present mois d'avril, les prieres estans à la chapelle de la Roine près les Filles repenties, les Hespagnols accoustrerent trois boteaus de foin en damoiselles, ausquelles ils firent des yeux de plastre, leur baillerent des robes de tafetas, et des masques tels qu'on les vend sur les quinquailliers, à porter mommons; et ainsi equippées les placerent devant le grand hostel vis à vis du saint sacrement. De quoi tout le peuple de Paris (bien que les choses les plus sottes du monde lui agreent en matiere de devotions) se scandaliza si fort qu'il les fallust oster. Un quidam, qu'on ne peust remarquer à cause de la foulle, dit tout haut en sortant de l'eglise, et en presence de plusieurs Hespagnols qui estoient là, qu'on voyoit bien, par la masquarade qu'on avoit dressé dans l'eglise en un tel jour, que la religion des Hespagnols n'estoit que masque et plastre.

Le lendemain de Pasques, qui estoit le quinze avril, tous les curés et predicateurs de Paris exhorterent le peuple à prier Dieu pour Chartres, qui n'estoit encores rendu, comme les politiques faisoient courir; et qu'il falloit prier Dieu qu'il inspirast les bons catholiques de dedans, pour ne rien tenir de la composition qu'on avoit faite avec l'heretique.

Le curé de Saint-André prescha ce jour après l'offrande, et nous conta les nouvelles qui couroient, à sçavoir que Chartres avoit esté vendu au Bearnois par les traistres politiques qui estoient dedans; et que si on ne prenoit bien garde à Paris, qu'ils en feroient un de ces jours autant : car on l'avoit asseuré qu'il y en avoit, et mesme de sa paroisse, qui se disoient catholiques et ne bougeoient de l'eglise, de la messe et de confesse, qui estoient d'avis de le recevoir s'il se faisoit catholique; et estoient sot . et badaus jusques là de croire

qu'il nous conserveroit nostre religion. « Mais, mes amis,
« dist-il, je vous asseure que si jamais ce meschant re-
« laps et excommunié y entre, soit par ceste porte ou
« une autre, qu'il nous ostera nostre religion, nostre
« sainte messe, nos belles cerimonies, nos reliques;
« fera de nos belles eglises des estables à ses chevaux;
« tuera vos prestres, et fera de nos ornemens et chappes
« des chausses et des livrées à ses pages et laquais. Et
« cela est aussi vrai (et je le sçais bien, à fin que vous
« y preniés garde) comme est vrai le Dieu que je vais
« manger et recevoir là dessus. » Lesquelles paroles
offenserent beaucoup de gens de bien de sa paroisse.

Ce jour mesme, par l'advis de tous messieurs de la
Faculté de theologie de Paris, fust publié un vœu à
Nostre Dame de Chartres pour y aller à pied, au cas
que la ville ne fust prise : car en ce cas la vertu de la
bonne dame expiroit, comme ayant changé de parti et
estant politique. La raison de ce vœu estoit, à ce qu'ils
disoient, pour rappaiser la bonne dame, qui possible
estoit trop froidement et mal servie, et vouloit estre
priée et importunée, aussi bien que son fils. Au demeurant, qu'elle n'avoit moins de puissance que celle de
Lorette; et puis qu'on lui avoit baillé les clefs de la
ville, qu'elle les garderoit bien, et ne les rendroit pas
comme l'on pensoit à l'ennemi; mais qu'il s'en faloit
rendre digne. Qui estoit le langage ordinaire que tenoient durant ce temps les predicateurs de Paris en leurs
sermons : suivant lesquelles exhortations y eust tel concours et affluence de peuple à Nostre Dame à se venir
enroller pour ce beau vœu, qu'on s'y entretuoit : si
qu'il y eust un petit enfant estouffé de la presse, et une
pauvre femme grosse qui en avorta.

Le curé de Saint-André nous mena en procession à Saint-Jacques de la Boucherie, après avoir esté prealablement admonestés de la fin et vrai usage de ceste procession, qui estoit de prier M. saint Jacques le bon saint de vouloir donner de son bourdon sur la teste à ce diable de Bearnois, et de l'ecrazer là devant tout le monde.

Un seul, Chavagnac, curé de Saint-Supplice à Paris, preschant ce jour en sa paroisse, ne recommanda ne Chartres ne sa Nostre Dame, ne son vœu; ains prescha plus librement qu'il n'avoit encores fait, combien qu'il fust fort menassé, et que les politiques eussent à se garder, pour les mauvais bruits qui couroient. Entre autres choses il dit qu'on lui avoit reproché qu'il ne crioit plus contre les heretiques : ce qui estoit vrai, pour ce qu'il n'en voioit plus ni n'en connoissoit ; et quand il en avoit sceu quelques-uns, il ne s'y estoit espargné, selon le deu de sa charge. Mais qu'aujourd'hui il ne voyoit ni n'oyoit parler que de larrons qui contrefaisoient bien à la verité les bons catholiques et les zelés : mais toute leur religion et leur zele n'estoit qu'à voler et brigander; et que par les fruicts on pouvoit juger de tels arbres, qui estoient secs et ne valoient rien qu'à brusler; qu'il sçavoit qu'il venoit prou d'escumeurs à son sermon, et mesmes en voioit devant sa chaire : mais que pour cela il ne lairroit à dire la verité. Puis retumbant sur le propos des heretiques, dit ouvertement que celui n'estoit heretique qui demandoit d'estre instruit, ains plustost ceux là l'estoient qui lui refusoient l'instruccion : ce qu'il prouveroit tousjours, tant par l'Escriture sainte que par les canons et anciens conciles qui avoient esté tenus. Ceste proposition offensa fort les zelés, pour ce que c'estoit celle mesme du Roy; et ayant esté rapportée au duc de Maienne, il dit que s'il ne lui amendoit bien tost, qu'il estoit d'avis qu'on lui fist prendre des pilures comme aux autres.

Le mardi 16 avril, derniere feste de Pasques, bruit estoit par tout Paris qu'on alloit donner secours à Chartres. M. de Belin dit qu'il se trouveroit mil chevaux à Dreux le lendemain, pour la nuit du jeudi y faire un effort. Le dit de Belin sçavoit bien le contraire : mais il faloit amuser le peuple. Lincestre, curé de Saint-Gervais, eschauffé de ceste bonne nouvelle, monta en chaire à dix heures du soir, et n'en descendist qu'à minuit, endormant ses paroissiens de ces bonnes nouvelles.

Le mecredi 17 avril 1591, on fist force processions à Paris pour prier Dieu de benir ce secours imaginaire, que les politiques apeloient amusebadaus. Et le lendemain, qui estoit le jeudi 18 avril, fust faite une procession de tous les petits enfans de Paris, tant garsons que filles, que je vis passer chez Marc Orri en la rue des Lombars, au Soleil d'or; et en contai cinq mil soixante et quatorze. Il y en eust un avec moi qui en conta cinq mil cent deux, et un autre cinq mil soixante : estant malaisé, pour la confusion qui s'y mettoit quelquefois pour ne garder pas leurs rencs, qui estoient ordonnés de deux à deux, de les conter au juste.

Toutefois je m'asseure qu'à un cent près ou environ, le comte susdit est bon, qui estoit un grand nombre, eu esgard au temps, et à la ville presque deserte.

Et peult-on dire avec verité qu'il n'i a eu sorte aucune ni espece de devotion, quelle qu'elle puisse estre, qui n'ait esté employée et prattiquée par ceux de Paris pour la delivrance de ceste bonne ville de Chartres : et que toutes les cerimonies à ce requises y ont esté très es-troictement et religieusement gardées; et qu'on n'i a rien oublié, mesmes à l'endroit de la belle dame, à laquelle on a fait prieres, offrandes, vœux, et de très grandes et belles promesses, pour la retenir au parti. Mais soit qu'elle en fust lasse ou autrement, tout en fin n'i a de rien servi : car le vendredi d'après Pasques, dix-neuviesme de ce mois (jour de la reduction de Paris), Chartres fust reduit à l'obeissance du Roy, qui y fist son entrée; et en arriverent le lendemain vingtieme du mois les nouvelles à Paris.

Le vingt-unieme de ce mois d'avril, qui estoit le dimanche de la Quasimodo, tous les curés et predicateurs de Paris crierent fort de ceste reddition de Chartres : si que par les plaintes et regrets qu'ils en faisoient en leurs chaires, esmouvoient à pitié le menu peuple, et faisoient pleurer à chaudes larmes les femmes, par les piteuses apostrophes qu'ils faisoient à Nostre Dame, laquelle ils prenoient comme à partie, lui reprochant de les avoir laissés au besoin, nonobstant tant de belles prieres, presens et offrandes qu'ils lui avoient fait. Mais en fin tous ces regrets et complaintes tournerent en fureur contre les politiques, qui disoient estre cause de tout le desastre. Boucher prescha qu'il les falloit tous tuer et assommer; Rose, qu'une saingnée de Saint-Berthelemi estoit necessaire, et qu'il falloit par là couper la gorge à la maladie; Commolet (1), que la mort des politiques estoit la vie des catholiques; le curé de Saint-André, qu'il marcheroit le premier pour les aller egorger là où il sçauroit qu'il y en auroit : exhortant tous les bons catholiques à en faire de mesme; le curé de

---

(1) *Commolet* : jésuite.

Saint-Germain de l'Auxerrois, comme le plus sublin de tous, donna conseil de se saisir de ceux qu'on verroit rire, et que c'estoient politiques; et qu'il faloit assommer et trainer à la riviere tous ces demandeurs de nouvelles qu'on voiioit assemblés aux coins des rues. Le curé de Saint-Gervais dit qu'il ne faloit plus parler de billets, qu'il leur vouloit attacher au col, pour les envoyer à Rouen par eau porter des nouvelles. Quant au commun peuple qui voiioit qu'on ne le repaissoit que de baies et de politiques, et que tout le secours qu'on leur promettoit n'estoit que vent, mesdisoit à plaine bouche du duc de Maienne, et le donnoit au diable avec la guerre, nonobstant les sermons de leurs curés et predicateurs, dont ils estoient tout bersés, et commençoient à ne plus gueres s'en soucier : ne se souciants qui le gaingnast, pourveu qu'on les mist en repos. Mais il n'i avoit point de puissance : car ceux qui le gouvernoient, qui estoient cinquante coquins qui commandoient à cinquante mil hommes, se moquoient de tous leurs discours. Bien estoient ils mal contens du duc de Maienne, et ne se pouvoient tenir d'en mal parler; et s'ils eussent peu, l'eussent volontiers changé. Les predicateurs aussi estans marris de ce qu'il n'avoit secouru Chartres, lui donnoient des coups de beq en leurs chaires. Et en leur privé, quand ils estoient retirés avec les Seize, disoient que ce n'estoit qu'un gros pourceau qui s'endormoit auprès de sa p.....; et que més qu'il eust (1) le ventre à table et escuelle bien profonde, que c'estoit ce qu'il lui falloit; et qu'il n'eust sçeu faire la guerre qu'aux bouteilles.

Le lundi 22 du mois d'avril, M. de Lenoncour,

(1) *Més qu'il eust :* pourvu qu'il eût.

chancelier de l'Union, sortist de bon matin la ville de Paris, et emporta quant et lui les seaux. Bruit fut incontinent qu'il s'en estoit fui, et qu'il s'en estoit allé à Saint-Denis remettre lesdits seaux entre les mains du Roy; duquel bruit les Seize faisoient aucteurs les politiques, encores que ce fussent eux-mesmes qui le fissent courir; et ce à dessein pour couvrir un stratagesme qu'ils brassoient là dessous, et pour lequel ledit chancelier estoit allé trouver le duc de Maïenne.

Aussi tost qu'il fust parti, ses creanciers firent tout saisir en sa maison, jusques à son lit et à sa garse, qu'ils trouverent encores dedans toute endormie.

Le mecredi 24 du present mois d'avril, dans le clos des Jacobins à Paris, furent, par sentence du grand prevost Oudineau, pendus et estranglés sept soldats maheustres (quolibet donné à ceux qui tenoient le parti du Roy) qui estoient du chasteau de La Martiniere; et y en eust un, lequel estant à l'eschelle confessa qu'il avoit estranglé pour sa part jusques à douze ligueus de Paris; et ung autre qu'ayant pris deux pauvres diables de la dite ville (ce furent ses termes), il leur avoit coupé à chacun les deux bras; puis les leur auroit rejetté, disant qu'ils s'en retournassent à Paris les porter, et que c'estoit de la chair fresche pour les ligueus. Actes vraiement barbares et trés-cruels, dignes de mil gibets.

Ce jour fust tenu conseil à Paris au logis du lieutenant La Bruiere, pour emprisonner quelques politiques et chasser les autres. Mais ce conseil n'eust lieu, aiant esté remonstré par un des Seize le peu de proufit qu'on tiroit tant des emprisonnemens que des billets.

Le jeudi vingt-cinquiéme du present mois d'avril, comme le Roy passoit par le village de Ruelle pour aller à Senlis, il advisa tout plain de pauvres gens que ses soldats tenoient et tourmentoient, pour ce que, contre les defenses de Sa Majesté, ils ne laissoient de porter des vivres à Paris; lesquels le Roy aiant fait lascher et rendre tout ce que ses soldats avoient pris, leur dit seulement : « Mes amis, Dieu vous commande « d'obéir à vostre Roy, et le reconnoistre; et toutefois « vous n'en faites rien. Cela est cause de tant de maux « que vous avez. Mais craingnés Dieu et honnorés « vostre Roy : et Dieu aura pitié de vous, aiant esgard « à vostre pauvreté. Je vous pardonne tout; mais n'i « retournés plus. — Hé, sire, dirent ces pauvres gens, « Dieu vous doint bonne vie et longue! Nous mourons « de faim : c'est ce qui nous fait faire ce que nous fai- « sons. » Alors le Roy fouillant en sa pochette leur jetta ce qu'il avoit dedans ( et y avoit quelques escus et testons), disant ces mots : « Allés, priés Dieu pour le « Bearnois. S'il vous pouvoit mieux faire, il le feroit. »

Le dimanche 28 du present mois d'avril, la flotte de Meaux et de Chasteauthierri conduisante à Paris jusques à quatorze cens muis de bled en cent quinze basteaus, fut arrestée et prise par les gens du Roy, fors et excepté le tiers, qui fut sauvé dans les bariquelles et autres vaisseaus legers qui avoient gaingné le devant. Le lendemain les Espagnols sortirent, qui en ramenerent encores, mais peu.

Ledit jour de dimanche 28 avril, apparust sur le surpelis du curé Saint Benoist à Paris, estant en une assemblée qui se faisoit en sa paroisse pour elire des marguilliers, une croix rouge jaunastre. Fut rapporté qu'aiant deux fois changé de surpelis, à toutes les deux fois les croix estoient aparues sur ses surpelis.

Le lundi 29 dudit mois d'avril, comme un prestre chantoit messe dans l'eglise Saint Berthelemi à Paris, on aperceut quelques croix sur la nappe de laquelle l'autel estoit couvert. Aprés disner, sur le bruit qui couroit partout que ces croix apparoissoient en divers lieus et eglises, et mesme à Saint Berthelemy, je m'y fus proumener par curiosité, pour voir le mistere, et en dire ma ratelée comme les autres. Estant là, je vis un homme d'eglise qui donnoit un mouchoir de grosse toile à baiser, sur lequel on disoit qu'il y en avoit une; mais je n'en vis aucune trace ni apparence. Elle pouvoit possible estre effacée, à cause de la multitude du peuple qui l'avoit baisée : ce que je ne fis, me contentant sans baiser de n'avoir rien veu sur ledit mouchoir autre chose que sur le mien. Et me retirant tout doucement de la presse, parmi laquelle il y a souvent du politique sur les rencs, principalement où il s'agist de quelque nouveau miracle comme cestuici, m'en retournai tout doucement en ma maison.

Ce jour, nostre maistre de Cœilli, curé de Saint-Germain de l'Auxerrois, alla trouver M. de Grammond (1), pour s'excuser à lui du rapport qu'on lui avoit fait (et disoit-on que c'estoit madame de Montpensier) que ledit curé, pendant le siege de Chartres où ledit seingneur estoit enfermé avec les autres, l'avoit presché en plaine chaire comme traistre et politique; dont ledit Grammont s'estoit fort offensé et scandalisé, et avoit demandé à parler à lui pour sçavoir

---

(1) *M. de Grammond* : Antoine comte de Gramont, fils de Philibert de Gramont et de Diane, dite la belle Corisande, qui avoit été maîtresse de Henri IV. Le Roi l'ayant quittée, Antoine de Gramont s'étoit jeté dans le parti de la Ligue.

comme il l'entendoit. Mais aussi tost qu'il eust veu ledit curé, et considéré la forme de sa teste, il lui demanda seulement : « Est-ce vous qui estes le curé de « Saint-Germain ? Je sçais tout ce que vous me voulez « dire : je n'ai que faire de vous ouir davantage. Je « vous pardonne tout : car je voi bien à vostre teste « que vous n'estes gueres sage, et que ce qu'on m'a dit « de vous est vrai. » Et le renvoia de ceste façon.

*Supplément tiré de l'édition de 1736.*

Le mercredi 3 du mois d'avril, on apprit que le pape Gregoire XIV avoit decerné et renouvellé le premier du mois de mars dernier la bulle d'excommunication et interdiction donnée auparavant par le pape Sixte V contre le roi Henry III et contre le roy Henry IV, et tous leurs adhérans et fauteurs ; qu'il doit envoyer incessamment aux Seize un secours de six mille Suisses, de quinze cens chevaux, et de deux mille hommes de pied italiens, sous la conduite du seigneur Francisque Sfrondate,(1) son neveu, duc de Monte Marciano, le seigneur Virgile Ursin (2), et autres seigneurs.

En même temps le Pape écrivit aux Seize de Paris, et leur dit qu'il sçavoit ce qu'ils avoient souffert pendant le siége de Paris pour la conservation de la religion catholique, apostolique et romaine ; qu'il avoit resolu d'envoyer une armée considérable pour la se-

---

(1) *Francisque Sfrondate* : Moreri l'appelle Hercule. Il étoit comte de La Rivière et du Saint-Empire romain ; général de la Sainte-Eglise. Le Pape le fit duc de Monte-Marciano. — (2) *Virgile Ursin* : Virgile ou Virginio étoit fils de Charles des Ursins, fils naturel de Virgile des Ursins, comte de Tagliacozzo ; il fut duc de Bracciano, comte d'Anguillare, chevalier de la Toison d'or.

courir, qu'il entretiendroit à ses dépens; et de leur envoyer quinze mille écus de son épargne, pour subvenir aux necessités de cette ville autant de temps qu'il le jugeroit à propos.

En la fin de ce mois cette bulle étoit déjà en France, et avoit été présentée au duc de Mayenne par le nonce Marcellin Andriano, referendaire de la cour de Rome, qui étoit arrivé inopinément à Rheims. Avec cette bulle il a parti encore deux monitoires, l'un pour les prélats et ecclésiastiques; et l'autre pour la noblesse, la justice et le peuple. Par le premier, tous les ecclesiastiques sont excommuniés si dans quinze jours ils ne se retiroient de l'obéissance, de la suite et des terres d'Henry de Bourbon; et à faute d'obéir dans les quinze autres jours, les privoit de leurs benefices. Par le second, il invite les nobles, les gens de justice et le peuple de se retirer de l'obéissance dudit roi de Navarre: sinon qu'il tourneroit sa bonté paternelle en severité de juge; et dans tous les deux il déclare le Roy excommunié, relaps, et comme tel déchû de tous ses royaumes et seigneuries.

Le duc de Mayenne prévoyant les troubles que ces monitoires alloient causer, et le peu de fruit qu'il en retireroit pour ses intérêts, sollicita le nonce d'en suspendre la publication, et d'attendre un autre temps plus favorable. Landriano lui exposa les ordres exprès du Pape, lesquels ne lui permettoient pas de suspendre la publication de ses lettres monitoriales; il les fit donc publier. Lorsqu'elles furent connuës à Paris, aucuns ecclesiastiques en furent scandalisés, bien qu'ils fussent très-affectionnés à la Ligue; et ils dirent que le Pape devoit encourager plutôt ceux qui résidoient aux villes du parti du roy de Navarre d'y demeurer que d'en sortir, parce que c'étoit quitter le champ aux heretiques, qui étoit ce qu'ils demandoient; et en faisant contraindre le peuple d'abandonner leurs biens, leurs maisons et familles; et qu'on n'en trouvera guéres qui veuillent mourir pour obéir au Pape, même entre les ecclesiastiques. Ce que le passé leur apprenoit.

Le samedi 6 d'avril, on apprit que la ville et château Thierry, que le duc de Mayenne avoit assiégé pour obliger le roy de Navarre de lever le siége devant Chartres, s'étoit rendu. Cette nouvelle donna bien du plaisir aux ligueurs, qui avoient appris que Pinard qui y commandoit avoit refusé du secours, se croyant assez fort contre l'armée du duc de Mayenne. Mais s'étant rendu sans beaucoup de résistance, les royalistes l'accusent d'infidelité, et de s'être entendu avec le duc pour conserver les biens qu'il a aux environs de cette place.

Le mardi 9 d'avril, parut copie d'une lettre envoyée au Pape par le duc de Luxembourg, tant en son nom que de tous les princes et officiers de la couronne, et autres catholiques étant lors au siége de Chartres à la suite du Roy, pour détromper Sa Sainteté, et lui persuader avec respect et raison de ne plus favoriser les mauvais desseins de la Ligue, qui, par de fausses nouvelles sur les affaires de la religion et du roy de Navarre, abusoit de Sa Sainteté.

La déclaration du clergé (1) donna occasion à plu-

---

(1) *La déclaration du clergé* : Cette déclaration, faite à Chartres dans une assemblée générale du clergé, à laquelle avoient assisté un grand nombre de prélats, et même plusieurs archevêques et évêques

sieurs d'abandonner la Ligue et de se retirer vers le Roy : entre autres Florimond, marquis de Menelay, gouverneur de La Fere-sur-l'Oise, qui, sollicité par son pere, devoit encore remettre cette place sous la puissance du Roy. Mais son dessein ayant été découvert par le duc de Mayenne, il envoya Colas, lieutenant de ses gardes, pour l'empêcher. Colas prit avec lui huit capitaines et autres gens déterminés, entra dans La Fere, rencontra le marquis de Menelay revenant de l'eglise, et sans autre forme de procès l'assassina.

Le samedi 20 d'avril, les ligueurs de Paris furent fort étonnés en apprenant la reddition de la ville de Chartres, assiegée par le Roy depuis le 9 de fevrier. C'étoit une des meilleures places de la Ligue, qui après avoir resisté long-temps s'est rendue par composition le jour precédent, dès que les assiegés ont vu une nouvelle machine inventée par M. de Chastillon : qui est un pont de bois couvert, au moyen duquel les assiégeans alloient donner l'assaut.

[MAY.] Le vendredi troisieme jour de may 1591, la cour de parlement de Paris receut lettres du duc de Maienne, par lesquelles il les prioit et importunoit pour la reception de Nulli (1) en l'estat de president de

des villes de l'Union, porte que les deux bulles monitoriales du pape Grégoire XIV sont nulles, injustes, et *suggérées par les ennemis de la France* : le clergé proteste toutefois qu'il ne veut pas se séparer du Saint-Siége. Il fut résolu en outre d'envoyer deux prélats vers Sa Sainteté, pour l'inviter à se reconnoître.

(1) *La reception de Nulli:* Etienne de Neully. En 1569, il avoit été nommé premier président de la cour des aides. Pierre de La Place, qui occupoit cette charge, ayant obtenu son rétablissement, Neully le fit tuer à la Saint-Barthelemy.

la cour. A quoi dés longtems solicitée ne vouloit nullement entendre, cognoissant l'humeur du personnage, et son esprit brouillon, ambitieus et meschant jusques au bout.

Le dimanche cinquieme dudit mois de may, Rose estant adverti du peu de conte qu'avoient fait messieurs de la cour des lettres de M. de Maienne pour la reception de Nulli son grand ami [1], en fist son sermon entier à Sainte-Croix de la Bretonnerie, où il dit mille pouilles de la justice, et incita fort le peuple contre elle. Et le mardi ensuivant me fust dit par un conseiller des generaux, mien ami, que le president de Nulli leur avoit dit ce jour en plaine chambre, se plaignant de messieurs de la cour et de la rigueur qu'ils lui tenoient, qu'il y avoit eu des Seize qui l'estoient venus trouver jusques chés lui, lui dire qu'ils avoient bien mis une fois prisonniere la cour, et qu'ils l'y remettroient bien pour la seconde, si besoin estoit; mais qu'il eust esté bien marri de s'aider de telles gens, n'y d'y entrer par autre voie que l'ordinaire, combien qu'on lui fist injustice, et qu'il y eust beaucoup de meschans en la compagnie qu'on ne connoissoit que trop.

Le mecredi 8 du present mois de may, un de mes amis me monstra une lettre qu'un nommé Colas escrivoit de Saint-Denis à Poncher l'eschevin, par laquelle il lui mandoit que, depuis le commerce accordé, il avoit touché neuf cents tant de mil escus pour le peage et imposition des vivres et marchandises passantes par Saint-Denis. Le dit Colas estoit emploié par de là à l'extraordinaire de tels deniers.

[1] *Nulli son grand ami:* La fille de Neully fut séduite par ce même Rose, évêque de Senlis.

Ce jour fust grand bruit à Paris de la mort du roy d'Hespagne, lequel encores qu'on y tuast et resuscitast tous les ans trois ou quatre fois, si estce que ceste fausse nouvelle, pour estre auctorisée et mandée de plusieurs bons lieux et divers endroits, fust creue et tenue pour veritable de plusieurs personnes : car le grand prevost Du Val, le procureur general La Guesle, le president de Thou et plusieurs du parti du Roy qui la desiroient, et tout plain d'autres personnages de grand nom et qualité, en avoient donné, par lettres et messages exprés, advis certain à leurs amis qui estoient à Paris. Et quant à ceux de la Ligue, qui la craingnoient autant que les autres la souhaittoient, ils en avoient pareil advis de ceux de leur parti, et de ceux mesme qui de plus prés approchoient les affaires : comme de Ribaut, Janin, Maspairrault, et de Dalincour qui l'escrivit pour veritable à un sien ami de Paris; et continua ceste fausse nouvelle à Paris bien huict jours, et à Chartres plus de quinze, où ils la firent imprimer.

Le jeudi 9 du present mois de may, M. de Belin fist à la cour le serment de gouverneur de Paris; auquel jour il fist un grand tonnerre entremeslé de foudre et tempeste, et en tumba tout plain de malades à Paris de la contagion.

Le vendredi dixieme dudit mois de may, jour et feste de Saint Job, les Walons firent à Paris une mascarade de la patience dudit Job, se proumenans par les rues de Paris avec force gens à moictié nuds, qui avoient les bras tous sanglans et les corps peints; et marchans en ce bel equipage, accompagnoient avec des violons un homme monté sur un asne à reculons, qui representoit le bon homme Job; qui, monté sur ledit asne à recullons, donnoit de la queue dudit asne la benediction aux passans, ayant à ses costés un diable et une femme qui se moquoient de lui. Et encores que cette farce fût assez plaisante et selon la mode de leur pays, si ne fust elle point bien goustée de ce peuple parisien (encore qu'il ne faille pas grandes choses pour l'amuser); ainsi mal reçue à cause de ceste benediction de la queue de l'asne, que passant sur le pont Nostre-Dame ils furent contraints de se retirer plus viste que le pas, la populasse les menassant de traîner à la riviere, comme se moquans de Dieu et de la religion catholique.

Le dimanche 12 dudit mois de may, M. de Vicq, gouverneur de Saint-Denis, eust advis de plusieurs endroits d'une entreprise faite pour tuer le Roy; et qu'il estoit sorti jusques à vingt hommes de Paris pour cest effect, et entre les autres le maistre des enfants de cœur de l'eglise de Saint-Leu et Saint-Gilles. Celui qui l'en advertist le premier, et lui en donna les meilleures enseignes, fust un pauvre homme de tailleur chargé de neuf enfants, demeurant sur le pont Saint-Michel à Paris, qui souvent a exposé sa vie en danger pour le service du Roy. Cest homme avoit esté pris prisonnier l'an passé par Senault et La Rue à la journée du Pain; mais comme Dieu voulust que sa femme accouchast ce jour là, il fist ses comperes ledit Senault et La Rue, pensant que cela lui pourroit aider à sortir de prison, comme il advinst. Car Dieu aiant touché le cœur de ces deux hommes (assés inhumains d'ailleurs), qui voyoient une pauvre femme dans un lit avec neuf enfants qui mouroient de faim, et un pauvre politique sur lequel il n'i avoit que drapper, le mirent dehors, et le renvoyerent en sa maison, où depuis il a tousjours continué de servir le Roy en ce qu'il a peu, avec moins de danger que beaucoup d'autres, que leurs biens eussent fait mourir.

Ce pauvre homme s'apeloit maistre Laurens, et mourust à Paris environ la fin de cest an 1591, ou au commencement de l'autre.

Le vendredi 17 may 1591, maistre Mattieu Chartier mon oncle, doyen de la grand'chambre, aagé de soixante-dix-huit ans, fust nommé et esleu president en la cour, fist le serment, et fust receu en l'estat le mesme jour.

Le samedi dix-huitieme dudit mois de may, Du Beloi (1), prisonnier en la Bastille, et pensionnaire de Bussi Le Clerc il y avoit prés de trois ans, trouva moyen d'evader et sortir avec le serviteur du capitaine Regnié et ung nommé Nuts, et de là gaingner Saint-Denis, où il se mist à couvert, aiant esté par une speciale grace de Dieu preservé et garanti durant ce temps, et comme retiré des abismes de la mort, qui autrement lui estoit inevitable. De cette evasion Bussi en fust aucunement suspect, pour ce qu'on disoit qu'il instruisoit depuis quelque temps le fils dudit Bussi, qu'on apeloit le Dauphin : ce qui estoit faux, comme je l'ai appris moi mesme de la bouche dudit Beloi. Et la verité est qu'il n'i eust jamais intelligence autre que la volonté de Dieu, qui se vouloit encores servir de cest homme. Les Seize de Paris en voulurent mal à M. de Belin leur gouverneur, pour ce qu'il avoit revoqué en doute

---

(1) *Du Beloi :* Pierre de Belloy, avocat général au parlement de Toulouse. Il avoit été arrêté en 1587. Les ligueurs vouloient lui faire faire son procès, parce qu'il avoit écrit contre la bulle de Sixte-Quint qui excommunioit Henri IV.

la fidelité de Bussi Le Clerc, que lesdits Seize adoroient, et tenoient entr'eux comme un grand prophete.

Le lundi vingtieme dudit mois de may, s'esleva un faux bruit à Paris de la mort du duc d'Esparnon, blessé devant le chasteau de Pierrefonds. M. de Belin et les princesses asseuroient ceste mort, et disoient en avoir eu certain advis. Mais les nouvelles arrivées sur ces entrefaites de la prise de Dourdan par le Roy, on jugea incontinent ce bruit semé à dessain pour une de nos emplastres ordinaires. Car à peu de jours de là d'Esparnon resuscita à Paris, et ceste grande mort devinst une esgratignure.

Le mardy 21 may, le conseiller Maschaut, nouveau capitaine du quartier Saint-Eustace à Paris, esleu par les Seize ses compagnons, et establi par M. de Belin contre le gré et consentement de ceux du quartier et de la dixaine, ayant esté mesme contraint de bailler son enseingne à son clerc, pour ce qu'il ne se trouva jamais personne qui la voulust recevoir de sa main, donna deux soufflets en plaine procession à la femme d'un esguilletier demourante prés la croix du Tirouer, et l'envoya prisonniere comme heretique et politique, pour ce qu'elle parloit contre les voleurs et larrons, et se moquant des soldats du capitaine Jacques qui revenoient de Dourdan, avoit dit qu'ils ne sçavoient faire autre chose que manger et piller le bon homme, et rendre les villes à l'ennemi au lieu de les deffendre; qu'elle eust voulu que tous les larrons qui leur ressembloient et qui estoient à Paris, qui la faisoient mourir de faim avec tant d'autre pauvre peuplé, eussent esté pendus. « A la charge que le Bearnois y dust entrer « dés demain, disoit-elle, je fournirois de bon cœur les

« cordes qu'il faudroit pour les estrangler. » Paroles de femme à la verité indiscrete, mais de laquelle le ventre, qui n'a point d'aureilles ( comme l'on dit ), crioit; et laquelle estoit assez commune à Paris en la bouche de beaucoup de pauvres femmes de sa qualité. Aussi fust elle relaschée dés le jour mesme, à la charge qu'elle seroit plus sage une autre fois, et ne parleroit plus de pendre les larrons devant Maschaut, attendu l'interest qu'on voyoit qu'il y pretendoit.

Le mecredi vingt-deuxieme du present mois de may, l'assemblée estant faite à l'evesché de Paris, pour nommer des deputés aux Estats convoqués à son de trompe et cri publicq au dernier de ce mois en la ville de Rheims, et publiés le mecredi 8 dudit mois par tous les endroits et quarrefours de Paris, où on commençoit à dire tout haut qu'il nous falloit un roy, et qu'il n'estoit pas possible de s'en passer; comme on fust venu à la nomination des deputés de la noblesse, ne se trouverent que deux gentilshommes de l'Union en toute la prevosté et vicomté de Paris : à sçavoir messieurs de Victri (1) et Chevrieres, dont on commença à dire que nous ne pouvions faire un gentilhomme, et toutefois nous voulions faire un roy.

Le samedi vingt-cinquieme dudit mois de may, une damoiselle nommée La Plante, accusée d'avoir voulu prattiquer à Paris quelque chose pour le service du Roy, et parlé à Bussi soubs sa foy ( qui toutefois la trahist) de quelque composition pour la Bastille, fust prise prisonniere. Ceste damoiselle avoit entrée et connoissance aux meilleures maisons de Paris, comme femme vertueuse et d'esprit, mais politique et roiale jusques au

(1) *De Victri :* Louis de L'Hôpital, marquis de Vitry.

bout : crime à Paris inexpiable, sinon par le dernier supplice.

Le jeudi trentieme de ce mois de may, les brefs des monitions et excommunications du Pape contre ceux qui adheroient et suivoient le parti du Roy, principalement des ecclesiastiques, furent apportés à Paris. Le chapitre Nostre-Dame ayant receu le sien, deputa le doyen Seguier (1) et le jeune Ruellé par devers messieurs de la cour, qui ordonnerent que le lendemain les chambres seroient assemblées pour y adviser.

*Supplément tiré de l'édition de* 1719.

En ce temps un sire de Paris, homme de grand jugement, disoit à un sien compere : « A quoy tient-il « qu'on ne prend ce roy de Navarre, qui nous fait de « peines? Que ne me le meine t'on comme les autres « dans cette Bastille? — Cela ne se fait pas ainsy, re- « pondit l'autre; il a au moins dix mille hommes. — « Et ayons en vingt mil, repartit le sire. — Mais, dit « le compere, pour cela faut de l'argent. — De l'argent, « repliqua l'homme? Qu'il ne tienne à cela : voilà mon « quart d'ecu que je baille de bon cœur, et que chacun « en baille autant. » Ces sots discours plaisoient aux Seize.

*Supplément tiré de l'édition de* 1736.

Au commencement de ce mois, le duc de Mayenne est allé à Rheims avec les princes de sa maison, l'ambassadeur de Savoye et le cardinal Pelevé, fait depuis peu archevêque de cette ville par les ligueurs

---

(1) *Le doyen Seguier* : Louis Seguier, conseiller au parlement, doyen de l'église de Paris, oncle du chancelier Pierre Seguier.

et autres seigneurs, où ils ont discouru sur la prochaine election d'un roy, sans pouvoir s'accorder : car on dit que plusieurs princes (1) y pretendent : entre autres le duc de Lorraine, le duc de Mercœur, le duc de Mayenne, le duc de Nemours, le duc de Savoye et autres y aspirent.

De plus, ils ont deputé le president Jeanin pour aller

---

(1) *Que plusieurs princes:* Panigarole écrivant au duc de Savoie pour lui faire connoître les dispositions des François relativement à l'élection d'un roi, lui dit : « Quant à la maison de Bourbon, si l'un d'eux
« passoit du côté de la Ligue, je puis dire à Votre Altesse qu'il seroit
« quasi impossible qu'il ne fût roy; mais il ne faut pas espérer d'en
« avoir aucun, pource que le Navarrois y a l'œil; et eux le craignent
« comme le diable. Il ne seroit raisonnable qu'ils prissent ce parti sans
« sûreté; et d'en traiter avec eux, c'est chose impossible. »

« Le duc de Guise, s'il sortoit de prison, après Bourbon seroit celui
« qui auroit le plus de voix de la noblesse, quasi de tout le clergé
« et de tout le peuple. En somme, laissant Bourbon, aucun n'auroit
« le meilleur parti, s'il étoit en liberté.

« Le duc du Maine, à dire la vérité, est fort écarté, et a beaucoup
« perdu de sa réputation depuis la bataille d'Ivry perdüe; et quant à
« moi, je crois qu'il n'auroit pas la centieme partie des voix qu'il lui
« faudroit pour cet effet.

« Quant à l'Espagne, il ne faut pas se tromper : car si l'extrême né-
« cessité ne le faisoit roy par la volonté du peuple, il ne le seroit ja-
« mais.

« Lorraine et son fils sont en fort peu d'estime entre le peuple fran-
« çois, principalement le fils, qui est tenu pour incapable de régner;
« outre que ne le pouvant être, du Maine plutôt accepteroit le diable
« pour roy qu'aucun de la maison de Lorraine.

« Il reste la personne de Votre Altesse (le duc de Savoie), laquelle
« je ne flatterai jamais; et pour parler librement, il y a deux choses
« qui lui sont préjudiciables : l'une de n'avoir pratiqué davantage en
« France, et l'autre le bruit qui fut répandu contre lui pour le fait
« de Saluces. Néanmoins être comme vous êtes deux fois fils de
« France; avoir le moyen d'incorporer à la couronne de France le
« marquisat de Saluces, et devant être le mari de la sérénissime In-
« fante, ils s'accorderoient plutôt à la personne de Votre Altesse. »

en Espagne remontrer la nécessité du secours pour soutenir la Ligue, et s'opposer aux progrès du roy de Navarre.

[JUIN.] Le samedi premier juin 1591, veille de la Pentecoste, le seingneur Alexandre, colonnel des Neapolitains (1), deputa quelques uns d'entre eux pour aller à Saint Denis parler à M. de Vicq, et le prier pour quelques tonnes d'habillemens et autres hardes auxdits Neapolitains appartenans, pris et arrestés audit Saint Denis; et le supplier de les leur vouloir faire rendre, en paiant à prix moderé et honneste composition. Estans là arrivés, M. de Vicq les receut fort gracieusement; et aprés leur avoir fait faire bonne chere, les retinst là le dimanche entier, jour de Pentecoste, n'aiant voulu permettre, à cause du bon jour, qu'ils s'en allassent. Ains leur aiant donné à disner et à soupper, les proumena partout, et leur fist voir les beaux tumbeaux et reliques de la grande eglise, aprés avoir quand et eux oui la messe et tout le service du jour, qui y fust fait fort devotement. Dequoi ils estoient tout estonnés : car on leur faisoit entendre à Paris qu'aux villes où commandoit le Roy, il ne s'y disoit ni messe ni service. Le lendemain, estans fort contens de M. de Vicq, qui leur avoit fait si bonne chere et liberalement accordé ce qu'ils lui avoient demandé, allerent prendre congé de lui avant que s'en retourner à Paris, avec infinis offres et remerciemens à sa seigneurie; ausquels M. de Vicq aiant respondu de mesme, les voiant en bonne humeur leur va dire :

(1) *Colonnel des Neapolitains* : Il y avoit douze cents Napolitains qui tenoient garnison à Paris.

« Messieurs, avant que partir je vous prie me dire
« une chose. Je sçais que vous estes hommes d'enten-
« dement; dites-moi, s'il vous plaist, que vous semble
« de ceux de Paris, et quel jugement en faites-vous?
« — Par Dieu, monsieur (va respondre un de leur
« compagnie), ce sont les plus grands badaus, les
« plus grands sots et les plus vielaques que nous aions
« jamais congneus. Depuis que nous sommes à Paris,
« il n'i en a jamais eu ung qui ait eu l'honnesteté de
« nous presenter un verre d'eau; et diriés quand ils
« nous voient, qu'ils voient des chiens, tant ils nous
« regardent de mauvais œil. Ils parlent des autres;
« mais nous croyons qu'ils sont tous lutherans là de-
« dans. — Oui, dit M. de Vicq, mais ici non, comme
« vous avez veu. — Ah! non, non, bons catholiques
« vous (dirent-ils), et gens de bien; à qui Dieu doint
« bonne vie et longue! » Et ainsi s'en allerent, laissans
M. de Vicq aussi content d'eux qu'ils estoient de lui :
qui en rioit encores trois mois aprés, et en fist rire le
Roy, auquel (à ce qu'on dit) il racompta ceste plaisante histoire.

Le lundi 3 juin, qui estoit le lendemain de la Pentecoste, les bulles d'excommunication du pape Gregoire quatorzieme furent leues dans la grande eglise
de Nostre Dame à Paris, où fust fait le sermon par
M. Rose, evesque de Senlis, en grand apparat et exal-
tation de la majesté papale par dessus le neufiesme
ciel; depression et abaissement de celle du Roy jusques
au plus profond des abismes d'enfer. Et furent lesdites
bulles, en latin, plaquées et affichées le jour mesme
aux quatre principales portes de ladite eglise de Nostre
Dame, attendant la publication d'icelles au parlement,

et impression qui en fust faite incontinent après ce, requerant et consentant le procureur general du Roy.

Le mardi 4 juin, les Hespagnols et le lendemain les Neapolitains allerent trouver M. de Belin pour lui demander l'argent qui leur estoit deu de leur paie : lequel ils sçavoient certainement que ledit Belin avoit touché et receu; et en cas de refus et qu'on ne leur en baillast promptement, menassoient de s'en aller et se retirer. M. de Belin, qui les eust bien voulu repaistre de paroles, comme leur argent estant mangé il y avoit long-temps, mais qui ne pouvoit et ne sçavoit comme s'en depestrer honnestement, enfin leur proposa un expedient, qui disoit fort court, pour toucher leur argent : qui estoit de faire imposer la somme qui leur estoit due sur la generalité des habitans de Paris, le fort portant le foible, qui seroit incontinent trouvée, et se monstreroit fort peu de chose pour une telle ville. Mais eux relevans bravement ceste parole, lui dirent fort vertueusement que jamais ils n'endureroient cestui-là; et qu'il n'estoit raisonnable de couvrir du sang et de la substance d'un pauvre peuple, qui n'avoit à peine du pain à manger, les larcins de quelques tiranneaux contre lesquels, quand ils se banderoient pour une si bonne occasion, ils seroient les premiers qui leur voudroient aider et prester l'espaule pour s'en delivrer; qu'ils avoient admiré en leur pays la constance et resolution de ceux de Paris en une si extresme famine qu'ils avoient endurée pour leur religion, laquelle ne meritoit si pauvre recompense. Aussi que tout ce que leur Roy leur maistre leur avoit tousjours principalement recommandé, et recommandoit encores tous les jours, estoit de bien traicter ceux de Paris, et ne leur donner occasion de se mescontenter de Sa Majesté : et pourtant qu'ils eussent aimé mieux perdre leur argent que de le repeter sur ceux de Paris, qui ne pouvoient mais des larcins d'autrui. Ce que M. de Belin avalla tout doucement. Et le lendemain un capitaine hespagnol dit à un mien ami françois, qui me contoit ce que dessus comme y ayant esté present, que nous avions entre nous autres de grands larrons de gouverneurs; et qu'en Hespagne on n'eust garde de les souffrir.

Le samedi 15 juin 1591, le corps du chevalier d'Aumale fut porté à Saint Denis par quatre crocheteus dans une petite eglise prochaine de la grande, sans aucune solennité et convoi; et là fust jetté dans une fosse comme un gueus, qu'on couvrist de terre, de peur que les rats, qui ja lui avoient mangé le nés et les aureilles, n'achevassent de lui manger le demeurant. Voilà le grand comte qu'en firent ceux de l'Union : aprés sa mort, M. de Vicq leur aiant souvent offert de leur rendre le corps, et y ayant envoyé exprés pour cest effect à Paris, et mesmes à madame de Nemours, laquelle lui manda enfin qu'il tenoit le tumbeau de ses predecesseurs rois, et qu'il le l'y fist enterrer. A quoi M. de Vicq ne respondit autre chose sinon qu'aussi feroit-il; et peu aprés lui fust fait ce beau convoi à la tumbe de ses predecesseurs.

Ce jour on disoit à Paris que M. de Nevers et le cardinal de Lenoncour, avec plusieurs autres seingneurs tant nobles qu'ecclesiastiques, avoient quitté le parti du Roy, craingnans les excommunications portées par la bulle du Pape. Ce qu'encores qu'il fust faux, et semé à dessein pour tousjours amuser le peuple, si fust-il merveilleusement bien entretenu à Paris et longtemps pour une menterie : car ce bruit y dura bien trois semaines entieres, tellement asseuré et coloré, qu'on ne savoit qu'on en devoit croire, encores que tous les jours, par gens allans et venans de Paris à Saint Denis, on entendist comme ceux du Roy qui estoient là dedans s'en moquoient, se disans l'un à l'autre quand ils se rencontroient : « Mon Dieu, que tu « es noir! — Non suis, respondoit l'autre; mais c'est « toimesme qui es tout barbouillé. » Se gabans ainsi et se rians des bulles du Pape, et de ses excommunications.

Le dimanche 23 juin 1591, veille de la Saint Jehan, durant qu'on s'amusoit à aller voir le feu en Greve, un nommé le capitaine Regnié, prisonnier en la Conciergerie, comme politique et fauteur du parti du Roy, se sauva et evada de la prison avec Le Vasseur, qui avoit tué Selincour.

Ce jour mesme, les Neapolitains dresserent par plaisir, et pour donner recreation aux dames et damoiselles de Paris, une forme d'escarmouche sur le quai des Augustins.

Le vendredi 28 dudit mois de juin, on me bailla au Palais la liste des juges du procés de Brigard, qui estoient : Fleuri, Anrous, Michon, Monthelon, rapporteur; Courtin, Fouchier, Brissonnet, Bouin, Du Four, de Here, des Landes, Gaudard, Pinon, Faiette et Poësle; Brisson, president.

En ce mois de juin 1591, fust donné un arrest, par la cour de parlement de Chaalons, contre la bulle du Pape emologuée par ceux du parlement de Paris; par lequel, à la requeste du procureur general, fust ordonné que les lettres de ladite bulle seroient lacerées et rompues comme elles furent en parlement, l'audience tenant audit Chaalons le lundi 10 juin de la presente année 1591; et le reste du contenu de l'arrest qu'ils firent imprimer, et dont les copies se voient partout executé de point en point, tant audit Chaalons que par tous les autres lieux et endroits du ressort de leur jurisdiction, estans sous l'obeissance du Roy.

Cest arrest, entendu à Paris, scandaliza fort les zelés; appresta à crier aux predicateurs, qui crioient assez sans cela; et donna martel en teste à beaucoup de la cour, principalement au procureur general, auquel il tailla de la besongne qui ne lui plaisoit gueres.

*Supplément tiré de l'édition de 1736.*

Le jeudi 6 de juin, le roy de Navarre a surpris le fort de Louviers près de Roüen. Claude de Sainctes, evêque d'Evreux, qui s'y étoit refugié, y a été pris comme il vouloit se sauver.

Le Roy l'a mis entre les mains du parlement de Caën, pour avoir fait quelques écrits où il prétend justifier le parricide commis sur Henry III, et prouver qu'il est permis d'en faire de même sur le roy de Navarre.

Cette ville a été prise par la trahison d'un capitaine nommé Marin, qui a gagné un caporal de la garnison: celui-ci a débauché un prêtre, et puis un homme de métier. Ces quatre traîtres, ausquels le Roy avoit promis vingt mille écus, ont introduit dans le corps de garde sept ou huit cavaliers royalistes, mais habillés en ligueurs avec l'écharpe noire, feignant être poursuivis par les ennemis. Ensuite fut averti Raulet, gouverneur du Pont de l'Arche, qui étoit en embuscade avec cent chevaux, qui se sont saisis des portes; ensuite est entré à temps le maréchal de Biron avec ses troupes, qui a contraint les ligueurs de demander quartier après un combat de deux heures. Le Roy, qui étoit à chasser aux environs, en ayant été averti, s'y est rendu, et a pris possession de cette place importante, située entre Evreux et Rouen.

Le mercredi 12 de juin, les lettres de Rome adressées aux Seize portent que, le douzième du mois de may dernier, le pape Gregoire XIV avoit solemnellement mis sur la tête de son neveu Francisque-Hercules Sfrondate la couronne ducale, et mis en main le bâton de general de l'armée qu'il envoyoit contre le roy de Navarre et ses adherans; ensemble deux étendarts benis par lui-même, dans l'un desquels est dépeint un crucifix, et aux côtés saint Pierre et saint Paul, avec cette legende : *Hæc est victoria quæ vincit mundum, fides nostra.* Dans l'autre les armoiries du Pape, avec ces paroles : *Dextera Domini fecit virtutem; dextera Domini exaltavit me.*

[JUILLET.] Le lundi 8 juillet 1591, le Palais de Paris fust fermé pour huict jours, à cause des nouvelles qu'on avoit eues que le Roy approchoit; et par ainsi furent interdits messieurs de la cour durant ce temps, contre toutes les formes ordinaires, à la requeste de messieurs les Seize, qui ouvroient et fermoient le Palais comme bon leur sembloit.

En ce temps la riviere de Seine estoit haute comme en hiver, et si enflée qu'elle desborda, combien qu'il n'eust pas fort pleu à Paris : signes quelques fois du debordement de l'ire de Dieu, de laquelle nous estions bien dignes.

La riviere de Loire desborda aussi; et comme elle est impetueuse, ravagea tout ce qu'elle rencontra, en forme de torrent. Entre autres ravages elle emporta et mist bas les belles fortifications de M. Du Faur à Berges, que ledit sieur gouverneur de la ville avoit comme immortalizé par une magnifique inscription qu'il avoit mise à la porte de la ville, faisant Dieu aucteur d'icelles. Sur lequel subject M. Rappin s'estant voulu esbattre, composa des vers, par lesquels il dit qu'il est à croire que si Dieu en eust esté l'aucteur, elles eussent esté de plus longue durée.

Le mecredi dixieme dudit mois de juillet, la damoiselle de La Plante fut decapitée en la place de Greve à Paris.

Le mecredi 17 juillet 1591, fut dit par arrest de la cour de parlement de Paris, ce requerant et consentant le procureur general, que l'arrest donné à Chaalons (1), par gens qui prennent le nom de parlement, estoit nul; qu'il sera laceré, l'audiance tenant, et bruslé sur la pierre de marbre au pied des grands degrés du Palais. Ce qui fust executé le lendemain, qui estoit le jeudi 18 juillet.

Le dimanche 21 dudit mois de juillet, les predicateurs de Paris declamerent tous unanimement contre l'arrest donné par ceux de Chaalons; louerent et exal-

---

(1) *L'arrest donné à Chaalons :* Le parlement de Châlons avoit rendu un arrest contre deux bulles de Grégoire XIV qui déclaroient le Roi excommunié, relaps, déchu de ses droits au trône. Par ces bulles étoient également excommuniés tous ceux qui suivoient son parti, et qui ne l'auroient pas abandonné sous quinze jours.

terent jusques au tiers ciel le Pape à present seant; deprimerent son predecesseur jusques aux plus basses fosses des enfers; l'apelerent politique et meschant, dirent que Dieu avoit fait beaucoup pour son Eglise quand il l'avoit osté. Et tumbant sur ceux du parlement de Chaalons qui s'estoient bien osés attaquer à Sa Sainteté ( combien qu'ils s'y attachassent eux mesmes ), les accoustrerent de toutes façons, n'aiant espece d'injure qu'ils n'emploiassent pour les rendre odieux. Boucher ( comme il est violent et injurieux par dessus les autres ) en nomma en sa chaire quelques uns, entre autres le president de Thou, qu'il appela un taureau bannier; Angenou un viel huguenot moisi, qui devoit estre seq il y avoit vingt ans; et en taxa ainsi la pluspart de ceux dudit parlement, leur donnant à chacun leur quolibet; trouva au dit arrest dix-sept heresies, lesquelles il specifia comme il voulust. Le curé Saint André des Ars vomist toute sa colere ce jour contre le Roy, lequel il dit qu'on ne devoit point apeler le Bearnois, pour ce qu'il n'avoit rien au Beart non plus qu'au royaume de Navarre, dont il estoit roi par fantaisie seulement, comme il estoit de la France. Qu'on ne le devoit non plus apeler Henri de Bourbon, pour ce que l'excommunication l'avoit rendu indigne de ce nom, et de tout autre nom usité entre les chrestiens et catholiques; et quand on le voudroit nommer doresnavant, qu'il le faloit apeler heretique, relaps, excommunié, vilain, meschant, fils de p....., diable; et exhorta ses paroissiens à ne le plus apeler autrement; apela les parlemens de Tours et de Chaalons les m......... de son heresie, qu'il falloit envoier tous vifs au feu avec leur bel arrest.

Rose, Commolet, Ceuilli, Guarinus (1), Lincestre, Martin, et tous les autres predicateurs de Paris preschans sur ce mesme subject, le traicterent de telle façon, qu'on congneust bien, par les beaux passages qu'ils alleguerent, qu'ils avoient fort estudié le livre de la Bible des harangeres de Paris.

Le mardi vingt-troisieme dudit mois de juillet, messieurs de la Faculté de theologie de Paris censurerent l'arrest qu'on y avoit imprimé, donné contre celui de Chaalons : alleguans qu'outre ce qu'il ne parloit assés reveremment de la Sainteté, il y avoit quelques heresies, ou pour le moins mots coulés qui les ressentoient, lesquels ils cotterent. Et fut Boucher avec le curé Saint-André des Ars trouver à cest effect le procureur general Molé, pour lui dire et adviser à le faire reformer. Mais soit que la faute vinst de l'imprimeur ou autrement : aprés qu'ils eurent entendu que l'avocat d'Orleans, qui estoit des leurs, l'avoit dressé, on n'en parla plus.

Ce soir bien tard, un seize nommé Du Pont, sergent à Paris, qui avoit oui parler de ceste nouvelle instance que faisoient les docteurs, disoit à un Neapolitain auquel il le contoit, qu'à la verité on ne faisoit point ici l'honneur au Pape tel qu'on devoit, et que bien souvent on parloit peu reveremment de Sa Sainteté. « Il me semble au contraire, lui respondit le Neapo-« litain, qu'il n'i a lieu au monde où on l'honore tant « qu'à Paris : car mesmes au cimetiere Saint-Innocent « de vostre ville, y passant dernierement, je remarquai « qu'il tient là le premier lieu, et mene le bransle de la « danse macchabrée. » Desquelles paroles le dit Du Pont fut si fort scandalizé, qu'il dit le lendemain, en la bou--

(1) *Guarinus* : ou Guarini, cordelier savoyard.

tique du Roy, que le Neapolitain estoit heretique et politique.

Le dimanche 28 dudit mois de juillet, Boucher prescha une insigne menterie (¹), et quant et quant ridicule à sçavoir : que le Roy estoit fils de Merlin le ministre; et que Jaques Spifame, evesque de Nevers, pour l'avoir dit et soustenu, en avoit esté decapité à Geneve.

*Supplément tiré de l'édition de 1736.*

Le dimanche septiéme de juillet, parut copie d'une declaration faite par le Roy à Mantes (²) le quatrieme d'icelui mois, contre les bulles monitoriales de Gregoire XIV, par laquelle le Roy promet et jure vouloir conserver la religion catholique, apostolique et romaine, et tout l'exercice d'icelle, en toutes ses autorités et privileges, sans souffrir qu'il y soit rien changé ou alteré. De plus, qu'il est prest de s'instruire et de s'éclaircir sur la religion catholique, et de tenir la promesse par lui faite de l'embrasser lorsqu'il en sera éclairci. De plus, que le fait de Landriano (³) ne regardant point seulement sa personne, mais encore ses successeurs et les privileges de l'Eglise gallicane, enjoint à ses par-

---

(¹) *Insigne menterie :* Il avoit quitté son évêché en 1559 pour se marier, et s'étoit retiré à Genève. Il fut décapité, selon les uns, pour crime d'adultère; suivant les autres, comme espion. — (²) *Declaration faite par le Roy à Mantes :* Les arrêts de Châlons et de Tours ne paroissant pas suffisans pour prévenir les effets des bulles de Grégoire XIV, le Roi résolut d'assembler son conseil, dont une partie étoit à Chartres avec le chancelier, et l'autre à Tours avec le cardinal de Bourbon. Dans ce conseil il fut résolu de faire deux déclarations, que Du Frêne dressa, et que le conseil arrêta peu après : l'une pour manifester l'intention de Sa Majesté de se faire instruire le plus tôt qu'il pourroit, et l'autre pour remettre les édits de pacification. — (³) *Le fait de Landriano :* Les bulles publiées à Paris par Landriano.

lemens de proceder contre lui en tant que de besoin.

Dans le même mois, le roi de Navarre, soit qu'il fût choqué des bulles monitoriales, soit qu'il voulût obvier aux nouveaux attentats du Pape et de ses adherans contre la France, soit qu'il fût sollicité par plusieurs de rendre paisibles ses sujets tant de l'une que de l'autre religion, donna un edit contenant l'établissement des edits de pacification, dont la revocation avoit causé tant de grands maux à l'Eglise et à l'Etat.

Le cardinal de Bourbon (1), qui étoit présent lorsque le Roy demandoit l'avis de son conseil sur cet edit, en prit occasion pour se déclarer le chef d'un tiers parti, en disant avec feu que le royaume de France ne subsisteroit pas long-temps si on y toleroit deux differentes religions, et que ces nouvelles doctrines l'anéantiroient bien-tôt.

Quelques jours après, les cardinaux, archevêques, evêques, abbés et autres ecclesiastiques du parti du roy de Navarre, s'assemblerent d'abord à Mantes, et puis à Chartres, pour se conformer à ladite déclaration. Ils examinerent les bulles du Pape, la maniere dont la publication en avoit été faite par le nonce Landriano, le motif qui avoit porté le Pape à les donner. Et sur ce ayant trouvé nombre de nullités considérables, tant par rapport au droit de la couronne que par rapport aux privileges de l'Eglise gallicane, firent un decret qui déclaroit cesdites bulles nulles, injustes, et suggerées par les étrangers : sans pourtant se départir de l'attachement au Saint Siege.

(1) *Le cardinal de Bourbon :* Avant la mort de Charles de Bourbon son oncle, que la Ligue avoit proclamé roi, il portoit le nom de cardinal de Vendôme. Son avis dans ce conseil fit connoître qu'il étoit le chef du tiers-parti.

Le cardinal de Bourbon, qui étoit un des principaux de cette assemblée, n'ayant point pu entierement empêcher ce decret, obtint que l'assemblée supplieroit le Roy de leur permettre de députer au Pape. Mais le Roy le refusa tout à plat.

[AOUST.] Le jeudi premier jour du mois d'aoust 1591, les Seize s'assemblerent aux Jacobins à Paris, où ils firent dire et celebrer solennellement un service pour feu de bonne memoire frere Jaques Clement; et au sortir de là allerent tous ensemble disner en une maison, où ils dependirent pour le dit disner quarante cinq escus.

Le jeudi 8 dudit mois d'aoust fut celebrée une messe, et le *Te Deum* chanté à la Sainte-Chapelle, à la priere et par l'enhortement des Seize, pour le bout de l'an de la victoire qu'ils disoient que Dieu leur avoit donnée à pareil jour contre les politiques demandans du pain au Palais.

Le samedi dixieme du dit mois d'aoust, un jeune garson qui estoit venu de Lion à Paris fust en danger d'estre emprisonné, pour avoir dit que M. de Nemours estoit encores dans Lion : ce qui estoit vrai. Mais on vouloit à Paris qu'on creust qu'il estoit dans la Bourgongne, bien avant avec ses forces.

Le lundi 12 aoust 1591, les Seize, advertis qu'un nommé de Serizai, maistre des comptes à Paris, estoit revenu de Tours, où, n'aiant peu trouver moyen de rentrer en son estat, estoit revenu ici, ayant obtenu arrest de la chambre pour, aprés les soumissions à lui enjointes et reiterations du serment de l'Union; estre receu, comme devant en la compagnie et exercer son dist estat ( ce qu'il devoit faire le lendemain ), le furent trouver chez lui, où ils lui dirent qu'ils estoient envoiés de la part des bons chrestiens ( usans de ces propres mots), pour lui dire qu'il s'abstinst d'aller au Palais et à la chambre pour y exercer son estat, jusques à ce qu'autrement en eust esté ordonné. Ausquels aiant respondu qu'il avoit arrest de la chambre pour y rentrer, ces bons chrestiens lui dirent qu'ils sçavoient aussi bien que lui l'arrest de la chambre, mais qu'ils n'en avoient que faire; et qu'ils le prioient bien fort de ne s'ingerer plus avant pour y aller, de peur qu'il ne s'en trouvast mal. A quoi aiant repliqué qu'il vouloit obeir à l'arrest de messieurs qu'il reconnoissoit pour ses juges, et non à eux qu'il ne reconnoissoit en rien, comme n'i aians que voir, le lendemain s'estant acheminé pour aller à la chambre, fust arresté par deux des Seize, qui le firent tourner visage maugré qu'il en eust; et après beaucoup de peurs et menasses qu'ils lui firent, le menerent en fin à M. de Belin, qui eust bien de la peine à le sauver de leurs mains, qui le vouloient traisner en prison ou à la riviere. Mais finablement fut renvoié en sa maison pour la garder, et interdict de l'exercice de son estat non obstant l'arrest de ceux de sa chambre, jusques à ce que M. de Maienne en eust ordonné.

Le jeudi 15 aoust 1591, jour de la Nostre-Dame, Boucher prescha contre Brigard, procureur de la ville, sur le bruit qui couroit à Paris qu'il n'en mourroit point; et usa de ce dilemme : qu'il faloit que Brigard ou lui fussent pendus. On disoit que s'il eust dit qu'il faloit que Brigard et lui eussent esté pendus, le dilemme eust esté bon.

Le dimanche 18 aoust 1591, vinrent nouvelles à Paris de l'evasion de M. de Guise du chasteau de Tours, où il avoit esté mis prisonnier. Ceste nouvelle resjouist fort Paris, c'est-à-dire la Ligue : les grosses cloches en sonnerent, et le *Te Deum* en fust chanté solennellement dans Nostre-Dame, où les princesses assisterent avec concours et affluence de peuple innumerable, n'estant fils de bonne mere qui n'y courust et ne s'en resjouist, à cause de la memoire du pere, qu'on idolatroit encores à Paris tous les jours.

Les Neapolitains et Hespagnols dresserent au soir, en signe de resjouissance de ceste bonne nouvelle, une forme de combat et bataille sur le quay des Augustins à Paris, aprés laquelle se retirans tous en bonne conche et ordre, donnerent la saluade à l'hostel de Nemoux, où Madame estoit malade au lit, mais resjouie par dessus tous les autres de ces bonnes nouvelles. Quelques Neapolitains, en en devisant, dirent ce jour qu'ils esperoient de voir bientôt la fille du Roy catholique roine de France : voulant dire que ce jeune prince espouseroit l'infante d'Hespagne, et seroit roi de France. Les Seize disoient que n'aians peu avoir le pere pour roy, ils auroient le fils.

Le lundi dix-neuvieme du dit mois d'aoust, on arquebuza dans les fauxbourgs de Paris deux voleurs qui se servoient d'escharpes blanches, pour, en guise de maheustres (qu'on appeloit), voler à leur aise et esgorger les passans.

## Supplément tiré de l'édition de 1736.

Le jeudi 8 d'août, parut ici l'arrêt d'une partie du parlement séant à Tours, contre les bulles monitoriales du pape Gregoire xiv en date du 5, qui déclare nulles lesdites bulles; et au surplus déclare Gregoire, se disant pape quatorziéme du nom, ennemi de la paix, de l'union de l'Eglise catholique, apostolique et romaine, du Roy et de son Etat; adherant à la conjuration d'Espagne, et fauteur des rebelles; coupable du très-cruel, très-inhumain et très-détestable parricide proditoirement commis en la personne de Henry III, roy de très-heureuse memoire, très-chrétien et très-catholique.

Le dimanche 18 d'août, grande rejouissance sur l'evasion très-heureuse de M. le duc de Guise (1), dès long-temps detenu prisonnier dans le château de Tours. Ce jeune prince, que les Parisiens destinoient déja pour Roy, pensant de se sauver dextrement de la prison dans laquelle il avoit été enfermé depuis la mort de monsieur son pere, s'étoit accoûtumé à joüer avec ses gardes à la cachette. Le quinziéme jour de ce mois, fête de l'Assomption de la sainte Vierge, ledit duc commença le même jeu vers l'heure du midi avec ses gardes (heure pendant laquelle les portes de la ville de Tours étoient fermées); et ayant ouvert et fermé plusieurs portes du donjon, comme en joüant et feignant de se cacher, il attacha le bout d'une corde destinée pour son évasion à la fenestre de sa chambre qui donnoit sur la riviere, laquelle par avanture n'étoit pas fort grande; et avec lui un valet de chambre qui avoit toüjours demeuré prisonnier avec lui se coule le long de ladite corde

---

(1) *L'evasion très-heureuse de M. le duc de Guise* : Le Roi ayant appris le même jour la nouvelle de la mort de La Noue, et l'évasion du duc de Guise, dit : « Nous devons avoir regret pour la perte que nous « faisons d'un grand chevalier, et de l'autre nous réjouir : car l'évasion « de M. de Guise ruinera la Ligue. » (Legrain, *Décad.*)

noüée : si bien qu'avec ses chausses rompues et ses mains un peu écorchées, et sans chapeau, il tomba sans autre mal à terre : trouvant un petit bateau avec des gens à point nommé pour traverser ladite riviere, et deux cens chevaux au-delà d'icelle, avec un bon cheval d'Espagne pour lui que M. de La Châtre lui avoit envoyé; lesquels l'ont conduit à Orleans, où il a été magnifiquement reçû, et avec une joye incroyable du peuple. On l'attend incessamment ici.

La reddition de la ville de Noyon au roy de Navarre (1), apprise le même jour, tempere cette joye. Cette ville assiegée depuis près d'un mois, qui a été la cause de tant de morts d'un côté et d'autre, n'a pas pû être secouruë par le duc de Mayenne, qui a tenté plusieurs moyens pour la conservation d'icelle ville.

Le mardi 20 du mois d'août, le duc de Mayenne alla à Rheims, où le president Jeanin, de retour de son ambassade d'Espagne, fut le trouver. Il lui dit que le roy Philippe lui avoit promis d'envoyer en France une puissante armée pour en chasser le roy de Navarre; de donner dix mille écus par mois au duc de Mayenne, à la charge que les Etats seroient assemblés en même temps, et approuveroient les conditions que les ambassadeurs proposeront de sa part. On dit qu'une de ces conditions étoit de faire donner la couronne de France à l'infante Isabelle sa fille (2).

(1) *La reddition de la ville de Noyon au roy de Navarre* : Henri IV assiégea, dit-on, la ville de Noyon pour en donner le gouvernement à Antoine d'Estrées, père de la belle Gabrielle sa maitresse. En effet, après la prise de ce fort, Antoine d'Estrées en fut fait gouverneur. (*Cayet.*) — (2) *A l'infante Isabelle sa fille* : Elisabeth-Claire-Eugénie. Elle étoit fille de Philippe II, roi d'Espagne, fils de l'empereur Charles V et d'Elisabeth de France, fille de Henri II.

[SEPTEMBRE.] Le dimanche 15 septembre 1591, le jeune Soret, mon cousin, mourust de peste à Paris, en la maison et entre les bras de madame la presidente Seguier ma tante, son ayeule.

Le mecredi vingt-cinquieme dudit mois de septembre, M. Tardif, conseiller en chastelet, un de mes amis, fust emprisonné avec le jeune Lavergne, pour raison d'un livre que l'on disoit avoir esté fait par M. de Nevers contre l'Union, dont le dit Lavergne fut trouvé saisi; et aussi qu'on trouva entre les papiers du dit Tardif, en fouillant à son estude, *le Chapelet*, qui estoit un pasquil qui avoit esté fait et semé à Paris, où M. le legat tout le premier estoit enfilé avec les principaux de la Ligue.

Le vendredi vingt-septieme dudit mois de septembre, le feu prist à l'hostel de Nevers; et fut la platte forme et la lanterne qui jettoit sur l'eau entierement arse et bruslée.

Le samedi vingt-huitieme dudit mois de septembre, ung nommé Trimel, secretaire du Roy, fust pris et arresté par un jardinier nommé Jacotin. On avoit fait crier par Paris, à son de trompe, que l'on donneroit cinq cents escus à celui qui le prendroit.

Le dimanche vingt-neuvieme dudit mois de septembre, M. le president Brisson receust lettres de Rheims par lesquelles on lui donnoit advis de se garder des Seize, qui avoient envie de lui faire un mauvais parti s'il ne s'en donnoit de garde. Il fist response à celui qui les lui porta (qui estoit de ses amis et des miens, et qui avoit paroles de creance à lui dire) qu'il en estoit bien adverti, et qu'on ne lui en eust sceu tant dire et mander comme il en sçavoit. Mais qu'aprés Dieu il se fioit en un de la confrairie qui commandoit aux autres, qui fust celui toutefois qui le fist pendre : à sçavoir le commissaire Louschart [1], lequel ne juroit pour lors que par la foi qu'il devoit à Brisson.

Ce jour, Commolet prescha qu'il falloit encore une fois emprisonner les politiques de la cour, et qu'il estoit de necessité de le faire. Le docteur Martin prescha le mesme. Peu de temps auparavant, le curé de Saint-André des Ars avoit publiquement presché Tardif son paroissien comme politique, meschant et traistre : disant que, sous couleur de jouer aux quilles en son jardin, on faisoit chez lui des assemblées et monopoles contre les catholiques. Lesquelles paroles, bien que fausses, furent cause en partie de faire pendre ce pauvre homme, qui estoit un des plus gens de bien et des plus catholiques de sa paroisse.

*Supplément tiré de l'édition de 1736.*

Au commencement de ce mois, le duc de Mayenne alla au devant des troupes [2] que le Pape lui envoyoit. Il se rendit à Verdun, où il trouva aux environs une partie de ces troupes, mais en fort mauvais état, l'infanterie étant presque ruinée par des maladies contagieuses. Il reconnut encore qu'il y avoit une grande mesintelligence et animosité entre les chefs, dont un qui se nommoit Pierre Caëtan [3] s'en étoit retourné en Italie.

Le dimanche 15 de septembre, le Roy partit de

[1] *Louschard :* commissaire au châtelet. Le duc de Mayenne le fit pendre quelques mois plus tard, comme complice de la mort du président Brisson. — [2] *Au devant des troupes :* environ mille hommes de cheval, quinze cents Italiens et quatre mille Suisses. — [3] *Pierre Caëtan :* Il étoit neveu du cardinal de ce nom, légat en France.

Noyon pour aller au-devant des troupes allemandes, et laissa le comte d'Essex (1), qui lui amenoit trois mille Anglois, entre les mains du maréchal (2), pour l'entretenir et le divertir jusqu'à son retour.

Le dimanche 22 septembre, le Roy fit la revue des troupes que les princes d'Allemagne lui ont envoyé, consistant en cinq mille cinq cens reistres, et onze mille hommes d'infanterie. Voilà de toutes parts de grands préparatifs de guerre.

Le lundi 23 de septembre, toutes les chambres assemblées, a été arrêté et ordonné que tous les presidens et conseillers de la cour, qui ont assisté à la deliberation du 18 du present mois contre un prétendu arrêt donné à Tours le 3 d'août, signeront ledit arrêt du 18; et que pour approbation d'icelui il sera pareillement signé par ceux de messieurs qui, pour cause de maladie ou autre, n'ont assisté à la déliberation dudit arrêt; et qu'à cette fin il sera porté en leurs maisons par l'un des quatre notaires de ladite cour, qui leur fera entendre la présente déliberation, et dont il fera procès verbal qui sera lû à la premiere assemblée desdites chambres.

En ce temps, les Seize de Paris députerent vers le duc de Mayenne, qui étoit à Retel avec le prince de Guise. Les chefs de la députation étoient Jean Boucher, docteur en théologie; les sieurs Masparault, Senault, et autres. Ils présenterent audit duc des cayers et des demandes, par lesquels ils se plaignoient insolemment de ce qu'on leur avoit ôté le conseil d'U-

___

(1) *Le comte d'Essex* : Robert d'Evreux, comte d'Essex, célèbre par sa faveur et par ses infortunes. — (2) *Entre les mains du maréchal* : Ce maréchal étoit Armand de Gontaut, seigneur et baron de Biron.

nion (1) et le sceau, accusant ledit duc publiquement et ceux de son conseil, entre autres le président Jeanin et Villeroy. On comprit à leurs propos qu'ils étoient soutenus par dom Diego d'Ibarra et autres Espagnols, et qu'ils vouloient se détacher du duc de Mayenne. Ils eurent dans cette occasion des réponses generales, dont ils montrerent n'être aucunement satisfaits.

Parut aussi la copie de la lettre des Seize de Paris au roy d'Espagne, du 20 dudit, signée par Martin, docteur théologien; Sanguin, chanoine de l'eglise de Paris; Genebrard, professeur du Roy; Loly, un des capitaines de la ville; Turgis, colonel du quartier Saint Jacques de la Boucherie; Mesnagier, capitaine de l'Université; Rebusseau, colonel du quartier de la Cité; Louchard, commissaire; Caonne, conseiller; Hamilton, curé de Saint Côme; Crucé, capitaine en l'Université; Accarie, conseiller en la chambre des comptes; de L'Aunay, president au conseil; de La Bruyere, Ysouard, Cappel.

Dans cette lettre, après avoir fait le narré des effets de l'heresie sous Henry III; des afflictions arrivées dans l'Eglise, notamment la pollution de ses temples, la ruine de ses autels, la cessation des sacrifices en plusieurs endroits, les persecutions contre les prêtres et les religieux; les vierges consacrées à Dieu violées ou massacrées; la perte d'un million d'ames; ils font la

---

(1) *Le conseil d'Union :* Ce conseil avoit été composé d'abord de quarante membres nommés par le peuple, et choisis parmi les ligueurs les plus forcenés. Le duc de Mayenne, dans l'espoir d'y dominer, s'en étoit déclaré le chef en 1589, et avoit nommé quatorze nouveaux membres à sa dévotion. Ce moyen ne lui ayant pas réussi, il se vit obligé de casser le conseil de l'Union, dont l'autorité contre-balançoit la sienne.

description des miseres de Paris; puis implorent son secours, et rendent grace à Dieu de la délivrance du duc de Guise, fils du premier martyr du royaume, et l'objet de leurs esperances; lui rendent graces de la délivrance de ladite ville par le secours du duc de Parme, font l'éloge en general des suppôts de la Faculté de théologie, les maîtres de leur conscience; de là ils passent aux frais de la guerre, pour laquelle ils ont donné plus de cinq millions d'or. Enfin ils le supplient de donner un roy à la France de son stoc ou de sa main, et leur nomment l'Infante sa fille, qu'ils comparent à la reine Blanche, mere de saint Louis.

Le porteur de cette lettre fut le pere Mathieu (1), qui devoit suppléer à tout ce qu'ils n'avoient point marqué dans ladite lettre, comme étant bien instruit des affaires presentes.

La Sorbonne donna aussi audit pere Mathieu des instructions et des lettres de créance, conformement à cette lettre : insinuant au roy d'Espagne que s'il veut donner à l'Infante sa fille un prince françois, ils nomment preferablement à tout autre le jeune prince de Guise, dont ils disent qu'il est plein d'esprit, prompt et gaillard, courageux et vaillant, etc.

A cette lettre, l'evêque de Plaisance, qui avoit la premiere voix dans le conseil des Seize, vouloit ajouter qu'on feroit une nouvelle formule de serment (2) d'Union, qui excluoit tous les princes du sang de la

---

(1) *Le pere Mathieu :* Arnauld, dans son plaidoyer contre les jésuites (en 1594), prétend que le père Matthieu étoit membre de cette congrégation. Le défenseur des jésuites assure au contraire qu'il étoit religieux espagnol, de l'un des ordres des quatre mendians.—(2) *Nouvelle formule de serment :* Villeroy s'opposa à ce nouveau serment.

couronne; et de la presenter à signer à tous les Parisiens, afin de reconnoître les suspects, se rendre maître de leurs biens, et les chasser de la ville.

[OCTOBRE.] Le samedi 5 octobre 1591, Trimel, solliciteur au Palais et secretaire du Roy, fust pendu à Paris, pour avoir escrit à quelcun du parti contraire (qu'il ne nommoit par sa lettre) que madame de Maienne estoit partie, que les Hespagnols estoient allés querir leur argent, et que pendant ce temps il eust fait bon faire entreprise sur Paris; et autres telles badineries.

Le mecredi 9 octobre 1591, M. le president Brisson fust adverti de rechef, par un petit memoire qu'on lui envoya de la ville de Laon, où estoit le duc de Maienne, de prendre garde à lui, et s'asseurer de l'advis comme très certain qu'on lui avoit envoié de Rheims depuis dix jours; dont il ne fist autrement grand conte, *fatis* (comme il faut croire) *obstantibus*.

Le samedi 12 octobre 1591, un de mes amis me monstra au Palais ceste belle lettre de Trimel qui l'avoit fait pendre : laquelle je doublai à l'heure mesme sur un des bureaux de la chancellerie, et de laquelle la teneur s'ensuit, servant à monstrer le peu de jugement qui estoit en cest homme, comme en tous les autres qui, se meslans d'escrire des nouvelles à leurs amis par le temps qui court, se font pendre à credit pour des badineries.

### Lettre de Trimel.

« Nous avons eu mille alarmes à nostre retour : Paris s'en va à la besasse, si Dieu ne nous aide.

« La resolution se fait aujourd'hui en l'assemblée

generale : les lions fumeus ont jetté leur feu; madame de Maienne est partie ce jour à deux heures, le curé de Saint-Benoist avec elle, M. de Maspairrault, le bon Senault et les deux Rollands, le gouverneur de Meaux et le seingneur de Courlanges. Ils ne seront que quinze jours à leur besongne : vous serez adverti de leur retour. Ils vont querir le Seingneur pour delivrer Paris d'un siege, et faire revenir le conseil et rapporter le sceau. Les Hespagnols sont allés à la guerre de Meaux querir leur argent : ils reviendront ceste nuict ; ce seroit une belle prise. L'on fait monter des bateaus pour amener des bleds à Paris. Beaucoup de gens de bien sont bien empeschés à bien faire : il y feroit bon maintenant. Je desirerois fort vous voir encores une fois, pour vous dire chose d'importance. L'on a ce jourd'huy donné arrest au parlement contre celui de Tours. »

Le mardi 29 octobre 1591, l'evesque de Paris [1] envoia aux chanoines de Nostre-Dame lettre du cardinal Sphondrati, avec un bref du Pape, par lequel Sa Sainteté le dispensoit de jurer l'Union pour le present.

*Supplément tiré de l'édition de 1736.*

Le mercredi 2 du mois d'octobre, le cardinal de Gondy nostre évêque sortit de Paris, faisant courre le bruit qu'il alloit à sa maison de campagne. Mais le véritable motif est qu'il craint l'intrigue des Seize,

---

[1] *L'evesque de Paris :* Pierre de Gondy, fils d'Antoine de Gondy, seigneur du Perron. Il avoit été chancelier et premier aumônier de la reine Elisabeth d'Autriche. Il mourut à Paris en 1616, à l'âge de quatrevingt-quatre ans.

qui ne le consultent en rien, qui ont découvert que ledit prélat travaille sourdement avec quelques curés en faveur du roy de Navarre, et a refusé de signer le nouveau serment d'Union.

Le mardi 22 d'octobre, grande affliction parmi les ligueux et les prescheurs, par la mort du pape Gregoire XIV (1), arrivée le quinziéme dudit mois. Il fut grandement loué dans les chaires, comme le plus puissant protecteur de la sainte Union; et prioit-on Dieu qu'il voulût donner à son Eglise un successeur aussi zelé pour le maintien d'icelle Union. Les royalistes, au contraire, prioient de leur côté pour avoir un pape plus courtois pour le roy de Navarre.

[NOVEMBRE.] Le vendredi premier novembre 1591, jour de la Toussaints, M. Cotton mon beau pere s'estant rencontré par hasard dans l'eglise Saint-André prés maistre Mathieu Launoi (2), prebstre et ministre regnié, et qui ordinairement presidoit au conseil des Seize; ledit Launoi l'ayant accosté, lui demanda ce qui lui sembloit du jugement du procés de Brigard : auquel ledit Cotton respondit que pour ne sçavoir le fait du procés, il ne pouvoit rien dire du jugement, si non qu'on presumoit tousjours que les juges jugeoient en leur conscience, au moins s'ils estoient gens de bien : comme il pensoit qu'on n'en avoit pas baillé d'autres à Brigard. « Quels gens de bien ! respondit Launoi. Il

---

(1) *La mort du pape Gregoire* XIV : Ce pape avoit occupé le Saint-Siége pendant dix mois et quelques jours. — (2) *Mathieu Launoi* : Il avoit d'abord été prêtre, s'étoit fait huguenot, s'étoit marié, et étoit revenu à la religion catholique. Il fut chanoine de Soissons. On l'appeloit *fesse-chambrière*, parce qu'il avoit débauché sa servante.

« ne fust jamais faite une plus grande injustice ni « plus scelerate que celle-là. Mais par Dieu ( va il « dire tout en colere) ils en mourront. » Alors M. Cotton sentant bien qu'il se falloit taire, le laissa dire ce qu'il voulust; et s'en estant depestré au mieux qu'il peust, estant revenu au logis, me le conta : dont je tins adverti incontinent M. le president Brisson par un mien ami qui le gouvernoit; comme aussi M. Cotton en advertist mon oncle de Monthelon, rapporteur dudit procés. Deux jours au paravant, Cromé, conseiller au grand conseil, avoit tenu pareil langage à M. Cotton, lui disant jusques là qu'une Saint-Berthelemi eust esté bien à propos pour le temps qui couroit : et qu'une saingnée des veines cephaliques estoit necessaire pour la santé et restauration de cest estat. Et en regniant Dieu par trois ou quatre fois, lui dist que les juges de Brigard en mourroient.

Le samedi deuxieme dudit mois de novembre aprés disner, les Seize s'assemblerent au logis de Boursier, rue de la Vieille Monnoie, selon qu'il avoit esté advisé entre eux le mercredi precedent. Le sieur de Launoy presidoit en ladite assemblée.

Le mardi cinquieme dudit mois de novembre, l'assemblée des Seize se fist au logis de La Bruiere le pere, où presida Launoy; et s'y trouva fort grande compagnie.

Le mecredi sixieme dudit mois de novembre, l'assemblée des Seize se fist l'aprés disnée en la maison de Boursier, en laquelle Launoi et Martin, docteur, presiderent. Et là, selon qu'il avoit esté advisé le jour de devant, furent nommés les dix qui s'ensuivent pour estre du conseil secret; sçavoir, Acarie, Le Goix, Ameline, Louschart, Tuaut, Borderet, Rosni, Du Rideau, Rainssant et Bezançon. Là aussi fust mise à bon escient sur le bureau la raison de l'injustice qui crioient tous avoir esté faite au procés de Brigard. Dequoi le soir bien tard fust le president Brisson adverti par Rabusseau le gantier, qu'il nommoit son surveillant des Seize.

Le vendredi huitieme dudit mois de novembre, à huit heures du matin les Seize s'assemblerent au logis de La Bruiere (1), où se trouverent le curé de Saint-Cosme (2) et Bussi, lequel aiant proposé la reiteration du serment de l'Union, fist signer à plusieurs un papier blanc, disant qu'il le rempliroit après de la forme dudit serment; et La Bruiere apporta un messel sur la table, pour le jurer sur icelui.

Le dimanche dixieme dudit mois de novembre, la compagnie de messieurs les Seize s'assembla en la maison de Sanguin, chanoine de Nostre-Dame; auquel lieu Bussi se trouva garni de son grand papier, où il n'i avoit encores rien de rempli. Dont plusieurs se scandalizerent, de ce qu'on les faisoit signer un papier sans sçavoir que c'estoit.

Le mesme jour de dimanche 10 du mois, le conseil des Dix s'assembla aprés disner chés de Launoy, où ledit Launoi fit les excuses du papier blanc de Bussi, asseurant la compagnie et leur jurant en foi de prebstre qu'on n'i mettroit rien qui ne fust bon et saint, et pour le bien et advancement de leur religion.

Le lundi onzieme dudit mois de novembre, le conseil des Seize se tinst tout du long du jour chez Launoi, où fut mandé Bussi.

(1) *La Bruiere* : lieutenant particulier au châtelet. — (2) *Le curé de Saint-Cosme* : Jean Hamilton.

Ce jour onzieme dudit mois, feste Saint-Martin, on eust nouvelles à Paris que le pape Gregoire XIV estoit decedé le 16 du mois precedent.

Le mardi douzieme dudit mois de novembre, les Seize s'assemblerent au logis de La Bruiere, où se trouva grande compagnie, entre autres Morin, nouveau procureur de la ville, qu'on fist signer au papier blanc avec les autres. Et sur ce que plusieurs s'en offensoient et en faisoient difficulté, Launoi reiterant son serment, les asseura que c'estoit pour affaire d'importance, mais qui ne regardoit toutefois que la conservation de la religion : car à telles gens les brigandages, penderies, meurtres et assassinats, et toutes autres especes de meschancetés, servent à la conservation de la religion.

Le mecredi treizieme dudit mois de novembre, le conseil secret des Dix se tinst le matin et le soir chez de Launoy, où se trouverent Bussi, Cromé, et le curé de Saint-Cosme.

Plusieurs à Paris voians ces grandes assemblées, et tant d'allées et venues de Cromé et Bussi avec leurs adherans, presageoient un malheur prochain; mais on ne pouvoit au vrai descouvrir ce qu'ils avoient deliberé de faire. On estoit bien adverti qu'ils en vouloient aux politiques, c'est à dire aux plus gens de bien de la ville, et surtout à la justice et au chef d'icelle, qui estoit le president Brisson, lequel tous les jours en avoit trois et quatre advis, et estoit sur le point de s'en aller : mais il ne sçavoit comment eschapper de leurs mains, et aussi que l'irresolution et l'ambition qui estoient en lui (ne voulant estre moindre en l'autre parti qu'en cestuici) l'avoient arresté à Paris jusques à ceste heure là, où il eust bien desiré pouvoir demeurer encores quelque temps en seureté en la bonne grace des Seize, pendant qu'il donneroit ordre aux affaires de l'autre costé. Mais il y fust pris, comme sont volontiers ceux de sa qualité qui en un grand trouble d'Estat comme le nostre tiennent un parti neutre, et regardent de quel costé il fera meilleur pour eux, consultans tousjours, et ne resouldans rien qu'à l'extremité, qui ne leur permet ordinairement de se pouvoir sauver.

Le jeudi quatorzieme novembre 1591, le conseil secret s'assembla le matin chés Launoy, où on tient que la piteuse tragœdie qui s'en ensuivist le lendemain fust conclue et arrestée, et laquelle toutefois n'estoit que le commencement d'une plus sanglante qui se devoit jouer, où ils avoient resolu (si Dieu ne les eust empeschés) faire jouer un piteus rolle sur un eschaffaud à un bon nombre des plus apparans de Paris, de la qualité du president Brisson et de ses compagnons; puis donner curée du reste au peuple, l'animant au sang et au pillage, pour faire une Saint-Berthelemi de politiques à Paris. Mais Dieu, qui est bon et juste, les fist tomber en la fosse qu'ils avoient preparée aux autres.

Ce jour, Salé, procureur en parlement, mena au logis du president Brisson un honneste homme qui se mesloit de descouvrir les Seize, et sçavoit beaucoup de leurs affaires; lequel ledit Brisson connoissoit aussi fort bien, et l'advertist de se donner garde, pour ce qu'il sçavoit par eux mesmes qu'en leur derniere assemblée ils s'estoient resolus d'avoir raison de l'injustice qu'ils pretendoient avoir esté faite au procés de Brigard, et estoient deliberés d'en saisir et apprehender les juges, et particulierement lui, auquel ils en vouloient par dessus tous les autres; et que leur entreprise estoit fort proche de l'execution. A quoi le president Brisson respondit en ces termes, comme eux mesmes m'ont conté : « Mes amis, je ne doute point que tout ce que vous « m'avez dit ne soit vrai, et encores pis. Mais pour y « donner ordre il est bien tard : car, pour vous dire, « je ressemble à ces chiens qui sont entrés bien avant « dans l'eau, et sentans qu'ils se naient s'en voudroient « bien tirer, ou gangner quelques bords s'ils pouvoient ; « mais ils ne peuvent, car le fort de l'eau les emporte : « si bien qu'en nageant tousjours, à la fin ils se naient. « Aussi moi, pour vous en dire franchement, je fais « ce que je puis en ceste tempeste, et ai fait tousjours « ce que j'ai peu, pour me tirer à bord, et y mettre les « autres ; mais nous y sommes entrés trop avant pour « en sortir : au moins moi, qui sens bien que je me « naie et ne m'en puis sauver, si non par une speciale « grace et miracle de Dieu. »

M. Poussemothe, advocat au parlement de Paris, l'alla trouver aussi le jour mesme pour l'en advertir, et lui en dit autant que les autres ; lequel M. Brisson remercia, car il l'aimoit et croiioit. Il avoit mené avec lui un nommé Haschette, bonnetier demeurant sur le pont Saint-Michel à Paris, que le president Brisson congnoissoit pour homme de bien et bon serviteur du Roy, et au surplus qui n'avoit gueres de faux advertissemens ; lequel lui confirma les advis qu'on lui avoit donnés, et lui dit encores quelques autres particularités notables qu'il avoit aprises, et qui se trouverent veritables, sur ceste entreprise des Seize.

Finablement, sur le soir bien tard, le vinst trouver maistre Jean Prevost, curé de Saint-Sevrin, son bon ami, qui l'advertist que les Seize avoient pris les armes, et qu'ils parloient non seulement d'emprisonner, mais aussi de pendre les politiques, et principalement ceux de la justice qui avoient esté du procés de Brigard. « Je « crois bien une partie de ce que me dites, respondit « M. le president Brisson; mais non pas tout. Je con- « gnois les Seize. — Je les pense aussi congnoistre quel- « que peu, respondit M. Saint-Sevrin; ce sont mau- « vaises bestes quand on ne leur monstre pas les dents. « — Vous dites vrai de cela, dit M. Brisson; et pour « mon regard, je sçai qu'ils m'en veulent, et n'en suis « que trop adverti. Mais avant que commencer ceste « besongne, ils y penseront à deux fois : car ce n'est « pas chose qui s'execute ainsi, ni qui se jette en moule; « et quand ils executerent la premiere, s'ils n'eussent « veu les seings de leurs maistres, ils n'i eussent osé « penser. Je le sçai fort bien; et encores quand ils vin- « rent à entamer ceste besongne, le cœur leur cuida « faillir. On ne meine pas ainsi tous les ans une cour « prisonniere; et puis ils ne sont pas tous tant unis que « vous penseriez bien : il y a tousjours quelque faux « frere qui esvante la mine. Je ne dis pas que la fureur « de ces gens, et principalement de quelques desesperés « d'entre eux, ne soit à craindre, d'autant que la seule « passion les conduit et non la raison, et qu'en la ven- « geance le jugement leur faut, comme à des hommes « qui sont sans Dieu et sans discours. Ce que j'ai tous- « jours craind pour le particulier plus que pour le ge- « neral, et mesmement pour moi, qui me pourrois tou- « tefois asseurer s'il y avoit quelque fidelité en eux, « pour ce que les plus mauvais se disent bien à mon « commandement. Mais pour ce qu'on ne peut prendre « asseurance sur la foi d'un brigand, je vous confesse

« que je voudrois estre hors d'ici, aussi empesché à
« faire leur procés comme je suis à m'en garder. Mais il
« ne m'est pas possible. Dieu me gardera s'il lui plaist,
« et disposera de moi comme il lui plaira. » Alors M. de
« Saint-Sevrin lui dit : « Je prie Dieu tous les jours,
« particulierement pour vous, qu'il plaise à Dieu vous
« garder et vous delivrer et nous tous de la main des
« meschans, et au surplus avoir pitié de son pauvre
« peuple tant affligé : car ce sont les meilleures armes
« que nous puissions avoir en ce temps. Et toutefois,
« monsieur, je ne trouve point que Dieu nous ait de-
« fendu les autres armes materielles par lesquelles on
« repousse les efforts et conjurations des meschans,
« attendu qu'en cela il y va de la conservation du pu-
« blicq et du salut du peuple : car qui lairra faire ces
« gens ci et ne leur resistera autrement, ils nous per-
« dront et esgorgeront tous à la fin. De moi, je les tiens
« pour mauvais garsons, quelque chose que me dissiés,
« et pour gens d'effect et d'execution ; et qui les pour-
« roit prevenir, on feroit un grand coup ; mais il seroit
« bien temps d'y donner ordre. — Quel ordre y pourriés
« vous donner? dit M. Brisson. Sçavés vous pas que
« nous avons les mains liées ; et que celui qui nous
« commande, encores qu'il ne les aime point non plus
« qu'eux lui, ne veult toutefois qu'on leur touche, et
« nous a interdit d'y mettre la main? Que si nous en
« avoit donné la puissance, vous verriés bientost qu'ils
« ne sont pas si mauvais garsons que vous les faites.
« Mais nous ne pouvons rien : car nous ne sommes
« juges que de ce qu'il plaist au duc de Maienne. Et
« au surplus il leur a baillé la force en main, et en a
« desnué la justice qui la doit avoir : si qu'il nous a

« rendus comme esclaves d'une meschante et vile po-
« pulasse armée d'une publique auctorité; laquelle après
« qu'elle nous aura depeschés, je doute que lui mesme
« ne se trouve bien empesché de s'en desfaire, et qu'il
« ne faille que lui mesmes en vienne là pour se garantir
« de leur fureur. Mais Dieu pourvoira à tout s'il lui
« plaist, et le temps nous amenera beaucoup de choses.
« — Dieu le veüille! dit M. Saint-Sevrin. Mais tout ce
« que je crains, c'est qu'*inter moras aliquid sinistri*
« *eveniat.* Voilà pourquoi, monsieur, je vous ai bien
« voulu advertir : car autrement je n'eusse sceu dormir
« la nuit à mon aise. » Alors M. le president Brisson le remercia, et lui dit que dès le lendemain ils s'assembleroient pour y donner ordre, et qu'on feroit ce qu'on pourroit pour empescher ces meschans desseins « que
« je croi, dit-il; car outre ce qu'il n'i a point feu sans
« fumée, je les tiens de si bonne part et de si gens de
« bien, que je ne les puis revoquer en doute. Mais Dieu
« les empeschera, s'il lui plaist. » Et ainsi se departirent l'un de l'autre, pour ce qu'il estoit fort tard.

J'ay pris plaisir à rediger par escrit le susdit devis et discours fidelement, et de mot à mot, tout ainsi que M. de Saint-Sevrin l'a recité à un mien ami, digne d'estre remarqué pour le jugement de Dieu qui s'en ensuivist dés le lendemain, par la mort de ce grand personnage qui le prevoyoit et predisoit, sans toutefois le pouvoir empescher.

Ce jour, nostre maistre Boucher et Senault arriverent au bois de Vincennes, d'où partist incontinent la garnison, qui avoit esté mandée des Seize pour venir à Paris. Toutefois lesdits Boucher et Senault ne partirent de là que la tragœdie ne fust jouée, faisant semblant de n'en rien sçavoir, encores qu'ils fussent des principaux conducteurs de la menée. Et de fait, Rollant qui estoit des leurs, non toutefois pour cest acte (encores qu'il fust des plus mauvais), les aiant ouï parler à Rheims, et congneu par leur langage qu'il se brassoit quelque signalé exploict, avoit dit au duc de Maienne que Boucher et Senault s'en retournoient à Paris; mais qu'ils n'i seroient plus tost, qu'on oirroit parler de quelque grand esclat, et que Son Excellence se souvinst qu'il lui avoit dit.

La nuit entre ledit jour de jeudi 14 novembre et le vendredi suivant, se tinst un grand conseil de la Ligue chés le curé Saint-Jacques, et vid-on un grand nombre d'hommes assemblés en la place où est la croix Saint-Jacques.

Pendant qu'on tenoit ce conseil, on derobba au curé de Saint-Jacques son grand coutelas damasquiné: dont il fust fort mal content, et en fist grande plainte et recherche. Mais il ne lui fût possible de le recouvrir.

Le vendredi 15 novembre 1591, le president Brisson, Larcher, conseiller en la grand chambre, et Tardif, conseiller en chastelet, furent constitués prisonniers le matin, et tous trois pendus et estranglés le matin mesme avant midi dans la prison.

Le premier executé fut le president Brisson, qui parla long temps et les harangua, cuidant sauver sa vie, pour laquelle il prioit qu'on les confinast au pain et à l'eau quelque part entre quatre murailles, jusques à ce qu'il eust achevé le livre qu'il avoit commencé pour l'instruccion de la jeunesse, comme grandement necessaire et utile au publiq. En fin, voyant qu'il ne pouvoit faire fleschir la cruauté de ces tigres, et qu'il lui falloit mourir, il s'escria avec grande vehemence : « O Dieu! que tes jugemens sont grands! » Puis le repetant en latin, dit : *Justus es, Domine, et rectum judicium tuum*. Avant que mourir, il lui prist une si grande sueur et aprehension, qu'on vid sa chemise degoutter tout ainsi que si on l'eust plongée en la riviere. Ainsi fust pendu ce jour un premier president de la cour par son clerc.

> C'estoit un grand clerc que Brisson,
> Disoit-l'on;
> Mais un petit clerc de l'escole
> L'a fait *victus* à l'espagnole,
> Et lui a monstré sa leçon.

Plusieurs autres choses furent divulguées sur sa mort, entre lesquelles j'ai receuilli les epitaphes suivans (1), qu'on a trouvé bien faits.

Aprés lui fust amené Larcher pour être pendu; lequel voyant là son president attaché, commença à s'écrier : « Ah! monsieur, estes-vous là donc! Je n'ai « plus de regret de mourir, puisque je voi la cruauté « qui s'est exercée contre un si digne homme et si « homme de bien. »

Tardif emmené le dernier, voyant au gibet les deux autres, s'esvanouist, tant d'aprehension, comme on presuppose, que pour la plaie de son bras qui s'estoit ouverte, n'estant à peine achevé de saingner quand on l'alla prendre prisonnier en sa maison. Si qu'ils trainerent ce pauvre homme à demi mort au supplice.

Ce jour à sept heures du matin, pendant qu'on fai-

(1) *Les epitaphes suivans :* Ces épitaphes ne se trouvent point dans le Journal. Le président Brisson étoit porté sur une liste de factieux que Henri III avoit arrêtée et signée à Blois le 13 mai 1589. Cette liste est contresignée par Ruzé.

soit ces beaux emprisonnemens, le curé de Saint-Jacques, accompagné de La Bruiere et de trois autres, porterent au capitaine Ligorette, capitaine des Hespagnols, le papier signé de Bussi, Louchart, Crucé, Soli et autres, contenant les causes pour lesquelles ils avoient pris les armes. Un papier semblable fust porté à dom Alexandre, colonnel des Neapolitains, par le curé de Saint-Cosme, qui marchoit ce jour par Paris armé jusques aux dents, avec force satellites.

Ce jour mesme, les Seize presenterent au prevost des marchands et eschevins de Paris une requeste pour avoir vistement une chambre ardente, avec tout plain d'autres belles choses. Elle estoit intitulée : *Articles sur lesquels les catholiques de Paris desirent leur estre presentement et promtement pourveu.* De laquelle j'ai recouvert une copie qu'on trouvera entre mes papiers.

Ce jour les Seize perdirent La Rue, qui declara n'estre plus des leurs, à cause de ceste barbare execution qu'il detestoit, tout meschant et seditieux fust-il. De fait, il alla trouver le baillivf de Rochefort en son logis dés le matin, qui craingnant cest homme, ne lui vouloit point ouvrir sa porte, jusques à ce qu'aiant pris asseurance de lui, il lui conta comme toutes choses se passoient; jura qu'il ne seroit jamais des Seize, ains leur juré et mortel ennemi; et qu'il voioit bien que la gorge leur demangeoit.

Le samedi seizieme dudit mois de novembre, les corps de Brisson, Larcher et Tardif furent attachés à une potence à la Greve, avec leurs escriteaux qui portoient :

*Barnabé Brisson, l'un des chefs des traistres, et heretique.*

*Claude Larcher*, *l'un des fauteurs des traistres*, *et politique.*

*Tardif*, *l'un des ennemis de Dieu et des princes catholiques.*

Ce fust Cromé, conseiller au grand conseil, qui aiant esté leur juge, aprés les avoir fait pendre, conduit lui-mesme leurs corps bien matin à la Greve, portant une lanterne en sa main, de laquelle il esclairoit les porteurs.

Quand le jour fust venu, Bussi s'en alla à la Greve accompagné des plus mutins, meschans et vauneans de la ville ; et les ayant dispersés çà et là en divers endroits pour mieux jouer son jeu, quand il vid le monde assemblé pour voir ce triste et nouveau spectacle, commença à crier aux traistres, aux meschans et aux politiques qui avoient vendu la ville à l'heretique, et avoient jà livré la porte de Bussi pour le faire entrer. Ce que ses compagnons crioient aussi au peuple partout, pour l'esmouvoir au sang et au pillage ; et disoit ledit Bussi que si on le vouloit suivre, que devant le soir ce seroit fait de tous les meschans ; que Paris seroit net de traistres ; qu'il en avoit la liste, et qu'il congnoissoit les maisons où on auroit du bien à bon marché : « Si non, « messieurs, dit-il, voiant qu'on ne s'esmouvoit point « autrement, je vous advertis qu'ils vous couperont « la gorge : car leurs chefs que voiés là pendus nous « ont tous decelé l'entreprise, et que nous estions tous « morts et perdus si nous ne les prevenions dés au- « jourd'huy. » Ausquelles paroles cette populace de Paris, au lieu de s'esmouvoir et courir aux armes, comme Bussi le pensoit, pretendant par là faire une sedition, ne dist non plus mot que si on lui eust donné un coup de massue sur la teste : ains, regardant ces pauvres corps en pitié, s'escouloient les uns aprés les autres, estans plus esmeus à misericorde qu'à sedition. Mesmes y eust quelques pauvres gens et femmes battues par les Seize et satellites de Bussi, pour ce qu'elles ne se peurent tenir de dire tout haut que c'estoit grand pitié.

En quoi il faut que le chrestien remarque une œuvre de Dieu extraordinaire et singuliere.

Le dimanche 17 dudit mois de novembre, les deux Rollands partirent de Paris pour aller trouver le duc de Maienne, qui estoit à Laon. Ils estoient deputés de messieurs les Seize pour faire entendre audit duc les causes de l'execution du president Brisson et des deux autres, et sortirent de Paris ce jour en moult belle et bonne conche, emmenans avec eux le cuisinier de M. de Bussi Le Clerc, afin que rien ne leur manquast à faire bonne chere.

Ce jour, le colonnel d'Aubrai alla trouver M. de Belin auquel il s'offrist, et quatre cents hommes avec lui; l'asseurant encores de huict capitaines qui en avoient autant, et ne manqueroient à leur devoir. Mais ledit Belin, encores qu'il eust esté bravé et desarmé par les Seize, et qu'il n'ignorast leurs factions et entreprises prestes à exécuter si on n'y pourvoyoit, fist response à M. d'Aubrai qu'il estoit d'avis que *qui auroit du bois s'allast chauffer.*

Le lundi dix-huitieme dudit mois de novembre, Boucher, curé de Saint-Benoist à Paris, presenta au conseil d'Estat les articles et liste suivante non signée.

« Sera establi presentement une chambre de justice

nommée Ardante, pour congnoistre du fait des heretiques, fauteurs et adherans, traistres et conspirateurs contre la religion, l'Estat et la ville de Paris.

« Sera la chambre composée moictié d'officiers roiaux, moictié de gradués; tous lesquels officiers et gradués seront nommés par le conseil des seize quartiers.

« Auront les gradués pareille puissance et auctorité que les officiers.

« Seront les gradués pourveus au plus-tost par Monseingneur d'offices de conseillers au parlement, au lieu des absens tenans le parti contraire.

« En attendant qu'il ait pleu à Monseingneur auctoriser ladite chambre et pourvoir lesdits gradués, ils besongneront incessamment à l'instruccion et jugement des procés contre ceux de la qualité susdite.

« *Chambre* : Messieurs Cromé, president; Du Tillet, Sanguin, des Landes, Jabin, Le Congneus, de Marillac, Foucher, Fayet, Pinon, Chippart, Chopin, Le Gresle, de Saint-Yon, de Rinssant, Besançon, Anroux; Chaucheri, advocat en ladite chambre; Ameline, procureur; Lochon, greffier.

« *Pour huissiers* : Drouart, Choulier, Michelet, Gourrier, Dalmendes, Bidault, Poisse, Girard. »

Le mecredi vingtieme dudit mois de novembre, fust par Boucher présentée une autre liste au conseil d'Estat, pour ce que la premiere n'avoit esté trouvée bonne, et à lui rendue pour estre reformée. Ladite liste contenoit quarante-quatre conseillers tous du corps de la cour, desquels les noms s'ensuivent :

Chartier, Michon, Chevalier, Hennequin, de Mothelon, Du Four, Du Tillet, Belanger, Houderon, Boucher, de Bordeaus, Gaudart, Lallemant, Aleaume, de Soulfour, Du Vair, de Villarts, Le Jau, Jabin, de Here, des Landes, La Place, Rubentel, Despinoi, de Maschaut, Lescalopier, Boucher, Pinon, de Pleurs, Le Clerc, Faideau, N. Chevalier, Midorge, Foucher, Soli, Le Picard, Le Congneus, de Grand-Rue, de Marillac, Fayet, Le Febvre, Le Clerc, de Hacquevile, Poisle.

Tous lesquels susnommés en ladite liste Boucher supplia humblement madame de Nemours et madame de Montpensier, qui y assistoient avec M. de Belin, de trouver bon les prier d'entrer au parlement, pour y faire et continuer l'exercice de la justice.

De fait, ce jour et les suivants furent deputés quelques uns pour aller particulierement aux maisons de Messieurs, les prier de vouloir retourner au Palais, pour y faire et continuer l'exercice de la justice comme de coustume. Ce qu'ils refuserent de faire, au moins la plus part : les uns plus vertueusement, les autres plus laschement, selon le plus ou moins de cœur et de vertu qu'ils avoient. Beaucoup, effraiés et intimidés de ce qui estoit advenu, craingnans d'estre pendus comme leurs compaignons, s'accordoient à tout ce qu'on vouloit, moyennant qu'on leur donnast asseurance et seureté de leurs vies.

L'avocat du Roi d'Orleans leur dit pouilles quand ils l'allerent trouver; et encores qu'il fust de la Ligue des plus avant, si trouva-il ce fait si meschant et si execrable, qu'il ne se pouvoit jamais couvrir ni expier que par le dernier supplice de ceux qui l'avoient perpetré : ce qu'il leur dit fort librement, et les appela meschans et meurtriers. M. Le Maistre leur dit vertueusement qu'il ne rentreroit jamais au Palais que pour faire pendre ceux qui avoient fait mourir le president Brisson et les autres plus gens de bien qu'eux; appela le curé de Saint André sanguinaire, lui reprochant qu'il estoit cause de la mort du plus homme de bien de sa paroisse, et le plus catholique.

Ce jour arriva à Paris un laquais envoié par M. de Grandmont à madame de Montpensier; laquelle, pour ce qu'il avoit passé par Saint Denis, lui demanda tout haut, comme elle sortoit du conseil, ce qu'on disoit dans Saint Denis de l'execution qu'on avoit faite à Paris de M. Brisson et des autres. « Par ma foi, madame, « va dire ce laquais, ils en rient là dedans trestous « comme fols. — Et comment cela? dit-elle; pourquoi? « — Pour ce, madame, qu'ils disent qu'ils n'auront « plus que faire de pendre les ligueus à Paris, et qu'ils « esperent d'en avoir bientost la raison, d'autant qu'ils « se pendront trestous les uns les autres. »

Le vendredi vingt-deuxieme dudit mois de novembre, on eust nouvelles à Paris que le cardinal Fachinette, bolonnois, du tiltre des Quatre Saints, avoit esté esleu Pape, et avoit pris le nom d'Innocent neuvieme. Il s'apelle Jean Antoine de Nus, du nom de son pere qui, estant venu à Bolongne pour gaingner sa vie, fut apelé Facinette, à cause de sa vile et abjecte condition.

Ce jour, on me monstra des lettres qu'avoit escrit Rolland à un de ses amis de Paris, par lesquelles il lui mandoit que le duc de Maienne estoit fort mal content de ce qu'on avoit fait à Paris; qu'il ne vouloit point de bien aux Seize, et que journellement son mal talent augmentoit, pour les mauvais advis qui journellement lui venoient de deçà, lesquels au lieu d'adoucir le mal l'aigrissoient; et que venant à Paris comme on croioit sa resolution estre telle, qu'il y avoit bien danger d'un grand changement. Ladite lettre estoit escrite de Laon en dacte du 20 novembre.

Ce jour, un honneste homme de mes amis me monstra dans le cloistre des Augustins une lettre que lui escrivoit un sien frere du parti du Roy, par laquelle entre autres nouvelles il lui mandoit au bas en chiffre que le jour de devant, le Roy à son soupper, parlant de l'execution qu'on avoit faite à Paris du president Brisson, avoit dit, en gossant à sa maniere accoustumée, qu'il n'avoit point de meilleurs serviteurs à Paris que les Seize, et qu'ils lui faisoient mieux ses affaires qu'ils ne faisoient celles de leur maistre; et si ne lui en coustoit point de doublons. Ceste lettre estoit dactée du 19 novembre.

Le lundi 25 novembre 1591, me fust communiquée la liste des politiques de nostre quartier, qu'on apeloit le papier rouge; à laquelle j'avois interest, pour y estre couché bien avant et tout du long. Ceste liste ou papier rouge, comme on le voudra apeler, estoit un rolle que les Seize avoient dressé en tous les seize quartiers de la ville (où ils presidoient et commandoient) de tous les politiques de Paris, qu'ils apeloient; c'est-à-dire de tous ceux qu'ils tenoient pour serviteurs du Roy en leur cœur, fauteurs et adherans de son parti, et qui ne trouvoient bonne la volerie, la penderie et la cruauté qu'ils nommoient zele de Dieu, pour la conservation de la religion catholique, apostolique et rommaine; de laquelle les Seize se disoient les vrais peres, tuteurs et protecteurs. En ce rolle ils avoient mis aussi comme politiques tous ceux (quelques grands catholiques et zelés qu'ils fussent) lesquels, comme vrais et naturels François, refusoient de se soubsmettre à la domination espagnole. Or de tous ces politiques qu'ils apeloient, qui estoient les plus honnestes hommes et gens de bien de Paris, ils avoient resolu en leur conseil d'en pendre et daguer une partie et chasser les autres; et pour ce en leurs rolles ils les distinguoient par ces trois lettres P. D. C., qui estoit à dire *pendu, dagué, chassé*. Je m'y vis sous la lettre de D., qui estoit à dire que je devois estre *dagué*; M. Cotton mon beau pere, sous celle de P., *pendu*; M. le president Le Maistre, sous la même; maistre Jean de Saint Germain l'apotiquaire, sous celle de D., c'est-à-dire *dagué*; M. Desiré mon voisin, sous la lettre de C., c'est-à-dire *chassé*: et ainsi des autres. Et estoit le commissaire Basin qui l'avoit faite, avec le curé Saint André son vicaire, et maistre Pierre Senault, le seize de ce quartier. Et n'y avoit de toute la rue de ma mere que la maison des Monthelons exempte. Mais Dieu ne permist que ces conseils sanguinaires eussent lieu : car Dieu rompist leur cruel dessein par ceux mesmes qui vouloient establir à Paris par tels massacres : à sçavoir les Hespagnols et Neapolitains, lesquels ne voulurent jamais leur prester main forte, quelques remonstrances et grandes promesses qu'ils leur fissent. Ains, abhorrans leur entreprise comme cruelle et dénaturée, et rejettans ces conseils de sang comme trés pernicieux, leur dirent qu'ils ne pouvoient mettre la main sur gens qui n'estoient condamnés par la justice, ni tuer des hommes dans leurs lits qui ne se deffendoient point ; pour ce que cela estoit contraire à leur profession ; et aussi que pour telle execution , qui estoit de grande consequence, il eust fallu avoir mandement verbal ou par escrit des chefs et superieurs qui leur commandoient : dont il ne leur apparoissoit point. Et pourtant ne pouvoient, sans encourir blasme et reproche, voire punition trés grande, leur prester la main contre les traistres et politiques de leur ville, attendu qu'ils estoient sans armes, et desnués de pouvoir de leur mal faire ; et que c'estoit au duc de Maienne auquel appartenoit la connoissance de tels crimes, et aux juges qu'il plairoit ordonner : et non à eux, qui ne se mesloient que de faire la guerre, non à la ville de Paris comme ils vouloient qu'ils fissent, et aux bourgeois d'icelle, mais aux ennemis qui pretendroient l'assaillir par les armes au dedans ou au dehors.

Dom Alexandre, colonnel des Neapolitains, dit au curé de Saint Jacques qu'il eust voulu que tous les politiques et heretiques eussent esté en Hespagne à l'Inquisition, tous les traistres de Paris dans la riviere, et tous les larrons qui estoient dedans, pendus. Mais pour prendre les armes contre eux sans autre connoissance de cause ne commandement, attendu mesmes qu'on faisoit aujourd'huy servir ces noms à tout ce qu'on vouloit entreprendre, et que ce nom de politiques alloit bien loin ; que de leur courir sus, estans desarmés comme ils estoient, et hors de pouvoir de nuire, eust esté chose aussi ridicule et indigne de sa profession, comme il estoit à la sienne de quitter sa robbe et son breviaire pour prendre le coutelas et la halebarde.

Ce jour, qui estoit le 25 novembre, madame de Nemoux, estonnée des mauvais bruits qui couroient, et des estranges menées et procedures des Seize, qui sans autrement la respecter vouloient la forcer de signer leurs dictons, et auctoriser leurs factions; estant fort irritée contre eux, et suppliée d'ailleurs d'une infinité de gens de bien de vouloir pourvoir à la seureté de la ville de Paris, qui sans le prompt secours et retour du duc de Maienne s'en alloit perdue; importunée d'autre part de M. de Belin, qui ne se sentoit en seureté à Paris, aiant esté bravé et menassé des Seize, depescha vers son fils un gentilhomme avec lettres et paroles de creances, par lesquelles elle lui donnoit advis de ce qui se faisoit et passoit, et combien sa presence estoit ici requise et necessaire, tant pour empescher leurs mauvais desseins que pour la delivrer elle et sa fille, et tous les gens de bien, de la tirannie et servitude où ils estoient reduits sous la domination de ces hommes de neant. Elle donna charge audit gentilhomme de dire de bouche au duc de Maienne qu'il se souvinst qu'elle estoit sa mere, et que c'estoit celle qui l'avoit porté qui l'en prioit. Lesquelles paroles toucherent fort le cœur du duc de Maienne, comme il parust incontinent à ses yeux, hasterent son voyage et avancerent sa resolution.

Le mecredi vingt-septieme du present mois de novembre, comme je passois devant la boutique du passementier Le Roy, voyant là tout plain de gens assemblés qui contoient des nouvelles; m'estant arresté et aiant presté l'aureille, j'en ouis un qui contoit que le duc de Maienne seroit pour certain ce jour là à Paris ou le lendemain : mais qu'il en vouloit bien aux Seize et à ceux qui avoient fait mourir le president Brisson. A quoi un desdits Seize, nommé Choulier, qui estoit en la boutique, va respondre, en regniant Dieu, que les Seize n'avoient que faire du duc de Maienne, et qu'il avoit plus affaire d'eux qu'eux de lui. Au reste, que c'estoient les Seize qui l'avoient fait, et qu'ils le desferoient bien quand ils voudroient; et que les Seize, puisque Seize y avoit, n'estoient pas si peu hardis qu'ils ne lui dissent bien à luimesmes à sa barbe.

Ce jour, nostre maistre Boucher aiant rencontré par hazard l'avocat d'Orleans (1), comme il alloit par ville, lui demanda en riant à quel jeu c'estoit qu'ils l'avoient perdu. « A la raffle, lui va respondre l'autre tout prom-« tement : » comme lui voulant dire qu'ils estoient tous larrons. Car encores que l'avocat d'Orleans fust de la Ligue et des plus avant, si n'estoit il plus des Seize depuis la mort du president Brisson : car il en avoit trouvé l'acte si barbare et si vilain, qu'il les en detestoit et hayioit. C'est pourquoi Boucher lui demandoit à quel jeu ils l'avoient perdu.

Ce jour mesme, on me fist voir la lettre des Seize qu'ils avoient escrite au roi d'Hespagne, laquelle on trouvera entre mes papiers. Elle est en dacte du 20 novembre 1591, et porte creance en ces mots :

« Le reverend pere en Dieu, present porteur, est bien instruict de nos affaires, et suppleera au default de nos lettres envers vostre catholique Majesté, laquelle nous supplions vouloir ajouster foy à ce qu'il lui rapportera. »

Et est escrit audessoubs :

(1) *L'avocat d'Orleans* : Louis d'Orléans, avocat général au parlement de Paris pendant les troubles de la Ligue. Il étoit mauvais orateur; a fait plusieurs pamphlets contre le Roi, entre autres *le Catholique anglais*, et *le Banquet du comte d'Orette*.

« Vos humbles serviteurs les gens tenant le conseil des seize quartiers,

« *Martin*, docteur; *Genebrard*, docteur et professeur du Roy; *Sanguin*, *Soli*, l'un des capitaines; *Turquet*, colonnel; *Mesnager*, *Rinssant*, *Ameline*, *Louchart*, *Marin*, *Cromé*, conseiller au grand conseil; *Ysoart Capel*, *J. Hamilton*, curé de Saint-Cosme; *Crucé*, *Acarie*, *M. de Launoi*, l'un des presidens au conseil; *La Bruiere*. »

Le jeudi 28 novembre 1591, le duc de Maienne arriva à Paris, et vinst loger au logis de la Roine prés les Filles repenties, qu'on appéloit l'hostel des Princesses, pour ce que ces noms de roy et de roine estoient odieus à Paris. M. de Belin, le capitaine Forsais, et autres des plus apparans qui estoient à Paris, allerent au devant lui le saluer et recevoir hors la ville. Le capitaine Bussi Le Clerc ne voulust sortir de sa bastille; ains s'y tinst enfermé tout le jour, sans faire tirer un seul coup de canon (comme on a accoustumé) pour sa bien venue: ce qui fut remarqué. Quelques uns des Seize allerent au devant dudit duc, entre autres le commissaire Louschart et Senault, qui parla à lui prés Saint-Antoine des Champs; et excusant ses compagnons touchant l'execution par eux faite du president Brisson et des autres, dit audit duc de Maienne qu'il congnoistroit à la fin que ce qui estoit advenu n'avoit esté entrepris que pour le bien publiq, la conservation de la religion et le bien de son service. Auquel le duc de Maienne respondit que pour son particulier de lui il ne le falloit point alleguer, pour ce que le bien de son service estoit celui du publiq; qu'il estoit venu exprés pour en congnoistre; qu'il feroit justice aux uns et aux autres, et s'y gouverneroit ensorte que les gens de bien auroient occasion de s'en contenter. Cela dist-il d'une façon assez renfrongnée, comme si la harangue de Senault lui eust esté peu agreable; lequel regardant d'un assez mauvais œil, lui dist enfin, pour ce qu'il approchoit un peu bien prés de son cheval, se mettant comme entre ses jambes pour tousjours lui parler : « Vous vous ferés blesser; je vous prie, retirés vous. » Dequoi Senault bien fasché s'en alla, et le jour mesme dit à son curé qu'il avoit bien congneu, à la contenance et paroles du duc de Maienne, qu'il ne couvoit rien de bon, et qu'il avoit quelque mauvais dessein contre eux en sa teste.

Ledit Senault n'estoit à Paris quand l'execution s'y fist; mais il y revinst le jour mesme trois ou quatre heures aprés que le jeu y eust esté joué : dont il fist bien le fasché, et dit aux Seize qu'ils avoient tout perdu d'avoir fait ce qu'ils avoient fait, non qu'il ne le deust faire, mais en toute autre forme et maniere que celle qui y avoit esté observée. Et comme il estoit madré et dissimulé jusques au bout, se doutant du malheur qui en adviendroit, disoit tout haut et crioit qu'il eust voulu qu'il lui eust cousté un bras, et que ce qui estoit advenu n'eust point esté fait, non que pour trois il n'eust bien desiré qu'il y en eust eu trois cens, voire trois mil; mais pour la consequence, laquelle il craingnoit, estant ledit Senault de tous les Seize le plus meschant, mais le plus fin et le plus advisé. Il alla voir M. le procureur general Molé, exprés pour lui tesmoingner le desplaisir qu'il avoit reçu d'un si meschant acte : lequel, s'il eust esté en ceste ville, il eust bien empesché, à ce qu'il lui disoit.

Et cependant à trois jours de là le vouloit faire passer pour bon au duc de Maienne, lequel à son souper de ce jour beust du vin que le commissaire Louschart lui avoit donné : lequel il trouva fort bon, et en beust à lui.

Le trentieme et dernier du present mois de novembre, qui estoit le samedi feste de Saint-André, plusieurs des Seize estans venus trouver le duc de Maienne, estans dans sa chambre, tumultuoient et parloient haut, sans aucun respect, et trestous ensemble, à leur maniere accoustumée : tant que l'un d'eux, nommé Le Normant, va dire si bas que M. de Maienne l'entendist, que c'estoient les Seize qui l'avoient fait, et qu'ils le pourroient bien desfaire quand bon leur sembleroit. M. de Maienne l'ayant entendu, se contenta d'apprendre son nom, et passa ceste bravade tout doucement. Mais M. de Victri, qui estoit là, demanda si c'estoit un Seize; et ayant entendu qu'oui, dist tout haut, en jurant à sa maniere accoustumée, que les Seize faisoient bien les mauvais à Paris; mais que si M. de Maienne vouloit dire seulement le mot, qu'il les lui rendroit tous pendus dans le soir, et qu'il les pendroit plustost lui mesme de ses deux mains. Comme à la verité ce gentilhomme poussa fort le duc de Maienne à l'execution qu'il en fist faire, lui mettant le cœur au ventre : si qu'il ne tinst pas à lui qu'il n'en fist mourir davantage.

Ce samedi dernier novembre, je fis un songe la nuit qui me troubla fort, et lequel eut, cinq semaines après, la signification que je craingnois : car je songeai qu'estant sorti de ceste ville, j'avois esté contraint de revenir, à cause des chiens qui m'abayoient de tous costés;

desquels j'eus si grand peur, qu'il me sembla avoir esté blessé d'eux, encores qu'il n'en fust rien.

En ce temps, mourust à Orleans nostre maistre Hilaret, cordelier, qui par ses seditieuses predications seduisoit le peuple, et l'animoit au sang et à la rebellion contre son Roy. A l'occasion dequoi les ligueus, et principalement ceux du petit cordon (1), le faisoient un saint, et compagnon de saint Pol en paradis; et vinrent à telle impudence de dire que ce beau pere faisoit en paradis la Trinité seconde, avec les deux de Guise; lequel blaspheme a esté presché par lui publiquement dans Orleans : en detestation duquel, et de la farce d'un crucifix que ce beau pere jouoit en sa chaise, un chanoine de Saint-Agnan composa l'epitafe suivant en forme de prosopopée, qui me donna.

 Que me loués vous tant, confreres et amis?
 J'ai vescu, je suis mort, et suis au jugement,
 Non de vous, mais de Dieu, qui juge justement
 Pour me recompenser selon ce qu'ai commis.
 Mon sçavoir, mes sermons, mes escrits et labeurs,
 M'ont veritablement acquis en toute place
 Du bon peuple chrestien la faveur et la grace :
 Mais Dieu seul a congneu et mon cœur et mes mœurs.
 De quoi me peult servir de dire en vos louanges
 Que pour son compagnon saint Pol m'avoit choisi,
 Et m'avoit fait assoir sur veloux cramoisi,
 En sa chaire prés Dieu, entre les plus saints anges?
 De quoi me servira de publier vos songes,
 Qu'en dormant m'avez veu au ciel rempli d'honneurs,
 Par dessus les martyrs, vierges et confesseurs?
 Tels propos si subtils sont erreurs et mensonges :
 Aussi bien que de dire, ès funebres oraisons,
 Qu'en paradis je fais la Trinité seconde,
 Avecque cés deux princes que pleure terre et l'onde :

(1) *Ceux du petit cordon* : confrérie du cordon de saint François. Elle agissoit de concert avec les Seize.

Tout cela n'est que faute de meilleures raisons.
Je suis homme pescheur, et en pesché conceu,
Qui ai besoing que Dieu, Dieu de paix et concorde,
Aie pitié de moi par sa misericorde.
Qui se dit sans pesché est trompé et deceu.
Dieu seul, qui de no sœurs les pensées descœuvre,
Congnoist si je n'ai point semé schisme et discord,
Si reconcilié avec tous je suis mort :
Cela me servira ; la fin couronne l'œuvre.
Dieu seul congnoist ma faute, d'avoir fait par autrui
Trembler d'un crucifix la semblance et l'image,
Pour exciter le peuple au sang et au carnage
Contre un bon citoyen meilleur que n'est pas lui.
Donq, priés Dieu pour moi, affin que mon esprit,
Cependant que mon corps en la terre repose,
Et ma mortalité sous la tumbe est enclose,
Soit colloqué au ciel avecque Jesus-Christ.

REQUIESCAT IN PACE.

## Supplément tiré de l'édition de 1736.

Le samedi 2 de novembre, se sont assemblés secretement quelques bourgeois en la maison du sieur Boursier, rue de la Vieille Mounoye, où Launay a presidé, et a proposé qu'il étoit besoin d'obvier aux abus et impôts que l'on vouloit faire sur le peuple; et qu'à cette fin il falloit députer vers messieurs de la ville. Le sieur Cromé, premier opinant, a dit qu'on disputoit *de lanâ caprinâ*; qu'il y avoit des choses plus importantes ausquelles il falloit remedier : sçavoir; l'injustice faite au procès de Brigard; que la cour l'avoit absous en haine de la compagnie. Cette affaire mise en délibération, a été dit qu'il seroit bon de la remettre à un autre jour, et en avertir la compagnie de s'y trouver. Ce que voyant, le curé de Saint-Jacques dit en colere : « Messieurs, c'est assez connivé : il ne faut pas espérer

« jamais avoir raison de la cour du parlement en jus-
« tice. C'est trop endurer : il faut joüer des coûteaux. »
A ces paroles, la compagnie a gardé le silence; et lors
Gourlin s'est levé de sa place, et est allé parler à l'oreille
audit curé de Saint-Jacques : ce qu'aucuns ont trouvé
mauvais. Gourlin s'étant remis à sa place, le curé s'est
levé, et a dit : « Messieurs, je suis averti qu'il y a des
« traîtres en cette compagnie; il faut les chasser, et les
« jetter en la riviere. » Dont toute la compagnie fort
scandalisée s'est levée, et a remis la délibération au
lendemain.

Le dimanche 3 de novembre, parut un écrit (1) contre le jugement du parlement sur l'affaire de Brigard.
Cet écrit contenoit la procedure contre ledit Brigard,
avec des observations contre l'indulgence des juges,
qu'il accuse d'injustice.

Le mardi 5 de novembre, fut faite une procession
generale à l'eglise des Carmes à la place Maubert, pour
l'évasion du duc de Guise, que le peuple regarde comme
le prochain roy.

Le lundi 11 de novembre, le roy de Navarre fit
boucler Paris. Les habitans achetoient déja fort cher
les vivres, à cause que les garnisons de Gornay, de Saint-
Denys, de Melun, de Corbeil ne laissoient rien passer
tant par eau que par terre, qu'en payant au Roy de

---

(1) *Parut un écrit :* C'étoit le procès de Brigard. Cromé, qui en
étoit l'auteur, le faisoit imprimer pour émouvoir davantage la faction
des Seize contre le parlement; mais Molé, procureur général, en étant
averti, envoya deux huissiers pour faire saisir ce qui s'imprimoit.
Cromé survint, leur arracha des mains la copie qu'ils avoient prise,
puis alla chercher quelques arquebusiers et hallebardiers de la compagnie de Crucé, qu'il plaça dans la maison de l'imprimeur, et fit
achever l'impression.

grands tributs. Ce qui fait murmurer hautement les Parisiens.

Le même jour, la ville de Rouen fut assiegée par le maréchal de Biron, qui avoit avec lui dix mille hommes de pied, et deux mille chevaux.

Le mardi 12 de novembre, un bourgeois ligueux a trouvé ce matin par les rues Borderet Rosny, un des dix du conseil secret, auquel il a demandé ce qui avoit été résolu en leur conseil touchant l'affaire de Brigard. Lequel lui a répondu : « M. de Bussi a chargé de voir
« messieurs de la Sorbonne, pour sçavoir si en sûreté de
« conscience l'on pourra exécuter quelque entreprise.
« Je crois que nous en sçaurons aujourd'hui le court et
« le long. » Ce qui a donné bien à penser audit bourgeois.

Le samedi 16 de novembre, Bussi, Louchard et autres de sa faction sont allez à quatre heures du matin au bout du pont Saint-Michel, par où le president Brisson passoit ordinairement pour aller au Palais. Ils l'ont saisi au collet, et l'ont traîné avec ignominie aux prisons du petit châtelet; l'ont fait monter à la chambre du conseil, où il a trouvé un prêtre pour le confesser, et le bourreau pour l'étrangler. Il demande de quoi on l'accuse, qui sont ses parties, où sont les témoins? On lui répond qu'il est jugé; et alors Cromé lui prononce la sentence qui le condamnoit à mort, comme atteint de trahison, et de crime de leze-majesté divine et humaine. Cependant le bourreau le prend, et l'étrangle à la fenêtre de la chambre.

Un moment après, Choulier, qui prenoit le titre de lieutenant du grand prevost de l'Union, et qui avoit arrêté dans la cour du Palais le conseiller L'Archer, l'a conduit au petit châtelet, et l'a fait entrer dans la même chambre, en laquelle voyant le président mort, s'écrie : « O mon Dieu, vous avez fait mourir ce grand « homme! » Et étant tombé en pamoison, le bourreau le pendit au même endroit.

Dans le même temps arrive Tardif, conseiller au châtelet, conduit par Hamilton, curé de Saint-Côme, avec nombre de prêtres et de gens de l'Université, qui avoient tiré ledit Tardif de son lit étant malade et venant d'être saigné; l'ont fait entrer dans la même chambre, et l'ont pendu au côté du president Brisson.

Le peuple, qui a vû conduire ces vénérables magistrats au châtelet, s'est attroupé au-devant, pour les voir passer lorsqu'on les conduira à la Conciergerie pour leur faire leur procès : croyant, sur les bruits que les Seize avoient fait repandre dans la ville, qu'ils étoient coupables de quelque insigne trahison. Sur le soir cette populace s'est retirée, ignorant encore ce qui s'étoit passé dans le châtelet.

Le lundi 18 de novembre, les Seize ayant remarqué que le peuple, malgré les bruits desavantageux que leurs émissaires avoient répandus par tout contre la memoire de ces trois innocens, étoit indigné contre les auteurs de ce tragique spectacle, au lieu de l'approuver, ont fait détacher ces trois corps pendant la nuit : ce qui ayant été sçû, les parens les ont achetés cherement du bourreau pour les faire ensevelir. Celui de Claude Tardif fut enterré dans l'eglise des Augustins.

Le même jour on reçut la nouvelle que, le 29 dudit mois dernier, Jean-Antoine Fachineto, boulognois, cardinal de Saint-Martin-du-Mont, avoit été élû pape, et pris le nom d'Innocent IX; que ce Pape étoit une créature de la maison de Farnese, qui lui avoit procuré les dignités qu'il avoit possedées; qu'il avoit promis de favoriser la Ligue et le roy d'Espagne; et que pour cela il envoyoit au duc de Monte-Marciano la paye de six mois pour son armée, et cinquante mille écus par mois à la Ligue; qu'il confirmoit monseigneur Sega, evêque de Plaisance, legat en France (1), et lui envoyoit le chapeau de cardinal.

Le jeudi et le vendredi 21 et 22 de novembre, les Seize ont continué de s'assembler; et dit-on que leur dessein est de changer et de reformer plusieurs membres du parlement, et d'en mettre d'autres à leur guise, pour après disposer du nom et de l'autorité d'icelui contre le duc de Mayenne, et même faire revoquer son pouvoir à l'arrivée du duc de Parme, et de chercher après un roy à leur goût; et qu'en cela ils suivent les avis des Espagnols, sur-tout de dom Diego d'Ibarra. Aucuns ont proposé de s'assurer de la duchesse de Nemours (2), pour leur servir d'ôtage en cas que le duc de Mayenne voulût venger sur eux la mort du president Brisson et des autres. Mais un autre ayant reparti que cette duchesse avoit promis de les soutenir dans cette affaire, ils n'en parlerent plus.

(1) *Legat en France* : Les politiques ne le reconnoissoient pas pour tel. Victor Cayet, parlant de ce prélat, dit qu'il étoit devenu cardinal par sa propre promotion. Le Grain ajoute que cet évêque « estimant « chose essentielle à la conservation de la religion catholique de « prendre le chapeau de cardinal sans l'attendre de Rome ; de peur « que cependant la religion ne s'égarât, ne fit point de scrupule de « faire quant et quant une bulle, par laquelle il feignit que le nouveau « pape Clément VIII lui donnoit pouvoir d'assister à l'assemblée des « Etats et autoriser l'élection d'un roi, estimant que ce Pape succéde- « roit aux factions de Gregoire XIV. » — (2) *La duchesse de Nemours* : Anne d'Est, duchesse de Nemours, étoit mère du duc de Mayenne, et grand'-mère du jeune duc de Guise qui aspiroit à la couronne.

Le mercredi 27 de novembre, le duc de Mayenne, qui étant à Laon avoit reçû par divers avis (1) l'attentat et les desseins des Seize, se rendit à Paris (2), accompagné de sept cens chevaux et de quinze cens hommes de pied. Les habitans et les Seize, qui n'ignoroient pas ce voyage, furent au devant de lui; ceux qui souhaitoient sa venuë allerent jusqu'à Vincennes; les Seize et autres de leur faction, ayant à leur tête Boucher, furent seulement jusques auprès de Saint-Antoine-des-Champs, où ledit Boucher vouloit commencer de le haranguer; mais le duc lui dit qu'il les entendroit une autre fois. Etant au Louvre et s'étant informé de tout, il prit conseil de plusieurs du parlement, afin qu'ils fissent justice; mais par la crainte qu'ils eurent des Seize, ils le refuserent. Sur quoi le duc demanda le secret.

[DECEMBRE.] Le dimanche premier jour du mois de decembre 1591, la Bastille fust renduë au duc de Maienne par Bussi Le Clerc, qui en estoit capitaine; de laquelle il sortist à grand regret, à condition d'avoir vie et bagues sauves : ce que M. de Maienne lui promist et lui tinst. En sa place entra un fort honneste gentilhomme nommé Du Bourg, qui estoit au duc de Maienne, bon et fidele serviteur de son maistre.

Le lundi deuxieme dudit mois de decembre, M. de

(1) *Par divers avis :* Les princesses, le parlement, le gouverneur, le prévôt des marchands pressoient le duc de venir les délivrer. Le parlement menaçoit de faire sa soumission au Roi. — (2) *Se rendit à Paris :* Le duc de Mayenne hésita; il craignoit les Seize, qui disposoient de la populace. Mais ayant appris que l'intention des Seize étoit de le dépouiller de l'autorité lorsque le duc de Parme entreroit en France, et qu'ils avoient écrit au roi d'Espagne pour lui offrir la couronne, il se rendit en toute hâte à Paris. L'ambassadeur d'Espagne alla à sa rencontre, et essaya vainement de changer sa résolution.

Maienne alla au Palais, et en sa presence fist proceder à l'election de quatre presidens en la cour. Furent eleus messieurs Chartier, de Hacqueville, Neuilli et Le Maistre, advocat du Roi; et le lendemain les trois derniers firent le serment entre les mains du premier president Chartier, qui le jour de devant avoit presté le serment à M. de Maienne, à regret et à son corps defendant. De fait il en quitta l'exercice, et s'abstint d'aller au Palais, prenant excuse sur son aage, qui estoit de soixante et dix-neuf ans. En quoi il ne se monstra moins sage qu'en toutes les autres actions de sa vie.

Ce jour, M. Daubrai conduit M. de Maienne depuis son logis jusques au Palais, pour lui faire entendre les mauvais desseings des Seize, et comme ils estoient encores, à l'heure qui lui parloit, assemblés dans les Cordeliers jusques à trois cens, et qu'il y avoit danger de pis s'il n'i pourvoioit : voire qu'ils avoient fait venir dom Diego (1) à Paris, qui estoit logé en la rue Pouppée; et quelques autres particularités sur les factions qu'ils brassoient dans la ville. M. de Maienne l'aiant escouté fort paisiblement, quand ce vinst au destour du pont au Change, serrant le bras audit Daubrai, lui dit ces mots : « Mon pere, je vous asseure que dans vingt-« quatre heures je vous en ferai la raison. »

Le mecredi 4 decembre 1591, Ameline, advocat en chastelet; Louchart, commissaire; et Aimmonot, procureur en la cour, furent pendus et estranglés dans la salle basse du Louvre à Paris, comme coulpables de la mort du president Brisson et de messieurs Larcher et Tardif. Et le mesme jour, sur les cinq heures du soir,

---

(1) *Dom Diego :* Don Diego d'Ibrara, ambassadeur d'Espagne à Paris. Il s'étoit chargé d'appuyer les Seize.

Anroux fust pendu, quatre heures ou environ aprés que les autres eurent esté executés.

Pour le regard d'Ameline, il estoit, pour un seize, homme de menée et d'entendement, et qui dés le commencement de la Ligue avoit remué la pluspart des villes de la France contre le Roy, les ayant prattiquées de longue main, et aiant attiré et gaingné les habitans d'icelles au parti de la Ligue par les industrieuses menées qu'il y faisoit tantost desguisé en cordelier, tantost en jesuiste, une autre fois en marchant, quelquefois en courtizan, selon les humeurs des hommes avec lesquels il avoit à traicter. Dont le feu Roy estant adverti s'estoit resolu de le faire pendre, comme le jugeant de tous les faquins et mercenaires de la Ligue le plus pernicieux à son Estat. Mais ce que le Roy n'a sceu faire, la Ligue l'a fait, l'honorant, pour recompense de ses peines et bons services, d'un cordeau, au lieu de l'estat de procureur general qui lui estoit promis et destiné, si la liste des politiques eust eu lieu, en laquelle M. Molé estoit escrit pour estre pendu, et Ameline nommé en son lieu pour estre procureur general. Dont ledit Molé estoit aussi bien averti, qui m'a dit souvent que si Ameline n'eust esté pendu, Molé l'eust esté.

Quant au commissaire Louchart, c'estoit un larron et fol presumptueus, qui aiant fait sa main et ses affaires sous un masque et voile de religion, et aiant acquis du credit et de la reputation beaucoup entre ceux de son parti, pour avoir tousjours esté un des plus audacieux meschans et desesperés de la troupe, aima mieux estre pendu que renoncer à la communauté des Seize, et se departir de leur ligue et association :

aiant pour cest effect renoncé à la grace que le duc de Maienne lui vouloit faire, qui par son tresorier Ribaut lui avoit fait offre de l'estat de commissaire general des vivres de son armée, et de lui donner bon appointement, voire l'acquitter de toutes ses dettes, moiennant qu'il quittast la ville de Paris et le suivist; et qu'en ce faisant il s'obligeoit de foi de prince qu'il ne seroit aucunement recherché du passé, tant pour le fait du president Brisson que pour toutes autres choses qu'il pourroit avoir perpetré et commis en son estat de seize, où il n'estoit possible qu'il n'i eust de la malversation beaucoup. Mais cest homme, comme si se fust jugé digne d'estre pendu, et qu'on lui eust fait tort autrement, au lieu de recevoir les honnestes offres et bien que lui vouloit faire le duc de Maienne, lui fist response par Ribaut que pour tous les biens du monde il n'abandonneroit jamais ceux de son parti, ni ne sortiroit Paris que les pieds devant; et que les Seize n'estoient possible si aisés à ruiner et desfaire comme il pensoit. Ceste response de bravade ayant esté rapportée au duc de Maienne, il dit à Ribaut : « Il veult donc estre pendu? « Il le sera, et devant qu'il soit vingt-quatre heures. » Ce qui fust fait; et y laissa sa peau aux corbeaux, et son beau manteau de peluche à maistre Jean Roseau, qui le vendist dix escus sol.

Une chose est remarquable en la mort de cest homme : c'est que Dieu lui donna meilleure fin que n'avoit esté sa vie, car il se recongneust fort, et dit (ce qui est grandement notable) que tout ce qu'il avoit fait il l'avoit fait contre sa conscience : dont il crioit merci à Dieu, duquel s'il n'eust reconnu la misericorde infinie, il se fust desesperé de son salut; mais qu'il avoit tant d'esperance en ceste misericorde de Dieu, qu'il croiioit qu'il auroit pitié de lui et de sa pauvre ame.

Quant à Emonnot, c'estoit un larron et un meurtrier qui avoit tué à la Toussaints, lors que le Roy prist les fauxbourgs de Paris, M. Minterne, qui estoit au feu cardinal de Bourbon, recongneu de tous pour homme de bien et trés-grand catholique : hormis de cestuici, qui le prist pour politique et heretique, à cause de quatre cens escus qu'il portoit sur lui, qui lui vola; et aprés le poingnarda et jetta dans l'eau. Duquel assassinat sa femme demanda lors justice au duc de Maienne, qui la lui refusa, pour ce que c'estoit un seize, s'excusant sur le temps, qui ne lui permettoit de fascher ces gens là. Et toutefois il lui dit que sa plainte estoit juste et sa requeste raisonnable, et qu'il lui en feroit raison : més qu'elle eust patience; lui jurant en foi de prince qu'à la premiere occasion qui se presenteroit il feroit pendre Emonnot. Ce qu'estant ramantu au duc de Maienne par ceste dame, qui s'alla incontinent jetter à genoux devant lui, le dit duc se souvenant de sa promesse, le fist pendre comme il lui avoit promis, non obstant que quelques uns alleguassent pour le sauver qu'il n'estoit des complices de la mort du president Brisson [1] : ausquels le duc de Maienne fist response qu'ils se contentassent qu'il l'avoit aussi bien ou mieux gangné que pas un des autres, et que resolument il faloit que cestui-là fust pendu, « quand j'y devrois, « dit-il, moi-mesmes y mettre la main. »

[1] *Il n'estoit des complices de la mort du president Brisson* : La mort de ce magistrat n'étoit que le prétexte de ces exécutions. Le duc de Mayenne se vengeoit de la lettre que les Seize avoient écrite au roi d'Espagne.

Et est à remarquer une chose qui advinst en ceste execution : c'est que ledit Emonnot, qui faisoit le mauvois et tempestatif, ne se voulant laisser pendre, aussi tost qu'il eust advisé dans la salle la femme de Mainterne, se laissa mener et manier comme un mouton, et conduire au supplice tout ainsi qu'un agneau. Comme si sa conscience l'eust adjourné devant ceste femme de lui faire raison, par sa mort, de la mort de son mari qu'il avoit tué.

Quant à Anroux, qui l'eust laissé vieillir, on tient qu'il eust surpassé tous les autres en cruauté et meschanceté : car desjà en avoit il donné de bonnes preuves, et avoit toutes les parties requises en un homme de la qualité des Seize dont il estoit. On lui trouva dans une des pochettes de ses chausses un memoire ou liste de tout plain de gens de bien de Paris que lui et ses compagnons devoient esgorger.

Quand on porta les nouvelles de ceste execution au Roy, il dit que son cousin de Maienne avoit bien fait, mais qu'il avoit failli de quatre degrés : voulant dire qu'il en devoit faire pendre encores quatre, qui eust esté la moictié des Seize.

Les curés et predicateurs de Paris, offensés de ceste penderie, crioient que la religion estoit perdue (ou pendue); recommandoient aux prieres du peuple ces saints martyrs. Dont depuis la salle basse où s'estoit faite l'execution fut surnommée *la chapelle Saint-Louschard*.

Le lendemain de l'execution de ces quatre nouveaux martyrs, courust à Paris le septain suivant :

Les Seize ont jà prins possession
Des seize pillers de Montfaucon,

Pourveu aussi qu'ils ne soient davantage :
S'ainsi estoit ce seroit grand dommage,
Et en danger d'un differend entre eux.
Non, le gibet est fait à deux estage :
Il en pourra haut et bas trente-deux.

Ce jour, M. de Brissac, se formalizant de l'execution de Louschard et ses compagnons, dit au duc de Maienne (presens M. Molé et d'Orleans) que le feu Roy duquel on parloit tant n'avoit pas pis fait que lui, et que ceste execution seroit trouvée estrange et cruelle de tous les bons catholiques de la France; que de lui il ne la pouvoit aprouver, et craingnoit que Dieu ne l'en punist. Surquoi M. d'Orleans prenant la parole, dit qu'il n'estoit ni politique ni bearniste, mais vrai catholique, comme chacun le connoissoit, et fils de l'Eglise, où il vivroit et mourroit; mais que l'acte qu'avoient fait les Seize estoit si barbare et cruel, et l'execution en estoit si juste, que M. de Maienne n'en pouvoit estre blasmé, que pour la trop grande douceur dont il auroit usé : et s'asseuroit que tout bon catholique (comme il reconnoissoit ledit seingneur de Brissac pour tel) estant bien informé des choses, n'en parleroit jamais autrement. Que pour son regard, il ne l'eust voulu tenir en lieu ni en ville où les gouverneurs eussent advoué et supporté telles violences et meschancetés.

Le vendredi sixieme du present mois de decembre, La Rue, metamorphosé de seize en politique, attaqua le petit Launoi estant à la porte de son logis, qui estoit en la grande rue Saint-André, vis-à-vis de la maison de ma mere; et s'entredirent pouilles. Auquel bruit estant sorti en la rue avec tout plain d'autres, j'ouis Launoi qui apeloit La Rue yvrongne, et La Rue l'apeloit apostat; et ainsi se disoient leurs verités. Presage cependant d'une grande guerre, quand on void les loups se manger l'un l'autre.

Le lundi neuvieme du present mois de decembre, le duc de Maienne fist assembler la Sorbonne, et se trouva en l'assemblée : car ils estoient tous fort scandalizés de ce qu'il avoit fait; et de lui il avoit interest d'entretenir ces gros bonnets.

Le mardi dixieme dudit decembre, M. le duc de Maienne alla au Palais, où il fist publier l'abolition des coulpables de la mort du president Brisson, L'Archer et Tardif, et en reserva seulement trois, ausquels il declara qu'il vouloit et entendoit que le procés fust fait et parfait; sçavoir est : Marin Cromé(1), conseiller au grand conseil; Gaulcheri, advocat en chastelet, et celui qui avoit servi de greffier.

L'abolition en a esté publiée et imprimée à Paris.

On y sema ce jour le sixain suivant :

>Que plus on ne brigue
>Estre de la Ligue
>De sainte Union :
>Car, ne leur desplaise,
>Puis qu'on pend les Seize,
>Il y a de l'ongnon.

Le mecredi onzieme dudit decembre, le duc de Maienne sortist de Paris, et emmena quand et lui Bussi Le Clerc, jadis capitaine de la Bastille; le petit Launay, nagueres president du conseil des Seize; et tout plain d'autres des plus factieux de la confrerie : aiant esté prié de ce faire par beaucoup de gens de bien des plus catholiques de Paris.

(1) *Marin Cromé :* Louis Morin, dit Cromé.

Le mardi 17 decembre 1591, François Liberati, mathematicien, fust pendu et estranglé à Paris, et son corps bruslé, pour avoir (à ce qu'on disoit) escript des lettres au Roi contenantes conspiration et trahison; avoir composé libelles diffamatoires contre l'honneur de Dieu et ministres de son Eglise, et contre les princes et princesses.

Pour le regard de la conjuration, ce sont à moi lettres closes; mais pour le libelle diffamatoire (qui est une pure fadeze, un mien ami l'aiant recouvert m'en a donné une copie.

Le mardi trente et unieme jour et dernier de decembre, il neigea à Paris de six doigts d'espais; et dit nostre maistre Hardier, augustin, à M. de Gland, mon beau frere, qu'il avoit observé que depuis que le Roy avoit institué l'ordre des chevaliers du Saint-Esprit, il avoit neigé tous les derniers jours de l'année : observation plus curieuse que proufitable.

En cest an 1591, M. de Laubespine, evesque d'Orleans, escrivist une lettre à messieurs de la Faculté de theologie à Paris, par laquelle il se complaingnoit à eux des insolences et injures qui lui avoient esté faites, et à tous messieurs du clergé d'Orleans, par un nommé Meldrac, inquisiteur de la foy, que M. de Senlis y avoit envoyé exprés pour remuer mesnage. Entre autres points notables de la dite lettre, il dit qu'il s'estoit ingeré de prescher dans Orleans sans sa permission, et qu'il disoit tout haut qu'il n'en avoit que faire; qu'il avoit denigré en chaire de tous leurs curés et predicateurs, les apelans heretiques et prescheurs d'heresies; et entre autres de Burlat, son theologat et pœnitentier. Brief, que jamais les huguenots n'avoient tant fait d'opprobre aux ecclesiastiques à Orleans, qu'avoit fait le dit Meldrac.

La lettre est datée du dixieme febvrier 1591, souscrite Laubespine : la copie de laquelle, qui n'a esté imprimée, me fust baillée par un du corps de la Faculté qui avoit affaire à moi pour un privilege; et la trouvera l'on entre mes receuils.

En cest an 1591, peu après la reduction de Chartres, M. de Chastillon (1), colonel general de l'infanterie françoise, fils aisné du seingneur de Chastillon amiral de France, qui fust tué à Paris le jour Saint-Berthelemy 1572, mourust en sa maison de Chastillon, d'une fievre procedante (à ce qu'on disoit) d'ennui et de melancolie. Quand le Roy receust les nouvelles de la mort de ce jeune seigneur, qui egaloit en conseil et valeur les plus grands capitaines de l'Europe, et qui lui avoit fait de trés-grands services, mesmes en la prise de Chartres; l'affection et le desplaisir qu'il en eust tirerent les larmes des yeux de Sa Majesté (chose qu'on a veu advenir au Roi rarement), demandant au gentilhomme que c'est qu'il avoit eu à mourir; auquel il respondit qu'il estoit mort d'une fiebvre. « Voire mais, « dist le Roy, quelle estoit l'occasion de ceste fiebvre? » Et comme l'autre ne lui respondoit rien, le Roy commença à le presser, et à lui dire qu'il parlast hardiment, et qu'il desiroit en sçavoir la verité : car le commun bruit de sa cour estoit qu'il estoit mort de fascherie. Alors le gentilhomme dit au Roy : « Sire, puis qu'il « vous plaist m'en faire le commandement, la verité est « que sa maladie ne lui est provenue que de fascherie

(1) *M. de Chastillon*: François de Coligny de Châtillon, fils de l'amiral. Il avoit été blessé au siége de Chartres.

« et de melancolie. — Et quel subject en avoit-il ? dit
« le Roy; dites le moi librement. — Il lui sembloit,
« sire, que depuis quelque temps son service ne vous
« estoit point bien agreable, et qu'il n'estoit pas emploié
« selon le desir qu'il avoit tousjours monstré de vous
« bien servir; et mesmes la derniere fois qu'il eust cest
« heur de baiser les mains de Vostre Majesté, vous ne
« lui voulustes jamais rien commander, combien que
« par deux fois il se fust presenté devant vous pour
« cest effect : ains s'en retourna comme il estoit venu.
« — Si est ce que je l'aimois tant, va dire le Roi, il me
« le devoit dire ou faire dire : j'y eusse donné ordre,
« et l'eusse contenté. »

C'est ainsi que les rois en font : ils regrettent ordinairement la mort de leurs serviteurs, desquels ils n'ont peu souffrir la vie.

En cest an 1591, fust imprimé à Paris et mis en lumiere ung fort beau livre, intitulé le *Resveil Matin et Mot du guet des bons catholiques*, composé par nostre maistre Yves Magistri, cordelier de Laval. Beaucoup s'estonnoient qu'estoit devenu le sens commun, et où il estoit allé; mais on le retrouva tout en ce beau livre, lequel aussi estoit grandement magnifié par son aucteur, qui disoit que tout bon catholique en devoit avoir; et qui en mesdisoit ou s'en mocquoit estoit indubitablement politique et mal sentant de la foi.

Au mesme temps et an 1591, ledit maistre Yves Magistri, cordelier de Laval, aiant esté fait chapelain et predicateur des Hespagnols à Paris pendant le quaresme, preschant tous les matins en hespagnol à la chapelle de la Roine, depité et mal content de ce que les dits Hespagnols ne lui avoient rien donné pour la peine qu'il avoit eue de les prescher et administrer tout du long du quaresme, fist imprimer une remonstrance faite en ce temps au Roi pour se faire catholique : de laquelle couroient secrettement des copies à Paris, escrites à la main. A laquelle remonstrance il adjousta du sien, comme si c'eust esté de l'aucteur, encores qu'on y reconnoisse le langage et stile tout different, une petite legende abregée des faits et gestes plus memorables de messieurs les Hespagnols, perpetrés par eux à Paris et aux environs; avec un petit sommaire abregé de leur foy, vie et religion, comme on peult voir aux dernieres pages dudit livre, imprimé à Paris sans nom de lieu ni aucteur.

Pour la conclusion de son traité, il insere un advis notable du Grand Turcq, qui se va faire de l'Union.

Or, quand ceux de la Ligue eurent veu ceste remonstrance avec l'addition hespagnole qui gastoit tout le mistere, ils firent emprisonner l'aucteur et l'imprimeur, faisans faire audit imprimeur amande honorable; et quant à l'aucteur, qui estoit nostre maistre Yves Magistri, ordonnerent qu'il feroit une retractation de ce qu'il avoit escrit contre les Hespagnols, laquelle seroit imprimée au bout de la remonstrance. Ce qu'il fist.

Ceste palinodie, où il s'appelle soimesmes heretique, politique et bearnois, est belle à voir, autant que tout le reste, et d'un grave et haut stile. Aussi, quelque chose qu'aïent peu faire nos maistres avec toute l'Union pour supprimer ce beau livre, aians saisi d'icelui toutes les copies, et fait defenses trés-expresses de n'en vendre ni acheter; ils n'ont peu empescher qu'il n'ait esté veu ni qu'il ne se voie encores, à la recommandation des beaux-esprits, des grands theologiens et docteurs de ce siecle.

En cest an 1591, le 4 mai, mourust à Orleans l'abbé de Saint-Euverte (1), tenu de tout le peuple pour un saint homme, comme à la verité il menoit une vie fort sainte et religieuse. Il a predist beaucoup de choses de ce temps qu'on a veu advenir, comme la bataille d'Yvri, qu'il annonça long-temps devant à M. l'evesque d'Orleans; et que le Roy la gaingneroit, avec l'establissement de son regne, en despit de la Ligue, laquelle il vainqueroit et reduiroit à neant; et beaucoup d'autres particularités notables qui se sont trouvées vraies. Mais comme tous les discours des hommes ne sont que vanité, et leur science une ignorance, principalement pour le regard des choses futures, lesquelles Dieu seul congnoist et dont il s'est reservé la congnoissance, ce bonhomme s'est trouvé trompé en deux des principaux points de sa prophetie: l'un pour Paris, qu'il asseuroit infailliblement devoir perir, et estre ruiné et saccagé de fonds en comble; l'autre pour la conversion du Roy, qui disoit devoir vivre et mourir obstiné en la profession de sa religion, et que jamais il ne la changeroit. Et à la verité si ce prelat, qui estoit doué de Dieu de beaucoup de graces, se fust contenu aux termes de sa vocation, sans se mesler de ces choses curieuses que Dieu a interdites à l'homme, sa memoire en eust esté plus recommandable à la posterité, encores que ce qu'il en faisoit fust sans art magique et sans autre fard et ostentation, aiant tousjours monstré en sa conversation une grande pieté et crainte de Dieu, qui est le tout de l'homme.

(1) *L'abbé de Saint-Euverte*: Michel Viole.

*Supplément tiré de l'édition de 1736.*

Le mercredi 4 decembre, auquel on ne pensoit plus à la punition des Seize, on sçût que la nuit precedente le duc de Mayenne, après avoir pris avis de plusieurs membres du parlement, avoit condamné à mort, et de sa propre autorité, neuf desdits Seize qu'on trouva les plus coupables : sçavoir, Cromé, Crucé, Cochery, Launay, Bussi, Anroux, Emmenot, Ameline, et Louchard ; et que dès quatre heures du matin Vitry avoit été dans leurs maisons pour les apprehender, et n'en avoit pû arrêter que quatre : sçavoir, Louchard, commissaire au châtelet; Emmenot, procureur; Ameline et Anroux, l'un et l'autre avocats de la compagnie des Seize; lesquels ayant été conduits au Louvre, ont été ce matin pendus et étranglés à une poutre de la salle basse du château.

Le jeudi 5 de decembre, on continua la recherche desdits condamnés. Bussi ne fut point trouvé dans sa maison, laquelle fut pillée; et dit-on qu'on y a trouvé cinq ou six cens mille francs [1] qu'il avoit pillé luimesme, ou qu'il avoit reçû des Espagnols; quelques autres en ont été quittes pour de l'argent.

Le dimanche 8 decembre, fête de la Conception de la Vierge, fut faite une procession generale en l'entour de la Cité, à laquelle assista le duc de Mayenne.

Le vendredi 13 de decembre, le duc de Mayenne partit de Paris pour se rendre à son armée ; et pour

---

[1] *Cinq ou six cens mille francs* : Bussi Le Clerc, devenu gouverneur de la Bastille, s'étoit enrichi en exigeant de ses prisonniers de grosses sommes.

travailler à secourir la ville de Rouen, assiégée par le roy de Navarre.

Le même jour on reçut les nouvelles suivantes du siége de ladite ville : le roy de Navarre arriva hier treiziéme novembre à son camp. Le premier décembre, il a écrit à nos eschevins en ces termes : « Nos amez et
« feaux, encore que vous ayez pû connoître par le
« succès de mes affaires ma bonne et sainte inten-
« tion à l'endroit de mes sujets, que je desire favo-
« rablement traiter comme un bon pere fait ses enfans;
« ce néantmoins, persuadés par le roy d'Espagne (qui
« me veut priver de ma légitime succession) que je
« veux abolir la religion catholique, apostolique et ro-
« maine, vous continuez tousjours en votre rebellion,
« encore que j'aye fait paroître du contraire ès villes
« qui se sont soumises à mon obéissance, où ladite
« religion catholique, apostolique et romaine y est en-
« tretenuë de point en point, et mes bons et loyaux
« sujets catholiques paisiblement maintenus en l'exer-
« cice d'icelle : de quoi je vous ai bien voulu avertir
« par ces présentes, afin que secouant le joug des Es-
« pagnols, qui vous rendront à jamais miserables, vous
« reconnoissiez votre roy légitime, et lui rendiez l'o-
« béissance que lui rendent les autres villes catholiques,
« qui ont pour le moins autant de zéle que vous à la
« religion catholique. Autrement, si vous me contrai-
« gnez de tenter la force et me servir des moyens que
« Dieu m'a mis en main, il ne sera pas en ma puis-
« sance d'empêcher que la ville ne soit pillée et sacca-
« gée. Le secours du duc de Parme que vous attendez
« ne vous servira de guéres : car il ne pourra passer
« jusques à vous sans une bataille, laquelle devant que

« de me présenter, les ligueurs se souviendront de celle
« d'Ivry; l'évenement vous en fera sages, et vous fera
« connoître la miserable condition de vos rebellions.
« Vous feriez beaucoup mieux de me rendre ma ville
« que de vous exposer aux pertes qui vous sont toutes
« certaines, et lesquelles vous ne pouvez éviter qu'en
« rendant ce que vous me devez. Dieu vous y veuille
« bien inspirer!

« Au camp de Vernon, le premier jour de décembre
« 1591. HENRY. »

La lecture de cette lettre fut faite le 2 de décembre dans une assemblée de la ville, pour réponse de laquelle le gouverneur dit à l'héraut qui l'avoit portée, de dire à son maître que la ville ne se soucioit pas beaucoup de ses menaces, et qu'elle étoit résolue de plustost périr que de jamais reconnoître pour roy de France un hérétique; et que ses habitans n'avoient pas moins de cœur à soutenir la religion catholique, apostolique et romaine, que les calvinistes à soutenir leur détestable hérésie.

Le roy de Navarre, extrêmement fâché de cette réponse, s'approcha de la ville, et s'empara de l'eglise de Saint André pour la battre; mais M. de Villars le fit aussi-tôt déloger de là. Notre ville étoit environnée: de sorte que personne n'y pouvoit aller par terre sans congé. Mais par la mer ceux du Havre, à la faveur des galeres du roy Catholique, y venoient à la barbe de l'ennemi.

Le jeudy 5 de décembre, fut faite assemblée générale en l'abbaye de Saint Ouën, où fut proposé de faire la recherche générale des grains; et fut trouvé quatre mille muids de froment, sans le seigle, orge, avoine et légumes, qui montoient à plus de quinze cens muids.

Le lendemain on fit recherche générale des habitans qui étoient propres à porter les armes, et on mit dehors les paysans et gens inconnus. Le sixiéme dudit mois, le maréchal de Biron fit enclore toute la ville.

Le samedy 7, fut fait commandement à tous les habitans d'assister le lendemain à la procession générale qui se devoit faire. Pour cet effet on alla à l'eglise de Notre-Dame, delà à celle des Capucins, puis à celle de Saint Ouën, où l'evêque de Bayeux dit la grande messe; et Jean Dadræus, docteur en théologie et pénitencier de Roüen, fit la prédication, interprétant ces paroles de l'Ecriture : *Nolite jugum ducere cum infidelibus.* Sur quoi il dit qu'on ne peut recevoir un hérétique pour roy de France, et qu'endurer la mort pour cette cause est chose sainte et du commandement de Dieu. A la fin du sermon, fit lever la main au peuple de plustost mourir que de reconnoistre Henry de Bourbon, prétendu roy de Navarre, pour roy de France; exhorta le peuple de jeûner au pain et à l'eau les mercredy, vendredy, samedy de la semaine suivante, et de se préparer pour recevoir le sacrement de l'autel le dimanche.

Durant ce temps, le roy de Navarre fit dresser une batterie contre la porte Saint Hilaire; mais M. de Villars la fit aussi-tost terrasser. A l'instant les habitans firent une sortie par la porte Cauchoise, où, après plusieurs escarmouches, deux cens hommes du roy de Navarre demeurerent sur la place : entre lesquels est le vicomte de Bacqueville, le sieur de Meru, et le jeune Montigny. Des nostres il en demeura cinquante, parmy lesquels le plus signalé est le sieur de Saint Sulpice.

Le roy de Navarre s'estant retiré de ladite porte, fit jouer une mine sous le mont Sainte Catherine; mais icelle estant éventée par la sage prévoyance du sieur de Gessars, elle fut renduë vaine. Depuis ce jour il ne s'est rien passé de part et d'autre, à cause du grand froid et de la neige, et autre mauvais tems.

Le lundy 23 décembre, plusieurs habitans de Paris ont continué de signer le serment (1) fait au commencement dudit mois contre les assemblées privées que les Seize du conseil de l'Union souloient faire, et ont juré sur les saints Evangiles de ne prendre ni souffrir prendre les armes, ou qu'on assemble que du consentement et ordre du duc de Mayenne, du gouverneur de Paris, ou du prevost des marchands et echevins; et de traiter comme traîtres, séditieux et criminels de leze-majesté, ceux, de quelque état et condition qu'ils soient, qui entreprendront le contraire; et d'avertir les magistrats s'ils viennent à découvrir quelque entreprise et conjuration secrete.

Sur la fin de ce mois il y eut plusieurs conférences et propos entre le president Janin, le sieur de Villeroy, et le sieur de Bellosanne, secretaire de M. le cardinal de Bourbon, pour parvenir à une paix ou au moins à une treve entre le roy de Navarre et le duc de Mayenne. Ce dernier ne vouloit pas qu'on traitât en son nom avec le Roy qu'après sa conversion; mais il permettoit qu'on traitât avec le cardinal de Bourbon ou autre prince catholique du party du roy de Navarre, et vouloit bien se joindre à eux pour abbaisser le party des

---

(1) *Signer le serment :* Maimbourg dit avoir vu dans la bibliothèque de Colbert l'original de ce serment, signé par cinq cent quarante-huit personnes.

Espagnols, qui ne vouloient secourir Roüen qu'on ne leur promît d'élire leur Infante royne de France.

Le roy de Navarre sçavoit tout cela. Mais ne voulant pas se declarer sur sa conversion, ni estre contraint en sa conscience, encore moins refroidir les catholiques qui estoient à son service, promit de se convertir, et permit en même tems qu'on envoyât à Rome porter cette nouvelle au Pape.

[JANVIER 1592.] Le vendredi 3 janvier 1592, ceux de Saint-Denis, pour tousjours entretenir madame sainte Genevieve au parti qui leur avoit fait un si bon tour l'an precedent, jour de sa feste, de les avoir delivrés eux et leur ville de la conjuration de là Ligue et des ligueus, firent une procession solennelle à Saint-Denis pour l'en remercier, et la prier de continuer. Ils l'apeloient le bout de l'an du chevalier d'Aumale.

Le dimanche cinquieme dudit mois de janvier, Boucher en son sermon qualifia du nom de saints martirs Louschart et ses compagnons, encores que justement ils eussent esté executés pour leurs meurtres et brigandages. Le curé de Saint-Germain de l'Auxerrois fist un panegyrique d'Ameline, qu'il apela son bon ami; et de ce malheureux meurtrier, le plus meschant de tous, en fist un nouveau saint et un martyr.

Ce jour y eust grande rumeur en la paroisse de Saint-Germain de l'Auxerrois, pour ce que Brette, un des eschevins, attaqua le curé de ce qu'il avoit taxé en son sermon le prevost des marchans et eschevins de trahison et larrecin.

Le septieme du present mois de janvier, fut donné un arrest cruel contre le Roi à Rouen, en ces mots :

« La cour a fait et fait trés presses inhibitions et defenses à toutes personnes, de quelque estat, dignité et condition qu'ils soient, sans nul excepter, de favoriser en aucune sorte et maniere que ce soit le parti de Henry de Bourbon, ains s'en desister incontinent, à peine d'estre pendus et estranglés. Ordonne la dite cour que monition generale sera octroiée audit procureur general, *nemine dempto*, pour informer contre tous ceux qui favoriseront ledit Henry de Bourbon et ses adherans; et d'autant que les conjurations apportent le plus souvent la ruine totale des villes où telles trahisons se commettent, est ordonné que par les places publiques de ceste ville, et principaux carrefours d'icelle, seront plantées potences pour y punir ceux qui seront si malheureux que d'attenter contre leur patrie; et à ceux qui descouvriront les dites trahisons, encores qu'ils fussent complices, veult ladite cour leur delit leur estre pardonné, et outre ce leur estre paié la somme de deux mille escus, à prendre sur l'hostel de ville. Le serment de l'Union fait le 22 janvier 1589, et confirmé par plusieurs arrêts, sera renouvelé de mois en mois en l'assemblée generale qui pour cest effet se fera en l'abbaye Saint-Ouen de ceste ville; est enjoint aux habitans de l'observer inviolablement de point en point selon sa forme et teneur, à peine de la vie, sans aucune espérance de grâce. Enjoint trés expressement la dite cour à tous les habitans d'obéir au sieur de Villars, lieutenant de M. Henry de Loraine en ce gouvernement, en tout ce qui sera par lui commandé pour la conservation de ceste ville : comme aussi aux soldats entretenus par ladite ville, qui seront tenus d'obéir promtement aux mandemens du dit sieur, à peine de la vie. »

Cet arrest fut donné à l'instigation et poursuitte du sieur de Villars, qui se vouloit rendre maistre absolu de Rouen; et ce, ainsi qu'on disoit, par l'enhortement et conseil de Ph. des Portes, abbé de Tiron.

Le mecredi 22 janvier 1592, madamoiselle de Roidemont et sa damoiselle, le fils de Boisruffier Du Tillet, et quatre autres, furent noiés en revenant de Melung par eau.

Le lundi vingt-septieme dudit mois de janvier, mourust à Paris M. Vivien, conseiller en la cour des aydes.

Le commencement de ce mois de janvier, jusques au 9 dudit mois, fust fort froid et rude; mais le reste jusques à la fin, venteux, humide, et trop doux pour la saison.

Au commencement de ceste année mourust Elizabeth d'Autriche, roine douairiere de France, fille de l'empereur Maximilian, et veufve du roy Charles ix, roine en son temps l'exemple de toute pieté et charité.

Moururent aussi en mesme temps le duc Jean Cazimir, de la maison des comtes palatins du Rhin, fort affectionné à la religion des huguenots et un des principaux protecteurs d'icelle; et le duc de Cleves, aagé de septante six ans.

*Supplément tiré de l'édition de 1736.*

Le jeudy 2 de janvier, on apprit que le jour auparavant la solemnité de l'ordre du Saint-Esprit s'étoit faite dans l'eglise de Dernetail; et que le maréchal de Biron, par le commandement du Roy, comme le plus ancien chevalier de cet ordre, avoit donné ledit ordre à Bernard de Beaune (1), archevêque de Bourges, et à

---

(1) *Bernard de Beaune :* Plusieurs historiens l'appellent Renaud. Il étoit fils de Guillaume de Beaune, baron de Semblançay.

Charles de Gontaut, baron de Biron. Cette nouvelle a grandement réjoüi les catholiques de l'un et de l'autre party, qui esperent dans peu la conversion du roy de Navarre.

Le lundy 6 de janvier, feste des Roys, est venüe la nouvelle de la trahison découverte à Roüen le deuxiéme de ce mois, et punie le quatriéme. On dit que le nommé La Fontaine, sergent de la compagnie du capitaine Saint-Saturnin, qui estoit en garde ce jour-là, devoit se saisir de la porte Cauchoise, et donner entrée au duc de Longueville et au maréchal de Biron, qui attendoit à ladite porte avec cinq cens cuirassiers : lesquels ayant esté découverts par une sentinelle qui n'étoit point du complot, tira un coup d'arquebuse qui mit la ville en alarme, et fit courir toute la garde vers cette porte, et obligea les ennemis de se retirer. Or le gouverneur s'estant informé du fait, le nommé Maucler, avocat, auquel ledit La Fontaine s'étoit confié, l'accusa de cette trahison, et nomma deux de ses compagnons : sçavoir, Champhyon, procureur, et Philippe Dallier, huissier de la chambre des comptes, lesquels ayant esté appréhendés et mis à la torture, avoient confessé ladite trahison, et la cour du parlement les avoit condamnés à estre pendus et estranglés : ce qui a esté fait le samedy quatriéme dudit dans la place du marché. Les autres coupables ont trouvé le moyen de se sauver.

Les mêmes nouvelles disent que le comte Philippes de Nassau avoit conduit une flotte de dix vaisseaux, qui portent trois mille Hollandois pour le service du roy de Navarre. Le troisiéme de ce mois, les vaisseaux qui avoient déchargé ces troupes à Croisset, à demi-lieuë de Roüen, s'estoient approchés le lendemain du vieux Palais, et avoient tiré sus; mais qu'ils s'estoient retirés audit Croisset, un de leurs vaisseaux ayant esté très incommodé par le canon de la ville, qui tira sur eux.

Le jeudy 9 de janvier, furent distribuées par les ligueurs nombre de copies de l'arrêt du parlement de Roüen, donné le septiéme dudit mois contre le roy de Navarre et ses adherans.

Le dimanche 19 de janvier, on fit pour la premiere fois la feste des Farines (1), avec procession générale qui alla aux Peres jacobins, en mémoire de ce que tel jour un an auparavant le roy de Navarre avoit voulu surprendre la ville, et son entreprise découverte, lui estant au fauxbourg Saint-Honoré.

[FEBVRIER.] Le mecredi cinquieme dudit mois de febvrier, le capitaine Regnié, sorti de Saint-Denis pour picorer, s'estant avancé dans le faubourg Saint-Germain des Prés jusques auprés de sa maison, fust tué d'un coup de harquebouze par Du Bus, clerc de Mutrat, notaire, demeurant à Paris prés Saint-Sevrin.

Ce jour mesmes, ung pauvre pescheur des fauxbourgs, dont le fils avoit esté tué il y avoit un an justement par ceux du Roy, fust tué par eux mesmes à pareil jour, à la mesme heure et au mesme lieu; à sçavoir le long de la riviere du pré aux Clercs prés Nesle, où il avoit accoustumé d'aller pescher.

(1) *La feste des Farines*: Dans la nuit du 19 au 20 janvier de l'année précédente, le Roi avoit essayé de surprendre la ville. Plusieurs de ses capitaines, déguisés en paysans, s'étoient présentés à la porte Saint-Honoré avec des charrettes et des chevaux chargés de farine. Ils espéroient s'emparer de cette porte, et la livrer au Roi, qui les suivoit de près avec ses troupes. Mais l'entreprise fut découverte.

Le vendredi 7 febvrier 1592, fust trouvé le corps d'un prebstre de Saint-André des Ars, nommé maistre Estienne, auprés de Saint-Denis de la Chastre, aiant les bras et les jambes coupées, qui avoit esté tué un mois auparavant, et dont on n'avoit peu averer la mort jusqu'à ce jour.

Le commissaire L'Almant, qui sella sa chambre, lui trouva quatre cens cinquante escus dans un manequin où on mettoit des ordures; et toutefois ce prebstre, qui estoit le confesseur des principaux de la paroisse, se plaignoit tousjours, et disoit qu'il mouroit de faim.

Le jeudi 20 febvrier 1591, fust faite procession generale à Paris, en laquelle la chasse Saint-Lois fust portée par les conseillers de la cour aians leurs robbes rouges; et les chasses Saint-Denis et ses compagnons, par les evesques de Senlis et de Rennes (1), l'abbé de Sainte-Genevieve (2), et l'ambassadeur d'Escoce.

Le mecredi vingt-sixieme dudit mois, mourust à Paris le jeune Turnœbus, correcteur des comtes.

Ce jour furent apportées nouvelles à Paris de la promotion au pontificat du cardinal Hippolite Aldobrandin, florentin.

Ce mois de febvrier fust plus humide que froid, et sa constitution mal saine.

*Supplément tiré de l'édition de 1736.*

Le vendredy 7 de fevrier, on apprit que le duc de Mayenne avoit joint le duc de Parme; qu'ils estoient partis de Nesle, et s'avançoient pour secourir Roüen

---

(1) *De Rennes*: Aimard Hennequin, évêque de Rennes. Il étoit du conseil des Quarante. — (2) *L'abbé de Sainte-Genevieve*: Joseph Toulon. Il étoit du parti des politiques.

avec une armée de douze mille chevaux et vingt-quatre mille hommes de pied; et qu'estant arrivés à Aumale, le roy de Navarre, lequel ils croyoient au siege, y estoit arrivé, et leur disputoit le passage : mais qu'après plusieurs jours de resistance, le duc de Parme s'estant apperçû du petit nombre des troupes du roy de Navarre, l'avoit attaqué vigoureusement, et l'avoit obligé de se retirer avec perte de deux cens hommes; et que le Roy même avoit esté blessé (1) d'un coup d'arquébuse au défaut de la cuirasse.

Le vendredi 14 de fevrier, on eut nouvelle que l'armée de la Ligue s'avançant vers Roüen avoit battu la ville de Neuf-Chastel, dans laquelle le sieur de Givry commandoit avec quatre cens cuirassiers et huit cens hommes de pied, qui avoit esté contraint de rendre cette ville par composition, et en estoit sorti avec armes et bagages.

Le même jour, les quatre convens des religieux mendians se rendirent à la Sainte-Chapelle, où messieurs du parlement estoient assemblés; et de-là on alla en procession à Notre-Dame, où Guillaume Rose, evêque de Senlis, dit la messe.

Le samedy 15 de fevrier, messieurs de la chambre des comptes, s'estant assemblés dans la Sainte-Chapelle, furent en procession à l'eglise des Augustins, avec les

---

(1) *Le Roy même avoit esté blessé* : Cette blessure, quoique très-légère, jeta une telle épouvante parmi les troupes, que Henri IV fut obligé de parcourir les rangs pour rassurer les soldats. L'ennemi envoya un trompette sous prétexte de demander l'échange de quelques prisonniers; le Roy se le fit amener, et lui dit : « Je sais bien pourquoi vous « êtes envoyé. Dites au duc de Parme votre maître que vous m'avez « vu sain et gaillard, et bien préparé à le recevoir quand il lui plaira « de venir. »

cordeliers, les jacobins et les carmes, où ils entendirent la messe.

Le vendredy 21 de fevrier, fut faite une procession générale à Notre-Dame, qui de-là passa à la Sainte-Chapelle, et de-là fut prendre les corps saints à Sainte-Croix de la Bretonnerie, et revint à Notre-Dame, où fut célébrée la messe, après laquelle on rapporta les saintes reliques à Sainte-Croix. Dans cette procession on demanda à Dieu de favoriser l'armée de la Ligue, qui s'étoit avancée à sept lieuës près de Roüen en ordre de bataille, dont l'avant-garde étoit conduite par le duc de Guise, les sieurs de La Chastre et Vitry; le corps de bataille par le duc de Mayenne et le duc de Monte Marciano, neveu du feu pape Gregoire XIV; l'arriere-garde par le duc de Parme, le duc d'Aumale, le comte de Chaligny, accompagnez des sieurs de Bois Daufin, Balagny, Saint-Pol, et plusieurs autres; les sieurs de Bassompierre et de La Motte conduisoient les Suisses et l'artillerie. On se flatte ici que cette armée fera bien-tôt lever le siege de Roüen.

Le vendredy 28 de fevrier, on eut avis que le mardy auparavant Villars avoit fait une sortie sur l'armée royale qui assiegeoit Roüen, avec un très-grand succès; que dans cette sortie il avoit employé près de deux mille hommes, tant soldats qu'habitans, qui étoient sortis dans le même tems de la ville par quatre endroits differents, et surpris les assiegeans, dont ils en avoient tué huit cens sur la place, blessé un grand nombre, et fait plusieurs prisonniers; qu'ils avoient gagné cinq canons, encloué deux autres, et mis le feu aux poudres; que ce combat avoit duré plus de deux heures, pendant lequel ils avoient brûlé les tentes des ennemis, comblé les tranchées, et avoient rendu inutiles tous les travaux que les assiegeans avoient faits durant deux mois. Leur perte auroit esté plus grande si les fuyards n'eussent point donné l'allarme à Darnetal, où estoit logé le marechal de Biron, qui sur le champ monta à cheval; et ayant pris avec lui les Suisses et les lansquenets, arrêta la victoire des assiegés, qu'il força de se retirer après cependant un grand combat, dans lequel le maréchal de Biron a esté blessé d'une arquebusade à la cuisse. Nicolas de Gremonville-l'Archant, capitaine des gardes du corps, et plusieurs autres seigneurs, ont esté aussi blessés dans cette action.

[MARS.] Le lundi 2 mars 1592, fust enterré dans l'eglise Saint-André des Ars M. Chippart, advocat en parlement, aagé de soixante-dix ans, homme de bien, et qui estoit de la Ligue pour sa religion.

Ce jour, on eust nouvelles à Paris que le Pape avoit pris le nom de Clement huitieme.

Le mecredi 11 mars 1592, Michelet et Du Guet, sergens de la sainte confrairie des Seize, furent pendus et estranglés en la place de Gréve à Paris, pour avoir ouvert une cachette au logis de M. Bragelonne, et derobbé plusieurs meubles precieux appartenans à La Rochette, gouverneur de Provins, et pour tout plain d'autres petits pechés veniels.

Le dimanche 15, maistre Rose maudit en son sermon des fiebvres quartaines ceux qui demandoient la paix, et leur en souhaita autant qu'à Judas; appela le curé Saint-Eustace (1) le diable des halles, et taxa madame de

(1) *Le curé Saint Eustace:* René Benoist. Il s'étoit déclaré contre les excès des ligueurs.

Montpensier, pour ce que le bruit estoit qu'elle avoit obtenu main levée de ses biens. Feu Ardent (1) prescha quasi le mesme, et cria fort contre la paix qu'il estoit bruit qu'on vouloit faire : comme aussi firent ce jour tous les predicateurs.

Le mardi dix-septieme dudit mois de mars, sur le bruit qui couroit à Paris et partout que la paix estoit faite, fondé sur les allées et venues que faisoit M. de Villeroy en l'armée du Roy, qui estoit devant Rouen (ce qui faisoit crier les predicateurs), M. de Belin alla à la cour de parlement, et les asseura, quelque chose qu'ils ouissent dire et prescher, qu'il n'i avoit point de paix; qu'au contraire il estoit entré du secours dans Rouen.

Le vendredi vingtieme dudit mois de mars, nouvelles estoient par tout Paris d'une bataille, pour la quelle fust commandée le lendemain une procession generale solennelle, où tous les corps saints furent portés.

Le dimanche 22 dudit mois de mars, sur les nouvelles venues à Paris le jour de devant que le Roy avoit esté blessé à Aumale, Boucher en son prosne dit qu'à la verité la chair du Bearnois, ou plustost sa charongne, avoit esté entamée; mais qu'elle n'avoit esté enfoncée, pour les caracteres qu'on avoit descouvert qu'il avoit sur lui. Ce qui estoit faux, car tous ces caracteres n'estoient que les veilles de la protection de Dieu sur la personne de son oingt, le quel il garantist miraculeusement à ceste fois comme beaucoup d'autres.

Sa Majesté en escrivit à sa maistresse la suivante de sa main :

« Mes belles amours, vous avez cuidé perdre votre

(1) *Feu Ardent* : cordelier dévoué à madame de Montpensier, l'un des prédicateurs les plus séditieux de cette époque.

serviteur depuis le partement de Stanay, d'un coup de faucon. Je n'estimois ces pieces dangereuses qu'à Vernon : vraiment Dieu m'a bien aidé. J'ai trouvé il n'y a qu'une heure un moïien de faire achever votre vaisselle. Voila comme je suis soingneus de vous, cependant que la moindre chose me distrait de votre memoire. Si je n'avois fait serment de ne me plaindre jamais, Jesus, que je crierois justement! Je viens de recevoir nouvelle du Dauphiné que M. de Lesdiguieres a defait les Hespagnols et Italiens de M. de Savoie, tué le general des Hespagnols et le mareschal de camp, et six cens demeurés à terre, et six-vingts prisonniers; dont il y a quinze capitaines. Vous dirés ceste nouvelle à ma sœur, et que je la baise cent mille fois, et à vous les pieds un million. Ce 26 mars. »

Beaucoup de la noblesse, jaloux du salut et de la santé de leur prince, remonstrerent librement au Roy le hazard où il s'estoit mis : entre autres le mareschal de Biron, qui lui dit que ce n'estoit point aux rois de France de faire les mareschaux d'armées[1]. Sa Majesté monstra avoir pris tout ce qu'on lui en dit de bonne part.

Ce jour me furent montrées des lettres que Victri escrivoit de l'armée en dacte du vingtieme de ce mois, par les quelles il mandoit qu'au camp du prince de Parme tout estoit si cher, que quatre hommes avoient mangé pour dix escus de pain à un disner, et si n'estoient point trop saouls; et qu'il sembloit, à voir leur

[1] *Faire les mareschaux d'armées :* On prétend que le maréchal de Biron dit à Henri IV qu'il étoit malséant à un grand roi de faire le métier de carabin.

contenance, qu'ils eussent envie d'aller faire Pasques avec leurs curés.

Le mecredi vingt-cinquieme dudit mois de mars, Boucher prescha qu'il se faisoit des assemblées à Paris en la chambre des comptes pour la paix : ce qui estoit faux.

Le mardi trente unieme et dernier dudit mois de mars, fust descouvert un remuement de Seize en armes la nuit; du quel M. de Belin et Du Bourg advertis, tournerent leur entreprise à neant.

Ce mois de mars fust chaud et humide : ce qui causa de la contagion en plusieurs endroits de Paris, et en tumba quantité de malades de peste, plus de deça les ponts que delà. Les paroisses Saint Sevrin et Saint André (1) en furent affligées.

*Supplément tiré de l'édition de 1736.*

Le lundy 9 de mars, arriva un courrier du duc de Mayenne. On crut d'abord qu'il portoit la nouvelle de la levée du siege de Rouen : il dit seulement qu'un secours de huit cens hommes estoit entré dans la ville; que les ducs de Mayenne et de Parme avoient repassé la Somme, et alloient assieger Ruë; et que le roy de Navarre, averti de l'échec qu'avoit eu son armée pendant son absence, estoit parti de Dieppe, et estoit revenu dans son camp, et travailloit à reparer la perte qu'il avoit reçûë, avec deux mille Hollandois.

Le jeudy 19 de mars, on sçut que le duc de Parme, qui à la persuasion du duc de Mayenne avoit entrepris le siege de Ruë, où commande le vicomte Bourbon

---

(1) *Les paroisses Saint Sevrin et Saint André* : Pierre de L'Estoile demeuroit sur la paroisse Saint-André-des-Arcs.

de Rubempré, l'avoit discontinué, ne pouvant pas tirer l'eau des fossés de cette place, située dans un marais : ce qui l'avoit porté de s'en plaindre aigrement au duc de Mayenne, qui ne devoit pas ignorer la situation de cette place. Le duc de Mayenne de son côté, n'estant gueres satisfait du duc de Parme et des Espagnols, avoit écrit au président Jeannin de reprendre le traité de paix avec le sieur de Villeroy et Du Plessis (1); mais de telle maniere que les Espagnols n'en eussent pas connoissance, crainte que sous ce pretexte ils ne se saisissent à l'instant de plusieurs bonnes villes dans lesquelles ils avoient de grandes intelligences et pratiques; lui disant aussi que lesdits Espagnols le pressoient plus que jamais de promettre la couronne à leur Infante; et qu'ainsi il pouvoit assurer le roy de Navarre que luy duc de Mayenne, et les princes et seigneurs qui sont avec lui, estoient disposés de le reconnoître pour roy, et de traiter avec luy s'il vouloit estre catholique, assurer la religion et le party; et y proceder de bonne foy et sans supercherie.

Le mardy 24 de mars, une partie des murailles de la ville de Rouen estant tombées d'elles-mêmes en deux endroits, ont donné occasion au Roy d'agrandir cette breche, qui laissoit à decouvert les habitans. Villars, qui perdoit tous les jours des soldats pour la reparer et pour travailler à des retranchemens derriere cette breche, manda au duc de Mayenne que s'il n'estoit secouru

---

(1) *Du Plessis :* Philippe Mornay, seigneur du Plessis-Merly. On a commencé de publier à Paris en 1824, chez Treuttel et Würtz, ses Mémoires et sa Correspondance, d'après les manuscrits originaux. Le premier volume de cette édition contient des mémoires très-intéressans et très-curieux de madame Mornay sur son mari.

dans le vingtiéme d'avril, il seroit obligé de capituler : d'ailleurs que le roy de Navarre, arrivé depuis le quinze de ce mois, avoit fait bâtir deux forts sur les deux bords de la riviere, qui la boucloient par haut et par bas, et empeschoient de recevoir des munitions de bouche, dont la ville commence de manquer, et les habitans de perdre courage.

[AVRIL.] Le mecredi premier avril 1592, madame de Guise sortist de Paris, et prist son chemin par Saint-Denis. Messieurs de Vicq et d'O la vinrent recueillir jusques à La Chapelle : dont les Seize murmurerent fort, et les predicateurs en parlerent en leurs chaires.

Le mardi quatorzieme dudit mois d'avril, La Chastre, gouverneur d'Orleans, estant arrivé à Paris le dimanche au precedent avec Victri, Grammont et plusieurs autres, fist le serment à la cour dudit gouvernement, et eut seance auprés des presidens sans opiner, et s'assist aiant l'espée au costé.

Ce mesme jour, les garnisons hespagnoles et neapolitaines sortirent de Paris pour aller à la guerre.

Le jeudi seizieme dudit mois d'avril, fust jetté à la Sorbonne, où ils s'estoient assemblés pour le commerce, un billet contenant ces mots : *Messieurs, c'est folie à vous de vous tourmenter : je vous advise que c'est fait. Paris et Orléans en paieront les espices, et Rouen en gardera les sacs.* Ce qui les mist bien en cervelle, à cause du bruit de paix qui couroit. Aussi n'avoit esté ledit billet jetté à autre fin.

Le vendredi 17 avril 1592, la cour de parlement de Paris cassa l'arrest du conseil d'Estat donné en faveur de messieurs les Seize, qu'on apeloit l'arrest des trois evesques; ordonna que, sans avoir esgard à icelui, le procés seroit fait à Du Jardin et ses complices; enjoint à Ferrand, leur rapporteur, d'y vaquer.

Le dimanche dix-neuvieme dudit mois d'avril, les predicateurs de Paris, faschés de cest arrest de messieurs de la cour, les preschent comme fauteurs de l'heresie et du parti du Bearnois; disent qu'ils n'en veulent qu'aux gens de bien, pour ce que, selon le deu de leurs charges, ils tiennent la main à ce que justice soit faite des brigands et des meurtriers.

Le mardi vingt-unieme dudit mois, M. de Victri estant à Paris chés La Raverie, où il s'esgaioit et passoit le temps : advisant un perroquet qu'elle avoit, qui ne disoit mot, lui demanda si son perroquet ne parloit point. A quoi aiant respondu qu'oui, mais qu'il lui faloit monstrer de l'argent : autrement qu'il ne parloit point; mais quand il en voioit, qu'il triumphoit d'en conter, et babilloit comme un geay : Victri, pour en faire l'essai, ayant tiré une piece d'argent de ses chausses, voiant qu'à la veue d'icelle le babil estoit revenu à ce perroquet, va dire en riant bien fort : « Par Dieu, ma« dame, je croi moi que ce sont les predicateurs de « ceste ville qui ont sifflé et appris vostre perroquet, « car il fait tout ainsi comme eux : pour de l'argent on « leur fait dire, babiller et prescher tout ce qu'on veult; « mais s'ils n'en voient, ils ne disent non plus mot que « lui. »

Le vendredi vingt-quatrieme dudit mois, M. de Gland me dit la mort de M. de Breau, nostre ami commun, que l'on disoit estre decedé de la maladie en sa maison de Breau.

Le lundi vingt-septieme dudit mois, M. Poussemothe, advocat en la cour, fust enterré dans l'eglise des Augustins à Paris; et mourust, comme la pluspart de ce temps font, de necessité et de fascherie.

Ce mardi vingt-huitieme dudit mois, fust chanté le *Te Deum* à Nostre-Dame, pour la levée du siege de Rouen, que beaucoup, plus par passion que par discours, ne vouloient croire.

Le mecredi vingt-neuvieme dudit mois, fust mise au carcan, en la place de Greve à Paris, une pauvre femme de village, pour avoir dit qu'en son pays et par les champs le bruit estoit que l'armée du prince de Parme avoit esté desfaite.

« Qui dira mal de monseigneur le prince de Parme
« (disoient les Hespagnols tout haut), il mesdira de
« *Jesous Christous*. »

Ce mois d'avril fust sec, froid et venteus, et la constitution de l'air mal plaisante pour la saison, avec continuation de la maladie contagieuse en ceste ville de Paris.

En ce mois, et pendant le siege de Rouen, mourust Chicot, fol du Roy [1], et cependant bon soldat; lequel en une rencontre qui se fist, aprés avoir tué M. de Chaligny de sa main, fust blessé et en mourust, non de sa blessure qui n'estoit pas mortelle, mais par son intemperance et yvrognerie.

Le Roy aimoit cest homme, tout fol qu'il estoit, et ne trouvoit rien mauvais de tout ce qu'il disoit : qui estoit cause qu'il s'esgaroit en mille folies.

---

[1] *Chicot, fol du Roy* : Chicot étoit gascon, brave et riche. Il avoit blessé de sa main et fait prisonnier Henri de Lorraine, comte de Chaligny ; il le présenta au Roi, en lui disant : « Tiens, voilà ce que je te « donne. » Le comte, outré d'avoir été pris par un fou, lui donna sur la tête un coup du pommeau de son épée, dont il mourut.

Quand le prince de Parme vinst pour la seconde fois en France, en cest an 1592, il dist au Roi devant tout le monde : « Monsieur mon ami, je vois bien que
« tout ce que tu fais ne te servira de rien à la fin, si
« tu ne te fais catholique. Il faut que tu voises à Romme;
« et qu'estant là tu bougeronnes le Pape, et que tout
« le monde le voie : car autrement ils ne croiront ja-
« mais que tu sois catholique. Puis tu prendras un
« beau clistere d'eau beniste, pour achever de laver
« tout le reste de tes peschés. »

Il lui dit une autre fois : « Penses tu pas, monsieur
« mon ami, que la charité que tu as à l'embrassement
« de ton roiaume doit exceder toute charité chres-
« tienne? De moi, je tiens pour tout asseuré que tu
« donnerois à un besoin les huguenots et papistes aux
« protenotaires de Lucifer, et que tu fusses paisible
« roi de France. Aussi bien dit on que vous autres rois
« n'avez gueres de religion qu'en apparence.

« Les rois de la nouvelle impression font un petit
« ciel (disoit-il) de l'honneur et reverence qu'on leur
« doit; mais quant aux affaires de l'honneur divin,
« Dieu est homme d'aage : il y sçaura bien pourvoir.

« Je ne m'esbahis pas ( dit il une autre fois à Sa Ma-
« jesté en bouffonnant) s'il y a tant de gens qui ab-
« bayent à estre rois, et s'il y a de la presse à l'estre :
« c'est chose desirable; c'est un beau mot que roi de
« France, et le mestier d'estre tel en est honneste : car
« en travaillant une heure de jour à quelque petit exer-
« cice, il y a moiien de vivre le reste de la semaine, et
« se passer de ses voisins. Mais pour Dieu, monsieur
« mon ami, gardés vous de tumber entre les mains
« des ligueus : car vous pourriez tumber entre les mains

« de tel qui vous pendroit comme un andouille, et puis
« feroit escrire sur vostre potence : *A l'escu de France
« et de Navarre, ceans à bon logis, pour y demeurer
« à jamais.* Cela est dangereux pour le passage des
« vivres. »

### Supplément tiré de l'édition de 1736.

Le mercredy 22 d'avril, arriverent les nouvelles de la levée du siege de Rouen (1), avec les circonstances suivantes : Que les ducs de Mayenne et de Parme ayant appris que Villars ne pouvoit tenir que cinq ou six jours au plus s'il n'estoit secouru, avoient assemblé le quinziéme jour du même mois toutes leurs troupes, au nombre de douze mille hommes de pied et de cinq mille chevaux, et s'estoient mis en marche sans bagage, le duc de Guise, La Chastre et Vitry son neveu conduisant l'avant-garde; les ducs de Mayenne et de Parme, et Sfondrate, la bataille; le duc d'Aumale, le comte de Chaligni frere de la Royne douairiere, Bois-Daufin, Balagni et Saint Pol, l'arriere-garde; Bassompierre et Lamotte, lorrains, menans les Suisses et l'artillerie. Que le maréchal de Biron, averti de la marche des ennemis, avoit le dix-neuviéme dudit mois quitté Darnetal, et s'estoit logé avec son armée à une lieuë au-dessus au village de Bans, où il avoit fait conduire sept pieces d'artillerie; qu'il avoit donné avis au roy de Navarre, qui estoit à Dieppe, de l'approche des ennemis : lequel estoit parti à l'instant, et s'estoit rendu à Bans le vingtiéme.

(1) *La levée du siege de Rouen* : Henri IV, dit Le Grain, fut contraint de lever ce siége, plutôt par l'infidélité de quelques-uns que par la force des armées ennemies.

D'un autre costé, que les ducs de Mayenne et de Parme avoient appris la marche de l'armée catholique, et s'estoient rendus à trois lieuës de Rouen le vingtiéme; que les deux armées avoient demeuré toute la nuit en bataille; que le legat, qui s'estoit rendu depuis peu de jours à l'armée catholique, avoit animé les troupes par ses exhortations, et donné sa bénédiction dans tous les quartiers.

Que le lendemain 21, les ducs de Mayenne, de Guise, de Parme et le legat estoient entrés dans Rouen parmy les acclamations du peuple. Le même jour, le *Te Deum* fut chanté en actions de graces, après lequel les ducs se retirerent dans leur logement.

Le dimanche 26 d'avril, fut faite une procession depuis Notre-Dame à Sainte-Genevieve. L'on dit que c'est à l'occasion de la reddition de Caudebec au duc de Parme, qui l'avoit assiegé le vingt-troisiéme, et contraint La Garde, qui en estoit gouverneur, de la rendre le vingt-sixiéme à composition.

Le même jour, on eut avis que l'armée du Roy s'estoit accruë de près de dix mille hommes, et qu'il alloit chercher l'armée des catholiques pour la combattre.

Le lundy 27 d'avril, on apprit que la veille le roy de Navarre estoit parti du Pont de l'Arche, et estoit arrivé à une demy-lieuë du lieu où estoit logé le duc de Mayenne, qui commandoit l'armée à cause de la blessure du duc de Parme, auquel on avoit incisé le bras pour lui ôter la balle; que le Roy avoit chargé si à propos l'avant-garde des ligueurs, que les ducs de Mayenne et de Guise avoient été contraints de se sauver à Yvetot, laissant leur bagage, et vaisselle et argent.

Le lendemain mardi 28 du mois d'avril, le Roy fut lui-même reconnoître le camp des ennemis; et après l'avoir examiné, il revint à son logement, ordonna à plusieurs de sa cavalerie de mettre pied à terre, et à toute son armée de donner sur les ennemis : ce qu'ils ont fait si furieusement et avec tant de bonheur, qu'ils les ont chassés de leurs logis, et contraints de se retirer vers Fescamp. On compte près de trois mille ligueurs restés morts sur la place. Le baron de La Chastre, dom Diego de Castille, le chevalier Breton, et plusieurs autres, ont été faits prisonniers. On ajoute que le duc de Parme a été blessé au bras d'une mousquetade au-dessous du coude, et près du moignon de l'épaule. Le Roy y a perdu le sieur d'Hacqueville, le baron de Bouteville, et plusieurs autres.

[MAY.] Le vendredi premier may 1592, le curé de Saint-André dit que qui eust ouvert le ventre à beaucoup de sa paroisse, on leur eust trouvé un gros Bearnois dans le ventre.

Le jeudi septiesme jour dudit mois de may, qui estoit la feste de l'Ascension, M. Niaillé, advocat en la cour, homme dispost et fort, et en la fleur de son aage, mourust à Paris de la maladie, et fust enterré au cimetiere Saint-André des Ars, sa paroisse.

Depuis ce jour, jusques au samedi seizieme de ce mois, veuille de la Pentecoste, les bruits de Paris estans changés de paix en guerre, n'estoient que de bataille donnée, gaingnée à Paris par le duc de Maienne et les Hespagnols, à Saint-Denis par le Roy : y aiant de tous les deux costés des seize et des curés de Saint Cosme par pays.

Le samedi seizieme dudit mois de may, veuille de la Pentecoste, le duc de Parme ayant passé l'eau à Codebecq, arriva avec l'armée aux environs de Paris. Son fils le prince de Parme et M. de Guise entrerent en la ville, et disnerent le lendemain chés madame de Nemoux.

Le lundi dix-huitieme dudit mois, qui estoit le lendemain de la Pentecoste, toute l'armée, bien lasse et harassée, passa par Paris : ce qui estonna plus la ville qu'il ne la resjouist, et acheva de ruiner les fauxbourgs et les environs de Paris, où furent commis impunement une infinité de meurtres, brigandages et extorsions.

Le samedi 30 may, Du Jardin, un des pillers de la foy des Seize, fust pendu et estranglé en la place de Greve à Paris, pour avoir tué Le Rat, marchant de Senlis, et pour tout plain d'autres meurtres et brigandages.

On lui donna ces deux vers pour epitaphe, bien rencontrés, et sur le nom et sur la penderie.

*Prisca locum mutant miracula : pensilis hortus*
  *Parisiis nunc est, qui Babylone fuit.*

Le dimanche dernier may, fust chanté un *Te Deum* d'une victoire obtenue en Bretagne par ceux de l'Union sur les princes de Dombes et de Conti; et y eust des enseingnes de ladite desfaite qui furent portées et plantées à Nostre Dame de Paris.

On dit communement : *frais may et chaud juin*; mais cestui tout au contraire fust chaud, et le mois de juin froid.

*Supplément tiré de l'édition de 1736.*

Le jeudi 7 du mois de may, j'ai vû plusieurs lettres

écrites de l'armée, qui marquent que le roy de Navarre poursuivoit toujours l'armée de la Ligue; que le premier de ce mois il étoit parti de Varicarville, et avoit attaqué les ennemis au nombre de douze cens hommes de pied et de quatre cens chevaux; qu'il leur avoit enlevé leur quartier, et tué six ou sept cens hommes, et n'avoit perdu qu'environ trente des siens, tués ou blessés.

De plus, que le mardi 5 dudit mois, le Roy ne pouvant les attirer au combat et les faire sortir de leurs retranchemens, il les avoit harcellés lui-même d'un côté, pendant que d'un autre le maréchal de Biron força deux mille tant Espagnols que Walons retranchés dans un bois. Et ne s'en est sauvé que bien peu, qui ont eu le bonheur de se retirer au gros de l'armée, qui n'a fait aucun mouvement pour en prendre vengeance.

Le mardi 12 de may, procession générale aux Augustins, en memoire des barricades faites en pareil jour de l'an 1588. Maître Laurent Dupré y prescha, et exhorta ses auditeurs de redoubler leurs prieres, pour obtenir le secours du ciel en faveur de la Ligue.

Le même jour on aprit la défaite d'un quartier de l'armée du duc de Parme par le roy de Navarre, lequel le dixiéme de ce mois avoit attaqué les ennemis et avoit enlevé un de leurs quartiers, où il y avoit vingt-deux cornettes logés, lesquels ont été contraints de déloger sans trompettes. Ils ont vendu tous leurs chevaux et bagages; il y a été tué plus de cinq cens hommes de marque, et plusieurs ont été prisonniers. Il s'y est fait un bon butin, et les soldats ont gagné force argent. Les ducs de Mayenne et de Guise, avec le reste de leur armée, ont tenu ferme, et ont empêché par leur courage que l'armée n'ait été entierement delabrée.

Le 22 de may, les politiques de Paris firent courir le bruit que les ducs de Mayenne et de Parme, craignans d'être forcés dans leur camp, avoient délogé la nuit du dix-huitiéme, et s'étoient campés à un quart de lieuë de Caudebec, où ils manquoient de vivres, le pain étant à dix sols la livre, le vin à trente sols la pinte; l'eau même de fontaine y est très-chere. Et au surplus, que le maréchal de Biron les avoit attaqués et enlevé leur cavalerie legere, fait prisonniers trois ou quatre cens, gagné un grand nombre de chevaux, et une partie de leur bagage. Ils ajoutent que si le maréchal de Biron n'eût point arrêté l'infanterie (1) du Roy, qui déjà avoit défait deux régimens des ennemis, la victoire auroit été entiere.

D'autres assurent que dans un conseil tenu par les chefs de l'armée catholique, auquel assisterent les ducs de Mayenne, de Parme, de Guise, le comte de Bosset, le prince de Rainuce, le seigneur Claude de La Barlote, et plusieurs autres tant François, Espagnols, Walons, qu'Italiens, le duc de Parme avoit remontré la nécessité des vivres et des munitions où se trouvoit l'armée catholique, étant bloquée d'un côté par une grande riviere, et de tous les autres côtés par les here-

(1) *N'eût point arrêté l'infanterie :* « Le maréchal de Biron, dit Mezeray, arrêta dans cette journée le cours de la victoire; et se contentant d'avoir battu les ennemis, il ne voulut pas les pousser à bout, de peur d'achever une guerre où il avoit le principal commandement. On dit qu'il avoit répondu au baron de Biron son fils, qui lui demandoit cinq cents chevaux pour défaire entièrement les troupes de la Ligue : « Quoi donc! nous veux-tu renvoyer planter des choux à Bi-« ron? » Réponse qui irrita si fort le baron (qui ne pensoit qu'à acquérir de la gloire), qu'il dit à plusieurs de ses amis que s'il étoit roi, il feroit couper la tête au maréchal.

tiques. Le grand nombre des malades et des blessés, qui avoit diminué leur armée de près de la moitié ; le trouble qui paroissoit sur les visages des soldats, la désertion journaliere, tout cela les obligeoit de chercher les moyens pour ne pas tomber dans les malheurs où ils se sont trouvés plusieurs fois depuis le commencement de ce mois ; et qu'ainsi il seroit bon de décamper au plutôt, et le plus secretement qu'il leur seroit possible, et de se servir des avantages de la riviere.

Les princes françois et les chefs de la même nation avoient trouvé ce moyen lâche et indigne de grands capitaines, et persistoient de se faire passage par les armes au milieu des ennemis ; mais les Espagnols, les Italiens et les Walons furent de l'avis du duc de Parme, auquel les princes françois se reduisirent après plusieurs altercations. Ainsi le duc de Parme, qui avoit fait descendre de Rouen un grand nombre de bateaux avec des planches pour faire un pont, fit passer, la nuit du mercredi dernier vingtiéme de may, son armée. La cavalerie françoise passa la premiere, puis l'infanterie, ensuite le bagage et l'artillerie ; après, l'infanterie espagnole, la walone et l'italienne. Pendant cette retraite, le prince Rainuce et Capizuchi, qui en l'absence du duc de Monte-Marciano commandoit la cavalerie italienne, faisoit ferme pour couvrir cette retraite, que le Roy ne reconnut que lorsque le grand jour lui présenta le camp des ennemis vuide. Ainsi le duc de Parme mit entre lui et le roy de Navarre une grande riviere ; puis ayant renvoyé les bateaux à Rouen et fait brûler les pontons, il s'est retiré sans aucune perte d'un endroit où il devoit perir, ou par la faim, ou par l'épée. On dit qu'il a pris le chemin pour venir ici.

Le mardi 26 de may, le bruit s'étant répandu dans Paris que l'avant-garde de l'armée du duc de Parme paroissoit aux environs de la ville, grand nombre de ligueurs sont allés à Charenton pour la voir passer. Les duchesses de Nemours, de Montpensier, de Guise, et autres gens de qualité, y ont été aussi, pour complimenter et remercier ce duc des grands services qu'il avoit rendus, ayant fait lever deux grands sieges (1) à un grand roy.

Le duc de Mayenne s'étoit retiré en même temps à Rouen pour se faire traiter une seconde fois du mal de Naples, qu'il avoit gagné quelque temps auparavant à l'hôtel de Karnavalet, dans une débauche qui s'y fit.

Le mercredi 27 mai, sont entrés dans Paris quinze cens Wallons (2), que le duc de Parme a laissés pour renforcer la garnison.

[JUIN.] Le vendredi 12 juin 1592, M. Dallincour, fils du secretaire Villeroy, fist le serment à la cour de prevost de Paris, et fust instalé et mis en possession par le president de Hacquevile (3), accompagné de quatre conseillers en la cour. On disoit que son grand pere estoit son greffier.

(1) *Ayant fait lever deux grands sieges* : Les siéges de Paris et de Rouen. Mais le duc de Parme, en se retirant, laissa cette dernière ville dans le même état qu'il avoit laissé Paris deux ans auparavant, afin, dit Le Grain, de lui faire réclamer garnison espagnole, comme avoit fait Paris, et tenir ces deux villes sous l'obéissance du roi d'Espagne. — (2) *Quinze cens Wallons* : Le duc de Parme fit entrer ces troupes à Paris sans prévenir le duc de Mayenne, qui en fut très-fâché, et qui en voulut beaucoup au comte de Belin, gouverneur de Paris, et au prévôt des marchands, qui l'avoient souffert. — (3) *De Hacquevile* : L'un des quatre présidens au parlement, nommé par le duc de Mayenne.

Le lundi quinzieme dudit mois de juin, arriverent nouvelles à Paris de deux morts, l'une desquelles, qui estoit la pire, fust trouvée vraie : à sçavoir la mort de M. de Montpensier; l'autre, qui estoit celle de Bussi LeClerc, fausse. Encores disoit-on que c'estoit beaucoup pour Paris, de deux nouvelles en trouver une vraie.

Le mecredi dix-septieme du dit mois de juin, fust enterré à Paris M. Du Vair, pere de M. Du Vair conseiller en la cour, un de mes amis.

Le samedi vingtieme dudit mois de juin, je fus ouïr prescher un fol à Cambrai, qui se disoit ambassadeur de la paix; auquel, pour ce qu'il parloit de paix, on fist accroire qu'il estoit sage; et l'envoia-l'on, au sortir de sa chaire, prisonnier. Il avoit plus de peuple à son sermon que n'avoient trois les meilleurs predicateurs de Paris. A l'issue d'icelui, on trouva affiché aux portes du college de Cambrai le quatrain suivant, qui n'estoit trop mal rencontré.

> Fol est qui ne jouist du bien pendant qu'il a,
> Et plus fol est celui qui soimesme s'oublie.
> Mais encore plus fols sont aujourd'hui ceux là
> Ausquels il faut qu'un fol remonstre leur folie.

Le mardi vingt-troisieme dudit mois de juin, maistre Jean Prevost, curé de Saint-Sevrin à Paris, fust enterré. A son service assisterent messieurs de la cour de parlement, avec messieurs de la Faculté de theologie, du corps desquels il estoit; et lesquels ne furent point à l'offrande, pour ce que messieurs de la cour les voulurent preceder. Ce qu'ils disoient qu'il ne leur appartenoit pas, et qu'ils devoient marcher les premiers.

Le samedi vingt-septieme dudit mois de juin, le sire Turquet, marchand orfebvre demeurant sur le pont au Change à Paris, colonnel de son quartier, et qui estoit des plus avant de la confrairie des Seize, fust enterré, estant mort d'une fiebvre chaude qui lui avoit troublé l'esprit. Il avoit bravé M. de Belin, jusques à le contraindre de se retirer le jour de l'execution du president Brisson et de ses compagnons.

Le mardi trentieme dudit mois, un nommé Poccard, potier d'estain, qui avoit esté des Seize et n'en estoit plus, aprés avoir souppé et fait bonne chere sur maistre Pierre Senault, mourust le lendemain; et disoit on à Paris que les paroles qu'il avoit dites de lui et de ses compagnons, en bouffonnant et plaisantant, lui avoient cousté la vie, aiant mesdit de la sainte confrairie. En quoi on peut remarquer le juste jugement de Dieu sur cest homme, qui par ses compagnons mesmes le chastia du meurtre impuni des hommes : lequel, estant seize, il avoit perpetré à Paris en la personne du bon homme Mercier, pedagogue, le lendemain de la Pentecoste de l'an 1588.

En ce mois de juin et le mardi seizieme d'icelui, le Roy, par ses lettres patentes données à Gisors, confirma tous les privileges concedés par les rois ses predecesseurs aux officiers de sa maison.

### Supplément tiré de l'édition de 1736.

Dans le commencement de ce mois, on reprit la negociation de la paix, qui avoit été suspenduë plusieurs fois; mais aujourd'hui on espere qu'elle produira quelque bon effet, le Roy la désirant ardemment, et le duc de Mayenne étant fort mécontent des Espagnols, et particulierement du duc de Parme. Les agens de cette grande affaire sont Villeroy, Duplessis, le president Jeanin, et Fleury. Le premier est catholique, très-zelé pour l'honneur du royaume et pour sa religion; le second est calviniste, attaché personnellement au Roy et à sa religion; le troisième est entièrement au duc de Mayenne, et n'estime pas les Espagnols; le quatrieme est ami intime de Duplessis, et indifférent pour toutes les religions.

Cette negociation a été accompagnée jusques ici du secret, mais il n'a pas été également observé des deux partis : les Espagnols, le cardinal legat, la pluspart des ligueurs opposés à la paix, en ont connoissance. C'est par leur canal qu'aujourd'hui on sçait une partie des articles préliminaires (1) de cette paix, lesquels le sieur de Villeroy envoya le mois passé au sieur Duplessis, pour les communiquer au roy de Navarre; et autant au président Jeanin, pour les faire agréer au duc de Mayenne. Ceux qui sont venus à la connoissance d'un de mes amis sont :

Que le Roy se fera instruire dans un tems préfix de la religion catholique, apostolique et romaine, et déclarera vouloir se convertir et entrer dans l'Eglise.

Que l'exercice de la religion catholique sera rétabli où il a été aboli, et les ecclésiastiques maintenus en tous leurs droits, biens, possessions, privileges et libertés.

Que les saints canons, decrets et ordonnances faits

---

(1) *Une partie des articles préliminaires* : L'auteur a cru que ces articles étoient des articles préliminaires de la paix; ils ne furent jamais reçus par le parti. Villeroy, sollicité par le président Jeannin et par Duplessis-Mornay, les dressa pour assurer la négociation qui avoit été commencée depuis près de deux ans. Il leur envoya une copie de ces articles sous le secret, pour les examiner, et pour servir de règle dans le cas où le Roi et le duc de Mayenne les approuveroient. Duplessis les ayant reçus, les fit voir au Roi et à plusieurs personnes de la cour.

et reçûs dans et par les Etats généraux du royaume, seront regulierement observés, par rapport aux benefices de nomination royale.

Que s'il est bon de tolerer les calvinistes dans le royaume, ils y seront sur le même pied et conditions qu'ils y étoient en l'année 1585, sans leur accorder quelque autre chose au-delà.

Que tout ce qui a été fait et dit depuis la mort de feu M. de Guise sera oublié, exceptés les cas privilegiés et réservés par les précédens edits.

Que l'honneur et la memoire de feus messieurs le cardinal et duc de Guise seront rétablis, sans néanmoins offenser la mémoire du feu Roy; et qu'un chacun sera remis en la jouissance de ses offices, charges et benefices, pour en jouir comme auparavant.

Que ceux de la religion contraire ne pourront être pourvûs des gouvernemens, capitaineries, charges municipales et autres offices du royaume.

Que les privileges, droits et franchises des villes et habitans seront conservés, et les gens de guerre qui y sont envoyés dans les villes frontieres.

Que les prisonniers de part et d'autre seront delivrés sans rançon, et les meubles trouvés en nature rendus à leurs proprietaires.

Qu'on travaillera efficacement au soulagement du peuple, et à la reforme de la gendarmerie et infanterie, et de leurs officiers.

Que les Etats généraux seront convoqués pour confirmer les susdits articles, et convoqués dans la suite de six en six ans: tant pour cet effet que pour regler les affaires publiques, et pour remedier aux abus en l'administration des finances.

Que notre saint pere le Pape sera prié d'intervenir en ce traité, semblablement tels autres princes étrangers qu'il conviendra devoir être appellés pour la sureté d'icelui.

Le dimanche 7 du mois de juin, le duc de Mayenne alla aux Augustins avec les capitaines de quartier, et assista à la messe qui se chante le premier dimanche de chaque mois; et parce que le sieur gouverneur de Paris (1) n'y vint pas, on dit qu'il étoit malade, pour le reproche que le duc de Mayenne lui avoit fait d'avoir reçû sans son ordre des Espagnols pour augmenter la garnison.

Le même jour, parurent aucuns articles (2) de paix concernant le duc de Mayenne et les princes de sa maison, par lesquels le gouvernement de Lyonnois seroit uni à celui de Bourgogne; et de donner au duc de Nemours un autre gouvernement à la place du premier; qu'il seroit honoré d'une charge d'importance dans le royaume; que son gouvernement viendroit à ses enfans, et qu'on lui donneroit le moyen de payer ses dettes; que M. de Guise conserveroit la charge de grand-maître, et le gouvernement de Champagne; que messieurs ses freres auroient tous les benefices que le feu M. de Guise possédoit, et leur donneroit-on les moyens de s'entretenir et de payer leurs dettes; que M. de Mercœur auroit le gouvernement de Bretagne;

---

(1) *Le sieur gouverneur de Paris :* Le comte de Belin accompagnoit ordinairement le duc de Mayenne à cette cérémonie. Le bruit qui avoit couru de leur mésintelligence, à l'occasion des nouvelles troupes wallones introduites dans Paris, donna sujet au public de remarquer l'absence du comte. — (2) *Aucuns articles :* Ces articles sont la suite des premiers. Les uns et les autres se trouvent beaucoup plus au long dans les Mémoires d'Etat de Villeroy, que dans le Journal.

M. d'Aumale celui de Picardie; M. d'Elbeuf celui du Bourbonnois; M. de La Chastre celui du Berry; M. de Villars celui de Normandie; M. de Saint-Pol celui de Champagne; M. de Rosny celui de l'Isle de France; M. de Joyeuse celui du Languedoc.

Ces derniers articles ne plaisent pas à aucuns zelés pour la gloire du royaume, qui par-là seroit divisé; aussi croit-on qu'ils ne seront point reçûs, et qu'ils feront obstacle à la paix.

[JUILLET.] Le vendredi 3 juillet 1592, furent faites defenses à Paris de ne plus aller et venir à Saint-Denis, fust pour traffiquer ou autrement, sur peine de prison. Injonction à tous ceux du parti contraire de vider la ville dans vingt-quatre heures, sur peine d'estre declarés prisonniers de bonne guerre. Tous passeports à cest effet revoqués, qui estoit un moien pour tirer argent par le renouvellement des dits passeports : comme aussi dés le lendemain on en avoit plus qu'on ne vouloit en payant.

Ce jour, fust chanté un *Te Deum* à Nostre Dame, d'une desfaite de huguenots, qu'on crioit à Paris faite par M. de Joïeuse devant la ville de Lautrecht en Albigeois.

Le dimanche cinquieme dudit mois de juillet, le curé Saint-André des Ars cria fort en son sermon contre la paix qu'on disoit qu'on vouloit faire : ce qu'il ne croiioit pas. Mais si tant estoit, et qu'on en descouvrist quelque chose, il faloit prendre les armes, et faire plus tost une sedition, de laquelle il seroit des premiers, et en tueroit autant qu'il pourroit. Il prescha aprés que ceux qui estoient avec ce malheureux Bearnois estoient tous damnés, quelques catholiques qui se dissent; et que les politiques qui estoient ici, desquels Paris estoit tout plain, et prioit le peuple d'y prendre garde, estoient pires cent fois que le Bearnois, tout heretique qu'il estoit : car c'estoient de malheureux hipocrites damnés comme Judas; lesquels si on n'i obvioit de bonne heure, livreroient à la fin la ville et les bons catholiques qui estoient dedans à l'heretique, par leurs baisers et trahisons ordinaires. Il exhorta finablement le peuple et ses paroissiens de ne recevoir jamais avec eux ceux qui se voudroient reunir et reconcilier, aprés avoir quitté le parti de l'heretique : car quelque penitence qu'ils fissent, ils ne pouvoient ni ne devoient estre receus à l'eglise : qui est l'heresie des novatians.

Commolet par dessus les autres, preschant à Saint-Berthelemi, se tempesta fort ce jour, jusques à crier en plaine chaire aux politiques contre trois qu'il advisa sortir de son sermon, disant qu'il s'asseuroit qu'ils en estoient, et qu'on les regardast hardiment au nés. Mais un seul de tout le peuple ne bougea, ni ne s'en esmeust davantage; au contraire s'esbouffa à rire, comme s'il eust veu jouer quelque farce à un charlatan. Aussi faisoit-il des mines assés plaisantes et des grimasses estranges.

Le curé de Saint-Jacques [1] excommunia ce jour en son prosne tous ceux qui parloient de la paix, qui trouvoient bon le commerce [2] ( lequel M. du Maine toutefois avoit fait, et M. de Belin son gouverneur aprouvé); dit que tous les politiques desquels Paris estoit plain estoient damnés comme Judas; qu'il les excommunioit, avec tous ceux qui les soustenoient tant

---

[1] *Le curé de Saint-Jacques :* Julien Le Pelletier. — [2] *Qui trouvoient bon le commerce :* le traité pour le commerce de Paris.

soit peu ou favorisoient : comme aussi tous ceux là qui parloient de recevoir ce petit tigneus et fils de p..... de roi de Navarre (usant de ces propres mots), en revenant à la messe et se faisant catholique. Qu'il leur defendoit l'entrée de son eglise, et ne permettroit jamais qu'un seul y fust enterré.

Le curé de Saint-Cosme [1], homme de resolution et de sçavoir, comme chacun sçait, et qui avoit la couronne plus grande que tous les autres prebstres, prescha ce jour que le Bearnois avoit beau faire tout ce qu'il voudroit, qu'il allast à tous les diables, qu'il allast au presche, qu'il allast à la messe, ou qu'il n'i allast point : c'estoit tout un ; autant y gaingneroit-il à l'un qu'à l'autre pour estre ce qui vouloit estre : car il ne le seroit jamais. Et quand il n'i auroit que lui seul, il l'empescheroit.

Rose, Céuilli, Martin, Guarinus, Feu Ardant et tous les autres prescherent de mesme; dirent qu'ils estoient d'avis (si le Saint Pere le trouvoit bon) de recevoir à l'eglise le Bearnois pour capussin, et non pas pour roy; crierent contre ceux qui permettoient à ceux de Saint-Denis de venir ici, et d'y traffiquer; qu'il y en avoit plus de trois mil dans Paris, et plus de dix mil autres de politiques de leur faccion, avec lesquels ils complottoient publiquement et communiquoient tous les jours, sous couleur du fait de leur marchandise. Cependant ceux qui y devoient donner ordre ne s'en remuoient point, ni n'en faisoient aucune recherche. Ce qui fut cause que le lendemain, qui estoit le lundy sixieme de ce mois, M. de Belin, auquel ces lettres s'adressoient, fist faire une recherche generale dés le matin à

---

[1] *Le curé de Saint-Cosme :* Jean Hamilton.

Paris, toutes les portes fermées. Mais on n'i trouva personne qui ne fust muni de bon passeport et sauf conduit, ni autre quelconque qui s'avouast politique.

Le dimanche douzieme dudit mois de juillet, maistre Estienne Pinguet, mon procureur en chastelet, mourust en sa maison à Paris, d'un saisissement (à ce qu'on dit) de ce qu'on avoit esté fouiller chés lui, pour y trouver des meubles de M. le president Forget.

Le dimanche vingt-sixieme dudit mois de juillet, le curé de Saint-Germain de l'Auxerrois dit en son sermon qu'on vouloit faire à Paris un prevost des marchans, et des echevins qui ne valoient rien.

Le lundi vingt-septieme dudit mois, bruit par toute la ville que le duc d'Esparnon s'estoit naié.

Ce jour, M. Daubrai, colonel de ce quartier, battit un prestre des Seize, qui sans aucune commission s'estoit saisi en son quartier d'un que les Seize disoient porter l'escharpe blanche.

Ce jour mesme, un commissaire de chastelet, qui n'estoit des pensionnaires d'Hespagne, disoit à ung autre commissaire de ses compagnons qui en estoit, et lequel croiioit que celui qui lui parloit en fust comme lui : « J'ay à ceste heure de l'argent, Dieu merci; en « voila, » faisant sonner tout plain d'argent qu'il avoit dans les pochettes de ses chausses. Puis lui dit à l'aureille : « C'est ma pension d'Hespagne que j'ai touchée « à la fin. » L'autre n'apercevant point que ce compagnon se moquoit de lui, et croiant qu'il parlast à bon escient, lui va respondre : « Tu es bien heureux « d'en estre ainsi bien payé! Il y a plus de trois mois « que je ne bouge d'aprés Senault pour recevoir la « mienne : mais je n'en puis venir à bout. »

En ce mois de juillet vinrent à Paris nouvelles de la mort du mareschal de Biron, tué devant la ville d'Esparnai. Il estoit bon capitaine et grand guerrier, serviteur du Roy pour sa commodité, traversant ses desseins sur la paix en ce qu'il pouvoit, comme celui qui n'affectoit rien tant que la continuation de la guerre pour son ambition et proufit particulier : lequel il a tousjours preferé au bien publiq et salut du peuple. Chose assés ordinaire aux capitaines de ce temps, qui pour gaingner tiennent tant qu'ils peuvent les plaies ouvertes, comme les mauvais chirurgiens. Il souloit dire au baron de Biron son fils (jurant à la gasconnade) que si la paix se faisoit une fois, il faudroit qu'il remontast sur le bidet; mais qu'il n'estoit point d'avis de cela. Les nouvelles en vinrent à Paris le mardi 14 de ce present mois de juillet; desquelles se monstrerent peu resjouis les ligueus et les Seize, qui disoient tout haut qu'il eust esté de leur parti s'ils eussent eu de l'argent assés pour contenter son avarice.

En ce mesme mois vinrent nouvelles à Paris de la prise d'Auneau par ceux de l'Union le dimanche 19 du present mois de juillet, à quatre heures du matin. Et le jour mesme furent desfaits par ceux de la Ligue, prés Lagni, environ quatre vingts hommes du baron de Bondi.

Pendant ce mois de juillet les nouvelles de Paris ne furent que de la venue du duc de Maienne audit Paris, où chacun le demandoit, fors les Seize, ausquels il sembloit tousjours qu'il y deust venir pour les faire pendre.

Ce mois de juillet fust peu chaud pour la saison, et l'inconstance du temps fort grande.

*Supplément tiré de l'édition de 1736.*

Le dimanche 5 de juillet, les capitaines des quartiers assemblés aux Augustins pour y entendre la messe, aucuns d'entre eux ont débité que le duc de Mayenne avoit donné ordre à Villars d'aller avec cinq mille hommes attaquer Ponteau de Mer (1); et que d'Haqueville, qui commandoit dans la place, l'avoit rendu hier à composition.

Le lundi 20 de juillet, fut porté à Paris dans une caisse de plomb le corps de Nicolas de Grimonville, seigneur de L'Archant, d'Auteuil, de La Bolaye, etc., chevalier des ordres du Roy. Il avoit été blessé au pied dans le dernier siege de Rouen, où il mourut de cette blessure peu de jours après. Il étoit capitaine des gardes du corps du Roy, et fut enterré dans l'eglise des Augustins, dans sa chapelle. Diane de Vivonne de La Chastaigneraye, sa femme, lui a fait dresser un mausolée, avec cette epitaphe : *Asta, viator! non nihil fluxum pensita. Larchantius heros, Mavortis, inlæsæ fidei monimentum, heic jacet, Ivoi. innatum ab avis partum ab adolescentia militare decus. Herrici III, regis invictiss., prætorianis militibus præfectus; principi optumo, dilectissimo, dilectissimus, assiduus comes; Sarmatique expeditione, civilibus obsidionibus, præliis conspicuus, inluxit, donec Rhotomagum plotonica illa perduellium ereptione, tot sub se collapsis, prostratis, Achilleo vulnere ut decuit cadens, pudicissimæ amantiss. uxori cum qua conjunctissime vixerat, ævi ternas lachrumas inussit.*

(1) *Ponteau de Mer :* Haqueville, qui en étoit le commandant, fut gagné par argent, et dans la nuit du 4 au 5 du mois de juillet introduisit dans la ville le duc de Mayenne.

*Diana Vivonia Cathenerra, conjunx integerrima, integerrimo amori amoris fomiti S. D.*

Le samedi 25 de juillet, on apprit que le fort de Quillebœuf, que les troupes du duc de Mayenne avoient attaqué d'abord après la prise de Ponteau de Mer, après avoir été battu sous les ordres de Villars par trois mille cinq cens coups de canons, et resisté à un assaut général après un siege de trois semaines, defendu vigoureusement par Roger de Bellegarde (1) son gouverneur, le comte de Torigny, Grillon, Vieux-Pont, le baron de Neufbourg et quelques autres gentilshommes, n'ayant que quarante-cinq soldats de garnison, ayant été secouru le vingtiéme du même mois par le comte de Saint-Pol, avoit contraint les assiegeans de se retirer hier.

[AOUST.] Le vendredi 7 aoust 1592, fust emprisonné à Paris un correcteur des comptes nommé Bobie, accusé d'avoir mesdit du duc de Maienne.

Le dimanche neuvieme dudit mois d'aoust, le curé de Saint-Jacques dit en son prosne qu'on l'avoit voulu charger d'avoir escrit quelques lettres. Ce qu'il confessoit estre vrai, mais non comme les politiques faisoient courir : du sang desquels il eust voulu voir les rues de Paris teintes, à peine d'estre pendu le lendemain.

En ce mois, nostre maistre de Ceuilli, curé de Saint-Germain de l'Auxerrois, aiant en un de ses sermons abandonné aux crocheteus de Paris le sac et pillage

---

(1) *Roger de Bellegarde* : Roger de Saint-Lary de Bellegarde obtint la bienveillance de trois rois, qui le comblèrent de biens et d'honneurs. Henri III le fit maître de sa garde-robe, puis premier gentilhomme de sa chambre, et grand écuyer; Henri IV, chevalier de ses ordres en 1595; et Louis XIII, duc et pair en 1620.

des maisons des politiques, les aiant nommés comme les plus propres à cela : les crocheteus s'en sentans offensés, dresserent une plaisante lettre (ou leur conseil pour eux) qu'ils adresserent à M. de Cœilli, et l'afficherent à toutes les portes de son eglise, et en divers endroits et quartiers de la ville; de laquelle la teneur s'ensuit :

« Monsieur de Cœilli, nous trouvons fort estrange qu'en continuant vos fausses predications, de vous vouloir aider de nous pour assassiner et voler tant de gens de bien et d'honneur. Encores que soions pauvres gens et simples, si est-ce que nous sçavons fort bien que les commandemens de Dieu sont au contraire, desquels vous ne parlés point en vos predications. Qui vous croiroit, ce seroit prendre le chemin de gaingner paradis par escalade, comme vos quatre martyrs du Louvre, qui font la cuisine en enfer en vous attendant, et vos confreres. Voilà les fruits et recompenses de vos pensions d'Hespagne pour trahir vostre patrie et y planter toutes sortes de religions, et les escrouelles comme en Flandres. Partant, ne faites estat de nous en vos assemblées de sabbats et meschantes factions.

« Nous vous estrenerons au premier jour de l'an d'un chapperon vert.

« Vos bons amis, en faisant mieux,

« LES CROCHETEUS. »

En ce mois d'aoust, les bruits d'une paix qui se prattiquoit, au moien des voiiages du cardinal de Gondi et du marquis de Pisani à Romme, servoient de coulis et restaurans à beaucoup de pauvre peuple de Paris, tant atténué et necessiteus qu'il n'en pouvoit plus.

Ce mois d'aoust fust fort chaud et ardant, au commencement et jusques au douzieme. Le reste vain, estouffé, humide et malsain.

*Supplément tiré de l'édition de 1736.*

Dans le commencement de ce mois on découvrit que le parti des politiques faisoit en cachette des assemblées; et dit-on qu'ils en veulent aux Seize, dont ils veulent détruire le pouvoir qu'ils ont dans Paris, par l'appuy des Espagnols.

Aujourd'hui mercredi et 5 d'aoust, leur assemblée s'est tenuë dans la maison du sieur Aubray, ancien prevost des marchands; et dit-on que plusieurs membres du parlement et même des Seize s'y rendent, aussi bien que des ecclesiastiques.

Le lundi 10 d'aoust, on apprit par des lettres de la Champagne que, deux jours après la mort du maréchal de Biron, la garnison d'Espernai, composée de douze cens hommes que le duc de Parme y avoit mis, avoit fait une sortie sur le baron de Biron, qui en continuoit le siege; et que dans cette action les assiegeans et les assiegés avoient fait une perte égale d'environ deux cens hommes, mais que le baron de Biron avoit été blessé à l'épaule d'une mousquetade; que le Roy étant arrivé au camp dans le tems que les Wallons se retiroient dans la place, il s'étoit mis entre deux, et avoit entierement défait le regiment de Barlotte; après quoi il avoit fait dessecher les fossés et battre la ville. Et qu'avant que la breche fût achevée, le baron de Biron, irrité tant par sa blessure que par la perte qu'il avoit faite au commencement du siege, avoit planté des échelles contre une tour, où il avoit combattu main à main; et y étant entré avoit réduit les assiegés à se rendre à composition, hier dimanche au grand matin.

Le samedi 29 d'aoust, le president Jeanin arriva à Paris, et assura les catholiques que le duc de Mayenne, qui étoit alors en Picardie, s'y rendroit incessamment. Ses amis qui l'ont visité disent que le duc de Mayenne étoit disposé d'envoyer à Rome l'evêque de Lizieux et le sieur des Portes, dans le même tems que le roy de Navarre y envoyera de son côté le cardinal de Gondy et le marquis de Pisani, pour témoigner au Saint Pere l'intention que le Roy témoigne de se faire instruire, et pour prier Sa Sainteté de favoriser cette bonne œuvre. Ce projet fait aujourd'hui le sujet d'autant de differentes réflexions qu'il y a de partis. Les uns disent que le roy de Navarre prétend par ce moyen augmenter le nombre des catholiques qui le suivent, par l'esperance qu'il donne de sa conversion. Les autres, que le duc de Mayenne ne veut député à Rome que pour traverser cette conversion en cas qu'elle soit veritable; et aucuns, que cette députation ne convient pas à la majesté royale (1), étant faite vers un ennemi déclaré.

[SEPTEMBRE.] Le mecredi 9 septembre, le vicaire de Saint-Nicolas des Champs, un des catholiques zelés de l'Union, et à la mort duquel, selon le bruit commun, elle perdoit beaucoup, pour estre un des desesperés conjurateurs de Paris qui avoit entrepris et promis de

(1) *Ne convient pas à la majesté royale* : Les principaux du parlement, appelés au conseil, firent des remontrances sur cette députation, estimant qu'il étoit indigne de la majesté du Roi de députer vers celui qui se déclaroit hautement son ennemi. Mais lorsqu'ils virent que si le Roi ne permettoit pas cette députation, les seigneurs catholiques enverroient eux-mêmes des députés, ils y donnèrent les mains.

tuer le Roy, mourust enragé en la maison d'une dame devote de ceste ville, nommée Hottoman.

Le dimanche treizieme dudit mois de septembre, dom Alexandre, colonnel des Neapolitains, sous un faux donner à entendre et rapport de quelque seize, injuria et offensa M. de Chavagnac, curé de Saint-Supplice, l'apela meschant et politique, et lui dit qu'il estoit le curé du roi de Navarre. Auquel Chavagnac respondist qu'il estoit gentilhomme, et homme de bien; et quand à estre le curé du roy de Navarre, il ne l'estoit point: mais eust bien voulu l'estre, estant bien converti et bon catholique. Et que si ainsi estoit, lui et les siens n'auroient pas tant d'affaires à Paris qu'ils en avoient.

Le lendemain, le colonnel l'alla trouver; et comme il estoit fort sage et retenu, se doutant que trop legerement il l'avoit attaqué et offensé, le rendist content, et se departirent d'ensemble bons amis.

Le dimanche vingt-septieme dudit mois de septembre, mourust de peste dans l'hostel-Dieu de Paris nostre maistre Josse, docteur de Sorbonne, tholozan, et un des criars predicateurs de ceste ville. On trouva fort estrange de voir un des confreres d'une si celebre compagnie mourir ainsi pauvrement et miserablement dans un hostel-Dieu.

Le mecredi trentieme et dernier dudit mois de septembre, pour le bruit du fort que le Roy faisoit faire à Gournai, que ses gens apeloient *Estrille-badaus*; estant adverti de faire quelque provision (comme il n'i avoit fils de bonne mere qui n'en fist), j'achetai du bled, du lard, des pruneaux, du ris, et de tout un petit, selon l'argent de ma bourse; lesquelles provisions huict jours après amanderent, et au bout de quinze encores plus : si que je congneus, et beaucoup d'autres avec moi, que sur un bruit il ne se faut jamais tant haster.

Les bruits de Paris pendant ce mois furent d'un siege par famine, à faute de la conversion du Roy à l'Eglise, de laquelle on parloit fort. Dequoi les predicateurs crioient, disant que pour penitent il y pouvoit estre receu, mais non pour roy; et qu'avant qu'estre maistre il faloit faire son apprentissage.

Ce mois de septembre fust chaud, et fort seq.

En ce mois de septembre, M. de Bos, gouverneur de l'hostel-Dieu, mourust à Paris, aagé (à ce qu'on disoit) de cent quatre ans.

La fille du commissaire Belin, qui estoit une fort belle fille aagée de dix-huit ans, fust prise à Paris comme royale par Le Brun, riche marchant de la rue Saint-Denis, archiligueur et fol; et fust ladite fille perdue trois jours entiers, sans qu'on peust sçavoir ce qu'elle estoit devenue. Enfin fust retrouvée en une maison de la rue Saint-Honoré, où on pansoit des pestiferés; et rachetée de cent escus par M. Lescuier, maistre des comptes, fust renvoyée à son pere à Saint-Denis, qui en mourust de regret incontinent aprés.

En ce mois de septembre, M. Du Hallot [1], de la maison de Montmoranci, brave seigneur et vaillant, et dont il portoit les marques pour le service de Sa Majesté, fut assassiné traistreusement et de sang froid en sa maison à Vernon par le marquis d'Allegre [2], accom-

---

(1) *M. Du Hallot*: François de Montmorency Du Hallot, lieutenant général de Henri IV en Normandie. Il n'étoit pas encore guéri d'une blessure très-grave qu'il avoit reçue au siége de Rouen. — (2) *Le marquis d'Allegre*: Christophe, marquis d'Alègre, gouverneur pour le

pagné de treize autres; audevant desquels ledit Hallot, appuié sur des potences à cause de ses blessures, estant venu et descendu sans armes de sa chambre, aiant salué mesmes fort gracieusement le sieur d'Allegre, icelui le resaluant de ces mots : « Il faut mourir, » lui donna avec ses complices plusieurs coups de poingnards et d'espées, dont ils l'atterrerent mort sur la place.

*Supplément tiré de l'édition de 1736.*

Le mardi premier jour de septembre, les politiques se sont assemblés en l'abbaye de Sainte-Genevieve dans la maison de l'abbé, où se sont trouvés nombre d'ecclesiastiques, de gens de justice, d'officiers de la ville, et même deux ou trois des Seize.

En ce tems, le legat du Pape, les Espagnols, les princes de la maison de Lorraine et les ligueurs firent tant de bruit, sur la députation qu'on devoit faire à Rome, que le duc de Mayenne, pour les faire cesser, en donna avis même aux principaux de son parti, et les assura par lettres qu'il ne feroit rien avec le roy de Navarre qu'après en avoir averti le Pape, et pris avis des princes souverains qui assistoient le parti, et des Etats généraux, qu'il esperoit tenir bien-tôt; qu'il n'avoit en vûë dans ses actions que la conscience, son honneur et l'utilité publique, et le salut commun de tous, sans rien esperer pour lui; que c'étoit dans ce dessein qu'il alloit faire partir incessamment l'evêque de Lizieux et des Portes, pour en assurer Sa Sainteté.

Le lundi 28 de septembre, les politiques s'assemblerent en l'abbaye de Sainte-Genevieve : et sur ce qu'ils

Roi à Gisors. Après avoir assassiné Du Hallot, il se retira auprès du duc de Mayenne.

avoient appris que les députés du duc de Mayenne étoient partis pour Rome, fut avisé entr'eux d'interesser tous les princes et seigneurs catholiques qui étoient auprès du Roy, de le solliciter de ne plus retarder le départ du cardinal de Gondy et du marquis de Pisani, que la noblesse catholique de France avoit resolu d'envoyer au Pape. Il fut encore résolu, pour finir les miseres de Paris et du royaume, et avoir la paix, de reconnoître le roy de Navarre pour le vrai heritier de la couronne; et que sa clemence leur accorderoit de vivre tranquillement dans l'exercice de la religion catholique.

Le même jour il fut remarqué d'aucuns que le cardinal de Plaisance et les Espagnols avoient plus de commerce avec le duc de Mayenne, et le caressoient plus que par le passé, et cuidoient lui persuader de s'opposer à la députation des royalistes; et qu'ils avoient refusé au duc de Guise le commandement des troupes que le duc de Parme avoit laissées en Champagne, quoique ledit duc de Guise en fût le gouverneur, pour le donner dans la suite au duc de Mayenne, à condition qu'il ne traiteroit pas avec le Roy devant la tenuë des Etats, dont ils pressent grandement la convocation.

[OCTOBRE.] Le samedi 10 octobre 1592, bruit par tout Paris du commerce accordé, qui devoit estre publié sans faute le lundi en suivant. Il n'i avoit que huict jours, qu'on y devoit mourir de faim : aujourd'hui tous biens y dévoient arriver et abonder. L'inconstance des esprits aussi grande que celle de la saison.

Le lundi douzieme dudit mois d'octobre, au lieu du commerce qui devoit estre publié, on amusa les manans (qui se commençans fort à lasser, s'assembloient pour aviser les moiens d'envoyer vers le Roy le semondre de se faire catholique) d'un faux bruit qui s'esleva fort grand à Paris ce jour et en un instant, que le Bearnois estoit pris : lequel fust tellement desguisé et confirmé par les portenouvelles des Seize et des predicateurs, qu'il se trouva ce jour un grand amas de populasse aux halles qui l'y attendoit, persuadée qu'on emmeneroit ce jour le Bearnois à Paris prisonnier. Mesmes y eust quelques simples femmes devotes qui jurerent dés le matin ne boire ne manger qu'elles ne l'eussent veu, et en jusnerent jusques aux estoiles.

Le lendemain, qui estoit le mardi, il ne s'en parloit plus à Paris; mais bien du fort de Gournai, que le duc de Maienne avoit pris et ruiné, et desfait tous les Suisses, dans le sang desquels on estoit jusques au cul.

Le mecredi, on ne parloit plus du duc de Maienne ni du fort; mais qu'on alloit donner bataille, et que le Bearnois estoit malade à la mort.

Sur quoi on redoubla à Paris les prieres et processions, qui eurent telle vertu que le samedi dix-septieme arriverent à bon port dans la ville quarante mille escus de l'argent d'Hespagne : qui estoit la bataille qu'on vouloit donner. Le Bearnois aussi ne se mouroit plus, mais estoit malade d'une maladie de bourse : mal ordinaire et fort commun de ce temps.

M. Rose, qui preschoit à Saint-Germain le Vieil, où estoient les prieres, dit que pendant que ceste bonne roine, ceste sainte roine (entendant la roine de Navarre) estoit enfermée entre quatre murailles, son mari avoit un haras de femmes et de p......; mais qu'il en avoit esté bien payé, etc.

Ce jour de lundi 12 octobre, je receus nouvelles de la mort d'un gentilhomme de mes amis, nommé de Chermont, favori du duc de Guise, decedé à La Ferté-Milon d'un coup de pistolet au bras, qu'il avoit receu de ceux du Roi à la suitte de madame de Guise.

Le jeudi quinzieme dudit mois d'octobre, le president de Nulli sortant du sermon de Saint-André, où estoient les prieres, fust assailli d'un grand chien aussi grand comme lui : duquel il eust une telle fraieur, encores qu'il ne lui eust point fait de mal, qu'il s'escria tant qu'il peust qu'il estoit mort.

Le vendredi seizieme dudit mois d'octobre, on commença des assemblées à Paris par les quartiers et corps des compagnies, pour pourvoir aux necessités de la ville et du peuple; où entr'autres choses fust proposé par beaucoup de bons bourgeois, et en grand nombre, d'envoier vers le Roi le semondre de se faire catholique : dont depuis furent appelés les semonneus; lesquels y procedans d'un bon zele, mais sans science et discretion, pensans par là remedier au mal, l'accreurent, n'aians ni chef ni forces en main pour executer une telle entreprise. De laquelle le duc de Maienne adverti et trés mal content, revinst à Paris pour la rompre : ce qu'il fist sans aucune resistance.

Le vendredi vingt troisieme dudit mois d'octobre, fust mis en terre à Paris M. de Passi, archediacre de Nostre Dame, aagé de soixante et quinze ans. On disoit de ce bonhomme qu'il n'avoit jamais eu procés, n'avoit en sa vie respondu pour personne, et n'avoit jamais esté appelé ni ouï en tesmoingnage.

Ce jour je revins avec ma sœur des Forneaux de Saint-Denis, où je fis plus de mes affaires en une matinée que je n'avois fait en mon autre voyage en dix-sept jours, trouvant moien, sous le nom de Bellemaniere, de jouir d'une partie de mon revenu d'Orleans. A quoi M. Du Four, gouverneur de Gergeau, qui y peult tout, m'a promis tenir la main contre ceux qui me traictent en ligueur de par delà, comme on fait ici en politique : qui est un moien pour bien faire ses affaires.

Le samedi vingt-quatrieme dudit mois d'octobre, arriva à Paris le duc de Maienne comme à l'improviste, et sans qu'on l'y attendist. Il tonna fort ce jour l'après disnée, faisant un temps estouffé et fort vain; et la nuict, fist un grand vent et pluie, avec tempeste. A sa venue on fist un cri, qu'on eust à abattre toutes les maisons des fauxbourgs qui se trouveroient estre à six vingt pas de la ville. Ce qui estonna le peuple, par les crieries et remonstrances duquel fust revoqué enfin ledit cri le lundi suivant vingt-sixieme de ce mois.

Le mardi vingt-septieme dudit mois d'octobre, nonobstant la venue du duc de Maienne à Paris, ceux de la chambre des comptes s'assemblerent, et tous d'une voix conclurent à la paix, et à envoyer par devers le Roy le semondre de se faire catholique. Le president d'Ormesson, deputé de la compagnie, en porta la parole au duc de Maienne; et comme tous d'une voix avoient conclu à ce que dessus, hors mis quatre (L'Huilier, Hotteman, Dalesseau et Acarie (1), le supplia bien humblement d'y vouloir adviser; qu'il n'avoit que faire de lui representer la necessité du peuple, car elle estoit

---

(1) *L'Huilier, Hotteman, Dalesseau et Acarie :* Ils étoient tous quatre maîtres des comptes. Le dernier, forcené ligueur, fut surnommé *le laquais de la Ligue*, parce qu'il étoit toujours prêt à agir pour le parti.

devant ses yeux; et que tout le remede estoit en la paix, laquelle il estoit chargé de la part de la compagnie lui demander, et le supplier bien humblement la leur vouloir donner. Auquel le duc de Maienne ne respondit quasi rien, voulant seulement, sans frapper coup et sans se descouvrir plus avant, rendre vains leurs conseils et assemblées. Ce qu'il fist.

Ce jour, furent verifiées en la cour les facultés du nouveau legat, cardinal de Plaisance (1), envoyé ici par le Pape pour entretenir tousjours les affaires à la devotion du Saint Siege et establissement de l'Espagnol. Il estoit fils d'un vendeur de saucissons de Plaisance, avoit peu ou point de savoir, mais d'esprit et de jugement beaucoup : au surplus, grand homme d'Estat et bon serviteur de son maistre. Ne disnoit point, mais souppoit bien; et aprés avoir souppé (qui estoit ordinairement à quatre heures) se faisoit sangler comme les mulets, pour aider à la digestion. Huict heures estant sonnées, on le venoit dessangler et mettre au lit, où M. Laze s'esgaiioit et baudouinoit tout à son aise, jusques à ce que le sommeil le prist. Estant esveillé (qui estoit toujours fort matin), se mettoit à la besongne, escrivant force lettres, et faisant depesches de tous les costés.

Le vendredi trentieme dudit mois d'octobre, le duc de Maienne vinst à la cour de parlement, où d'Orleans, advocat du Roy, triompha de haranguer, et parla librement contre les Seize, qu'il appela gens de neant; et cependant si oultrecuidés et impudens, qu'ils s'estoient voulu depuis un peu se mesler de disposer de l'Estat et couronne, et la mettre sur la teste d'un Hespagnol,

(1) *Cardinal de Plaisance* : Philippe de Séga, évêque de Placentia en Espagne, et non de Plaisance en Italie.

comme s'il n'i eust point eu d'assés puissans et braves princes en France pour la porter : en quoi ils faisoient tort à tous les princes, et particulierement au duc de Maienne là present, et à tous ceux de sa maison. Taxa leur religion de laquelle ils se couvroient, en ce qu'ils avoient bien ozé honnorer du nom de martyrs ceux que la justice avoit fait mourir et executer pour leurs meurtres, larcins et brigandages. Parla aussi contre les predicateurs; et dit qu'il estoit besoing de refrener leurs langues, qui deschiroient les princes, et se mesloient des affaires d'Estat, où ils n'entendoient du tout rien. De quoi les predicateurs advertis allerent trouver le duc de Maienne, pour le prier de chasser ledit d'Orleans comme un mutin qui s'estoit bandé contre l'Eglise de Dieu et ses ministres. Aux quels le duc de Maienne respondit qu'il y adviseroit, et regarderoit à rendre contens les uns et les autres. Mais eux, peu satisfaits de ceste response, lui insisterent hautement que c'estoit un tort fait à la religion ; et que les injures d'Orleans, desquelles ils lui demandoient justice, importoient tant à la conservation de l'Estat, qu'ils ne s'en pouvoient taire. Alors le duc de Maienne leur dit : « Pour le « regard de la religion, je reconnois d'Orleans pour si « bon catholique, que pas un d'entre vous n'i peut « mordre. Touchant l'Estat, ce n'est à vous de vous en « mesler : j'y suis pour y donner ordre. Meslés vous « seulement de prescher vostre evangile : cela est de « vostre charge, et non pas le reste. » Cependant ils ne laisserent de le prescher en leurs chaires publiquement comme un apostat, jusques à en escrire à Rome au Pape, et lui faire entendre qu'il avoit dit qu'il ruineroit ce petit empire de la Sorbonne. Aiant dit à la verité chose approchante de cela, mais non pas du tout ainsi.

Ce jour, un apothiquaire nommé Pierre Cul, que les Seize avoient menassé, et dit qu'il estoit bien prés de la riviere, et qu'il le faloit mener boire; avec un advocat nommé Le Gay, qui avoit esté injurié et apelé coquin par le capitaine Olivier, pour ce qu'il avoit esté d'avis d'envoyer par devers le Roy : vinrent presenter leurs plaintes au duc de Maienne. Mais ils furent renvoyés rudement par lui aux fins de non recevoir, comme aussi les deputés des Seize, qui lui vouloient parler pour faire pendre les politiques et les semonneus : disant que s'il eust fait son devoir, il eust envoyé les uns et les autres à la Bastille.

Ce mois d'octobre fust au commencement et jusques au douzieme sec et gaillard; mais le reste du mois humide, morne, vain et mal sain. Petites veroles et rougeoles sont en regne à Paris : signes d'un air corrompu.

*Supplément tiré de l'édition de 1736.*

Hier jeudi, et premier jour du mois d'octobre, fut faite une assemblée au Louvre, à laquelle tous les princes de la maison de Lorraine et plusieurs autres seigneurs françois se sont trouvés, aussi bien que le cardinal de Plaisance et les ministres du roi d'Espagne : dans laquelle cette ville a été choisie pour y tenir l'assemblée prochaine des Etats du royaume. De quoi le cardinal de Plaisance et les Espagnols ne sont pas fort contens, ayant proposé pour lieu de ladite assemblée les villes de Soissons et de Rheims, eu égard au danger des chemins que les députés des provinces ont à risquer en venant à Paris, où la cherté des vivres, déja trés-grande, augmentera encore par le nombre des députés et de leurs sujets, et par les oppositions que le roy de Navarre peut y mettre.

Le dimanche 4 d'octobre, on apprit que le cardinal de Gondy étoit parti de Noisy pour aller à Rome, avec le marquis de Pisani; et que le légat, informé de ce départ, avoit écrit à l'un et à l'autre: au premier, pour lui défendre d'aller à Rome, parce que le Saint Pere ne vouloit point entrer en commerce aucun avec le roy de Navarre; et au second, pour l'avertir qu'il risquoit grandement d'entrer dans les Etats du Pape.

Le vendredy 9 d'octobre, quelques Parisiens revenant de la campagne s'étoient apperçus que le fort que le Roy faisoit bâtir dans l'isle de Goûrnay étoit déja fort avancé, et que bientôt il seroit en état d'empêcher Paris de recevoir des vivres par la riviere de Marne: ils s'imaginerent que le Roy vouloit affamer Paris. Les premiers qui entendirent leurs discours tomberent dans la même crainte, ceux-ci en entraînerent d'autres: ensorte que dans moins d'une heure la crainte de mourir de faim fut repanduë dans tout Paris, et donna sujet à de grands murmures contre le gouvernement. Dès ce jour, ce fort fut appellé Pillebadaut.

Le même jour fut reçuë nouvelle de la défaite d'Africain d'Anglure d'Amblise, grand marechal de Lorraine, par le marechal de Bouillon, qui, conduisant les reistres sur les frontieres de Champagne, l'attaqua dans la ville de Beaumont, où d'Amblise fut tué au premier choc d'un coup de pistolet dans la tête. Cet événement donna occasion aux vers suivans, sur le nom du maréchal de Bouillon, Henry de La Tour.

> Qui d'un fer vient heurter la pierre,
> En fait sortir le feu soudain.

Ne heurte donc La Tour par guerre:
La Tour est le heurt du Lorrain.

Plusieurs ont encore reçû avis de la défaite de l'armée de M. de Joyeuse, commandant en Languedoc pour la Ligue, arrivée le lundi 21 du mois dernier, devant la ville de Villemur; et que ce brave commandant, fuyant devant les troupes de M. de Montmorency, s'estoit noyé dans la riviere du Tarn. Et sur ce, le sonnet suivant a esté fait:

> Joyeuse, fils de Mars, de la Fortune aussi,
> A qui l'heur et la guerre a été si sortable
> Que de nom et d'effet tu estois redoutable,
> Bravant, jeune et petit, ce grand Montmorency :
>
> Hé! d'où vient maintenant que tu laisses ainsi,
> En proye aux ennemis, ton ost épouvantable?
> D'où vient qu'un Scipion hardi, fier, indomptable,
> Fuit de crainte et de peur, et d'effroy tout transi?
>
> Ha! c'est un coup du ciel, et tout tel que Maxence
> Reçut en payement de pareille arrogance,
> Blasphemateur cruel, infame en ses amours.
>
> Tu as de ce tyran imité les allures :
> Ainsi, pour rendre guais vos misérables jours,
> Tarn et Tybre ont lavé et couvert vos ordures.

Le mercredy 21 d'octobre, les Parisiens ayant éprouvé que Odet de La Nouë (1), gouverneur du nouveau fort de Pillebadaut, ne laissoit point passer ni les marchandises ni les provisions pour Paris; qu'il refusoit à tous des passeports, et que les autres gouverneurs des places voisines de Paris suivoient son exemple, commencerent à s'allarmer, et à faire des assemblées dans divers quartiers : dont le resultat fut d'aller demander à l'hôtel de

---

(1) *Odet de La Nouë :* Il étoit fils de François de La Noue, dit *Bras de fer.* Quoiqu'il fût huguenot, il dit à Henri IV qu'il ne se verroit jamais roi et paisible en France, s'il n'alloit à la messe.

ville une assemblée générale pour prévenir les malheurs qui les menaçoient. Ce qu'ils ont fait ce jourd'huy; et leur a esté repondu par Orcey, prevost des marchands, qu'on leur donneroit satisfaction dans quatre ou cinq jours; et qu'en attendant on pourvoiroit à tout le necessaire pour la subsistance des habitans.

Le lundy 26 d'octobre, les deputés de quelques quartiers, tant du party des politiques que du party des Seize, se sont rendus à l'hôtel de ville (1) vers les huit heures du matin, et ont proposé, pour subvenir aux miseres et calamités de la ville, d'envoyer vers le roy de Navarre en attendant la tenuë des Estats, pour avoir le trafic et commerce libre, tant pour la ville de Paris qu'autres bonnes villes de France. Cette proposition favorable pour tous alloit estre reçûe, lorsque les Seize ont demandé qu'il fût ajouté à l'ancien serment de l'Union *qu'on ne traiteroit jamais avec le roy de Navarre, ses fauteurs et adherans.* Cette addition a été rejettée par les politiques, et a donné sujet à plusieurs sanglans reproches et dissentions qui ont empêché la conclusion.

Le même jour, à huit heures du matin, les ligueurs de la dixaine de Jean Chastenier, au quartier de Huot, suivant le mandement de la ville, se sont assemblés dans la salle des Cordeliers, et ont élû messieurs Pithou et L'Avergne, pour à leur nom se transporter au logis dudit Huot, et par tout ailleurs où sera nécessaire, pour remontrer l'extrême necessité en laquelle ils sont reduits; pour laquelle soulager il ne pense pas de meil-

---

(1) *A l'hôtel de ville*: Ces députés étoient, pour les politiques, d'Aubray, L'Huillier, Passart, Marchant et Pigneron; et pour les Seize, Acarie, Le Gresle, Senault, Aluequin et Bordereuil-Rosny.

leur moyen, sinon d'avoir et reconnoître en ce royaume un roy françois et catholique; et, sous le bon plaisir de monseigneur le duc de Mayenne, requerir le roy de Navarre d'abjurer l'heresie, et faire profession de la religion catholique, apostolique et romaine, et d'envoyer vers Sa Sainteté pour obtenir son absolution, et estre remis au giron de l'Eglise; et pour ce, solliciter les princes et seigneurs catholiques qui sont auprès du roy de Navarre de le porter à ce faire; et en cas de refus le quitter, pour se joindre avec le peuple, et élire un roy catholique naturel françois.

Le même a esté délibéré dans les assemblées des autres quartiers.

Le samedi dernier jour d'octobre, des lettres venues de Florence assurent que le cardinal de Gondy allant à Rome y estoit arrivé le vingt-deuxieme dudit mois, où il a esté très-bien reçû du duc de Toscane; et que deux jours après le cardinal Franceschini, religieux jacobin, l'avoit esté trouver dans le palais du grand duc, et luy avoit défendu de la part du Pape d'entrer dans les terres de l'Eglise, parce qu'il avoit entrepris ce voyage contre les defenses du cardinal de Plaisance, legat en France; parce qu'il avoit favorisé le party du Navarrois, qui estoit heretique, relaps, et excommunié; et qu'il avoit eu commerce avec les heretiques et fauteurs d'iceux, et qu'il n'avoit pas executé et fait executer le bref du pape Gregoire XIV; et pour plusieurs autres raisons qu'il luy avoit données par écrit: ajoutant que s'il vouloit aller à Rome en bon cardinal, sans parler du Navarrois, il seroit bien venu.

A quoy le cardinal avoit répondu que tout ce qu'on avoit dit à Sa Sainteté du sujet de son voyage estoit faux, et inventé par des gens passionnés et ennemis de la religion, pour l'empêcher de faire connoître au Pape l'estat pitoyable de l'Eglise en France; et que le pape Sixte v ayant eu dès le commencement mauvaise opinion de sa conduite, par les faux rapports qu'on luy avoit faits, il esperoit que dans la suite Clement viii seroit désabusé pareillement, et lui permettroit d'aller se jetter à ses pieds pour lui dire des choses très-importantes à la gloire de Dieu, à l'avantage de l'Eglise, et à l'honneur du Saint Siege.

Cet évenement est attribué à l'evêque de Lyzieux et au sieur des Portes, envoyés du duc de Mayenne, et aux intrigues que les Espagnols ont à Rome.

[NOVEMBRE.] Le dimanche premier novembre 1592, jour de la Toussaints, M. le legat voulant honorer l'eglise Saint-André des Ars, sa paroisse, des premiers fruits de sa legation, y chanta la messe : aprés laquelle il communia de sa main tous ceux qui s'y presenterent, tant de ladite paroisse que des autres, leur baillant à baiser (selon la mode d'Italie) les deux doigts de la main de laquelle il administroit le sacrement. Il entra dans l'eglise à neuf heures, et en sortist à midi. On l'y attendoit dés six heures, comme aussi il en avoit fait advertir les paroissiens par le curé, et fait dire qu'il y demeureroit jusques à trois heures aprés midi (chose aisée pour lui, qui ne disnoit point, mais souppoit bien). Mais l'affluence du peuple n'i fust telle ni la presse si grande qu'il pensoit.

Ce jour, nostre maistre Boucher excommunia les semonneus de sa paroisse, et leur interdist la communion : de laquelle il falut qu'ils s'abstinssent, pour ce qu'il les connoissoit tous. Quelques uns d'entre eux vinrent communier à Saint-André.

Le lendemain de la Toussaints, qui estoit le jour des Morts, le dit Boucher prescha qu'il y avoit des asnes embeguinés qui avoient esté d'avis d'envoier vers le Bearnois, et le recevoir au cas qu'il se fist catholique. Quant à lui, qu'il estoit bien d'opinion que le Bearnois conquist le royaume de paradis s'il pouvoit, et qu'il en jouist : car estant là, il ne tromperoit personne. Mais du royaume de France, qu'il n'estoit point d'avis qu'on l'y laissât entrer, pour ce qu'il pourroit tromper.

Rose prescha ce jour qu'il falloit faire justice de ceux qui avoient esté d'avis d'envoier vers le Bearnois. Et là dessus se ruant sur les politiques, les priva du purgatoire et leur adjugea l'enfer; prescha Pierre Cul, apothiquaire de Paris, disant qu'il seroit mal à un apothiquaire de parler d'affaires d'Estat : toutesfois qu'il pensoit qu'en remuant ses drogues une fumée lui estoit montée au cerveau, qui lui avoit mis ces fantaisies là en la teste.

Ce jour, bruit à Saint-Denis, et partout aux environs, qu'on s'estoit barricadé à Paris. Trois hommes venans de Paris furent presentés au Roy par M. de Vicq à Saint Denis, où lors estoit Sa Majesté; aux quels le Roy demanda ce qui en estoit, et que c'est que ceux de Paris avoient voulu faire, et s'ils avoient pensé à se barricader comme l'on disoit. Lesquels lui respondirent que non; mais qu'on l'avoit voulu envoyer sommer de se faire catholique. « Catholique! dit le Roy. « Je le serai plus tost qu'ils ne seront gens de bien à « Paris; et leur dites hardiment. »

Le mardi troisieme dudit mois de novembre, un secretaire du Roy, de mes amis, me conta qu'estant allé baiser les mains à madame de Nemoux, et lui aiant ladite dame demandé des nouvelles du Roy et de la cour qui lors estoit à Saint-Denis, de M. le chancelier, et tout plain d'autres particularités : il lui auroit entre autres choses dit qu'on se plaingnoit fort de delà que les mains levées de deçà ne s'entretenoient point; que M. le chancelier en estoit fasché, et que ceux du Roy disoient qu'on les traictoit mal à Paris. A quoi ladite dame respondit que son fils estoit aprés à y donner ordre, et qu'en brief il y pourvoiroit. Puis lui demanda que c'est qu'ils disoient d'elle, et quelle opinion qu'ils en avoient? « De vous, madame? dit l'autre. Cha-
« cun dit que si on vous avoit veu une fois monter
« en vostre carosse pour faire quelque bon accord, que
« tout le monde vous beniroit et vous suivroit. Au
« reste, on n'ignore point de par delà vos qualités, vos
« merites et vos grades : ils vous reconnoissent pour
« fille de roy [1], et qui pouvez beaucoup pour une
« bonne paix à l'endroit de vos enfans. — Je vous di-
« rai, respondit madame de Nemours : Mon fils du
« Maine a quarante ans passés; les autres ont aage pour
« se sçavoir gouverner. Je n'en fais pas ce que je veux :
« il s'en faut beaucoup. Bien sçay-je une chose que je
« veux bien que vous sachiez, et eux et tout : c'est
« qu'ils ne se rendront pas aisement. Toutefois je vous
« asseure que mon esprit y travaille, et que je n'ai rien
« tant au cœur que la paix, pour laquelle avoir je ferai
« avec eux tout ce que je pourrai. » Et là dessus lui

[1] *Fille de roy :* Anne d'Est, duchesse de Nemours, étoit petite-fille de Louis XII.

ayant dit que les curés et predicateurs aigrissoient fort les affaires, et qu'on eust sagement fait de les reprimer; mesmement que Cœilli ces jours passés avoit dit qu'il excommunioit et interdisoit non seulement la communion, mais aussi l'entrée de sa paroisse, à ceux qui alloient et venoient à Saint-Denis, qui avoient des mains levées, et qui parloient, negotioient ou traffiquoient avec eux : ladite dame lui respondit qu'il falloit laisser parler les fols ; et que més que nostre maistre Cœilli et les autres curés et predicateurs ses compagnons ne prissent plus d'argent de l'Espagnol, elle croiroit à ceste heure là qu'ils seroient gens de bien et qu'ils croiroient en Dieu : mais non pas devant. Et là finit leur discours, que j'ai appris de la propre bouche dudit secretaire.

Ce jour, M. Tronson mon beau-frere alla trouver le duc de Maienne, pour s'excuser envers lui sur le rapport qu'on lui avoit fait qu'il avoit esté des semonueus de son quartier. Auquel le dit de Maienne respondit qu'il se contentoit, moiennant qu'on rompist tout cela; mais qu'il n'en ouist plus parler.

Le mecredi quatrieme dudit mois de novembre, fust faite à Paris assemblée de ville, où le duc de Maienne se trouva. Là les semonneus (1) les plus mauvais devinrent doux comme agneaux, et se rendirent souples comme un gand. Et comme ces petits escoliers qui en l'absence de leur maistre ont fait les fols, le sentant venir se cachent, et à la veue des verges se rendent à ce qu'on veult; ainsi ces fols et estourdis de manans à

(1) *Les semonneus :* On appeloit ainsi ceux qui étoient d'avis qu'on députàt vers le Roi pour l'engager à se convertir, et qui vouloient se soumettre à lui après sa conversion.

la veue du duc de Maienne, perdent le cœur, et n'ont recours qu'aux excuses et au pardon qui leur est octroié, à la charge de n'y retourner plus. Et leur dit le duc de Maienne en ces termes : « J'oublie tout le pas-
« sé, et ne m'en veux point souvenir; mais bien vous
« veux-je advertir qu'il n'i ait homme à l'avenir si osé,
« de quelque qualité qu'il puisse estre, de tenir tel lan-
« gage, s'il ne veult que je le tienne et traicte comme
« ennemi. Vous m'avez demandé le commerce : vous
« l'aurez; et si vous promets une tenue d'Estats qui
« donneront ordre à tout, et remedieront à vos ne-
« cessités. » Et se tournant vers La Chapelle Marteau,
lui dit : « Que vouldroit ce peuple que je lui fisse da-
« vantage? — Monsieur lui dist il, ils demandent un
« roi, et en veulent avoir un. — Les Estats, dit M. de
« Maienne, leur en donneront. Mais quand ils l'auront,
« que leur fera ce roi davantage que je leur fais? »

Le dimanche huitieme dudit mois de novembre, le curé de Saint-André en son sermon dit qu'il se falloit saisir des semonneus, et qu'ils ne valoient tous rien; et que, sans la venue du duc de Maienne, la ville estoit à l'ennemi. Au contraire le curé de Saint-Germain dit ce jour qu'il ne crieroit plus que les plus gens de bien de la paroisse estoient des semonneus, et qu'ils avoient tous signé : non qu'il aprouvast cela, mais bien estoit d'avis qu'on rompist le papier et qu'on le bruslast, et que jamais il n'en fust parlé. Et toutefois le lendemain de la Toussaints il avoit crié au feu et à l'eau contre eux, jusques à designer en sa chaire la maison de M. Tronson (1); disant que le maistre d'icelle avoit ung

---

(1) *M. Tronson* : Jean Tronson, maître des requêtes. Il avoit épousé Marie de L'Estoile, sœur de l'auteur de ces Mémoires.

fils et deux filles qui ne valoient rien, non plus que lui; et qu'il falloit tout jetter en la riviere. Voilà quelle estoit la teste et cervelle du personnage.

Le lundi neuvieme dudit mois de novembre, on proceda à Paris à l'election d'un prevost des marchans; et fust nommé pour prevost L'Huilier, maistre des comptes, ung des quatre de la chambre qui n'avoit trouvé bon d'envoyer vers le Roy : qui fust cause de faire consentir le duc de Maienne à son election et à la deposition de Boucher, que ledit duc vouloit estre continué, non obstant toutes les voix du peuple, qui crioit : *Tolle!* Le Besle, conseiller en chastelet, et Carrel, avoient esté esleus par le peuple pour eschevins, et avoit Le Besle vingt-six voix, et Carrel vingt-huit. Mais non obstant le duc de Maienne, entreprenant ce qu'un roy n'eust entrepris, abolit les privileges des manans pour ceste fois, sauf à continuer, mettant à neant les voix données à ces deux, qu'on tenoit à Paris pour honnestes hommes, mais un peu politiques; et elizant en leur lieu Pichonnat, l'ame des Seize, qui n'avoit aucune voix; et Neret, qui en avoit fort peu, homme de bien et politique, et à lui nommé par M. de Belin. Honnora de mesme charge le seize et le politique, pour contrebalancer, à ce qu'on disoit, les entreprises qui se pouvoient brasser à Paris d'une part et d'autre.

Ce jour, on sema à Paris le quatrain suivant sur la deposition de Boucher, prevost des marchans :

> En faisant à Paris des eschevins nouveaux,
> On y devoit laisser pour prevost un boucher :
> Car puis que dans Paris il y a tant de veaux,
> Il faut avoir quelqu'un qui les sache escorcher.

Le mardi dixieme dudit mois de novembre, nouvelles vinrent à Paris de la mort du duc de Joieuse, qui s'estoit naié, et son armée desfaite en Languedoc devant Villemur, à quatre lieues de Tholoze, le dix-neuvieme du mois d'octobre dernier, en laquelle plusieurs bons capitaines et soldats demeurerent noiés et perdus. Mauvaises nouvelles pour l'Union.

Le lundi seizieme dudit mois, fust mis en terre à Paris M. Desbaldit, secretaire du Roy, du quel ceux de l'Union se porterent héritiers, disans que son frere estoit du parti contraire : qui estoit une prattique pour la chambre d'Agrippa. On lui trouva neuf cens escus, dont M. de Maienne en toucha quatre cens.

Le mardi dix-septieme de ce mois, le fils du president de Hacqueville espousa la fille du sire Gamin, marchand demeurant à Paris rue Saint-Denis, à l'enseingne des trois Poissons. Il estoit conseiller en la cour de parlement; et furent les escus qui firent faire ce mariage, car on ne parloit moins que de trente, trente-cinq et quarante mil escus, qui estoit un riche mariage à Paris pour le temps : car le reste de la rue Saint-Denis, qui est bien grande, se fust trouvée bien empeschée de fournir ladite somme.

Le jeudi dix-neuvieme du present mois de novembre, fust enterré à Saint-Denis M. Gohorri, secretaire du Roy, un de mes bons amis.

Le lundi vingt-troisieme du present mois de novembre, les harangues de la Saint-Martin se firent au Palais à Paris, où M. le president de Hacqueville, en qualité de premier president comme tenant la place de M. Chartier, harangua pour la patience, exalta jusques au tiers ciel la maison de Lorraine; et, comme un *novus homo*, ne parla que pour la continuation des armes et de la guerre. Dont on dit, au sortir de là, qu'il avoit le ventre *à la du Maine*, et la bourse *à la Gamine.*

Ce jour, le curé de Saint-Cosme, homme de résolution, comme chacun sçait, fist une assemblée à Paris de quelques prestres et ecclesiastiques zelés. Et se tinst ledit conseil dans la chambre de Guarinus aux Cordeliers, où ils jurerent et resolurent tous ensemble de ne recongnoistre jamais le Roy, quelque profession de religion contraire qu'il fist; ains s'opposer de fait et de force à tous ceux qui le voudroient entreprendre, de quelque estat et qualité qu'ils peussent estre.

Le lendemain, le duc de Maienne fust adverti de la dite assemblée, et de ce qui s'y estoit passé; et dit à un qui lui vouloit faire trouver fort mauvais : « Si les « Seize ne traitoient en leurs assemblées autre matiere « que celle là, et que j'en eusse bonne asseurance, dés « demain je leur permettrois ce que je leur ai osté : « car tout ce qu'ils y ont arresté est bien selon mon « intention. Mais pour ce que c'est contre les defenses « qui leur ont esté faites de s'assembler, je le trouve « mauvais et ne le veux endurer; mais non pour autre « chose. »

Le jeudi vingt-sixieme dudit mois de novembre, le doyen Seguier aiant esté défferé au duc de Maienne pour avoir escrit des lettres en chiffres à ses freres, et avoir des intelligences avec ceux du parti contraire, fust trouver ledit duc de Maienne pour s'en purger; lequel lui nomma celui qui lui avoit dit, qui estoit de ses amis et commensaus. Et aprés l'avoir prié de ne dire point à l'autre qu'il lui eust nommé, lui parla en ces termes : «Monsieur le doyen mon ami, contentés « vous que je n'en croi rien, et pensez que je ferois

« beaucoup de mal si je voulois. Mais mon intention
« n'est pas telle : on le congnoistra. J'attends ici les gens
« de bien pour me resouldre. »

Ce jour, M. de Rosne (¹) fist le serment à la cour de
gouverneur de l'Isle de France. Pichonnat, l'advocat
des Seize, le loua si hautement, que le faisant descendre
de la coste saint Loïs, il appresta à rire aux droles du
Palais. D'Orleans, advocat du Roi, ne dist mot, et
simplement consentist. Le president Le Maistre se leva,
afin de n'en ouir davantage.

Le vendredi vingt-septieme de ce mois, les Estats
furent criés à Paris au vingtieme du mois qui vient.

Ce mois de novembre fust peu froid, fort humide,
et pluvieus.

*Supplément tiré de l'édition de* 1719.

Le 18 novembre, fut donné par le parlement de
Chalons cet arrest contre le rescript en forme de bulle
adressé au cardinal de Plaisance, publié par les rebelles
de Paris :

« Sur ce que le procureur general a remontré à la
cour que les rebelles et seditieux, pour executer les
mechans et malheureux desseins qu'ils ont de longue
main projettés pour usurper la couronne sur les legi-
times successeurs d'icelle, non contens d'avoir remply
le royaume de meurtres et brigandages, et y avoir d'a-
bondant introduit l'Espagnol, très-cruel et très-per-
nicieux ennemy de la France; voyant que les habitans
des villes rebelles commençoient, comme d'une longue
lethargie et pamoison, à retourner à soy et reprendre

---

(¹) *M. de Rosne :* Chrétien de Savigny, baron de Rosne ( duché de
Bar ). Le duc de Mayenne le fit maréchal de France.

le chemin de l'obeissance dont Dieu et nature les obligent envers leur Roy legitime, pour du tout amortir et rebrousser les pointes et aiguillons de la charité envers leur patrie, qui se reveilloient en eux, et remettre ce royaume en plus grand trouble et division que devant, se disposent à proceder à l'election d'un roy, pour à laquelle donner quelque couleur ils ont fait publier certain ecrit en forme de bulle, portant pouvoir et mandement au cardinal de Plaisance d'assister et authoriser ladite pretendue election : en quoy les rebelles et seditieux decouvrent ce qu'ils ont tenu jusqu'icy caché, et qu'ils n'ont pris le pretexte de la religion que pour couvrir leurs malheureuses et damnables entreprises et conjurations : chose que tout bon François et catholique doit detester et abhorrer, comme contraire à la parole de Dieu, aux saints decrets, conciles et libertez de l'Eglise gallicane, et qui ouvre la porte à l'entiere ruine et eversion de toutes polices et societez humaines instituées de Dieu même de cette tant renommée et florissante monarchie, la loy fondamentale de laquelle consiste en l'ordre de la succession legitime de nos rois, pour la conservation de laquelle tout homme de bien et bon François doit exposer sa vie, plutôt que souffrir qu'elle soit violée et alterée, comme le gond seur sur lequel tourne toute la certitude et repos de l'Etat; requerant y être pourvû, la cour, enterrinant la requete faite par le procureur general du Roy, l'a receu et reçoit appellant comme d'abus de l'octroy et impetration de la bulle et pouvoir y contenu; publication, execution d'icelle et de tout ce qui s'est ensuivy; l'a tenu et tient pour bien relevé; ordonne que Philippe, du titre de Saint-Onuphre, cardinal de Plaisance, sera assigné en icelle pour deffendre audit appel, et vaudront les exploits faits en cette ville de Chalons à cry public : et cependant ladite cour exhorte tous prelats, evesques, etc., de quelque qualité et condition qu'ils soient, de ne se laisser gagner aux poisons et ensorcellemens de tels rebelles, ains demeurer au devoir de bons sujets et naturels François, et retenir toujours l'affection qu'ils doivent à leur Roy; fait très-expresses inhibitions de retenir la bulle chez soy, ny se transporter aux villes et lieux qui pouvoient être assignés pour ladite pretendue election. Ordonne que le lieu où la deliberation aura été prise, ensemble la ville où ladite assemblée se fera, seront rasés de fonds en comble, sans esperance d'être reedifiez, pour perpetuelle memoire à la posterité de leur trahison, perfidie et infidelité. Donné à Chalons le 18 novembre 1592. »

*Supplément tiré de l'édition de 1736.*

Le dimanche premier jour de novembre et feste de la Toussaints, le duc de Mayenne alla aux Augustins, où il entendit la messe avec les capitaines de quartier, après laquelle on a remarqué qu'il les avoit beaucoup caressés.

Le mardy 3 de novembre, a paru une décision de la Sorbonne contre les requestes presentées à la ville et au parlement par les bourgeois.

*Quod petitio, quod rex Navarræ interpelletur ut fiat catholicus, inepta sit, seditiosa et impia, ex infra scriptis constat :*

*1° Est contra jus divinum, civile et canonicum, contra decreta Sixti* v *et Gregorii* xiv, *et legem fundamentalem regni; ergo non proponenda.*

2° *Est contra intentionem Clementis* VIII, *ut videre est ex libris legationis;*

3° *Est contra primævam intentionem juratæ Unionis;*

4° *Est contra jus quæsitum tertio.*

5° *Effectus quisquis inde sequi potest repugnat commodo publico.*

6° *Eo notorium est fore infructuosam, quo notoria est Henrici relapsi pertinacia.*

7° *Repugnat itaque conscientiæ repugnantium.*

8° *Turbat gloriam huc usque virtuosæ patientiæ adquisitam à civitate Lutetiæ coram Deo et hominibus.*

9° *Est argumentum novæ seditionis et divisionis in civitate et in regno.*

10° *Est facta judici non competenti, nam solus pontifex de hoc poterat decernere.*

11° *Et si facienda fuisset, non debuisset fieri, nisi universali civium omnium consensu, qui hîc non adest, nec in substantiâ, nec in formâ, quinimò constat de contrario.*

12° *Non debuisset insuper fieri nisi de communi totius regni consensu, qui non intervenit huc usque, quinimò constat de contrario. Ergo non proponenda.*

*Qui itaque illam proponunt, ut mali cives, inconstantes, perjuri, politici, seditiosi, publici boni perturbatores, hæretici, fautores de hæresi suspecti, et excommunicati sunt, ab urbe expellendi, ne morbidæ factæ pecudes totum corrumpant ovile. Kal. novembris* 1592.

Le mercredy 4 de novembre, le party des Seize

présenta au duc de Mayenne une requeste très-hardie(¹) au nom des docteurs et des predicateurs de la Ligue, par laquelle ils demandoient que défenses fussent faites aux politiques de s'assembler; qu'on ne permît plus aux catholiques seculiers de se mêler des affaires de la religion, qui estoit entierement en ruine, pour avoir négligé les avis que les theologiens avoient donnés ci-devant; que les catholiques qui avoient esté bannis fussent rappellés, et qu'on ne parlât plus de s'accorder avec le Navarrois; que l'arrest du conseil général de l'Union fût observé; que le parlement fût purgé des partisans du roy de Navarre et des heretiques; que l'on examinât les conspirations que les politiques avoient faites pour lui livrer la ville. Le duc de Mayenne refusa audience à ceux qui lui presenterent cette requeste, et la mit au néant.

Le vendredy 6 de novembre, le duc de Mayenne se rendit à l'hôtel de ville, où s'estoient assemblés par son ordre les colonels, les capitaines et autres notables bourgeois en grand nombre, ausquels après s'estre plaint de diverses assemblées qu'on avoit faites dans Paris pendant son absence, il ajouta : « Messieurs, je
« sçay que dans ces assemblées ont esté faites quelques
« propositions d'envoyer vers le roy de Navarre pour
« traiter avec luy : ce que je trouve fort étrange, pour
« estre fort contraire à ce que nous avons ensemble
« juré. Toutesfois je ne l'impute pas à aucune mauvaise
« volonté qu'ayent ceux qui l'ont proposé, ains à la
« necessité très-grande que chacun de vous peut avoir;
« mais vous sçavez tous que j'ay deliberé faire assembler

(¹) *Une requeste très-hardie* : Cette requête se trouve dans la Chronique novennaire de Cayet.

« les Estats, pour pourvoir au général des affaires et au
« particulier de votre ville. Vous sçavez combien de prin-
« ces, seigneurs et villes se sont unis à nous, desquels nous
« ne devons ni ne pouvons honnêtement nous dépar-
« tir. Aussi votre condition seroit beaucoup plus mau-
« vaise de faire vos affaires sans eux. J'espere que tous
« ensemble prendront quelque bonne résolution, pour
« laquelle executer, sans avoir aucune consideration de
« mon interest particulier, j'exposeray comme j'ai fait
« ci-devant, pour votre conservation, très-librement
« mon sang et ma vie. Mais cependant je prie ceux qui
« ont fait telle proposition de s'en vouloir départir; et
« s'ils ne le font, j'aurois occasion de croire qu'ils sont
« mal affectionnés à notre party, et traiter avec eux
« comme ennemis de notre religion. »

A peine le duc de Mayenne a eu fini son discours arrosé d'huile et de vinaigre, que les convoqués ont murmuré et crié hautement que la necessité présente demandoit qu'on prît des moyens pour obtenir la liberté du trafic et du labeur, et que le plus court et le plus efficace estoit d'envoyer au Roy. Ledit duc n'ayant pas pû empêcher qu'on ne déliberât, il a esté résolu de députer au Roy, pour le prier que le commerce et le trafic fût libre pour la ville de Paris et autres du royaume : ce que ledit duc a permis contre son gré.

Le lundy 9 de novembre, le cardinal de Plaisance, nostre legat, a renouvellé et confirmé les interdictions et excommunications publiées déja au commencement de cette année contre le roy de Navarre et ses adherans; et ce, à ce qu'on dit, pour troubler les consciences des catholiques politiques, dont le party est aujourd'huy plus grand et plus nombreux que celui des Seize.

A ces bulles il a ajouté une nouvelle déclaration de l'intention du Saint Père pour authoriser et confirmer en son nom l'élection que les Estats feroient d'un roy à leur fantaisie. Ce dernier mandement a convaincu les politiques et les vrais François que le pape Clement VIII, aussi-bien que son legat, estoient entierement dans les vûës du roy d'Espagne, qui ne sont autres que de renverser la loy fondamentale du trône françois, qui consiste principalement en l'ordre et succession legitime de nos rois.

Le jeudy 12 de novembre, parut au public une foule de libelles (1) pour et contre les deux partis : comme *le Manant et le Mahutre*; *Lettre d'un Italien à un François*; *Remontrance faite à l'ouverture du parlement de Chaalons* (2); *Question si la domination des femmes et des prestres est favorable à la France* (3)? Et plusieurs autres.

Le samedi 14 de novembre, la partie du parlement séant à Paris enregistra le nouveau pouvoir que le Pape donnoit à son legat dans l'élection prochaine d'un roy :

___

(1) *Une foule de libelles* : *Le Dialogue du Mahutre et du Manant* : On croit que Louis Morin, dit Cromé, conseiller au grand conseil, en est l'auteur : il a été imprimé plusieurs fois. Cet ouvrage fit plus de chagrin au duc de Mayenne que les plus vives satires du parti du Roi, parce qu'il venoit d'un homme de son parti, qui découvroit l'ambition mal soutenue de ce prince. — (2) *Remontrance faite à l'ouverture du parlement de Chaalons* : Elle est de Hugues de Lestre, avocat général. — (3) *Question si la domination des femmes et des prestres est favorable à la France* : L'auteur prouve dans la première partie que les François n'ont jamais pu souffrir que des étrangers régnassent sur eux ; dans la seconde partie, que la domination des femmes a été calamiteuse aux François ; et dans la troisième, que les peuples qui ont été sous la domination des prêtres ont été malheureux. Il finit ce discours en exhortant les François à se soumettre au Roi.

neanmoins avec cette clause que le décret du Pape ne portera aucun préjudice à l'autorité royale et à la liberté de l'Eglise gallicane.

Le vendredy 20 de novembre, parut un arrest du parlement de Chaalons étant lors à Chartres, prononcé le 18 dudit mois contre le legat du Pape et ledit *rescripsit*, avec défenses expresses sur grandes peines à tous ecclesiastiques, nobles, et autres de tous estats, d'y obéir, et de se trouver ausdits Etats pour ladite élection; en outre déclare que le lieu ou ville de ladite assemblée seront rasez de fond en comble, sans esperance d'être réédifiez, pour perpetuelle memoire de leur trahison et perfidie. Cet arrest foudroyant fut un sujet de risée pour les chefs de la Ligue : il n'y eut que le legat qui en parut fâché, par l'injure qu'il disoit être faite à la religion et au Saint Siege.

Le même jour, on reçut l'heureuse nouvelle que le duc de Parme s'avançoit vers la France avec une armée de huit mille hommes, tant de pied que de cheval; que son avant-garde étoit proche de l'Arbre de Guise; et qu'après avoir tenu les Etats à Arras, il s'acheminoit à grandes journées pour favoriser l'élection d'un roy. Le legat, les Espagnols et les Seize en témoignent ouvertement leur joye, et disent que la couronne sera déférée à l'infante Isabelle.

On assure encore que le roy de Navarre est aux environs de Corbie avec deux mille chevaux, et que toutes les garnisons de la province de Picardie sont prêtes de le joindre au premier avis, pour s'opposer au duc de Parme.

[DECEMBRE.] Le mecredi 2 decembre 1592, M. de

Gibercourt, maistre des comptes, fust enterré à Paris ; auquel Dieu fist la grace de bien mourir en lui : chose rare en ce temps.

Le samedi cinquieme dudit mois, fust bruslé en la place de Greve à Paris un jeune garçon aagé de dix-sept ans, qui avoit engrossi une vache, de laquelle il estoit sorti un monstre moictié homme moictié veau. Son dicton fut supprimé, pour l'enormité du faict.

Le dit jour, furent pendus et estranglés à Paris deux Hespagnols, pour avoir volé des damoiselles sortans de Paris avec passeports ; et voulut le duc de Maienne qu'ils fussent pendus devant leur corps de garde. Dont les autres Hespagnols murmuroient fort, disans que si pour voler on devoit faire pendre les gens, qu'il faloit faire pendre la moictié de la ville de Paris ; et qu'il falloit bien dire qu'on leur en voulust d'ailleurs.

Le lundi septieme dudit mois de decembre, arriverent à Paris les nouvelles de la mort du duc de Parme, decedé à Arras le mecredi deuxieme de ce mois, en l'aage de quarante-cinq ans, en reputation d'un des premiers capitaines de l'Europe. Il estoit aimé de l'Italien, hay et craint de l'Espagnol, suivi du Walon, et qui avoit un million d'or en sa bourse ; grand et sage temporiseur, et auquel la jalousie de son maistre et l'envie qu'il portoit à sa valeur avancerent les jours, selon le bruit commun. Il ordonna, par son testament, d'estre enterré sans aucune pompe, en habit de capussin, dans l'eglise des Capussins de Plaisance ; et que sur sa tombe fust gravé : *Hic jacet frater Alexander Farnesius, capussinus.*

Et pour ce que quand il mourust il avoit desja le

froc et les manches de l'habit de capussin passées, on publia le quatrain suivant :

> Frere Ange, capussin, son froc jette aux orties :
> Farnese l'amassant, son chef en a' frocqué.
> L'un vit, et sagement sa fortune a bastie;
> L'autre est mort tout ainsi qu'un sot moine enfrocqué.

A frere Ange, capussin, duquel les nouvelles vinrent en mesme temps qu'avec dispense du Pape il avoit quitté le froc et pris les armes, estant seul resté de tous les freres de sa maison, on donna le suivant quatrain, qui fust fort recueilli et trouvé bien fait :

### A FRERE ANGE, CAPUSSIN.

> Vos trois freres sont morts en ces guerres cruelles :
> Les deux premiers en terre, et le troisieme en l'eau.
> Gardés-vous bien de l'air ! Si ne volés tout beau,
> Frere Ange mon ami, vous y lairrés les aisles.

Le mecredi neuvieme dudit mois de decembre, au sortir de mon disner, comme je me chauffois auprés du feu, je faillis d'estre tué de deux gros plastras qui tumberent de la cheminée, de dessous laquelle mes enfans, comme Dieu voulust, venoient de sortir. Et au partir de là, m'estant retiré en ma chambre du milieu, le plancher s'esboula sous moi ; et tumbai dans le trou qui s'en fist jusques à la ceinture, Dieu me tenant la main, comme je croi, pour ne m'estre aucunement blessé. Et le lendemain dans la mesme chambre, m'estant laissé tumber au mesme trou, je perdis une antique d'argent de Marius que j'aimois fort, que je tenois en ma main ; laquelle depuis n'ai jamais veu ni sceu recouvrir, quelque diligence que j'en aie faite, non plus que si elle fust fondue en abisme : Dieu m'aiant encore preservé à ceste seconde fois.

Le jeudi dix-septieme dudit mois de decembre, le duc de Maienne receust nouvelles de l'entreprise sur la ville de Nanci, faillie par M. de Thuraine (1), dans laquelle estoient le duc de Lorraine et ses enfans; et dit le duc de Maienne, à son souper, que M. de Thuraine avoit failli d'estre duc de Lorraine à petits frais.

Ce jour, les lettres du restablissement du geolier du petit chastelet de Paris, poursuivies par les Seize, ayant esté presentées au conseil d'Estat, où seioit le duc de Maienne, furent lacerées; et Le Canivet mis dedans par ledit duc. Il avoit esté, par arrest de la cour, privé de son estat (2), comme estant un des complices de la mort du president Brisson; et aussi pour recevoir ordinairement des prisonniers sans escroue, à l'appetit des Seize.

Le vendredi dix-huitieme de ce mois, les Estats, criés et assignés au vingtieme de ce mois, furent remis au dix-septieme du suivant : dont le peuple murmura et les predicateurs crierent. Le docteur Martin prescha que chacun tiendroit les Estats en sa maison, et qu'il n'en falloit point esperer d'autres.

Le mardi vingt-deuxieme decembre 1592, l'arrest contre celui de Chaalons, donné par le parlement du dit lieu contre les facultés du legat verifiées en la cour de parlement de Paris le vingt-septieme d'octobre dernier, aiant esté dressé par le president Le Maistre, fut prononcé ce jour au parlement par le president de Nulli, qui en le prononçant fist autant de fautes que de mots. L'avocat du Roi d'Orleans corrigea ses plai-

---

(1) *M. de Thuraine :* Henri de La Tour, vicomte de Turenne, duc de Bouillon, maréchal de France. Ses Mémoires font partie de cette Collection. — (2) *Privé de son estat :* Il fut pendu en février 1594.

doiers, en estant reduit à cela par la necessité : pour à laquelle subvenir les Seize lui avoient fait donner deux cents escus de l'argent d'Hespagne; plaida la cause de la guerre, injuria le Roy, et ne le nomma que le prince de Beart; dit que c'estoit un meschant, heretique et excommunié; apella les conseillers de Chaalons heretiques et scismatiques. Le duc de Maienne y assistoit

L'après disnée du dit jour, l'arrest du parlement de Chaalons aiant esté le matin laceré en plaine audience, fust mis entre les mains de l'executeur de haute justice, qui le brusla sur la table de marbre du Palais à Paris, sur les deux heures après midi.

Le mecredi vingt-troisieme dudit mois, y eust alarme la nuit en divers endroits de Paris, sur un faux bruit qu'on fist courir qu'on vouloit couper la gorge aux semonneus. Le colonel d'Aubrai s'en leva de son lit, et mist en armes la dixaine de son quartier.

Le samedi vingt-sixieme dudit mois de decembre, M. de Guise avec l'archevesque de Lion arriverent à Paris. Aussi fist le cardinal Pelvé, que les politiques apeloient le cardinal Pelé. On disoit que c'estoit l'ame du cardinal de Lorraine (1) qui revenoit pour remuer les Estats : ame à la verité fort approchante de l'ame de l'autre en meschanceté, mais non pas en esprit.

Le dimanche vingt-septieme dudit mois de decembre, messieurs les Hennequins (qu'on apeloit à Paris *la grande maingnée* (2), et que le feu Roy avoit surnommé

---

(1) *L'ame du cardinal de Lorraine* : Il devoit sa fortune au cardinal de Lorraine, qui l'avoit fait conseiller au parlement, maître des requêtes, évêque d'Amiens, archevêque de Sens, et qui lui avoit obtenu le chapeau de cardinal. — (2) *La grande maingnée* : c'est-à-dire la grande famille. Elle se composoit alors de Nicolas Hennequin, sieur

*la race ingrate*) allerent tous ensemble saluer le cardinal Pelvé : l'evesque de Rennes portoit la parole. Auquel et à ses freres ledit cardinal fist response digne de leurs harangues, qui ne tendoient à autre chose qu'à faire entendre au bon homme la peine que ceux de leur maison avoient eue pour la conservation de la religion : car il leur dit que l'honneur de la conservation de la religion estoit deu aux bons predicateurs de ceste ville et aux plus petits du peuple, et non aux grandes familles de Paris ; qu'au contraire c'estoient celles qu'on disoit avoir voulu establir l'heretique et le mettre dans la ville. Puis tumbant sur le propos d'un roy, dit qu'on parloit de faire un roy ; mais qu'on en avoit besoin d'un tout fait qui eust le moyen de porter et soustenir le faix de la guerre ; qu'on avoit aussi affaire d'hommes et d'argent, et qu'on n'auroit faute de l'un ni de l'autre en le choisissant bien (entendant le roy d'Hespagne son maistre). Et sur ce que M. de Sermoise, le maistre des requestes, qui n'avoit point le cœur hespagnol mais françois, lui repliqua qu'il y en avoit quelques uns qui se forgeoient des opinions de la conversion de l'heretique (entendant parler du Roy) ; ledit cardinal Pelvé l'interrompant comme de colere, lui va dire : « Ce sont toutes mocqueries. Je ne sais si « vous estes vœuf ou marié ; mais si vous l'avez esté ou

---

du Perray, président au grand conseil ; Oudard Hennequin de Boinville, maître des requétes ; Antoine Hennequin, sieur d'Assy, président aux requétes ; Oudard, seigneur de Chantereine, maître des comptes ; René, sieur de Sermoise, maître des requétes ; Aimard, évêque de Rennes ; Nicolas, sieur du Fay ; Hiérôme, évêque de Soissons ; Jean, sieur de Manœuvre, trésorier de France en Picardie ; Oudard, doyen de Troyes, etc., etc. Ils étoient alors tous ligueurs très-zélés.

« si vous l'estes, et que vous eussiez une femme qui se
« fust prostituée en plein b......, la voudriez-vous re-
« prendre quand elle voudroit revenir ? Or l'heresie,
« monsieur mon ami, est une p...... » A quoi ledit Sermoise, baissant la teste, ne dit mot.

Ce jour, nostre maistre Boucher prescha l'evesque
de Paris, qui estoit allé à Romme vers le Saint Pere
pour moienner quelque accord ; et dit que nostre saint-
pere le Pape avoit fait comme le bon pasteur, qui,
voyant le loup venir, y pourvoit, et donne ordre qu'il
n'approche de plus prés. Car on avoit eu advis en dacte
du 27 du mois passé, par lettres escrites de Romme,
que j'ai veues et leues, et qui ont couru tout le Palais
de Paris, que le Pape estant adverti de la venue dudit
seingneur Gondi et marquis de Pisan, leur avoit mandé
qu'ils n'eussent à passer outre; et qu'il avoit usé de ces
propres mots : *Neuter eorum, me vivente, Romam in-
gredientur.* Et toutefois M. de Vicq avoit eu advis du
20 de ce mois, par une depesche que le Roy lui avoit
envoiée, que l'evesque de Paris estoit à Romme, bien
veu et bien venu du Pape : qu'on recongneust depuis
une nouvelle à dessein ; car le jour Saint-Thomas,
ung de mes amis me moustra une lettre d'un sien fils
qui estoit avec M. de Paris, par laquelle il lui escrivoit
que son maistre estoit demeuré en une abbaie des
fauxbourgs de Florence; où estant, le Pape lui avoit
fait signifier qu'il n'eust à en bouger, jusques à ce qu'il
eust autres nouvelles de Sa Sainteté.

Sur la fin de cest an, le Roy perdist la fleur de sa
noblesse en M. de La Noue, tué devant la ville d'Am-
balle en Bretagne : qui estoit un seingneur regrettable
à jamais de tous les bons François, tant pour sa vail-

lance singuliere, bon conseil et sage conduite, que pour la grande probité et crainte de Dieu qu'on voyoit reluire en lui : vertus rares aux capitaines de ce siecle.

En ce mesme temps fust tué au siege de Rocquebrunette en Provence le seingneur de La Valette, frere du duc d'Esparnon, brave capitaine et bon serviteur du Roy.

En ceste mesme année, pendant le siege de Rouen, mourust M<sup>r</sup>. Maillard, maistre des requestes, bon serviteur du Roy, comme les escrits qu'il a faits pour le service de Sa Majesté en rendent clair tesmoingnage, ensemble de la beauté et vivacité de son esprit : entre les autres un intitulé *la Fulminante* contre le pape Sixte, qu'il fist imprimer, non obstant l'opposition du chancelier et du cardinal de Bourbon, qui lui en voulurent tant de mal qu'enfin il lui en cousta la vie : laquelle ils lui firent tirer subtilement par une saingnée de son bras. Homme d'éternelle memoire, si le zele de la crainte de Dieu eust paru aux actions de sa vie aussi ardant qu'à la defense de son prince.

Le lundi vingt-huitieme decembre, jour des Innocens, frere Latro, augustin, mourust dans son convent des Augustins à Paris, regretté des bons compagnons et beuveurs comme lui.

Le mecredi trentieme dudit mois, madamoiselle de Moulinet, une de mes bonnes amies, après avoir esté detenue fort longtemps à la chambre et au lit d'une paralasie qui lui tumboit sur tous ses membres, mourust en sa maison à Paris.

Le jeudi trente-unieme et dernier de l'an 1592, le cardinal Pelvé fist à la cour de parlement de Paris le serment de pair de France, comme archevesque de Rheims.

Ce mois de decembre fut pluvieus et automnal, mal sain et mal plaisant, jusques au vingt-troisieme du mois que la gelée commença, et dura fort aspre jusques au vingt-neuvieme, que le temps tourna à l'humide et à un degel neigeus, qui causa force cathairres à Paris.

En cest an 1592, la paix, le commerce, le voyage de Romme, la conversion du Roy, les Estats, l'election d'un roy catholique, et autres amusefous, entretindrent les pauvres patiens de Paris en quelque esperance de guairison.

Les propos que tinst le pape Clement VIII à messieurs les cardinaux assemblés au consistoire à Romme le 20 de decembre de la presente année 1562, sont remarquables et dignes d'estre recueillis ici; lesquels aiant esté envoyés à nostre maistre de Ceuilli de Paris, en ai tiré copie d'un mien ami.

*Relatio dictorum à Clemente papa* VIII, *die 20 decemb. in consistorio* 1592.

Sur la fin de cest an 1592, mourust dans la ville de Quillebœuf M. Du Fay [1], aucteur de l'excellent discours : homme qui avoit un tres bel esprit, mais qui requeroit de la maturité, comme estant rempli de trop de presumption et d'ambition, qui sont deux vices qui accompagnent ordinairement les grands esprits comme le sien, et causent ordinairement leur ruine. Ce qui est advenu à ce grand personnage, homme de bien, bon serviteur du Roy, et fort entier en sa religion, de

---

[1] *M. Du Fay* : Michel Hurault, sieur de Beslebat et Fay. Il avoit pris le nom de L'Hôpital, son aïeul maternel, qui lui avoit laissé sa bibliothèque. Son père, Hurault de Beslebat, avoit épousé Madeleine de L'Hôpital, fille unique du chancelier, qui avoit ordonné par son testament que le nom de L'Hôpital seroit ajouté à celui de ses petits-enfans.

laquelle il procuroit en ce qu'il pouvoit l'avancement, mesmes en la conservation de ceste place que le Roy lui avoit consignée entre les mains. Mais il eut affaire aux trois Fortunes d'Epictete : à l'aveugle qui se fourre partout, à la sourde qui n'oit point les prieres des miserables, et finablement à la folle, qui lui osta aussitost ce qu'elle lui avoit donné.

Il ordonna qu'on le portast estant mort sur les rampars de la ville, et qu'on l'y laissast trois jours, afin que tout le peuple l'y peust voir. Traict d'ambition remarquable.

*Supplément tiré de l'édition de* 1719.

En cette année, l'eveque de Plaisance, legat pour la Ligue, avoit ecrit la lettre suivante au duc de Parme :

« Je me retrouve en pareille incommodité que devant, tant pour mon indisposition que pour le manquement des moyens, n'étant secouru de Rome comme il conviendroit bien : et si nous n'avions affaire à gens ja engagés si avant, dont il va du particulier, et qui croyent aussy bien aux promesses comme aux effets, je n'aurois pas si bonne esperance du succés de nos intentions. Vray est que ce peu d'argent envoyé depuis votre passage ayant été distribué aux plus importans, a fait miracles. Les ecclesiastiques servent assez bien, et goûtent leurs interests; nostre garnison a temporisé jusqu'à huy avec beaucoup de difficultés, et a été besoin qu'ils eussent affaire à gens accoustumés au mal, pour supporter quelques galantises, qu'ils excusent sur le deffaut de solde. Les dames n'ont pas toujours les cœurs si gros que le pere jesuite vouloit faire croire à

V. A., et s'accoustument à la patience comme les autres : en quoy la necessité semble plus maintenant servir que nuire. Ce gascon *in casa* fait quelquefois le renard; mais si nous pouvons recouvrer ce que ses gens ont laissé perdre mal à propos par leur precipitation et indiscretion, qu'ils excusent d'un zele au service de Sa Majesté sur les promesses d'aucuns des nostres, nous le rendrons vrayement *monseur Scornuto;* et ce colosse poura encor bien suer avant de regagner son authorité du passé, du moins en ce lieu : qui pourra donner exemple aux autres que si le Bearnois, recrû comme il est, continue de son coté le train d'apocagine qu'il semble prendre, je crois qu'à cet automne vous le trouverés en tel état, qu'il ne sera plus mal-aisé à V. A. de mettre nostre entreprise à fin, s'il est encor lors : car après luy le reste de sa race s'en ira comme feu de paille, ne subsistant qu'en sa personne; et ne sera plus besoin de ces grandes recompenses que demandent ces gens, qui seront bien aises de servir pour leur vie, et partie de ce qui leur restera. Et à ce propos V. A. se souviendra de ce qui luy a été dit des anciens ministres et officiers de cet Etat, dont il convient se descharger comment que ce soit, parce qu'ils ruinent les affaires de Sa Majesté, et par leur avarice, et par l'ambition qui leur reste de quelque creance, qui n'est plus rien ou fort peu, et mal assuré. Il est tantot temps d'y adviser. Cependant j'espere faire en sorte que ce bruit d'accord qu'on fait courir de tous cotés aura autres effets qu'ils n'ont pensé, et servira de faire que cy-après ces gens ne s'epargneront tant qu'ils ont fait cy-devant, pourvû qu'il plaise à V. A. tenir les choses de sa part en termes convenus, et n'epargner au besoin les belles promesses dont le temps nous poura delivrer à bon prix, le zele et l'affection extreme que j'ay au service de Sa Majesté, et encor particulierement à V. A., etc. »

En ce mois et en ces jours de decembre, le pape Clement VIII parla ainsy [1] dans le consistoire, selon la relation envoyée de Rome à Paris:

*Venerabiles fratres, opportunum nunc nobis videtur tacitæ cuidam objectioni occurrere eorum qui se mirari dictitant, quod de rebus remotioribus, minorisque momenti sæpe in consistorio verba faciamus, gallicanas autem res, quæ tanti sunt ponderis, nosque propius attingunt, miro involvamus silentio. Horum sane querimoniæ cùm ad nos perlatæ fuerunt, adeo importunæ, adeo a dignitate et religione hujus sacri collegii, adeo a recta ratione alienæ visæ sunt, nobisque adeo graves ac molestæ fuerunt, ut parum abfuit quin decerneremus tales interrogari de fide; atque nisi nos cohibuissemus et temperavissemus, id fuisset factum, neque enim isti ullam de nobis conquerendi causam habent qui non aliter in hoc negotio quam aliquot pontifices prædecessores nostri, processimus negotium istud, ut scitis, non est novum, neque a nobis tractari cœptum; sed nos rem a prioribus pontificibus inchoatam eo modo, quo isti instituerent, persecuti sumus; atque obliti esse non potestis totam hanc causam fuisse ab initio propositam et tractatam in aliquot generalibus cardinalium congregatio-*

[1] *Parla ainsy:* Ce discours n'est pas placé où il doit être: il fut fait par le Pape après la conversion du Roi et l'arrivée du duc de Nevers à Rome, où il entra le 21 novembre 1593, et eut dès le même jour audience du Pape, non pas comme ambassadeur, mais comme personne privée et prince d'Italie.

*nibus; et postea de totius collegii consensu, uti in aliis negotiis fieri solet, selectos ac deputatos fuisse quosdam cardinales, qui, quoties opus esset, super rebus Galliæ congregarentur, ipsis omnia semper communicavimus, neque quidquam fecimus sine eorum consilio. Cùm autem nunciatum esset Navarrum se catholicum esse cœpisse profiteri, gallicanæ huic congregationi, quoniam de rebus fidei potissimum agebatur, adjunximus congregationem cardinalium sancti officii inquisitionis, neque postea nisi communicatis utrique illi congregationi consiliis, in hoc negotio processum fuit : ut tamen querelis prædictis aliqua ex parte satisfaciamus, operæ pretium duximus, hac data occasione, totius negotii summam vobis exponere. Præteritis diebus, Navarrus ille, quem nescio quomodo appellare debeam, suas ad nos misit litteras, quibus significabat se destinasse ad nos legatum ducem Nivernensium, præstiturum nobis et huic sanctæ apostolicæ sedi illam obedientiam quæ christianum Regem decebat : quam legationem instruxit non quidem in modum veniam suppliciter petentis, sed ad instar alicujus christianissimi principis de hac sancta sede optime meriti, neque minori confidentia quàm si fuisset Carolus ille magnus à cæde Longobardorum rediens, ac de Urbis Italiæque liberatione triumphans quod cum nullo pacto ferendum videretur. Singulari tamen respectu magnæ nobilitatis ducis prædicti, qui et se pietatis studiosum profiteretur, resolutum fuit mittendum ei obviam, honoris causâ, patrem Possevinum, jesuitam, qui illi ex parte nostra nunciaret nos omnino alieno esse animo a recipienda tali legatione, eidemque adventum in Urbem quanta posset moderatione dissuaderet, atque prohiberet. Verum cùm idem dux, privatis saltem ex causis, atque ut privata persona ad Urbem accedendi licentiam instanter petiisset, visum tandem fuit, propter certas causas, et sub quibusdam conditionibus, hoc indulgeri posse ejus nobilitati. Accessit is tandem ad nos; cùm antea speraremus illum, pro eo quo dicitur valere ingenio et prudentia allaturum afflictis Galliæ rebus nova consilia et opportuna remedia, certè in suis congressibus qui fuerunt multi ac valdè prolixi, nil aliud attulit quam ingentium miseriarum et calamitatum Galliæ narrationem; addens partium studia non ad religionem aut regni utilitatem, sed ad privata commoda tendere : atque si rex aliquis deligeretur, ipsum adeo debilem omnique ope destitutum fore, ut subsistere non posset. Denique cum maximâ et extraordinariâ postulavit instantiâ ut Navarrum absolvere dignaremur : nullum enim aliud afflicto statui superesse remedium, quod ad regni calamitatem et partium studia, et catholicorum principum imbecillitatem. Nihil novum auribus attulit nostris : ista enim omnia, et longè plura quam ipse enarravit, sciebamus. Quoad absolutionem attinet, Navarrus, ut in consultatione deductum fuit, triplici indiget apostolicæ sedis beneficio : 1° absolutione in foro exteriori, 2° absolutione in foro interiori, 3° rehabilitatione ad regnum, dicam solum de absolutione in foro conscientiæ : ista quidem videbatur concessu facilior, sed eam tamen tribus de causis denegandam censuimus, ratione videlicet impœnitentiæ, ratione scandali, et ratione periculi impœnitentiæ. Ut cætera omittamus quæ aliquo pacto excusari aut dissimulari possunt, manifesta est :* 1° *ex quo tantum abest ut inhabilis ad regni successionem à sancta sede declaratus ea reliquerit quæ possidebat, ut arma contra catholicos gestet, sicut gestavit, hactenus regni Galliæ magnam partem contra justitiam, contraque sedis apostolicæ sententiam usurpet, reliquam partem vi occupare contendat, hæreticos sæpius in Galliam evocaverit, et evocare pergat, eorum causæ faveat, cum iisdem et præsertim cum Angliæ regina maneat confœderatus, consiliarios hæreticos teneat, ecclesiastica bona in ditione Navarræ infeudata, in aliis locis direpta non restituat, damna illata non reparet, et absolutionem hanc domi sedens, ac de more ludens, tanquam aliquid leve sit, postulet modo potius armatus extorquere nitatur quam suppliciter petat. Ex quibus abundè patet quam longe infelix iste distet à veræ pœnitentiæ signis.* 2° *Scandalum autem, si absolutio ista concederetur, gravissimum procul dubio oriretur non modo apud catholicos, verum etiam apud hæreticos : catholici dolerent, immo justissimam timendi, ac de nobis conquerendi causam haberent si pessimo exemplo lupus, qui tot mala perpetravit ac etiam nunc perpetrat, inter oves reciperetur, hæretici facilitatem levitatemque hujus sanctæ sedis irriderent, dicentes : Pro una audita missa, aut pro una largiori per frontem deducta cruce, Papa ubi voluerimus absolvet. Et de sua quodammodo victoria triumpharent ob extortam per vim et fraudem, post tam turpem lapsum, post tot illata damna, absolutionem, animosque sumerent ad graviores injurias inferendas ; neque ullus esset posthac hæreticus princeps, qui non hoc exemplo quodlibet se consequi posse speraret, etiam regnum et imperium.* 3° *Quanti vero periculi plena res futura esset, si post adeptam regni possessionem, et potentiam regiam, homo, in hæresim relabi solitus, denuo ad vomitum rediret, nemo est qui non videat. Hæc omnia adeo sunt perspicua, ut nobis visa sint non indigere aliqua sacri collegii consultatione, immo a catholicis hominibus nequidem in controversia deduci debere: notum omnibus est eum alias hæresim abjurasse, et in gremium Ecclesiæ receptum fuisse, et longe majora quam nunc pœnitentiæ et veræ conversionis signa edidisse, et post aliquod tempus non modo in pristinum errorem decidisse, verum etiam pejora prioribus perpetrasse; quod si rursum suo more faciat post hæc, levia conversionis, nulla vero pœnitentiæ signa, quæ mala orbi christiano non evenirent! Sed quæ qualisve hujus imprudentiæ, vel ignaviæ ratio summo Deo reddenda erit! Mirari satis non possum habere hæreticos in hac civitate, in qua Petri successor ac Christi vicarius sedet; in hac, inquam, civitate habere hæreticos suos non modo fautores, verum etiam propugnatores; ac acerrimos defensores non possum non ægerrime ferre multos reperiri, qui ut hominum malevolentium inimicitias vitent aperte in Dei inimicitiam et in indignationem prosiliunt. Absit autem a nobis ut causa Dei vacillemus, et tam irrationabili postulationi assentiamur. Nunquam agemus, favente Deo, rem tam indignam hac sancta sede, neque causam dabimus ut posteritas dicat tantum malum ab hujus sanctæ sedis pontifice admissum esse. Quin potius parati sumus excoriari, lacerari, ac martyrium subire. Non est more politico guber-*

*nanda Dei Ecclesia, vel more castrorum, sed juxta sacros canones, et jura præscripta a majoribus nostris in hac sancta sede. Speramus non defuturum nobis divinum patrocinium : protestamur enim nihil nos in hac causa facere ex partialitate, vel humani affectus respectu, sed solum respicere Dei honorem, ac velle sequi leges a sanctis patribus constitutas; optamusque vehementer Dei zelum cæteros induere, religionisque causæ privata studia postponere. Intellexistis rerum gallicarum statum. Si quis vestrum est qui in medium aliquid afferre desideret, parati sumus ipsum patienter, ut consuevimus, auscultari.*

*Supplément tiré de l'édition de* 1736.

Le lundy 7 de décembre, le duc de Mayenne étant au parlement, a créé le sieur de Rosne maréchal de France et gouverneur de l'Isle de France, malgré les oppositions du parlement et de quelques autres, ausquels il a parlé aigrement et en maître.

Le jeudy 10 de décembre, a été fait dans l'eglise de Saint Merry un service pour Alexandre Farnese duc de Parme, auquel le legat et les officiers espagnols de la garnison ont assisté.

Le samedy 12 de décembre, le roy de Navarre est arrivé à Saint-Denys avec une partie de sa cavalerie, ayant dispersé le reste de son armée en divers lieux, n'ayant plus à observer le duc de Parme, dont les troupes après sa mort se sont débandées.

Le lendemain 13 de décembre, sont arrivez à Paris l'archevêque de Lyon, le cardinal Pelevé et autres du clergé, avec les députez de Lyon et de Rheims, pour assister aux Etats du royaume qui se devoient tenir dans ce mois, mais qui depuis quelques jours ont été remis au mois prochain.

Depuis l'arrivée de quelques membres des Etats, on voit nuit et jour dans les ruës de Paris les agens des prétendans à la couronne, qui les vont visiter et briguer leurs suffrages. De ce nombre sont le duc de Guise, pour l'affection qui reste dans le peuple pour la mémoire de son pere; le duc de Mayenne, par l'autorité qu'il s'est acquise, et par les suffrages des membres des Etats qu'il a choisis à sa dévotion; M. de Nemours, par l'intrigue des Espagnols, auxquels il promet de faire élire leur Infante, dans l'esperance que cette princesse le choisira pour son époux, et partagera cette couronne avec lui, offrant au duc de Mayenne de lui laisser son entiere autorité; le marquis de Pons, fils aîné de M. le duc de Lorraine, comme étant chef de cette illustre maison, et fils d'un prince souverain; le duc de Savoye, comme fils d'une fille de France; enfin le roy d'Espagne, pour les services qu'il a déjà rendus au royaume de France, et étant le seul en état de le soutenir et de le défendre par l'argent et par les troupes.

Le lundy 14 de décembre, advint la confirmation de la prise de la ville de Dun sur la riviere de la Meuse par le duc de Bouillon, qui la nuit du sixiéme au septiéme de ce mois la fit pettarder, et fut réduite le lendemain à l'obéissance du Roy.

Le mardy 22 décembre, le duc de Mayenne presenta au parlement une déclaration pour y être vérifiée, contenant les justes et necessaires causes qui l'obligeoient à faire et continuer la guerre contre le roy de Navarre, comme hérétique, relaps, et déclaré indigne et incapable de cette couronne. Ensuite il exhorte tous les catholiques qui suivent son parti de se soustraire de son obéissance, et de s'unir et réunir avec lui pour la conservation de la religion et de l'Etat : sans quoi il prévoit la ruine inévitable de la France; puis il convie tout le parti de la Ligue d'envoyer leurs députez à Paris au dix-septiéme du mois prochain, pour ensemblement choisir sans passion, et sans respect de l'interêt de qui que ce soit, le remede qu'ils jugeront en leurs consciences devoir être le plus utile pour la conservation de la religion et de l'Etat.

[JANVIER 1593.] Le samedi 2 janvier 1593, maistre Marin Cromé, conseiller au grand conseil, principal motif, aucteur et executeur de la penderie du feu president Brisson et des autres, et à ceste occasion reservé, par la declaration du duc de Maienne, pour lui estre fait et parfait son procés où on le pourroit trouver, fust descouvert à Paris par La Rue et Rabusseau, qui, lui voulant mettre la main sur le colet, en furent empeschés sous main par le duc de Maienne, lequel leur fist faire defenses d'en parler davantage, ni d'y toucher.

Le lundi quatrieme dudit mois, messieurs de Maienne et de Guise sortirent de Paris pour une entreprise qu'ils avoient sur le Roy, pour le surprendre à La Rocheguion. Dont on dit que Sa Majesté estant advertie, se prist à rire, et dit ces mots : « Mon cousin de Maienne « est un grand capitaine; mais je me leve plus matin « que lui. »

Le mecredi sixieme de ce mois, le cardinal de Plaisance receut le chappeau en l'eglise Nostre-Dame, par les mains du cardinal Pellevé.

Le vendredi huitieme dudit mois, le duc de Maienne aiant failli son entreprise, revient à Paris, où Victri, habillé à l'espagnole, lui donna à disner magnifiquement en sa maison du bailljage du Palais. Entre autres poissons, y avoit un fort beau brochet qui avoit cousté dix-huit escus.

Les gens du duc de Maienne contoient comme, en revenant, leur maistre tout armé estoit tumbé de dessus son cheval; qu'il avoit falu douze hommes pour le relever; et que si l'ennemi eust eu bons advertissemens, qu'avec moins de deux cents chevaux ils l'eussent pris prisonnier.

Le lundi 11 de ce mois, y eust la nuict à Saint-Denis une grande alarme, pour un brandon de feu qui fust jetté dans les fossés. M. de Vicq veilla toute la nuit, et ne despouilla point.

Ce jour y eust assemblée de ville pour adviser aux cahiers des Estats; laquelle se passa en belles propositions et esperances de promesses, et n'i traicta-l'on autre chose. Dont nostre maistre Guarinus, qui preschoit aux prieres à Saint Marri, dit le lendemain, en son sermon, qu'on faisoit de belles promesses : mais qu'on ne mangeoit-point de rost à la fumée.

Le jeudi quatorzieme dudit mois, y eust encores assemblée de ville, où M. Du Vair, conseiller en la cour, et M. de Lalane, secretaire du Roi, capitaine de son quartier, parlerent en politiques (à ce qu'on disoit), c'est-à-dire en gens de bien.

Ce jour, le cardinal de Pellevé dit au conseil que pour le regard des politiques qui estoient à Paris, il faloit chasser le plus gros, pendre et noier les moiens; et quant au petit peuple, qu'il lui faloit pardonner, pour ce que, voyant la bonne justice qu'on feroit des autres, il se reduiroit aisement, et n'en seroit plus.

Le vendredi 15, on alla par les dixaines de Paris, pour ung homme de chaque quartier.

Ceste nuit, le duc de Guise sortist de Paris pour aller (à ce qu'on disoit) en Champagne, avec permission du duc de Maienne, son oncle, de lever cent mil escus dans le pays.

Le dimanche dix-septieme dudit mois, y eust procession generale (1) à Paris pour prier Dieu pour les Estats : en laquelle le duc de Maienne marcha, tenant le milieu entre les presidens de Hacqueville et Nully.

Le lundi 18, s'esleva un bruit faux à Paris de Montargis assiegé : qui venoit en partie de M. Michon, conseiller, qui l'avoit asseuré à la cour.

Ce jour, les Estats furent remis et recriés à Paris à huittaine.

Le mardi 19, M. de Rosne arriva à Paris, et ammeina avec lui Rinssans, un des chefs des Seize, et des plus meschans; et lequel à ceste occasion le duc de Maienne avoit tiré de Paris, où le bruit estoit que Bussi Le Clerc l'avoit aussi accompagné. Mais ce dernier estoit faux, combien qu'il fust creu de beaucoup, et eust esté rapporté à M. Molé pour veritable par Chenet; lequel ledit Molé aiant ouï, alla trouver le duc de Maienne pour lui dire, qui l'asseura du contraire.

Le vendredi 22, jour Saint Vincent, M. Laleaune, deputé de ceux d'Orleans, arriva à Paris, non pour les

(1) *Procession generale* : Dans la Satire Ménippée, on confond à dessein cette procession avec la *montre* qui eut lieu le 14 mai 1590, et dans laquelle figurèrent en armes tous les prêtres et tous les moines de Paris.

Estats, comme il me dit lui-mesme, mais pour demander le commerce; et que les Estats estoient bons pour Paris mais non pour Orleans, pour ce que les guespis estoient plus fins que les Parisiens catholiques, à l'espreuve tant qu'on vouldra, mais qui ne vouloient point toutefois manger du pain d'avoine.

Ce jour, fust fait commandement à Rinssans de vider la ville de Paris, non obstant les remonstrances de messieurs les Seize; et lui fut baillée sa maison pour prison. Dont les predicateurs de Paris crierent et se formalizerent.

Le samedi 23 janvier, le curé de Saint-Jacques coutelassa ung pauvre garson demeurant à Paris, qu'on tenoit pour un idiot et innocent; et en voici la raison et vraie histoire. Le curé trouva ce jour ce pauvre garson qui balaiioit devant la porte de son eglise, auquel il demanda tout en colere qui le faisoit si hardi d'y balaier sans son commandement? « Mon petit pere (va « respondre l'autre en ces termes), je balaie le dehors; « et Dieu, s'il lui plaist, balaiera le dedans. Dieu refor-« mera son Eglise par les petits. » Sur quoi le curé lui aiant donné deux souflets, ce pauvre garson en se revenchant lui donna sur le bras d'une pelle qu'il tenoit. Alors ledit curé, comme furieux, courust querir son coustelas; et en aiant donné quelques coups à ce pauvre fol (qui toutesfois lui avoit parlé en sage), le blessa si bien qu'on le tinst long temps pour mort. Dequoi le duc de Maienne adverti dit que c'estoit la troisiesme fois qu'il avoit receu plainte de semblables folies que ledit curé avoit faites, et qu'il meritoit bien d'en estre chastié; mais que le temps n'i estoit pas.

Les deux tiers de sa paroisse n'assistoient plus à sa

messe; mesme le bon homme des Prés son paroissien, qui estoit le plus grand catholique de Paris, lui dit tout hault qu'il estoit indigne de la chanter, aiant assisté à la mort du president Brisson, contre le serment de sa profession.

Ce jour, M. de Belin, gouverneur de Paris, vinst au Palais faire sa plainte au parquet d'une injure que lui avoit fait Bagereau, conseiller en la cour, qui avoit dit en presence de ses gens, parlant de M. de Belin, qu'il n'estoit pas plus gentilhomme qu'il falloit; et que son frere l'avocat estoit de mauvaise prise, encores que ledit Belin l'eust jugé autrement : et que pour lui soustenir, il quitteroit tousjours sa robbe. Dequoi il demanda fort instamment justice à Messieurs; usant de ces mots : « Je ne suis point si peu vaillant que quand je voudrai « mettre la cappe bas, que je n'aie bientost la raison « de Bagereau. » Dont la cour se mocqua. Et toutefois pour la forme, pour ce qu'on avoit affaire à un gouverneur de Paris, Messieurs firent decerner une prise de corps contre ledit Bagereau.

Le dimanche vingt-quatrieme de ce mois, le curé de Saint-Germain de l'Auxerrois prescha le baston de saint Vincent, que personne n'avoit pris; dit que le bon saint en estoit courroucé; et qu'il y avoit danger qu'il ne troublast les Estats, pour le peu de compte qu'on en avoit fait à Paris.

Ce jour, arriverent à Paris des deputés d'Amiens et d'Abeville, qui demandoient le commerce, et qui ne peurent ce jour, ni l'autre d'aprés, voir le duc de Maienne, qu'on disoit estudier sa harangue il y avoit bien trois jours.

Le lundi vingt-cinquieme de ce mois, l'ouverture

des Estats, qui se devoit faire ce jour, fust remise au lendemain.

Le mardi 26 janvier, l'ouverture des Estats estant faite, le duc de Maienne y harangue (1), et parle si bas que les deux tiers ne l'entendent point : et en parlant change souvent de couleur. Dont au sortir madame de Maienne sa femme lui dit qu'elle avoit eu peur qu'il ne se trouvast mal, pour ce qu'en faisant sa harangue elle l'avoit veu paslir trois ou quatre fois.

Le cardinal Pellevé (2) harangua pour le roy d'Hespagne et pour le legat, d'autant qu'il avoit esté arresté que, comme estranger, il n'assisteroit point aux Estats. Entre les autres points notables de sa harangue, il dit que saint Pol estoit gentilhomme, alleguant le texte *Civis romanus sum ego*. A quoi quelcun qui se rencontra là dit si haut que les petits Estats l'entendirent, qu'il eust fait là grand besoin à nos Estats pour la noblesse : car il n'y en avoit gueres. Ung des plus apparans estoit Vierme, qui encores y comparust en beste, aiant un manteau fourré de loups.

Ceste nuit de mardi il fist à Paris grand orage, avec esclairs et vents impetueux.

Le jeudi vingt-huitieme de ce mois, un trompette du Roy nommé Thomas Lhomme arriva à Paris, et apporta lettres de la part de messieurs du tiers Estat et du clergé de Chartres, pour interpeller le duc de Maienne, suivant sa declaration, d'adviser d'un lieu non suspect entre Paris et Saint Denis, où, sous la permission du Roy, ils adviseroient des moiens les

---

(1) *Le duc de Maienne y harangue* : On croit que la harangue du duc de Mayenne avoit été faite par Pierre d'Espinay, archevêque de Lyon.
— (2) *Le cardinal Pellevé* : Il étoit président de l'ordre du clergé.

plus propres pour pacifier cest Estat. Les lettres signées Revol furent baillées à M. de Maienne lui mesmes.

Quand le cardinal Pellevé eust entendu la venue du trompette, et ce qu'il apportoit, il dit tout haut qu'il estoit d'avis qu'on donnast le fouet au trompette, pour lui apprendre une autre fois à ne se plus charger de telles bagatelles. « Advis, dit quelcun, digne d'une « grosse teste comme la sienne, où il y a peu de sens. »

Ce jour, le duc de Maienne malade fust visité par M. Marescot, medecin, qui lui conseilla une diette. Dont une dame le rencontrant, lui dit qu'il lui devoit ordonner plustost de trés bien mauger, affin qu'il crevast incontinent. La venue du legat aux Estats, qu'on y attendoit ce jour pour les benistre, fust differée.

Le vendredi vingt-neuvieme de ce mois, messieurs le prevost des marchans et procureur general Molé empeschés pour faire refaire les ponts de Paris, qui menassent ruine.

Ce jour, arriverent à Paris pour les Estats le vicomte de Tavannes, le baron de Luts, messieurs de Saint Gelais, Tianges et autres, deputés de la noblesse de Bourgogne : entre lesquels y avoit de trés habiles hommes.

Le dimanche dernier janvier, Commolet preschant à Saint Berthelemi l'evangile de la nacelle agitée des vents et de la tempeste, allegua l'auctorité de sainct Ambroise, qui dit qu'il y avoit Judas dedans. Ce que faisant tumber sur les Estats, dit qu'il n'i en avoit pas pour un Judas seulement, mais qu'il y en avoit plus de vingt, voire plus de trente; et qu'on les congnoistroit à cela, s'ils parloient tant soit peu pour le Bear-

nois. « A ceste heure là, mes amis, dist-il, rués-vous
« hardiment dessus, estouffés les moi : car ils en sont.
« Et pour mon regard, je vous declare que j'aimerois
« mieux tumber entre les mains des plus grands here-
« tiques du monde que des politiques, voire fussent-ils
« ministres de ce chien de Bearnois. »

Ce jour, quelques ecclesiastiques allerent trouver le
president Janin, qui estoit empesché pour la response
que vouloit faire son maistre aux sommations du Roi,
et lui dire qu'il prist bien garde à la response qu'on
lui vouloit faire, pour ce qu'on disoit qu'il y avoit de
l'heresie dedans. Ausquels ledit Janin respondit : « Je
« ne m'en estonnerai point quand vous y en trouverés :
« car vous autres, dist-il, en trouvés tous les jours dans
« la Bible mesme et dans la sainte Escriture. »

En ce mois de janvier, bruit de grand remuement
en France par un tiers parti. M. le cardinal de Lenoncour (¹), bon serviteur du Roy, pour en avoir donné
advis à Sa Majesté, en perdit la vie (²), aiant esté outrageusement menassé en plain conseil d'estre poin-
gnardé par le comte de Soissons, auquel le Roy avoit
reproché qu'il estoit dudit tiers parti, et que le cardinal de Lenoncour lui avoit dit. Pour mesme occasion
fust chassé Belozanne de la maison de son maistre,
trahi par son grand ami Du Perron, auquel il s'estoit
fié de son secret.

Par ce tiers parti on devoit tuer le Roi, le prince de
Conti et M. de Montpensier. Le cardinal de Bour-

---

(¹) *De Lenoncour* : Il étoit archevêque de Reims. — (²) *En perdit la
vie :* Il mourut en décembre 1592. Ce fut M. de Souvré qui donna le
premier avis au Roi de ce tiers parti. Henri IV chargea le cardinal de
Lenoncourt de veiller sur la conduite du cardinal de Bourbon.

bon devoit estre roi, mais on ne lui devoit que le baisemain; et par ce moien n'eust joui de tant de revenu qu'il en tiroit de ses benefices. L'entreprise descouverte fust remise, mais non pas rompue; et M. le cardinal de Bourbon en demeura malade de regret. Lequel le Roi ne laissa d'aller voir; et le piquant au vif par ses gosseries accoustumées, lui dit : « Mon « cousin, prenés bon courage. Il est vrai que vous « n'estes pas encores roi; mais vous le serez possible « aprés moi. »

En ce mesme mois vinrent nouvelles à Paris de la treufve du Languedoc faite sur M. Du Bouchage, duc de Joieuse, surnommé peu au paravant frere Ange, capussin. Sur laquelle metamorphose, et la treufve faite par lui, furent divulgués à Paris les vers suivants :

> Dé peur des coups, il quitta son espée
> Pour prendre un froc, et fist bien la pippée.
> Aprés qu'il est aux armes rappelé,
> Il sent encor son capussin pelé :
> Car il fait treufve afin qu'il se repose.
> Moine et guerrier, c'est tousjours mesme chose.
> Voiés si Tholozans sont gens bien entendus,
> Qui, faschés du harnois et du bat qui les blesse,
> Nagueres ont choisi, entre moines rendus,
> Un gentil capussin pour chef de leur noblesse !
> Ce n'est pas mauvais choix : car par ruse et finesse
> Il se tire avec eux du hasard des combats ;
> Et, laissant à la treufve apointer leurs debats,
> Prend au crocq le procés du presche et de la messe.
> N. R. P.

En ce mois, fust fouetté à la porte de Paris ung de ces porteurs de sablon qu'on appeloit vulgairement Catelinette, pour avoir chassé son asne aux Estats, et s'en estre moqué. Et en mesme temps eust le fouet en chastelet, sous la custode, le serviteur de Baudouin le musnier, qu'on apeloit le grand Jacques, pour s'estre pareillement moqué desdits Estats et du duc de Maienne; aiant dit tout haut, parlant à son asne et frappant dessus : « Allons, gros Jan, allons aux Estats. » Sur quoi fust rencontré à Paris le quatrain suivant :

>    Haye, mon asne, qu'on te meine
>    Aux Estats de monsieur du Maine,
>    Affin que tu sois d'un plain vol
>    Fait de François un Hespagnol.

En ce mois, l'abbé Sainte Genevieve est tourmenté par ses moines, qui lui demandent conte de l'argent du revenu de l'abbaye, pour ce qu'ils meurent de faim et ne boivent que de l'eau. Dont il se plaint fort, et de la necessité qu'il a, jusques à dire à un honneste homme de mes amis qu'il estoit aprés pour supplier le duc de Maienne de le vouloir nourrir, pour l'honneur de Dieu, en sa cuisine.

En ce mesme mois, le ministre Damours aiant esté mandé au conseil à Chartres, pour rendre raison de ce qu'il avoit ozé y prescher pendant l'absence du Roy, s'estant excusé sur le commandement qu'il en avoit eu de Sa Majesté. M. de Nevers, qui estoit audit conseil, s'en sentant fort offensé, dit tout haut : « Je vois « bien qu'il nous faudra faire, encore un coup, une « Saint Berthelémi. » Ce qu'ayant esté rapporté au Roy, le trouva fort mauvais, et demanda audict sieur de Nevers comme il entendoit. Lequel respondit qu'il ne l'avoit entendu que pour le regard du ministre, sachant bien que ce qu'il en avoit fait avoit esté, quelque chose qu'il dist, contre le vouloir et intention de Sa Majesté, suivant mesme la declaration qu'il lui avoit pleu en faire, particulierement à lui et à beaucoup de ceux de sa noblesse. De laquelle response le Roy se monstra satisfait et content.

En ce mesme mois, le mardi 19, ravodant en mon estude, et estant monté sur le haut de mon eschelle, je faillis d'estre tué d'une antique de marbre qui estoit sur la tablette haute qui est au-dessus de la porte de mon estude, qui se decimenta de son pied, et me cuida jetter à terre. Mais comme Dieu miraculeusement et par dessus mes forces naturelles me fortifia, je me tins si roide, qu'avec l'aide de quelques uns de mes livres je la repoussai : si qu'elle ne me jetta point à terre. Ce que, s'il fust advenu, je n'en eusse jamais parlé : car de la pesanteur qu'elle estoit, elle m'eust escrazé les reins et la teste.

En ce mesme mois, un jeune homme nommé Boucher, de grande esperance, aagé de vingt-un à vingt-deux ans, mourust à Paris d'une fievre chaude. Les medecins lui tirerent en trente-six heures quarante palettes de sang. Mourust aussi au mesme mois la femme du medecin Laffilé, femme vertueuse, qui deceda d'un saisissement qu'elle avoit pris de la ruine de sa maison de Saint Cloud.

Depuis le 8 de ce mois de janvier jusques au 16, il fist une forte et aspre gelée. Du depuis jusques à la fin, un temps pluvieux et fort venteux; beaucoup de rougeoles et petites veroles. La riviere fort haute, croissant à veue d'œil, fist peur à ceux du pont aux Musniers.

*Supplément tiré de l'édition de 1736.*

Au commencement de cette année, se sont rendus

ici les députez des provinces et villes du royaume, en plus grand nombre qu'on ne croyoit, sur-tout du tiers-Etat.

Le duc de Mayenne, pour illustrer le corps de la noblesse, a créé un grand amiral et quatre maréchaux de France. Le marquis de Villars a été fait amiral, en récompense des services rendus à la Ligue par son courage pendant le siege de Rouen.

Rosne, nommé depuis quelque tems maréchal de France. A icelui ont été ajoûtez les sieurs de La Chastre, de Bois-Dauphin, et Saint Pol, qui de soldat de fortune s'est acquis par sa valeur le titre de noble.

Le mardy 5 du mois de janvier, fut lûe et publiée, et registrée par le parlement de Paris, la déclaration du duc de Mayenne pour l'assemblée des Etats generaux du royaume qui doivent se tenir à Paris le dix-septiéme de ce mois; laquelle déclaration a été criée par les carrefours de cette ville, et envoyée dans toutes les principales villes du royaume soumises à la Ligue.

Le vendredy 15, a paru un écrit qui a pour titre: *Exhortation de monseigneur l'illustrissime cardinal de Plaisance, legat de N. S. P. le pape Clement* VIII, *etc.*, adressé à tous et chacun les catholiques, de quelque prééminence, état et condition qu'ils puissent être, qui suivent le parti de l'hérétique; par lequel il tâche de leur faire voir le grand tort qu'ils font à leurs consciences et à leur honneur, en servant et assistant un hérétique tel qu'est le roi de Navarre, contre lequel il donne plusieurs raisons pour prouver qu'il ne peut point être roy de France; et pour ce, il les convie de s'en séparer pour servir à la conservation de la religion et de cet Etat, avec les princes catholiques et autres deputez des Etats assemblez à Paris, afin de nommer tous unanimement un roy qui fût veritablement catholique, et doué des qualitez convenables à cette grandeur; promettant, par l'authorité du Saint Siege et de Sa Sainteté, tout libre accès et securité à tous ceux qui se voudroient reconnoître; faisant remarquer le soin continuel et successif qu'avoient eu de la conservation de la religion catholique et de cet Etat tous les papes depuis Sixte IV jusqu'audit Gregoire XIV; et après ceux-ci ledit Clement, qui l'avoit envoyé à même dessein, et au nom et par l'authorité duquel il parle. Et pour fin, blâmoit grandement l'attentat fait à la dignité du Saint Siege par les arrests donnez au parlement de Tours et de Châlons contre les bulles, tant du cardinal Cajetan, auparavant legat du pape Sixte, que du nonce Landriano, envoyé par Gregoire, que celles qu'il a apportées.

Le dimanche 17 de janvier, jour fixé pour l'assemblée des Etats, fut faite une procession à Notre-Dame, à laquelle se trouverent les députez qui étoient arrivez; et firent leurs devotions, reçûrent la communion de la main du legat, et entendirent le sermon de Genebrard, qui se distingua par les efforts qu'il fit pour montrer que la loi salique, qui est la regle et le fondement du trône françois, pouvoit être changée et corrigée par la nation. A la fin de son sermon, il annonça que le legat ordonnoit de faire dans toutes les eglises de Paris, et successivement, les prieres de quarante heures pendant la tenuë des Etats, et accordoit diverses indulgences à tous ceux qui y assisteroient.

Le mercredy 20 de janvier, le legat, plusieurs evêques et autres personnes de consideration accompagnerent la procession aux Augustins; après laquelle le pere Boudin prescha.

Le samedy 23 de janvier, le duc de Mayenne se trouvant indisposé, ou attendant les députez qui étoient en chemin, remit l'ouverture des Etats, qui devoit se faire le vingt-cinquiéme, au lendemain (1).

Le mardy 26 janvier, tous les députez se rendirent à la grande salle du Louvre, au milieu de laquelle, et sous un dais de drap d'or, s'assit le duc de Mayenne; et à ses côtez le cardinal Pelevé, les princes, les ambassadeurs et autres seigneurs, dans des chaises de velours cramoisy; et ensuite les deputez des trois ordres, selon leur rang accoutumé.

Auparavant d'ouvrir les Etats, ledit duc de Mayenne a proposé, pour rendre l'assemblée plus auguste, d'y recevoir plusieurs membres du parlement, de la chambre des comptes et des gens de son conseil, avec les princes, les officiers de la couronne et les gouverneurs des provinces, dont plusieurs étoient déjà dans la salle. Mais cette proposition fut rejettée, étant dangereux de distinguer la noblesse en deux corps, et d'ôter du tiers-Etat les compagnies souveraines. Ainsi le duc de Mayenne, qui par ce moyen se promettoit d'augmenter son parti par ces nouveaux suffrages, reconnut par ce refus que son pouvoir n'étoit pas sans bornes; et dit-on que ce refus fut l'effet de l'intrigue du legat et du cardinal Pelevé, qui protegeoient le tiers-Etat: gens factieux, necessiteux, ennemis du repos public, affa-

(1) *Au lendemain :* Cette remise dérangea fort le cardinal de Pellevé, qui avoit préparé son discours pour être prononcé le jour de la Conversion de saint Paul, et qui fut obligé de travailler toute la nuit pour l'appliquer à la fête du lendemain, jour de Saint-Policarpe.

mez du bien d'autrui, sans experience et jugement dans les affaires publiques, élûs et venus exprès pour favoriser les desseins des Espagnols.

Lorsque cette contestation fut finie, le duc de Mayenne fit une harangue, dans laquelle, après avoir parlé des services qu'il avoit rendus à la France, il dit que le principal sujet de cette assemblée générale étoit l'élection d'un roy catholique, pour terminer les malheurs du royaume. Ensuite le cardinal Pelevé parla pour le clergé; le baron de Sennesay pour la noblesse; et le sieur Honoré Du Laurens, conseiller au parlement de Provence, pour le tiers-Etat. Le discours du duc de Mayenne a été trouvé beau, et dans le goût du style de l'archevêque de Lyon; celuy du cardinal Pelevé fort ennuyeux; celuy du baron fort court et hardy, et celuy de Du Laurens éloquent.

Le mercredy 27 janvier, le legat, dans une conference particuliere à laquelle il avoit invité les principaux députez, fit tous ses efforts pour les persuader de faire un serment qui seroit signé par tous dans la premiere assemblée : par lequel tous s'obligeroient de ne jamais faire la paix avec le roy de Navarre, ni de traiter avec luy. Ce serment fut rejetté comme injuste, et peu respectueux pour le Saint Pere.

Le jeudy 28 de janvier, est arrivé à la porte de Paris le nommé Thomas, un des trompettes du Roy, demandant d'entrer pour parler au duc de Mayenne. Ceux qui gardent la porte lui ont demandé le sujet de son voyage; ausquels il a dit qu'il portoit de bonnes propositions de la part des princes et seigneurs catholiques qui sont auprès du Roy. Sur quoy il a été conduit au sieur Belin, gouverneur de la ville, qui l'a em-

mené sur l'heure au duc de Mayenne. Cependant le bruit de cette nouvelle s'étant en même tems repandu dans Paris, les bourgeois et le peuple ont couru au Louvre pour en être mieux instruits. Alors le duc étoit malade au lit; et voyant que ce paquet étoit d'une grande importance, il n'a point voulu ouvrir le paquet qu'en la presence du legat, du cardinal Pelevé, de deux prelats etrangers de la suite du cardinal de Plaisance, de dom Diego d'Ibarra, ambassadeur d'Espagne, de l'archevêque de Lyon, des sieurs de Rosne, de Belin, de Tavannes, Jeanin, Villeroy et autres de son conseil. Tous lesquels étant entrés dans la chambre, il a donné ledit paquet au président Jeanin pour en faire la lecture, dont voicy la substance : « Les princes, les pre-
« lats, les officiers de la couronne et principaux sei-
« gneurs catholiques qui sont auprès de Sa Majesté,
« mûs des malheurs de la guerre, et sçachans très-bien
« la bonne et sainte intention du Roy, et après avoir
« reçû de S. M. promesse, offrent d'entrer en confe-
« rence et communication par députés d'entre eux, avec
« d'autres de leur part, en tel lieu qu'ils aviseront plus
« commode, comme entre Paris et Saint Denys; se
« promettant qu'avec l'aide de Dieu, toujours autheur
« de paix et conservateur de cette monarchie, ils trou-
« veront par cette conference le remede aux maux du
« royaume, et le repos pour tous les gens de bien. Fait
« à Chartres le 27 janvier 1593. Signé REVOL. »

Soudain après la lecture de ce cy-dessus, le cardinal de Plaisance se leva tout émû, et dit, sans déliberation et consultation aucune, que cette proposition étoit heretique; que ce seroit tomber dans l'heresie et la soutenir, que de l'examiner et d'y faire reponse; et qu'il falloit punir celui qui l'a apportée. Le cardinal Pelevé et dom Diego d'Ibarra louerent grandement ce zéle, et ont été de l'avis du cardinal de Plaisance; mais les sieurs Jeanin et Villeroy, sans adresser la parole au legat, ont donné occasion à l'assemblée de faire reflexion que ladite lettre n'est pas adressée au seul duc de Mayenne, mais à tous les Etats, ausquels on ne peut se dispenser de la communiquer, et aviser avec eux s'il y faut répondre, ou s'il la faut rejetter; que les députez auroient un juste sujet de se plaindre, si on leur celoit ladite lettre : d'autant plus que toute la ville étoit déjà instruite par le trompette qu'elle étoit adressée au duc de Mayenne et aux députez des Etats. Sur quoy la décision fut remise au lendemain.

Le vendredy 29 de janvier, plusieurs députés reçûrent copie d'un edit du roy de Navarre, en réponse de la déclaration du duc de Mayenne publiée le 5 du même mois, dans lequel ils ont découvert les artifices des François rebelles, nommement de leurs chefs, et la hardiesse du duc de Mayenne en convoquant les Etats du royaume, et usurpant ainsi l'authorité royale; prouve et défend son droit naturel à la couronne; déclare qu'il est disposé de se faire instruire dans la religion catholique, et qu'il embrassera le moyen le plus court pour y parvenir : ce qu'il a déjà témoigné par la permission donnée aux princes et aux officiers de la couronne, et autres seigneurs catholiques, pour faciliter et approuver l'instruction qu'il désire, que les mal-intentionnés ont voulu empêcher. Déclare enfin la prétendue tenuë des Etats, convoqués sans authorité dans la ville de Paris, une entreprise contre les loix, le bien et le repos du royaume; et tout ce qui y a été fait ou sera fait abusif et de nul effet; et defend à toutes personnes d'y aller, envoyer, ni avoir aucune intelligence, ni donner passage à ceux qui y iront : declarant ceux qui ont fait cette convocation, ou qui contreviendront au present edit, atteints et convaincus de crime de leze majesté au premier chef; accordant neantmoins quinze jours de tems à tous ceux qui s'en voudront retirer, pour se rendre à leur devoir et à son service : avec promesse de les bien recevoir, comme aussi de ne vouloir plus pardonner pour l'advenir à ceux qui se rendront opiniâtres en une si injuste cause.

Le même jour le legat, le cardinal Pelevé, et les autres seigneurs qui avoient hier été presens à la lecture de la proposition des princes et seigneurs catholiques qui sont auprès du Roy, se sont rendus auprès du duc de Mayenne, où le legat avec de nouvelles raisons a tâché de montrer que la conference qu'on demandoit devoit être refusée absolument, sans faire de reponse. Le cardinal de Pelevé et dom Diego d'Ibarra ont été de son sentiment; mais tous les autres ont conclu que ladite lettre seroit apportée aux Etats. Ce que le duc de Mayenne a favorisé.

Le samedy 30 de janvier, le legat, fâché de ce qu'on avoit renvoyé la conference à l'avis des deputés des Etats, a mandé ce matin les sieurs Prevost, curé de Saint Severin, et Pigenat, curé de Saint Nicolas; ausquels il a remis ladite proposition pour être examinée par la Sorbonne.

[FEBVRIER.] Le lundi premier febvrier 1593, le conseil fust assemblé pour deliberer sur les lettres et declarations apportées à Paris par le trompette du Roy :

46.

sur lesquelles le cardinal Pelvé opinant, dit qu'il estoit d'avis de les brusler. A quoi contredist fort M. de Villeroy, et les autres s'en mocquerent; et fust dit assez haut qu'il ne se trouveroit point d'homme bien sage qui fust de l'opinion de M. le cardinal.

Le mardi deuxieme de ce mois, jour de la Chandeleur, Commolet crioit dans Saint-Berthelemi : « Il « nous fault un Ahod, ung Jehu. Oui, oui, mes amis, « il le fault, fust il clerc, fust il soldat, fust il huguenot « mesme. »

Le jeudi quatrieme dudit mois, M. le legat entra en la salle en laquelle les deputés pour les Estats estoient assemblés; auxquels il donna sa benediction, et à laquelle le duc de Maienne mist un genouil en terre, puis fist sa harangue en latin. Aprés parla le cardinal Pelvé, qui, poursuivant à se rendre ridicule, fust d'avis de renvoier les declarations du Roy à la Sorbonne, pour ce que c'estoit fait d'heresie.

Ce jour, la sœur du curé de Saint Jacques, mariée à un procureur prés du Puis Certain, accoucha à Paris de deux enfans : l'un desquels estoit beau et bien formé, et l'autre un vrai monstre, qui n'avoit point de bras ne de jambes, mais seulement un grand nés comme une canne, etc. Incontinent ce monstre fust divulgué et presché à Paris, pour estre la figure du Bearnois; entre autres par Feu Ardant, cordelier, qui prescha publiquement que c'estoit le Bearnois, qui n'avoit ne bras ne jambes, c'est-à-dire ne force ne puissance que celle qu'on lui voudroit donner; au reste un nés long, mais de canne, qui fouilloit tousjours la terre, et ne regardoit point le ciel.

Les Seize aussi, au lieu de couvrir l'honneur de la

maison de leur curé, le publierent par tout, et en firent rediger par escrit une fort belle allegorie, qu'ils consignerent entre les mains d'un docte personnage des leurs, nommé Jablier, notaire, afin qu'aprés l'avoir veue il la fist imprimer.

Ce jour, mourust à Paris en sa maison le bon homme Canaie (1), advocat en la cour de parlement, un des premiers du Palais et des plus gens de bien, aagé de quatrevingts ans.

Le samedi sixieme de ce mois, fust ordonné que les Estats ne se tiendroient plus que les mardis et vendredis.

Le dimanche septieme dudit mois, le curé de Saint-André dit en son sermon que Dieu puniroit ceux qui laissoient vivre les semonneus; cria contre les declarations apportées par le trompette, et prescha la lieutenante civile au nés de la presidente Seguier sa belle mere. Lincestre prist son theme sur le bourbier où estoit tumbée madamoiselle du Refuge; lequel traictant allegoriquement, et accomparant la France à ce bourbier, appresta à rire aux bons compagnons, qui disoient qu'il avoit presché l'evangile des boues. Commolet prescha l'evangile des masquarades (matiere qu'on disoit fort propre à son humeur) faites à Paris par quatre filles surannées qu'il ne nomma pas, mais mist le doigt dessus : à sçavoir les deux Poisles, la Rousse qu'on appeloit la Baquette, et la Fontaine.

Ce jour fust fait en une bonne compagnie de Paris un plaisant compte, mais veritable, du curé de Saint Pierre des Arsis, et d'un sien paroissien nommé Tartarin, espissier, fils d'un rotisseur de ceste ville, qui

(1) *Le bon homme Canaie :* Il étoit l'un des neuf avocats que le parlement avoit chargés de travailler à la réforme de la coutume de Paris.

estoit tenu pour politique, et portoit ordinairement un pourpoint de satin. Lequel ledit curé aiant advisé en son eglise, assistant à sa messe de paroisse avec les autres, quand se vint à l'offrande lui commença à crier tout haut : « Tartarin, avec vostre pourpoint de satin « voulés vous pas venir à l'offrande? Venés, venés; vous « n'i venés pas souvent. » Dont le pauvre Tartarin, tout honteux de cest affront que lui avoit fait son curé en plaine eglise, jura bien qu'il n'i retourneroit plus. Et toutefois, de peur de scandale, fut contraint d'y aller encores ceste fois, avec son beau pourpoint de satin.

En mesme temps le curé de Saint-André des Ars aiant esté adverti qu'il y avoit un chapelier de sa paroisse demeurant sur le pont Saint-Michel prés Monsicot, qui, pour la necessité qu'il avoit, donnoit tout haut la Ligue au diable; l'aiant rencontré, lui en donna une reprimende, et le tansant lui demanda que c'est que lui avoit fait ceste pauvre Ligue, pour ainsi la maudire et en mal parler. A quoi le pauvre chapelier n'eust replique qu'aux negatives. Mais de malheur, comme il s'en alloit, n'appercevant point le vicaire qui suivoit un peu de loin son curé, aussitost qu'il l'eust laissé, aiant tousjours en la teste ceste Ligue qui le faisoit mourir de faim, commença à dire : « A tous les « diables soit donnée la Ligue et les ligueus! » Ce qu'oiiant le vicaire, le prend par le bras, et de force le ramene à son curé, lui disant que c'estoit un meschant politique et un vrai menteur : pour ce qu'aussitost qu'il l'avoit eu laissé, il l'avoit oui de ses deux aureilles donnant la Ligue et les ligueus à tous les diables. Ce que le chapelier nia encores, disant qu'il ne sçavoit que c'est qu'ils lui vouloient dire. Et pour ce que c'estoit dans la rue, et qu'ils chargeoient ce pauvre chapelier d'injures et reprochés, il supplia le curé de le vouloir laisser aller et ne lui faire point de scandale, pour ce qu'il estoit un pauvre homme; et qu'il eust pitié de lui. Ce qu'il fist en fin, et ainsi eschappa de leurs mains.

Le lundi 8 febvrier, le duc de Maienne partist de Paris pour aller à Rheims. Sennami lui fist toucher quatre mille escus, qui lui vinrent bien à point. Il emmena avec lui le capitaine Marchant.

Le mardi neuvieme dudit mois, M. de Vicq dit à M. Marescot et à Collo qu'il alloit faire raser tous les villages qui estoient à trois lieues autour de Paris, pour ce que les paysans vendoient ordinairement ses gens à ceux de la Ligue.

Ce jour, Dantham, geolier du petit chastelet de Paris, un des complices de la mort de messieurs le president Brisson, Larcher et Tardif, s'allant esbattre à Gentilly avec le greffier Oudineau, furent pris par ceux du Roy. Madamoiselle Despinoy, fille de M. Larcher, en estant advertie, offrit incontinent payer la rançon à quoi seroit mis Dantham; et qu'il fust envoié à Tours pour lui faire et parfaire son procés.

Ce jour, arriverent à Paris les deputés de la Picardie, conduits par M. de Sesseval.

Ce jour, furent revoqués tous passeports; enjoint à ceux du parti contraire, estans à Paris, de vider la ville dans vingt-quatre heures.

Ce jour mesme, furent faites à Paris defenses d'aller en masque, sous peine de cent escus d'amande, tant à ceux qui les porteroient que ceux qui les recevroient.

Ce jour mesme, fust semé un faux bruit à Paris par

un cordelier nommé Roger : à sçavoir que le Turc estoit entré en la Rommanie, et que le Pape effraié avoit envoié demander secours aux Venitiens et au grand duc de Florence.

Le mecredi dixieme de ce mois, la porte Saint-Marceau fust bouchée.

Le jeudi onzieme dudit mois, à huit heures du soir, arriva le marquis de Villars à Paris, avec les deputés de Rouen.

Le vendredi douzieme de ce mois, M. le legat vinst à la cour de parlement de Paris, où il fist une harangue en latin, leur presenta lettres de la part de la Sainteté, exhortant ceste compagnie à perseverance et patience; les asseurant de la bonne volonté du Pape, et de ses moyens trés grands, prompts à secourir une si bonne cause. Le president Hacqueville lui respondit en latin, et d'Orleans en françois; tous deux louans et exaltans le soin d'un si bon pasteur.

Le dimanche quatorzieme dudit mois, Rose preschant à Saint-Estienne et parlant du Roi, dit ces mots: « Comment, messieurs de Paris, auriés vous bien le « cœur de recevoir ce tiran, qui s'est plongé les bras « jusques aux couldes dans le sang des catholiques, et « fait enterrer les prestres tout vifs jusques à la gorge? »

Le mardi 16 febvrier, M. de Villars [1] fait le serment d'admiral de France à la cour, où il vinst accompagné de cinquante bons chevaux, et bien en conche. Lui, habillé tout de noir, fort simplement et modestement, aiant un chapeau sans cordon, fust instalé par le president de Nulli, encores que le premier president eust accoustumé de ce faire. Son advocat estoit Mon-

---

[1] *M. de Villars* : Il avoit été fait amiral par le duc de Mayenne.

treuil, fils d'un chandelier de Paris; lequel triumpha de le louer, comme aussi fist d'Orleans, qui l'exalta jusques au tiers ciel. Et à la verité il paroissoit en ce seingneur une generosité et prudence escrite sur le front, remarquée par beaucoup de messieurs de la cour, qui en firent jugement comme d'un homme fort fin, accort et advisé. Sur quoi fust dit par un d'entre eux que, non sans cause, Nostre Seingneur avoit dit que *filii tenebrarum prudentiores erant in hoc seculo filiis lucis.*

Le mecredi dix-septieme de ce mois, le president d'Orsé avec d'autres, estans sortis de Paris pour traicter de quelque commerce et labourage avec ceux de Saint-Denis, le lieutenant Seguier leur dit qu'il ne faloit point parler de commerce ni de labourage, pour ce que tout cela n'estoit que baguenaudes. Mais s'ils vouloient parler de la paix ou de quelque bon accord, qu'ils y entendroient volontiers, pour ce qu'il sçavoit que le Roy son maistre estoit tellement las et affoibli par le sang qu'on tiroit tous les jours de ses pauvres subjets, que pour l'amour d'eux il estoit prest d'entendre à une bonne composition; mais du reste, qu'il n'en faloit point parler.

Le vendredi dix-neuvieme dudit mois, le duc de Maienne escrivit des lettres à messieurs de Paris, par lesquelles il les prioit de vouloir recevoir le duc de Feria, hespagnol, et lui faire pareil honneur et entrée qu'à sa propre personne.

Le dimanche 21 febvrier, M. le legat communia de sa main, dans la grande eglise Nostre-Dame de Paris, jusques à cent deputés pour les Estats de diverses provinces. M. Genebrard (1) y prescha; et fust son ser-

(1) *M. Genebrard :* archevêque d'Aix.

non seulement du Bearnois, des politiques, et autres semblables invectives qu'on apeloit l'evangile des Seize.

Ce jour, le curé de Saint André prescha les excommuniés; dit que le Bearnois estoit leur roi, auquel il n'estoit permis de bailler feu ni eau, ni à pas un de ceux de son parti; que ceux qui parloient à eux, pour quelque occasion que ce fust, estoient excommuniés; qui y negotioient, encore plus; qui y avoient quelque intelligence, doublement aggravés et raggravés à jamais, sans aucun espoir de ressource.

Commolet cuida se rompre les mains ce jour, à force de frapper sur la chaire, qui n'estoit cotonnée; cria que tout estoit perdu; que tous ceux qui nous gouvernoient ne valoient rien. Puis aiant songé quelque peu, dit qu'il en exceptoit quelques uns, mais non pas beaucoup.

Guarinus, qui preschoit à Saint-Jacques de la Boucherie, sans exception dit que tout n'en valoit rien.

Rose dit ce jour qu'on prist courage: que nous aurions bientost un roi, et que l'heretique ne le seroit point, non obstant les menées des principaus.

Le mardi vingt-troisieme de ce mois, on me monstra des nouvelles de Soissons escrites en ces termes: « Nous « trouvons ici force reverences, grandes esperances, « peu de forces, et moins d'argent. ». Qui estoit en peu de mots le vrai estat des affaires de la Ligue en ce temps.

Le jeudi 25 febvrier, qui estoit le jeudi gras, et le lendemain, M. Le Maistre, president en la cour, et ung nommé Besnard, avocat au parlement de Dijon, parlerent vertueusement aux Estats. Entre autres points, le president Le Maistre remonstra qu'il faloit entrer en conference avec ceux du parti contraire qui n'es-

toient heretiques; et que tant s'en faloit qu'il fust defendu, comme quelques uns le vouloient faire croire : qu'au contraire il estoit enjoint par les canons mesmes, dont il en allegua à force, et le texte d'iceux; qu'ils faisoient ce que nous devions faire. « Et pour le regard
« de l'excommunication, dit-il, je veux bien qu'ils soient
« excommuniés, encores que je n'en sache rien. Je le
« laisse à part. Mais quant ainsi seroit, pourquoi ne
« communiquerions nous avec eux, puisqu'il s'agit en
« ce fait de leur conversion? Est-ce pas une chose
« sainte et une œuvre chrestienne que nous devons tous
« pourchasser et embrasser, au lieu de la rejetter et
« l'empescher? »

M. de Lion fust aussi d'avis de la conference. Et passa à la pluralité des voix qu'elle se feroit, non obstant l'empeschement du legat et les menées des predicateurs et des Seize.

Ce jour, fust blessé un prestre de Saint-André, nommé maistre Pierre (qui estoit un vrai seize), par un autre prestre du collège d'Autun, nommé Thevenet, qui lui donna un estramasson au dessus de la cheville du pied. Dont il fust pensé et sollicité comme un bien grand seingneur, et plus soingneusement que n'eust esté le premier et le plus homme de bien de la ville de Paris.

Ce jour, messieurs les presidens d'Orsé et Videville sortirent, pour traicter avec ceux du Roy du commerce et labourage. A l'occasion de quoi ils sont mal voulus des Seize et de la Sorbonne, et preschés en chaire comme politiques par les curés de Paris.

On sema ce jour, à l'entrée des Estats, les vers suivants adressés aux Seize :

>     Messieurs, gardés que l'on s'accorde
>     Sans vous en demander avis:
>     Car aprés, sans misericorde,
>     Pourriés bien au bout d'une corde
>     Faire la moue à vos amis.

Le samedi vingtieme du present mois de febvrier, mourut à Paris un vieil bon homme d'escrivain, nommé Constans, aagé de quatrevingts ans, pauvre des biens de ce monde, mais riche en Dieu, lequel il craignoit. Qui estoit la cause que je lui aidois de ce que je pouvois.

Ce mois de febvrier fust fort froid, le commencement neigeus, et le reste sec, avec gelée fort aspre.

*Supplément tiré de l'édition de* 1736.

Le lundy premier jour de fevrier, furent trouvés aucuns placards affichés (1) sur toutes les portes du Louvre et dans les carrefours de la ville, par lesquels les Seize et leurs adhérans protestoient contre la conference demandée par les catholiques étant auprès du roi de Navarre: la déclarant par avance nulle, au cas qu'elle fût accordée, et semblablement de nul effet tout ce qui y seroit dit et resolu.

Le mardy 2 de fevrier, jour de la Purification, Pelletier, curé de Saint Jacques, dans le sermon qu'il fit dans son eglise, annonça ladite conference comme le plus grand malheur qui pût arriver à la religion, d'autant que ceux qui la demandoient étoient *des loups*

---

(1) *Placards affichés :* Ces placards contenoient un désaveu de l'accord fait pour la conférence demandée par les catholiques royaux. On proposoit deux moyens pour mettre fin aux misères de la France : le premier, d'apaiser la colère de Dieu par la pénitence ; et le second, d'élire un roi catholique pour maintenir la religion et conduire l'Etat.

*cachés sous la peau de brebis, qui ne cherchent qu'à tromper, surprendre et égorger le bercail de J. C.*

Le samedy 6 de fevrier, les Etats assemblés à Paris écrivirent aux magistrats de la ville de Rheims qu'ils attendoient avec impatience leurs députés, pour resoudre les points principaux; que pour cette fin le duc de Mayenne avoit pourvû et donné ordre pour la seure conduite desdits députés sous bonne escorte.

Le vendredy 19 de fevrier, les docteurs Prevost et Pigenat, ausquels le legat avoit donné la proposition des princes et catholiques du parti du roy de Navarre pour en avoir le jugement et la censure de la Faculté de théologie; et ladite Faculté ayant communiqué avec tout le college de Sorbonne en la maniere accoutumée, a donné un decret, authorisé de beaucoup de raisons et exemples, et textes de l'Ecriture sainte, par lequel icelle proposition est déclarée *heretique, schismatique, pleine de blasphemes, et de rebellion à l'Eglise, tenant et soutenant un heretique.* Lequel decret a été porté par lesdits docteurs au legat, qui l'a envoyé à plusieurs députés, pour être communiqué à tous les autres auparavant que l'assemblée generale donnât son avis sur ladite proposition.

Le samedy 20 de fevrier, fut faite une assemblée particuliere dans la maison du cardinal de Pelevé, à laquelle dom Diego d'Ibarra et plusieurs députés des Etats attachés au roy d'Espagne se trouverent : dans laquelle, après avoir lû et loué le decret de la Sorbonne qu'on avoit rendu public, il fut convenu de rejetter ladite proposition lorsqu'elle seroit présentée aux Etats pour deliberer sur icelle, 1° parce qu'elle n'étoit signée d'aucun prince ni seigneur catholique, mais seulement par Revol, secretaire d'Etat dudit roy de Navarre; 2° qu'elle n'avoit été faite que par la permission et congé du Roy; 3° qu'elle n'étoit qu'un artifice pour interrompre le cours des Etats; 4° que la conference étant accordée, c'est favoriser l'établissement du roy de Navarre, que ceux qui sont auprès de lui reconnoissent pour leur seigneur naturel, et roy donné de Dieu.

Le jeudy 25 de fevrier, ladite proposition fut portée aux Etats, et mise en déliberation. Toute cette séance se passa dans de grandes contestations; les uns l'ont rejettée par les raisons produites chez le cardinal de Pelevé, et à cause du decret de la Sorbonne; les autres l'ont voulu recevoir, 1° à cause de l'état des affaires presentes, de la necessité du peuple, et sur tout de la ville de Paris; 2° parce que la declaration du duc de Mayenne, publiée avant la tenuë des Etats, les convie de s'unir à luy et promet de les écouter, et que de les refuser c'est manquer à sa parole; 3° parce que les Etats doivent embrasser tous les moyens possibles pour assoupir les troubles de la religion et de l'Etat; et par autres argumens.

Après ces vives réponses de part et d'autre, il a été enfin resolu ce qui s'ensuit par un commun avis des trois ordres, savoir : Que l'on ne confereroit directement ou indirectement avec le roy de Navarre ou autre heretique, ni de chose qui concernât son établissement et obeissance, ni de la doctrine de la foy; mais que l'on pouvoit conferer avec les catholiques suivant son parti, pour les choses qui concernent la conservation de la religion, de l'Etat et repos public, et de leur réunion à l'Eglise catholique, apostolique et romaine :

le tout après en avoir conferé avec M. le legat. Et qu'à cette fin seroit faite reponse à ladite proposition, en termes les plus doux et gracieux que faire se pourroit, et sans aucune aigreur; et que, tant en la reponse qu'en la conference, on pourroit remontrer et déduire les raisons pour lesquelles on ne devoit reconnoître un heretique pour roy, ni personne qui fît profession d'autre religion que de la catholique, apostolique et romaine.

Le samedy 27 de fevrier, les Etats députerent exprès à M. le legat, pour luy apporter ladite deliberation. Ledit legat, après l'avoir luë, n'a pû cacher son ressentiment contre l'assemblée, laquelle il luy paroît avoir meprisé le decret de la Sorbonne. Mais, après plusieurs plaintes et exclamations, il l'a approuvée, dans l'esperance, a-t'il dit, que cette conference pourra servir à réunir les catholiques royalistes avec les catholiques de la sainte Union.

Le dimanche 28 de fevrier, fut faite une procession aux Jacobins.

Le même jour le Roy partit pour Saumur, où s'étoit renduë la princesse Catherine sa sœur, regente de la basse Navarre; et cependant ses troupes s'approchoient près d'Orleans, et faisoient craindre le siege de cette ville. Ce qui inquietoit grandement les Etats.

Dans le même temps le duc de Mayenne partit pour aller à Soissons, après avoir confié à ses amis le soin de faire prolonger autant qu'ils pourroient la réponse des Etats à la proposition des catholiques royalistes, et reçû parole du cardinal Pelevé que pendant son absence il ne seroit nullement parlé de l'election d'un roy, et qu'il seroit en brief de retour à Paris: son voyage n'étant que pour recevoir l'armée que conduisoit au secours de la Ligue le comte Charles de Mansfeld (1), et pareillement le duc Feria, avec son docteur don Inigo de Mendoza (2), et Jean-Baptiste de Taxis, tous deputez du roy d'Espagne pour venir en ladite assemblée.

Le lendemain, les Etats écrivirent au duc de Mayenne l'état où se trouve la ville d'Orleans, et le prient instamment de vouloir luy donner un prompt secours : sans quoi ils ne seroient point assurés dans Paris, n'ayant aucune ville aux environs qui ne soit au Roy.

Le même jour, ils écrivirent aux maires et eschevins de la ville d'Orleans qu'ils avoient donné avis audit duc de Mayenne que l'ennemi s'étoit approché jusques aux fauxbourgs de votre ville ; « et l'avons prié « de vous envoyer le secours nécessaire pour vous dé- « fendre. »

[MARS.] Le jeudi 4 mars 1593, nouvelles vinrent à Paris de Dantham, prisonnier à Melun, mis entre les mains du prevost Hardi. De quoi les Seize advertis allerent prier M. de Miraumont son gendre de lui en vouloir escrire en sa faveur : ce qu'il leur promist, encores qu'il ne les aimast guerès. Ils allerent de là

---

(1) *Le comte Charles de Mansfeld :* fils de Pierre-Ernest III de Mansfeld, et frère d'Ernest de Mansfeld, appelé par les Allemands *l'Attila de la chrétienté.*— (2) *Don Inigo de Mendoza :* Ce docteur s'étant proposé, dans un discours qu'il fit en faveur des Espagnols, de prouver le droit de l'Infante à la couronne de France, au défaut des mâles descendant d'Henri II, on observa que s'il eût été question de décider la chose par ses propres principes, ils tendoient directement à exclure l'Infante même, et à établir les anciennes prétentions des Anglais. On ne douta point, dit de Thou, que l'ambassadeur Feria, dont la mère étoit anglaise, n'eût voulu se jouer des deux autres nations, en fournissant des mémoires à cet orateur.

trouver M. de Belin; et estoit Senault qui portoit la parole, qui le supplia au nom de tous les bons catholiques (car c'estoient leurs termes ordinaires) de se vouloir emploier pour la delivrance du dit Dantham, fort homme de bien, à ce qu'ils disoient, pour ce qu'il estoit des leurs. Ce que M. de Belin leur refusa tout à plat, disant qu'il n'avoit non plus de puissance aux villes où commandoit le roi de Navarre, que pouvoit avoir pour lors le roi de Navarre à Paris. Ils importunerent fort aussi La Villemonté, pour le credit qu'ils sçavoient qu'elle y avoit; mais elle leur dit franchement qu'il n'i avoit moien aucun de sauver tels gens qu'eux, si non en ne se laissant pas prendre. On fist courir ce soir le bruit à Paris que ledit Dantham estoit apelant de la roue à laquelle il avoit esté condamné.

Le samedi sixieme de ce mois, Guarinus preschant à Saint-Jacques de la Boucherie, prescha que la ville de Paris estoit vendue, et que les monopoleurs estoient dedans; que le douzieme du mois passé elle devoit estre livrée, mais qu'il avoit esté remis au dixieme de ce mois. Et telles autres menteries et balivernes pour tousjours entretenir les affaires en trouble, et inciter le peuple à sedition; lequel toutefois estoit tellement bersé de ce costé là par les comtes ordinaires des predicateurs, qu'il n'en faisoit plus que rire et s'en moquer. Et furent sur le soir les deux vers suivans escrits contre une des murailles de la dite eglise:

> L'ambition, les doublons et la corde
> Empeschent aujourd'hui la paix et la concorde.

Le dimanche 7 de ce mois, le curé de Saint-Germain l'Auxerrois prescha des desfaites d'heretiques: toutes nouvelles faites par le duc de Guise. Lesquelles aiant esté rapportées à M. de Belin, dit qu'il n'en avoit point oui parler; ne sçavoit toutefois si le duc de Maienne en avoit envoié le pacquet audit curé premier qu'à lui.

Guarinus dit ce jour, en son sermon, qu'il avoit parlé à un parcheminier qui revenoit de Saint Denis, lequel lui avoit conté que ce gros lieutenant de Seguier lui avoit demandé pourquoi les quartiers ne s'assembloient pour couper la gorge à tous les estrangers; et qu'ils se doivent resouldre à le faire plus tost que plus tard.

Le mardi 9 mars 1593, arriva à Paris le duc de Feria, hespagnol; et y entra par la porte Saint-Antoine avec des flambeaux, à huit heures du soir. Il estoit abhillé de vert, et avoit un petit chapeau noir. Le fils du duc de Maienne (1), avec M. de Belin et l'amiral de Villars, furent au devant. Le president de Nully avoit proposé que la ville y allast; mais on trouva, par les vieux registres, que cela n'estoit accoustumé de ce faire. Le mandement envoié de la ville aux conseillers et officiers d'icelle portoit : *Pour aller recevoir le duc de Feria, venant ici de la part du roy Catholique.* Le prevost des marchans L'Huilier, avec sa robbe de prevost, accompagné des eschevins et conseillers de la ville, l'allerent attendre au logis du tresorier Raiaut (2), où il descendist, pour ce que l'hostel de Longueville n'estoit encores prest. Il y avoit là tout plain de peuple

(1) *Le fils du duc de Maienne :* Charles-Emmanuel de Lorraine, comte de Sommerive, deuxième fils du duc de Mayenne. Il étoit alors âgé de quatorze ans. — (2) *Raiaut :* Ribault, trésorier du duc de Mayenne.

amassé; mais il fust salué de peu, comme aussi quand il passa par la rue Saint=Antoine personne ne mist la main au bonnet : ce qui fust remarqué.

Ce jour, revinst à Paris le capitaine Marchant, qu'on disoit avoir esté emmené du duc de Maienne comme politique, pour n'y revenir plus. Ung seize nommé Le Normant, qui en avoit aussi esté tiré pour estre des principaux complices de la mort du president Brisson, y rentra ce jour : si bien que les politiques et les Seize reurent chacun le leur.

Ce jour mesme, furent pris par ceux du Roi dans le clos des Jacobins, prés la porte, le fils d'un quincailer de devant le Palais, riche marchant, avec un mercier dudit Palais, nommé Gaschon, pauvre compagnon chargé d'une femme grosse et quatre petits enfans. Ils estoient cinq de compagnie, dont trois se sauverent : et ces deux, pour leur en avoir esté fermée la porte des Chartreus, qui ne les voulurent retirer dedans, les voians poursuivis, furent pris et emmenés prisonniers par ceux de la garnison de Chevreuse, qui estoit une de celles qui plus tourmentoit et attaquoit de prés les Parisiens.

Le jeudi onzieme de ce mois, le prevost des marchans de Paris alla trouver le duc de Feria, auquel il fist plainte de l'insolence de ses gens, qui ravageoient tout à l'entour de Paris, mesmes à Chaliot et Auteuil, où ils commençoient d'abattre les maisons; disant audit duc que s'il n'i donnoit promtement ordre, et ne les reprimoit, qu'il ne pouvoit contenir le peuple qu'il ne les allast saccager et mettre en pieces. Auquel ledit duc respondit fort honnestement qu'ils n'estoient avoués de lui pour ce faire. Cependant qu'il le remercioit de l'avis qui lui en avoit donné, et que bientost il lui en feroit raison et justice telle qui lui plairoit, et à messieurs de Paris.

Ce jour, advis à Paris de trente mil escus en doublons arrivés d'Hespagne, exprés pour pratiquer et corrompre le plus de gens qu'on pourroit à Paris, principalement les capitaines et colonnels des quartiers et autres, aians commandement dans la ville.

Le samedi treizieme de ce mois, quelques bourgeois de Paris, de la faction des Seize, furent trouver le prevost des marchans, pour le prier de parler au duc de Feria pour leurs rentes de la ville. Lequel leur fist response qu'il n'estoit point Hespagnol, et qu'il ne lui seroit jamais reproché que pendant qu'il auroit esté prevost des marchans il eust engagé le domaine de la ville à un estranger.

Le dimanche quatorzieme de ce mois, la messe des capitaines de Paris fust solennellement celebrée dans l'eglise des Augustins, où furent leues publiquement les lettres du duc de Maienne, par lesquelles il faisoit offre aux colonnels et capitaines de la ville d'une bonne somme de deniers pour recompense de leurs services, et pour subvenir aux fatigues et frais qu'il leur convenoit soustenir pour la guerre. Ce qu'eux tous (hormis trois, à savoir Du Fresnoi colonel de la rue Saint-Honnoré, Le Roy capitaine de la rue Saint-Denis, et ung autre de la rue Saint-Antoine) refuserent fort vertueusement, aians entendu la forme des quittances qu'il falloit passer au nom du roy d'Hespagne. Dirent tout hault que ce qu'ils en avoient fait n'avoit esté pour espoir de telles recompenses : au contraire que c'avoit esté pour conserver le nom qu'ils avoient tousjours eu de vrais catholiques françois, n'aians autre but que la defense de la ville, de l'Estat et de la religion. Le colonnel d'Aubrai entre autres parla fort librement, et dit que qui prenoit s'obligeoit; et qu'il ne pouvoit tenir pour gens de bien ni bons François ceux qui en avoient pris de ceste façon, ou qui à l'avenir en prendroient. Rabusseau le gantier parla en homme de son mestier, c'est-à-dire un petit en estourdi, et autant zelé politique qu'il avoit esté zelé ligueus : jurant d'aller tuer jusques dans leurs maisons tous ceux qu'il pourroit descouvrir en avoir pris. Non obstant lesquelles responses le duc de Feria ne laissa pas, par les predicateurs ses agens et les Seize, d'en gaingner quelques uns, mais peu.

Le lundi quinzieme de ce mois, M. le doyen Seguier refusa de prendre l'argent du duc de Feria, qu'il lui vouloit bailler pour la necessité de leur chapitre; et lui dit fort vertueusement qu'il n'avoit que voir à leurs affaires ni à leur chapitre : et quant ils auroient affaire d'argent, que ce ne seroit à lui qu'ils se voudroient adresser pour en avoir. Toutefois que messieurs du chapitre le remercioient bien fort de ses honnestes offres et bonne volonté; mais au surplus qu'ils le supplioient de ne s'entremettre plus outre de congnoistre des moiens ou necessités dudit chapitre.

Ce jour, les Seize contrefirent une lettre pour Dantham, de M. de Belin à la presidente Brisson, laquelle ils lui envoierent aux champs où elle estoit par homme exprés : lequel elle retient jusques à ce qu'elle eust envoié à M. de Belin sçavoir si c'estoit lui qui avoit escrit et signé ladite lettre. A laquelle ledit seingneur de Belin fist response qu'il ne sçavoit que c'estoit, et qu'il n'avoit seulement songé à lui escrire. Et ainsi fust descouvert et eludé l'artifice des Seize, lesquels avoient dressé et supposé ceste lettre de faveur pour faire plaisir à leur compagnon.

Le mecredi dix-septieme de ce mois, nostre maistre Ceuilli prescha qu'il y avoit eu des gens de bien qui avoient pris de l'argent du roi d'Hespagne; et encores que beaucoup de bons colonnels et capitaines de Paris en eussent refusé, toutefois qu'on estoit tous les jours aprés eux pour leur en faire prendre, et qu'on esperoit qu'en fin ils en prendroient. Le curé de Saint-André dit qu'il ne sçavoit quelle difficulté quelques uns faisoient d'en prendre : quant à lui, qu'on ne lui en avoit jamais offert [1]; mais que si on lui en eust presenté, possible en eust-il pris. De dire qu'en prenant on s'obligeoit, qu'il estoit vrai; mais qu'on ne s'obligeoit à rien qui ne fust bon : car pour son regard de lui, il vouloit bien qu'on sceust qu'il aimoit mieux avoir l'Hespagnol catholique pour roy que non pas l'heretique Bearnois; et que ceux qui estoient de contraire opinion estoient vrais heretiques et politiques.

Les soldats, d'autre costé, crioient tout haut, et se plaingnoient que les pensions particulieres d'Hespagne estoient paiées à Paris devant les leur. Dom Alexandre, colonnel des Neapolitains, le dit publiquement en plain corps de garde.

Ce jour, les faux bruits suivans furent semés à Paris : que le chasteau d'Angers estoit rendu; que le diable avoit rompu le col aux garnisons de Chartres; que le cardinal de Gondi estoit à Melun, et qu'on l'y avoit

---

[1] *On ne lui en avoit jamais offert :* Il recevoit une pension et un ordinaire de madame de Nemours.

veu; et que le Bearnòis estoit passé à Villepreus, où il avoit fait prendre une poulle, qu'il avoit mangée avec ses œufs.

Tous ces bruits, à ce qu'on disoit, venoient d'un notaire ligueus de Paris, auquel on avoit fait accroire (tant il estoit sot) qu'il feroit le contrat de mariage du duc de Guise et de l'Infante; et ainsi se servoient de la simplicité de ce pauvre ignorant pour amuser les Parisiens de faux bruits.

Le vendredi dix-neuvieme de ce mois, Boucher preschant à Saint-Berthelemi dit qu'il faloit prier Dieu qu'il nous donnast un roy fils d'homme, et non pas de beste. « Car ceux, dist-il, que nos politiques deman-
« dent est fils d'une louve : chacun le congnoist bien. »
Madame de Nemours assistoit à ce beau sermon.

Ce jour, le prieur des Carmes (1), qui preschoit le quaresme à Saint André, apela le Roy coquin (vrai terme de besacier), et dist qu'il eust valu mieux avoir le Turq pour roi que non pas lui. Prescha le duc de Maienne, qu'il appela faineant, en mots tellement couverts que chacun l'entendist; et dit qu'il y avoit long temps que nous eussions esté hors de nos maux, si les grands eussent voulu : mais qu'il n'i avoit en tout leur fait que de l'ambition.

Guarinus, qui preschoit à Saint-Jacques de la Boucherie, en dit autant, et encores pis.

Le 22, 23, 24 et 25 de ce mois, bruits grands à Paris d'un siege. Les predicateurs le preschent tous les jours; et que pour s'en sauver il falloit rompre les intelligences qu'avoit le Bearnois dans la ville, et la pur-

---

(1) *Le prieur des Carmes* : Simon Fillieul.

ger des politiques et semonneus : autrement que Paris estoit perdu.

Le vendredi vingt-sixieme de ce mois, Boucher preschant la Samaritaine dit que le puis mentionné audit evangile estoit la Sorbonne ; et qu'on gardast bien de perdre ce puis.

Ce jour, le prieur des Carmes qui preschoit à Saint-André dit que les filles de Geneve se pouvoient marier à dix-huit ans à qui bon leur sembloit, sans consentement de pere, mere, ne parens ; et que pour toutes raisons elles n'estoient tenues d'alleguer autre chose que ce beau texte : *qu'il vaut mieux se marier que brusler*. Et que celles que les maris ne trouvoient pucelles se pouvoient remarier à d'autres.

Le samedi vingt-septieme dudit mois, le susdit predicateur prescha dans Saint-André le premier president de Harlai ; dit qu'estant une fois vis-à-vis de lui à l'œuvre dans l'eglise Saint-Berthelemi où il preschoit, il avoit dit qu'il y avoit un grand nombre de huguenos dans Paris que la justice ne faisoit pas semblant de voir ne congnoistre ; et que leur connivence estoit cause qu'il y avoit tant d'heretiques. De quoi ledit de Harlai offensé, et de ce qu'il l'avoit ainsi presché à son nés, l'avoit envoié querir le lendemain, pour lui demander s'il congnoissoit quelques huguenos à Paris ; que de lui, il n'en congnoissoit point ; mais s'il en sçavoit, qu'il l'en devoit advertir, afin d'y donner ordre : et non pas prescher et declamer de ceste façon en plaine chaire contre la justice. Auquel il avoit respondu qu'il n'avoit presché que la verité, et ce que tout le monde disoit et sçavoit ; et au surplus qu'il en congnoissoit beaucoup, desquels, s'il lui plaisoit, il dresseroit un rolle, et le lui apporteroit. Ce que ledit de Harlay n'avoit voulu, et avoit bien fait : car il s'y eust veu, dit-il, tout le premier, comme celui qui n'a esté toute sa vie autre, et qui ne valut jamais rien. Ce qu'il repeta par deux fois.

Le commencement de ce mois de mars jusques au huitieme fust fort froid. Le reste du mois, doux et temperé. Peu de maladies à Paris.

*Supplément tiré de l'édition de* 1736.

En le commencement de ce mois, le duc de Mayenne s'est abouché avec Suarez de Figherra, duc de Feria, ambassadeur d'Espagne, et ses collegues, qu'il a trouvés à Soissons; et dit-on qu'après aucuns propos assez piquans de part et d'autre, il a été convenu que ledit duc de Mayenne travailleroit pour faire élire royne de France dona Clera-Eugenia, infante d'Espagne; et que les ambassadeurs luy avoient promis la Bourgogne pour luy et ses descendans, le gouvernement de Picardie sa vie durant, la lieutenance générale de la Royne dans tout le royaume, de l'argent pour acquitter ses dettes; et qu'ils lui avoient donné vingt mille écus comptant, et des lettres de change pour en recevoir deux cens mille dans quelques mois.

Le jeudy 4 de mars, les Etats assemblés à Paris firent réponse à la proposition faite le 27 janvier par les princes, prélats, officiers de la couronne, et autres seigneurs royalistes; dans laquelle, après avoir marqué leur ardent désir pour la paix et pour la conservation de la religion, et avoir exalté la protection du roy d'Espagne comme un très-puissant bouclier contre l'effort des hérétiques, ils acceptent ladite conference, pourvû qu'elle soit entre catholiques seulement, et pour adviser aux moyens de conserver notre religion et l'Etat. Et pour ce qui est du lieu que les royalistes avoient proposé entre Paris et Saint-Denis, ils les prient d'avoir pour agréable le lieu de Montmartre, de Saint-Maur, ou Chaillot en la maison de la Royne; et d'y envoyer leurs députés dans la fin du présent mois, à tel jour qu'ils souhaiteront, et d'en donner avis aux Etats.

Le vendredi 5 de mars, le duc de Mayenne, avec trois mille hommes de pied et huit cens chevaux, fut joindre l'armée de Charles Mansfeld, que le roy d'Espagne envoye au secours de la ville, composée de troupes wallonnes, espagnoles et italiennes. On espere qu'elle s'approchera bien-tost d'ici, pour rendre libres les rivieres de Marne et de Seine, que les troupes du roy de Navarre tiennent depuis trois années bouclées; et qu'après elle attaquera Saint-Denys et autres lieux, qui barrent le commerce.

Le lundy 8 de mars, le duc de Mayenne a mis le siege devant la ville de Noyon avec l'armée des alliés, qui est d'environ dix mille hommes. Rosne, qui a conseillé ce siege, a écrit icy que dans peu de jours cette ville sera réduite sous l'obéissance de la Ligue : après quoy elle s'approchera de Paris.

Le mercredi 17 de mars, sur les plaintes de plusieurs envoyés de diverses villes de la Ligue qui se plaignent des impositions qui se levent ès passages des villes, ponts des rivieres et autres lieux, par aucuns particuliers qui disposent à volonté desdits deniers, sans lettres patentes ou autre pouvoir; comme aussi des rançonnemens et extorsions qui se commettent par les gens de guerre, tant de la suite des armées que des garnisons, sans respect aucun des lieux saints, de l'âge et sexe, ni du parti : les Etats en ont écrit au duc de Mayenne, et le prient de donner ses ordres pour empêcher lesdits desordres, et de vouloir ordonner aux gouverneurs et seigneurs des villes, ou commandans des armées et de garnisons et autres, de ne plus permettre la levée des tailles et contributions en deniers, bleds, vins et autres vivres, sinon par des lettres patentes duement signifiées et enregistrées. Cet ordre sera observé, en ce temps, comme mille autres.

Il fut encore deliberé d'écrire à tous les députés nommés par les villes de se rendre au plustost à l'assemblée des Etats généraux, et entre autres aux princes qui ne s'y étoient point rendus : entre autres au duc de Guise, qu'ils conjurent au nom de Dieu, auquel ils sont assemblés, de venir en la plus grande diligence qu'il lui sera possible à ladite assemblée, pour ne point perdre la bienveillance des Etats et du peuple, et la gloire de sa maison; l'assurant que sa presence sera pour eux une puissante armée pour la ruine des ennemis de l'Etat.

Ensuite fut luë une lettre des maires et eschevins de la ville d'Orleans, contenant un triste détail de la misere dans laquelle cette ville est réduite depuis six ans, étant bloquée jusques sur les fossez, et privée de tous moyens; ayant porté sans aucune aide les frais des garnisons et des pauvres habitans; étant le théâtre sur lequel l'ennemi joue ses plus cruelles tragedies, sans qu'on en ait eu jusques ici aucune commiseration, quelques remontrances que cette ville ait faites à Son Altesse le duc de Mayenne. Et finissent ladite lettre, qu'en vûe de leur fidélité et de leur affection ils s'interessent auprès de Son Altesse pour la venir secourir.

Le vendredy 19 de mars, fut repondu par les Etats à une lettre des députés d'Orleans, dans laquelle, après avoir pris part aux incommodités et mésaises des habitans de la ville d'Orléans, et leur avoir promis tous les remedes possibles pour les secourir, ils les pressent d'envoyer leurs députés aux Etats, où ils sont désirés autant pour prendre leurs conseils, que pour être témoins des diligences de l'assemblée pour leur donner contentement. Enfin ils les exhortent de ne point perdre la gloire qu'ils ont acquise par leur constance et leur courage, mais bien de l'augmenter en resistant à toutes sortes d'entreprises des ennemis, attendant que monseigneur le duc de Mayenne pourvoie à toutes leurs necessités : de quoi ils les sollicitoient incessamment.

Le même jour, fut donné avis au duc de Mayenne de l'état des villes d'Orleans, de Rheims, et de Selles en Berry : cette derniere ville étant assiegée par le baron de Biron, dont la perte en entraîneroit plusieurs autres.

Le mardy 30 mars, fut reçue et lûe la réponse des catholiques royalistes, qu'on attendoit de jour en jour : elle étoit signée par Revol, un des secrétaires du roy de Navarre, et cachettée des armes du cardinal de Bourbon. Elle porte en substance qu'après avoir attendu un temps considérable la résolution des Etats sur la proposition faite par les royalistes, le roy de Navarre étoit parti de Chartres auparavant que ladite résolution y arrivât; et pareillement que les princes et plusieurs officiers de la couronne étoient partis, ausquels ceux qui sont demeurés icy ont écrit la reception de votre réponse, afin qu'au plustost ils se rendent à

Mante pour vacquer à cette affaire. Cependant les princes et seigneurs qui sont encore ici leur rendront, dans le quinziéme du mois prochain, une plus ample résolution sur le lieu et les suretés qui regardent la conference, en attendant qu'il leur plaise d'avertir les princes et seigneurs qui reconnoissent Sa Majesté, des noms ou de la qualité et nombre des personnes qu'ils voudront députer, afin d'avancer la conclusion.

Le mercredy 31, le duc de Feria fut averti de ladite réponse. Il craignit que les Etats ne commençassent ladite conference auparavant l'élection d'un roy, pour laquelle il étoit venu. C'est pourquoi il a fait demander audience à l'assemblée, pour lui notifier la charge qu'il avoit du Roy son maître. Les Etats ont déliberé qu'ils lui donneroient ladite audience le second du mois prochain.

[AVRIL.] Le jeudi premier avril 1593, on entra extraordinairement aux Estats pour deliberer touchant le duc de Feria, qui y devoit venir le lendemain.

Le vendredi 2 avril, le duc de Feria vinst aux Estats, où il harangua, et leur presenta des lettres de creance de la part de son maistre. Le cardinal Pelvé s'estoit chargé de la response, comme aussi il la fist en latin, avec autant d'incongruités que de mots. Dont fust apelé par les deputés de Bourgongne *l'asne rouge*.

Le dimanche quatrieme de ce mois, le duc de Feria fist trois pains benists à Saint-Germain de l'Auxerrois, qui estoient seulement de quatre escus chacun. Le peuple y accourust à foule, mesme des autres paroisses; et s'entrebatoit à qui en auroit : tant est sote la devotion d'un peuple.

Ce jour, M. Dauger, advocat en la cour de parlement à Paris, monstra à un mien ami des lettres que j'ai veues, que M. Bodin lui escrivoit de la ville de Laon en Picardie, par lesquelles il lui mandoit que la revolution de l'année ne passeroit point que n'eussions un repos; et que ceux qui ne vouloient rompre, maugré qu'ils en eussent, seroient contrains de ploier; et qu'il se souvinst que tout ce qu'il lui avoit dit estoit avenu. Ce M. Dauger avoit sauvé la vie à Bodin aux Barricades.

Ce jour, le colonnel Passart, accompagné de quelques uns qu'on tenoit pour politiques, se proumenant sur le quai de Saint-Germain, refuserent recevoir en leur compagnie Senault, Sanguin et deux autres, pour ce qu'ils estoient des seize : leur disans qu'ils allassent au diable, les tenans plus excommuniés que les huguenos, encores qu'ils eussent esté autrefois de la confrairie à laquelle non moins de dix mil à Paris avoient renoncé, depuis la mort du president Brisson

Le mardi sixieme de ce mois, fust advisé aux Estats de mander au duc de Maienne de venir, et l'en supplier de la part de tous les deputés, qui autrement estoient en opinion de se retirer. Le cardinal Pelvé aiant pris la charge de lui escrire, mist au bas de la lettre que M. le legat et le duc de Feria lui avoient enchargé très-expressement de lui escrire que sa presence en ce lieu estoit très-necessaire. Messieurs des Estats aiant veu cette adjonction, voulurent qu'on rayast ces deux lignes, pour ce qu'ils ne vouloient ni n'entendoient que les estrangers se meslassent aucunement de leurs affaires. Sur quoi ils deputerent M. le president de Nully pour l'aller trouver, et lui porter ceste parole. Auquel le cardinal Pelvé, pour response, lui dit des injures et l'appela coquin : aiant ledit cardinal trouvé estrange qu'une ame hespagnole comme la sienne se fust chargée de ceste commission. Le president de Nulli en fist instance et plainte aux Estats, comme d'une injure redondante plus sur eux que sur lui : lesquels lui envoient Besnard, avocat de Dijon, chargé de lui remonstrer le mescontentement qu'ils avoient de la peu sage response qu'il avoit fait au president de Nulli. Toutefois qu'aians esgard à son aage et à sa qualité, ils vouloient oublier le tout; mais au surplus qu'il faloit que les mots qu'il avoit mis au bas de sa lettre fussent raiés, et qu'ils n'en feroient autre chose. Tellement qu'en fin la lettre fust envoiée sans ceste glose.

Bruit faux à Paris, ce jour, de la mort de messieurs de Vicq et d'O, qui continua vingt-quatre heures.

Alarme à Saint-Denis, pour avoir esté trouvée une piece d'artillerie remplie de gravier à l'embouchure du canon.

Ce jour, Boucher prescha que le Bearnois faisoit prescher son heresie plus que jamais, et qu'il avoit envoié querir jusques à six vingts ministres pour en remplir les villes où il commandoit.

Le mecredi septieme de ce mois, Commolet qui preschoit à Saint-Jean, expliquant ce passage : *Dic nobis palàm qui es tu?* le faisant tumber sur le Roy, dit qu'on lui en pouvoit demander autant. Que s'il vouloit dire apertement sans faintize qu'il vouloit estre catholique, sans demander d'estre instruit, et toutes ces petites raisons-là, il seroit le premier qui fleschiroit le genouil et le reconnoistroit; et qu'il n'espousoit en cela ne princes ne princesses, se contentant moiennant qu'il suivist Jesuschrist. De quoi il fust censuré, et s'en desdit le lendemain; comme aussi il avoit presché tout le contraire le dimanche de devant.

Ce jour, Madame arriva à Mantes, où elle presida au conseil, et fist prescher publiquement dans ladite ville. Dequoi les predicateurs advertis l'appellent en leurs sermons la Jezabel françoise, et disent qu'elle fait la Roine mere, aiant tousjours à sa queue et à ses talons une douzaine de diables, comme de chiens courans.

Le jeudi huitieme de ce mois, Rose preschant à Saint-Cosme, dit qu'il y avoit un apostat qui preschoit en son evesché, qui avoit accoustumé de dire, au commencement de son sermon : « Nous prierons Dieu pour « maistre Guillaume Rose, desvoié de la foi, à ce qu'il « plaise à Dieu le ramener en la droite voie. » Cet apostat estoit le petit Chauveau, curé de Saint-Gervais (1).

Ce jour, Guarinus, qui preschoit à Saint-Jacques de la Boucherie, dit qu'il n'i avoit plus de religion parmi nous; que ce n'estoit plus qu'ambition; que ces beaux Estats qu'on tenoit c'estoit la cour du roy Petault, où chacun vouloit estre maistre; qu'il n'i avoit celui de tous nos gouverneurs qui n'aspirast à estre roi, et que c'estoit à qui emporteroit le morceau; et que pour l'avoir on s'estoit voué et donné à tous les diables. Et autres sots propos et scandaleus, pour lesquels le legat le tansa, et lui defendit la chaire. Mais elle lui fut incontinent rendue par l'intervention des sorbonnistes.

Le vendredi neuvieme de ce mois, Rose prescha à Saint-Cosme que le Roy estoit un fils de p..... et un bastard, et qu'il se vantoit d'estre descendu de la race

(1) *Curé de Saint-Gervais :* Chauveau avoit été privé de sa cure par les Seize.

saint Lois : mais qu'il avoit menti. De quoi le comte de Brienne, qui assistoit à son sermon, ayant esté fort offensé, dit que sans le respect du duc de Maienne il l'eust poignardé au sortir de sa chaise; et que ce n'estoit, à faire à un homme de sa profession de denigrer ainsi publiquement d'un roy, et imposer si vilainement à un peuple en une chaize de verité. De quoi ledit Rose adverti alla trouver le comte de Brienne pour s'en excuser; lequel lui respondit qu'il y avoit longtemps qu'on lui avoit dit qu'il estoit un fol, et qu'il l'excusoit pour ce qu'il estoit un badin.

Ce jour, le prieur des Carmes prescha à Saint André que la conference estoit arrestée à jeudi prochain, qui estoit le jeudi absolut, jour auquel Nostre Seingneur avoit esté trahi; qu'il n'en esperoit rien de bon. Toutefois que ceux qui l'avoient bastie disoient que c'estoit pour mettre ce coquin de Bearnois en son tort : mais qu'il estoit plus meschant et plus fin que nous; et que, voyant qu'il n'avoit peu estre receu à Romme, taschoit par telles conferences à attirer le peuple à soi. Mais qu'il ne falloit non plus avoir de communication avec lui qu'avec le diable d'enfer; et qu'en se signant du signe de la croix, il le falloit chasser, disant : *Vade, Satana.*

Le mecredi 14, arriva à Paris un trompette du Roi. La conference remise au mecredi d'aprés Pasques.

Le jeudi quinzieme de ce mois, qui estoit le jeudi absolut, les troupes de l'amiral de Villars, sorties de Paris le jour de devant, rentrerent à minuit dans la ville, aiant rencontré les troupes du Roy en teste, estendues vers Monfort et tous ces quartiers là. On disoit qu'elles avoient joué des esperons.

Le vendredi seizieme, jour du vendredi oré, le predicateur de Saint-André preschant la Passion, fist des contes de Henri de Valois, lequel il injuria, pratiquant mal le fruit de la Passion, et monstrant par ses propos qu'il ne l'avoit gueres devant les yeux, et encores moins au cœur. Entre autres propos il dit que le feu Roi (qu'il appela ce meschant Henri de Valois), à la derniere procession qu'il avoit fait faire à Paris, où estoient portées les reliques, voiant la couronne d'espines de Nostre Seingneur, avoit demandé en se moquant s'il estoit bien possible que Jesuschrist eut la teste si grosse.

Le mathurin de Saint-Germain de l'Auxerrois, blasphemant ce jour en plaine chaire, accompara la mort des feus de Guise à celle de Jesuschrist.

Le mardy vingtieme de ce mois, derniere feste de Pasques, on tinst les Estats pour nommer les deputés pour la conference : laquelle fust arrestée au jeudi prochain 22 de ce mois, au logis de la Roine à son hermitage de Chaliot ; puis remise au samedi, du samedi au lundi, et du lundi au jeudi 29 de ce mois. Aucuns la mettoient à Lonchamp, autres à Chaliot, selon la premiere proposition ; et les autres à Surenne, où elle demeura.

Le dimanche de la Quasimodo, vingt-cinquieme de ce mois, le curé de Saint André et Boucher prescherent la guerre sur ce mot de leur evangile : *Pax vobis*. Comme aussi fist l'aprés disnée dans Saint-André le prieur des Carmes, qui dit que la pucelle alloit trouver un rufien pour parlementer ; prescha M. de Lion, les evesques et autres, qui avoient esté d'avis de la conference : disant que quelque chose qu'ils dissent, qu'ils n'estoient point catholiques, mais adherans et fauteurs de l'heretique. Qu'on ne devoit l'endurer; et que si la conference avoit lieu, et qu'on en vinst à une paix, qu'ils se donnassent garde hardiment : car il y auroit du sang respandu, et à bon escient, pour ce que la vraie paix de Dieu estoit la guerre aux heretiques, politiques, fauteurs et adherans d'iceux.

Celui de Saint-Nicolas des Champs, aprés mille injures vomies contre le Roy, apela ceux de Paris par plusieurs fois des badaus et des cailletes, de penser qu'un relaps se fist jamais catholique. Cependant, au commencement de son sermon il pria Dieu pour le duc de Maienne, qui devoit estre ici en brief : ce qu'on trouva estrange de lui, et encores plus de Boucher, qui le recommanda fort ce jour, aussi bien que le curé de Saint-André.

Le lundi vingt-sixieme de ce mois, jour et feste Saint-Marc, qui venoit au dimanche, mais fust remise à ce jour de lundi, nostre maistre Benoist, curé de Saint-Eustace, prescha aux Augustins contre le Roy : ce qu'il n'avoit accoustumé de faire; l'apela relaps, et qu'on ne le pouvoit avoir pour roy; qu'il y avoit deux mois qu'on estoit sur l'election d'un autre; et qu'il devoit estre fait il y a long temps. Et autres sots propos plus estranges de lui que d'un autre, pour ce qu'il n'avoit gueres accoustumé d'en tenir que de bons.

Ce jour, furent semés et affichés à Paris, par les quarrefours, des placcards contre tous ceux qui alloient à la conference, qui la trouvoient bonne et qui en estoient; lesquels ils apeloient là dedans traistres, politiques, adherans et fauteurs de l'heretique et de ce meschant Bearnois, que les bons catholiques ne vouloient reconnoistre pour roy, encores qu'il se fist catholique, comme estant un maudit relaps et excommunié; et qu'ils vouloient avoir un roy vrai et franc catholique, qui fust grand, fort et puissant, pour les defendre. Ce qu'aiant esté rapporté à madame de Nemoux par frere Daniel, augustin, son confesseur, dit qu'ils auroient un roy voirement, mais que ce seroient ses fils qu'ils leur bailleroient : non pas tel possible qu'ils demandoient, ni à leur appetit, mais tel qu'il leur faudroit : monstrant ladite dame contenance d'estre faschée contre eux.

Un nommé Le Riche, aprés avoir leu un de ces beaux placcards plaqués au quarrefour Saint-Sevrin, dit tout haut que c'estoient des fils de p..... qui l'avoient fait, et qu'ils n'i avoient pas mis leur nom. Sur quoi aiant esté hué par quelques uns des Seize qui se trouverent là, fust defendu par un autre survenant, qui en arracha un, et dit qu'il faloit pendre et estrangler, comme meschans et seditieux, ceux qui avoient fait les placcards, avec tous ceux qui les soustenoient. Mais ce quarrefour se trouvant fort de seize, il fallust que l'un et l'autre se teussent et se sauvassent. Les aucteurs des placcards furent apelés à Paris protestans, semonneus et desavoueus, pour ce qu'aux dits placcards tous les trois y estoient.

Le mardi vingt-septieme de ce mois, les Estats assemblés firent plainte des placcards, comme y allant de leur honneur; requirent qu'information et justice fust faite de ceux qui s'en estoient meslés; protesterent, à faute de ce faire, de se retirer.

Ce jour, nostre maistre Martin, un des Seize, preschant à Sainte-Croix de la Bretonnerie, devient fol en preschant, parle de chanter la messe aprés disner. Enfin estant descendu de la chaise, fust reconduit en son logis, où il devint tellement enragé qu'il le falust lier.

Le mecredi vingt-huitieme de ce mois, fust semée dans les Augustins la baguenauderie suivante, imprimée en forme de placcard, où il y avoit aussi peu de raison que de rithme :

> *Memoire des politiques qui doivent estre pendus au bout du pont Saint-Michel à Paris.*
> *Chambelan, Briou, La Rue et Daubrai seront pendus à Paris le 12 may.*

Ce jour, nostre maistre Cœilli, curé de Saint-Germain de l'Auxerrois, prescha que la conference se faisoit à meilleure fin qu'on ne pensoit, et que c'estoit pour tirer la noblesse catholique à nous, et la retirer du parti du Bearnois : lequel, quelque chose que les politiques jargonnassent, ne seroit jamais roy, voire quand il se feroit cent fois catholique. « Contentés « vous, mes amis (va il dire), que je le sais fort bien; « et qu'il est tout arresté, quelque bonne mine qu'il « fasse, de ne point le recevoir. Au surplus, j'ai veu les « placcards : le commencement en est bon, mais la fin « n'en vault rien. Ce sont les politiques qui les ont « faits. »

Ce jour mesme, M. de Belin dit tout haut que si le roy de Navarre se faisoit catholique, il voioit la noblesse en bonne disposition de le reconnoistre. A quoi quelques gentilshommes qui estoient là vont respondre : « Oui, deussent tous les mutins, avec les Seize de Pa-« ris, en crever. »

Ce jour mesme, le colonnel Passart se plaignant des Seize à M. de Belin, ledit sieur l'apelant son pere,

lui dit : « Mon pere, laissés-moi là ces gens, et ne vous
« y arrestés point : car tout ce qu'ils remuent, c'est de
« grande peur qu'ils ont d'estre pendus; et si ai doute
« à la fin qu'ils en passeront par là. »

Ce jour, fust desbouchée à Paris la porte Neufve,
pour aller le lendemain à Surene à la conference.

Le jeudi vingt-neuvieme de ce mois, la conference
commença à Surene, où les uns et les autres s'embras-
serent et s'accolerent, avec grande demonstration de
reconciliation et amitié. M. de Rambouillet seul, pour
l'opinion que ceux de Paris avoient conceue qu'il estoit
un des principaux motifs et conseillers de la mort de
ceux de Guise, demeura sans caresse, et ne fit-l'on
semblant de le congnoistre. De quoi il fust tellement
indigné qu'il en pleura.

Au sortir de la porte Neufve, un grand peuple amassé
pour voir sortir ceux de la conference cria tout haut :
« La paix! Benis soient ceux qui la procurent et la de-
« mandent! disoient-ils. Maudits et à tous les diables
« soient les autres! » Ceux des villages par où ils pas
sent se mettent à genoux, et leur demandent la paix à
jointes mains.

Ce jour, Senault dit tout haut dans le Palais que
c'estoient des canailles que les politiques, qui rejettoient
sur les Seize les placcards dont ils estoient aucteurs eux
mesmes; et ce, afin de plus en plus disgracier les bons
catholiques.

Le vendredi dernier de ce mois, on retourne encores
à la conference : de quoi les predicateurs crient et se
formalisent. Les Seize en enragent, les gens de bien
s'en resjouissent, et la voix du peuple pour la paix se
renforce.

En ce mois d'avril, les ministres, qui n'aprehendoient pas moins la conversion du Roy que les theologiens et predicateurs de Paris, se trouvant fort bien unis et d'accord en ce point, allerent trouver le Roy, pour sonder Sa Majesté sur le grand bruit qui couroit partout qu'il s'alloit faire catholique. Auxquels le Roy fist response qu'ils ne creussent rien de tout cela : ains qu'ils s'assurassent de lui pour ce regard, comme il leur avoit tousjours protesté, qu'il ne changeroit jamais sa religion, d'autant que ce qu'il en avoit tousjours fait et faisoit estoit par science et par conscience.

En ce mois courust à Paris la copie suivante d'une plaisante lettre escrite à M. d'O par Nicolas (1), secretaire du Roy, qui se disoit de l'Union, et toutefois n'estoit ni catholique ni politique ni seize, ains homme qui croiioit en Dieu seulement par benefice d'inventaire. Au surplus fort bien venu et aimé des grands, pour le plaisir qu'ils tiroient de ses faceties et rencontres fort à propos.

### Lettre de Nicolas à M. d'O.

« Monsieur, vos lettres m'ont apporté un grand contentement d'avoir veu que parmi les travaux, miseres et grandes affaires que vous avez, n'oubliez vos anciens serviteurs; dont je suis trés joyeux, et le serois davantage si librement je pouvois aller à Fresne parmi ces belles allées, en l'ombrage, dire ce que l'on a sur l'estomach, pour soulager le mal de rate. Ce sera quand il plaira à Dieu nous en faire la grace; et s'il y en a aucuns qui empeschent le bien et repos publicq, je les donne à autant de diables qu'il y a de poils d'herbes au

---

(1) *Par Nicolas* : Simon Nicolas, l'un des poëtes du roi Charles IX.

pré aux Clercs. Je ne jouis de rien, et suis miserable; et si ce n'estoit l'esperance que j'ai au parti de la sainte Ligue et Union pour la conservation de mon ame, ou du moins que j'en serai exempt du purgatoire, je fusse à la suite des reliques saint Loys. Ma grande porte cochere n'est plus visitée : il n'i entre plus que des vens coulis, qui donnent des tranchées. Elle est fermée tout le jour, l'herbe y croist à suffisance pour paistre un troupeau de moutons. Anciennement on y souloit heurter avec les pieds : qui estoit un trés bon signe, pour ce que ceux qui heurtoient en ceste façon avoient les mains pleines de gibier, bouteilles, pastés, fruits, et autres provisions propres au corps humain. Le tout à mon honneur, grandeur et suffisance.

« Maintenant on y frappe à grands coups de marteau, qui esveille mes voisins comme si le feu estoit en la ville, ou qu'il y eust une grosse alarme. Et puis un gros valet habillé de clinquant qui n'est pas creu en son jardin, avec la moustache rebroussée, et un brave sang-Dieu entre à l'instant, qui me fait commandement d'obeir promtement à l'ordonnance du colonnel, à laquelle il faut tost satisfaire et se taire. Si vous avez des banquiers de l'hostel-Dieu, comme vous me dites, qui prendront mon argent à rente si je leur veux donner, je vous remercie de vostre bon advis : nous avons ici des enfans de la messe de minuict qui cherchent Dieu à tastons, lesquels au lieu de prendre de l'argent à rente prennent les biens des absens, politiques, heretiques, mescreans, fauteurs, adherans, et autres telles sortes de gens tenans le parti contraire. Brief, s'ils ont aucunes inventions, ils ont encores meilleures mains : si bien que rien ne leur eschappe. Par ainsi, il n'i a pas faute de voleurs d'une part et d'autre. Je sçai que vous desirez le repos du roiaume, et que vous y travaillez; continuez, monsieur, et ne vous lassez de faire une si bonne œuvre. Beaucoup de gens de bien et d'honneur vous en sauront gré; et moi pour mon particulier, comme le moindre, je vous baise trés humblement les mains, priant Dieu, monsieur, vous avoir en sa sainte et digne grace.

« A Paris, le premier jour de mars 1593. »

La constitution du temps de ce mois d'avril fust à Paris fort diverse, toutefois tenant plus du froid et de l'humide qu'autrement ; beaucoup de defluxions et cathairres.

*Supplément tiré de l'édition de 1736.*

Le jeudi premier avril, fut chanté à Notre-Dame le *Te Deum* pour rendre graces à Dieu de la prise de la ville de Noyon, qui s'étoit rendue à composition le 30 du mois dernier, après près de trois semaines de siege; pendant lequel Antoine d'Estrées [1], qui en étoit le gouverneur, fit périr trois mille des assiegeans pour conserver cette nouvelle conquête. Le duc de Mayenne y a mis le regiment de son fils, sous le commandement de François Blanchard de Cluseau.

Le même jour, les Etats ont écrit au duc de Mayenne pour le feliciter de l'heureux succès de ses entreprises,

[1] *Antoine d'Estrées* : Il étoit fils de Jean d'Estrées, seigneur de Valieu et de Cœuvres, et épousa Françoise Babou, de laquelle il eut plusieurs enfans, entre autres Gabrielle d'Estrées, qui fut mariée à Nicolas d'Amerval, seigneur de Liancourt. Gabrielle fut maîtresse de Henri IV, qui la fit marquise de Monceaux, puis duchesse de Beaufort.

et pour le supplier de venir au plustost que faire se pourra, afin d'aviser à la résolution principale de l'assemblée (l'élection d'un roy), attendu que la longueur peut apporter beaucoup d'incommodités et dommages aux affaires publiques, et que les ennemis se fortifient tous les jours aux environs de cette ville, ainsi que nous l'en avons deja plusieurs fois averti.

Le vendredy 2 d'avril, le duc de Feria s'est rendu dans la cour du Louvre sur les quatre heures du soir; les Etats ont député deux evêques, deux gentils-hommes et deux conseillers du tiers Etat, qui l'ont reçû au pied du grand escalier. Au haut dudit escalier il a été reçû par le cardinal Pelevé, plusieurs prelats et principaux de l'assemblée, qui l'ont mené dans la salle jusques au daix, sous lequel il y avoit trois chaises : une au milieu, couverte d'un tapis de velours violet semé de fleurs de lys d'or, et plus relevé que les deux autres, laquelle est vuide, pour montrer qu'elle attendoit un roy. Le cardinal s'est assis dans celle de la main droite, et le duc de Feria dans celle de la main gauche. Lorsque tous ont été placés, le duc de Feria a fait une harangue en latin; le commencement de cette harangue contient un détail circonstancié des services que le roy d'Espagne a rendu de tout tems à la France, depuis que le venin de l'heresie y a pénétré sous François II, Charles IX, Henry III, et surtout depuis la mort du duc d'Alençon, qui est l'époque des premiers désirs du prince de Bearn au sceptre de ce royaume, en unissant ses forces à celles des seigneurs de Guise. Par le même secours, cette noble ville, Roüen et autres ont encore été conservées, sur le point qu'elles se voyoient perduës; et cela dans un tems où Sa Majesté Catholique a quitté ses propres affaires, à son grand préjudice et desavantage, laissant toujours pardevers vous des serviteurs de merite, pour vous assister de leurs avis au milieu de vos difficultés; et entretenant des gens de guerre dont la solde excede ja six millions d'or, sans que le roy Philippe s'en soit prevalu d'aucun profit. Non content de cela, il a travaillé pour la convocation et assemblée de ces célèbres Etats; et pour ce, il a sollicité nos saints peres les papes d'épouser votre cause, offices et secours, que nul royaume de la terre n'a jamais experimentés dans de semblables necessités. Et pour y porter un prompt remede, il m'a envoyé à vous pour vous faire entendre de sa part que votre conservation consiste à élire un roy zelé pour la religion, et puissant pour vous défendre et garentir de vos ennemis : vous promettant son ancienne amitié, et de vous continuer le même secours, voire plus grand s'il est besoin, etc.

Après cette harangue, il a présenté au cardinal de Pelevé, président de l'assemblée, la lettre suivante, qui a été luë publiquement par M. de Piles, abbé d'Orbé, secretaire des Etats.

### Lettre du roy d'Espagne.

« Dom Philippe, avec la grace de Dieu roy d'Espagne, des deux Siciles, de Hierusalem, etc.

« Nos reverends, illustres, magnifiques et bien aimés, je désire tant le bien de la chrétienté, et en particulier de ce royaume, que voyant de quelle importance est la resolution qu'on traite pour le bon établissement des affaires d'iceluy, jaçoit qu'un chacun sçache ce qui a été ci-devant procuré de ma part, et quelle assistance j'ai donné et donne encore à present, je ne me suis néanmoins contenté de tout cela; ains ay voulu en outre déleguer par devant vous un personnage de telle qualité qu'est le duc de Feria, pour s'y trouver en mon nom, et de ma part faire instance que les Etats ne se dissolvent qu'on n'aye au préalable résolu le point principal des affaires, qui est l'election d'un roy, lequel soit autant catholique que le requiert le tems où nous sommes, à ce que par son moyen le royaume de France soit institué en son ancien estre, et derechef serve d'exemple à la chrétienté. Or puisque je fais en ceci ce qu'on a vû et qu'on voit, la raison veut que ne laissiez pas de là écouler cette occasion et opportunité, et que par ce moyen j'aye le contentement de tout ce que je mérite en l'endroit de votre royaume, en recevant une satisfaction : laquelle, quoique elle vise purement à votre bien, j'estimerai néanmoins être fort grande pour moi-même. Et partant j'ai voulu vous admonester tous ensemble, vous qui marchez pour le service de Dieu, de faire voir maintenant et montrer par effet tout ce de quoi vous avez jusques à present fait profession, attendu que ne sçauriez rien faire qui soit plus digne d'une si noble et si grande assemblée : comme plus particulierement vous dira le duc de Feria, auquel je me remets.

« De Madrid, le 2 de janvier 1593. Le Roy; *don Martin de Idiaqs.* »

A cette harangue, le cardinal Pelevé, président de l'assemblée, a repondu par une autre beaucoup plus longue, qui a roulé sur le bonheur de la France lorsqu'elle étoit gouvernée par des roys catholiques, qui non-seulement avoient prévenu que les heresies ne pénétrassent dans le royaume, mais encore avoient secouru ses voisins pour les chasser de leurs Etats; sur les malheurs que l'heresie avoit causé dans la France; sur les grandes obligations qu'on avoit au zéle du roy Catholique, qui avoit pris la defense de la religion par toute la terre. Et a continué jusques sur la fin les éloges dudit Roy, le béatifiant par avance, annonçant que Dieu en recompense de ses travaux l'elevera aux tabernacles des bienheureux, et qu'il viendra au devant de lui avec une infinité de peuples qu'il a retirés des tenebres de l'infidelité, et mille milliers d'anges portant en leurs mains des couronnes de gloire; et tout cela pour porter l'assemblée de contenter ledit Roy dans l'election d'un roy, en reconnoissance de ce que la France lui doit.

Le lundy 5 d'avril, les Etats délibererent d'accepter la conference, le lieu et le tems proposés par les royalistes, et de nommer douze personnes d'honneur et d'integrité, experts dans les affaires, et zelés pour la religion catholique et pour le repos du royaume: dont ils ont donné avis aux royalistes, les avertissant que, pour la sureté mutuelle, il sera donné de part et d'autre des passeports en blanc, pour être remplis des noms des deputés.

Le mercredy 7 d'avril, le duc de Feria, fâché que les Etats eussent consenti à ladite conference, assembla dans son logis plusieurs députés de son parti, pour chercher les moyens pour rendre cette conference infructueuse, et qu'elle ne retardât pas l'élection d'un roy.

Le même jour, fut reçuë et luë dans l'assemblée des

Etats une lettre de M. le duc de Guise, qui les assure de se joindre à eux, et d'employer son pouvoir, ses biens et même sa vie pour les interests communs; et leur demande quelques jours de délay, sur l'esperance qu'il a d'un combat entre M. de Nevers et lui : après lequel il obéira à l'assemblée, et à M. le duc de Mayenne son oncle.

Le vendredy 9 avril, fut enterré un grand personnage ( le président Charlet) dans sa chapelle dans l'église des Augustins. Sa candeur, son affabilité le font regretter de tous ceux qui l'ont connu.

Le mardy 13 d'avril, les royalistes ont envoyé un passeport en blanc à l'assemblée, afin qu'elle le remplisse des noms de douze députés, ou plus, qu'elle choisira pour assister à la conference acceptée des deux partis; et ont demandé un passeport pour un pareil nombre, qu'ils choisiront pour la même fin. Et quant aux lieux que les Etats leur ont nommés dans la lettre du 5 du même mois, sçavoir Montmartre, Saint-Maur ou Chaillot, ils leur paroissent trop petits pour loger les députés de chaque part; et leur proposent Saint-Germain en Laye ou Aubervilliers, dans l'un desquels tous les députés peuvent loger commodement.

Le jeudy 15 d'avril, l'assemblée fit reponse aux royalistes qu'elle leur envoyoit un passeport pour tel nombre de leurs députés qu'ils souhaiteront; qu'ils acceptent le lieu d'Aubervilliers, celui de Saint-Germain étant trop loin et incommode, pour la difficulté des bacs; qu'ils ont député trois des leurs pour aller reconnoître ledit lieu, et le moyen de s'y loger, pour lesquels ils les prient de leur envoyer un passeport; que s'ils pouvoient se trouver samedy ou lundi prochain à midy au village de La Chapelle, ils iroient tous ensemble sur le lieu marquer les quartiers pour les uns et pour les autres; et qu'au cas que ledit lieu ne se trouvât pas commode, il sera donné pouvoir aux députés de part et d'autre de s'accommoder ensemble d'un des trois lieux proposés dans le commencement, lequel sera agréé de part et d'autre.

Le vendredy 16 d'avril, les députés des Etats et surtout les Parisiens, qui depuïs la prise de Noyon par le duc de Mayenne attendoient de jour en jour que son armée victorieuse s'approcheroit de Paris, pour déboucler le haut et le bas de la riviere de Seine, apprirent que ladite armée, deja fort diminuée, soit par le siege, soit par les grands froids, les neiges et les pluyes, soit par la division et les mécontentemens advenus entre les Walons, les Allemands et les Italiens, dont la plûpart s'étoient debandez faute de solde, n'étoit plus en état de venir les secourir, et qu'elle avoit pris le chemin de Flandres. Cette nouvelle cause une tristesse qui paroît sur tous les visages des habitans. De plus, que le duc de Mayenne, qui devoit se rendre au plutôt à Paris pour accelerer l'élection d'un roy, étoit allé à Rheims pour conferer avec les princes de sa maison.

Le mercredy 21 d'avril, les trois deputés de part et d'autre sont partis, les uns de Paris et les autres de Saint-Denys, pour aller reconnoître les lieux autour de Paris, pour y tenir cette fameuse conference que les deux partis paroissent désirer. Mais par divers motifs, et après avoir parcouru tous ces differens lieux et avoir contesté sur chacun, ils ont choisi unanimement le bourg de Surene près Madrid, joignant l'abbaye de Longchamp. Ce lieu choisi, ils ont appellé un paysan, à qui ils ont donné un quart d'écu pour jetter le sort à croix ou pille sur le département des logis. Il est arrivé que la croix est échûe au parti des catholiques, et le quartier du village où est l'église : ce qu'on dit être un bon présage, pour la sainte Union, qui croit à la croix et à l'Eglise.

Le vendredy 23 d'avril, ont été nommez de la part des Etats, pour assister à la conference, messieurs Pierre d'Espinac, archevêque de Lyon; François Pericard, évêque d'Avranches; Geoffroy de Billi (1), abbé de Saint-Vincent de Laon; André de Brancas de Villars; François Averson, Pierre Jeanin, Jean-Louys de Pontalier, Louys de Montigny, Nicolas Du Pradel, Jean Le Maistre, Estienne Bernard, Honoré Dulaurens, et le sieur de Villeroy, lors absent. De la part des royalistes : messieurs Renaud de La Beaune, archevêque de Bourges; François Le Roy de Chavigny, Nicolas d'Angennes-Rambouillet, Gaspard de Schomberg, Pompone de Bellievre, Godefroy Camus de Pontcarré, Jacques-Auguste de Thou, Louis Revol, et de Vic, gouverneur de Saint-Denys.

Les deux partis ont donné pouvoir reciproquement à leurs deputés de se trouver en ladite conference, de faire des ouvertures, des propositions, d'entendre et de répondre selon leur prudence pour tout ce qui pourroit servir à la réunion des catholiques, à la conservation

---

(1) *Geoffroy de Billi :* Il fut d'abord religieux de l'abbaye de Saint-Denis, ensuite abbé de Saint-Vincent de Laon, de Saint-Jean d'Amiens, et enfin évêque de Laon. Il composa divers ouvrages, et traduisit le Mémorial et le Manuel de Grenade, avec quelques autres pièces. Il étoit frère du fameux Jacques de Billi, abbé de Saint-Michel-en-l'Erme.

de la religion catholique romaine, et au bien et repos de l'Etat.

Le samedi 24 d'avril, le president Le Maître et le sieur Du Vair, chargés par les Etats pour examiner les oppositions qu'on avoit faites dans plusieurs séances contre la reception du concile de Trente, que le legat poursuivoit avec ardeur, ont presenté à l'assemblée vingt-trois articles qui blessent les droits de la couronne et les libertés de l'Eglise gallicane; lesquels par ordre de l'assemblée ont été enregistrés, avec promesse d'en donner copie à qui la demanderoit.

Le jeudi 29 d'avril, fut tenue à Surene la premiere séance entre les deputez royalistes et ceux des Etats. Les derniers, avant de partir, ont été trouver le legat, qu'ils ont conduit à la chapelle de la Royne, où il a dit la messe, à laquelle le cardinal Pelevé et plusieurs prelats ont assisté. Après la messe, le legat s'est assis, et leur a fait un discours pour animer leur zele, leur fidelité pour les interêts de Dieu. Il leur a mis devant les yeux l'exemple de saint Pierre le Martyr, dont on fait aujourd'hui la feste, lequel, étant prêt de souffrir le martyre, écrivit en terre de son propre sang *Credo in Deum*, pour témoigner sa foy et son zéle invincible; et leur a donné sa bénédiction. Ils se sont rendus à Surene, où peu après sont arrivés les royalistes, avec lesquels ils se sont entretenus avec des marques de bonté et d'amitié reciproque. Les deputés des Etats ayant reconnu que Rambouillet étoit du nombre [1] des royalistes

---

[1] *Rambouillet étoit du nombre :* La duchesse de Guise avoit appris que Nicolas d'Angennes, seigneur de Rambouillet, étoit au nombre des députés royaux : et comme elle croyoit qu'il avoit contribué à la mort de son mari, elle demanda que ce seigneur ne fût pas admis à la conférence.

qui devoient assister à la conference, les ont priés fort doucement et civilement de témoigner audit Rambouillet qu'ils seroient très-aises qu'il se fût excusé de prendre cette charge; et les ont priés de vouloir lui en parler, attendu ce qui s'étoit passé aux États de Blois. A quoi ils repondirent que cela regardoit ceux qui les avoient commis; mais que dans la suite ils feroient tout leur possible afin que ce cas n'interrompît pas la conference. Et aussi-tôt ils ont pris leurs places, ont vérifié les passeports, reconnu leurs pouvoirs reciproques, mis ordre à leur garde; et proposerent une cessation d'armes de part et d'autre, de quelques lieuës à la ronde.

Le lendemain 30 d'avril, les deputés des Etats sont partis des Etats pour aller à Surene, où ils sont arrivés environ une heure après midy; et auparavant de s'asseoir ils ont demandé aux royalistes si le sieur de Rambouillet devoit prendre place à cette conference, vû le soupçon que madame de Guise avoit qu'il n'eût conseillé la mort du duc de Guise. Il leur a été répondu qu'il ne leur appartenoit pas de resoudre cette question, ni de défendre audit sieur de s'y trouver. Sur quoy lesdits deputés des Etats dirent qu'ils ne pouvoient continuer la conference qu'ils ne fussent satisfaits sur ce point; et se sont retirés sur l'heure à une chambre à part, et les royalistes aussi.

Sur quoy le sieur de Rambouillet leur a fait dire qu'ils agréassent de l'écouter. Messieurs de Lyon, d'Avranches, de Belin et de Jeanin ont été deputés pour l'entendre; et après plusieurs propos de part et d'autre, M. de Lyon lui dit qu'ils n'étoient point pour ouir ses justifications ni pour l'accuser, mais pour représenter le retardement que sa présence apporteroit aux affaires; que cependant ils porteroient sa satisfaction à madame de Guise; et qu'il le prioit, pour le bien du public, de vouloir s'excuser de sa députation. A quoy ledit Rambouillet repliqua qu'il ne pouvoit le faire sans se faire un grand tort, et sans l'agrément de ceux qui l'avoient deputé.

Les députés des Etats ont voulu s'en retourner; mais M. de Schomberg leur ayant promis de faire tout le possible pour leur donner contentement, ils rentrerent dans la conference, prirent leurs places, mais ne voulurent point entrer dans les principales affaires qu'après l'arrivée du duc de Mayenne, qui étoit en chemin pour se rendre à Paris.

Cependant, en attendant d'accorder la cessation d'armes, il fut accordé de part et d'autre qu'on manderoit aux garnisons de ne faire aucune course ni acte d'hostilité, et qu'on accorderoit des passeports, et qu'on donneroit des gardes pour la sureté des deputés royalistes, qui demeuroient à Surene. Et pour ce leur a été offert cinquante arquebusiers et un officier.

[MAY.] Le samedi premier de may 1593, les ministres, reprenans les debordemens du Roy et du peuple, remirent la cene qui se devoit faire le lendemain à une autre fois : disans que veu les grands desbordemens et peschés tant du peuple que de ceux qui lui commandoient, lesquels continuoient et se renforçoient tous les jours, elle ne se feroit point, pour ce que Dieu estoit par trop courroucé.

Bruit faux ce jour à Paris, que le Roy avoit assisté à la procession.

Ce jour, Rose prescha M. de Lion à son nés en la chapelle de Bourbon, avec tous ceux de la conference. De quoi estans fort scandalizés, M. de Lion leur dit qu'il estoit permis à un fol de parler de tout le monde.

Le dimanche 2 may, le curé de Saint-André des Ars fist son sermon entier de la conference, qui dura deux heures entieres, depuis huit heures du matin jusques à dix ; approuva les placcards, encores que Senault, son grand gouvernant et bon paroissien, eust dit que c'estoient les politiques qui les avoient faits ; dit que la conference ne valoit rien ; que ceux d'ici, qui avoient esté nommés pour en estre, l'avoient esté premierement par le Bearnois, du parti duquel ils estoient ; que les autres estoient tous heretiques : nomma M. Demeri entre autres, et Revol, qui n'estoit simplement catholique, mais bigot. Que la fin de ladite conference seroit une sedition à Paris, par laquelle on ouvriroit la porte à l'heretique ; qu'il faloit prier Dieu pour M. le duc de Maienne, qui avoit rompu une fois le coup aux semonneus, qu'il le rompist encores à ceux ci ; et que c'estoient les mesmes trames, encores que le bon prince possible ne le pensast pas. Que les plus gros de Paris avoient ja serré et enlevé les bleds en leurs greniers, et qu'on ne pouvoit plus avoir de pain, à fin de faire crier au peuple la paix ; et que c'estoit un artifice pour introduire l'heretique dans la ville. Au reste, qu'il sçavoit bien ce qu'on diroit de lui, ce qu'on en avoit dit, et tout ce qu'on en disoit : c'est qu'il ne faloit croire le curé de Saint-André, pour ce qu'on lui avoit donné, comme aux autres, des dalles et des doublons. Ce qui estoit faux, ni que jamais on lui en eust présenté ; dont il estoit bien marri : car si on lui en eust offert, il les eust pris. Au reste, qu'encores qu'il fust François, toutesfois qu'il aimoit mieux avoir un estranger catholique pour roy, que non pas un François qui fust heretique : ce qu'il leur avoit dit assez souvent, et le repetoit encores tout haut, afin qu'ils ne l'oubliassent pas, et qu'ils l'allassent dire hardiment partout, s'ils vouloient. Et tinst plusieurs autres propos scandaleus et injurieus contre le Roi : lequel il appela tigre et fils de p....., exhortant le peuple à ne le recevoir jamais, quelque profession de religion qu'il fist, pour ce que ce n'estoit que piperie et hipocrisie; et qu'un relaps comme lui n'estoit bon qu'à brusler.

Commolet au contraire, ce jour mesme, en termes exprés, condamna en son sermon les placcards, comme meschans et seditieus; loua la conference, dit qu'il faloit prier Dieu pour ceux qui s'emploiioient à un si bon ouvrage. De Moraines, dans l'eglise Saint-Germain, en dit autant; et qu'il faloit prier Dieu pour la conversion de l'heretique. Les curés Saint-Eustace, Saint-Supplice et Saint-Gervais prescherent de mesme ce jour, louans la conference, et condamnans les placcards comme seditieus. Entre autres choses le curé Saint-Eustace dit qu'il n'i avoit que les meschans qui craingnoient que l'yssue de la conference ne nous amenast une paix, par la conversion de l'heretique : qui estoit toutefois ce que nous devions souhaitter, et prier à Dieu; mais qu'il avoit grande peur que nous n'aurions ne l'un né l'autre, pour ce que nous estions trop meschans, et que nous nous rendions indignes d'un si grand bien par la continuation de nos vices et blasphemes.

Les autres predicateurs de Paris pour la plus part prescherent comme celui de Saint-André, blasmans la conference, et disans qu'il ne faloit point du Roy pour tout, ni catholique ni huguenot : l'apelant loup, relaps et excommunié.

Le lundi 3 may, on entretinst le Roy quelque temps des sermons faits le jour de devant à Paris, et des divers advis des predicateurs sur sa conversion. A quoi il sembloit prendre quelque plaisir, pour ce qu'il y presta l'oreille assés long temps. Et se levant, dit à quelcun de la religion qui estoit prés de lui : « Si je « voulois bien tromper nos gens, j'attendrois à me re- « souldre à quand nos maistres seroient d'accord. Seriés « vous point de cest advis? Je croi qu'ils en auroient « pour long temps. »

Ce jour, s'esleva un bruit de la mort du Bearnois à Paris; qui estoit trés-veritable, et qui en trompa du commencement beaucoup : car pour ce qu'à Paris on n'apeloit le Roy que *le Bearnois*, la plus part croiioient que le Roy estoit mort, jusques à ce qu'on eust asseurance d'un brave soldat du parti du Roy surnommé *le Bearnois*, qui estoit mort et avoit esté tué. Ce qui fist tourner la nouvelle en risée.

Ce jour, M. de Lion estant malade, fust saingné, et n'alla point à la conférence; mais les autres ne laisserent d'y aller, et mesme M. de Belin.

Ce jour, les Wallons voulurent forcer la porte Saint Denis, à faute d'estre paiés. Et y fust blessé Du Conroy, capitaine.

Ce jour mesme, fut fait commandement à Sainct-Denis, à ceux de la religion, de se retirer, avec defenses de ne prescher à dix lieues à l'entour. De quoy le Roy adverti, et plainte lui en estant faite par ceux de la religion, respondit qu'il ne sçavoit que c'estoit.

Bien avoit-il dit qu'il ne vouloit qu'en son absence on y preschast, et que lesdits de la religion eussent à se contenir modestement sans scandale en leurs maisons; autrement qu'on les mist dehors. Autre chose n'avoit il entendu. Ce pendant ce bruit, venu à Paris, resjouist beaucoup de gens, comme estant un bon commencement pour la paix.

Le mardi 4 may, la treufve fust criée pour dix jours, pour aller à quatre lieues de Paris sans passeport. Ce que le prevost des marchans avoit tousjours empesché, pour ce qu'il disoit, et non sans raison, qu'il ne demeureroit personne dans la ville; et que ce seroit une occasion aux garnisons estrangeres, jointes avec beaucoup de canailles qui estoient dedans, de faire quelque entreprise. Toutefois à la fin le cri des pauvres prisonniers de Paris prevalut, qui avoient envie d'aller aux champs voir leurs maisons, bien que ruinées. Tellement que dés le matin on vid ceux de la rue de Brilboucher se botter, faire provision de pastés et bouteilles, pour prendre tousjours ce bon temps en attendant mieux. Cependant la conference cessa pour ce jour, et personne n'i alla; et parla M. de Belin deux heures avec dom Alexandre, colonel des Neapolitains. Ce qui fist entrer tout plain de gens en discours.

Le jeudi 6 mai, M. de Belin estant sorti de Paris pour aller à la conference, retourna tout court, ayant eu advis de la venue du duc de Maienne en ceste ville, où il arriva par la porte Sainct-Denis, avec messieurs les ducs de Guise et d'Aumale, en brave conche et compagnie de bien mil chevaux, entre lesquels y en avoit de six à sept cents de combat. Et à voir leur mine, n'avoient point contenance de gens qui eussent envie de se rendre et recongnoistre le Roy : car ils portoient eux-mesmes la garbe (¹) de roys, au moins de gens qui eussent eu bien envie de l'estre.

Ce jour, sortirent plus de six ou sept mil personnes de Paris pour aller aux Vertus. M. de Vicq fit tenir ouvertes toutes les portes de Sainct-Denis, et voulut qu'on receust indiferemment toutes personnes venantes de Paris, mesmes les hommes sans passeport, en laissant leurs espées à la porte.

Le samedi 8 may, M. de Vicq alla à Nostre-Dame des Vertus faire ses devotions, où un grand peuple de Paris le vid, auquel il fist dire que le Roi s'en alloit estre catholique, et qu'on eust à prier Dieu aux processions pour lui et pour sa conversion ; permist aux femmes d'entrer à Sainct-Denis sans passeport, mais non aux hommes.

Le dimanche 9 may, M. de La Chastre, gouverneur d'Orleans, arriva à Paris. Les champs estoient noirs de peuple allant à Sainct-Denis et à Notre-Dame des Vertus faire ses devotions. De quoi la plupart des predicateurs de Paris crierent et se formaliserent fort, disans qu'on n'avoit garde d'y voir les bons catholiques; et qu'ils aimoient mieux demeurer ici à jeusner, que non pas de faire grande chaire avec des excommuniés. Ce qu'aiant oui prescher le duc de Maienne, demanda le soir à Nicolas ce qui lui en sembloit ? A quoi Nicolas respondit que pour son regard il estoit bon catholique, et de la saincte Union ; mais qu'il ne croiioit pas que les viandes des excommuniés ( comme ils preschoient) peussent prejudicier au salut de son ame.

Ce jour de dimanche 9 du mois, le Roy estant à

(¹) *La garbe* : la fierté.

Mantes se trouva au presche que fist le ministre Damours, lequel, sur le bruit general et la resolution qu'on disoit estre prise par Sa Majesté de se faire catholique, le menassa fort du jugement de Dieu s'il le faisoit, parla à lui sur ce subject d'une grande vehemence et hardiesse : si que messieurs le cardinal de Bourbon et d'O, l'un aprés l'autre, estans venus trouver le Roy sur les propos qu'ils avoient entendus que ledit ministre avoit tenus trop insolens et hardis, le prierent d'en faire justice, et ne le pas endurer. Mais Sa Majesté baissant la teste sans leur respondre autre chose, leur dit à tous deux, et à l'un comme à l'autre : « Que « voulez-vous ? il m'a dit mes verités. »

Le mecredi 12 may, la feste des sainctes Barricades fust solemnisée et chommée à Paris avec plus de ceremonies que jamais ; tous les princes et seingneurs se trouverent à la procession, en laquelle furent portés les corps saints. Boucher fist le sermon dans Notre-Dame, où il exalta cette journée, et dit que c'estoit la plus sainte et heureuse qui fust jamais au monde ; prescha que dans la ville de Rheims s'estoient trouvés six Charles protecteurs de la foy ; que nous estions embourbés il y avoit longtemps, et qu'il estoit temps de se desbourber(1); que ce n'estoit à tel boueux que la couronne de France appartenoit, mais à un de ces Charles le preux : comme s'il eust voulu designer le duc de Maienne qui estoit vis à vis de lui, accompagné des autres princes et seingneurs, qui tous s'en moquerent. Puis parlant du Roy, dit que les heretiques et politiques n'en vouloient point d'autres que le Bearnois, et

(1) *Desbourber* : Il avoit pris pour texte de son sermon : *Eripe me de luto, ut non infigar.*

taschoient de persuader aux Estats de le recevoir en se faisant catholique. « Mais comment, messieurs, dist-il, « voudriez-vous bien faire espouser la couronne de « France à un gibet? car celui qu'on vous demande est « un meschant relaps, heretique, excommunié, qui « n'est bon qu'à jetter dans un tombereau pour le me-« ner au gibet. » Ce que j'ai oui de mes aureilles. Et au sortir de là j'entendis un gentilhomme de bonne façon qui dit à un autre : « Par le vrai Dieu, voila un « maistre fol, » parlant dudit Boucher. Et m'estant enquis qui il estoit, on me dit que c'estoit un des principaux deputés de la Bourgongne, et des plus grands catholiques, qu'on nommoit le baron de Talmet.

Le jeudi 13 mai, le duc de Feria proposa au conseil de faire l'infante d'Espagne roine de France; allegua les grands merites, puissance, forces et secours que le Roy son maistre avoit depuis trente ans emploié pour maintenir et conserver la religion en France. Auquel Rose va respondre tout en colere (mais fort à propos, ce disoit-on, pour un fol) que le roi d'Hespagne n'avoit rien fait en tout cela qu'il ne deust faire, voire et bien davantage pour la religion; qu'il en attendoit son loier là haut aux cieux. Mais quant à la terre, que les loix fondamentales de ce roiaume enervoient sa proposition, pour ce que par icelle on ne pouvoit avoir un roi hespagnol.

Ce jour, la conference continua; et la continuation de la surseance fust publiée pour huit jours à quatre lieues de Paris. De quoi les predicateurs crient plus que devant, et le peuple s'en resjouist.

Le samedi 15 mai, on void force bleds à la Halle et à la Greve à Paris, mais fort cher, à cause qu'il n'i avoit point de taux. Le froment à neuf escus, et le seigle à vingt francs.

Le dimanche 16 mai, le curé Saint-André des Ars, criant à son ordinaire contre la paix qu'il estoit bruit qu'on vouloit faire, dit qu'il ne faloit jamais recevoir le Bearnois, quelque abjuration qu'il fist, pour ce que ce ne seroit qu'hipocrisie; et qu'il sçavoit, d'un qui l'avoit veu, qu'il n'i avoit que huict jours qu'il estoit allé au presche le tabourin sonnant, accompagné de sa garde de Suisses.

Ce jour, arriva de Mantes à Paris le fils de M. Mazurier, conseiller à la cour, qui asseura que le Roi estoit catholique, et qu'il avoit assisté à la procession : ce qui estoit faux.

Le lundi 17, les lansquenets arrivés à Paris furent logés pour la pluspart à l'Université et dans les colleges avec les veaux et les vaches, qu'on apeloit les escoliers de l'Université.

Ce jour, un pauvre crocheteus estant au bout du pont Saint-Michel à Paris, chantoit tout haut : *Da pacem, Domine*, etc. De quoi un prestre qui passoit par là commença à le tanser et injurier, l'apelant politique. Mais ce pauvre homme criant encores plus haut, lui dit : « De quoi te formalizes tu, maistre Jan? Elle ne « sera pas pour toi ni pour le curé Saint-Jacques : ce « n'est que pour les gens de bien. Quand il seroit là, je « lui dirois qu'il n'en jouira jamais, non plus que toi, « ni tous ceux qui te ressemblent. »

Le mardi 18 may, ung savetier de Paris fust pris prisonnier et mené à M. de Maienne, pour avoir maudit et donné à tous les diables, en homme de son mestier, tous ceux qui empeschoient la paix et avoient envie de faire la guerre; et ce, pour un commandement qu'on avoit fait à ceux du parti contraire de vider la ville, sur peine de la hart. Ce qu'on disoit que le duc de Maienne avoit fait publier à neuf heures du soir, contre les formes ordinaires, à cause de la querelle de M. l'amiral et du chevalier Breton. Et avoit on dit audit duc de Maienne que ce pauvre savetier l'avoit maudit : ce qu'il nioit, et dit audit de Maienne qu'il avoit simplement donné la guerre au diable, pour ce qu'elle le faisoit mourir de faim. Sur quoi le dit duc l'avoit renvoyé chez lui, le menassant du fouet si lui eschappoit plus tels propos. Dont quelques seize qui estoient là murmuroient, et prierent M. de Maienne leur bailler entre leurs mains pour le faire boire. Auxquels ledit de Maienne respondit que, pour un savetier, leur parti n'en seroit gueres plus foible ni plus fort.

Le mecredi 19, M. L'Amiral et le chevalier Breton (1) se voulant battre, en furent empeschés par le duc de Maienne, qui leur en fist faire defenses par les Estats.

Le dimanche 23 may, le curé de Saint André des Ars cria en sa chaire, aprés le Roy, *Au loup!* Dit que les prieres des Rogations avoient esté premierement instituées contre la rage des loups qui devoroient les hommes; qu'à plus forte raison on les devoit faire aujourd'hui contre la rage de ce furieux loup de Bearnois, qui vouloit entrer dans la bergerie; et qu'il y avoit eu un bon loup qui avoit dit en ceste ville que ce grand loup s'estoit defulé (2) quand il avoit veu passer la procession. « Meschant qu'il est, dit-il, je sais au contraire

---

(1) *Le chevalier Breton* : Il avoit été gentilhomme du duc d'Alençon.
— (2) *S'estoit defulé* : s'étoit découvert, avoit ôté son chapeau.

« qu'il chantoit des psalmes pendant qu'elle passoit.
« On vous dit qu'il sera catholique, et qu'il ira à la
« messe : eh, mes amis, les chiens y vont bien. Et si
« vous dirai davantage que s'il y va une fois, la religion
« est perdue : il n'i aura plus de messes, ni de proces-
« sions, ni de sermons. Et cela est aussi vrai comme
« Dieu est au saint sacrement de l'autel que je vais
« recevoir.

« On me dira là dessus que je n'appele point la con-
« version de l'heretique, mais sa mort; au contraire
« je la souhaite et desire, et n'empesche point qu'il soit
« receu pour penitent en l'Eglise : mais pour roy je
« l'empesche, et plus de cent mille avec moi. Badaux
« que vous estes, qui ne congnoissez pas que ce viel
« loup fait le regnard, seulement pour entrer et man-
« ger les poules! Car d'estre jamais autre qu'hereti-
« que, il n'est et ne le sera : mesme dimanche dernier
« et jeudi encores, il fust au presche, et le sais de ceux
« qui l'y ont veu. Mais quoi! nos bons politiques, qui
« contrefont tant ici avec nous les bons catholiques,
« aiment ce *ventre saint-gris* : c'est un luron qui
« leur plaist, pour ce que ce sont pourceaux à qui ce
« loup promet de remplir la panse, qui est tout ce
« qu'ils cherchent. De moi, mes amis, je ne puis croire
« que nos princes entendent jamais à aucun accord, et
« ne puis croire ce qu'on en dit : car c'est chose hor-
« rible à penser seulement, qu'on veuille avoir paix
« avec un diable, un loup, un heretique, un viel re-
« laps, un excommunié, un vilain et un bastard comme
« lui. Que s'il estoit question de faire la paix, il y a
« cinq ans que nous souffrons : pourquoi a-t'on tant
« attendu? que ne l'a-t'on faite plus tost, sans nous faire

« tant languir? Ha, pauvre peuple, pensez y; ne l'en-
« durons point, mes amis! plustost mourir. Prenons les
« armes : ce sont armes de Dieu, encores qu'elles soient
« materielles; car c'est contre les ennemis de Dieu. Un
« bon ligueur ( et je vous declare que je le suis, et que
« j'y marcherai le premier ) vaincra tousjours trois et
« quatre politiques. Ils ne sont point gens pour nous,
« més que nous nous voulions bien entendre; mais
« il se faut aider. Qui frappe le premier, se dit-on, a
« l'avantage. Je sais bien qu'il y en a ici qui diront, au
« sortir, que je suis un seditieux, et qu'il me faut jetter
« dans un sac en l'eau. Pleust à Dieu que je le feusse
« pour la gloire de mon Dieu! On a bien dit qu'on me
« feroit quelque jour rostir en la broche, avec encores
« un plus homme de bien que moi; et que nous ne
« preschions que le jeusne, mais que nous aimions
« bien les lardons. Patience! Au reste, mes amis, je
« sais qu'il y en a beaucoup, et mesme de cette paroisse,
« qui sont allés à Sainct-Denis et y vont tous les jours,
« et estans là vont ouir la messe. Je vous declare que
« les messes et services qu'on dit à Sainct-Denis et ail-
« leurs, aux villes de l'obeissance qu'ils appellent, ne
« valent rien; et que tant ceux qui les disent que ceux
« qui y assistent sont tous meschans et excommuniés. »
Desquelles paroles plusieurs assistans et des plus
grands catholiques furent fort scandalizés, entre lesquels j'estois, qui pris plaisir, au sortir, de faire le
present extrait de ce venerable sermon.

M. de Saint-Eustace ce jour, present le duc de
Maienne, appela meschans ceux qui disoient qu'il ne
falloit recevoir l'heretique se convertissant. Commolet
prescha entre les deux. Le pere Besnard comme celui

de Saint-Eustace; le curé de Saint-Supplice de mesme; celui de Saint-Germain de l'Auxerrois, Saint-Jacques, Saint-Cosme, la Magdeleine, Saint-Benoist, et toute la kyrielle, enfilerent une suitte de toutes sortes d'injures des plus exquises du mestier contre le Bearnois, tendans à fin de non recevoir, quelque catholique qu'il fust.

Ce jour, le duc de Maienne courant la bague aux Tuileries, tumba de dessus son cheval si lourdement, qu'on fist incontinent du bruit comme s'il eust esté mort; mais estant relevé, dit tout haut ces mots : « Ce n'est « rien; je ne suis pas encore mort, Dieu merci! » afin que personne ne s'en resjouisse davantage, ni ne s'en fasche. Voulant dire qu'il sçavoit que de sa mort beaucoup en seroient bien aises, et d'autres faschés.

Le mardi 25, le duc de Mayenne fist fermer les portes à Paris, à cause de la querelle de Villars et du chevalier Breton.

Ce jour, un bon nombre d'ecclesiastiques, unis avec les Seize, allerent trouver le duc de Maienne pour empescher la paix qu'il estoit bruit qu'on vouloit faire. Contre lesquels les politiques s'estans assemblés le lendemain, allerent jusques au nombre de quarante prier le duc de Maienne pour la paix; et estoit le commissaire Normand qui portoit la parole. Ils en revinrent aussi sages les uns que les autres, l'intention dudit duc estant cachée aux plus habiles.

Ce jour, le duc d'Aumale dit à Paris, à un gentilhomme qui estoit au Roy et parloit librement en presence du duc de Maienne, qu'il y avoit une bastille à Paris pour ceux qui ne parloient comme il falloit. Auquel le gentilhomme respondit qu'il ne la craingnoit point, et qu'il avoit bon maistre; et qu'il estoit à un plus grand que lui, qui sçauroit bien avoir raison du tort qu'on lui feroit. Sur quoi le duc de Maienne fist le hola; et retirant son cousin d'Aumale qui menassoit le gentilhomme, fist sortir et evader l'autre.

Le jeudi 27 may, jour de l'Ascension, Boucher qui preschoit à Saint-André, où estoit madame de Nemoux, dist que c'estoient tous pendards que ceux qui demandoient le Bearnois pour roy, en se faisant catholique : car c'estoit un pendu condamné sans apel, qu'ils prenoient à un gibet, et un malheureux hipocrite qui ruineroit la religion, pour laquelle il n'eust seu pis venir de dire qu'il allast à la messe : car il n'i avoit point de bon catholique qui le desirast. Au surplus, que les politiques avoient joué, le jour de devant, d'un plat de leur mestier, quand ils s'estoient assemblés pour demander la paix; que tous les larrons, les paillards, les bougres, les incestueus, les heretiques, faussaires, atheistes, et tous les desesperés et meschans garnemens de Paris, estoient de ceste compagnie, et qu'on n'i en remarqueroit point d'autres; et qu'il faloit s'assembler, pour aller par devers Monseingneur le supplier de vouloir purger la ville de ces pestes et ordures; ou autrement que tout estoit perdu.

Ce jour, non obstant les crieries de Boucher et l'opposition des ecclesiastiques et des Seize, les politiques s'estans assemblés jusques à cent ou six vingts, allerent trouver le prevost des marchans, et le menerent avec eux sur M. de Belin, demandans à parler au duc de Maienne. Celui qui portoit la parole estoit un nommé Desmoulins, avocat. M. de Belin leur fist assez bon recueil, hors mis qu'il leur dit que M. de Maienne ne trouvoit gueres bonnes ces grandes assemblées; et qu'il eust trouvé meilleur qu'ils eussent signé leur requeste, et baillé par escrit ce qu'ils demandoient, lui presentans en la plus petite compagnie qu'ils pouroient. Auxquels ils respondirent qu'ils estoient prests de ce faire, pourveu qu'on leur permist de s'assembler; et qu'ils s'asseuroient, cela estant fait, de la faire signer à plus de dix mil. A quoi M. de Belin dit que c'estoit beaucoup; que de lui il y apporteroit ce qu'il pourroit : comme aussi feroit M. de Maienne, de ce qu'il en avoit peu connoistre. Mais qu'une paix ne se faisoit pas ainsi, et que l'affaire meritoit bien qu'on y pensast. Quant à leur necessité, qu'il ne l'ignoroit point; mais que M. du Maine en avoit d'autres à contenter aussi bien comme eux. Et comme ils poursuivoient pour la paix, qu'il y en avoit qui faisoient poursuite au contraire pour la guerre, qui estoient gens que le duc de Maienne ne pouvoit pas esconduire comme l'on pensoit; et qu'il estoit comme necessité de les contenter, pour n'avoir pas peu servi à ceste cause (entendant des Seize). A quoi quelcun de la compagnie respondit qu'ils ne savoient à quoi telles gens avoient servi, si ce n'estoit à tout ruiner et gaster; que tant s'en faloit qu'on fust tenu à eux, et que M. de Maienne se deust mettre en peine de contenter telles gens; qu'il n'i avoit homme qui les congneust mieux, ni à quoi tous leurs desseins tendoient. Aussi leur en avoit il donné la recompense qu'ils meritoient. « Et vous mesmes, monsieur, lui dirent ils, « vous savez ce qu'ils vous ont voulu faire! » Auxquels il respondit en riant que cela estoit passé, et qu'il falloit tout oublier. Au reste, qu'il verroit M. de Maienne, et feroit pour eux ce qu'il pourroit; qu'il alloit partir pour trouver ceux de la conference, et les prier ne trouver estrange s'il ne leur avoit point fait de response. Là dessus ils lui dirent qu'ils n'estoient deliberés de s'en departir et de leur juste requeste, qu'ils n'en vissent une fin; et que la grande necessité qu'ils avoient les rendoient importuns : car ils n'en pouvoient plus. Lors le prevost des marchans leur dit qu'il pensoit que la treufve leur seroit accordée à dix ou douze lieues de Paris. Auquel ils respondirent qu'ils n'en vouloient point, et qu'il la faloit generale. A quoi M. de Belin dit qu'elle vaudroit mieux voirement; qu'il l'avoit desja dit à M. du Maine, et qu'il lui diroit encores. Et ainsi se departist ceste assemblée.

Le vendredi 28 may, ceux de la cour de parlement, assemblés despuis trois heures après disner jusques à six, sur les pretentions du duc de Feria pour l'infante d'Hespagne, et abolition de la loi salique, font par M. Hotoman, advocat du Roy, entendre au duc de Maienne, qui lors estoit au bailliage du Palais, la resolution de la cour en trois mots, qui estoient qu'*ils ne pouvoient ni ne devoient*. M. Molé, procureur general, entre les autres parla fort vertueusement, et dit au duc de Maienne que sa vie et ses moiens estoient à son service : qu'il en disposeroit comme il lui plairoit; mais qu'il estoit vrai François, estoit né François et mourroit François; et devant que d'être jamais autre, il y perdroit et la vie et les biens.

Ce jour, le duc de Maienne, adverti que les colonnels Marchant et Passart avoient tenu quelques propos de se barricader, comme si par là ils l'eussent voulu menasser, les manda, et leur dit qu'il avoit entendu qu'ils parloient de barricades : mais qu'il en vouloit estre. A quoi les autres eurent recours aux negatives, rejettant tout sur les seize, et lui jurants qu'ils n'i avoient jamais pensé. De quoi le dit duc se contenta, et cependant leur dit fort bien que les premiers qu'il sçauroit avoir tenu tel langage, fussent des seize ou autres, il les feroit pendre incontinent, sans autre forme ne figure de procés.

Le samedi 29 may, le docteur Mandosze, depuis neuf heûres du matin jusques à onze, declama en latin aux Estats contre la loy salique, le duc de Maienne y assistant; sans la presence du quel on disoit qu'il eust esté interrompu : car chacun secouoit la teste en se moquant. Ceux de la cour et des comtes ne s'y voulurent trouver.

Le dimanche 30 may, le curé de Saint-André declama contre la paix; dit que les politiques ressembloient aux grenouilles qui font *coac, coac*, et grenouillent tousjours *paix, paix, paix*; appela badaux ceux qui estoient allés aux champs à Saint-Denis, et à Nostre Dame des Vertus; et les femmes de sotes caillettes, qui alloient exprés pour voir ce grand nés de Bearnois. Cria contre ceux qui deschiffroient les sermons des predicateurs; qu'il sçavoit bien qu'on timpanizeroit le sien, et qu'on diroit qu'il estoit un criart : mais qu'il ne s'en donnoit peine; que le mestier des predicateurs estoit de crier : et pourtant qu'on l'apeleroit criart tant qu'on voudroit, mais qu'il ne lairroit de crier, voire encores plus fort qu'il n'avoit fait. Au sortir de son sermon et de sa messe, une de ses paroissiennes, nommée madamoiselle Guibert, voiant passer son plat accoustumé qu'on lui portoit pour son disner, de chez madame de Nemoux, commença à dire tout haut : « Je ne m'estonne « pas si nostre curé veult tousjours crier et en con-

« ter! si on m'en envoiioit autant, je babillerois bien. »

Ce jour, Lucain (1), qui preschoit à la chapelle de Bourbon devant les deputés, apela le Roy mirloret, et le repeta par plusieurs fois. Au sortir, le baron Du Bord, qui estoit des deputés, dit audit Lucain que ce n'estoit pas bien parlé à lui, et que le nom de mirloret lui convenoit mieux et à Rose aussi, que non pas au roy de Navarre.

Ce jour mesme, le curé de Saint-Supplice dit qu'il falloit prier Dieu pour la paix, et pour la reconciliation et reunion des uns avec les autres : autrement que nous ne pourrions recevoir le Saint-Esprit; nous menassa des Turcs, au cas que nous ne nous voulussions amander.

Le lundi dernier may, à la sollicitation des curés de Paris et de la Sorbonne, qui remonstroient qu'à la bonne feste les eglises seroient vides si on recevoit la treufve et si on la recrioit pour dix jours, comme il avoit esté advisé et arresté, ladite treufve fut recriée jusques au vendredi seulement; dans lequel temps fust enjoint aux habitans de revenir à la ville.

Ce jour, les ecclesiastiques unis avec les Seize allerent trouver le duc de Maienne, auquel ils parlerent hautement, protesterent contre la paix, et lui demanderent un roy : lequel les renvoya pour s'en desfaire aux Estats, et les amusa de paroles.

Ce jour mesme, le duc de Maienne manda un nommé le commissaire Normand, et lui dit qu'il avoit entendu qu'il se mesloit de faire des menées contre lui; et lui demanda qui il estoit. Auquel ledit Normand ramantust les services qu'il lui avoit faits; et lui en

---

(1) *Lucain* : Il étoit curé de Saint-Méderic.

donna de si bonnes enseingnes que ledit de Maienne confessa qu'il estoit vrai; et qu'il ne pourroit jamais croire que ce qu'on lui en avoit rapporté fust veritable; qu'il le tenoit pour un mensonge, mais qu'on lui avoit dit et asseuré. Sur quoi ledit Normand lui respondit qu'il le prioit de croire que lui ni ses compagnons, qu'on appeloit politiques, ne feroient jamais menées que pour son service, et ne tiendroient autre parti que le sien. Qu'il sçavoit que c'estoit quelque seize ( et n'i en pouvoit avoir d'autre ) qui lui avoit fait un tel rapport : dont il avoit menti, et le supplioit trés humblement, s'il jugeoit ses services dignes de quelque recompense, de lui vouloir faire ce bien de lui nommer. Ce que M. de Maienne fist enfin par importunité; et lui dit que c'estoit Moniot, procureur, un des Seize, qui lui avoit rapporté pour certain qu'il faisoit des menées contre lui : mais qu'il se contentast qu'il n'en croiioit rien, et le tenoit pour une pure calomnie. A quoi ledit Normand insista fort, le priant qu'il lui fust permis d'en faire informer, et qu'il ne lui deniast point la justice; et qu'il congnoistroit lequel lui estoit le meilleur serviteur des deux. Ce qu'enfin ledit de Maienne lui avoit accordé. Le Normand aiant fait informer contre Moniot, ledit Moniot s'enfuit, et se retira au bois de Vincennes.

Ce jour mesme, un nommé le petit Briou, apothiquaire demeurant au bout du pont Saint-Michel a Paris, qu'on apeloit communement le Singe, pour ce qu'il en avoit tousjours un en sa boutique, s'estant battu contre un ligueur et un seize nommé Guillaume Bichon, imprimeur de la sainte Union, encores qu'il eust esté autrefois de sa confrairie et des plus mauvais, aiant porté le deuil de la mort du feu Roy, toutefois s'estant deligué, comme beaucoup d'autres, par une trop vive apprehension de la faim et de la corde, fust deferé au duc de Maienne pour avoir parlé à l'avantage du Roy et pour la paix, et mesdit de Son Altesse et de la sainteté du legat, duquel il s'estoit moqué, et dont la querelle estoit survenue entre Bichon et lui. De quoi le duc de Maienne offensé en vouloit faire faire punition, disant qu'il n'avoit la teste rompue d'autres affaires que des querelles de tels coquins : mais qu'il s'estoit resolu d'en faire faire si bonne justice, que les autres y prendroient exemple, et qu'il commenceroit à cestuici pour faire peur aux autres. Mais madame de Nemoux parla pour lui, et remonstra à M. de Maienne son fils l'ignorance et le peu d'esprit qui estoit en cest homme ; et qu'elle lui prioit de lui pardonner, comme à un fol qu'il estoit. « C'est pourquoi, « madame, respondit M. de Maienne, il est besoin le « chastier, pour lui apprendre d'estre sage : car ces « fols là pour qui vous parlez nous brouillent plus que « vous ne pensez, et ont assez d'esprit pour mesdire de « vous et de moi. » Toutefois enfin il lui octroia sa requeste, et furent les informations estourdies, par lesquelles ledit Briou, entre autres accusations, estoit chargé d'avoir dit qu'il eust voulu tenir les deux c........ de M. le legat : qu'il en eust donné un à son singe, et l'autre à son chat.

Sur la fin de ce mois, Boucher, curé de Saint-Benoist, bailla sa chaire de Saint-Benoist à un aveugle nommé Normandin, docteur de la faction des Seize, et des plus seditieux. Dont disoient les paroissiens qu'on leur avoit changé leur cheval borgne en un aveugle.

Le dernier de ce mois, une cochée de predicateurs passans par dessus le pont Notre Dame, entre lesquels estoit Boucher à la fenestre du coche, furent moqués et hués du peuple.

Ce jour mesme, Guarinus preschant à Sainte-Genevieve des Ardans, dit que la maison de Bourbon estoit la maison d'Achab, laquelle il falloit exterminer, jusques aux chiens qui pissoient contre les murailles.

En ce mois de mai, pendant le sejour du Roy à Mantes, les ministres, advertis que le Roy se resolvoit d'estre catholique et retourner à la messe, quelques protestations qu'il leur eust fait du contraire, l'allerent trouver pour lui en faire remonstrances, et là entendre sa volonté, afin de mettre ordre à leurs affaires : car le bruit couroit partout qu'il l'avoit juré et signé. Auxquels le Roy, sans autrement les vouloir escouter, leur parla en ces termes : « Vous sçavés ce que je vous ai « tousjours dit; mais quand je le ferois, vous n'avez « point occasion pour cela d'en prendre alarme ni vous « en fascher; au contraire, j'entre dans la maison, non « pour y demeurer, mais pour la nettoyer : je vous le « promets ainsi; et pour vostre particulier, je ne vous « ferai point pire traitement que j'ai tousjours fait jus- « ques à aujourd'hui. Priés Dieu pour moi, et je vous « aimerai. »

En ce mois de mai, le sixieme dudit mois, mourust à Paris M. Chaillou, secretaire du Roy, honneste homme et craingnant Dieu. Et le lendemain mourust en la rue Pouppée à Paris le general Lotier, aagé de quatre vingts ans, qui avoit vescu plus qu'il ne pensoit, aiant eu autrefois beaucoup de biens et de moiens; et toutefois reduit à vivre depuis trois ans des aumosnes des gens de bien, dans un lit qui n'estoit à lui, et lequel il n'avoit vaillant quand il mourust.

Ce mois de may fust temperement chaud et humide; sur la fin, propre pour les biens de la terre. Y eust tonnairres grands et frequens à Paris; et le lundi dernier du mois, la pluie trés grosse sans lascher y continua depuis la pointe du jour jusques à la nuict. La maison du commissaire Pepin fust vuidée par la peste.

### Supplément tiré de l'édition de 1736.

Le samedy premier jour de may, l'esperance d'une treve prochaine a donné aux Parisiens une joye qu'ils n'avoient pas ressentie depuis long-tems. Ils ont fait des danses et des feux de joye devant leurs portes. Dans la paroisse de Saint-Eustache, les zelez partisans des Seize ayant voulu empêcher ce divertissement, ont été chargés de coups de bâton.

Le dimanche 2 de may, les chambres des nobles et du tiers Etat se sont rendues dans celle du clergé, où, après la messe et la prédication, l'archevêque de Lyon a fait le rapport de ce qui s'étoit passé à Surene dans les deux premieres conferences.

Le lundy 3 de may, les députez des Etats sont partis ce matin pour la conference; mais l'archevêque de Lyon a resté à Paris, à cause de quelques incommodités. Toute cette conference s'est passée à vérifier et recevoir les passeports et les pouvoirs de part et d'autre, et à regler les articles de la surséance d'armes, non-seulement pour les deputez de part et d'autre, leurs gens, leur train, leur suite et bagage; ains pour toutes autres personnes de quelque qualité et condition qu'ils fussent, à quatre lieuës à l'entour de Paris, et autant à l'entour du bourg de Surene : et ce, pour le tems de dix jours, à commencer dès aujourd'hui, sauf à les prolonger si besoin est.

Le mardy 4 de may, la surséance d'armes et d'hostilités a été publiée dans cette ville de Paris par ordre du duc de Mayenne, et les divertissemens se sont augmentés dans Paris. La plûpart sont sortis pour aller à leurs maisons de campagne.

Le mercredy 5 de may, les deputés de part et d'autre s'étant rendus à Surene, l'archevêque de Lyon a fait un très-beau discours sur la paix; auquel a répondu l'archevêque de Bourges, par un autre discours également beau, que la paix n'étant autre chose qu'un ordre bien établi dans l'Etat, dans lequel les inferieurs obéissent aux superieurs, et s'entretiennent avec une admirable conformité d'esprits et de volontés entre eux, que c'est par cette obéissance au souverain que la religion et l'Etat s'affermissent; que ce chef, ce souverain, ce roy en France, ne peut être autre que celui que Dieu et la nature lui ont donné, qui a le droit de la succession, et est issu du sang royal et de la famille de saint Louis, tel qu'est Henry de Bourbon.

Après le dîner, l'archevêque de Lyon a répondu à ce dernier discours, et a convenu qu'il falloit obéir à un roy, mais à un roy qui fût très-chrétien de nom et d'effet, digne de la pieté de ses ancêtres; et qu'Henry de Bourbon étant heretique, ennemi de l'Eglise, les droits divin et humain, les canons ecclesiastiques, les conciles généraux, et les lois fondamentales de cet Etat, ne leur permettoient pas de le reconnoître. Ce qu'il a bravement déduit en long.

L'archevêque de Bourges dans sa replique demontra

par l'Ecriture, les loix de l'Etat, les conciles, et par plusieurs exemples, qu'on ne pouvoit refuser pour roy Henry de Bourbon, qui a deja donné des marques de sa conversion en envoyant au Saint Pere pour se faire instruire; et qu'au lieu de le rejetter, on doit au contraire s'unir ensemble pour l'aider et l'encourager dans une œuvre si sainte, etc.

Le jeudy 6 de may, l'archevêque de Lyon, que la goutte avoit obligé de rester à Surene la nuit derniere : ses collegues étant arrivez de Paris, les uns et les autres s'étant approchés de son lit, où il étoit detenu par sa maladie, commença à refuter ce qui lui avoit été objecté la veille. A quoi ayant repliqué l'archevêque de Bourges, la conference, après plusieurs debats de part et d'autre, finit par un congé civil et réciproque.

Le même jour, le duc de Mayenne, accompagné de plusieurs princes et notables gentilshommes, est arrivé à Paris [1]. L'amiral de France et le gouverneur de Paris ont été au-devant de lui, et n'ont pas assisté à la conference de Surene, non plus que Schomberg, qu'on dit être allé trouver le Roy pour presser sa conversion : action necessaire pour monter sur le throne de France.

Le lundy 10 de may, l'assemblée des Etats a été plus nombreuse et plus illustre que les jours précedens, par la présence du duc de Mayenne, du cardinal de Pelevé, des ducs de Guise, d'Aumale, d'Elbeuf, des ambassadeurs des princes lorrains, des sieurs de La Chastre

---

[1] *Est arrivé à Paris :* Ce prince, à son retour de Reims, trouva que les conférences qu'il avoit permises avoient produit un tout autre effet que celui qu'il avoit espéré : car au lieu d'attirer les catholiques royalistes de son côté, elles portoient insensiblement le peuple au parti du Roy ; et la suspension d'armes avoit semblé si douce aux Parisiens, qu'ils avoient commencé à désirer vivement la paix.

et de Rosne, maréchaux de France; de Villars, amiral; de Belin, gouverneur de Paris; du marquis d'Urfé, et d'autres seigneurs; des deputés des trois ordres, de la cour du parlement, des chambres des comptes, du conseil d'Etat; lesquels s'étant assis en leur rang, l'archevêque de Lyon a fait le rapport de ce qui avoit été fait aux premieres conferences de Surene. Le duc de Mayenne remercia ledit archevêque de Lyon et ses collegues de la part des Etats, et les a priez de continuer.

Demi-heure après ils sont partis pour aller à Surene, où ils sont arrivés environ midy. Après quelques propos sur l'arrivée des princes à Paris, l'archevêque de Bourges a dit qu'il étoit tems d'ouvrir leur conversation; et s'adressant à l'archevêque de Lyon : « Monsieur, que repondez-vous sur la conversion du Roy? Ne voulez-vous pas l'aider à se faire catholique? — Plût à Dieu, a répondu l'archevêque de Lyon, qu'il fût bien et bon catholique, et que notre Saint Pere en pût être bien satisfait! Nous sommes enfans d'obéissance, et ne demandons que la sureté de notre religion et le repos du royaume. » A quoi l'archevêque de Bourges ayant repliqué que ce recours à Rome demandoit un trop long tems, il alloit en consulter avec sa compagnie. Et étant rentrés dans la salle un moment après, il a dit qu'ils ne pouvoient répondre qu'après avoir communiqué avec ceux qui les avoient envoyés; et a demandé quelques jours. Ce qui a été accordé gracieusement.

Avant de se séparer ils ont prorogé la surséance d'armes pour autres dix jours, et donné ordre pour la publier en partant de Surene. L'archevêque de Lyon a dit en souriant au sieur de Vic, sur l'entretien qu'il avoit eu la veille avec les habitans de Paris qu'il avoit rencontrés à Notre-Dame des Vertus, que M. le gouverneur de Saint-Denys vouloit ôter le mestier à M. de Bourges et à lui, se mêlant de prêcher. A quoi le sieur de Vic, avec la même civilité, l'assura qu'il avoit seulement dit à quelques femmes de prier Dieu qu'il donnât à la France ce qui lui étoit nécessaire.

Aujourd'huy mercredy et 12 du mois de may, a été faite une magnifique et très-devote procession à Notre-Dame, à laquelle ont assisté [1] le cardinal legat, les archevêques de Lyon, de Viterbe, de Glasco, d'Aix; les evêques d'Amiens, de Rennes, de Riez, de Senlis, d'Autun, de Fréjus, d'Avranches, de Soissons, de Vannes; les prelats Montorio et Agochi, neveu du cardinal legat; les princes, les officiers de la couronne, et autres grands seigneurs; la cour du parlement en robes rouges, la chambre des comptes, le corps de la ville en bel ordre.

Messieurs les archevêques et evêques ont porté les chasses des corps des saints martyrs et apôtres de France, saint Denys, saint Rustique et saint Eleuthere; treize conseillers du parlement, la chasse de saint Louis, roy de France; le clergé, plusieurs précieux reliquaires; les religieux de Saint-Denys, pieds nuds sous un riche poile soutenu par la noblesse, ont porté la sainte croix. L'evêque de Riez a fait l'office dans cette pro-

---

[1] *A laquelle ont assisté* : Les prélats français qui assistèrent à cette cérémonie étoient : Pierre d'Epinac, archevêque de Lyon; Gilbert Genebrard, archevêque d'Aix; Geoffroy de La Marthonie, évêque d'Amiens; Aymar Hennequin, évêque de Rennes; Elie de Rastels, évêque de Riez; Guillaume Rose, évêque de Senlis; Pierre Saunier, évêque d'Autun ; Gérard Bellanger, évêque de Fréjus; François Pericard, évêque d'Avranches; Jérôme Hennequin, évêque de Soissons; Georges d'Arandon, évêque de Vannes.

cession, et le cardinal de Pelevé a chanté la messe à Notre-Dame; et le docteur Boucher a fait la predication, et a fait une vive exhortation à son auditoire de prier Dieu pour l'heureux succès des Etats, et pour l'élection d'un roy vrayment très-chretien et catholique.

En ce tems ont couru dans le public divers bruits, qui portent que les princes et seigneurs catholiques qui sont auprès du Roy s'étoient divisés des hérétiques: les premiers sollicitant fortement la conversion du Roy, et les autres la retardant; que dans la premiere conference les deputés royalistes doivent apporter carte blanche pour la sureté de la religion; que le cardinal de Bourbon a un fort party pour être choisi pour roy, et qu'on croit que les Espagnols l'appuyeront.

Le dimanche 16 de may, les catholiques du party du roy de Navarre ont promis, à ceux de la religion dite réformée, que dans la conference de Surene il n'y sera rien fait au préjudice de la bonne union et amitié qui est entre les catholiques qui reconnoissent sadite Majesté, et ceux de ladite religion, ni des edits donnés en leur faveur. Cette promesse est signée par François d'Orléans, comte de Saint-Pol; Hurault, chancelier; Charles de Montmorency; Marie Roger de Bellegarde; François Chabot de Brion; de Schomberg, et Jean de Levis.

Le lundy 17 de may, les deputez des deux partis se sont rendus à Surene; et l'archevêque de Bourges, après avoir donné les raisons qui les avoient obligés de differer cette conference qui avoit été fixée au vendredy dernier, les assura que Dieu enfin avoit exaucé leurs vœux, et qu'ils auroient tout ce qu'ils avoient demandé pour sauver la religion et l'Etat; qu'il les assuroit que le Roy étoit resolu d'abjurer l'heresie, et de se convertir; qu'il avoit deja convoqué les prelats et les docteurs qui devoient l'instruire: les assurant de plus que rien ne s'exécuteroit de leur côté que le Roy ne se fût déclaré effectivement catholique. Et l'archevêque de Lyon ayant pris avis de ses collegues, répondit qu'ils étoient tous bien aises de la conversion du roi de Navarre, et en louoient Dieu et désiroient qu'elle fût véritable; et qu'au demeurant ils en feroient le rapport à Paris, et en confereroient avec le legat, les princes, les ambassadeurs et les Etats. Sur le point du depart, le sieur Revol, secretaire d'Etat, donna une copie de la susdite proposition à un de la compagnie, pour la communiquer. Est à noter qu'il y en avoit déja plusieurs dans Paris.

Le mardy 18 de may, le Roy envoya des lettres de cachet [1] à plusieurs archevêques et evêques, et autres hommes doctes, pour les prier de se rendre auprès de

[1] *Des lettres de cachet:* Voici la copie de celle qui fut envoyée à l'évêque de Chartres, Nicolas de Thou: « Monsieur de Chartres, le
« regret que je porte des miseres où ce royaume est constitué par ceux
« qui, sous le faux prétexte de la religion, duquel ils se couvrent,
« ont envelopé et traînent lié avec eux en cette guerre le peuple igno-
« rant; leurs mauvaises intentions, et le désir que j'ai de reconnoître
« envers tous mes bons sujets catholiques la fidélité et affection qu'ils
« ont témoigné et continuent chaque jour à mon service, par tous les
« moyens qui peuvent dépendre de moi, m'ont fait résoudre, pour
« ne leur laisser aucun scrupule, s'il est possible, à cause de la diver-
« sité de ma religion, en l'obéissance qu'ils me rendent, de recevoir au
« plutôt instruction sur les différends dont procede le schisme qui est
« en l'Eglise: comme j'ai fait toujours connoître et déclaré que je ne
« la refuserai; et n'eusse tardé d'y vacquer, sans les empêchemens no-
« toires qui m'y ont été continuellement donnés. Et combien que l'é-
« tat présent des affaires m'en pourroit encore justement dispenser, je
« n'ai toutefois voulu différer davantage d'y entendre: ayant à cette

lui le quinzieme jour de juillet, où il désiroit d'être instruit par eux de la religion catholique, apostolique et romaine. A quoi il promettoit qu'ils le trouveroient tout disposé, ne cherchant que la voye la plus seure de son salut.

Le mercredy 19 de may, on trouva affichée dans les carrefours une protestation contenant un desaveu de tout ce qui s'étoit passé ou qui se passeroit dans la conférence; autre affiche qui portoit que, sans avoir égard à l'ordre et au droit de succession ou du sang, il falloit élire un roi catholique qui n'eût jamais été heretique, ni fauteur d'iceux. Ont paru aussi divers libelles, entre autres *Avertissement au Roi*, où sont deduites les raisons d'Etat pour lesquelles il ne lui est pas bien séant de changer de religion.

Le jeudy 20 de may, l'archevêque de Lyon fit le rapport aux Etats de la derniere entrevuë à Surene. Et

---

« fin avisé d'appeler un nombre de prelats et docteurs catholiques,
« par les bons enseignemens desquels je puisse, avec le repos et satis-
« faction de ma conscience, être éclairci des difficultés qui nous tien-
« nent séparez en l'exercice de la religion. Et d'autant que je désire
« que ce soient personnes qui avec la doctrine soient accompagnées de
« pieté et prud'hommie, n'ayant principalement autre zéle que l'hon-
« neur de Dieu, comme de ma part j'y apporterai toute sincerité; et
« qu'entre les prélats et personnes ecclésiastiques de mon royaume
« vous êtes un desquels j'ai cette bonne opinion : à cette cause, je vous
« prie de vous rendre près de moi en cette ville le quinzième jour de
« juillet, où je mande aussi à aucuns autres de votre profession se
« trouver en même temps, pour tous ensemble tendre à l'effet les ef-
« forts de votre devoir et vocation : vous assurant que vous me trou-
« verez disposé et docile à tout ce que doit un roy très-chrétien, qui
« n'a rien plus vivement gravé dans le cœur que le zéle du service de
« Dieu et manutention de la vraie Eglise. Je le supplie, pour fin de la
« présente, qu'il vous ait en sa sainte garde.

« Ecrit à Mante, ce dix-huitieme jour de may 1593. HENRY. »

après fit la lecture de l'ecriture⁽¹⁾ que les royalistes lui avoient donnée, et qui étoit publique dans toute la ville; et en la lisant il s'arrêta sur quelques points, pour informer la compagnie de la maniere dont lui et ses collegues s'étoient comportés; et cela, pour répondre à aucuns bruits qu'on avoit répandus, que lui et ses collegues avoient été les dupes des royalistes. Cependant la lecture de cette écriture avoit fait diverses impressions sur les esprits, et donné occasion à divers sentimens sur la continuation de la conférence, et sur la maniere de répondre à ladite ecriture. Il fut néanmoins arrêté qu'on penseroit à faire une bonne réponse.

En ce même jour auquel le duc de Mayenne avoit promis aux Espagnols d'ouïr leurs propositions, une assemblée particuliere fut tenue pour cela chez le legat, à laquelle se sont trouvez le duc de Mayenne, l'archevêque de Lyon et l'evêque de Senlis; de la part du clergé, La Chastre et Montholin; de la part de la noblesse, La Chapelle-Marteau et Bernard; de la part du tiers-Etat, les ducs d'Aumale et d'Elbeuf, et le cardinal Pelevé; et de la part des Espagnols, le duc de Feria, Tassis et d'Ibarra.

Les deputés ont demandé à ces derniers s'ils avoient quelques propositions particulieres du Roy leur maître. A quoi le duc de Feria, après un long discours sur les louanges du roy Catholique, sur sa liberalité en vers la France, à laquelle il avoit donné six millions d'or; sur les vertus royales de l'Infante, qui étant née de la fille

---

(1) *Fit la lecture de l'ecriture :* Cet écrit contenoit ce que l'archevêque de Bourges avoit dit sur la conversion du Roy. Il en fut fait plusieurs copies, qui furent répandues dans toute la France.

aînée de Henri II, avoit droit à la couronne de France, il leur proposa ladite Infante pour être élûe royne (1) de ce même royaume par les Etats ; et ajoute que ladite élection seroit très-agréable au Pape, avantageuse pour la maison de Lorraine et à la noblesse de France, par les immenses secours qu'on recevoit de son maître tant en troupes qu'en argent.

A peine a-t-il fini son discours, que l'evêque de Senlis, un des plus ardens de la Ligue, lui a dit, d'une voix aigre et d'un ton élevé, qu'il reconnoissoit maintenant que les politiques avoient dit vrai dans le commencement de cette guerre, en publiant que l'interest et l'ambition y avoient plus de part que le zéle de la religion; que depuis le commencement de la monarchie la loy salique avoit été observée ; et que si on nommoit une femme, on court risque qu'elle ne soit transportée à des etrangers.

Le duc de Mayenne a remarqué en même tems que ce discours a fait peine au duc de Feria; et pour en adoucir l'amertume, il a dit audit duc que ce bon evêque étoit attaqué de tems en tems de mouvemens de folie (2) : mais qu'il revenoit facilement, et qu'il lui en répond. Alors le duc de Feria revenu de sa surprise a continué son discours, et a demandé qu'on fît rapport de sa proposition aux Etats. Ce qui lui a été promis.

(1) *Pour être élûe royne :* Cette proposition, qui renversoit la constitution de la monarchie française, fondée sur la loi salique, fut rejettée. L'évêque de Senlis, qui jusque là avoit cru que les Espagnols n'agissoient que dans l'intérêt de la religion, leur reprocha d'avoir par cet acte découvert leur turpitude et leur ambition. — (2) *De mouvemens de folie :* Guillaume Rose, évêque de Senlis, avoit de temps en temps des atteintes de folie, dit de Thou; et lorsque cet évêque, en 1589, entra des premiers dans la Ligue, plusieurs attribuèrent cette

Le lundy 24 de may, il a été proposé dans l'assemblée des Etats si on appelleroit le cardinal legat, le jour fixé pour l'audience du duc de Feria. Le tiers-Etat s'y est opposé, disant que les Etats ne reconnoissent d'autre chef que le Roy. Le clergé au contraire a dit que la reverence dûe au Saint Pere demandoit qu'on y appelât le legat. La noblesse fut de ce même avis. Ainsi il a été conclu que le legat y seroit appelé.

Le jeudy 27 de may, on a eu avis que les deputés royalistes n'ayant pas reçû la réponse qu'ils attendoient des Etats, et que l'archevêque de Lyon leur avoit promise, avoient quitté Surene et rompu la conference.

Le vendredy 28 de may, le duc de Feria ne s'est point trouvé à l'assemblée des Etats, comme on l'avoit crû. Mais à sa place Jean-Baptiste Tassis y est venu, qui a demandé de la part de son maître la couronne pour l'infante d'Espagne; et après avoir fait un long détail des biens qui en arriveroient à la France, a prié les Etats de vouloir écouter Mendoza sur les droits de l'Infante. Ce theologien, par un très-long discours, s'est efforcé en vain de prouver les droits de ladite Infante, comme aussi que les François n'étoient point obligez en conscience de se soumettre à la loy salique dans cette occasion. Mais tout ce discours, farci de loix, de canons, de gloses et d'authorités des theologiens et des casuites, n'a été bien reçu de personne, même de ceux qui sont du génie espagnol.

---

démarche à sa folie. L'auteur du Traité des Satires personnelles rapporte de ce prélat qu'il disoit : « Croyez-moi, et vous croirez un fou, » c'est-à-dire Vous sçavez que je passe pour ce qu'on me connoît, pour un fou ; c'est pourquoi suivez mon conseil, puisqu'on dit communément que les fous prophétisent.

Tassis ayant reconnu, à l'air de ceux de l'assemblée, que les François avoient aversion pour la domination des femmes, a adouci la premiere proposition, en ajoutant que le roi Catholique marieroit l'Infante à l'archiduc Ernest, prince catholique, et qui est du sang françois par sa mere. L'assemblée n'a rien répondu à cette modification; mais à l'air des assistans on a auguré qu'elle ne plaît pas plus que la premiere.

L'archevêque de Lyon a proposé ensuite de faire réponse aux royalistes qui s'étoient retirez de Surene; et que si on la refusoit, ce seroit avouer qu'on a été vaincu. Il a été arrêté que cette réponse seroit faite au plutôt, et qu'on en donneroit avis aux royalistes.

[JUIN.] Le samedi 5 juin, veille de la Pentecoste 1593, les deputés s'assemblerent à la Roquette, où M. de Lion, tout malade qu'il estoit, se fist porter. Bruits grands à Paris de paix, ou pour le moins d'une treufve.

Ce jour, le doyen Seguier traicta en son logis à Paris madame la mareschale de Rets. Le disner lui cousta trente escus et demi. Dont il fust calomnié par les Seize, desquels il se plaingnit au duc de Maienne, qu'on disoit avoir les aureilles si rebatues de telles plaintes, qu'il ne s'en faisoit que mocquer.

Ce jour il fist si froid, et le lendemain pareillement, qu'il sembloit que l'hiver fust de retour.

Le dimanche 6 juin, jour de la Pentecoste, Boucher prescha à Saint-André, où se trouverent le duc de Maienne et madame de Nemoux sa mere. Et là en leur presence declama fort et ferme contre la paix et la treufve, qu'il estoit bruit par tout qu'on alloit faire; dit que nostre cour estoit la cour du roi Petaut, où tout le monde estoit maistre; qu'il estoit de necessité d'avoir un roi, voire un roi qui fust de bon or et d'or ducat; qu'il faloit changer d'officiers et de justice, et de tous estats; que ceux de la conference meritoient bien d'estre piqués, et qu'il y avoit bien de la ladrerie en leur fait, laquelle ne se gueriroit que par la pointe; que nous ne ressemblions pas à cet agneau qui, regardant par la fente, voiioit le loup qui lui prioit de lui ouvrir, et qu'il lui donneroit la tette; mais que ceux de Paris estoient des sots et des bestes, qui enduroient bien des politiques les braver à leur nés, jusques à avoir dit tout haut le jour d'hier qu'il ne faloit point de treufve, mais une bonne paix generale. Puis accommodant l'evangile de ce jour, qui estoit du Saint Esprit, aux esprits des Estats, de nos gouverneurs, et de ceux de la conference, dit qu'il n'i avoit plus d'esprit entre nous; que ceux qui nous gouvernoient avoient assez de chair, mais peu d'esprit : attaquant le duc de Maienne en sa presence, lequel s'en retourna de ce sermon fort malcontent et edifié; et dit que Boucher et les autres predicateurs tenoient un langage qui ne lui plaisoit gueres, et qu'ils se fussent bien passés de dire beaucoup de choses qu'ils disoient. Mais que le meilleur estoit qu'on ne lairroit pour eux de faire ce qu'il faloit faire, et qu'on ne leur en demanderoit pas leur advis; et que pour son particulier il leur monstreroit (ce que possible ils craingnoient le plus) qu'il n'avoit jamais esté traistre à sa patrie. Il dit ces propos de colere, comme estant piqué des paroles qu'avoit tenu Boucher en sa chaire.

Ce jour, Feu Ardant, cordelier, qui preschoit à Saint-Jean, aprés avoir vomi un million d'injures contre le Roy, dit qu'un coup de tonnerre ou fouldre l'emporteroit un de ces jours, ou bien qu'il creveroit. « Aussi bien, mes amis, dist-il, il a desja le bas du « ventre tout pourri de ce que vous savez. »

Ce jour, Moraines, curé de Saint Marri, prescha la paix dans l'eglise Saint-Germain de l'Auxerrois; et qu'il falloit recevoir et embrasser l'heretique revenant à l'Eglise, et se convertissant. Le curé dudit Saint-Germain prescha tout le contraire, et dit qu'il estoit bien adverti qu'on n'auroit ni paix ni treufve; et que M. le legat lui avoit dit. Respondit aux marguilliers de sa paroisse, qui le prioient pour avoir Moraines pour les prescher, qu'ils avoient beau faire, qu'il n'i consentiroit jamais, et qu'ils ne le feroient pas politique comme lui.

Genebrard ce jour, par dessus les autres, prescha seditieusement, deschirant le Roy en sa chaire des plus vilaines injures et calomnies qui se puissent excogiter. Le curé de Saint-Supplice au contraire prononça malediction contre tous ceux qui empeschent l'œuvre de la paix par la conversion de l'heretique, les appela ministres de Satan.

Le lundi septieme de ce mois, bruit par tout Paris qu'on alloit avoir la treufve. Madame de Nemoux le dit tout haut.

Ce jour, M. de La Chastre dit à Boucher que bien leur prenoit à tous d'avoir un doux gouverneur; pour ce qu'autrement on leur eust appris à prescher l'Evangile sans se mesler des affaires d'Estat, où ils n'entendoient rien.

Le mardi 8 juin, Zamet (1) donna à souper à mes-

(1) *Zamet:* né à Lucques, et fils d'un cordonnier. Il vint en France sous la protection de Catherine de Médicis, et y fit bientôt une très-grande fortune.

sieurs de Maienne et de Guise, et autres seingneurs et dames de leur compagnie. Il y avoit deux tables : à la premiere estoient les dames, avec le comte de Brienne et le duc de Maienne, lequel il falut rapporter, tant il avoit beu. A la seconde estoit le duc de Guise, avec force capitaines, seingneurs et gentilshommes. Le souper cousta deux cents escus, de marché fait avec le grand Guillaume, qui les traictoit.

Ce jour, le Roy eust deux advis l'un sur l'autre d'une entreprise faite à Paris pour le tuer. Le conseil en avoit esté tenu sur le curé Saint-Jacques; et en mist-on deux en besongne, qui devoient partir de Paris le jeudi de la Pentecoste pour essaier à faire le coup. L'un estoit un manant de Paris, homme de mestier, ainsi qu'on disoit, pauvre de biens et d'esprit, mais audacieus, et de ces catholiques zelés qu'on apeloit. L'autre, huguenot, qui se tenoit aux champs, gaingné par l'amour d'une fille de Paris qu'on lui devoit donner avec force escus, au cas qu'il fist ledit coup.

Ce jour mesme, les Seize unis avec le clergé presenterent requeste aux Estats, à ce qu'on eust à proceder à l'eslection d'un roi; et au cas qu'on ne le trouvast bon, qu'on n'eust à proceder à treufve ni à conference que le Saint Pere n'en fust adverti, et qu'on n'en eust response. A faute de ce, protestoient contre ceux qui passeroient outre, comme deserteurs de la religion et traistres à leur patrie. Ils furent renvoiés sans responce; et fust jugée leur requeste si impertinente, qu'il fust dit tout haut qu'il les falloit envoier à la cuisine.

Le mecredi 9 juin, s'esleva le matin un bruit de guerre à Paris; que tout estoit rompu; qu'on n'auroit treufve ni paix. Tout le palais ne cornoit que la guerre.

Aprés disner, tout au contraire, les nouvelles n'estoient que de la paix : la conference continuée jusques au 18, avec cessation d'armes et treufve à quatre lieues à l'entour de Paris.

Boucher là dessus va trouver le duc de Maienne pour lui demander un roy, et le suplier de trouver bon que ce soit le duc de Guise; et qu'il est chargé, de la part des ecclesiastiques, de lui porter ceste parole. Auquel le duc de Maienne fait response que si un autre que lui lui eust fait ceste requeste, qu'il eust bien sceu ce qu'il eust eu à faire. Au demeurant, qu'il ne se charge plus de telles requestes : que lui et ses compagnons se meslent de prescher leur evangile, sans s'entremettre des affaires d'Estat, où ils n'entendent rien ; que les Estats sont ici pour y donner ordre, lesquels ne feront rien que bien à point.

Ce jour mesme, les Seize s'assemblerent l'aprés disnée en une maison prés le jeu de paume Becquet, d'où ils sortirent sur les sept heures du soir. Un jacobin qui en estoit fust chevalé et suivi par un honneste homme jusques dans le logis du duc de Maienne, et jusques en sa chambre, où ledit jacobin entra. Lequel M. de Maienne ayant avisé, donna aussi tost congé à la compagnie, et fist sortir tout le monde pour parler audit jacobin. Ce qui fist entrer en cervelle beaucoup de gens.

Le jeudi dixieme de ce mois, bruit à Paris de la ville de Dreus, investie par le Roy.

Le vendredi 11, on alla à la conference à La Vilette, d'où Chomberg revenu apporta certaines nouvelles de la brieufve conversion du Roy.

Ce jour, maistre René Benoist, curé de Saint-Eustace, receut lettres du Roy, par lesquelles il le prioit pour son instruccion; et de prendre avec lui deux autres qui eussent les esprits dous et affectionnés au soulagement de ses pauvres subjets.

Benoist ayant reçu ces lettres, alla trouver le duc de Maienne, qui lui dit qu'il estoit fort aise de ceste conversion; et que pour son particulier il ne vouloit point de mal au roy de Navarre. Le renvoia à M. le legat, auquel ledit legat respondit en ces mots, *Discretionem tuam laudo ; sed in re tanta, sine auctoritate Summi Pontificis, nihil tentandum esse censeo.*

Le treizieme du present mois de juin, qui estoit le dimanche de la Trinité, le curé de Saint-André dit le matin, en son sermon, que le bruit estoit partout de la paix, et que les politiques la crioient tout haut; mais qu'il croiioit que nos princes estoient trop gens de bien pour la faire jamais avec un heretique et relaps excommunié, comme estoit le Bearnois; et que cela prejudicieroit à leur honneur et à leur promesse. Toutefois quand cela adviendroit, comme ils estoient hommes et se pouvoient changer, qu'il y avoit encores de bons freres à Paris qui l'empescheroient, et batailleroient à l'encontre; et y mourroient tous les bons catholiques, plus tost que de l'endurer. Et quant à lui et ses compagnons, qu'on les traisneroit plus tost à la riviere et les jetteroit-l'on dans un sac en l'eau (comme les en menassoient les politiques), que de jamais y consentir; et que si on en venoit là, qu'il y auroit bien du sang respandu; et que messieurs les politiques ne s'en resjouissent point davantage : car on ne les auroit pas, ainsi qu'ils cuidoient, sans bestes vendre. Puis parlant du Roy, dit que c'estoit une grande honte d'avoir accordé à ce loup, qui faisoit du renard, une conference par laquelle il se vantoit tout haut de plus gangner qu'il n'eust sceu faire avec toutes ses armes et armées.

Boucher, en son sermon d'aprés disner, dit qu'il se devoit faire catholique le 15 juillet; et qu'il avoit accordé avec le Saint Esprit de ne le point recevoir jusques à ce jour, et qu'il avoit pris de Dieu un passeport jusques en ce temps là.

Chavagnac, curé de Saint-Supplice, prescha au contraire qu'il falloit embrasser l'heretique se convertissant, et qu'il falloit aller au devant de lui pour le recevoir; que ceux qui demandoient la paix demandoient chose bonne et sainte; et que ceux qui l'empeschoient, et preschoient le contraire, estoient meschans, et vrais enfans du diable. Mais tout ce qu'il craingnoit estoit qu'on ne l'eust point, à cause des impietés et blasphemes qui regnoient.

Ce jour, la treufve fust arrestée au conseil du duc de Maienne, qui se tinst au logis de M. de Lion, où il fust toute l'aprés disnée. Dont le legat incontinent adverti, et le bruit espandu par la ville par l'advis et conseil des Seize et des ecclésiastiques, qui crioient que la treufve estoit les fauxbourgs de la paix, ledit legat s'en alla à Saint-Martin des Champs, où il s'y renferma avec force gardes comme dans une citadelle, redoutant la fureur du peuple, à cause de l'empeschement qu'il se deliberoit de donner à la treufve. De fait les bouchers, qui sont forts et en nombre en ces quartiers là, disoient tout haut que saint Martin ne le sauveroit pas; et que s'il cuidoit empescher la treufve, qu'ils savoient bien comme il falloit mettre la main au sang, et escorcher les veaux comme lui.

Le lundi 14 juin, le legat alla dés le matin aux Estats s'opposer à la treufve. Les ecclesiastiques pareillement, aprés disner, demanderent actes les uns et les autres de leur opposition, afin que s'il en advenoit inconvenient à la religion, qu'ils eussent à qui s'adresser, et qu'on ne leur en peust rien imputer à l'advenir. Boucher, qui preschoit aux prieres à Saint-André, dit qu'il empeschoit, et cinquante mil hommes avec lui, que ce meschant heretique relaps fust roy, auquel on vouloit donner entrée par la treufve. D'estre catholique, qu'il ne l'empeschoit point : au contraire, qu'il desiroit qu'il le fust bon; mais que pour cela qu'on le fist roy de France, qu'il l'empeschoit tout haut; l'apela vilain, voleur, sacrilege, noir, pendart, larron, verolé, putier, violateur de vierges et nonnains ; bref, emploia toute la rethorique des trippieres du petit Pont à denigrer du Roy. Et sur ce mot de l'evangile, *Dic nobis quod signum facis*, demanda quels miracles pourroit faire le Bearnois, afin de faire croire le peuple en lui; que ses miracles ne seroient qu'à reculons, comme ceux de tous les heretiques, dont il allegua deux ou trois exemples. Que de morts en faire de vivants, comme avoit fait Nostre Seingneur, qu'il n'en feroit jamais; mais de vivans en faire des morts, qu'il feroit bien cestui là, et qu'il en faisoit assez tous les jours; qu'il n'y avoit espece de cruauté qu'il ne prattiquast; qu'il avoit renouvelé le crucifiement des juifs à l'endroit des prestres; qu'il en avoit fait crucifier, rouer et tenailler; et que c'estoit le plus cruel vilain que la terre eust jamais porté. De lui, qu'il savoit bien que tout ce qu'il disoit lui seroit rapporté. « Mais va, dit-il, « meschant politique, va, va lui dire; il me connoist

« bien : il sçait assez que ce que j'en fais n'est que pour
« me mettre en ses bonnes graces. »

Ce jour, madame du Maine alla voir aprés disner le petit Videville, auquel elle dit que non obstant les remuemens et oppositions du legat et des Seize, que monsieur son mari lui avoit dit qu'il ne se coucheroit point qu'il n'eust fait signer la treufve au legat. Mais il en advinst toutefois autrement : car non seulement il l'empescha, mais aussi declara excommunié tous ceux qui la procureroient et trouveroient bonne.

Le mardi quinzieme de ce mois, on n'alla point à la conference, mais on s'assembla chez M. de Maienne, sur l'opposition du legat; où beaucoup furent d'avis, non obstant son opposition, de passer outre à la publication de la treufve; et fust dit en plain conseil que la plus grande faute qu'on eust jamais faite, c'avoit esté de le recevoir et l'appeler, attendu que c'estoit un estranger qui n'avoit que voir aux affaires de France. Toutefois il n'en passa pas par là : car, pour la reverence du Pape son maistre, il fust finalement concluds au contraire.

Ce jour, Aubert, advocat du Roy en la cour des aides à Paris, accompagné de quatrevingts ou cent, alla à l'hostel de ville trouver M. le prevost des marchands, et le prier de les vouloir mener parler au duc de Maienne, auquel ils vouloient demander l'execution et publication de la treufve qui leur avoit esté accordée. Un moine nommé Leo, de la faction des Seize, se trouva là, qui commencea à crier aprés eux, les blasmer et reprendre leurs assemblées, soustenu par tout plain qui l'assistoient, qui estoient de la menée du legat et des Seize. Mais il fust vivement rembarré :

car ils lui respondirent que leurs assemblées ne se faisoient point de nuit, comme celles des Seize ; qu'ils ne s'assembloient point en cachette, mais en plain jour, pour ce qu'ils n'avoient rien à proposer que de bon et saint, et tendant au repos du public et soulagement du pauvre peuple ; que ce n'estoit à lui à qui ils parloient, ni auquel ils deussent rendre conte de leurs actions, lesquelles ils justifieroient tousjours en plain midi, en presence de tout le monde. Et falut que le moine et ses gens se retirassent.

Ce jour, M. d'Aumale dit au duc de Maienne qu'il s'estonnoit comme il enduroit les predicateurs prescher ce qu'ils preschoient, et les Seize parler comme ils faisoient : car il ne leur ouoit tenir autre langage que de sedition, et d'en estendre trois ou quatre mil morts sur le pavé. « Et qu'y pourriés vous faire ? dit le duc de « Maienne. — Qui, moi ? respondit d'Omale. Je les « menerois à la guerre, puisqu'ils ont tant envie d'en « manger ; mais je les y mettrois à la pointe et à la « bouche du canon. — Cela ne se fait pas ainsi, dit le « duc de Maienne ; M. le legat ne sera pas de vostre « opinion. »

Ce jour mesme, l'aprés disnée, Le Vaier, referendaire en la chancelerie de Paris, accompagné de deux à trois cens bourgeois, alla chez le duc de Maienne lui demander la treufve ou la paix. Et pour ce que le dit duc de Maienne se trouvoit mal et avoit la goutte au bras, il fist sa requeste au nom de toute la compagnie, pour laquelle il portoit la parole, à messieurs de Lion et duc d'Elbœuf, qui leur firent fort bon visage, dirent que leur requeste estoit raisonnable, et qu'ils la feroient entendre à M. de Maienne. Quand ils entrerent, Senault estoit à une fenestre, qui escrivoit; sur lequel ceux de ceste compagnie aiant jetté la veue, un d'entre eux (comme il s'en trouve tousjours quelcun de plus insolent que les autres) lui va crier : « Nous sommes tous « politiques! escri-nous hardiment sur ton papier. » De quoi Senault offensé courust incontinent au duc de Maienne lui en demander reparation, disant que c'estoient tous seditieux et meschans politiques, qui mesmes s'avouoient tout haut pour tels. Au quel le duc de Maienne, fasché d'ailleurs et se trouvant mal, lui respondit que tous ces meschans politiques là, qu'il apeloit, lui diroient à son nés, quand il vouldroit, qu'ils valoient mieux que lui; et que s'il avoit des querelles particulieres contre eux, qu'il les allast demesler, sans lui en rompre davantage la teste.

Ceste aprés disnée, sur le soir, arriverent procurations d'Orleans pour demander la treufve, lesquelles estonnerent fort les contredisans.

Le mecredi 16, le legat, allant aprés disner sur le duc de Maienne, ne fust point salué par le peuple, qui lui tourna le dos quand il vinst à donner sa benediction. Quatre ou cinq ligueus seulement furent veus oster leurs bonnets ou leurs chapeaus. Le duc de Feria ne fust salué de personne du monde; encores la plus part, le voiant passer, tiroient la langue et se moquoient de lui. A quoi M. de Lion prist garde; et s'en estonnant, le dit au conseil.

Le jeudi dix-septieme, jour de la Feste Dieu, la fille du feu Le Prebstre, qui avoit esté pendu à Paris durant le siege, à la journée du Pain, voiant son mari qui dormoit sur une table, s'estant saisie de son espée, lui en donna deux ou trois coups, et entre autres un grand sur la souris du bras, s'efforçant de le tuer. Son mari estoit un gantier tenant sa boutique au Palais; avec lequel, ne l'aimant point, faisoit fort mauvais mesnage, et estoit mariée avec lui depuis un bien peu de temps.

Ce jour, les ducs de Feria et de Maienne assistans à la procession Sainct-Eustace, furent repris publiquement par le curé, pour ce qu'ils babilloient et parloient trop haut.

Ce jour, Boucher parlant en son sermon de la derniere assemblée des politiques qui estoient allé demander paix ou treufve au duc de Maienne, dit que c'estoit une grande honte qu'on ne faisoit pendre tout cela; que ce n'estoient aussi bien que des coquins ramassés, plus couards que poulles, et qui n'avoient point de cœur; et que si on eust voulu faire fuir et donner la chasse à tous ces coquins là, que vingt-cinq hommes eussent mis en route trois ou quatre cens qu'ils estoient. Dit aprés que les bouchers de ceste ville lui en vouloient, et avoient dit qu'il le faloit tuer, pour ce qu'ils ne vendoient pas leur chair assez à leur gré; et que pour faire leur proufit ils estoient tous politiques.

Le vendredi 18 juin, les Estats assemblés se separerent avec moindre opinion que jamais de rien qui vaille; resolurent qu'on feroit defenses aux politiques de plus s'assembler, pour ce que cela ne tendoit qu'à sedition. Le cri estant fait aprés disner, rafraischist les Seize et mescontenta les politiques, contre lesquels Boucher presche aprés disner; dit qu'on n'oyoit autres qu'eux faire des levées de bouclier comme si quaresme-prenant eust esté mort; que c'estoient assemblées de diables et vrais sabaths que les leurs; et qu'il ne fut ainsi qu'ils s'amassoient pour un meschant et un parjure. Dist que c'estoit un blaspheme de dire que le Bearnois se feroit catholique; lui fait son procés, l'instruit lui-mesme, sans autres contredits ni salvations; puis en prononce l'arrest en sa chaire, par lequel il le declare indigne d'estre jamais roy. Aprés cela tire de son sein et lit tout haut un livre imprimé au commencement de ces troubles, contenant les protestations et sermens de l'Union, où entre autres articles on proteste ne faire jamais paix ni treufve aucune avec l'heretique, nommement avec le roi de Navarre. Il y en avoit là tout plain des Seize attiltrés qui en avoient dans leurs seins, et les monstroient à ceux qu'ils tenoient pour politiques, et leur disoient : « Voiés! il ne dit que la « verité. Lisés : vous trouverez qu'il y est tout ainsi « comme il nous le dit de mot à mot, » comme cherchans occasion de querelle. Mais les autres, advisés, ne respondirent mot. Dupont sergent, et Lochon procureur, tous deux des Seize, m'en monstrerent un, estans tous deux auprés de moi à Saint-André audit sermon.

Au sortir de ceste predication, une troupe de seize passans par devant le logis de La Rue, qui estoit malade, l'apelerent chien de politique, bearniste, traistre et meschant.

Ce jour, M. de La Chastre (1) fist le serment à la cour de mareschal de France.

Le samedi 19 juin, Boucher en son sermon declama contre ceux du conseil qui avoient dit que tous ces sermens qu'il avoit leus en sa chaire le jour de devant,

---

(1) *M. de La Chastre :* l'un des quatre maréchaux nommés par le duc de Mayenne.

et sur lesquels il avoit tant insisté pour empescher la treufve, n'estoient qu'idées de predicateurs.

Le jour mesme, le quatrain suivant, fort politique, couroit au Palais de main en main :

> Le legat s'oppose à la treufve,
> La treufve s'oppose au legat;
> S'il estoit pendu en la Greufve,
> Ce seroit un beau point d'Estat.

Ce jour, arriverent nouvelles à Paris que le Roy avoit esté battu devant Dreus, et que La Guesle et Maintenon y avoient esté tués.

Ce jour mesme, le lieutenant civil La Bruiere (1) fust mandé à la cour, sur la plainte des informations qu'il avoit fait faire contre ceux qui s'estoient assemblés pour demander la treufve ou la paix. Là le president Le Maistre prenant la parole parla vertueusement, et dit que c'estoit une grande honte, et chose insupportable, de dire qu'on informe pour des paroles contre des gens de bien dans une ville de Paris; et qu'en une cité libre, comme doit estre celle ci, les voix n'i soient point libres, mesmement pour chose qui notoirement concernoit le soulagement du peuple et le repos publicq. Et encores plus estrange de dire qu'on souffre que telles informations se facent par gens qui ont les mains encores toutes plaines de sang ( entendant de Basin, commissaire, qui avoit assisté à la mort du president Brisson ); et que c'estoit contre tels voleurs et meurtriers, perturbateurs du repos publicq, qu'il faloit in-

---

(1) *La Bruiere :* Il n'étoit pas lieutenant civil, mais lieutenant particulier. Son père, apothicaire à Paris, étoit comme lui forcené ligueur.

former : non contre les gens de bien, qui au lieu des armes presentoient les larmes et la necessité du pauvre peuple, aux quels ils procuroient un soulagement; qu'il estoit d'avis que defenses fussent faites à La Bruiere de passer outre; et s'il y retournoit, d'en faire bonne et prompte justice.

Le doien Seguier opina quasi de mesme; Monthelon ne dit mot; le president de Hacqueville voulust comme soustenir et excuser le fait de La Bruiere. En quoi on disoit qu'il s'estoit monstré aussi caillette que de coustume; et fut suivi de quelques uns qui, estans timides, opinoient entre les deux. Mais finablement les voix des gens de bien le gaingnerent; et furent faites defenses à La Bruiere de passer oultre aux dites informations, sur peine d'en respondre en son propre et privé nom. Et si fust baffoué du tout plain de messieurs, qui lui dirent pouilles.

Ce jour, il fist à Paris une grande pluie et un impetueus tonnerre, qui en fist tomber tout plain de malades de la contagion.

Le dimanche vingtieme de ce mois, le curé de Saint-André des Ars cria contre la treufve; dit que c'estoient les fauxbourgs de la paix, mais qu'on garderoit bien ces fauxbourgs là; et que M. le legat leur avoit à tous promis d'y perdre la vie plustost que l'endurer, et qu'ils y mourroient tous avec lui; qu'on disoit qu'il les falloit jetter dans un sac en l'eau : mais qu'on ne les y jetteroit pas ainsi sans se revencher.

Ce jour, Normandin l'aveugle prescha comme celui de Saint-André, c'est à dire seditieusement, et contre la paix. Le jour de devant, il estoit allé demander au duc de Guise quel evangile il vouloit qu'il preschast.

Auquel ledit seingneur, instruit par un de ses gentils-hommes, lui avoit respondu qu'il preschast l'evangile de l'aveugle.

Lincestre, curé de Saint-Gervais, prescha la paix ledit jour dans son eglise Saint-Gervais : ce qui rendist estonnés beaucoup de gens d'une si soudaine metamorphose; dit qu'il faloit prier Dieu pour la conversion de l'heretique; estant converti, qu'il le faloit recevoir. « Je le vous dis, dist-il tout haut, et le repeta
« par plusieurs fois. Je sçai bien qu'on dira et qu'on a
« desja dit que j'en suis; j'en suis voirement, et vous
« dis encores que tous ceux qui l'empeschent sont mes-
« chans, qui vous preschent le contraire, et qui s'i
« opposent; et ceux qui pour ce regard mettent empes-
« chement à une paix et treufve ne sont point enfans
« de Dieu : je le vous dis. J'ai le rolle et le denom-
« brement de ceux de la Ligue, de la quelle je suis
« pour la manutention de la religion, mais non pour
« autre chose. Et si ne suis point allé à Saint-Denis
« comme les autres qu'on y a refusé, qui y estoient allés
« pour s'insinuer en grace. »

Genebrard au contraire employant toute la rethorique du petit Pont contre les demandeurs de paix et de treufve, vomist plus d'injures ce jour contre le Roy, que ne feroit une harangere assise sur son baquet lorsqu'on l'a mise en colere. Rose, Ceuilli, Feu Ardant, Guarinus, Lucain et les autres prescherent de mesme. Celui de Saint-Supplice, Saint-Eustace et Saint-Marri, comme Lincestre, lequel les Seize commencerent de ce jour à appeler *le nouveau adjoint*.

Ce jour, les Estats assemblés resolurent la question du duc de Feria pour l'Infante; dirent qu'ils n'avoient point de procuration pour renverser la loy fondamentale du roiaume. Quant à Ernest (1), que c'estoit un estranger; et qu'ils n'avoient non plus de procuration pour parler de l'election d'un roy estranger. Bien s'ils vouloient parler du mariage d'un prince françois avec l'Infante, qu'on y aviseroit. Sur quoi assignation fust donnée au duc de Feria pour le lendemain matin, lequel au sortir de là fust sifflé par un tas de populasse amassée, et lui fust jettée une pierre. Dequoi on alla aussitost faire plainte au duc de Maienne, qui respondit que si on lui pouvoit representer les siffleurs et les jetteus de la pierre, qu'il les feroit pendre et estrangler sur le champ, à l'entrée des Estats et devant les portes du Louvre.

Le lundi 21 de ce mois, le duc de Feria fist sa proposition l'aprés disnée aux Estats, qui fust, sommairement, que le roy d'Hespagne son maistre nommeroit dans deux mois un prince catholique françois pour estre roi, y compris ceux de la maison de Lorraine, auquel il donneroit l'Infante sa fille en mariage; et qu'ils seroient rois solidairement. Ce furent ses mots. Un des deputés dit tout haut qu'on vouloit faire d'un manteau de religion une cappe à l'Hespagnole.

Ceste proposition, divulguée à Paris, fist incontinent courir le bruit partout que nous avions un roi; les uns disoient que c'estoit M. de Nemoux, les autres que c'estoit M. de Guise.

On envoia au curé Saint-André un billet contenant ces mots : *Tout se porte bien, Dieu merci. On a fait aujourd'hui election d'une roine; on la fera demain*

---

(1) *Ernest :* archiduc d'Autriche.

*d'un roy; et mecredi on chantera le Te Deum.* On
disoit qu'il y falloit adjouster le valet pour faire l'im-
periale, afin de chanter le *Te Deum* entier; et qu'il le
faloit remettre au jeudi.

Boucher, à la fin de son sermon, exhorta le peuple
à jusner et communier, pour ce qu'on estoit prest de
faire un roy. « Il n'est, dist il, encores fait ni arresté,
« comme on en fait courir ici le bruit; mais on est
« aprés pour frapper le grand coup. J'espere que, dans
« huit ou quinze jours au plus, vous en aurez bonne
« nouvelle. »

Guarinus, auquel on avoit rapporté que le duc de
Maienne ne trouvoit bonne la proposition du duc de
Feria, le prescha à Saint Marri, et dit qu'une quenouille
eust esté plus propre à ce gros pourceau qu'une espée.

Cependant le conseiller Du Vair, avec autres deputés de la cour de parlement, formerent opposition aux
Estats au nom de la cour, à ce qu'on n'eust à proceder à l'election d'autre roi que de la maison de Bourbon; demanderent acte de leur opposition au greffier,
et la firent enregistrer.

Ce jour, M. de Rosne fust receu à la cour mareschal
de France.

Le mardi vingt-deuxieme de ce mois, le baron de
Talmet, un des deputés de Bourgongne, obtinst à
grande difficulté la continuation de la treufve pour six
jours seulement : laquelle en sa faveur le duc de Maienne
fist publier à Paris jusques au dimanche.

M. d'Emeri monstra ce jour dans Saint-Denis, à un
mien ami, la treufve generale pour six mois, signée
du Roy et sellée.

Maspairraut, à Paris, commença à parler librement

pour la treufve : dont il fust mis par les Seize sur le rolle des politiques.

Ce jour, le duc de Maienne vinst loger à l'hostel de Nœsle, mal content des bruits de Paris qui donnoient la couronne à son frere le duc de Nemours, ou à son neveu le duc de Guise, sans autrement parler de lui non plus que d'un o en chiffre. Dit qu'il eust voulu qu'il n'i eust eu autre royauté qui lui eust empesché la teste; et que tous ces beaux rois là ne se pourroient faire qu'il n'en fust le premier refusant. Toutefois qu'il pensoit bien qu'ils le seroient trestous autant les uns que les autres. Lesquelles paroles dites ce jour furent raportées aux predicateurs et aux Seize, qui en firent fort mal leur proufit.

Le mecredi 23 juin, veuille de la Saint-Jean, fust solennizée la petite Feste-Dieu, qui venoit au lendemain. Ce qui ne se remarque, à ce qu'on dit, avoir jamais esté fait.

Ce jour, les predicateurs exhorterent le peuple de prier Dieu pour la delivrance de la ville de Dreux, fort pressée.

Le Roy escrivit ce jour à Paris pour la seconde fois à M. Benoist et Moraines, à ce qu'ils eussent à le venir trouver pour son instruccion.

Ce jour, Rosni Borderel, un des Seize demeurant prés Sainte-Croix, dit à une nommée madame Mallet (qui se plaingnoit de ce qu'on leur changeoit si souvent de predicateurs en leur paroisse, et qu'on leur avoit baillé Lucain au lieu de Feu Ardant) que M. Feu Ardant estoit empesché à une bonne affaire, aussi bonne ou meilleure que celle de prescher. « Comment, « lui dit ceste femme, meilleure ne pourroit-elle estre,

« si ce n'est pour quelque petit cousteau de jacobin
« pour le Bearnois? Et ma foi (va-elle dire, voiant
« que l'autre rioit), je gagerai que c'est ceste bonne
« affaire là où il est empesché. — Possible pour lui,
« respondit Borderel; possible pour un autre. » Et lui
s'acoutant à l'aureille, lui dit que ce gros pourceau se
garde hardiment qu'on ne lui en donne dans le ventre.
« Il lui faudroit, dist elle, l'y fourer bien avant : car il
« a les trippes bien grosses. — Aussi fera-l'on, lui res-
« pondit l'autre. Son masque est levé : nous congnois-
« sons bien à ceste heure qu'il ne vault rien. »

Ce jour à Paris devant le Palais fust fait un grand
feu, où on mist au dessus le pourtraict en carton du
Roy, et de la roine d'Angleterre. Au dessus de celui
du Roi y avoit escrit : *le Bearnois;* et au dessus de
l'autre, *Jezabel;* et au dessous des vers françois diffamatoires contre l'un et l'autre. Toutefois, à cause du
vent, ces deux pourtraits ne peurent estre bruslés,
ains tumberent à costé du feu, et furent ramassés par
quelques gens qui estoient là : dont ce sot peuple,
amassé autour pour regarder ce beau mistere, voiiant
qu'ils s'estoient sauvés du feu, et qu'on les avoit em-
portés, commença à crier et à tumultuer, et dire que
c'estoit un trés mauvais signe que cestui là; et que,
quelque chose qu'on dist, que le Bearnois avec sa sœur
Jezabel nous feroient bien encores du mal.

Le vendredi vingt-cinquieme de ce mois, M. Vetus
fust envoié par le duc de Maienne à la cour de parlement, qui s'estoit assemblée pour demander la treufve,
leur dire que dans deux jours il les rendroit contens;
et qu'il les prioit de surseoir leur assemblée. Ce qu'ils
firent.

Le samedi vingt-sixieme de ce mois, Dupont, sergent de la bande des Seize, attaqua le colonnel d'Aubrai, et lui dit que dix des leurs en battroient tousjours vingt des siens. Auquel ledit d'Aubrai respondit fort à propos que ce n'estoit contre eux qu'on se vouloit battre; et que c'estoit affaire à Jan Roseau (1) à se battre contre eux.

Ce jour, bruits à Paris de sedition; rumeurs d'Hespagnols la nuit; assemblée de capitaines. Aucuns disoient que nous aurions la treufve, autres non : chacun empesché pour descouvrir le personnage que joue le duc de Maïenne, auquel personne ne congnoist rien.

Le dimanche vingt-septieme de ce mois, le curé de Saint-Germain de l'Auxerrois osta sa chaire à Moraines, curé de Saint Marri, disant qu'il preschoit en politique, pour ce qu'il parloit pour la paix, et avoit dit qu'il faloit recevoir l'heretique se convertissant; prescha ce jour deux fois seditieusement, comme de coustume, contre la paix et contre le Roy; dit qu'il avoit pris expressement la chaire pour prescher, et l'avoit ostée à Moraines à cause de l'evangile du jour, qui estoit de la brebis perdue : sachant que c'estoit une evangile de politiques, et que l'autre n'eust failli à l'allegoriser politiquement.

Le curé de Saint-André prescha ce jour le meurtre et le sang; cria contre ceux qui avoient le glaive materiel, qui ne faisoient aucune justice des politiques; que s'il eust eu la force de mesme le courage, qu'il en eust bien tué; et qu'on devoit pendre ou jetter à vau-l'eau tous ces demandeurs de paix et de treufve. Prescha madame la presidente Seguier là presente, disant

(1) *Jan Roseau*: c'étoit le nom du bourreau.

qu'il y avoit des dames et damoiselles à Paris, et mesme de sa paroisse, qui faisoient bien les grandes devotes et catholiques, qui avoient leurs enfants à Saint-Denis et à Tours, qui n'estoient point honteuses, quand on leur parloit, de dire que leurs enfans suivoient voirement le parti de cest heretique, mais que pour cela ils ne laissoient d'estre bons catholiques. « Malheureuses « qu'elles sont! dist-il; elles en ont menti, et eux, et « tous maudits et excommuniés qu'ils sont. » Voilà un echantillon du traité qu'il fist ce jour sur l'evangile de la brebis perdue, qu'il ne faloit, dist il, entendre du Bearnois : car il n'estoit brebis, mais loup enragé, sur lequel il faloit que tout le monde courust pour l'assommer.

Chavagnac, curé de Saint-Supplice, dit au contraire que le Roy estoit ceste brebis perdue; prescha qu'on la devoit aller chercher; allegua force auctorités, tant des conciles anciens que modernes, du viel et nouveau Testament, des papes Urbain IV et Paul IV, la Samaritaine, l'Enfant prodigue, et plusieurs autres exemples : entre lesquels il y en eust un qu'on trouva fort à propos de l'evesque saint Remi, qui quitta son evesché pour aller instruire le roy Clovis, paien, à la conversion duquel y eust trois mil paiens baptizés. Dit que ceux qui ne demandoient la conversion de l'heretique, et lui refusoient l'instruccion, estoient meschans, et pires que les pharisiens; qu'on avoit presché que ce n'estoit qu'hipocrisie; mais que c'estoit usurper sur Dieu, qui s'estoit reservé la connoissance du cœur. Et sur ce qu'ils alleguoient qu'il les tromperoit, qu'il ne les tromperoit pas, mais soimesmes; et pourtant qu'on ne lui pouvoit denier ce qu'il demandoit : mais bien davantage que nous devions tous aller au devant, et l'embrasser comme avoit fait le bon pere l'Enfant prodigue.

Le lundi 28 juin, fust donné en la cour de parlement de Paris, toutes les chambres assemblées, un arrest notable contre ceux qui entreprendroient d'esbranler les lois fondamentales du royaume, et surtout la loi salique. Lequel arrest fust imprimé, et l'appelle-l'on encores aujourd'hui *l'arrest du president Le Maistre*, pour ce qu'il en fust un des principaux conseillers et promoteurs; et qui triomfa ce jour d'opiner pour la liberté françoise, contre la tirannie hespagnole qu'on vouloit introduire. En quoi il fust bravement secondé de M. Du Vair, conseiller, et suivi en son opinion de tous les autres : en sorte que les ligueus qui estoient là, estonnés de la resolution de leurs compagnons, ne firent que tournoier autour du pot, et contre ce qu'ils avoient proposé revinrent *ad idem*. Entre lesquels les principaux estoient le president de Nulli, de Bordeaux, Beaufort, de Haire, Maschaud, et le president de Hacqueville, qu'on disoit avoir fait le caillette comme de coustume, pour sauver sa belle bourse faite à la gamine.

M. le procureur general Molé se monstra fort vertueus en cest acte, aiant dressé peu aprés une petite harangue latine fort bien faite, qu'il devoit prononcer aux Estats pour la manutention de la loy salique, contre les propositions du duc de Feria, laquelle toutefois il ne fist point : elle estoit telle [1], extraite de l'original de sa main, qui me presta.

[1] *Elle estoit telle :* Cette harangue, qui ne se trouve pas dans le manuscrit de L'Estoile, est rapportée ainsi qu'il suit dans l'édition de

Ce jour, y eust assemblée d'Estat au Louvre, placards attachés contre le legat, et d'autres contre les politiques. Le duc de Feria ayant peur, renforça ses gardes; la cour fust menassée par les Seize, à laquelle un colonnel de Paris manda qu'elle n'eust point de peur : et que lui seul leur fourniroit deux mille hommes armés, qu'il tenoit tout prêts pour leur service. Grande rumeur à Paris, et bruit de sedition.

Ce jour mesme, fust tué de fortune, par un Sicilien qui entroit en garde à l'hostel de Nevers, logis du duc de Maienne, un gentilhomme françois nommé Tourni, nepveu du cardinal Pelvé. Il estoit environ huit heures du soir, et me promenois lors avec M. de Gland et d'autres sur le quay des Augustins, qui me le menerent voir. Il n'estoit encores mort : mais il expira demi quart-d'heure après, et estoit dans une salle basse dudit Nœsle, estendu sur un lit prés lequel estoit ma-

---

1719 : *Non facile dijudicatur amor fictus et verus, nisi incidat aliquod ejusmodi tempus, ut quasi aurum igne, sic fidelis benevolentia insigni periculo perspici possit. Quod à legatis Hispaniæ actum est id jam jam eorum regisque Catholici animum probabit facile, credo. Is omne studium, operam, auxiliares copias, ingens auri pondus, et pollicitus est et præstitit, idque non alio versum à se fieri, quam ut ecclesiastica disciplina et Gallicana respublica nullum detrimentum pateretur pluribus litteris, et mandatis credi imperavit : at nunc in regno decernendo filiæ suæ rationem haberi postulat. Videte, principes, vosque viri ornatissimi, ut qui exteros toties à servitute liberastis, ope, consilio adjuvistis, vobis adsitis ipsi, prudentiamque vestram in rebus vestris, in vestra salute tuenda ne desiderari sinatis. Cæterum quod propositis non respondeo : in promptu causa est ; contra negantem principia non esse disputandum, jam dudum in animum meum induxi. Itaque regnum Galliæ an Isabellæ, Claudiæ liberis, an Margaritæ potius debeatur, non disceptabo ; sed vos adhortabor ut legem salicam, tot annorum vetustate corroboratam, tot judiciis confirmatam, servetis integram. Vos, viri, virum regem, non reginam, habete præ oculis ; et Galliam, innumeris vexatam morbis, virtute vestra liberate brevi.*

dame de Montpensier toute desconfortée, avec plusieurs autres dames et gentilshommes : entre lesquels y en eust un qui dit à ladite dame qu'il sembloit, ainsi qu'estoit le coup, que le soldat l'eust miré. A quoi elle respondit que non, et que c'estoit un vrai coup de hazard et de malheur; toutefois que celui qui l'avoit fait ne lairroit d'en estre pendu. « Oui; mais, madame, dirent « d'autres qui estoient là, on pendra un coquin, et « on tuera un brave gentilhomme françois. Il n'i auroit « pas tant de perte à tous les Hespagnols qui sont ici, « quand ils seroient au fin fond de la riviere, qu'il y « en a à ce pauvre gentilhomme. » Et là dessus furent ouies des voies de peuples confuses qui les donnoient au diable, et crioient que tant qu'ils seroient ici, nous n'aurions autre chose.

Entre neuf et dix heures du soir, fust pendu le Sicilien à une pierre sur le pont Neuf, avec grande resjouissance du peuple; et disoit-on que les Hespagnols avoient desja pris possession du pont Neuf, sans que personne les eust empeschés. Le pauvre patient estoit assisté du confesseur des Neapolitains; lequel voyant ce pauvre homme fort effrayé et peu resolu à la mort, le consoloit en son langage; et l'y voulant faire aller gaiement, lui repetoit souvent ces mots : *Allegramente, allegramente.*

Le mardi 29 juin, jour Saint-Pierre, la cour alla dés le matin trouver le duc de Maienne, pour lui faire entendre ce qui y avoit esté arresté le jour de devant. Le president Le Maistre porta la parole; auquel le duc de Maienne fist une response courte, et en apparance plaine de mescontentement. On le vit changer de couleur, et laissa tumber son chapeau deux ou trois fois.

Ce jour, le curé de Saint-Jacques prescha qu'il y avoit vingt-deux meschans politiques en la cour de parlement qui esmouvoient le peuple à sedition, desquels il se falloit desfaire; et qu'il les nommeroit au premier jour.

Un greffier de chastelet dit tout haut ce jour, en plaine rue de Paris, que le duc de Maienne devoit avoir vingt-quatre sacs tous prests pour jetter le president Le Maistre dans l'eau, avec vingt-trois autres de ses compagnons qu'on cognoissoit bien.

Le mecredi dernier juin, la cour rassemblée fust interrompue par M. de Belin, que le duc de Maienne y envoia pour les prier d'avoir patience, et vouloir surseoir leurs deliberations d'un jour ou deux seulement. Sur quoi la cour deputa M. le president Le Maistre, avec messieurs Fleuri et Damours, vers le duc de Maienne, qui leur dit tout en colere qu'il faloit qu'ils changeassent leur arrest d'amitié, comme il les en prioit bien fort : ou qu'il y emploieroit la force, à son grand regret; et que la cour lui avoit fait un affront dont elle se fust bien passée. Le president Le Maistre respondist que quant à la force et voie de fait, la cour le tenoit pour prince si sage et si advisé, qu'il n'en viendroit jamais là : et quand il le feroit, que Dieu seroit tousjours pour la justice, laquelle ils avoient simplement suivie en leur arrest, sans avoir jamais pensé à l'offenser. Alors M. de Lion prenant la parole, lui dit en grande colere qu'à la verité la cour avoit fait un vilain affront à M. de Maienne, et qu'elle ne le devoit faire. Auquel le president Le Maistre respondit que la cour n'estoit point affronteuse : qu'elle l'avoit bien pris et enduré de M. de Maienne, pour le respect

qu'elle lui devoit et portoit; mais pour son regard, que la cour ne lui en devoit point : au contraire lui à elle; et que tant s'en falloit que la cour eust usé en cela d'affront; que ce qu'elle avoit fait, elle avoit fait bien et justement. Lors M. de Lion dit qu'il ne se falloit tant arrester sur des mots, et qu'affront estoit un mot italien. « Nous ne sommes, respondit M. Le Mais-
« tre, ni Hespagnols ni Italiens. »

M. Damours triompha aussi de parler.

Le commencement de ce mois de juin fust fort froid, et la fin chaude et humide : ce qui renouvela à Paris les maladies, mesmes les contagieuses.

En ce mois de juin, le dimanche 13 dudit mois, qui estoit le jour de la Trinité, furent faits tonnerres, tempestes et esclairs effraiables; et tumba une merveilleuse graisle si grosse, qu'il y en avoit telle qui pezoit dix et douze livres, laquelle fist l'aoust en plusieurs endroits de la France, et rumpist toutes les verrieres, thuiles et ardoises des maisons; tua hommes, femmes, enfans et bestail en tout plain de lieus : mesmes à Thuri, où on tient qu'au sortir de l'eglise il y eust bien soixante personnes de tuées; et y eust peu de villes en France qui ne s'en sentissent, principalement à Tours, Meaux, Crespi, Abbeville, Pontoise, Amiens et Senlis, où on crioit misericorde, comme si c'eust esté le bout du jugement et la fin du monde, tant la tempeste estoit horrible et effroiable; mais surtout à Soissons, où elle rompist et brisa le clocher de la grande eglise, abbatist cheminées, cassa les verrieres, ardoises et thuiles de toutes les maisons de la ville, et la mist en pouldre; emporta toutes les couvertures : si que le millier de thuile, qui n'avoit accoustumé d'y valoir que cent sols, il coustoit le lendemain dix escus. Paris fust la ville où elle se fist moins ouir et sentir.

Les curieux ont remarqué que ce fust le jour auquel le Roy fist sa resolution de retourner à la messe.

En ce mesme mois de juin, à savoir le vendredi 11, jour Saint-Barnabé, M. de Lion estant à la conference, dit à M. de Bourges qu'il avoit une plainte à lui faire, et à tous les ecclesiastiques de son parti, contre un nommé Chauveau qui se disoit ecclesiastique, et preschoit publiquement l'heresie, detractant en plaine chaire du Pape et de son auctorité. Que pour les ministres qui estoient parmi eus, il s'en remettoit à leur conscience; mais de tolerer que cela se fist sous le surplis, c'estoit chose si fort honteuse et scandaleuse, qu'ils ne s'en pouvoient taire.

Ce Chauveau, jadis curé de Saint-Gervais à Paris, preschoit en ce temps à Senlis; et combien qu'il chantast la messe, preschoit neantmoins publiquement que le Pape estoit l'antechrist : au surplus homme de bonne vie, au tesmoingnage de tout le peuple; grand ausmonnier, jusques à se despouiller pour revestir les pauvres, et jusner souvent pour leur donner de quoi manger; protestant au surplus qu'il n'estoit ni huguenot ni ligueur, mais vrai catholique, et fils de l'Eglise, laquelle il falloit nettoier, estant remplie de beaucoup d'abus, idolatreries et superstitions, contre lesquelles sa profession l'obligeoit de crier, voire au danger et peril de sa vie, laquelle il exposeroit tousjours pour l'honneur de Dieu et le salut des brebis de Jesuschrist, qui lui avoient esté baillées en sa garde.

M. le cardinal de Bourbon estant à Tours, où il preschoit fort librement, l'apela un jour heretique, et

lui dit que tout le monde le disoit. « C'est, lui respon-
« dit Chauveau fort hardiment et sans s'estonner,
« comme on dit de vous, monseigneur, que vous avez
« des pensionnaires d'Espagne. » Dont ledit cardinal
se sentant offensé commanda aux marguilliers de l'e-
glise Saint-Saturnin de Tours, où il preschoit tous les
dimanches avec grande affluance du peuple, de l'empescher de prescher; et pour cet effet, que le dimanche
venu, aussi tost que le service seroit fait, qu'ils fermas-
sent les portes de leur eglise, afin qu'y venant il fust
contraint s'en retourner. Ce qu'aians executé, et le
peuple s'y estant assemblé comme de coustume, trouvant les portes de l'eglise fermées, ne laissa de s'y arrester et attendre leur curé, lequel estant venu, et se
doutant bien de la farce, leur dit : « Mes amis, vous
« estes venus ici pour ouir la parole de Dieu : c'est
« bien fait; mais on ne desire pas que vous l'oiés de
« moi. Puis que je suis tenu de vous la prescher, je vous
« la prescherai aussi bien ailleurs qu'ici. Suivés moi. »
Et ayant mené le peuple à une petite eglise nommée
Saint-Julian, qui n'estoit pas à plus de cent pas de là,
estant monté en la chaire, qu'il trouva vide, y fist son
sermon, et prescha plus librement qu'il n'avoit encores
fait : disant entre autres choses que là où il s'agissoit
de prescher la parole de Dieu, qu'il n'avoit esgard ni
à rouge ni à vert. De quoi M. le cardinal averti se pi-
qua fort, et le fit menasser. Mais M. le premier president, qui aimoit Chauveau et estoit marri de le voir
si avant aux mauvaises graces de ce prince, se mesla
d'en faire la paix; et l'aiant mené lui mesmes par la
main audit cardinal, le pria de lui pardonner; et l'aiant
voulu d'entrée faire mettre à genoux pour demander

pardon à M. le cardinal, ne le voulust jamais faire : disant tout haut à M. le premier president qu'il ne devoit cestui-là qu'à Dieu et à son roy. Et pour satisfaction dit seulement au cardinal qu'il n'avoit jamais pensé de l'offenser par les paroles qu'il avoit dites, lesquelles il tenoit pour fausses et mensongeres, comme estoient celles dont on l'avoit voulu calomnier quand on lui avoit dit qu'il estoit heretique : suppliant Son Excellence neantmoins de lui pardonner s'il l'avoit offensé. Le Roy, auquel on en avoit fait tout le discours, aiant peu aprés avisé Chauveau en sa chambre, le fist approcher, et lui parlant à l'aureille dit : « Il y en a « qui vous veulent garder de prescher; mais moi je « vous veux faire evesque. Continués. »

Or voici une bonne partie des abus de l'Eglise que le dit Chauveau taxoit et reprenoit en sa chaire, publiquement et partout; à savoir :

La veneration des images, contre l'exprés commandement et defenses de Dieu; disant souvent au peuple qu'il regardast, et qu'on lui avoit osté et retranché le second commandement : *Tailler tu ne te feras image*, etc.

Les ornemens et robbes qu'on donnoit aux saints et saintes des eglises, qui n'estoient que bois et pierres mortes : et cependant on laissoit là les pierres vives, qui estoient les pauvres vrais membres du fils de Dieu, mourir de faim et de froid.

Contre les bastonneries et confrairies : qui estoit une pure idolatrerie, ressentant les bacchanales du paganisme ancien.

Contre le *Salve regina*, lequel quand il entendoit chanter se levoit ordinairement, au lieu de se mettre à genoux : disant que cest honneur appartenoit à un seul Jesuschrist et non à la Vierge, pour ce qu'il estoit le roy des rois et le dieu des misericordes; et que quand il oirroit chanter *Ave rex* ou *Salve rex*, alors il se prosterneroit à genoux, mais non pas pour *Salve regina* : sachant que la Vierge ne demandoit point cest honneur qui appartenoit à un Dieu seul, et que par là on la deshonnoroit au lieu de l'honnorer.

Contre les chandelles, barbotages, chapelets, pelerinages, pardons, heures des femmes en latin : defense trés meschante et pernicieuse que quelques faux prelats et docteurs de l'antechrist faisoient au peuple de lire la sainte Escriture, comme s'il n'eust esté capable d'entendre son salut.

Surtout declamoit contre la souveraineté temporelle du Pape et sa primauté, et l'usurpation du droit qu'il pretendoit avoir sur les rois et princes de la chrestienté: ne l'honnorant d'autre tiltre que de l'antechrist, aiant pris son siege au temple de Dieu.

*Supplément tiré de l'édition de 1736.*

Le samedy 5 de juin, les députés de part et d'autre se sont rendus à la Roquete, qui est une maison aux champs hors la porte Saint-Antoine, appartenante au sieur de Chiverny, où l'archevêque de Lyon, après une excuse sur le retardement, a dit, pour répondre à leur écriture, 1º que pour la conversion du roy de Navarre ils eussent à se pourvoir par devers Sa Sainteté, à qui il appartenoit de l'absoudre, et de le remettre au giron de l'Eglise. 2º Quant aux traités de paix et seuretés de la religion, qu'ils ne pouvoient traiter avec ledit roy qui étoit hors de l'Eglise, et qu'ils devoient auparavant attendre le consentement du Saint

Siege. 3° Pour la treve, qu'on en parlera après avoir été satisfaits sur les deux premiers points.

A cela M. l'archevêque de Bourges a repliqué : 1° qu'ils leur donnoient asseurance que le Roy veut rentrer sincerement dans le sein de l'Eglise, et se convertir : ce qu'il feroit bientôt et si solemnellement, que toute la chrétienté connoîtroit son zéle et sa sincérité, en ayant déja des preuves connues à tout le royaume. 2° Que rien ne les empêche de traiter de la paix avec eux, qui etoient catholiques et députés des princes catholiques, qui vouloient au plutôt donner le repos à la France ; et que cependant le Roy étant instruit se feroit absoudre *ad futuram cautelam*, iroit à la messe, et deputeroit un ambassadeur au Pape, pour demander sa bénédiction, et lui rendre l'obéissance accoutumée. 3° Que quoique la treve fût fort préjudiciable au Roy, ils l'avoient néanmoins presentée pour faciliter la paix, et pour le soulagement du peuple ; qu'au demeurant ils les en laissent les maîtres ; et ont protesté et requis que tout ce qui a été traité jusques à présent fût mis par écrit, afin qu'on reconnût leurs intentions pour le repos du royaume.

Sur ces repliques on est entré en longues disputes les uns contre les autres avec tant de zéle, qu'on a crû tout rompu, lorsque revenus à eux mêmes, et ayant considéré qu'une si bonne œuvre heureusement commencée alloit s'évanouir, il a été conclu d'en parler aux chefs de part et d'autre, et de se rassembler vendredy prochain, et continuer la treve pour les trois festes de la Pentecôte ; et qu'il seroit permis à un des deputés des Etats d'écrire à son nom ce qui s'est passé dans cette conference.

En ce tems, plusieurs prédicateurs, soit du parti de la Ligue, soit de celui des royalistes, déclament les uns contre les autres : les uns donnent au Pape trop de licence, et les autres la limitent trop. Un nommé Chauveau a prêché dans le voisinage de cette ville que le Pape n'avoit rien à voir dans l'élection d'un roy ; les autres prêchent que cette election dépend totalement du souverain Pontife. Les sentimens des uns et des autres sont appuyez par des libelles qui fourmillent tous les jours.

Le jeudy 10 du mois de juin, les Etats ont aprouvé ce qui a été fait par les deputés dans la conference de la Roquete : hormis l'écriture donnée par un d'iceux deputés, contre lequel la chambre du clergé a protesté de ne l'avouer jamais.

Le vendredy 11 de juin, se sont rendus les députés des deux partis en la maison de La Villette, où une foule des habitans de Paris est aussi allée, étant curieux de la résolution de cette conference, et désirant la continuation de la treve. L'archevêque de Bourges a ouvert la conference par un détail de ce qui s'étoit fait dans la derniere, ains dans toutes les autres, dont il avoit écrit le principal ; comme ils verroient par la déclaration qu'il a mise sur le bureau, signée par ledit archevêque, Chavigny, Bellievre, Schomberg, Camus, de Thou et Revol ; laquelle après avoir été lûe, ledit archevêque de Bourges a requis réponse, et specialement sur la treve qu'on leur avoit proposée.

Les deputés des Etats, après avoir conferé entre eux, ont pris ladite déclaration pour la communiquer aux Etats, et ont promis réponse.

Le dimanche 13 de juin, après la messe des Etats, ladite déclaration fut lûe et examinée.

Le lendemain 14, on commença à déliberer sur les trois points principaux de ladite déclaration; sçavoir sur la future et sincere conversion du roy de Navarre, sur la nécessité qu'il y avoit de traiter avec ledit Roy, ou avec les princes catholiques qui sont auprès de lui; le troisieme, sur le trafic proposé par les royalistes. Les deux premiers points ont été reglez conformement aux déliberations précédentes. Mais il y a eu de grandes contestations sur la treve: les divers avis de La Chastre et de Rosne, ausquels, comme gens du métier de la guerre, on avoit remis la resolution. La Chastre a été d'avis de l'accepter, et la noblesse a suivi cet avis; de Rosne au contraire l'a rejettée, et a été suivi par le clergé.

Pendant ces contestations, le cardinal de Pelevé a demandé de faire la lecture d'une lettre qu'il avoit reçûe hier du cardinal legat, avec ordre de la faire enregistrer aux Etats : portant en substance que puisque la conference tenuë pendant plusieurs jours avoit été inutile pour détacher les catholiques du party du prétendu roy de Navarre ; que le susdit prétendu Roi n'a point donné aucun signe d'une véritable conversion, mais au contraire favorisé les heretiques, qu'il est à craindre que ce royaume ne suive l'exemple de celui d'Angleterre ; qu'après ce qui a été dit et fait, on ne peut continuer la conference, ni entreprendre de traiter avec icelui ou ses adhérans, sans encourir les peines et censures ordinaires, et l'indignation de Sa Sainteté, laquelle, quoique bien intentionnée pour la sainte cause, l'abandonnera. Enfin le legat proteste en son particulier qu'il n'approuvera jamais chose qui repugne tant soit peu aux intentions du Pape; et que si après on traite directement ou indirectement de la paix ou de la treve, il se retirera incontinent de cette ville; mais que si les Etats se départent de leurs poursuites, il les servira efficacement dans toutes les occasions.

Le jeudy 17 de juin, fut examiné pour la seconde fois le point de la treve, sur lequel la noblesse a été d'avis de la faire ou de la résoudre promptement, pour tel tems et à telles conditions que le duc de Mayenne trouveroit à propos; et que ledit duc seroit suplié de vouloir en parler au legat et aux ambassadeurs d'Espagne. Le tiers Etat a été d'avis de s'en rapporter à la prudence dudit duc, pourvû que ce fût aussi du consentement du legat et des ministres espagnols. Et le clergé a déclaré vouloir suivre de point en point la lettre dudit legat, et ne consentir jamais à aucune treve et traité avec l'heretique.

On vient d'apprendre que le roy de Navarre a assiegé la ville de Dreux, d'où cette ville tire de grandes commoditez.

Le samedy 19 de juin, le legat a fait déclarer aux Etats qu'ayant appris qu'ils avoient deliberé sur la treve, il avoit resolu de se retirer, et leur a envoyé ses protestations.

Le dimanche 20 de juin, le cardinal Pelevé et plusieurs des principaux des trois Etats sont allez, en qualité de deputez desdits Etats, chez le cardinal legat, et l'ont suplié, par des raisons tres-fortes, de ne pas abandonner une ville qui en tant d'occasions a donné des marques éclatantes de son zele pour la religion. Le legat, après avoir remercié les deputez de l'honneur qu'ils lui faisoient, leur a dit que son intention étoit à la vérité de quitter la ville de Paris, mais non pas d'abandonner la défense de la religion, ni les interests de la France, mais seulement de se retirer à un lieu où, avec plus d'utilité et moins de blâme pour le Saint Siege, il pût aider à l'avancement de l'un et de l'autre. Cependant qu'il n'exécutera point sa résolution sans l'avis du duc de Mayenne, et sans lui-même en personne la faire entendre aux Etats.

Le lundy 21 de juin, les deputez ont fait le rapport aux Etats de la réponse du legat; et l'assemblée ne se trouvant pas entierement assurée de la volonté dudit legat, il fut délibéré de lui envoyer une seconde fois.

Le mardy 22 de juin, le duc de Mayenne a été chez M. le legat, auquel il a montré les grands inconveniens que son absence causeroit à la cause commune; ce qui l'a fait résoudre, à ce qu'on dit, de ne pas quitter Paris.

Le même jour, les chambres des enquêtes se sont rendues à la grand'chambre, et ont porté plainte contre le lieutenant civil, qui avoit nommé les commissaires pour informer contre quelques bourgeois qui avec le peuple avoient crié *vive le Roy!* et avoient parlé mal du Pape et du legat. Et sur ce, le parlement a défendu audit lieutenant civil de poursuivre lesdites informations contre les bourgeois en cause criminelle.

Le duc de Feria est allé aux Etats, et Jean-Baptiste Tassis a proposé de sa part que moyennant qu'ils déclarent l'Infante royne de France, solidairement avec l'un des princes françois que le Roy son maître voudroit choisir, y compris ceux de la maison de Lorraine, il donneroit le même secours qu'il avoit promis. Cette nouvelle proposition a été louée et appuyée par le legat, et reçue d'abord avec allegresse de la compagnie.

Le mercredy 23 de juin, les deputez royalistes qui sont encore à Saint-Denys, où ils attendent la réponse à leur déclaration, instruits des propositions faites aux Etats par le duc de Feria, ont écrit aux deputez des mêmes Etats une longue et belle lettre, dans laquelle ils leur découvrent les artifices des Espagnols, « qui, « sous un masque de religion, ont demandé le royaume « pour un Allemand que presque on ne sçavoit pas « dans le royaume s'il étoit au monde; et avec cet Al- « lemand ils veulent contre la loy salique, loy fonda- « mentale du royaume, mettre le sceptre entre les mains « d'une fille. Voyant que leurs finesses n'avoient pas « succedé de ce côté-là, ils ont proposé de bailler la « fille d'Espagne à celui que le roy des Espagnols choi- « sira; c'est-à-dire qu'ils demandent que vous mettiez « l'élection de ce royaume au jugement et à la discre- « tion d'un roy qui en a toujours été le plus certain « ennemi. Et cela pour continuer nos miseres, rendre « le nom françois méprisable, et pour ôter la couronne « à celui que Dieu et la nature nous ont donné, qui par « les forces qu'il a en main, et par le secours des bons « françois catholiques, defendra ses droits et la gloire « de la France aux depens de sa vie. » Et puis ils les exhortent à prévenir les séditions et la guerre civile que les Espagnols veulent perpetuer entre nous.

La derniere proposition des Espagnols a inspiré aux princes de la maison de Lorraine un ardent desir d'être choisis pour époux (1) de l'Infante. Le duc de Mayenne

(1) *Desir d'être choisis pour époux* : Les princes de la maison de Lor- raine qui pouvoient alors prétendre à ce mariage étoient Louis de Lor-

étant marié, la recherche pour son second fils; le duc de Guise a la protection du duc de Feria et de dom Diego d'Ibarra, et son nom est respectable aux zelez. Le duc de Nemours croit que cet honneur lui est dû. On dit que le duc de Mayenne est indeterminé sur son fils et sur son neveu, esperant que si l'un ou l'autre sont choisis, il demeurera lieutenant general de la couronne.

Le vendredy 25 de juin, les chambres du parlement se sont assemblées en conséquence de l'arrest du vingt-deuxiéme, pour traiter des affaires publiques. Les pairs et les princes qui ont droit de s'y trouver n'y sont point venus, et la déliberation a été remise à un autre jour.

Le samedy 26 de juin, les troupes du Roy qui sont dans les garnisons des lieux circonvoisins ont paru pendant la nuit assez près de Paris, sans qu'on sache encore leur dessein.

Le lundy 28 de juin, le parlement, les chambres assemblées, a donné l'arrest suivant : « Sur la remon-
« trance cy-devant faite par le procureur du Roy, et la
« matiere mise en délibération; la cour n'ayant, comme
« elle n'a jamais eû, d'autre intention que de mainte-
« nir la religion catholique, apostolique et romaine en
« l'Etat et couronne de France, sous la protection d'un
« roy très-chrétien, catholique et françois, a ordonné
« et ordonne que remontrances seront faites cette après

raine, cardinal de Guise, âgé d'environ dix-huit ans; Claude de Lorraine, cinquième fils d'Henri de Lorraine, duc de Guise, âgé d'environ vingt-un ans; Henri de Lorraine, fils de Charles de Lorraine, duc de Mayenne, âgé d'environ treize ans; Charles-Emmanuel, duc de Nemours, fils de Jacques de Savoie, qui en secondes noces épousa Anne d'Est, comtesse de Gisors, veuve de François de Lorraine, duc de Guise.

« disnée par M. le president Le Maître, assisté d'un
« bon nombre de ladite cour, à M. le lieutenant gene-
« ral de l'Etat et couronne de France, en présence
« des princes et officiers de la couronne étant de pre-
« sent en cette ville, à ce qu'aucun traité ne se fasse
« pour transferer la couronne en la main des princes
« ou princesses étrangers; que les loix fondamentales
« de ce royaume seront gardées, et les arrests donnez
« par ladite cour pour la déclaration d'un roy catholi-
« que et françois soient exécutez; et qu'il ait à employer
« l'autorité qui lui est commise pour empêcher que,
« sous pretexte de la religion, la couronne ne soit
« transferée en main étrangere, contre les loix du
« royaume; et pour venir le plus promptement que
« faire se pourra au repos du peuple, pour l'extrême
« necessité duquel il est rendu. Et néanmoins dès-à-
« present a déclaré et déclare tous faits faits, et qui se
« feront cy-après pour l'établissement d'un prince ou
« princesse étrangere, nuls, et de nul effet et valeur,
« comme faits au préjudice de la loy salique, et autres
« loix fondamentales du royaume. »

Cet arrest a surpris tous les partis: aucuns disent qu'il a été conseillé secretement par le duc de Mayenne pour suspendre l'élection d'un roy, et prendre ses mesures pour se conserver dans sa charge; d'autres, que le parlement, de son propre mouvement, l'a donné pour conserver les lois fondamentales du royaume, dont ils sont les défenseurs.

[JUILLET.] Le jeudi premier jour du mois de juillet 1593, au conseil assemblé sur le cardinal Pelvé, où M. le duc de Maienne entra devant six heures du matin, fust proposé l'emprisonnement de quelques uns de messieurs de la cour : ce qui fust finalement rompu et empesché, principalement par M. de La Chastre, non sans peine et contradiction du cardinal Pelvé, et autres de son humeur.

Le samedi 3 juillet, mourust à Paris en sa maison Benoist Milon, seingneur de Videville, intendant des finances, et president des comptes à Paris; duquel la memoire est recommandable à ceux seulement qui ne font tant d'estat de la preud'hommie et de la vertu, que des biens terriens et honneurs de ce monde, desquels, selon le bruit commun, il est mort excessivement plain et riche pour le fils d'un serrurier, et sans sçavoir qui devoit avoir tout cela aprés lui : qui est une des grandes vanités que le sage dit avoir veu sous le soleil.

Ce jour, le duc de Maienne adouci fist prier ceux de la cour de moderer leur arrest (1), ou à tout le moins de ne le publier.

Ce jour, vinrent les nouvelles à Paris que le Roy avoit failli d'estre tué devant Dreus, et que M. de Montpensier avoit esté blessé : ce qui estoit vrai; et l'avoit predit M. de Villandri, gentilhomme françois, plus de deux mois auparavant, audit seingneur de Montpensier, en presence du Roy.

Le dimanche 4 juillet, vinrent nouvelles à Paris de la Tour grise de Dreus, prise par le Roy. Ceux qui estoient dedans furent tous pendus, et entre les autres celui qui avoit blessé ledit duc de Montpensier : qui estoit ung patissier qui portoit un bonnet rouge; et lequel, aprés avoir tiré le coup, on avoit oui s'esbouffer

---

(1) *Leur arrest :* l'arrêt pour le maintien de la loi salique.

à rire, criant tout haut : « Ah, par ma foi, il en a, il
« est mort ! »

Ce jour, le curé de Saint-André en son sermon dementist la cour de parlement; cria contre la treufve qu'il estoit bruit qu'on vouloit publier à Paris, et contre ceux qui demandoient d'aller à Saint-Denis pour l'instruction du Roy, duquel il dit mille injures, comme aussi firent tous les autres predicateurs. Le curé de Saint-Germain dit que c'estoit un mauvais haranc, et une vilaine note pour ceux que le Beärnois avoit envoyé querir; et que les meschans cherchoient ordinairement les meschans. Et quant à lui, qu'il eust esté bien marri d'estre du nombre de ceux là. Lincestre prescha, en presence du legat, qu'on ne lui pouvoit refuser l'instruccion; et quant à la treufve, que c'estoit une chose indifferente. De quoi le legat se trouva offensé.

Cependant le duc de Feria, poussé par les predicateurs et les Seize, proposa le mariage du duc de Guise avec l'Infante, en faisant et elizant ledit duc de Guise roy; s'offrist de tenir prison en la Bastille jusques à ce qu'il eust esté advoué de son maistre (1); et que sa teste en respondroit, au cas que le roi d'Hespagne ne baillast au duc de Guise sa fille en mariage, avec quarante mil hommes de secours, et argent tout prest pour faire la guerre. A quoi M. du Maine respondit resolument que la teste dudit duc de Feria n'estoit suffisante pour respondre de la perte d'un roiaume de France. Au reste, qu'il y avoit M. de Lorraine qui ne se pouroit jamais contenter de ceste election, pour ce qu'on lui feroit tort, estant l'aisné de leur maison : les autres princes

---

(1) *Advoué de son maistre:* Le duc de Féria avoit des blancs-seings du roi d'Espagne.

pareillement, qui avoient tous bien fait. Que pour son regard de lui, il avoit porté tout le faix de la guerre; et que s'il estoit question de se perdre, qu'il se perdroit bien tout seul, sans y en appeler d'autres. Et puis, que ce n'estoient que promesses de tous ces hommes là, et de cest argent qu'on promettoit; qu'il falloit premierement voir l'Infante à Paris, avec l'armée des quarante mil hommes, et trés bien de l'argent; et aprés on parleroit à lui.

Le lundi 5 juillet, Lincestre receust lettres du Roi pour l'aller trouver pour sa conversion; lesquelles veues, s'en alla au legat, qui pour response lui donne des maledictions *Maledicat,* lui dist-il en grande colere, *maledicat, maledicat!* Auquel le pauvre Lincestre repond au contraire : *Benedicat, benedicat, benedicat!* Finablement, estant conjuré par lui avec le signe de la croix, fust contraint de se retirer, sans autre response ou resolution.

Le Roy de son propre mouvement, aiant seu qu'il estoit gascon, dit qu'il le vouloit avoir. Et sur ce qu'on lui dit qu'il estoit un seditieus, respondit que jamais bon Gascon ne fust Hespagnol.

Ce jour, un nommé Lassus, marchand tapissier demeurant au bout du pont Saint-Michel à Paris, fust à huit heures du soir pris prisonnier par le grand prevost, accusé d'avoir mal parlé du duc de Maienne, et d'avoir dit qu'il le tueroit : lequel ledit de Maienne, aprés avoir oui, renvoia en sa maison. Le colonnel d'Aubrai, auquel on le voulut bailler en garde, refusa de s'en charger, non qu'il ne fust honneste homme et bon politique, mais leger de la langue : ce qui n'estoit sans grand hazard au temps où nous estions.

Le mardi sixieme de ce mois, vinrent nouvelles à Paris de la prise de Dreus, et que le Roy avoit donné la vie aux habitans, à la priere de madame sa sœur.

Ce jour, Commolet, qui preschoit aux prieres à Saint-Berthelemi, dit qu'il estoit François, natif d'Auvergne, et de pere et mere françois; et qu'il eust bien desiré que nous eussions eu un bon roi françois : mais, quelque bruit qu'il courust, que nous n'aurions jamais pour roy qu'un estranger, veu la division qui estoit entre les grands.

Le mecredi septieme de ce mois, le duc de Maienne, troublé de ceste nouvelle election du duc de Guise son nepveu (1), laquelle il voiioit que le legat, joint avec les Hespagnols, les predicateurs et les Seize, qui ne faisoient une petite compagnie, favorisoient ouvertement, tinst conseil depuis quatre heures du soir jusques à minuit : car tout le peuple de Paris (au moins la lie qu'on appele, qui fait une bonne part de la ville) le tenoit desja pour son roi. Les Espagnols et Neapolitains l'apeloient sire; la Sorbonne le vouloit recongnoistre; les curés le preschoient si bien, qu'il n'i avoit fils de bonne mere qui ne l'allast saluer. De lui, voiiant sa royauté assez mal asseurée, monstroit avoir à desplaisir qu'on le saluast et recongneust pour tel. Madame de Guise en rioit; madame de Nemoux s'en offensoit; madame de Montpensier l'appeloit *ce beau Roi;* madame du Maine, *un petit morvèus* (2) *auquel il falloit encore bailler des verges.* Et ainsi chacun discouroit,

---

(1) *Duc de Guise son nepveu* : Charles de Lorraine, duc de Guise, fils aîné de Henri duc de Guise, et de Catherine de Clèves. — (2) *Un petit morveus* : Le duc de Guise, né le 20 août 1571, avoit alors vingt-un ans.

selon sa passion, de ce nouveau roi de Paris imaginaire.

Ce jour, fust recriée la treufve à Paris jusques au dimanche prochain.

Ce jour mesme, le nouveau Roi disna sur M. de La Chastre, estant sa marmite renversée; et furent contraints ses gens d'envoier un de ses manteaux et sa housse en gage, pour avoir à disner.

Le jeudi 8 dudit mois, Commolet, à sa predication à Saint-Berthelemi, fist chanter un *Veni creator*, disant que dans dimanche on auroit pis ou mieux; et qu'il le savoit bien.

Le vendredi 9 de ce mois, à neuf heures du matin, mon nepveu Tronson, aagé de vingt-trois ans, mourust en ceste ville de Paris en la maison de son pere : à la mort duquel j'ai eu grand regret.

Le samedi 10 dudit mois, on s'attendoit à Paris que la conference y seroit republiée jusques à jeudi : mais elle ne le fust point; et dés le lundi suivant y en eust de coutelassés, mesmes un pauvre garçon tout contre la porte Saint-Denis; et y eust tout plain de vaches prises.

Le dimanche 11 de ce mois, à la procession du saint-sacrement de Saint-Berthelemi, fust exposé en vue et au publiq un tableau de Lucifer tumbant de paradis en enfer : dans lequel estoient representées toutes sortes de personnes qui y souffroient peines terribles, et estoient marquées par leurs noms escrits au-dessus. Entre les autres on y voyoit le feu Roy entouré de forces diables, et de souffre et feu que lui souffloient lesdits diables; et y avoit au dessus escrit en grosse lettre : *le Tiran*. Puis Brisson, Larcher et Tardif s'y voiioient, avec leurs noms et dictons escrits en grosse lettre, que les diables accoustroient de toutes façons ; et tout plain d'autres de ceux qu'on appeloit politiques, tant de Paris qu'ailleurs, horriblement desfigurés et tenaillés par cent mille diablotins. En paradis, on y voiioit force anges tenans des diables sous leurs pieds : entre lesquels y en avoit un qui avoit les aisles plus grandes que les autres, qui tenoit un diable sous ses pieds qui avoit une escharpe blanche, au dessus duquel estoit escrit en grosse lettre : *le Bearnois* ; et au dessus de l'ange : *M. de Guise, roy*. Ung autre ange qui tenoit un diable sous ses pieds : le diable estoit inscrit *M. de Montpensier* ; l'ange : *le duc de Maienne*. Puis un autre ange au dessus duquel y avoit escrit : *le duc de Mercœur*, qui tenoit un diable soubs ses pieds ; et estoit escrit au dessus dudit diable : *le marquis de Conti*.

On apeloit ce tableau le tableau des Seize de Paris; et estoit un des leurs, nommé Jean Petit, qui l'avoit fait et peint pour un tableau de devotion qu'ils vouloient estaler aux bons jours à Paris.

Ce jour, le doyen Seguier, menassé par les Seize, sortist de Paris, estant aisé à intimider ; et aussi qu'on lui en vouloit fort pour parler librement et en politique, c'est à dire en homme de bien.

Ce jour de dimanche, le curé de Saint-André prescha furieusement contre les politiques ; dit qu'il les falloit poingnarder et tuer ; et que de lui, il serviroit de porte-enseigne là où il savoit qu'il y en avoit.

Le jour mesme, Boucher preschant dit que les politiques avoient le caquet bien rabaissé depuis deux jours, et qu'ils estoient aussi froids que le marteau Saint-Eloy ; cria contre l'arrest donné par ceux de la cour ;

les injuria, et appela meschans et asnes; s'offrant à disputer contre eux, encores qu'ils ne le valussent pas. Puis parlant de l'election du duc de Guise et de l'infante d'Hespagne, exaltant la pieté du roy Catholique, dit que c'estoit le vrai sacrifice d'Abraham, qui presentoit son fils pour immoler; qu'en despit de la cour et des politiques nous avions un roi; et qu'il n'i avoit que les meschans, traistres à la religion et à l'Estat, qui ne le vouloient reconnoistre. On disoit à Paris que le duc de Feria avoit promis audit Boucher qu'il seroit l'ausmonier du nouveau Roy : comme aussi M. le legat et lui appointoient et accommodoient de ce qu'il estoit possible les predicateurs pour prescher au peuple, et lui faire gouster ceste nouvelle royauté. Et sçai bien qu'à nostre maistre de Cœilli entre autres le duc de Feria toutes les semaines envoiioit un quartier de mouton et un quartier de veau, et tous les mois un septier de bled (1), avec dix doublons.

Le lundi 12 de ce mois, le Roy arriva à Saint-Denis, où tout aussitost escrivit de sa main la suivante lettre à la marquise de Mousseaux :

« Ma maistresse, je suis arrivé à trois heures en ce lieu, n'i ayant appris nulles nouvelles de celui que je vay chercher. Givri est allé pour en apprendre : l'on ne parle ici que de ceste royauté nouvelle; ma presence estoit fort necessaire en ce lieu. Je m'en vois disner, puis dormir; mais je vous paie premier ce tribut : car vous marchés la premiere en toutes mes passions. Certes, mes cheres amours, vous devez plustost craindre que

(1) *Tous les mois un septier de bled :* c'étoit ce que l'on appeloit l'ordinaire.

je vous aime trop que trop peu. Ceste faulte vous est agreable, et à moi aussi, puisqu'elle le vous est. Voila comment je me transforme en toutes vos volontés : n'estre pas pour estre aimé? Aussi croi-je que vous le faites, et en ai l'ame contente de ce costé là. Je fini, vous baizant un million de fois les mains. Ce 12 juillet, à Saint-Denis. »

Advis fust donné ledit jour, au duc de Maienne, de deux cens cordeliers arrivés à Paris, se fournissans d'armes et s'entendans avec les Seize, lesquels dans les Cordeliers de Paris tenoient tous les jours conseil, au vœu et sçeu du duc de Maienne et de tout le monde.

Ce jour, le duc de Guise menassa de faire mourir le premier qui l'appeleroit roi, sa royauté n'estant encores bien asseurée; et en voulut poingnarder un qui l'avoit apelé sire.

Le mardi 13 de ce mois, un colonnel de Paris advertist un procureur de donner advis à ceux de la justice que les Seize avoient une entreprise contre eux et les politiques : mais qu'ils se tinssent seulement sur leurs gardes et se revenchassent trés bien, et qu'ils s'asseurassent qu'ils auroient du secours et se trouveroient les plus forts.

Ce jour, madame de Nemoux manda à madame la presidente Seguier qu'elle prist courage et se resjouist; et que dans trois jours elle lui manderoit de bonnes nouvelles, qui estoit de la treufve generale, qu'on tenoit à Paris pour toute arrestée et resolue.

Ce jour, l'abbé Sainte-Genevieve revinst de Saint-Denis en ceste ville à neuf heures du soir, aiant parlé au Roy pour le prier de se faire catholique plus tost que plus tard. Ce que Sa Majesté lui avoit promis, à ce qu'il disoit.

Ce jour, les Seize, assemblés aux Cordeliers, se dechargerent de leurs armes en la maison d'un politique, au lieu d'un des leurs. Celui qu'ils y avoient envoié les porta sur le capitaine Le Roy en la rue de la Harpe, au lieu du Roy, passementier, demeurant au bout du pont Saint-Michel, aiant pris une maison pour l'autre, tout à la bonne foi, pour ce qu'ils lui avoient dit simplement qu'il les portast en la maison du capitaine Le Roy.

Ce jour, M. de Chavagnac, curé de Saint-Supplice, arriva à Saint-Denis pour l'instruccion du Roy.

Ce jour, mesme bruit faux de la mort de M. de Montpensier, qu'on tenoit pour certaine à Paris.

Le mecredi 14 de ce mois, le Roy disnant à Saint-Denis, demanda qui estoit un nommé Genebrard? Auquel M. d'Emeri, par l'organe de Pelerin, lecteur du Roy, qui estoit derriere lui, respondit que c'estoit un moine qui n'eust sceu parler ni escrire un mot, que de sa bouche et de sa plume ne sortist une injure.

Ce jour, madame de Nemoux dit à madame la presidente Seguier qu'elle lui vouloit apprendre de bonnes nouvelles, qui estoient que nous aurions la treufve, et possible la paix; et que le Roy devoit aller à la messe le 22 de ce mois, jour de la Magdeleine : nouvelles qui ne plaisoient gueres à ladite dame de Nemoux, combien qu'à la courtizanne elle fist bonne mine et contenance du contraire.

Ce jour, la femme d'un mareschal demeurant prés la croix Saint-Eustache à Paris fust outragée et apelée carougne par un Hespagnol, pour avoir dit que ce n'estoit pas pour M. de Guise la couronne; et que le roy de Navarre devoit aller dimanche à la messe.

Le jeudi 15 de ce mois, la conference fust recriée à Paris jusques à dimanche; au bout de laquelle on disoit qu'on devoit avoir la treufve generale.

Ce jour, arriverent à Saint-Denis, pour l'instruccion du Roy, messieurs Benoist et Morraines (1).

Le vendredi 16 de ce mois, s'esleva un faux bruit à Paris de tout plain de politiques qu'on devoit emprisonner. Et le soir aprés souper on nous vinst dire qu'on venoit de prendre le president Le Maistre et le colonnel d'Aubrai. Ce qu'on verifia faux à l'heure mesme.

Ce jour, fust mis en arrest à Paris l'abbé Sainte-Genevieve, pour avoir parlé au Roy à Saint-Denis, et avoir escrit la lettre suivante au doien Seguier:

« Je me suis acquitté des vostres dés nostre arrivée, les aiant mises és mains de vostre homme, qui m'est venu trouver. J'ai fait le semblable envers madame vostre mere, qui en a esté fort joieuse. Faites que Le Maistre m'escrive un mot de sa main pour auctoriser de parler de sa part à ceux qui peuvent servir et aider à son procés, pour continuer leur bonne volonté.

« Envoiés le passeport par celui dont je vous ai presenté les lettres.

« Envoiés-moi passeport pour deux robbes d'escarlate rouge, de peur de ceux qui courent par la campagne.

« Je suis et serai à jamais votre affectionné serviteur.

« Fault obtenir passeport pour trois mois, non obstant toutes revocations.

(1) *Benoist et Morraines:* Le premier étoit curé de Saint-Eustache, et le second curé de Saint-Méderic.

« Fault obtenir passeport pour moi huictiesme, tant serviteurs qu'autres estans de ma compagnie et advoués de moi pour quatre mois, pour aller de Paris és fermes de mon abbaye, pour passer et repasser par les villes de son obeissance, sejourner, aller et retourner avec armes, chevaux et bagage, non obstant toutes revocations. »

Le samedi 17 de ce mois, Guarinus prescha dans les Cordeliers que M. de Montpensier, qui se commençoit à bien porter, estoit mort, et qu'on en avoit eu certaines nouvelles.

La nuit de ce jour, entra le capitaine Saint-Pol à Paris, accompagné de cinquante chevaux.

Le dimanche 18 juillet, le curé de Saint-André, en son sermon, loua et exalta jusques au tiers ciel l'election du duc de Guise; dit qu'elle estoit divine, miraculeuse et extraordinaire, par dessus toutes celles qu'on avoit jamais veues; qu'il sçavoit bien qu'on disoit qu'il estoit jeune, et qu'il n'avoit ni force ni grande apparence : mais que c'estoit ce petit bergerot David, duquel on en disoit autant. On ne savoit qui il estoit : il estoit caché, il n'avoit ni force ni apparence : et toutefois c'estoit celui que Dieu avoit choisi. Au surplus, qu'il estoit de bonne race; qu'il n'avoit jamais desvoié de la foy; et qu'il valoit beaucoup mieux avoir un roy jeune, qui fust sage et bon catholique, que non pas un vieil fol d'heretique tel que nos politiques demandoient. Cria contre la treufve, et la conversion et messe du Roy, laquelle il dit ne valoir rien; et que tous ceux qui iroient et s'y trouveroient estoient damnés comme Judas. Tous les autres predicateurs prescherent le semblable, excepté trois ou quatre; et magnifierent tous l'election du duc de Guise, comme venante du ciel : auquel ils donnerent une infinité de louanges.

Au contraire les mal contents de son election disoient que c'estoit un roy sans forces, sans argent et sans nés; que madame de Montpensier se plaingnoit qu'il chioit ordinairement au lit de ses damoiselles; que ses chevaux mouroient tous les jours, faute de foing; et qu'on envoyoit ses housses et manteaux en gage, pour lui avoir à soupper.

Le curé de Saint-Germain prescha ce jour que combien qu'il eust été esleu et arresté roy, toutefois qu'il ne seroit point proclamé ni sacré que quand l'armée d'Hespagne seroit proche.

A ce sermon on eust de la peine beaucoup à faire taire deux simples femmes qui ergotoient l'une contre l'autre sur ceste election; et en ouist-on une qui dit tout haut : « Enfin nous ne saurions avoir qu'un roi; « si nous en avons deux, il faudra faire faire une gaine « exprés, où on mettra ces deux cousteaus : l'un pointu, « et l'autre moussu. »

Ce jour, le curé de Saint-André alla voir M. le president Le Maistre, et lui dit qu'il avoit esté marri d'entendre que lui, qu'il avoit tousjours tenu pour bon catholique et homme de bien, eust assisté à ce meschant arrest de la cour, et qu'il en eust donné le conseil comme le trouvant bon. Au quel le president Le Maistre respondit qu'il y avoit voirement assisté, et donné conseil; et que pour cela il ne s'en estimoit moins catholique ni homme de bien; au contraire, que l'arrest estoit si bon, si saint et si juste, que s'il estoit encores à faire, il seroit d'avis de le faire; et qu'il n'i avoit que les meschans qui le trouvassent mauvais.

« Au surplus, monsieur, lui dist-il, il y a une poignée
« de gens en ceste ville, desquels vous estes, qui sont
« sanguinaires, lesquels crient contre, et ne preschent
« ni ne respirent autre chose que le sang et la sedition.
« Et de fait vos sermons ne sont d'autre chose : ce sont
« ceux qui empeschent le repos du peuple par abbaier
« contre la treufve, qui est l'unique soulagement des
« miseres du pauvre peuple, qui sans cela n'en peut du
« tout plus. Vous vous devriés contenter d'avoir fait
« mourir le chef de la justice, et un des plus hommes
« de bien et des meilleurs catholiques de vostre pa-
« roisse. » A quoi le curé n'eust autre plus grande replique que de s'en aller.

Ce jour, qui estoit le dimanche 18 juillet, le Roy
alla publiquement au presche à Mante pour la derniere
fois (ainsi qu'il le dist lui-mesme); où M. de La Faye
prescha, et parla bien à lui, ayant pris theme exprés
propre pour ce subjet. On a remarqué que ce jour
estoit la fin des huict années revolues, jour pour jour,
de la revocation de l'edit faite par le feu Roy au Palais,
et le huictiesme devant sa conversion et reunion à
l'Eglise catholique romaine.

Le lundi 19 de ce mois, fust enterré un Hespagnol
à Paris dans l'eglise Saint-Germain de l'Auxerrois,
derriere la chaire du predicateur, qui estoit valet de
chambre du duc de Feria, attaint par fortune d'un
coup d'harquebuze à la mamelle, comme il estoit à la
fenestre de l'hostel de Longueville, où estoit logé son
maistre, auxquels les soldats faisoient la saluade.

Ce jour, le curé de Saint-Supplice [1] sortant sur les

---

[1] *Le curé de Saint-Supplice :* Chavagnac. Il avoit déjà eu plusieurs
conférences avec le Roi pour sa conversion.

onze heures du matin par la porte Neuve, où il vouloit passer l'eau pour aller à Saint-Denis, fust empesché et arresté par ceux de la porte, encores qu'il eust passeport; et mené au duc de Maienne, qui le renvoya fort gracieusement.

Le mardi 20 de ce mois, le baron de Thori estant au logis du duc de Maienne et parlant pour la treufve, dit, en presence de nostre maistre Boucher, que c'estoit une grande honte à ceux qui empeschoient un bien publiq tel que cestui-là : jurant Dieu et regniant qu'on ne le devoit endurer; et que le legat, comme estranger, n'en devoit estre creu. De quoi Boucher offensé, prist subjet d'attaquer ledit baron sur ce qu'il juroit, laissant à part la defense de la treufve, qui estoit proprement ce qui le piquoit; tellement qu'il dit à ce gentilhomme que ce n'estoit bien fait de jurer ainsi, et que tels juremens et blasphemes estoient indignes de sa profession. « Dites-vous, monsieur nostre maistre? « va respondre ce gentilhomme; et que sçavés-vous « pourquoi je le fais? Vous seriés bien estonné si on « me bailloit de l'argent pour jurer, aussi bien qu'on « fait à vous des doublons pour prescher ce que vous « preschés! »

Le mecredi 21 de ce mois, la treufve fust recriée à Paris jusques à vendredi.

Le jeudi 22 de ce mois, bruit à Paris de la treufve generale accordée, et de la conversion du Roy remise, les uns disent au mecredi 28, les autres au 15 aoust; autres à dimanche prochain 25 de ce mois, qui estoit la verité.

M. le legat ayant eu advis de la treufve resolue et arrestée, publia une declaration, laquelle il fist imprimer par Rolin-Thierri; par laquelle il defendoit aux ecclesiastiques d'aller à Saint-Denis, sur peine d'excommunicment. Fait mine de s'en vouloir aller. Sur quoi les Estats assemblés le lendemain, M. Du Laurens (1) proposa de deputer par devers lui, pour le supplier de ne bouger. Mais le president Le Maistre fust d'avis au contraire de le laisser aller, et qu'il ne servoit ici d'autre chose qu'à nous brouiller.

Ce jour, le capitaine Saint-Pol (2) fust receu mareschal de France.

Le vendredi 23 juillet, les docteurs, mandés à Saint-Denis, entrerent dés le matin en conference avec le Roy sur le fait de sa conversion. Aux argumens desquels le Roy respond et replique si à propos, alleguant les passages de la Sainte Escriture, qu'ils en demeurent estonnés, et empeschés de donner solutions valables à ses questions. Tant qu'un des principaux d'entre eux dist le lendemain à quelcun qu'il n'avoit jamais veu heretique mieux instruit en son erreur, ni qui la defendist mieux, et en rendist meilleures raisons.

Quand ils vinrent à la priere des morts, il leur dit : « Laissons là le *Requiem*; je ne suis pas encore mort, « et si n'ai envie de mourir. » Pour le regard du purgatoire, il leur dit qu'il le croiroit, non comme article de foi, mais comme croyance de l'Eglise, de laquelle il estoit fils; et aussi pour leur faire plaisir, sachant

(1) *M. Du Laurens*: Honoré Du Laurens, député de Provence. Il a fait une relation de la conférence de Suresne, qui a été imprimée en 1593 et en 1594. — (2) *Le capitaine Saint-Pol* : Antoine, dit le capitaine Saint-Pol, soldat de fortune. Il s'étoit déclaré, par cri public, comte de Rhetelois, en vertu d'une donation du Pape. Il fut l'un des quatre maréchaux créés par le duc de Mayenne. Il avoit deux sœurs : l'une étoit mariée à M. Tavernier, l'autre à un tisserand.

que c'estoit le pain des prebstres. Sur l'adoration du sacrement, aiant insisté longtemps, il leur dit à la fin : « Vous ne me contentés point bien sur ce point, et ne « me satisfaites pas comme je desirois, et me l'estois « promis de vostre instruccion. Voici : je mets aujour- « d'hui mon ame entre vos mains. Je vous prie, pre- « nés-y garde : car là où vous me faites entrer, je n'en « sortirai que par la mort; et de cela je le vous jure et « proteste. » Et en ce disant, les larmes lui sortirent des yeux.

Aprés cela, ils presenterent à Sa Majesté un escrit contenant une forme d'abjuration et de testation des principales erreurs qu'il avoit suivies, avec nouveaux sermens et protestations obligatoires qu'ils entendoient lui faire faire et signer, et auxquelles ils vouloient expressement l'astraindre avant que le recevoir à l'Eglise. Sur quoi il leur dit qu'il lui sembloit qu'il en avoit assez fait, et qu'ils se devoient contenter. Toutefois qu'ils lui laissassent leur papier, et qu'il le verroit.

Ce jour, Sa Majesté escrivit de sa main à madame de Mousseaux (1) la lettre suivante, extraite de l'original :

« J'arrivai au soir de bonne heure, et fus importuné de *Dieu gards!* jusques à mon coucher. Nous croions la treufve, et qu'elle se doit conclure ce jourd'hui. Pour moi, je suis à l'endroit des ligueurs de l'ordre Saint-Thomas. Je commence ce matin à parler aux evesques, outre ceux que je vous mandai hier. Pour escorte je vous envoie soixante harquebouziers, qui va-

---

(1) *Madame de Mousseaux* : Gabrielle d'Estrées, marquise de Monceaux, puis duchesse de Beaufort.

lent bien des cuirasses. L'esperance que j'ai de vous voir demain retient ma main de vous faire plus longs discours. Ce sera dimanche que je ferai le sault perilleux. A l'heure que je vous escris, j'ai cent importuns sur les espaules, qui me feront hair Saint-Denis comme vous faites Mante. Bonjour, mon cœur; venés demain de bonne heure, car il me semble qu'il y a desja un an que je ne vous ai veue. Je baise un million de fois les belles mains de mon ange, et la bouche de ma chere maistresse.

« De Saint-Denis, ce 23 juillet 1593. »

Le lendemain, qui estoit le samedi 24 de ce mois, il manda dés le matin M. le premier president de Paris et celui de Rouen, pour le venir trouver à son lever. Estans venus, le Roy leur dist qu'il les avoit envoyé querir, pour leur dire qu'il avoit fait tout ce qu'il lui avoit esté possible pour contenter messieurs nos maistres sur le fait de sa conversion et son retour à l'Eglise catholique, en laquelle il vouloit vivre et mourir, comme il leur avoit protesté; mais que pour cela il n'avoit entendu qu'on le forçast si avant en sa conscience pour l'astraindre à des sermens estranges, et à signer et croire des badineries qu'il s'asseuroit que la plus part d'eux ne croioient pas : comme mesmes du purgatoire. « Croiés-vous, leur dit-il, qu'il y en ait « ung? » A quoi ne respondans rien, mais destournans le propos au subjet sur lequel le Roy les avoit mandés, lui dirent qu'il n'estoit pas raisonnable de forcer plus avant Sa Majesté, et qu'ils croiioient qu'ils ne l'avoient jamais entendu de ceste façon; et que s'il plaisoit à Sa Majesté, ils les iroient trouver pour leur dire et re-

monstrer là dessus ce qui estoit de leur debvoir. « Je
« vous en prie, dit le Roy ; et leur dites qu'ils se con-
« tentent hardiment, et que j'en ai assez fait ; que s'ils
« passent oultre, il en pourra advenir pis. »

La Faye, ministre, fut aussi par devers M. le chancelier, se plaindre à lui de ce qu'on violentoit ainsi le Roy et sa conscience mesme, lui dist-il, pour des badineries. Auquel le chancelier fist response que cela n'estoit raisonnable : qu'on y pourvoiroit.

Le petit Chauveau, en presence des evesques et prelats assemblés sur ceste forme d'abjuration qu'on avoit presenté à Sa Majesté pour signer, dit que le Roy n'estoit point turq, ni paien, ni mammelu, pour le vouloir astreindre à une telle abjuration ; qu'il estoit chrestien ; et s'il avoit erré, qu'il le faloit reduire doucement de l'erreur à la verité, mais non le traicter comme un qui en eust esté du tout ignorant. En quoi il fust secondé de M. l'evesque du Mans [1] et de quelques autres : tellement qu'enfin la forme de ceste abjuration fut changée et adoucie.

Ce jour, les nouvelles de la conversion du Roy au lendemain estans arrivées à Paris, on y chanta le *Requiem* au lieu de *Te Deum*. Cri fust fait par les quarrefours que personne, de quelque qualité qu'il peust estre, n'eust à aller à Saint-Denis sans passeport du prevost des marchans ou eschevins, sur peine de la hart. Ceux qui en demandent sont refusés, et n'en a-l'on que par faveur extraordinaire. Benoist en eust un signé de la main du duc de Maienne, qui lui dist à Dieu et le prist en sa protection. Contre lequel, et M. de

---

[1] *L'evesque du Mans* : Charles d'Angennes de Rambouillet.

Bourges, et la messe du Roy, on me monstra le sixain suivant, fait par un ligueur :

> De trois BBB garder se doit-on :
> De Bourges, Benoist et Bourbon.
> Bourges croid Dieu piteusement,
> Benoist le presche finement;
> Mais Dieu nous gard de la finesse
> Et de Bourbon et de sa messe!

Sur ceste messe et nouvelle conversion du Roy, madame de Nemoux fist le suivant discours, la larme à l'œil, à une honneste dame, ce samedi 24 juillet 1593 :

« Le roi de Navarre se fait catholique, et dés demain : il n'en faut plus douter. J'ay apporté ce que j'ai peu pour la paix, mais je n'en ai seu venir à bout. J'en suis si contristée, que je n'en puis plus, et crois que cela me fera mourir : car mes enfans, desquels je voi la ruine devant mes yeux, ne me croient point. Et soit que je mange, ou je boive ou je dorme, tousjours cela me revient; et mesme l'acte de demain, qui avancera bien mon malheur et le leur. Mais qu'y ferai-je? Premierement mon fils du Maine est en jalousie de son frere de Nemoux, et a ceste opinion que je fais tout pour cestui-là, et rien pour lui : qui est la cause qu'il ne me croit de rien de tout ce que je lui dis. Quant à mon fils de Nemoux, il a son dessein particulier; et encore qu'il me croie beaucoup, si n'entend-il qu'on le postpose à son frere du Maine, ni à autre quelconque de quelque qualité qu'il puisse estre, en ce qu'il ira de sa grandeur et de l'Estat. Et de ce point, il ne m'en croira jamais, ni ne lui ferai faire ce que je vouldrai : il a le cœur trop haut. Quant à mon petit-fils de Guise, c'est un jeune fol qui a une mere qui lui aide à l'estre encore davantage : elle entretient l'Espagnol, et fait des menées avec lui pour ceste Infante, et met le cœur au ventre à ce beau-fils pour l'enhardir, jusques là de se faire déclarer roy : non qu'elle ne sache bien qu'il ne le peult être, mais pour tascher par là de parvenir au mariage de Madame, sœur du Roy, avec son fils. Mais elle se trompe : j'en ay esté desniaisée de la Roine mere. Je sais fort bien aussi que le roy de Navarre se moque d'elle, et qu'il n'en fera jamais rien : au contraire, qu'il la ruinera, et elle et son beau-fils. De moi, si mon fils du Maine pouvoit prendre asseurance du roy de Navarre, et se fier de moi pour faire sa paix avec lui pour son asseurance, je m'asseurerois de frapper un grand coup au mariage de mon fils de Nemoux avec Madame, qui est l'unique remede qui se trouve à nos maux, et le seul moien pour prevenir la ruine qui menasse nostre maison. Mais quoi ! la desfiance les tue et les perdra, avec moi et ma posterité; et puis ce jeune fol (1) nous gaste tout. M. le legat, s'il peut, le menera à Rheims un de ces jours pour le faire couronner : je n'en doute point; et encores moins qu'il sera assez fol pour s'y laisser mener. Si là dessus il advient un coup de mon fils, me voila perdue. »

Et achevant ses propos, commença à fondre tout en larmes.

Ce discours a esté recueilli de mot à mot, comme il est sorti de la bouche de ladite dame de Nemoux.

Le dimanche 25 juillet 1593, le Roy alla à la messe

(1) *Ce jeune fol* : le duc de Guise.

à Saint-Denis, habillé d'un pourpoint de satin blanc, chamaré d'or, et les chausses de mesme; portant un manteau noir avec le chapeau de mesmes, où il y avoit un panache noir. Il faisoit une extreme chaleur. L'ordre des ceremonies qui y furent gardées ont esté escrites au long, et se voient partout imprimées.

Avant que se lever, le Roy parla dans son lit quelque temps au ministre La Faye, aiant sa main sur son col; et l'embrassa par deux ou trois fois. Comme aussi le jour de devant, à ses autres ministres prenant congé de lui, il leur dit en pleurant qu'ils priassent bien Dieu pour lui, qu'ils l'aimassent tousjours, et qu'il les aimeroit, se souviendroit d'eux, et ne permettroit jamais qui leur fust fait tort, ni violence aucune à leur religion.

Ce jour, aux prosnes des paroisses de Paris, furent jettées des excommunications contre tous ceux et celles qui iroient à Saint-Denis ouïr la messe du Roi, et se trouveroient et assisteroient aux ceremonies de sa conversion.

Ce jour, dans l'eglise de Saint-Nicolas des Champs à Paris, le curé de Saint-Pierre aux Bœufs, sur la conversion du Roy, dit au peuple ce qui s'ensuit :

« Messieurs, j'ai commandement de M. le legat de
« vous dire que ce jourd'huy le roi de Navarre se fait
« catholique : lequel dit qu'il trouve bien estrange que
« l'on le reçoit, d'autant que nostre saint pere le Pape
« ne l'a point relevé de son excommunication; toute-
« fois qu'il prie toute l'assistance de prier Dieu que
« s'il ne le fait de bon cœur, qu'il lui veuille mettre
« en l'ame ce qu'il faut pour un chrestien.

« Et cependant M. le legat vous prie d'attendre pa-

« tiemment, et ne vous point esmouvoir les uns contre
« les autres, ni prester aucun consentement de le rece-
« voir, jusques à ce que Sa Sainteté le releve.

« Et tout ainsi que quand un homme est mordu
« d'un chien enragé, il lui faut prendre du poil de la
« beste pour frotter la plaie, qui la veult guairir : aussi
« fault-il qu'il soit relevé de Sa Sainteté. »

Le curé de Saint-André prescha ce jour que tous ceux qui se trouveroient à la messe de ce meschant excommunié estoient tous damnés, prestres, chanoines, curés, doiens, evesques, prelats; que des ames de tous ces gens là il n'en eust voulu donner un bouton ; qu'on lui avoit dit qu'il devoit aller ce jour à la messe. « Mais de quelle façon, mes amis? Tout à cheval ; en-
« trer par une porte, et sortir par l'autre. »

Celui qui preschoit à Saint-Jacques de la Boucherie, nommé Mauclerc, dit ce jour que les trois docteurs qu'avoit pris le Bearnois pour son instruccion, le premier meritoit d'estre brulé il y avoit trente ans, l'autre roué, et le troisiesme pendu.

Ce jour à Paris, le serviteur de Cochon, vis à vis l'hostel de Nevers, faillist à estre saccagé et trainé à la riviere, pour avoir dit que le roy de Navarre avoit esté à la messe.

Ce jour dans Saint-Denis, comme le Roy alloit disner, fust pris par soubçon un moine de Saint-Martin des Champs, qui avoit un cousteau; lequel aiant esté cautionné, on laissa aller incontinent, aprés avoir recongneu que son cousteau n'estoit clementin.

Ce jour mesme, comme le Roy alloit à vespres, lui fust donné advis d'un cordelier desguisé, parti de Paris pour le tuer.

Ce jour, les predicateurs de Paris dirent en leurs sermons que més qu'ils eussent eu nouvelles de la forme de la conversion du Bearnois et de sa belle messe, qu'ils leur en parleroient et discourroient plus amplement.

Sur le soir de ce jour, Sa Majesté s'alla baingner. Dont disoient les huguenos qu'il s'estoit allé laver du pesché qu'il avoit commis à ouir sa belle messe.

Le lundi 26 de ce mois, un nommé Theriot, bourgeois de Paris, estant de garde à la porte Saint-Denis, voulust combattre un nommé Thuot, lieutenant du capitaine Du Four, conseiller, sur la conversion du Roy. Disant ledit Theriot que le roy de Navarre, puisqu'il estoit catholique, estoit son roy; Thuot disant et soustenant le contraire.

Le mesme jour, la femme d'un advocat demeurant à Paris rue Saint-Anthoine, aiant dit que puisque le roi de Navarre alloit à sa messe, qu'elle le recougnoissoit pour son roy, fust injuriée par un Walon qui passoit par là; lequel voulant mettre la main sur elle pour l'outrager, fust defendue par son mary et par tout le peuple, qui se commença à ruer sur le Walon. Et eut bien de la peine à se sauver, criant tout le peuple que puisqu'il estoit catholique, qu'il estoit leur roy; et qu'ils n'avoient plus que faire de Walons ni d'Espagnols.

Le mardi 27 de ce mois, Du Fossé, du parti de l'Union, et Saint-Just, du parti du Roy, combattirent en duel; et fust Saint-Just tué.

Le mecredi, jour Sainte-Anne, 28 de ce mois, tous les predicateurs de Paris dirent en leurs sermons que cest hypocrite du roy de Navarre avoit fait sa conversion au jour de l'evangile qui dit *que les loups vien-*

*dront en habit de brebis*. Aussi ce renard avoit pris exprés ce jour pour ouir la messe, afin que sous peau de brebis il peust entrer en la bergerie pour la devorer. Mais que c'estoit un meschant relaps, excommunié, et un viel loup gris, aprés lequel tout le monde devoit huer et le chasser, au lieu de le recevoir. Que sa conversion estoit feinte, et ne valoit rien; la ceremonie qu'on y avoit observée, une vraie farce et bastelerie; et la messe qu'on y avoit chanté, puante et abominable. En quoi on disoit qu'ils s'accordoient fort bien avec les ministres, qui la tenoient pour telle, et estoient en cela d'une mesme opinion avec eux.

Le curé de Saint-Germain, outre tout cela, dit que le Bearnois s'estoit hasté de se faire catholique pour cuider empescher l'election de nostre bon roi, vaillant, sage, genereux, fils d'un brave pere; mais qu'il ne gaingneroit rien à avoir tourné sa robe, pour ce que c'estoit nostre vrai roi, et qu'en despit de lui et de tous les politiques il y demoureroit; et encores qu'ils haussassent le nés à ceste heure, pour une petite nuée d'umbrage qui estoit survenue, toutefois qu'ils ne le gaingneroient pas, et que les bons catholiques demeureroient les maistres à la fin.

L'aprés disnée dudit jour, le mesme curé prescha qu'il n'i avoit que les anges qui gardassent Paris, et que la plus part des colonnels et capitaines estoient Bearnistes, et ne valoient rien; mais que devant que le mois d'aoust fust passé, que le Bearnois auroit bien serré sur les aureilles, et qu'il le savoit bien.

Conformement à cestuici, et selon le mesme propos, Guarinus prescha ce jour à Saint-Marri que desja un petit garsonnet avoit tué un grand chien huguenot de

ce Bearnois : entendant Du Fossé qui avoit tué Saint-Just; et que c'estoit un bon presage; qu'il ne faloit pas perdre cœur, et que bientost il se trouveroit possible quelque honneste homme qui en feroit autant au Bearnois. « Ce sera bientôt, dit-il, mes amis, plustost que
« vous ne pensés. Les politiques auront à dos, je le sais
« bien. Nous avons esté ja delivrés une fois par la main
« d'un pauvre petit innocent : j'espere, si nous en mons-
« trons dignes, que Dieu nous delivrera de cestuici par
« les mains de quelque autre honneste homme. » Beaucoup de predicateurs prescherent quasi le mesme ce jour à Paris, et parlerent du mois d'aoust. Desquels propos le Roy fut adverti; et descouvrirent ses bons serviteurs à Paris qu'un nommé Desportes, beneficier demeurant rue de la Harpe, à l'hostel Dandelot, deputé de Verneuil au Perche, et natif d'Angoulesme, prattiquoit un coup à Paris, ne bougeant pour cest effet de dessus le duc de Feria et le legat, avec lesquels il communiquoit plus de nuit que de jour.

Ce jour, un quidam aiant acheté la declaration du legat contre ceux qui iroient à Saint-Denis à la messe du Roy, l'aiant veue, la deschira et pila aux pieds à Paris, en plaine rue, devant tout le monde : disant tout haut que s'il eust pensé qu'elle n'eust valu autre chose, qu'il ne l'eust pas seulement daingné lire; et qu'elle ne valoit rien. Sur quoi ayant esté attaqué par quelques mutins, lui fust fait voir par d'autres pour s'eschapper.

Guarinus ce jour apela le Roi bougre en sa chaire : ce qui scandaliza les plus devots; et plaisantant sur sa conversion, dit : « Mon chien, fus-tu pas à la messe di-
« manche? Approche-toi, qu'on te baille la couronne. »

Ce jour mesme, le Roy jouant à la paume dans Saint-

Denis, ayant advisé tout plain de femmes de Paris sous la galerie, qui avoient envie de le voir, et ne pouvoient à cause de ses archers, commanda aux dits archers se retirer, pour leur faire place à ce qu'elles le peussent voir à leur aise. Et lors l'une d'elles commença à dire à l'autre : « Ma commere, est-ce là le Roy dont on « parle tant qu'on nous veult bailler? — Oui, dit-elle, « c'est le Roy. — Il est bien plus beau que le nostre de « Paris, respondit-elle : il a le nés bien plus grand. »

Le jour mesme, le duc d'Elbœuf (1) vinst trouver le Roy à Saint-Denis dans le jeu de paulme. Le Roy le voyant, quitta le jeu, et dit ces mots : « Il faut que « j'accole ce gros garçon. » Et s'estant enfermé avec lui bien deux heures, le Roy le fist boire d'autant, et beust aussi; puis fust avec lui jusques au grand marché, où le dit duc d'Elbœuf prist congé de Sa Majesté. Ce qui fist courir le bruit à Saint-Denis et partout qu'on auroit mieux que la treufve.

Le vendredi 30 de ce mois, la treufve, qui le jour de devant estoit toute asseurée à Paris, est revoquée en doute, à cause d'un cri que le duc de Maienne fist faire, que tous ceux du parti contraire eussent à vider la ville, encores qu'ils eussent passeports.

Ce jour, en l'assemblée des Estats, fust arrestée la publication et observation du concile de Trente. A quoi ceux de Paris s'opposerent, avec quelques deputés de provinces, qui en demanderent acte au greffier. Sur quoi M. Du Laurens dit qu'il n'i avoit ville où les heretiques eussent plus de privilege qu'à Paris. Auquel le colonel d'Aubray relevant ceste parole, respondit qu'il n'i avoit

---

(1) *Le duc d'Elbœuf*: Charles de Lorraine, duc d'Elbœuf.

ville au monde plus catholique que Paris; qu'on savoit comme on vivoit ailleurs, et mesmes en son pays.

Le samedi dernier juillet, la treufve renouée à Paris; cri fait par la ville qu'on n'eust à mesfaire ne mesdire à ceux du parti contraire. M. de Vicq et messieurs les Seguiers accertainent leurs amis de Paris de la publication au lendemain. Madame de Nemoux le dit tout haut.

Cri fait sur le soir à Saint-Denis qu'on eust à faire nettoier les rues, et tendre partout pour la procession generale du lendemain; et que chacun eust à s'y trouver, et ceux qui ne vouldroient vidassent la ville.

Ce mois de juillet fust plus froid que chaud : ce qui ne s'est jamais gueres veu.

En ce mois, madame de Guise, peu aprés la reduction de Dreux, estant venue saluer le Roy, le Roy lui dit en riant : « Ma cousine, vous voiés un roy poudreux, « mais non pas sandreux. »

En ce mois de juillet, à sçavoir le dimanche 4 dudit mois, Bragelonne, avocat, frere du secretaire du Roy, fust trouvé à Paris pendu et estranglé dans un garnier; et tenoit-on pour certain qu'il s'estoit desfait lui mesmes. M. Le Congneus avoit fiancé sa sœur, qui beaucoup d'années auparavant estoit morte de mort violente. On disoit qu'il se plaingnoit peu auparavant d'avoir des visions d'un homme noir.

En ce mois de juillet, M. d'O aiant donné advis au Roi que le tiers parti estoit à cheval, fist haster sa conversion, qu'on avoit remise à la mi-aoust, et possible bien plus loin. Ledit d'O dit à Sa Majesté qu'il n'estoit plus question de temporiser; et que s'il ne se hastoit d'aller à la messe, qu'il estoit perdu. Lui fist entendre comme il estoit lui mesmes entré audit parti, non comme rebelle, mais comme son plus fidele serviteur, exprés pour les mieux descouvrir, et recongnoistre leurs moiens et leurs forces, lesquelles il avoit recongneues telles, qu'il estoit impossible à Sa Majesté d'y pouvoir resister, sinon en les prevenant, et se rengeant de soi-mesmes à ce qu'indubitablement il se trouveroit forcé à la fin; et que l'entreprise estant sur le point de l'execution, le remede en devoit estre prompt, lequel il tenoit en sa main, se faisant vistement instruire, et retournant à la messe plustost aujourd'hui que demain.

Le Roy receut cet advertissement comme d'un sien fidel serviteur. Et toutefois comme un cœur roial et magnanime tel que le sien ne peult porter d'estre forcé de ceste façon, principalement en matiere de religion et de conscience, Sa Majesté en eust un tel desdain et creve-cœur, qu'il mist en deliberation de passer la riviere, et fut sur le point de le faire : qui estoit un conseil de desesperade, comme il disoit lui mesmes; mais duquel l'evenement toutefois estoit en la main de Dieu, qui l'avoit relevé, ce disoit-il, de plus grandes cheutes que celles-là. Mais enfin le conseil des catholiques et la voix de son peuple l'emporta.

Et est à noter que quand M. d'O parla au Roi du tiers parti, Sa Majesté lui dit que leur estat estoit fondé sur quatre buschettes : car ils n'avoient ni argent, ni villes, ni capitaines, ni alliance estrangere. Auquel le dit d'O fist response qu'à la verité du commencement ils n'en avoient point; mais qu'à ceste heure-là ils avoient tous les quatre. Lors M. le chancelier estant survenu, le Roi lui en aiant demandé son advis, et se trouvant conforme à celui de M. d'O, hasta fort la resolution de Sa Majesté.

Un conseiller du grand conseil, tres grand catholique, aiant entendu la conversion du Roy, et comme il estoit retourné à la messe, encores qu'il eust tousjours suivi et tenu le parti de Sa Majesté, dist neantmoins à celui qui le lui contoit : « Ah! monsieur mon ami, « le Roy est perdu : il est tuable, à ceste heure, où au- « paravant il ne l'estoit pas. »

Ung evesque, qui avoit semblablement tousjours tenu son parti, dit à un mien ami sur ceste conversion : « Je « suis catholique de vie et de profession, et trés fidele « subjet et serviteur du Roy : vivrai et mourrai tel. Mais « j'eusse trouvé bien aussi bon et meilleur que le Roy « fust demeuré en sa religion, que de la changer comme « il a fait : car en matiere de conscience il y a un Dieu « là haut qui nous juge; le respect duquel seul doit « forcer les consciences des rois, non le respect des « royaumes et couronnes, et les forces des hommes. Je « n'en attends que malheur. »

Ung ministre ayant entendu sa conversion, dit seulement ce mot : « Le Roy est un ingrat. »

Le ministre de Rota asseura les Rochelois que ce que le Roy avoit fait avoit esté à son grand regret; et qu'il leur en pouvoit tesmoingner, comme l'ayant veu.

## *Supplément tiré de l'édition de* 1719.

On publia, pour l'absolution du Roy par l'eveque du Mans, un ecrit dont voicy un extrait :

De tout temps a été reservée aux eveques la connoissance, comme aussy l'absolution et reconciliation, des heretiques par l'imposition des mains. *Can.* XI. I., *conc.*

*gener. Nic.*, ep. d'Eusebe, pape, aux eveques de Campanie, c. 18 du conc. d'Arles, c. 7 du conc. de Laodicée.

Cela a toujours été observé, sans distinction d'heresie notoire et occulte, et des personnes. *Ambr.*, ep. 32 : *Quis est qui abnuat, in causâ fidei, solere episcopos de imperatoribus, non imperatores de episcopis judicare?* Par la pratique de ce royaume, l'absolution en cas d'heresie a toujours été reservée aux eveques.

Si on oppose la bulle *in cœnâ Domini*, où le Pape se reserve l'absolution de l'heresie; l'extravagante de Paul II, et le chap. 6 de la session 24 du concile de Trente :

On repond que par les libertez de l'Eglise gallicane les François ne sont obligés aux constitutions des papes ny autres, si elles ne sont reçues par les Estats ou par les cours souveraines, ou au moins par ceux qu'il plait au Roy de convoquer.

Si on replique que le Pape a preoccupé et pris connoissance du fait contre le Roy, l'ayant declaré relaps et l'ayant excommunié, et que partant autre que le Pape ne peut absoudre le Roy :

On repond que Sixte V a declaré que Henry de Bourbon avoit encouru les peines et censures decernées contre les heretiques relaps et impenitens, mais ne s'en est reservé l'absolution. Au corps du Droit, c. 3 *de Instit. in antiq.*, l'archeveque de Cantorbie ayant excommunié ceux qui detenoient ou detiendroient benefices sans intention, Alexandre III confirma cette sentence d'excommunication, qui, au regard du futur, *incurrebatur ipso facto*. Neantmoins il appert par la fin de ce chapitre que non seulement l'archeveque, mais encore ses suffragans, pouvoient en absoudre, *si congruè satisfecissent.*

D'ailleurs le Roy ayant empeschement legitime d'aller à Rome, et étant tous les jours, à cause de la guerre, en peril de sa vie, a pû legitimement et dû être absous par un eveque, quand bien même l'absolution seroit de droit devolue au Pape, comme tous les canonistes en conviennent et le prouvent.

Clement VIII se rendant fort difficile à l'absolution du Roy, Pasquin dit à Marforio: « Si le curé fait tant « de difficulté pour benir les œufs de Pasques, les pa- « roissiens les mangeront sans qu'ils soient benis. »

En cet an, le 27 juillet, M. de Thou, eveque de Chartres, fit à M. le chancelier la suivante reponse:

« Monsieur, presentement ay reçu les lettres du Roy,
« qu'il vous a plû me faire tenir: je me mettray en tout
« devoir d'obeir au contenu en icelles. Dieu soit loué
« de ce qu'enfin il luy a plu toucher le cœur de Sa
« Majesté, à l'inspirer de faire ce qu'on attendoit si
« devotement! Quant au choix du lieu, l'on tient en
« cette Eglise, par le commun consentement du pays,
« que Clovis y fut catechisé par l'eveque saint Soline,
« avant que de recevoir à Reims le bateme par saint
« Remy: recours à sa legende, annuellement recitée
« au jour de sa feste 24, *ut falsum putari nequeat*
« *quod veritatis primordio juvatur.* A quoy vous plaira
« avoir égard, pour l'exemple et rang que tenés en ce
« gouvernement. »

*Supplément tiré de l'édition de 1736.*

Le mardy 6 du mois de juillet, vint la nouvelle de la prise de la ville de Dreux, après quinze jours d'une vigoureuse résistance : avec ces circonstances qu'elle avoit été ravagée et demi-brûlée; que les pauvres habitans, trop foibles pour soutenir l'assaut, s'étant retirez vers le château, la garnison n'avoit pas voulu leur ouvrir la porte, et s'étoient jettez dans les fossez dudit château, où ils ont resté quelques jours sans pain, sans vin, sans aucune nourriture, exposez à l'ardeur du soleil; d'où ne pouvant sortir, étant repoussez par ceux de leur parti et par les ennemis, ils ont presque tous peri à la vûe des uns et des autres. Ceux qui étoient dans la Tour grise ont été enlevez, brisez ou ensevelis par l'effort d'une mine qui a fendu ladite tour depuis le bas jusques en haut; une partie de ceux qui étoient restez en vie, après l'effet de la mine, sur les restes des voutes et des murailles, ont été tuez par les assiegeans à coups d'arquebusade, excepté un petit nombre que le Roy par compassion a envoyé prendre, après avoir défendu à ses soldats de tirer : ausquels il a fait donner à chacun un écu, avec la liberté de se retirer où bon leur sembleroit. Le Roy, qui a été à ce siege avec madame sa sœur et plusieurs autres dames, a eu auprès de lui plusieurs de sa suite tuez par ceux du château, quoiqu'il leur eût accordé une treve.

La prise de cette ville fit grandement murmurer les ligueux zelez; et disent hautement que le duc de Mayenne et le duc de Feria sont la cause de cette grande perte : comme aussi ceux-cy s'enchargent reciproquement, par des vifs et mutuels reproches (1), de

(1) *Vifs et mutuels reproches* : Le duc de Féria reprochoit au duc de Mayenne d'avoir laissé prendre la ville de Dreux afin d'intimider les Etats, et de les porter à faire la trêve. Le duc de Mayenne au con-

n'avoir pas secouru cette place, qui étoit d'une grande importance pour leur parti.

Le samedy 10 de juillet, les Espagnols ont demandé une assemblée particuliere, laquelle s'est tenue au logis du legat, et à laquelle se sont trouvez le duc de Mayenne, le duc de Guise, le duc d'Aumale, le cardinal de Pelevé, l'archevêque de Lyon, le sieur de Bassompierre, ambassadeur du duc de Lorraine, et les principaux des trois ordres de l'Etat. Le cardinal legat a parlé le premier, et a dit que le duc de Feria avoit reçû pouvoir de nommer un prince pour être roy solidairement avec l'Infante. A quoi le duc de Mayenne a repondu que si ce pouvoir étoit spécial et déterminé, il feroit aussitôt proceder à l'élection. Le duc de Feria a repliqué que ce pouvoir étoit tel qu'on le souhaitoit, et qu'il le feroit voir dans peu de jours.

Le mercredy 14 de juillet, les mêmes seigneurs se sont assemblez dans le logis du legat; et après quelques propos sur le zéle que le roy Philippe a de conserver la religion catholique dans la France, et d'en chasser l'heresie, le duc de Feria a remis entre les mains dudit legat un pouvoir par lequel le roy d'Espagne nomme le duc de Guise pour être l'époux de sa fille, et prie le duc de Mayenne de travailler auprès des Etats afin qu'ils agréent son choix. Le duc de Mayenne, qu'on dit ne s'être pas attendu à cette nomination, a fait mine d'être joyeux et content de l'honneur que lui faisoit le roy d'Espagne en nommant un prince de sa maison; et qu'il n'étoit plus question que des conditions, et de

traire reprochoit au duc de Féria d'avoir refusé de faire avancer les troupes espagnoles qui étoient en Bretagne, et de faire revenir celles qui étoient sur la frontière.

trouver les moyens d'assurer ledit mariage avant qu'il fût procedé à ladite élection.

Le lendemain 15 de juillet, le duc de Mayenne fit part à la compagnie de la proposition à lui faite la veille par les Espagnols; le plus grand nombre des deputez des trois Etats en ont temoigné publiquement leur joye. Ce qu'ayant remarqué ledit duc de Mayenne, a ajouté qu'il seroit à propos, avant l'élection, de voir les forces et l'argent necessaire pour la soutenir [1]; et de plus, qu'il étoit juste qu'il fût dedommagé des frais immenses qu'il avoit faits jusques icy, et sçavoir la recompense qu'on devoit donner à ses travaux. Sur quoi ayant été deliberé par les Etats, dont le plus grand nombre est attaché audit duc, a été conclu que l'élection d'un roy ne sera faite qu'après que ledit duc de Mayenne sera sûr de ses dédommagemens et de sa recompense.

Le mardy 20 de juillet, le duc de Mayenne, dans l'assemblée des Etats tenuë ce matin, après avoir discouru sur la necessité qu'il y avoit d'avoir plutôt des forces auparavant de proceder à l'élection, a salué fort civilement le duc de Feria, et lui a presenté la réponse contenant ce qui avoit été deliberé quelques jours auparavant : sçavoir, de très-humbles graces pour l'honneur que le roy Catholique venoit de faire aux princes de sa maison; que n'ayant aucunes forces pour resister à l'ennemi qui venoit de prendre Dreux, il étoit obligé de suspendre ladite élection. Cependant il a promis que quand il auroit des forces suffisantes pour la faire valoir, il la feroit agréer aux Etats; et a prié

---

[1] *Pour la soutenir :* Ce prince se voyant trompé par les Espagnols tâcha aussi de les tromper à son tour en faisant différer l'élection.

pour cet effet les ministres du roy d'Espagne de faire avancer des troupes au plutôt, pour avancer ladite élection.

Cette surséance a donné occasion à plusieurs murmures de la part des deputez, amis des Espagnols. On a remarqué que lesdits Espagnols voyant que le plus grand nombre des voix alloient au sentiment du duc de Mayenne, ont caché leur chagrin, et ont demandé qu'en attendant de nouveaux ordres de Sa Majesté Catholique, on ne fît aucune treve avec le roy de Navarre. A quoi le duc de Mayenne a dit que sur cet article il falloit agir selon que les affaires l'exigeroient; et que son avis étoit de travailler à une treve. Sur quoi le legat a declaré avoir ordre du Pape de se retirer, si on y travailloit.

Le mercredy 21 de juillet, le sieur Benoist, curé de Saint-Eustache, et six ou sept autres curez (1) docteurs ses confreres, appelez par le Roy pour assister à sa conversion, ont été demander à M. de Mayenne la permission d'aller à Saint-Denys, et lui ont fait voir les lettres qu'ils ont reçues de Sa Majesté. Ledit duc les a renvoyez à M. le legat, qui après plusieurs remontrances les a menacez des censures ecclesiastiques, s'ils alloient à Saint-Denys. Sur quoi le sieur curé de Saint-Eustache portant la parole, tant pour lui que pour ses compagnons, lui a dit qu'il ne lui pouvoit défendre et encore moins l'excommunier pour se trouver à une ce-

---

(1) *Six ou sept autres curés* : Avec René Benoist, curé de Saint-Eustache, furent appelés par le Roi Jean Chaviniac ou Chevenac, curé de Saint-Sulpice; Claude Moraine, curé de Saint-Merry; Jean Lincestre, curé de Saint-Gervais; Louis Seguier, doyen de Notre-Dame de Paris; frère Olivier Béranger, jacobin, prédicateur ordinaire du Roi.

rémonie si desirée de tous les gens de bien, voire ordonnée et commandée par les decrets et saints canons, à ceux de sa profession, de se trouver en semblables évenemens, pour sçavoir et discerner par les signes, indices et autres remarques, si la conversion seroit feinte, simulée, ou digne d'être approuvée d'eux; et a dit de plus à M. le legat que son état et office l'obligeoient lui-même d'y devoir être.

Après quoy ledit curé, nonobstant ces défenses, est allé avec ses compagnons à Saint-Denys; et en chemin et en pleine ruë ont dit qu'ils alloient assister à la conversion du Roy.

Le jeudy 22 de juillet, jour de sainte Marie-Magdeleine, le Roy s'est rendu à Saint-Denys, où étoient deja plusieurs prelats et docteurs : sçavoir, l'archevêque de Bourges, les evêques de Nantes, de Chartres, du Mans, et Du Perron, nommé à l'evêché d'Evreux; Seguier, doyen de Notre-Dame de Paris; Benoist, curé de Saint-Eustache; Chevanat, curé de Saint-Sulpice; et Morene, curé de Saint-Mery; ausquels il dit qu'il étoit venu pour se faire instruire dans la religion catholique, et que dès le lendemain il commenceroit.

Le cardinal de Bourbon a fait une proposition aux evêques et docteurs susdits; sçavoir, s'ils pouvoient validement reconnoître le Roy et le recevoir dans l'Eglise, sans le jugement du Pape.

Cette proposition, contestée de part et d'autre avec feu, par l'avis du plus grand nombre a été conclu qu'ils le pouvoient, contre le sentiment du cardinal de Bourbon, qui espere encore d'être élû roy par la faction des Espagnols.

Le vendredy 23 de juillet, les susdits evêques et docteurs ont été appellez dans la chambre du Roy, excepté le cardinal de Bourbon, crainte d'une nouvelle contestation entre eux. Et depuis les six heures du matin jusques à une heure après midy, le Roy a reçû l'instruction sur les articles de la religion catholique, desquels le Roy doutoit le plus : sçavoir, l'invocation des saints, la confession auriculaire, et la puissance du Pape.

A l'issue de cette instruction, le Roy a fait défense à son premier homme d'hôtel de ne plus servir des viandes prohibées par l'Eglise catholique; et a commandé d'observer doresnavant les jeûnes commandez par icelle.

Ensuite il a ordonné qu'on écrivît à Paris, et à tous les lieux circonvoisins, que tous ceux qui voudroient assister à la ceremonie de sa conversion, qui se feroit le dimanche prochain, pourroient venir à Saint-Denys sans passeport et sans crainte aucune.

Le samedy 24 de juillet, le legat a fait publier une belle et longue lettre adressée aux catholiques de France, dont une copie a été mandée à Saint-Denys, portant défense à tous prelats et ecclesiastiques de s'attribuer l'autorité d'absoudre Henry de Bourbon des excommunications portées contre lui par les papes, sous les peines portées par les canons; et à tous catholiques de s'y trouver ou assister, sous peine d'excommunication.

Le même jour, le duc de Mayenne fit publier de rigoureuses défenses d'aller à Saint-Denys, et de sortir de Paris sans sa permission.

Le dimanche 25 de juillet, le Roy, sur les huit heures du matin, revêtu d'un pourpoint et chausses de satin blanc, d'un manteau et chapeau noir, assisté de plusieurs princes, grands seigneurs, des officiers de la couronne, et autres gentilshommes en grand nombre ; precedé des Suisses de sa garde, des gardes du corps escossois et françois, de douze trompettes, est allé à la grande eglise de Saint-Denys, les rues étant tapissées et jonchées de fleurs, le peuple repetant mille fois *vive le Roy !*

A l'entrée de l'eglise étoient l'archevêque de Bourges, assis en une chaire couverte de damas blanc, aux armes de France et de Navarre ; le cardinal de Bourbon et plusieurs evêques, et tous les religieux de Saint-Denys qui l'attendoient avec la croix, le livre des evangiles et l'eau benite. L'archevêque de Bourges lui a demandé quel il étoit ; le Roy lui a repondu : « Je suis le Roy. — « Que demandez-vous ? — Je demande, a dit le Roy, « être reçu au gyron de l'Eglise catholique, apostolique « et romaine. — Le voulez-vous sincerement ? — Oui, « je le veux et je le désire. » Et à l'instant le Roy s'est mis à genoux, et a fait sa profession en ces termes :

« Je proteste et jure devant la face du Tout-Puissant « de vivre et mourir en la religion catholique et ro-« maine ; de la proteger et défendre envers tous, au « peril de mon sang et de ma vie, renonçant à toutes « heresies contraires à icelle. » Laquelle profession [1], écrite dans un papier, il a donné, signée de sa propre main.

L'archevêque ayant pris ce papier, lui a donné à baiser son anneau sacré ; et puis l'absolution et la benediction.

Après quoi il a été conduit au chœur de ladite eglise

[1] *Laquelle profession :* Elle se trouve beaucoup plus au long dans les Œconomies royales, t. 2, p. 129 (seconde série).

par les evêques de Nantes, de Sées, de Digne, de Mallezés, de Chartres, du Mans, d'Angers, de René d'Aillon nommé à l'evêché de Bayeux, de Du Perron nommé à l'evêché d'Evreux; des religieux de Saint-Denys, des doyens de Paris et de Beauvais, des abbés de Bellosane et de la couronne; de l'archidiacre d'Avranches, des curez de Saint-Eustache, de Saint-Sulpice; et de frere Olivier Beranger, predicateur ordinaire du Roy; des curez de Saint-Gervais et de Saint-Mery. Le Roy s'est mis à genoux devant l'autel, a réitéré sur les saints evangiles sa profession et son serment.

Le Roy a été relevé par le cardinal de Bourbon et l'archevêque de Bourges, et conduit à l'autel, qu'il a baisé; puis il a passé derriere ledit autel, où l'archevêque de Bourges a oui sa confession, pendant que la musique chantoit le *Te Deum*.

Après la confession, ledit archevêque l'a conduit sur un oratoire couvert de velours cramoisy brun, semé de fleurs de lys d'or, sur lequel il s'est mis à genoux, et a entendu la grande messe, célébrée par l'evêque de Nantes. Autour du Roy se sont placez les susdits princes, evêques et docteurs, et messieurs des cours souveraines. A l'evangile, le cardinal de Bourbon lui a apporté le livre des evangiles à baiser, et a été très-devotement à l'offrande.

Après la messe a fait jetter au peuple des sommes d'argent, et s'est retiré à son logis avec la même ceremonie qu'il étoit venu, suivi d'un peuple infini qui a crié *vive le Roy!*

A l'heure des vespres, le Roy s'est rendu à la même eglise, où il a entendu la prédication faite par l'archevêque de Bourges, et ensuite les vespres; après lesquelles il est monté à cheval pour aller à Montmartre rendre graces à Dieu en l'eglise dudit lieu, dans lequel il a été fait un feu de joye, qui a été imité par les villages d'alentour.

Le lundy 26, le Roy est allé faire ses devotions dans la grande eglise de Saint-Denys. Il a été reçû par les religieux de l'abbaye vêtus d'habits sacerdotaux, et avec la croix; ausquels le Roy a promis et juré sa protection.

Le mardy 27 et le jour ensuivant, les sieurs de La Chastre, Bassompierre, Rosne, Villeroy et Jeanin se sont rendus à La Villette, pour continuer avec les deputez du Roy de traiter de la treve, à laquelle le legat et les Espagnols ont consenti, par la crainte qu'ils ont que le duc de Mayenne, qui la veut ardemment, n'abandonne le parti.

Le même jour, le sieur Benoist, curé de Saint-Eustache, et les autres curez de Paris qui ont assisté à la conversion du Roy, ont écrit au legat, pour demander la permission de retourner à Paris : offrans de se soumettre aux saints decrets et canons, et de disputer même contre leurs compagnons de la même Faculté, et de montrer qu'ils s'étoient acquittez de leur devoir, sans que l'on les puisse blâmer ni calomnier.

[AOUST.] Le dimanche premier jour du mois d'aoust 1593, le curé Saint-André prescha à Paris, comme tous les autres, contre la treufve qui y devoit estre publiée ce jour; dit que les trois parts de Paris qui la trouvoient bonne estoient excommuniés; que le Bearnois, à ceste heure qu'il avoit esté à la messe, n'estoit bon qu'à brusler; et que le Pape lui-mesme ne le pouvoit absoudre qu'à l'article de la mort. Qu'il n'estoit marri de sa conversion, mais qu'il le l'eust voulu tenir en paradis par la main; et que c'eust esté un grand bien pour la France.

Commolet prescha nostre maistre Benoist; dit que si la justice eust valu quelque chose en France, il eust esté pendu il y a long-temps ; mais qu'elle ne valoit rien, non plus que lui.

Boucher à Saint-Marri prescha que le Roy alloit le jour à la messe, et la nuit au presche. Sur quoi on dit que Boucher estoit un oison qui preschoit des oisons; et que le Roy avoit assez d'une religion sans en prendre deux : voire quand il n'en eust eu que la moictié d'une, ce n'eust esté que trop pour lui.

Guarinus fait des contes en sa chaire de la conversion du Roy, et de maistre Guillaume estant à la fenestre, qui lui tiroit la langue et se moquoit de lui. Dit qu'il tourna le dos à l'evesque de Nantes quand il vinst pour lui donner de l'eau beniste. Et une infinité d'autres sornettes, qui faisoient rire le peuple à gueule bée.

Puis se mettant sur les trois docteurs de Paris qui l'avoient instruit, dit que celui de Saint-Eustace avoit esté convaincu de vingt-cinq heresies, celui de Saint-Marri de quinze, et celui de Saint-Supplice de huit.

Aprés, il se mist à crier contre ceux qui avoient accordé la treufve; dit que c'estoient des sots et des badins, et que desja on attiltroit les petits enfans pour crier aprés eux au regnard. Apela le duc de Maienne un pipeur et un trompeur, qui se couvroit du manteau de la religion pour parvenir au but de son ambition. De quoi madame de Nemours se plaind fort, et dit ce jour au medecin Marescot que Guarinus avoit appelé son fils un pipeur, mais qu'il lui feroit connoistre qu'il ne l'estoit point; et s'il la vouloit croire, lui feroit changer de langage.

Un seize, nommé Choulier, attaqua ce jour d'une querelle d'Alemant un honneste marchand nommé Danés, et lui donna un coup d'espée au sortir de ce beau sermon, l'apelant politique, et lui imposant qu'il avoit denigré du predicateur. Fust secondé d'un nommé Dupont, sergent, un des confreres, qui enfin fust mené prisonnier avec Choulier, pretendans l'un et l'autre faire une sedition.

Ce jour, à six heures du soir, la treufve generale pour trois mois fust publiée à Paris (1), premierement devant le logis du duc de Maienne, puis par tous les autres endroits, places et quarrefours de la ville, avec allegresse et applaudissement de la pluspart du peuple, hors mis des Seize, des Hespagnols et des predicateurs, qui crierent bien de ce qu'un nombre de petits enfans attiltrés, comme il est à presupposer, avoient crié dans la rue Saint-Denis : *vive le Roy!* voiant passer le herault d'armes de Sa Majesté.

Au bout du pont Saint-Michel, Senault voulust esmouvoir une sedition au moien des Neapolitains qui passoient en garde, battoient leurs tabourins, et ne se vouloient taire ; et faisoient ce tout à propos pour empescher la publication de ladite treufve, s'estans rendus là expressement au lieu mesme et à l'heure, et aiant chargé leurs harquebuses à plomb, attendans d'estre secondés. Mais il en advinst tout autrement :

(1) *Fust publiée à Paris :* Le traité fut signé par le Roi et par le duc de Mayenne, et contresigné par leurs secrétaires d'Etat. Ainsi le duc de Mayenne traitoit de puissance avec le Roi.

car le peuple commencea à crier qu'on les coifferoit de leurs tabourins, s'ils ne se taisoient. Et se commençant à esmouvoir, le colonnel d'Aubrai fist retirer Senault, qui conduisoit cest œuvre en sa maison, lui disant qu'il n'avoit que faire où il commandoit; l'apela coquin et petit galant en presence du duc de Maienne, auquel il denigroit dudit d'Aubray : si que le tout se passa à la fin en paroles, et fust la treufve publiée.

Le lundi 2 de ce mois, M. d'Aumale fust receu gouverneur de Picardie : dont M. de Longueville (1) fist plainte au Roy, lequel le trouva fort mauvais, voiant qu'au prejudice de la treufve on vouloit enjamber sur l'Estat royal ; et toutefois le dissimula et le passa, craingnant que telles formalités n'empeschassent possible le bien qu'il se promettoit de l'entretennement et continuation de la treufve.

Le jeudi 5 de ce mois, M. de Nevers arriva à Saint-Denis, où sur le soir il dit à un gentilhomme qu'il avoit surpris un paquet du legat escrivant à Sa Sainteté, où entre autres choses il lui mandoit que le duc de Guise l'avoit bien battu : mais que c'estoit tout au rebours, et que ce n'estoient que menteries et desguisemens de tout leur fait, comme il esperoit le faire de brief voir et toucher à la main tant à Sa Sainteté qu'à tous les autres.

Ce jour, j'eus nouvelles de la mort du banquier d'Elbene, un de mes amis, decedé à Melun le lundi 2 de ce mois.

Ce jour, un medecin nommé Thibaut, sortant de Paris pour aller à Saint-Denis, fust rencontré par M. de Villeroy, qui lui demanda en riant s'il n'avoit

(1) *M. de Longueville* : Henri d'Orléans, duc de Longueville.

point peur d'estre excommunié, d'aller à Saint-Denis? « Au contraire, lui respondit Thibaut; j'i vais exprés « pour cela, afin de faire devenir noire ma barbe, qui « est blanche. » De quoi M. de Villeroy se prit à rire bien fort, ayant trouvé ceste rencontre fort à propos.

Le jour mesme, deux pauvres religieuses de l'*Ave Maria* estant allées trouver M. le legat pour se recommander à ses ausmonnes pour les grandes necessités de leur maison, M. le legat leur dit qu'elles eussent un peu de patience, et que bientost il leur envoieroit des pardons. A quoi une d'elles va respondre, tout naivfvement et à la bonne foi, qu'on ne faisoit aujourd'huy non plus de conte de pardons que d'excommunications.

Le samedi 7, M. de Believre vinst à Paris. Il y vinst aussi M. Dampville, qui y vid M. de Guise, et se donnerent force accolades.

Ce jour, mourust à Paris un nommé Du Val, medecin, qui n'aiant aucuns enfans se laissa mourir de faim auprés de ses escus, dont lui fust trouvée une bonne somme aprés son deceds. Je l'avois veu le matin à sa porte, dont il mourust le soir.

Le dimanche 8 de ce mois, le legat fist chanter un *Te Deum* dans l'eglise Saint-Germain de l'Auxerrois à Paris, pour ce que le concile de Trente, non obstant les oppositions et appellations interjettées de plusieurs, avoit esté confirmé et receu par les Estats ce huitiesme jour du mois d'aoust 1593 aprés midi, et signé *Charles de Lorraine*, en presence de M. le legat.

Ce jour, le curé de Saint-André dit en son sermon que si la treufve tendoit à munir les villes de la saincte

Union pour aprés mieux faire la guerre, cela estoit bon ; mais si les princes et princesses l'avoient fait faire pour venir à une paix, il prioit Dieu de bon cœur qu'il les abismast.

Ce jour, Boucher dit en son sermon que le Bearnois avoit esté malade d'avoir trop embrassé sa Gabrielle. Guarinus ce jour en dit de mesmes, et l'appela p......

Ce jour mesme, dans l'eglise Saint-Denis, Belanger, jacobin, aiant esté adverti que deux ou trois jours auparavant nostre maistre Boucher avoit dit en son sermon qu'il se falloit debourber, dit, se moquant de Boucher, qu'il se falloit deboucher.

Le jour mesme, le Roy aiant demandé des nouvelles de Paris à un gentilhomme qui en venoit, le dit gentilhomme lui conta des sermons où il s'estoit trouvé, et des plaisans contes que faisoient les predicateurs en leurs chaises : qui firent rire le Roy bien fort, mais principalement un d'un predicateur qui regardoit, disoit ce gentilhomme, le crucifix d'un mauvais œil ; et si avoit toute la presse de Paris, et triumphoit d'en conter. « Ventre saint-gris, dit le Roy, c'est Boucher, « nostre maistre le borgne. »

Le mardi 10 de ce mois, le duc de Maienne dit au legat que s'il ne faisoit taire les predicateurs qui denigroient de tout le monde en leurs chaises sans aucun respect, et particulierement de lui, de sa mere et de tous ceux de sa maison, il seroit contraint à la fin d'en faire jetter une couple à la riviere. Aussi que le roi de Navarre lui en avoit fait faire plainte, et prier de leur imposer silence ; lui aiant fait dire que si le premier gentilhomme de sa cour l'eust injurié particulierement comme ils le faisoient publiquement et en plaine chaise, il ne l'eust pas enduré ; et que s'il ne lui en faisoit la raison, qu'il savoit bien les moiens de se la faire faire. Sur quoi le legat les manda, pour leur dire qu'ils eussent à prescher plus modestement; dont ils firent si peu de compte, que jamais depuis on ne les ouist prescher plus seditieusement.

Le mecredi 11 de ce mois, Choulier et Dupont, prisonniers pour le meurtre de Danés, au sortir du sermon de Guarinus furent mis hors de prison par arrest du conseil d'Estat, contre les formes ordinaires de la justice. De quoi se glorifiant en regniant Dieu, dirent tout haut que les politiques avoient mené en prison les Seize un à un; mais que devant la fin de l'année ils y meneroient les politiques à centaines.

Le dimanche 15 aoust, le prieur des Carmes, qui preschoit à Saint-André, dit que quand le Bearnois auroit beu toute l'eau beniste de Nostre-Dame de Paris, il ne croiroit pas en lui; et que c'estoit un vrai Judas qui trahissoit Nostre Seingneur par un baiser. Il dit aprés que le mois d'aoust n'estoit pas passé, et qu'on esperoit dans ce temps-là qu'il viendroit quelque coup du ciel. Les autres predicateurs ses compagnons prescherent le mesme; et y avoit jà quelque temps qu'ils predisoient ce coup du ciel devoir venir, faisans en cela comme les Biscains, qui predisent aux gens qu'ils doivent estre derobés la nuit, et sont eux-mesmes qui sont les larrons. Aussi ceux-ci aiant des hommes attiltrés pour tuer le Roi, attribuoient à Dieu et au ciel ce qu'en despit d'eux ils vouloient executer.

De fait, ils avoient deux entreprises dont ils s'asseuroient fort pour l'execution de ce malheureux assassinat. La premiere estoit par un nommé Pierre Barriere, qui fust descouverte, et l'entrepreneur executé à Melun le dernier de ce mois, qui estoit celle de laquelle ils se fioient le plus. L'autre se prattiquoit par le moien de la Gabrielle, et par le ministere d'un prebstre de Paris qui alloit et venoit ordinairement à Montmartre pour cest effect, et qui avoit (à ce qu'on disoit) dans ses bouëttes des plus sublins et subtils poisons dont on eust jamais oui parler. De quoi on donna advertissement au Roy, qui s'en moqua et n'en tinst autrement compte, comme aussi il y avoit peu d'apparance de crainte de ce costé-là.

Le mardi 17 de ce mois, la grande confrairie estant à Saint-André des Ars, le curé prescha; et son sermon ne fust que du Roy, contre lequel il desgorgea une milliasse d'injures; prescha que sa messe estoit puante: se trouvant d'accord en ce point avec les heretiques, auxquels il en vouloit tant.

Le mecredi 18, la cause de l'abbé Sainte-Genevieve, accusé d'avoir escrit à Saint-Denis, estant preste à plaider, le jeune Chauvelin son advocat en estant prest, le duc de Maienne l'empescha [1], et ne voulut qu'elle fust plaidée.

Ce jour, M. de Lion partist pour aller à Rome, et emmena M. de Genebrard avec lui.

Ce jour mesme, Pierre Barriere, natif d'Orleans, parti exprés de Lion pour tuer le Roy, et arrivé le jour de devant à Paris, vinst trouver le curé Saint-André, auquel il communiqua son entreprise, et lui en de-

---

[1] *Le duc de Maienne l'empescha :* Le duc de Maienne avoit voulu lui faire faire son procès par le légat, qui lui avoit donné des juges ecclésiastiques. L'abbé de Sainte-Geneviève en avoit appelé au parlement, comme d'abus; et c'est sur cet appel que le duc de Mayenne ne permit pas de plaider.

manda conseil. Ledit curé l'embrassa; et l'apelant son bon confrere et benit de Dieu, lui dit que quant à lui il preschoit librement; et qu'encores que le Bearnois allast à la messe, il ne croiioit pas pour cela qu'il fust catholique, ni ne le croiroit jamais. Et sur la resolution qu'il lui demandoit pour l'execution de son entreprise, le renvoia aux jesuistes.

Le vendredi 20, vinrent force processions à Paris de Victri et autres villages circonvoisins, qui allerent à Sainte-Genevieve faire leurs offrandes et devotions pour avoir de l'eau, à cause de la grande secheresse qu'il faisoit.

Ce jour, les princesses allerent saluer Madame, sœur du Roy, à Montmartre.

Le samedi 21, Guarinus preschant à Saint-Etienne des Grœqs, dit que les trois docteurs que le Bearnois avoit fait venir à Saint-Denis pour son instruccion estoient ses m........; parla des amours de lui et de sa Gabrielle, laquelle il accoustra de toutes façons. De quoi les Seize mal contents l'allerent trouver, et Boucher qui en avoit babillé aussi; et leur remonstrerent la faute qu'ils faisoient d'en parler, veu qu'on pretendoit se servir d'elle. Auxquels ils respondirent qu'ils n'i entendoient rien, et qu'ils le faisoient tout exprés à deux fins : l'une pour tousjours entretenir le peuple en haine contre le roy de Navarre, pour sa mauvaise vie; et l'autre pour lui oster tout soubçon qu'il pourroit avoir qu'on pratiquast quelque chose avec elle.

Ce jour, une pauvre femme de la paroisse Saint-Eustace fut battue et foulée aux pieds à Paris par un Espagnol, pour soustenir son curé, et avoir dit qu'il estoit homme de bien.

Le lundi 23 de ce mois, le curé de Saint-André estant allé trouver madame de Guise, pour la prier pour un de ses compagnons qui estoit en peine pour avoir mal parlé d'elle; ladite dame lui dit que la pluspart d'entre eux n'estoient que des seditieux, qui au lieu de prescher l'Evangile preschoient le meurtre et le sang; et que mesmes ils avoient presché que ceux qui assistoient à la messe du roy de Navarre, et qui l'alloient voir, estoient excommuniés. « Il est vrai, madame, res« pondit le curé, voire de la grande excommunication; « et ce que nous en preschons, c'est pour la verité; et « ce que nous en disons, pour la descharge de nos « consciences. — Je ne sais pas tout cela, dit madame « de Guise, ni n'entends rien à vos grandes et petites « excommunications; mais je vous dirai que j'ai oui la « messe du roi de Navarre; je l'ai veu, et qui plus est « je l'ai baisé, et toutefois je ne pense point estre ex« communiée. Si on vous vouloit donner un roy tel que « vous demandés, il vous en faudroit un meurtrier et « sanguinaire : et lors vous le trouveriez bon. Mais « pour que cestui-ci est homme de bien, vous n'en « voulés point. » Mademoiselle de Guise demanda au curé, en riant, si elle estoit point bien noire. « Ce n'est « pas, lui respondit-il, vostre visage, mais c'est vostre « ame qui est bien noire. — Je pense, lui dit-elle, que « mon ame est plus blanche que n'est noir vostre vi« sage. »

Ce jour, les damoiselles de Madame, sœur du Roy, vinrent à Paris, et furent saluer madame de Nemoux, qui avoit un mal de dents. Elle leur demanda si elles n'avoient point encores esté à sa messe. A quoi elles respondirent que non, et qu'elles n'avoient point envie d'y aller; toutefois qu'elles attendoient ce que Madame feroit.

Le mardi 24 de ce mois, jour Saint-Berthelemi, le gendre du président de Nulli me dit que son beaupere estoit malade d'apprehension d'une vision qu'il avoit eue la nuit du feu president de La Place.

Le mecredi 25 dudit mois, jour Saint-Loys, un jesuiste preschant dans la chapelle des Jesuistes en la rue Saint-Antoine, dit que c'estoit un blaspheme de penser seulement que le Pape receust jamais le Bearnois; et quand mesmes un ange de Dieu descendroit visiblement du ciel pour dire : « Reçois-le, » qu'encores ceste ambassade seroit fort suspecte.

Le samedi 28 de ce mois, le duc d'Elbœuf enleva de Paris Zamet, partizan, pour quelque argent qu'il pretendoit lui estre par lui deu, et dont ils estoient en procés.

Ce fait estant divulgué au Palais, et proposé aux advocats, furent d'avis, attendu la qualité des parties, de le renvoyer à messieurs de la Faculté de Sorbonne, desquels ils dresserent à peu prés, de leur intention, l'arrest en ces termes, sauf à le corriger s'il y escheioit :

*Reverendissima domina Parisiensis Facultas, super facto domini ducis d'Elbœuf, legitimè congregata, decrevit et decernit quòd supra dictus dominus, duc d'Elbœuf, in quantum est princeps domus de Lotharingia, est similis Papæ, aut certè proximè eum sequitur, ratione catholicitatis; et ideò quod fecit potuit facere, et benè fecit. Et Zamet, captus ab eo, dicimus et decernimus, quòd benè captus fuit, et quòd debet solvere et solvet.*

Ce jour, vinrent les nouvelles à Paris de Pierre Barriere, arresté le jour de devant à la porte de Melun, et pris prisonnier. Ce qui fascha beaucoup de gens à Paris, et en resjouist d'autres.

Le greffier Martin dit dans le Palais, à un de mes amis, qu'il y avoit eu vendredi huit jours qu'il estoit venu de Melun avec lui, habillé en gueus; et que le lendemain il l'avoit veu à Paris dans le Palais, accoustré tout de veloux.

Le dimanche 29 de ce mois, le curé de Saint-André prescha que le Bearnois, depuis sa conversion, avoit esté deux fois au presche; que c'estoit un meschant; et toutefois qu'on y alloit de Paris en procession pour le voir et lui faire hommage, comme font ces sorciers quand ils font leurs assemblées pour aller baiser le cul du bouc. Qu'il y en avoit eu de si malheureux en sa paroisse d'avoir dit que les voleurs de Paris ne failloient point de venir tous les dimanches à son sermon. « Ah! « malheureux, dist-il, je sçai bien ceux que vous vou-« lés designer par là ( aiant esté bien adverti qu'on « avoit dit que les Seize ne failloient point à son « sermon ); mais ce sont de bons voleurs que ces gens « là, qui viennent de bien loin pour vous voler la pa-« role de Dieu, et vous l'ostent pour ce que vous n'en « estes pas dignes. »

Le mardi dernier jour du present mois d'aoust, Pierre Barriere, suffisamment atteint et convaincu d'avoir voulu attenter à la personne du Roy, fust executé à mort dans le grand marché de la ville de Melun; eust le poing droit ars et bruslé, tenant en icelui le cousteau dont il avoit esté trouvé saisi; puis mené sur l'eschafaut, y eust les bras, cuisses et jambes rompues par l'executeur de haute justice. Et ce fait, mis sur une roue pour y demeurer tant qu'il plairoit à Dieu. Il avoit esté auparavant, par les rues, tenaillé de fers chauds. Lugoli (1) le fist estrangler sur les sept heures du soir, aprés avoir parlé assés long-temps à lui, accompagné du greffier et de deux conseillers du siege presidial de Melun, où il en accusa tout plain : entre autres le curé Saint-André des Ars, son vicaire, et Varades, jesuiste, lesquels il chargea fort.

On dit que cest homme avoit esté à la roine de Navarre, et que peu auparavant son arrivée à Lion il l'avoit veue et parlé à elle ; et qu'aiant oui quelque vent de son entreprise, elle le lui auroit dit ; et en pleurant et se retournant vers la muraille, l'auroit exhorté de n'en rien faire, et qu'il s'en gardast bien.

Ce mois d'aoust, jusques au 24, fust chaud et seq ; depuis le 24 jusques à la fin, les matinées commencerent un peu d'estre fraisches, mais sans pluie.

Coqueluches et petites veroles à Paris, si fréquentes qu'il se trouve peu de maisons à Paris où il n'i en ait.

Le dimanche 22 du present mois d'aoust, courust sous main un grand bruit à Paris d'une entreprise faite pour tuer le Roy et le duc de Maienne à l'instant mesme. Ce qu'estant fait, on devoit couronner le Guisart, crier *vive le Roy!* et couper la gorge aux politiques ; et devoit le coup se faire (à ce qu'on disoit) le mardi 24 de ce mois, jour Saint-Berthelemi. De quoi le Roy et le duc de Maienne eurent plusieurs et divers advis, dont l'un et l'autre se moquerent.

---

(1) *Lugoli :* Il étoit lieutenant du grand prévôt de l'hôtel.

*Supplément tiré de l'édition de 1736.*

Le dimanche premier jour du mois d'aoust, le duc de Mayenne, accompagné de plusieurs gentilshommes, a assisté à la messe des capitaines des quartiers, aux Augustins. Sur les six heures du soir, la treve generale a été publiée devant l'eglise desdits religieux, au bout du pont Saint-Michel, et autres endroits de Paris.

Le lundy 2 d'aoust, on a appris, par une lettre de Fontainebleau, que le duc de Mayenne avoit fait un serment avec les Espagnols, entre les mains du cardinal legat; lequel serment avoit été caché jusques à ce jour, portant en substance que n'étant pas à propos de faire un roy dès-à-present, on differeroit à un autre tems plus opportun; que cependant le parti de l'Union des catholiques, établi depuis quelques années, demeureroit entier et ferme en sa premiere resolution de ne se departir jamais, pour quelque cause que ce fût, ni de reconnoître en général ni en particulier le roy de Navarre, ni faire paix avec lui, quelque acte de catholicité qu'il fît.

Par le même serment, les Espagnols promettent de la part de leur maître une armée de douze mille hommes de pied et dix mille chevaux, et l'argent nécessaire pour entretenir pendant quelque tems la cavalerie et infanterie françoise; qu'on procedera après ce secours, et sans retardement aucun, à l'élection d'un roy catholique; et si aucuns d'eux refusoient de ce faire, seroient tenus pour leurs ennemis; et néanmoins on procederoit à ladite élection, pour laquelle effectuer ledit duc de Mayenne a promis de tenir assemblez les Etats generaux, pourvû que le roy d'Espagne fournisse pour l'entretien d'iceux huit mille écus par mois.

Ledit serment a été prêté entre les mains du legat par le duc de Mayenne, le cardinal de Pelevé; par les ducs de Guise, d'Aumale et d'Elbœuf; les sieurs de La Chastre, de Rosne et de Saint-Paul, en qualité de maréchaux de France, et de Tournabon, florentin, agent du duc de Mercœur. Le cardinal legat et le duc de Feria l'ont signé pour le roy d'Espagne, et tous ont fait apposer leurs armes à icelui. A Paris, le 23 juillet 1593.

Le vendredy 6 d'aoust, feste de la Transfiguration de Notre Seigneur, les Etats, qui dans les precedentes deliberations avoient été partagez en divers sentimens sur la reception du concile de Trente, sollicitée grandement par le legat, se sont aujourd'hui accordez, et ont reçû ledit concile purement et simplement, comme un moyen pour appaiser la colere de Dieu irrité contre la France, qui avoit rompu l'ancienne alliance saintement contractée avec Dieu par leurs predecesseurs. La publication de l'acceptation dudit concile a été remise à la premiere assemblée generale.

Le dimanche 8 d'aoust, tous les deputez des provinces se sont rendus à la salle du Louvre. Le duc de Mayenne, après avoir assuré l'assemblée que le but de ses intentions étoit uniquement l'honneur de Dieu et le repos du royaume, a dit qu'attendant un tems plus opportun de resoudre les principales affaires pour lesquelles ils étoient assemblez, il étoit à propos de licencier quelques deputez pour retourner dans les provinces, pour les informer de tout ce qui avoit été fait jusques ici: les Etats demeurans néanmoins toujours assemblez.

Ensuite il proposa pour le maintien de l'Union de

faire un nouveau serment dont il fit la formule, contenant que tous les deputez promettoient d'être toujours unis, et de ne jamais consentir qu'aucune chose soit faite au profit de l'heresie; d'obéir toujours aux decrets du Pape et du Saint-Siege. Que ceux ausquels il seroit accordé d'aller dans les provinces retourneroient ou procureroient efficacement que d'autres fussent envoyez en leur place avant la fin du mois d'octobre prochain, auquel tems sera procedé à la conclusion entiere de l'élection d'un roy. Ce serment fut prêté et signé par le duc de Mayenne, le cardinal Pelevé, les princes, evêques, seigneurs et deputez des Etats.

Après quoi ils sont allez au-devant du cardinal legat, qui avoit demandé d'être present à la publication du concile de Trente, reçû par les Etats deux jours auparavant. Ledit legat ayant pris place, a été faite lecture de la declaration sur ladite publication, adressée à tous presens et à venir.

Cette lecture finie, le cardinal legat et le cardinal de Pelevé ont fait chacun une harangue sur les biens que l'acceptation du concile de Trente apportera au royaume, si les decrets sont observez; sur la gloire qui en reviendra aux Etats, etc.

Après lesdites harangues, les deputez des Etats sont allez deux à deux à l'eglise de Saint-Germain de l'Auxerrois pour en rendre graces à Dieu, et a été chanté le *Te Deum*; puis le legat a chanté l'oraison *Actiones nostras*, et a donné sa bénediction solemnelle à tout le peuple, qui y étoit accouru en foule.

En ce tems, le Roy a nommé Gonzague, duc de Nevers (1), son ambassadeur auprès du Pape, pour

---

(1) *Gonzague, duc de Nevers* : Louis de Gonzague, prince de Man-

moyenner son absolution. Il lui a baillé pour adjoints
Claude d'Angennes, evêque du Mans; Louis Seguier (1),
doyen de Notre-Dame de Paris; Du Perron, désigné à
l'evêché d'Evreux; et Claude Goüin, doyen de l'eglise
de Beauvais.

Il paroît depuis quelques jours un écrit contre les
prêcheurs et docteurs de la Ligue, prétendant qu'ils
enseignent au peuple des heresies, soit dans leurs sermons, soit dans leurs livres, soit dans leur conversation; entre autres les suivantes :

Qu'il est permis aux peuples de désobéir aux magistrats, et de les pendre;

Qu'il est permis aux sujets de se rebeller contre leur roy legitime;

Que c'est à la Sorbonne de juger si le Pape doit recevoir le Roy; et si d'aventure il le faisoit, le déclarer heretique et excommunié;

Qu'il est impossible que le Roy se convertisse;

Qu'il n'est pas en la puissance du Pape d'absoudre le Roy;

Que la messe qu'on chante devant le Roy est une farce;

Qu'il est permis au sujet d'assassiner son roy;

Que quand Dieu descendroit du ciel et me diroit que le Roy est converti, je ne le croirois pas.

Et autres propositions en plus grand nombre, qu'on

---

toue, duc de Nevers, gouverneur de Champagne. Ce choix déplut
beaucoup à François de Luxembourg, qui avoit été envoyé à Rome
dès le commencement de la guerre par les princes, officiers et seigneurs catholiques du parti du Roi.

(1) *Louis Seguier :* fils de Pierre Seguier, premier du nom, président à mortier au parlement de Paris.

a fait imprimer. Cet écrit (1) est intitulé : *La Dæmonologie de Sorbonne la nouvelle.*

Le mercredy 18 d'aoust, Isaac Brochard de La Cliesse est parti de Saint-Denys, pour aller à Rome avertir le Pape de la conversion du Roy, en attendant que le duc de Nevers soit en état de partir.

Le lendemain parut en public une déclaration du Roy sur l'absolution et reception dudit Roy en l'Eglise catholique par les evêques; par laquelle Sa Majesté déclare que par ce moyen elle n'a pas prétendu mépriser l'autorité de notre saint pere le Pape, mais seulement pourvoir à la sureté de sa conscience: ne pouvant recourir à Sa Sainteté aussi promptement que le besoin le requeroit, comme le duc de Nevers representera à Sa Sainteté.

Le même jour, parut aussi une satyre grossiere contre la conversion du Roy, sous ce titre : *le Banquet du comte d'Aréte* (2), dans laquelle il dit que, pour le salut de la France, il faudroit livrer aux Seize tous les ministres de la religion prétendue reformée, pour être attachez en guise de fagots à l'arbre du feu de Saint-Jean, et le Roy mis dans le muid où on mettoit les chats; et que ce seroit un sacrifice agréable au ciel, et delectable à toute la terre.

En ce mois, un gentilhomme nommé Brancaleon (3) s'est rendu à Melun, où est le Roy; lequel a assuré Sa Majesté qu'étant à Lyon il avoit été temoin, quoique

---

(1) *Cet écrit* : Il est imprimé dans le cinquième tome des Mémoires de la Ligue. — (2) *Le Banquet du comte d'Aréte* : L'auteur de ce libelle exécrable est le fameux ligueur Louis d'Orléans. — (3) *Brancaleon* : gentilhomme de la chambre de la reine Louise de Vaudemont, veuve de Henri III.

caché, d'un entretien entre le pere Seraphin Bianchi, jacobin, et le nommé Barriere, dans lequel il avoit vû et entendu ledit Barriere demander conseil audit pere Seraphin s'il étoit permis d'attenter à la vie du Roy dans les circonstances presentes, comme il lui avoit été deja conseillé par un docteur et un prêtre. A quoi ledit pere, qui l'avoit introduit secretement dans sa chambre pour entendre sa réponse audit Barriere, dans l'intention d'en donner avis à Sa Majesté, lui avoit repondu qu'il n'étoit jamais permis d'attenter sur la vie de personne, et nommément des rois.

Néanmoins ledit Barriere, persistant dans sa mauvaise intention, étoit parti pour se rendre à Paris pour executer son detestable dessein; que lui Brancaleon étoit venu pour en avertir Sa Majesté; et que cherchant ledit Barriere, il l'avoit reconnu hier, 26 de ce mois, devant le logis du Roy, et qu'il seroit bon de le faire apprehender. Ce qui fut fait le lendemain 27 aoust, et remis entre les mains de Lugoli, lieutenant de la prevôté de l'hôtel, et conduit aux prisons dudit Melun: sur lequel on auroit trouvé un couteau d'un pied de longueur, tranchant des deux côtez, fort pointu, et fraîchement émoulu et aiguisé.

Ledit lieutenant, après l'avoir interrogé et trouvé coupable de crime de leze-majesté, en donna avis au Roy, qui nomma dix commissaires pour lui faire son procès. Ce qui fut fait et parfait dans peu de jours.

Dans les interrogatoires à lui faits avant et après la question ordinaire et extraordinaire, il a declaré et confessé que son nom est Pierre Barriere, natif d'Orleans, âgé de vingt-sept ans, de son premier métier bastelier, et de present soldat; qu'étant à Lyon, il avoit communiqué son dessein à un prêtre de l'archevêque, à un capucin et à un carme, qui l'exhorterent de l'executer. Ensuite il en parla à Seraphin Bianchi, qui par deux fois tâcha à l'en détourner. De Lyon il étoit venu à Paris, où il avoit demandé quels étoient les predicateurs les plus zelez de la Ligue. Son hôte l'avoit adressé à Aubri, curé de Saint-André des Arcs, qui avec son vicaire le confirmerent dans son dessein. Ledit curé l'avoit amené chez le pere Varade, jesuite (1), lequel ils ne trouverent pas; mais le lendemain il y avoit été seul, et lui avoit fait connoître son dessein, dans lequel il l'exhorta de continuer.

Pour la reparation de ce crime, il a été condamné à avoir le poing droit brûlé, tenant le couteau dont il a été trouvé saisi; à être tenaillé avec des tenailles ardentes, puis rompu tout vif dans le grand marché de Melun, et exposé sur la roüe jusques à sa mort; et ensuite à être brûlé, et ses cendres jettées au vent.

Le 28, jour de Saint-Augustin, le duc de Mayenne, avec plusieurs princes et princesses, a assisté à la grande messe aux Augustins. Il est allé à l'offrande, et a fait porter un bon dîner à ces peres.

Le lundy 30 d'aoust, fut faite une procession generale à Saint-Martin des Champs, en memoire de la levée du siege de Paris. M. le legat y a assisté avec plusieurs autres seigneurs.

Le mardy 31 d'aoust, le bruit a couru que le legat avoit envoyé à Rome Pierre-François de Montorio (2),

---

(1) *Le pere Varade, jesuite :* Il étoit recteur du collége des Jésuites de Paris. — (2) *Pierre-François de Montorio :* prêtre italien, camérier du cardinal de Plaisance.

pour prevenir le Pape contre l'ambassade du duc de Nevers.

[SEPTEMBRE.] Le vendredi 3 septembre 1593, un bourgeois de Paris nommé Lassus, pour avoir passé devant le cardinal Pelvé sans le saluer, fust injurié de lui et apelé politique, et menassé de le faire trainer à la riviere ou à la voirie.

Ce jour, fust donné advis au Roy, par un medecin de Paris qui avoit de bons espions, qu'un nommé Pissebœuf, chanoine de Saint-Honoré, fils du bourreau de Montferrant, qui avoit esté chantre de la chapelle du feu Roy, avoit esté prattiqué de deça pour faire un coup; et à cest effet estoit sorti de Paris, pour tascher, par le moien de ses amis, de rentrer en son estat et estre de la chapelle de Sa Majesté, où estant parvenu, il avoit promis aux curés Saint-Germain, Saint-Cosme et Saint-Benoist, entre les autres, de faire un bon service à l'Union; voire tel que l'armée du duc de Maienne n'en avoit point tant fait en quatre ans; et pourtant qu'on eust à y prendre garde : ce qu'on fist. Et estant peu après arrivé à Melun, fust mis en arrest sur cest advertissement, et quelque temps après relasché, faute de preuves.

Ce jour, madame de Nemoux advertit son fils que les Seize unis avec les jesuistes s'assembloient aux Cordeliers, et y faisoient d'estranges monopoles; et qu'elle le prioit d'y pourvoir et y donner ordre. Cependant on observe que ladite dame fait toutes les caresses du monde au fils de Senault, et ne prend la peine seulement de regarder le petit Seguier.

Le samedi 4 de ce mois, s'esleva un bruit à Paris de

la mort du roy d'Escosse, tué par ses subjets. On disoit sur ceste nouvelle, si elle eust esté trouvée veritable, que c'eust esté le premier de la maison des Stuarts qui fust mort de mort naturelle, hors mis les deux premiers Roberts.

Le dimanche 5 de ce mois, on me fist voir des lettres escrites de Nevers à un honneste homme de Paris par un des premiers officiers de madame de Nevers, par lesquelles il lui donnoit advis que depuis peu de jours madite dame de Nevers aiant esté advertie qu'il estoit arrivé à Nevers un courrier qui passoit pour aller à Rome, l'aiant fait amuser exprés pour descouvrir ce qu'il y portoit, auroit trouvé moien de faire fouiller sa valise, dans laquelle on avoit trouvé des lettres du legat à Sa Sainteté, où il accoustroit le Roy de toutes façons; et entre les autres une qui faisoit mention du duc de Maienne comme d'un traistre qui s'entendoit avec le Roy; et y avoit ces mots : « Que jamais en ame de « prince n'i avoit logé telle infidelité qu'en la sienne. » Lesquelles lettres aiant esté veues de ladite dame de Nevers, auroit retenues et envoiées au Roy par homme seur et exprés, aprés avoir fait proprement racoustrer le paquet du courrier, remis dans sa valize toutes lesdites lettres en beau papier blanc, n'i aiant laissé que l'inscription au dessus, afin qu'à Rome ils receussent le paquet de France en blanc. Dont elle avoit aussitôt donné advis au Roy, qui en avoit rid, et loué l'esprit, subtilité et invention de ladite dame.

Ce jour, le curé de Saint-Germain parla en son sermon de l'execution de Pierre Barriere, et dit que c'estoit un pauvre homme mal advisé et simple, lequel on avoit fait mourir cruellement, pour avoir confessé qu'il avoit eu quelque volonté de tuer le Bearnois. Ce que jamais ne lui fust eschappé, s'il eust esté bien sage.

Le mecredi 8 de ce mois, le prieur des Carmes, qui preschoit à Saint-André, apela le Roy par plusieurs fois *coquin* ; dit qu'il se mesloit de faire faire le procés aux autres, mais qu'on lui feroit bientost le sien ; incita le peuple à s'en desfaire, et demanda s'il y avoit point à Paris quelque cœur genereux, ou masle ou femelle, qui nous peust delivrer, comme ceste bonne dame Judith, des mains de ce tyran d'Holopherne.

Commolet, ce jour mesme, dit en son sermon qu'il leur avoit autrefois predit la guerre, preschant en une des plus celebres paroisses de Paris, lorsqu'on estoit en plaine paix, et qu'il n'y avoit aucune apparence d'y penser ; et ce, d'autant qu'il voiioit le peuple fort desbauché, et froid à servir Dieu. Aujourd'huy qu'on retournoit aux desbauches plus que jamais, il leur en predisoit autant, voire une guerre de cent ans, au lieu de la paix qu'on se promettoit au bout de la treufve ; que pour son regard de lui, il estoit François, et ne pouvoit autrement qu'il ne la desirast, mais qu'on ne l'auroit point : dont il estoit bien marri.

Le dimanche 19 de ce mois, à cinq lieues de Paris, entre Cortabœuf et Orsé, prés du village de Palaiseau, fust trouvé emmi les champs [1] un pauvre chaudronnier mangé des loups. Son corps estoit d'un costé, et ses outils et chaudrons de l'autre.

Ce jour, Guarinus prescha la ville d'Orleans plus heretique beaucoup que celle de Geneve, pour ce qu'elle demandoit ouvertement la continuation de la treufve.

Le jeudi 23 de ce mois, arriverent les nouvelles à

[1] *Emmi les champs* : au milieu des champs.

Paris des barricades de Lion le samedi 18 de ce mois, et du duc de Nemoux emprisonné par les habitans de ladite ville, furieusement eslevés et animés contre lui. Desquelles nouvelles le duc de Maienne fait fort l'estonné (1); madame de Nemoux en pleure à bon escient; les politiques s'en rient; le Roy s'en resjouit; et chacun se mesle de discourir sur ce stratagesme selon sa passion, encores qu'il n'i entende rien.

Le samedi 25, les nouvelles de ce grand et nouveau remuement, espandues par tout, et portées par toutes les villes de la France, mesmes ce jour à Orleans où j'estois, estonnent fort les gouverneurs.

Le jeudi 30, le duc de Maienne aiant fait courir le bruit qu'il alloit à Lyon, donna subjet de remuement aux Seize, dont ledit duc se moque.

Ce mois de septembre fust beau et seq, et sa constitution fort agreable.

*Supplément tiré de l'édition de 1736.*

Le dimanche 5 septembre, le duc de Maienne, le duc de Feria, dom Diego d'Ibarra, les capitaines de quartier, ont assisté à la grande messe (2) qui se celebre tous les premiers dimanches du mois aux Augustins.

(1) *Fait fort l'estonné :* Le duc de Mayenne s'étoit servi de l'archevêque de Lyon pour cette entreprise. Il vouloit réunir le Lyonnois à son gouvernement de Bourgogne. — (2) *Ont assisté à la grande messe :* Les capitaines de tous les quartiers de Paris s'assembloient ordinairement dans le couvent des Augustins, le premier dimanche de chaque mois. Ils faisoient chanter une grand'messe dans une chapelle de ce couvent. Ces capitaines étoient du parti de la Ligue; et lorsque le duc de Mayenne, le gouverneur de Paris, et les autres chefs de l'Union, vouloient former quelque entreprise ou donner quelque ordre, ils assistoient à cette messe.

Le jeudy 9 de septembre, M. Pierre d'Espinac, archevêque de Lyon, est parti pour retourner dans son diocese. Les diverses harangues qu'il a faites, soit aux Etats, soit aux conferences, lui ont donné la reputation de sçavant et d'éloquent.

Le samedy 18 de septembre, Claude d'Angennes, evêque du Mans; l'abbé Seguier, doyen de l'eglise de Paris, et le pere Gobelin, religieux de Saint-Denys, sont partis pour Langres, où ils doivent attendre le duc de Nevers, et de-là partir ensuite pour aller à Rome.

Le dimanche 19, M. Joseph Foulon, abbé de Sainte-Genevieve, après avoir resté quelque tems en prison dans la maison du sieur de Forcé par ordre du duc de Mayenne, s'est retiré dans sa maison d'Hauteuil, pour remettre sa santé, grandement affoiblie par les persecutions qu'il a souffertes depuis plus d'un mois de la part des Seize, du cardinal legat, et de ses propres freres les religieux de Sainte-Genevieve.

Il a été accusé d'être du parti du Roy, d'avoir été à Saint-Denys lors de la conversion de Sa Majesté, et d'avoir donné des avis. Un de ses religieux en qui il avoit confiance l'a trahi, par la persuasion du docteur Boucher, auquel il a remis deux billets que ledit abbé lui avoit donné en secret, pour les porter au sieur Seguier à Saint-Denys. Lorsque le docteur Boucher eut ces billets, il a été fait une assemblée des Seize dans le college de Forteret, où lesdits billets ont été lûs et examinez, et portez ensuite au duc de Mayenne, où se sont trouvez le legat, dom Diego d'Ibarra et plusieurs autres, par l'avis duquel il a été mis en prison et persecuté jusques à ce jour, attendant de faire pis.

Vers la fin de ce mois, le duc de Nevers est parti pour son ambassade de Rome, accompagné des prelats et de cinquante gentilshommes.

[OCTOBRE.] Le vendredi premier octobre 1593, M. de Brissac fût receu mareschal de France.

Ce jour, madame de Nemoux dit tout haut que depuis qu'elle estoit au monde, elle avoit eu beaucoup de fascheries, mais jamais une qui lui touchast tant au cœur que la prison de son pauvre fils; laquelle elle impute à M. de Lion, disant mille pouilles de lui, et le menassant en presence du duc de Maienne, battant, comme l'on dit, le chien devant le lion, et ne deschargeant plus outre son cœur de ce qu'elle en avoit sur l'estomach. Fait son conte et ses apprests pour y aller, au defaut de M. de Maienne son fils, qui fait courir le bruit partout qu'il s'y en va.

Ce jour, on apporta nouvelles à Paris de la mort de M. de Gourdan, gouverneur de Calais.

Le dimanche 17, les Seize firent à Paris la procession de la Transfiguration du diable saint Michel, qu'on a accoustumé de celebrer de tout temps le vendredi à la chapelle Saint-Michel du Palais : en laquelle tous les Seize se trouverent, avec un grand nombre de leurs confidens, principalement de prebstres et moines.

En ceste procession, ils habillerent un garçon hespagnol en diable : auquel ils mirent une couronne de paille sur la teste, attacherent une queue de vache au derriere, et en son col lui mirent une grande escharpe blanche, toute semée de vaches. Au visage il portoit un masque representant fort bien celui du Roy, et estoit suivi d'une quantité de petits enfans et gueus attiltrés, qui crioient : « Voila ce diable de roy de Bearnois. » Dont un politique, voiant passer cette mascarade, ne se peult contenir de crier tout hault : « Voila le roy des « Seize. » De quoi il eschappa à assés bon marché, veu le temps : à sçavoir pour quelques horions et gourmades qu'il fut contraint d'endurer.

Ce jour, mourust en sa maison des fauxbourgs Saint-Germain à Paris, un nommé Labrosse, qu'on apeloit le philosophe de la Roine mere, pour ce qu'il s'estoit meslé de lui predire beaucoup de choses de l'avenir; et encores s'en mesloit-il ausquelles toutefois il rencontroit assez mal et s'y trompoit ordinairement : monstrant par là que sa science n'estoit qu'une pure ignorance, et la profession de ceste doctrine qu'ils appelent, vraie piperie et imposture.

Entre autres choses, il dit à un de mes amis son voisin, quelque temps avant qu'il mourust, que quelque bruit qu'on fist courir d'accord, que jamais le Roy et le duc de Mayenne ne s'accorderoient moins que Dieu et le diable; qu'il n'i auroit point de paix, principalement pour le regard de Paris; que jamais le Roy n'i entreroit ni n'i commanderoit; et qu'il vouloit qu'on lui coupast la teste s'il en advenoit autrement. Il estoit aagé de quatrevingts ans quand il mourust.

Le lundi 18, jour Saint-Luc, la continuation de la treufve fut publiée à Paris pour un mois seulement, encores qu'entre les princes elle fust accordée pour deux mois.

Ce jour, on fist courir un faux bruit à Paris que ceux de Rouen s'estoient barricadés.

Le mecredi 20 de ce mois, on fist courir un bruit à Paris de la treufve rompue : lequel continua le jeudi, vendredi et samedi. Madame de La Rocheguion le dit à la presidente Seguier, et que M. de Maienne lui avoit dit. M. de Villeroy le dit à un de ses amis du parti du Roy, auquel il conseilla de se retirer. Madame de Victry escrivit qu'on estoit à la guerre plus que jamais. L'occasion de la rupture de la treufve se fondoit sur la ville de Fecan, qui avoit secoué le joug de l'Union pour prendre le parti du Roi. M. de Villars, comme estant de son gouvernement, armoit pour la secourir; ceux du Roy levoient forces pour l'empescher.

Mais enfin on descouvrit que toute cette rupture de treufve estoient les doublons qu'on vouloit tirer de la bourse de l'Hespagnol. Desquels, aprés qu'on en eust tiré ce qu'on peust, ces bruits, apostés par les principaux de la Ligue, cesserent à Paris et partout; et M. de Mayenne s'ouvrant là dessus, dit que pour un fait particulier il ne vouloit manquer de parole; qu'il n'en avoit jamais manqué; et qu'il ne falloit rompre la treufve là-dessus, mais accorder et appointer.

Ce jour, la coche d'Orleans fust volée, non obstant la treufve, par les gens de l'amiral de Biron.

Le lundi 25 de ce mois, les nouvelles arrivées de Lion, d'une surseance d'armes accordée audit Lion pour deux mois, rompirent le voyage de madame de Nemoux, qu'on disoit estre au mecredi.

En ce mois, mourust à Paris la femme du duc de Feria, lequel paia content quatre mil tant d'escus, pour les draps seulement qu'il fist lever pour l'enterrement et service de ladite dame sa femme.

En ce mois, le curé Saint-André des Ars fist dire à

la presidente Seguier la jeune que si elle venoit à sa paroisse, il lui feroit un affront.

En ce mois mourust à Melun M. Gamart, advocat au parlement de Paris, un de mes meilleurs amis, *homo antiqua probitate et fide*. Il estoit aagé de prés de quatre-vingts ans.

Ce mois d'octobre, au commencement, fust fort froid ; le reste vain et humide, selon la constitution automnale. Beaucoup de petits enfans moururent à Paris de petites veroles et rougeoles.

*Supplément tiré de l'édition de 1736.*

En ce mois d'octobre, il y a eu plusieurs conferences, tantôt à Andresy, tantôt à Milly et en d'autres endroits; ausquelles se sont trouvez les sieurs de Bellievre, Revol, Villeroy, le président Jeannin, Zamet, Belin, et autres, pour aviser de prolonger la treve, que le duc de Mayenne sollicitoit grandement, mais à laquelle le Roy ne voulut point consentir, étant contraire à ses affaires. Néanmoins pour attendre la reponse du Pape, auquel il avoit envoyé le duc de Nevers, il a enfin consenti.

Le mercredy 13 d'octobre, il a été accordé à Poissy que la treve seroit continuée encore pour deux mois, sçavoir pour les mois de novembre et decembre : cependant que la publication ne s'en fera que pour un mois, et que dans le dixiéme de novembre elle sera publiée pour le mois de decembre.

Le jeudy 28 d'octobre, on eut avis que le duc de Nevers étoit arrivé le quatorze de ce mois à Poschiavo, terre des Grisons, où il reçût par le pere Poussevin[1]

---

[1] *Le pere Poussevin* : Possevin, jésuite.

un bref du Pape en datte du dix-neuf septembre dernier, par lequel Sa Sainteté l'avertissoit d'ajouter foy à tout ce que ledit pere Poussevin lui diroit de sa part. Après la lecture dudit bref, le pere Poussevin lui a dit que le Pape ne le pouvoit recevoir comme ambassadeur de son roy; cependant qu'il seroit bien venu à Rome, comme Ludovic de Gonsague, duc de Nevers.

Que ledit duc, malgré cet avis, avoit continué son voyage; et qu'étant à Mantoue, ledit pere Poussevin lui avoit montré une lettre du cardinal de Saint-George, neveu du Pape, contenant la confirmation du même avertissement, qui ne l'a pas non plus empêché de continuer son voyage. Voici le bref du Pape, à lui donné par ledit pere jesuite :

*Clemens, papa VIII. Dilecte fili, nobilis vir, salutem et apostolicam benedictionem. Exponet mandato nostro dilectus filius Antonius Poussevinus, sacerdos ordinis Societatis Jesu, vir gravis et prudens, ea quæ tibi per eum significare judicavimus : ejus verbis fidem tribuas. Datum Romæ, apud Sanctum-Marcum, sub annulo piscatoris, die* 19 *septemb. anno* 1593, *pontificatus nostri anno secundo.* ANTONIUS BACCAPADULIUS.

Les royalistes disent tout hautement que le Pape a été prévenu par le legat, lequel a envoyé à Rome son prelat Montorio; et sur le même ton ils avancent que le duc de Mayenne n'est pas mieux intentionné que lui, quoiqu'il aye promis de faire solliciter le Pape pour approuver la conversion du Roy.

Le samedy 13 d'octobre, la prolongation de la treve a été continuée pour le mois prochain.

[NOVEMBRE.] Le jeudi 4 novembre, M. de Belin partist de Paris pour aller trouver le Roy, et le supplier de vouloir oster les imposts. De quoi il fust tout à plat refusé, jusques à ce que Sa Majesté fust recongneue.

Assemblée ce jour de marchans à Paris, pour demander au duc de Maienne l'abolition des imposts, et la paix, s'il ne se peult faire autrement.

Ce jour, la treufve fust criée à Paris jusques à la fin de l'année : dont s'ourdit un bruit entre le peuple qu'on n'auroit point de paix, mais une treufve de quatre ou cinq ans, pour ce que la conversion du Roy avoit esté trop soudaine, et que le Pape vouloit voir premierement comme il se gouverneroit.

Là dessus, bruits de Romme divers : les Seize disent que la Sainteté avoit envoié Possevin, jesuiste, pour dire au duc de Nevers qu'il lui defendoit d'entrer sur ses terres. Les politiques, au contraire, que M. de Nevers estoit dans Romme, bien venu et bien receu; et que M. de Paris avoit mandé qu'on lui apprestast son logis, et qu'on lui fist ses provisions; et qu'il esperoit faire sa feste de Noël à Paris. Là dessus la paix, que beaucoup font courir à dessein, et entre autres madame de Nemoux par Neuchelles.

Le vendredi 5, on fist voir à madame de Nemoux un discours de ce qui estoit advenu à Lion le 18 septembre dernier, contenant les occasions de la prise des armes, et de l'emprisonnement du duc de Nemoux son fils : lequel elle voulust voir et lire tout entier, encoré qu'il fust fort injurieux et au desavantage de son dit fils, et qu'elle ne le peust lire, estant mere, qu'avec un grand crevecœur.

Dés la fin du mois d'octobre il en couroit des copies

à Paris, et portoit ce titre : *Discours veritable et sans passion sur la prise des armes, et changemens advenus en la ville de Lion pour la conservation d'icelle, sous l'obeissance de la sainte Union et de la couronne de France, le 18 septembre 1593; envoié par un bon citoyen de Lion à un sien ami; avec la proposition faite à M. le duc de Nemoux par le conseil, et le renouvellement du serment de l'Union. A Lion*, 1593.

Le jeudi 11, jour Saint-Martin, un patenostrier demeurant à Paris prés la chapelle Saint-Michel attaqua un nommé Bezart, qui vendoit des pourtraits du Roy; lui disant qu'il estoit un chien d'heretique, et que tous ceux qui en vendoient estoient des chiens comme lui, auxquels il falloit donner le fouet. L'autre lui respondit que c'estoient les voleurs, les larrons et les pendeurs de presidents qui estoient des chiens, lesquels il faloit pendre et trainer à la voirie; et que le Roy, le pourtrait duquel il vendoit, estoit moins chien et heretique que ceux qui en parloient, et plus homme de bien qu'il n'estoit, ni tous ceux qui lui ressembloient. Sur quoi un nommé Jan Petit, qui estoit des Seize, mercier et vendeur de dieux, aiant pris la parole pour ce patenostrier, et attaqué d'injures Bezart, l'aiant appelé chien de politique, et l'autre l'aiant appelé Judas, survinst sur leur differend, de cas d'avanture, un gentilhomme qui estoit au Roy; lequel aiant pris Jan Petit par le colet, lui donna deux ou trois mentonnieres, et le menassa de lui couper la teste, lui demandant s'il lui appartenoit d'injurier si vilainement un roy, le meilleur et le plus homme de bien de la terre? Et se retournant vers l'autre, lui dit : « Cou- « rage, mon ami! ne te lasse point de bien faire. Je

« congnois que tu es honneste homme; ne te donne
« point de peine de telles canailles : car je te responds
« que jamais ils ne te feront mal, et que devant qu'il
« soit peu de temps tu les verras pendre, et cestuici et
« tous ceux qui lui ressemblent. »

Toutes ces paroles furent dites en plaine rue, sans
qu'il se trouvast jamais un seul de tout ce peuple amassé
autour qui dist un mot, ni qui fist semblant seulement de remuer.

Le samedi 13, fust faite defense à la Goureil, qui
vendoit des pourtraits du Roy pres la Chancelerie, d'en
plus vendre; et ce, par ordonnance de la cour, à cause
de la querelle precedente survenue pour ce fait le jour
Saint-Martin.

Le dimanche 14 de ce mois, le curé de Saint-André
recommanda en son sermon M. de Nemours en ces
termes : « Nous prierons Dieu pour nostre bon bour-
« geois M. de Nemours, qui est en grande affliction,
« à ce que Dieu le fortifie et le console. »

Le mardi 16, sur une requeste presentée par tout
plain de bourgeois et marchans de Paris, à ce qu'on
ne fust contraint doresnavant paier aucunes debtes tant
que la guerre dureroit, fors les lettres de change et les
louages de maisons, on s'assembla à la salle Saint-Loïs,
où l'evesque d'Amiens, opinant sur ceste requeste, dit
qu'elle estoit de justice, et qu'il n'i avoit apparence
de pouvoir paier ses debtes par le temps qu'il faisoit, et
qu'on n'i devoit estre contraint. A quoi Le Geay, maistre de l'hostel-Dieu de Paris, repliqua que ceux qui
avoient une bonne evesché comme lui se pouvoient aisement passer de recouvrir leurs dettes, et que ceste ordonnance seroit bonne pour eux et de justice; mais pour

le regard des autres, qu'elle ne valoit rien, et estoit du tout inique, n'aiant moyen de subsister ni de vivre, si non en les paians de ce qu'il leur estoit deub. La Bruiere dit qu'il y devoit avoir de la consideration en cela; qu'il y en avoit qu'on sçavoit notoirement ne pouvoir paier, estant desnués de tous moiens: qu'il n'i avoit apparance d'y contraindre ceux-là; mais qu'il y en avoit aussi d'autres à Paris qu'il connoissoit fort bien, et qu'il nommeroit quand besoin seroit, qui ne vouloient payer, et toutefois en avoient les moiens; qu'il falloit les y contraindre, et qu'il estoit plus que raisonnable qu'ils paiassent.

Le dit jour, fust presentée requeste, signée d'un grand nombre de bourgeois de Paris, pour ne paier aucunes debtes jusques à la paix, ni deux ans aprés. Sur ladite requeste fust mis : *Neant*.

Le mecredi 17 de ce mois, un nommé Le Turq, garson des plus desbauchés et corrompus de Paris, disnant sur La Chapelle Marteau, et laschant des traits de risée (comme ont accoustumé telles gens) contre la mort et jugement de Dieu, disant entre autres choses (ce qui est aujourd'hui trop commun en la bouche de beaucoup) que le terme valoit l'argent, rencontra ce terme beaucoup plus court qu'il ne pensoit; car aiant à peine achevé de manger son potage, lui prist une foiblesse qui l'envoia en l'autre monde deux heures aprés.

Ce jour, un nommé d'Amboise, chirurgien, pour avoir dedié ses theses au Roy, et lui avoir donné (comme on a de coustume aux rois) beaucoup de grands et augustes tiltres, fust troublé par le recteur en sa reception de medecin; et donné decret de prise de corps contre lui.

Le jeudi 18 de ce mois, courust un faux bruit à Paris de Vienne pris par le Turq.

On en fist courir un autre le mesme jour, aussi faux et encores plus sot; à sçavoir de M. de Nevers escrivant ici des fauxbourgs de Romme, où il n'i en a point.

Le vendredi 19 de ce mois, un docteur de Sorbonne dit à un de mes amis qu'il alloit quitter la ville de Paris, pour ce qu'on avoit conclu à la Sorbonne de ne point recevoir le Roi, encores que le Pape le receust: ce qu'il ne vouloit signer, comme estant directement contre le commandement de Dieu et sa conscience.

Le dimanche 21 novembre, le curé Saint-Germain prescha qu'il estoit mort un gouverneur d'une des principales villes du Bearnois (entendant Gourdan, gouverneur de Calais); duquel le corps aiant esté mis dans un cerceuil de plomb, la moictié dudit corps avoit esté emporté par une tempeste et fouldre; et l'autre moictié n'avoit plus esté trouvée dans ledit cerceuil, ains estoit fondue comme en abisme.

Aprés avoir presché ceste verité en chaire, il en prescha une autre : à sçavoir qu'on avoit eu bonnes nouvelles de Romme, et que le Pape ne recevroit point ce bouc, usant de ce terme digne de son eloquence.

Le lundi 22 de ce mois, les colonnels de Paris allerent trouver le duc de Maienne, pour le prier de ne les abandonner point; et à cest effet vouloir differer en un autre temps son voyage de Lion, duquel on disoit qu'il faisoit courir le bruit à dessein, et pour contenter sa mere.

Ce jour, la harangue à l'ouverture du parlement de Paris à la Saint-Martin fust faite au Palais par maistre Charles Hottoman, advocat du Roy, à laquelle M. d'Orleans ne se voulust trouver, alleguant pour response le verset du psalmiste : *Cum impiis non sedebo;* estimant tous ceux meschans qui n'estoient de la faction des Seize et de l'Hespagnol, de la liberalité duquel il dependoit. Ce qui lui faisoit tenir ce langage : car il ressembloit en necessité à ce grand Epaminondas, qui estoit contraint se tenir au lit pour raccoustrer ses chausses.

Le mardi 23 de ce mois, un pauvre couvreur chargé d'une femme grosse et trois petits enfans, travaillant à Paris sur le notaire Bontemps, prés Saint-André; sa besongne estant achevée, et voulant seulement bailler une truellée ou deux de plastre à un trou, tumba du haut de son eschelle, qui estoit mal appuyée, sur le pavé; et rencontrant une pierre de taille, s'escraza toute la cervelle, qui lui sortit par les aureilles, et l'envoia en l'autre monde.

Le dimanche 28, premier de l'Advent, le curé de la Madeleine prescha un billet qui lui avoit esté envoié de M. le legat, qui portoit que le duc de Nevers avoit esté receu à Romme comme prince de Mantoue, mais non comme ambassadeur du Bearnois, duquel le Pape ne vouloit ouir parler en façon que ce fust : tant s'en faloit qu'il songeast de le recevoir, comme quelques meschans politiques faisoient courir; et que de ce qu'il leur en disoit, il avoit eu charge de M. le legat de leur faire entendre, comme en estant la nouvelle trés veritable. Les curés Saint-Sevrin et Saint-Germain prescherent ce jour le mesme billet, avec celui de Saint André, qui adjousta que Sa Sainteté estoit tellement resolue de ne point le recevoir, que, pour lui faire la guerre et l'exterminer, elle s'estoit resolue d'y employer jusques au dernier denier du tresor de saint Pierre. Deux ou trois autres curés prescherent le mesme; mais tout le reste des curés et predicateurs de Paris refuserent le billet, et firent response qu'ils ne preschoient point de billets. Mesmement nostre maistre Boucher le refusa : ce qui fust trouvé fort estrange.

Commolet, au sortir de sa chaire, dit qu'on ne faisoit que tout brouiller; et que puisqu'on ne vouloit que Dieu nous mist d'accord, que le diable ou le Turq nous y mettroient.

Celui de Saint-Nicolas des Champs, que le curé y avoit commis durant son absence, aiant presché tousjours depuis deux mois, et mesmes le dimanche de devant, qu'on devoit reconnoistre le Roy, puisqu'il estoit catholique; changeant ce jour de langage, prescha qu'il ne le falloit point recevoir. Et pour ce qu'il avoit tousjours presché le contraire, il leur dit en ces termes : « Messieurs, vous me reprocherez que j'ai deux lan-
« gues en ma bouche, mesmes en une chaise de verité.
« Il est vrai, et vous le confesse; mais on m'a envoyé
« un billet et un commandement pour parler ainsi : et
« qu'il ne soit vrai, vous verrés presentement de quoi,
« et en oirez la lecture, s'il vous plaist. » Et ayant tiré un papier de son sein, leut tout haut devant toute l'assistance le contenu du billet, et du commandement qu'on lui en avoit fait.

Ce jour, un cordelier qui preschoit à Saint-André l'aprés-disnée, où on avoit mis les prieres, dit en plaisantant en sa chaise que le Bearnois avoit juré son ventre saint-gris tout haut qu'il ne vouloit plus faire sa noblesse cocue, mais qu'il vouloit doresnavant faire Jesuschrist cocu.

Le lundi 29 de ce mois, arriva à Paris le mareschal La Chastre; et pour ce que le bruit estoit que le duc de Maienne devoit partir dans trois jours pour aller à

Lion, on disoit qu'il estoit venu exprés pour gouverner et asseurer la ville pendant l'absence du dit duc de Maienne, et la tenir tousjours à sa devotion.

Le mardi 30, jour Saint-André, Commolet prescha que ceux de l'Union ne faisoient la guerre qu'aux poules et aux vaches; et que si le Bearnois eust esté l'un ou l'autre, qu'il eust esté pris il y avoit long-temps. En quoi il se trouva d'accord avec les politiques.

Ce mois de novembre fust chaud et humide, pestilent et mal sain : la saison ne gardant point sa constitution naturelle.

Le mardi 23 novembre de l'an present 1593, mourust en sa maison à Paris M. Cotton, mon beau-pere, attenué d'une longue maladie qui l'avoit rendu paralitique du corps et de l'esprit.

Le samedi 27 dudit mois et an, maistre Claude Bariot, seingneur de Chaufailles, un de mes bons amis, et que j'avois esté voir le jour de devant, se portant aussi bien ou mieux que moi, mourust tout soudain en la rue de Grenelle à Paris, d'une paralisie qui, l'aiant saisi à dix heures du matin, le fist passer en l'autre monde à huit heures du soir. Il estoit homme fort simple, mais craingnant Dieu.

Ce mesme jour, mourust en sa maison à Paris M. Hottoman, conseiller en chastelet, homme de bien et bon juge; et de mes amis. Il mourust pulmonique.

Le samedi 13 novembre de l'an present 1593, fust pris prisonnier un homme à Mantes, qui avoit dit que quand le Roy disoit son *mea culpa* au *Confiteor* de la messe, qu'au lieu de dire *Mea culpa*, il disoit : « Ventre « saint-gris, je tiens mes ligueus. »

Sur la fin du present mois de novembre 1593, arriverent à Mantes les deputés des eglises de ceux de la religion, avec leurs cahiers qu'ils presenterent au Roy ; auxquels Sa Majesté, qui les avoit mandés, tinst les propos suivans, en decembre 1593 :

« Messieurs, je vous ai mandés pour trois raisons : la premiere, pour vous faire entendre de ma propre bouche que ma conversion n'a point apporté de changement à mon affection envers vous; la deuxiesme, pour ce qu'en ce temps là mes subjets rebelles faisoient contenance de vouloir entendre à quelque traicté. Je ne voulois pas que ce fust sans vous y appeler, afin que rien ne se fist à vostre prejudice, comme vous en avés esté asseurés par la promesse que firent tous les princes et officiers de ma couronne, lesquels jurerent en ma presence qu'il ne seroit rien traicté en la conference de paix contre ceux de la religion. La troisiesme, qu'aiant esté adverti des plaintes ordinaires de plusieurs provinces de mon royaume touchant la misere de vos eglises, je les ai voulu entendre plus particulierement de vous, pour y pourveoir. Au reste, vous croirés que je n'ai rien plus à cœur que de voir une bonne union et concorde entre tous mes subjets, tant catholiques que de la religion. Je m'asseure que personne ne m'empeschera l'effect de ce dessein : il y aura bien quelques brouillons et malicieux qui le voudroient empescher, mais j'espere aussi trouver le moien de les chastier.

« Je vous asseurerai bien des catholiques qui sont ici auprés de moi, qu'ils tiendront la main à ceste union ; et je leur serai caution pour vous que vous ne vous desunirés point d'avec eux. J'ai ce contentement en mon ame que tout le temps que j'ai vescu j'ai fait preuve de ma foy à tout le monde : nul de mes subjets ne s'est fié en moi, que je ne me sois encores plus fié en lui. Je reçoi donc vos cahiers, et vous ordonne de deputer quatre d'entre vous pour en traicter avec ceux que je choisirai de mon conseil, auxquels je baillerai ceste charge, pour vous en donner contentement. Cependant si quelques uns d'entre vous ont affaire à moi pour leur particulier, ils pourront me venir trouver en toute liberté.

« Prononcé à Mante de la bouche du Roy, és presences de M. le prince de Conti, messieurs le chancelier, d'O, Chomberg, de La Guiche, d'Escars, Chasteauvieux, Believre, Pontcarré, Veicour, Chandon, Beaulieu, Rusé, Defresne, et Forget; et de ceux de la religion, messieurs de Rohan, vidasme de Chartres, Duplessis-Mornay, de Sanssi, Rosni, Canaie; et environ quatre deputés de princes. Ladite harangue prononcée par Fedeau le dimanche matin 12 decembre 1593. »

Ceux que le Roy a nommés de son conseil pour la conference des cahiers sont le chancelier, Chomberg, Believre, d'Escars, Pontcarré, Chandon, Fresne, Forget; et de ceux de la religion, Montluet, de Puteaux, de Montigni, Rota, Fedeau, et de La Motthe.

### Supplément tiré de l'édition de 1736.

Le dimanche 7 de novembre, le duc de Mayenne et dom Diego d'Ibarra ouirent la messe des capitaines de quartier aux Augustins. Le legat, à l'issue de cette messe, eut un pourparler avec ledit duc, auquel, dit-on, il a dit que le Pape ne recevroit pas le duc de Nevers comme ambassadeur du Roy.

Le 15 de novembre, le duc de Mayenne envoya le

sieur de Belin à Dieppe, où étoit le Roy, sur l'avis que Sa Majesté y vouloit faire la guerre contre Villars, qui depuis plus d'un an tenoit assiegé le fort de Fescamp, dans lequel Bois-Royer commandoit; et parce que ledit Bois-Royer avoit cedé ce fort au Roy auparavant la treve, le Roy repondit au sieur Belin qu'en obligeant Villars de lever ce siege devant Fescamp qui lui appartenoit, il ne faisoit rien contre la treve.

Ces deux seigneurs, quoique du parti du duc de Mayenne, se faisoient la guerre depuis quelque tems. Bois-Royer avoit surpris ce fort en 1592, avec soixante soldats, par le moyen d'une escalade nouvelle, ayant planté des échelles de distance en distance le long d'un rocher du côté de la mer, lequel est de trois cens toises de haut, et qui est couvert au pied, de six en six heures, par la marée. Par ce moyen il avoit surpris la garnison, et s'en étoit rendu maître. Le sieur Belin proposa de plus au Roy, de la part du duc de Mayenne, une plus longue prolongation de la treve, pour avoir un tems suffisant de recevoir nouvelles de Rome et d'Espagne, d'où il falloit qu'il eût avis devant que de traiter la paix. Sur quoy le Roy lui a repondu qu'il aviseroit sur ce point.

Le vendredy 19 novembre, madame de Montluc Balagny (1), étant allée *incognito* à Dieppe, s'est presentée au Roy sur le tard, et a obtenu de Sa Majesté une prolongation de la treve pour son mari, qui tient Cambray et le Cambresis. On en ignore les conditions.

[DECEMBRE.] Le jeudi 2 decembre 1593, bruit par tout Paris du duc de Maienne allant à Lion. Le ven-

---

(1) *Madame de Montluc Balagny* : Diane d'Estrées, fille ainée d'An-

dredi, le bruit refroidi; le samedi, tout rompu. De quoi madame de Nemoux faschée dit à son fils (à ce que j'entendis d'un de ses gens) que s'il n'i alloit, elle croiroit que ce qui y estoit advenu avoit esté fait par son adveu et commandement.

Le lundi 6 de ce mois, jour Saint-Nicolas, madamoiselle Marie de Baillon ma niaipce, aagée de vingt ans ou environ, mourust en ceste ville de Paris, au logis de M. Lescalopier, conseiller en la cour, où on l'avoit mise pour empescher le mariage d'un gentilhomme auquel elle portoit tant d'affection, qu'aiant trouvé moien de le voir et lui parler, l'amour, au bout de vingt-quatre heures, lui donna la mort.

Voilà que c'est des folles affections des filles.

Le mecredi 8 de ce mois, Commolet prescha les religieuses que les gentilshommes proumenoient par dessous les bras tous les jours à Paris (comme à la verité on ne voyoit autre chose au Palais et partout que gentilshommes et religieuses accouplées, qui se faisoient l'amour et se leschoient le morveau); portantes les dites religieuses sous le voile, qui seulement les distinguoit, vrais habits et façons de p...... et courtizannes, estans fardées, musquées et pouldrées; aussi vilaines et desbordées en paroles comme en tout le reste.

Ledit Commolet les appela par plusieurs fois vilaines et p......; et ceux qui les conduisoient vilains, ruffiens et bouffons; criant que le peuple leur devoit jetter des pierres et de la boue au visage, quand il les voiioit passer. Et se mist en telle furie, tempestant et grimassant, et faisant quelquefois semblant de sortir de sa

toine marquis de Cœuvres, et sœur de la belle Gabrielle, avoit épousé Jean de Montluc-Balaguy, fils de Jean de Montluc, évêque de Valence.

chaise, jusques à se retourner vers son clerc, et lui dire tout haut : *Allons!* qu'on doutoit s'il avoit point perdu l'esprit, ou beu trop d'un coup. Toutefois les plus modestes l'interpretoient à une sainte et juste douleur qu'il avoit de voir Dieu tant vilainement offensé par celles qui avoient fait vœu, par dessus les autres, de pureté et chasteté.

Le jeudi 9 de ce mois, nostre maistre Guarinus prescha à Saint-Jacques de la Boucherie contre le duc de Maienne, lequel il nomma; dit qu'il prestoit l'aureille et l'espaule aux politiques, encores qu'il sceust fort bien qu'ils ne valoient rien; et que s'il ne faisoit pendre ou jetter dans l'eau et trainer à la voirie tous ceux et celles qui prononçoient ce mot de roy sans y adjouster autre chose, comme il estoit tout commun à Paris, et ne le pouvoit ignorer, qu'on auroit juste occasion de dire qu'il s'entendroit avec eux. Apela le Roy pendart et coquin, lequel avoit esté condamné par les Estats de Blois, comme un pendu qu'il estoit, à estre trainé dans un tumbereau à la voirie. J'y estois, et n'ouis jamais tant dire et debagouler d'injures à crocheteus ni faquins de Paris.

Le vendredi 10 de ce mois, s'esleva un bruit à Paris de la treufve rompue, qui fist rencherir le bled le lendemain.

Ce jour, un bourgeois de Paris estant au logis de l'eschevin Langlois, s'amusant dans sa cour à lire le livre du Manant [1] (qui estoit un livre nouveau de la boutique des Seize, où les principaux de Paris, principalement ceux qu'on apeloit politiques, et sur tous le

---

[1] *Le livre du Manant :* Il est imprimé à la fin du tome 3 de la Satire Ménippée.

duc de Maienne, estoient nommés et dechiffrés de toutes façons), aiant esté descouvert, fust contraint, avant qu'en pouvoir sortir, de bailler ledit livre à Langlois, aprés qu'il lui eust promis qu'il ne lui en seroit fait aucun tort ou desplaisir; et de ce pas le porta au duc de Maienne, qui dés longtemps desiroit de le voir et en faisoit chercher par tout, aiant promis mil escus à qui lui pourroit indiquer l'auteur dudit livre(1). L'ayant receu avec grande joie, le mist lui mesmes sous le chevet de son lit, disant qu'il ne vouloit qu'on le vid, pour ce qu'on lui avoit dit qu'il instruisoit mal la junesse.

Le dimanche 12 de ce mois, la plus part des predicateurs de Paris prescherent l'histoire d'Ahod qui tua le roy Eglond, contenue au livre des Juges, 3ᵉ chapitre; dirent que nous avions bon besoin en ce temps d'un Ahod. Entre les autres, Commolet à Saint-Berthelemi se tempesta fort sur cest histoire; et comme s'il l'eust voulu allegorizer pour le duc de Maienne, dit que ce roy Eglond estoit un gros pourceau comme les nostres, homme effeminé, qui avoit un gros ventre (vous m'entendés bien, dist-il) farci de bons morceaux et de delices.

Ce jour, nostre maistre Benoist, à Saint-Denis, prescha qu'il faloit prier Dieu pour la conversion des princes lesquels se disoient catholiques, et faussement de l'Union, pour ce que la vraie union estoit la paix qu'ils empeschoient, et pour leur ambition troubloient l'Estat et le repos publicq. Pria Dieu pour nostre Roi tres chrestien.

---

(1) *L'auteur dudit livre*: On n'est pas d'accord sur le nom de l'auteur de ce libelle: les uns l'attribuent à Louis Morin, dit Cromé; les autres à Nicolas Rolland, conseiller à la cour des monnoies.

Le lundi 13 de ce mois, la recherche du livre du Manant aiant esté commandée, Labruiere, lieutenant civil, fist seller dés le matin toutes les imprimeries; qui est une vraie procedure pour ne rien trouver, comme sçavent ceux qui sont du mestier. Aussi dés l'aprés disnée Chaudiere, Nivelle et Rolin-Thierri, contre lequel y avoit de grandes conjectures qu'il en estoit l'imprimeur, eurent main levée; et aprés avoir esté assignés pour estre ouis, furent renvoiés.

Cependant à Gueffier, libraire, qu'on appeloit en l'Université le tuteur de Jean Richer, en fust baillé un ce jour tout mouillé par Crucé, un des Seize, pour relier; et le lendemain lui en fust baillé jusques à trente (à ce qu'on disoit), qu'il lui devoit relier la nuit. Et deposoient les voisins qu'environ quinze jours auparavant que ce beau livre se vid en lumiere, Crucé alloit deux fois le jour à l'imprimerie de Rolin-Thierri.

Le samedi au paravant, un libraire de la rue Saint-Jacques m'en vendist un un escu; lequel, aprés l'avoir veu et fait un extraict d'icelui, je baillé à la veufve Roffet, pour trois escus qu'elle m'en paia : lequel elle revendist le lendemain six escus à un homme, pour porter à Saint-Denis : dont on eust eu dix escus d'un nommé Dubacq trois jours aprés, ayant esté envoié exprés du Roy à Paris, pour lui en recouvrir un à quelque prix que ce fust.

Le mecredi 15 de ce mois, le president Le Maistre, dit Devaux, qui estoit du conseil du duc de Maienne, mourust à Paris en sa maison, en la fleur de son aage. Sa femme en le pleurant disoit que c'estoit un bon catholique, et qu'il ne se passoit jour qu'il ne dit ses heures avec son homme.

Le jeudi 16 dudit mois, maistre Toussaint Repichon, secretaire du Roy et commis des audianciers de la chancellerie de Paris, mourust en sa maison à Paris, avec peu de regret des siens et aussi peu des autres.

Ce jour, M. Cochlée, conseiller d'eglise en la cour de parlement, chanoine de Nostre Dame de Paris, aiant esté deputé de la part de messieurs du chapitre, se plaingnist à M. le legat de ce qu'il excommunioit avant que de remonstrer ; disant que Dieu envoioit l'esclair devant le tonnerre, et que messieurs du chapitre ne pouvoient ni ne devoient avoir moins de privilege pour leurs mains levées que les cardinaux de Romme, lesquels pour la plus part avoient eu la leur, et si pour cela on ne les avoit point excommuniés : qu'à plus forte raison ils en devoient jouir, attendu leurs necessités et le peu de moien qu'ils avoient de vivre ; et que cela leur estant osté, les reduiroit tous à une miserable mendicité et pauvreté. Sur quoi le cardinal Pellevé, qui y assistoit, dit qu'il n'avoit jamais eu main levée ; aussi ne l'avoit-il jamais demandée ni poursuivie, et eust aimé mieux mendier que d'y avoir seulement pensé. Le legat lors prist la parole, et dit qu'il ne faloit point dire que la pluspart des cardinaux l'eussent eue ; que cela estoit faux ; et qu'il n'en pensoit ni n'en sçavoit un seul, fors le cardinal Montalte, qui l'avoit eue pour ce qu'il portoit ouvertement le parti du François contre l'Hespagnol. Au reste, qu'un de ses compagnons, qu'on appeloit Brulart, avoit mesdit de lui jusques à avoir dit qu'il l'eust voulu avoir veu empaller comme un Turq ; et ce, d'autant qu'il n'avoit trouvé bon que ledit Brulart demandast sa main levée, jouissant sans elle de trois bonnes mil livres de rente. Qu'il ne valoit rien, et que c'estoit un meschant, comme aussi un chacun le tenoit pour tel. « Et « quant à vous, Cochlée, lui dist-il, vous vous plain-« gnez, et parlez de la necessité; j'ai appris et sçai que « vostre estat seul est suffisant pour vous nourrir. » Auquel M. Cochlée respondit que tant s'en faloit que son estat fust suffisant pour le nourrir ; qu'il protestoit devant Dieu et ses saints anges, et devant Sa Sainteté, que son estat de conseiller en six mois ne lui avoit point valu dix escus. Auquel le legat respondit qu'il n'en croiioit rien ; et toutefois qu'il n'en sçavoit autre chose que ce que ceux qui le disoient le bien sçavoir lui en avoient dit. Bien sçavoit-il une chose : que la plus part d'entre eux ne valoient rien.

Le dimanche 19 de ce mois, Rolin-Thierri et Lyon-Cavelat, demeurant au Griffon d'argent, tous deux imprimeurs de la sainte Union à Paris, et des plus zelés, furent constitués prisonniers pour le livre du Manant, de l'ordonnance de messieurs de la cour, à laquelle le president Le Maistre entre autres avoit fait grande plainte dudit livre, et leur en avoit porté un deux ou trois jours au paravant.

Le mardi 21 de ce mois, jour Saint-Thomas, la plus part des predicateurs de Paris recommanderent à la fin de leurs sermons les deux prisonniers, les uns plus, les autres moins. Aucuns, en termes fort aigres, taxerent ceux de la justice, et d'avoir procedé sans aucune forme d'icelle à leur emprisonnement, qui estoit une vraie voie de fait : comme le cordelier qui prescha ce jour à Saint-André, qui dit qu'ils estoient innocens et gens de bien ; mais qu'il ne s'en faloit estonner, pour ce que toute la justice ne valoit rien. Guarinus, à Saint-Jacques de la Boucherie, dit que c'estoit la procedure la plus inique et tirannique qu'on eust jamais veu; qu'on n'avoit gardé aucune forme de justice à leur emprisonnement, encores que ce fussent des plus gens de bien et des meilleurs catholiques de la ville. Qu'il n'i avoit plus de justice; que ce n'estoit que violence et tirannie; que Dieu nous avoit delivré du plus grand tiran du monde, qui estoit Henri de Valois, duquel la memoire puoit encores, et estoit en execration à tous les gens de bien : mais qu'il n'en avoit jamais tant fait, et que de son regne il y avoit eu encores quelque espece de justice observée. Mais aujourd'hui qu'il n'i en avoit plus; voire et ne sçavoit, quand on seroit reduit sous la domination de ce maudit Bearnois, si on seroit pis. De lui, de ce qu'il en voiioit, il pensoit qu'on ne pourroit estre plus mal qu'on estoit. Puis, mettant un peu d'eau en son vin, dit ces mots : « Je « n'entends parler de nos princes catholiques, ni ne les « veux autrement taxer : je sais que ceux qui en parlent, « qu'on les pend. Je les tiens pour plus gens de bien « que de dire ou penser que cela vienne d'eux; mais « bien vous dis-je et declare tout haut que leur conseil, « athée et politique, ne vault rien : car la pluspart de « leurs conseillers et des autres, aux robes rouges, sont « de nos gens de la Toussaints il y a un an (je croi « qu'on m'entend bien), auxquels un licol feroit plus « d'honneur que la cornette qu'ils portent sur leurs « robbes. Ce sont tous heretiques et politiques, des- « quels je vous ai plusieurs fois adverti que vous don- « nissiez garde. Tout Paris en est plain : ils boivent « tous les jours avec vous, et font bonne chere, mais

« c'est pour vous couper la gorge : car tel d'entre eux
« y aura souppé aujourd'hui, qui demain vous massa-
« crera. Ils sont tous les jours aprés, et mesmes le jour
« d'hier vous deviés estre pris. Vous y penserés si vous
« voulez. »

Le lendemain, qui estoit le mecredi 22, en continuant il dit : « Et bien, messieurs de la justice, vous
« avez fait emprisonner deux bons catholiques, sans
« charge ni information aucune. Est-ce faire la justice
« que cela? Vous ne valés trestous rien. Qui vous feroit
« raison, on vous feroit tous pendre; il n'i a pas un
« d'entre vous tous qui ne l'ait bien gaingné. »

Puis venant à parler de messieurs les Seize, il dit :
« Tant que ceste bonne, droite et noble compagnie a
« eu auctorité, on a veu la religion florir, les villes de
« l'Union en toute seureté, les traistres escartés et pu-
« nis; toutes choses aller par compas et raison. Depuis
« qu'on la leur a ostée, tout est allé en ruine : la reli-
« gion est vilipendée et foulée aux pieds, comme vous
« voiés; les villes branslent pour se rendre à ce mes-
« chant; les traistres se proumenent la teste levée, et
« sont parmi nous, avec toute audace et impunité.
« Brief, nos princes ont fait la guerre à Dieu, et Dieu
« la leur fait. »

Ce jour, bruit de guerre à Paris, et que la treufve
est rompue. Ce qui fait rencherir le bled, tellement que
le septier, qui ne valoit que cinq escus, en couste sept.

Ce jour, le legat et le duc de Feria prierent le duc
de Maienne pour les libraires; lequel les renvoia à la
justice, disant qu'il n'osoit ni n'i pouvoit toucher.

Commolet fust celui de tous les predicateurs qui en
parla le plus modestement : car il dit qu'il faloit prier

Dieu qu'il touchast le cœur des juges, pour leur faire bonne et briefve justice.

Le jeudi 23, l'Université en corps fist prière pour les libraires; l'ausmonier du duc de Guise dit tout haut que c'estoit grande pitié de rechercher tant de pauvres gens sur le subject d'un livre imprimé qui ne contenoit que la verité.

Au duc de Maienne qui s'en plaignoit, et blasmoit fort ce livre, un de son conseil lui dit : « C'est vous, « monsieur, qui l'avez fait; car si vous eussiez fait « pendre Cromé lorsque vous le teniez entre vos mains, « ce livre n'eust jamais veu le jour ni la lumiere. »

Le vendredi 24, veuille de Noël, les nouvelles arriverent à Paris de la ville de Meaux, rendue au Roy par M. de Victri (1); lesquelles fascherent fort le duc de Maienne, qui en deschira, à ce qu'on dit, les lettres avec les dents.

Ce jour, il faisoit à Paris une telle tempeste qu'on n'osoit sortir des maisons, tant le vent estoit grand et impetueus, jusqu'à abattre les cheminées : de la cheute de l'une desquelles y eust un pauvre homme tué sur le pont Nostre-Dame; un petit enfant eut tout le visage erafflé d'une tuille; une femme grosse aiant esté blessée en passant de la cheute d'une tuille, en mourust quatre jours aprés.

La nuict, y eust tonnerres et esclairs, avec pluie et vents plus forts qu'auparavant, qu'on appeloit à Paris la trahison de Victri.

Les eschevins de la ville de Meaux, avec les principaux des habitans, vinrent trouver le Roy à Dampmartin, où il advinst une particularité digne d'estre remarquée : car s'estant présentés à Sa Majesté dans la

---

(1) *M. de Victri*: Louis de L'Hospital, marquis de Vitry.

grande salle où il estoit, ils se trouverent tellement estonnés de sa presence, que la parole leur faillist; et perdant toute contenance, ne sceurent faire autre chose que se prosterner comme tous effraiés en terre. Ce que le Roy voyant, ne se peust contenir de pleurer; et les relevant et embrassant la larme à l'œil, leur dit : « Mes « amis, je ne vous reçois point comme ennemis, mais « comme mes subjets; et vous embrasse tous de pareil « cœur qu'un bon pere fait ses enfans. »

Ce jour, pour emplastre de la nouvelle de Meaux, on amusa le peuple d'une grande desfaite de Turqs; dont y eust un *Te Deum* chanté à Nostre-Dame, et le lendemain par les paroisses.

Ce jour, une pauvre femme grosse venant de Melun, et passant par dessus le pont aux Musniers pour aller trouver le colonnel d'Aubrai, ayant esté recongneue pour maheutresse, fust empeschée par deux ou trois coquins de musniers : l'un desquels avec son asne la rengea et pressa si bien contre une muraille, qu'au lieu d'aller trouver M. d'Aubrai, fust contrainte d'aller trouver son lit, où elle cuida finir ses jours.

Le dimanche 26 de ce mois, faux bruits à Paris de toutes les sortes : que le duc de Maienne s'en va; que le duc de Guise demeure; qu'on va restablir les Seize; qu'il y a quatre cens billets d'arrestés, pour chasser quatre cens politiques des plus apparans de la ville; que le duc de Maienne s'entend avec le Roy, et que c'est de son consentement que Victri a rendu Meaux. Et autres telles baguenaudes et discours dignes de la cervelle d'un peuple.

Le lundi 27 de ce mois, un pauvre savetier demeurant en la rue de la Savaterie à Paris, parlant de Meaux

et aiant dit tout haut que Meaux estoit miaulé, un des Seize nommé Gaillardet, coustelier, l'aiant entendu et l'apellant meschant et politique, tira sa dague, et lui en donna un grand coup sur la teste. Et voiant que le peuple s'esmouvoit et commençoit à crier aprés lui, il s'escoula, et en se sauvant dit tout haut : « Je veux bien
« qu'on sache que je suis bien advoué non seulement
« de battre et bien frotter tous ces coquins de poli-
« tiques et fauteurs de Bearnois; mais aussi de les tuer,
« et mettre à mort le premier qui parlera tant soit peu
« en sa faveur. »

Le lendemain, Guarinus et Commolet prescherent qu'il n'avoit failli qu'en ce qu'il n'avoit tué le savetier; et qu'il le devoit faire. Et de fait le pauvre savetier en eust si peu de justice, qu'aiant fait demander à Gaillardet, pour toute raison, qu'il eust seulement à payer le barbier, attendu qu'il n'avoit nul moyen de lui satisfaire, non seulement s'en moqua, mais encores en regniant Dieu le menassa, et dit qu'il estoit bien marri qu'il ne l'avoit tué.

Le jour mesmes, et à l'instant de ceste querelle, s'en esmeut une autre à Paris sur le quay des Augustins, entre Larue et Baudouin le musnier, contre un gantier du Palais, des Seize, nommé Godon : lequel les aians advisés ensemble appuyés sur ledit quay, et passant le temps à deviser, auroit dit tout haut, exprés pour chercher querelle, que l'eau estoit assez grosse pour noier tous les politiques. Sur quoi les dits Larue et Baudouin, aussi estourdis l'un que l'autre, prirent ledit Godon par les jambes pour le cuider jetter dans la riviere, disans qu'il estoit raisonnable que les Seize beussent les premiers. Enfin s'estant eschappé et detraqué de leurs mains à l'aide de quelques survenans, comme il s'en retournoit fust guetté par Larue, qui arracha audit Godon la moitié de la barbe, et le frotta trés bien. A raison de quoy on decerna prise de corps contre Baudouin et Larue, suivant les informations qui en furent faites : lesquelles aians esté portées au duc de Maienne, dit qu'il vouloit qu'on cassast les informations, et qu'on les pendist tous trois, pour ce qu'ils valoient autant l'un que l'autre; et qu'il n'avoit autre chose que la teste rompue tous les jours des querelles de tels coquins. Ce neantmoins, Godon ne laissa d'aller et se monstrer avec sa barbe à moitié faite; et Baudouin et Larue s'enfuirent, et gaingnerent le hault.

Le mardi 28 de ce mois, les colonnels d'Aubrai (1), Marchant et Passart eurent leur congé, et leur fust fait commandement de vider et sortir la ville de Paris; auquel ils obeirent, et sortirent ce mesme jour, au moins Marchant et Passart. Le duc de Maienne envoia un courtault (2) au colonel Marchant, qui lui donna; et M. de Belin en donna aussi un à Passart, lequel aiant rencontré aux fauxbourgs, comme il s'en alloit, Lemoine l'eschevin, l'apela badault. Quand à d'Aubrai, il fust trouver le duc de Maienne pour lui parler; mais ne pouvant, parla à madame de Nemoux, à laquelle il fist ses plaintes et remonstrances, qui par belles paroles essaia de le contenter et appaiser, et toutefois lui conseilla de sortir et s'en aller. A quoi s'estant resolu, et aiant fait charger tous ses meubles pour partir le

---

(1) *D'Aubrai* : Claude d'Aubray, secrétaire du Roy; il étoit colonel de son quartier. Les Seize le considéroient comme le chef des *politiques* de Paris. — (2) *Un courtault* : c'est-à-dire un cheval de course de moyenne taille.

lendemain; comme il souppoit sur la présidente Seguier, lui furent envoiés deux gentilshommes de la part de messieurs de Maienne et Belin, pour le prier de demeurer.

Le lendemain aprés disner, le duc de Maienne, à la suscitation et instante prière du legat, qui dit audit duc que si d'Aubrai ne sortoit il sortiroit, il lui escrivit une fort honneste lettre, par laquelle il lui donnoit son congé; et toutefois s'en excusoit, comme le lui donnant par force, avec regret, contre son cœur et sa volonté; le priant de croire qu'il estoit et seroit tousjours son ami, et que ce qu'il en faisoit ne procedoit d'aucune mauvaise affection qu'il eust en son endroit : faisant en cela ledit duc comme ceux qui, donnans sur la joue à un homme, disent que ce n'est en intention de l'offenser.

Ledit d'Aubrai dit audit duc de Maienne que quelque part qu'il fust, qu'il crieroit tousjours *vive France!* et ne seroit jamais Hespagnol. De quoi le legat fust fort offensé, et encores plus de ce que lui aiant esté presenté de l'argent de la part de l'Hespagnol, il l'avoit envoyé à l'hostel-Dieu. De quoi Rose s'estoit si fort formalizé, qu'il avoit crié et presché contre en plaine chaize, comme si les ausmonnes eussent esté defendues.

Ce jour, s'esleva un bruit à Paris qu'on alloit chasser le president Le Maistre, Damours, Du Vair, le capitaine Villebichot, et un grand nombre d'autres des plus apparans de la ville, qu'on tenoit pour politiques; et qu'aprés cela on alloit restablir les Seize. Que le colonnel d'Aubrai ne s'en iroit point, et qu'il y auroit du sang respandu à bon escient, devant qu'on l'y peust forcer; comme aussi la verité est qu'il estoit fort solli-

cité de tenir bon : à quoi ne lui eust manqué possible
ni les moiens ni la force. Et de fait il bransla ; mais
enfin il choisit la plus douce voie, et la meilleure et
plus seure pour soi, et pour le repos et conservation
de la ville.

Ce jour mesme, qui estoit le mecredi 29 de decembre, M. de Belin alla voir en son logis M. le president
Le Maistre, où il fust deux grosses heures. Incontinent
le bruit fust espandu par la ville que c'estoit un billet
qu'il lui avoit porté ; et toutefois c'estoit tout le contraire : car c'estoit pour le prier de ne s'en point en
aller, pour ce que ce bon homme s'estoit resolu de
prendre son congé avant qu'on le lui donnast. Il parla
fort vertueusement au sieur de Belin, qui dés lors eust
eu bien envie de faire quelque chose de bon, et l'eust
peu, s'il eust eu autant de cœur et de resolution en l'ame
comme il avoit de timidité. Ce qui fust cause de rompre les desseins du colonnel d'Aubrai, auquel s'il eust
voulu prester main forte, et aux bons François de son
parti, comme il pouvoit et lui estoit aisé, il eust dés
long-temps affranchi Paris, et remis les gens de bien
en leurs maisons et en liberté.

Le jeudi 30 decembre, le colonnel d'Aubrai s'en
alla. Il avoit une charette chargée de ses armes, où
son enseigne estoit ; et y eust presse à lui dire à Dieu :
car c'estoient processions à son logis. Le prevost des
marchans mesmes lui fust dire à Dieu. De quoi les
Seize enrageoient, et disoient tout haut que leur prevost ne valoit rien : qu'il avoit presté de l'argent à
d'Aubrai, et paié des arrerages de ses rentes de la
ville. Quelques femmes amassées, pleurantes à la porte
du logis dudit d'Aubrai, lors qu'elles le virent sortir

dirent tout haut que c'estoit son meschant curé qui estoit cause de le faire en aller, et qu'il le faloit trainer à la riviere.

Au contraire les Seize marchoient haut les testes levées, et les politiques un peu basses, encores qu'ils ne se peussent taire ni se rendre. De fait, ce matin Senault et le commissaire Basin attaquerent Baudri passant devant la boutique de maistre Jean de Saint-Germain, sur ce qu'ils murmuroient que ledit Baudri ne les avoit salués; et lui dit Senault : « Vous estes mal « habile homme de ne resaluer point ceux qui vous « saluent. — Pourquoi? respondit Baudri. Si vous « parlez pour vous, je veux bien que vous sachiez que « je ne fais non plus de conte de vous que de ma « chambriere. »

Ce matin, les ducs de Maienne et de Guise sortirent la ville pour mettre des gens dans le bois de Vincennes. Et pour ce que le duc de Maienne tarda à revenir, s'esleva un bruit entre le peuple qu'il y avoit de l'intelligence, et que le duc de Maienne estoït allé trouver le Roy.

Ce jour, les presidens de Nulli et de Hacqueville allerent de bon matin au Palais avec leurs robbes rouges, pour tenir l'audience; et ce tout exprés, aians eu le mot de M. de Maienne pour rompre l'assemblée de la cour, qui se devoit faire.

M. le president Le Maistre y estant arrivé peu aprés, et les aiant advisés en cest equipage, se doutant pourquoi cela se faisoit, dit tout haut : « Nous avons bien « d'autres affaires que celles-ci! J'ay grande peur enfin « que nostre fetardize et connivence nous perdent, avec « le Roy et le roiaume. »

Ce bon homme avoit ordinairement en la bouche un traict de Marius qu'on lit en Plutarque, qu'il alleguoit pour response à ceux qui lui remonstroient le danger où il se mettoit de parler ainsi librement; à sçavoir, que *de mal faire c'estoit aux meschans. De bien faire sans danger, il estoit bon; mais cela estoit vulgaire. Mais de bien faire avec danger estoit le vrai acte de l'homme vertueux.*

Ce jour, un bon nombre de capitaines et bourgeois de Paris s'estans assemblés de bon matin, allerent au logis du duc de Maienne, le supplier pour le colonnel d'Aubrai. Mais ledit duc estant adverti de la cause de leur venue, et ne les voulant ouir, fist descendre comme à l'improviste M. de Belin, qui les regardant d'un œil assez farouche, leur dit : « Que demandés-vous ? » De laquelle parole ainsi rude, comme estonnés, demeurerent courts. Enfin aians un peu repris leurs esprits, dirent qu'ils venoient supplier Monseingneur pour le colonnel d'Aubrai; et comme ils vouloient poursuivre, furent interrompus par ledit de Belin, qui leur respondit en ces termes : « Retirés-vous, si vous me voulés
« croire, et vous ferés bien : car autrement je prevoy qu'il
« y aura ici du bruit; et si vous ne vous deportez de telles
« requestes, il y a danger que M. du Maine vous traicte
« pis que lui. » A quoi les autres, sans replique aucune, se retirerent. Dont M. du Maine se prist à rire, estant bien aise que son invention de leur faire peur avoit succedé.

Ce jour, fust crié par Paris que tous ceux du parti contraire eussent à vider la ville dans trois heures, hors mis les marchans. Quand on le cria, je passois devant le Palais : et m'estant arresté pour ouir comme les autres, j'entendis tout ce peuple au sortir de là qui murmuroit, et crioit que s'il eust pensé ce que c'estoit, il ne fust couru si viste pour ouir rien qui vaille; et qu'il eust bien mieux valu ouir crier la treufve ou une bonne paix : tant le peuple estoit las de la guerre!

Ce jour, M. Charles, secretaire du Roi, fist voir à Saint-Denis à Sa Majesté un extrait que j'avois fait des principaux points du livre du Manant, que je lui avois fait tenir par sa femme. A la lecture du quel le Roy prist grand plaisir, et dit, quoi qu'il coustast, qu'il vouloit qu'on lui en recouvrist un.

On dit aussi ce jour au Roy que le duc de Maienne s'alloit declarer tout à fait Hespagnol. A quoi il respondit qu'il n'en croiroit jamais rien, s'il ne le voioit.

Ce jour mesme, Ferrand, conseiller en chastelet, intimidé des bruits de Paris, et entre autres de celui du restablissement des Seize, sortit la ville et se retira à Saint-Denis, où il fust receu en son estat, avec une remonstrance et reprimande assez verte.

M. Chouart, advocat en la cour, sortist aussi ce jour, pour une peur qu'on lui fist : comme firent quelques autres tant du Palais que d'autres vacations, tous intimidés des mauvais bruits qui couroient, mesmes des garnisons dont on devoit remplir les maisons des bourgeois.

L'abbé Sainte-Genevieve n'aiant plus que frire, prist le parti du Roy ouvertement, et se retira à Melun, sous le bon plaisir de Sa Majesté, qui lui asseura qu'il n'auroit faute de rien. Il y alla comme le bon Jacob en Egipte, sur un asne, avec un baston.

Ce jour, le legat se plaingnant au duc de Maienne de la reddition de la ville de Meaux, ledit duc lui respondit qu'il en estoit cause. Comme à la verité le duc de Maienne ayant eu advis le lundi d'un remuement qui s'y faisoit, y voulust aller; mais le legat le retinst à Paris, pour la belle peur qu'il avoit : ce que ledit duc lui sceut fort bien ramentevoir.

Ce jour, le sergent Du Pont, avec un de ses compagnons des Seize, attaquerent un nommé Martin, demeurant à Paris en la rue de Bout de Brie; et l'apelans regaliste, le voulurent tuer. Ce que n'aians peu executer, le recommanderent aux garnisons des fauxbourgs, qui lui abbatirent et ruinerent ses maisons.

Commolet, ce jour preschant, dit en son sermon : « Vous dites que le roy de Navarre est un magnanime « prince, guerrier, victorieux, bening et clement : je le « veux bien, dist-il, et encores plus que vous ne m'en sau- « riez dire. Mais de la religion, vous n'en parlez point. « Donnés-nous asseurance seulement qu'il maintiendra « nostre religion, et qu'il ne fera point de mal aux « pauvres catholiques; et puis vous en venés à moi : je « vous monstrerai que je ne suis point Hespagnol. »

Boucher prescha qu'on se devoit bien mettre en prieres, et que le duc de Maienne avoit une grande entreprise, laquelle si elle reussissoit, on estoit bien; et qu'on devoit bien prier Dieu pour ce bon prince, duquel les actions estoient manifestement guidées par le Saint-Esprit. Il n'i avoit que huict jours qu'il avoit presché que le diable le possedoit : aujourd'hui le Saint-Esprit estoit descendu sur lui.

Ce jour mesme, un homme de qualité receust lettres de M. de La Chastre que j'ai veues, par lesquelles il lui mandoit qu'il avoit entendu les bruits qu'on faisoit courir à Paris, qu'Orleans et lui estoient à la devotion du roy de Navarre : ce que Guarinus avoit presché le lendemain de Noël; et que pour oster ce bruit il lui avoit voulu escrire, pour dire aux predicateurs de Paris qu'ils raiassent cestui là de leurs predications ; et aux autres, qu'ils sont fort mal advertis de son intention, pour ce que, comme il a esté le premier qui s'est enrollé à la Ligue, qu'il sera aussi le dernier qui en sortira. Et que de cela on s'en pouvoit asseurer.

Le vendredi dernier de l'an 1593, messieurs les presidens Hacqueville et Nulli, avec Fleuri et Du Four, conseillers, furent mandés à la cour pour venir parler au duc de Maienne; et estoit chose qu'ils sçavoient, comme aiant envoié ledit duc de Maienne chez eux le jour de devant, exprés pour rompre l'assemblée qui se devoit faire à la cour. Ils y voulurent mener le president Le Maistre, lui disans qu'ils avoient charge dudit duc de le prier d'y venir. Mais il leur respondit qu'il n'iroit point, et que M. de Maienne sçavoit bien son logis; et que s'il eust eu affaire de lui, qu'il eust aussitost envoié à sa maison, comme il avoit fait au leur.

Ledit duc de Maienne dit au president de Hacqueville et ceux de sa compagnie qu'il avoit fait à regret, et comme forcé et par contrainte, ce qu'il avoit fait, principalement pour le regard de M. d'Aubrai, qu'il sçavoit estre un bon bourgeois. Quant à Passart et à l'autre, qu'ils s'en estoient allés trouver le roy de Navarre, et qu'ils estoient notoirement du parti contraire. Au surplus, qu'il sçavoit qu'on avoit donné à entendre à la cour qu'il en vouloit chasser quelques uns de ceste compagnie; qu'il les avoit envoyés querir exprés pour leur dire qu'il n'en estoit rien, et qu'il n'i avoit jamais pensé. Au contraire, que son intention n'avoit jamais esté autre ni ne seroit que de les maintenir de toute sa puissance, les aimer et honnorer : comme aussi il attendoit le reciproque d'eux et de tous les gens de bien de ceste ville, pour la conservation desquels il vouloit exposer et ses biens et sa vie.

Ce jour, le Roy, fasché de ce que Passart et Marchant avoient esté chassés de Paris, dit que c'estoient de vrais manans qui avoient fait les sots et avoient babillé : qui estoit tout ce qu'ils savent faire. Dont il estoit bien marri : car il avoit plus affaire de ses bons serviteurs à Paris qu'il n'avoit jamais eu.

Ce jour, les jacobins estoient sur le procureur general Molé, pour un jacobin qui avoit tué un de ses compagnons. Sur quoi on disoit qu'aians tué leur Roy, Dieu permectoit qu'ils se tuoient l'un l'autre.

Ce mois de decembre ne fust nullement froid ; sa constitution, plus automnale qu'hyvernale ; grands vents et impetueux, que les bonnes gens appellent trahison.

En ce mois de decembre de l'an present 1593, les fauxbourgs de Paris furent remplis de soldats qui y firent mille vilanies et insolences, forçans jusques aux vieilles femmes et filles au dessous de l'aage de dix ans. De quoi sont faites forces informations, mais point de punition.

En ce mesme mois et an, à sçavoir le 20 decembre, advinst qu'un Neapolitain, amoureux desesperement d'une cordonniere demeurante au bout du pont Saint-Michel à Paris, qu'on nommoit la belle Cordonniere, lui envoia demander trois gouttes de son laict, pour ce qu'elle estoit nourisse, pour un mal d'œil qu'il disoit avoir ; lui envoiant quant et quant dix escus, qu'elle prist trés bien par la permission de son mari, lequel aiant une chevre s'avisa d'en faire tirer du laict, dont il en envoia trois gouttes au Neapolitain, lui faisant entendre que c'estoit du laict de sa femme. Lui, tout joyeux, pensant accomplir son mistere (qui estoit de rendre la cordonniere si amoureuse de lui qu'elle courroit aprés et le viendroit chercher, quelque part qu'il fust), rendist, avec ses chermes qu'il fist sur les trois gouttes de laict qu'on lui avoit envoié, cette chevre si amoureuse, que commençant à sauter et tempester, s'eschapa enfin du logis de son maistre; et trouvant cet Hespagnol au corps de garde des Neapolitains, lui sauta incontinent au col, le baisa, et lui fist mille caresses. La fin de ceste farce fust la mort de la pauvre chevre, la fuite du Neapolitain, qu'on vouloit faire brusler; et dix escus qui demeurerent pour gage au pauvre cordonnier, qui en avoit bien affaire.

En ce mois, le Roy s'estant esgaré à courre un cerf, arriva seul à deux heures de nuict à Pontcarré, maison appartenante à un de ses maistres des requetes et de son conseil; où s'estant fait connoistre, fust receu par sa damoiselle, à laquelle il demanda du beurre seulement; et s'en estant fait apporter, en mangea sans vouloir autre chose. Puis estant las se coucha au long du feu, sans vouloir aucunement se servir pour dormir des lits qu'on lui avoit apresté. Le lendemain matin envoia querir un prebstre à trois lieus de là pour lui venir dire la messe, disant qu'il ne vouloit desjeuner qu'il ne l'eust ouie. Ce qu'estant divulgué, confirma beaucoup la bonne opinion qu'on avoit de sa nouvelle catholicité; et possible aussi que cela s'estoit fait à ceste fin.

## DÉCEMBRE 1593.

Le mardi 28 de ce mesme mois, jour des Innocens, tout plain de gens passans aprés le Roi, qui venoit d'en sortir, au bacq de l'isle Saint-Denis, furent noiés au moien dudit bacq, qui fust enfoncé.

En ce mois se proumenoit par Paris un hermite qui portoit une croix au bout d'un baston, de grandes patenostres à la ceinture, et une clochette en la main; laquelle sonnant il crioit : « Amandés-vous! » Puis s'arrestant au coing des rues, faisoit au peuple comme une forme de petite exhortation, leur disant qu'ils criassent tous : *Jesuschrist nostre pere!*

Cest hermitte avoit servi longtemps de m........ en la maison de Monsieur, frere du feu Roi; d'où aiant esté chassé, avoit pris l'habit d'hermitte, sous lequel on tenoit qu'il servoit d'espion à la Ligue, et de porter des lettres de çà et de là.

Les festes de Noël de l'an present 1593, Guarinus, à Saint-Jacques de la Boucherie, fist des predications les plus cruelles et sanglantes qu'il estoit possible, incitant le peuple à tuer, pendre et noier tous les politiques, c'est-à-dire les plus gens de bien de la ville. En vouloit surtout à ceux de la justice, qu'il disoit ne tenir comte de faire le procés à ce meschant, à ce traistre, à ce miserable, à ce voleur, qui avoit rendu Meaux; mais qu'ils se peuvent tenir tout asseurés de se filer une corde qu'on leur bailleroit un de ces jours, pour loier et recompense de leur bonne justice.

Le jeudi 30 decembre de l'an present 1593, le duc de Maienne ayant envoié vers Victri pour lui reprocher sa trahison et infidelité mesme, en ce qu'aiant promis sa foi et fait serment audit duc de Maienne de lui remettre entre ses mains ce qu'il tenoit, et principale-

ment la ville de Meaux, au cas qu'il prist le parti du roi de Navarre, ce neantmoins au prejudice de sa foi et de son serment, il l'auroit rendue laschement audit Roy : ledit Victri se sentant pressé par l'autre, qui lui insistoit fort là dessus, lui va dire enfin en ces termes :
« Vous me pressez trop, et me ferés parler à la fin en
« soldat. Je vous demande : Si un larron ayant volé une
« bourse me l'avoit baillée en garde; puis en recon-
« gnoissant le vrai proprietaire, je lui rendois ladite
« bourse comme à lui appartenant, et refusois de la
« rendre à l'autre comme n'i aiant rien : aurois-je fait,
« à vostre avis, acte meschant et de trahison? Ainsi en
« est-il de la ville de Meaux, que j'avois en garde : je
« l'ai rendue au vrai proprietaire, auquel j'avois le
« premier serment. »

Ce matin, au Roy estant encores dans son lit à Saint-Denis, lui fust menée une bourgeoise toute masquée, partie exprés de Paris le jour de devant pour lui parler, et donner advis de plusieurs affaires et menées d'importance qui se prattiquoient dans la ville pour son service. Elle parla au Roy prés de trois quarts d'heure, sous la courtine de son lit; à laquelle Sa Majesté tinst ces propos entre autres, que j'ai appris de sa bouche, et d'un autre qui n'en estoit pas loin :

« Vous dirés à mes bons serviteurs de Paris qu'ils ne
« se lassent point de bien faire; que pour moienner tous-
« jours et faciliter leurs entreprises (desquelles toutefois
« je n'espere pas beaucoup), je me tiendrai auprés de
« Paris avec mes forces, et n'en bougerai. Mais qu'ils
« ne s'arrestent au duc de Maienne : car il les trom-
« pera, et moi et tout s'il peult. Je n'attends rien de
« bon de lui; et pour le regard de l'intelligence dont

« ils parlent, je proteste qu'il n'i en a non plus entre
« le duc de Maienne et moi, qu'il y en a entre Dieu et
« le diable; et les en asseurés hardiment, afin qu'ils ne
« s'y trompent pas. Quant à son nepveu de Guise, il
« me sert plus qu'il ne me nuit, et son evasion (comme
« Dieu conduit toutes choses) a plus esté à mon avan-
« tage qu'autrement : car elle a mis une jalousie entre
« l'oncle et le neveu, qu'il faut soingneusement entre-
« tenir, pour ce qu'il n'y a rien qui cause tant la ruine
« de leurs affaires, ni qui plus avance les miennes; et
« tant qu'elle continuera, l'un pour l'amour de l'autre
« ne fera jamais rien qui vaille.

« Ce neantmoins je desire d'avoir la paix, voire et
« la veux acheter à quelque prix que ce soit; et en suis
« resolu là, et tout ainsi que j'ai plus accordé à ceux
« de Meaux qu'ils ne m'ont demandé. Ainsi en ferai-je
« autant à toutes les villes qui se voudront rendre et
« me recongnoistre, mesmes pour le regard de la ville
« d'Orleans : je leur promettrai que de dix ans ils ne
« paieront aucunes tailles; j'annoblirai le corps de leur
« ville, et les maintiendrai en leurs anciens privileges
« et religion, voire et leur donnerai tel gouverneur
« qu'eux mesmes choisiront. Aprés cela, que Paris songe
« à soi, s'il veult : je ne lui ferai pis qu'aux autres,
« comme on peult penser; et mon plus grand soin est
« et sera tousjours de rendre pour jamais contens et
« heureux mes bons serviteurs qui y auront travaillé.
« Je sçai qu'il y a beaucoup de gens de bien là dedans,
« lesquels je desire qu'ils prient Dieu pour moi. Je puis
« dire, comme saint Pol, que l'affection que je leur
« ai portée, et à tout mon peuple, m'a fait estre ana-
« theme pour eux; et prie Dieu qu'il ne me soit imputé.

« Quant à Victri, je puis jurer en mon ame qu'il n'i
« a eu que les grands avantages que je lui ai faits qui
« l'ont mis de mon parti, et rien autre chose. »

Sur quoi ceste femme lui aiant dit que c'estoit pourquoi tous ses bons subjets et serviteurs supplioient trés humblement Sa Majesté de ne s'y vouloir fier que bien à point, le Roy lui respondit qu'il s'y estoit fié et s'y fieroit; qu'il ne pouvoit faire autrement : que Dieu congnoissoit son cœur, et sçavoit qu'il n'avoit point envie de mal faire. Congnoissant cela, qu'il esperoit qu'il le garderoit, et le sauveroit de la main de ses ennemis. « Je ne demande, dist-il, qu'à ravoir mon
« royaume, qui m'appartient, lequel est en la main de
« Dieu. Ceux qui m'i aideront, je les recongnoistrai
« pour mes serviteurs; s'il y en a d'autres qui me tra-
« hissent, Dieu est leur juge. Mais j'aime mieux mourir
« que vivre en defiance, laquelle aussi, tout bien con-
« sideré, nuict plus aux rois qu'elle ne leur sert. » —
Le jeudi 30 decembre, à Saint-Denis, en la chambre du Roy, 1593.

Le dernier de cest an 1593, un bon bourgeois politique de Paris aiant fait conter ses poules, et trouvé qu'il en avoit seize, fist tuer la seiziesme, disant qu'il ne vouloit point de seize en son logis.

Ung autre demandant de la chandelle, dist qu'on lui baillast de laquelle on vouldroit; més qu'elle ne fust point des seize.

Sur la fin de cest an 1593, Du Haillan [1] estant venu saluer le Roy à Saint-Denis, Sa Majesté, avec un visage

---

[1] *Du Haillan :* Bernard de Girard, seigneur de Haillan, auteur de plusieurs ouvrages, entre autres d'une histoire de France depuis Pharamond jusqu'à la mort de Charles VIII.

riant, lui demanda s'il poursuivoit pas tousjours à escrire son histoire de France? Auquel aiant respondu qu'oui, le Roy alors lui dit tout haut : « J'en suis bien « aise; mais n'oublie pas d'y mettre bien au long les lar- « cins de mes tresoriers, et les brigandages de nos gou- « verneurs. »

En ce mesme temps, le Roy se voulant donner carriere, demandoit aux gentilshommes qui estoient prés de lui, en sa chambre, quelle espece de marchandise c'estoit qu'ils trouvoient la plus encherie par les guerres en son royaume? A quoi les uns et les autres respondoient par discours tantost de l'une, tantost de l'autre, chacun selon qu'il jugeoit mieux à propos. Enfin le Roy les voiant bien empeschés, et se riant de tout ce qu'ils lui respondoient, leur va dire : « Vous n'y venés « point trestous. La marchandise la plus chere qui soit « pour le jourd'hui en mon royaume, ce sont les espe- « rons : La Grange m'en a vendu deux à Melun cin- « quante mil francs. »

Sur la fin de cest an 1593, le Banquet d'Arete, de la feinte conversion du Roy, fait par M. d'Orleans, imprimé à Paris, in-8°, par Guillaume Bichon, avec privilege (livre rempli de sornettes et medisances, et qui pour un libelle diffamatoire n'approche en rien du Catholique anglois, fait par ledit d'Orleans); son Plaidoyé contre l'arrest de Chaalons, et particulierement contre l'avocat du Roy Seguier, imprimé aussi à Paris, in-8°, par Jan Musar, avec privilege; furent mis en lumiere pour appuier et estaier la Ligue, qui menassoit ruine. Comme aussi furent imprimés à mesme dessein les sermons de Boucher, faits en l'eglise Saint-Marri à Paris depuis le premier aoust jusques au 9, en cest an

1593. Puis la turlupinerie de Choppin (1), imprimée à Tours, pour response à ses graves discours contre les arrests de Tours et Chaalons, par lesquels on disoit que ledit Choppin avoit voulu sembler simbolizer d'humeur avec les marrannes espagnols, desquels il avoit plaidé la cause, qui tant plus ils vieillissent et plus ils sont fols; et une milliasse d'autres bagatelles de part et d'autre publiées en cest an, dans lesquelles, hors les injures, n'i faut rien chercher qui soit digne d'estre recueilli. Le meilleur et plus sublin de la Ligue sont les *Paraboles de Chicot*, imprimées à Paris et à Lyon, 1593.

Fust aussi divulguée, sur la fin de cest an 1593, une lettre escrite par M. Du Plessis au Roy deux mois aprés sa conversion, et sur le subjet d'icelle : qui n'a esté imprimée, et ne peust estre veue à Paris que sur la fin de l'année; laquelle, pour contenir plusieurs particularités remarquables, ai inserée dans un des livres de mes receuils. Il y a trois à quatre feuillets d'escriture.

Sur la fin de cest an 1593, la Ligue voiant les affaires du Roy fort avancées, et acheminées à sa ruine et confusion, desbanda tous ses arcs comme pour un dernier effort, par le moyen de ses jesuistes et predicateurs, contre la majesté du Roy, lequel ils appeloient le luitton (2) de Navarre et le serpent des Pyrenées; et le galopoient tellement, tantost ouvertement, puis couvertement, à droit à gauche, à tort à travers, de nuit de jour, qu'ils se vantoient tout haut que s'il n'avoit la cuirasse forte et le dentier bien serré, sa force en-

(1) *La turlupinerie de Choppin* : elle étoit intitulée *Antichopinus per turlupinum*. — (2) *Le luitton* : Le lutin, le diable.

diablée ne lui serviroit de rien pour gangner la France. Incitoient tout le peuple à s'en desfaire, et recevoir en sa place le grand roy Catholique; preschans ordinairement sur le fait de sa conversion, à laquelle beaucoup s'arrestoient qu'il estoit huguenot et papiste, papiste et huguenot; et que c'estoit un vrai atheiste et sans religion. Que quand le roy d'Hespagne n'auroit object autre que cestui-là, qu'il estoit prou suffisant pour le deposseder. Et appeloient cela entre eux plauder (1) la majesté bearnoise, tenans ordinairement ce langage au sortir de leurs chaises :

« Sçait-on pas bien, dit un jour nostre maistre Gua-
« rinus preschant sur ce subjet, qui estoit son evangile
« ordinaire, qu'encores qu'il voise à la messe, qu'il
« chante toutefois ordinairement, quiconque se fie en
« Dieu jamais ne perira. »

*Supplément tiré de l'édition de 1736.*

En le commencement de ce mois, le Roy quitta la Normandie et se rendit à Mantes, où les deputez religionnaires s'estoient rendus, cuidant obtenir un nouvel edit en leur faveur. Dans l'audience que le Roy leur a donnée, ils lui ont présenté les cayers de leurs plaintes, que Sa Majesté a remis à son conseil pour être examinez. Pendant qu'on les examina, voici que plusieurs ministres du nombre des deputez, pour diminuer la confiance que le Roy a pour le sieur Du Perron, firent courir un bruit, parmi les seigneurs de la cour, que ledit sieur Du Perron n'oseroit entrer en dispute contre aucun d'eux. Ce qui étant venu à ses oreilles par le sieur de Favas dans la chambre de Madame,

(1) *Plauder :* corriger.

sœur du Roy, lui dit fort modestement qu'il étoit prêt d'entrer avec lesdits ministres en conference, pourvû que Sa Majesté le voulût permettre. Sur quoi ledit Favas, pressé par Madame, la sœur du Roy, et sollicité par le sieur Du Plessis-Mornay, en a parlé à Sa Majesté, qui a accordé la conference sous les conditions suivantes :

1° Que la conference se feroit modestement, et sans invective de part et d'autre; 2° qu'elle se feroit par des argumens en forme syllogistique; 3° qu'on ne proposeroit rien ni se resoudroit que par la parole de Dieu; 4° qu'il y auroit des scribes nommez de chaque part, pour recueillir tout ce qui seroit dit, et le representer à Sa Majesté; 5° qu'on feroit choix de quatre ou cinq ministres pour conferer; 6° que la conference seroit faite dans le logis du sieur Rosni, gouverneur de Mantes; 7° que ledit gouverneur representeroit Sa Majesté, et qu'il n'y auroit que ceux qui auroient été choisis qui entreroient dans ladite conference.

Le mardy 7 de decembre, le sieur Du Perron et le ministre Rotan, fort estimé parmi ses confreres, ont commencé la conference; et après plusieurs protestations de ne chercher de part et d'autre que la verité, ils ont commencé d'examiner si l'Ecriture étoit suffisante à salut. Le ministre Rotan a soutenu que la parole de Dieu étoit suffisante à salut, et a allegué le passage de saint Paul à Timothée, chap. 1 : *Que toute l'Ecriture sainte est divinement inspirée, est suffisante pour rendre l'homme sage, afin qu'il soit parfait en toutes bonnes œuvres.*

Le sieur Du Perron a repondu que saint Paul dans cet endroit parle du vieil Testament, et non point du nouveau, puisqu'il n'étoit point encore entierement reconnu; tel qu'étoit l'evangile de saint Jean, les Actes, l'Apocalipse et autres. Or, si saint Paul ne parle que du vieil Testament, celui-là seul est suffisant à salut : ce qui est absurde, vû que le vieil Testament sans le nouveau n'est qu'une écriture morte.

En expliquant *l'homme sage et l'homme parfait* dont il est parlé dans ce passage, la dispute tomba sur les versions de Geneve, dans lesquelles Du Perron fit voir des fautes considerables; et alors le ministre Rotan, qui s'étoit vanté de vaincre tous les catholiques en dispute, confus des raisons de Du Perron, se mit sur les louanges dudit Du Perron. Et ainsi finit la dispute de ce jour.

Le lendemain, Berault, ministre de Montauban, prit la place de Rotan; mais il est sorti de la dispute après plusieurs jours, de la même maniere que son confrere, avouant qu'alors il n'étoit pas venu pour disputer.

Le dimanche 12 decembre, le conseil du Roy n'ayant pas pû examiner toutes les demandes contenues dans les cahiers des religionnaires pour d'autres affaires de consequence qui sont survenues, Sa Majesté en a remis l'examen à un autre tems, et les deputez de la religion pretendue reformée sont retournez dans leurs provinces.

Le jeudy 23 de decembre, Villeroy, après avoir suivi le parti de l'Union et rendu au duc de Mayenne de très-grands services, voyant que ledit duc ne vouloit pas faire la paix, ni reconnoître le roy de Navarre pour roy de France après sa conversion, comme il l'avoit plusieurs fois promis, a pris congé dudit duc, et s'est retiré à Pontoise, dans le dessein, lui, son fils et ses amis, de reconnoître le Roy, et d'abandonner le parti de l'Union.

Le lundy 27 de decembre, on a eu avis que le sieur de L'Hospital Vitry, gouverneur de Meaux, après avoir assuré plusieurs fois le duc de Mayenne, soit en paroles et par écrit, que le Roy s'étant converti, il ne pouvoit désormais porter les armes contre Sa Majesté, il avoit la veille de Noël assemblé les principaux de la ville de Meaux, ausquels il avoit dit que son intention étoit de reconnoître le Roy; et qu'avant de les quitter il avoit bien voulu les en avertir, et leur laisser la liberté de prendre le parti qu'ils jugeroient le meilleur; que pour lui il étoit sorti du service du Roy, à cause qu'il étoit huguenot; qu'il y alloit rentrer, puisqu'il étoit catholique.

Après ce petit discours, il a rendu les clefs de la ville, il a pris l'écharpe blanche, s'est mis à la teste de sa compagnie de cavalerie, et est sorti de la ville. Les magistrats et principaux bourgeois se sont incontinent après assemblez dans l'hôtel de ville. Après avoir deliberé sur cet évenement pendant près d'une heure, ils ont resolu tous unanimement d'imiter leur gouverneur, et de se donner au Roy : ce qu'ils ont confirmé en criant tous *vive le Roy!* Ensuite un grand nombre, conduits par les principaux, ont couru arrester la femme du gouverneur (1), qui étoit deja montée en carrosse avec ses enfans, et l'ont sollicitée, les larmes aux yeux, de faire revenir son mari. Elle a detaché aussi-tôt pour courir après le gouverneur, qui étoit

---

(1) *La femme du gouverneur :* Françoise Brichanteau, fille de Nicolas, seigneur de Beauvais-Nangis, et de Jeanne d'Aguerre.

deja à deux lieues; lequel est revenu, et entrant dans la ville leur a donné l'écharpe blanche.

Le lendemain jour de la Noël, les magistrats et les bourgeois écrivirent aux bourgeois de Paris, sur ce qu'ils avoient quitté le parti de l'Union, qu'ils avoient embrassé et soutenu pour conserver la religion; mais qu'aujourd'hui que le Roy étoit converti, ce ne seroit plus combattre pour icelle religion, mais plutôt favoriser des conjurations contre leur Roy naturel, et contre l'honneur et la gloire françoise, que les Espagnols veulent fletrir et diviser, pour rendre les François leurs esclaves.

Le mercredy 29 de decembre, a paru en cette ville une declaration du Roy faite à Mantes le 27 dernier, dans laquelle Sa Majesté rend compte au public de la sinceritéde sa conversion, des devoirs qu'il a rendus au Saint Siege en qualité de premier fils de l'Eglise; des raisons qu'il a de ne pas prolonger la treve, dont ses ennemis se serviroient pour introduire dans le royaume des etrangers qui perpetueroient la guerre et les malheurs de ses peuples, vû que ses ennemis pendant le tems de la treve s'en étoient servis pour attenter à sa personne, et qu'ils avoient fait un serment public et solemnel, dans les pretendus Etats de Paris, de n'entrer jamais en aucun traité ni accord avec lui : ce qui l'oblige malgré lui de reprendre les armes; promettant néanmoins à tous ceux, soit particuliers, villes ou communautez qui sont unies et liguées avec ses ennemis, toute oubliance du passé, restitution en leurs charges et benefices, pourvû que dans un mois ils rentrent en leur devoir, et quittent lesdites unions et associations. Et à faute de ce faire, il mande à ses cours.

de parlement et à tous ses officiers de proceder contre ceux qui se rendront opiniâtres, et indignes de cette presente grace, comme contre des criminels de leze-majesté au premier chef.

On a eu avis que le lundy 15 du mois dernier, le duc de Nevers étoit arrivé à la Moucha, qui est à cinq journées de Rome, où le pere Poussevin l'a été trouver, et lui a montré une lettre du cardinal Saint-George, par laquelle il le chargeoit d'avertir ledit duc que l'intention du Pape étoit qu'il vînt à Rome avec le moindre apparat de compagnie qu'il pourroit, pour ne donner aucun ombrage que ce fût, comme personne publique ou chargée d'affaires publiques, afin qu'aucun ne pût faire par sa venue jugement different de la droite et sainte intention de Sa Sainteté; et que ledit duc eût agréable, venant à Rome, d'y venir, resolu de ne s'y arrêter plus de dix jours.

Que ledit duc, nonobstant cet avis, s'étoit avancé vers Rome, et qu'il y étoit arrivé le dimanche 21 du même mois, presque de nuit et en carrosse, accompagné seulement de cinquante gentilshommes, et de son train ordinaire; et étoit entré, non par la porte *del Popolo* (1), où grand nombre de personnes l'attendoient; mais par la porte *Angelica*.

Que le même soir il fut au palais pour baiser les pieds de Sa Sainteté, et la prier de ne vouloir le contraindre à demeurer dans Rome que dix jours, et de lui permettre de visiter messieurs les cardinaux, comme il avoit ordre du Roy. A quoi le Pape avoit répondu qu'il y aviseroit, et le lui feroit sçavoir. Le duc ayant

(1) *Porte del Popolo*: C'est la porte par laquelle les ambassadeurs ont leur entrée dans Rome.

fait tomber le discours sur la conversion du Roy, le Pape lui a dit qu'il ne pouvoit l'absoudre, *etiam in foro conscientiæ*. Le duc ayant repliqué qu'il ne parleroit à Sa Sainteté des affaires de France qu'en presence des ambassadeurs d'Espagne et agens de la Ligue, et de tels cardinaux qu'elle trouveroit bon, le Pape l'a remis à un autre jour.

Que, le 23 du même mois, ledit duc avoit eu audience du Pape; à laquelle il s'y étoit rendu, accompagné de soixante-dix gentilshommes françois, et lui avoit fait un très-beau discours sur l'autorité qu'avoit le Roy dans son royaume, et de la force de son parti, de la cruauté exercée par les ligueurs, de la foiblesse des chefs de la Ligue, du sentiment du parlement de Paris sur les affaires presentes, de l'inutilité des Etats assemblez contre les loix, de la conversion sincere du Roy.

A ces paroles, le Pape dit au duc de Nevers : « Ne « parlez pas que votre Roy soit catholique ; je ne croirai « jamais qu'il soit bien converti, si un ange du ciel « ne me le venoit dire à l'oreille. Quant aux catho- « liques qui ont suivi son parti, je ne les tiens pas pour « desobéissans et deserteurs de la religion et de la cou- « ronne : mais ils ne sont qu'enfans bâtards de la ser- « vante, et ceux de la Ligue sont les vrais enfans legi- « times, les vrais arcs-boutans, et même les vrais pilliers « de la religion catholique. »

Le duc de Nevers, après avoir remontré très-humblement la grande difference des royalistes et des ligueurs en France, quant à la religion catholique, apostolique et romaine; le grand nombre des princes et des seigneurs qui suivent le Roy, les actes heroïques de ces mêmes princes, il pria Sa Sainteté de vouloir prolonger son sejour à Rome. A quoi le Pape lui repondit : *Vederemo*; cependant que le jeudy ensuivant il pourroit lui parler.

Le duc de Nevers étant retourné auprès du Pape le jeudy 25 de novembre, il supplia Sa Sainteté de lui prolonger le terme de dix jours : et lui ayant été repondu comme à la derniere audience, il donna à Sa Sainteté la lettre du Roy, en lui disant : « Le Roy mon « maître m'a envoyé pardevers vous pour vous appren- « dre sa conversion, et me prosterner de sa part à vos « pieds, etc. » A quoy le Pape a repondu : « *Vederemo*, « et vous ferai sçavoir ma resolution.»

Le lundi 28 de novembre, le Pape envoya son maître de chambre au duc de Nevers, pour lui dire que s'il vouloit encore parler à Sa Sainteté, il l'écouteroit bénignement; mais qu'il doit se disposer à partir au plutôt sans visiter les cardinaux; et qu'au regard des trois prelats qui étoient avec lui, Sa Sainteté ne vouloit pas les voir, qu'auparavant ils n'eussent été se presenter au cardinal de Sainte-Severine, chef de l'Inquisition, et grand penitencier.

Le duc de Nevers pria le maistre de chambre du Pape de vouloir lui bailler par écrit ce qu'il venoit de lui dire; et s'il n'avoit pas cet ordre, de vouloir bien le recevoir de Sa Sainteté, et qu'alors il lui donneroit reponse.

Le même jour sur le soir, le cardinal de Tolede fut trouver le duc de Nevers, et lui dit de la part du Pape que les trois prelats qui sont auprès de lui ne pouvoient point se presenter qu'après qu'ils auroient été devers le cardinal chef de l'Inquisition ; et qu'il ne devoit point attendre de reponse par écrit; et que n'ayant que peu de tems à demeurer à Rome, ils devoient s'éviter la peine de visiter les cardinaux.

A quoi le duc de Nevers repliqua : 1° que les prelats qui étoient avec lui ne pouvoient faire un seul pas sans congé; et qu'il perdroit plutôt la tête que de leur permettre de faire une telle demarche, honteuse pour lui et pour son maître; 2° qu'étant envoyé par un grand monarque, la moindre chose que le Pape lui devoit étoit de lui donner par écrit la reponse qu'il lui demandoit; 3° que l'usage est que les ambassadeurs des têtes couronnées visitent les cardinaux, pour les informer du sujet de leur ambassade.

Le cardinal de Tolede voyant le duc de Nevers si ferme dans sa resolution, promit d'en parler à Sa Sainteté.

Le lendemain, le maistre de la chambre du Pape vint dire au duc de Nevers que le Pape persistoit en sa resolution de ne point recevoir lesdits prelats; et qu'il devoit sortir de Rome au tems prefix, n'ayant aucune affaire à traiter avec lui, n'étant venu que comme une personne privée, et non chargée d'affaire quelconque pour Navarre (c'est de ce nom qu'on appeloit le Roy à Rome), comme le pere Poussevin le lui avoit declaré. A quoi le duc de Nevers a repondu que ledit pere Poussevin ne lui avoit pas fait cette exception.

Ce dernier fait étant rapporté au Pape, le pere Poussevin fut contraint de sortir de Rome pour éviter la colere du Pape; et les prelats françois, craignant un sort plus fâcheux, se sauverent dans la chambre du duc de Nevers. Leurs bagages et mulets furent arrêtez; le pere Gobelin, envoyé par les religieux de Saint-Denys pour rendre compte au Pape de ce qui s'étoit passé dans leur eglise à la conversion du Roy, en fut tellement troublé qu'il en tomba malade.

Le duc de Nevers, surpris de toutes ces choses, et voyant qu'il n'avoit qu'un jour pour demeurer à Rome, envoya vers le maître de la chambre pour sçavoir la volonté de Sa Sainteté; mais il n'a eu d'autre reponse, sinon qu'il auroit audience le 5 du mois de decembre. Ces nouvelles rejouissent les ligueurs, et affligent les royalistes. Neanmoins les affaires du Roy vont de mieux en mieux, et celles de la Ligue se décousent tous les jours.

Le vendredy dernier de ce mois, le Roy est parti de Saint-Denys pour aller à Senlis, et puis à Mantes.

[JANVIER 1594.] Le premier jour de l'an 1594, un cordelier qui preschoit à Saint-André, discourant sur le jour de la feste, qui estoit la Circoncision, dit qu'on avoit commencé la circoncision à Paris de trois ou quatre meschans garnemens : mais qu'il y en avoit bien d'autres à circoncire; qu'on lisoit au vieil Testament d'ung qui avec une pierre avoit circoncis vistement le prepuce de son fils : mais qu'il falloit bien d'autres cousteaux que de pierre pour circoncire les politiques; que le duc de Maienne aiguisast hardiment ses cousteaux : car on avoit bon besoin à Paris d'une bonne circoncision.

Le 3 de ce mois, le legat et le cardinal de Pellevé remonstrerent au duc de Maienne que puisqu'on estoit à la guerre, qu'on n'avoit plus que faire de tant de gens de justice : aussi bien que la plus grande part d'eux estoient heretiques, ou fauteurs de l'heretique; des quels il eust esté bon de se desfaire, pour ne renforcer davantage le parti de l'ennemi. Mais puisqu'il estoit si pitoyable qu'il ne vouloit point mettre la main au sang, encores que ce fust le meilleur, que pour le moins il les chassast, et qu'il en purgeast la ville; et qu'en leur place on establist une douzaine de juges, moitié laics, moitié ecclesiastiques du corps de la ville, des plus catholiques et gens de bien qu'ils lui nommeroient, et en respondroient, et lesquels rendroient au peuple bonne et brieufve justice. Auxquelles propositions le duc de Maienne respondit sommairement qu'il ne feroit jamais cestui-là; et qu'il ne le pouvoit faire, pour ce que les ordonnances de France y estoient contraires. Auquel le duc de Feria, qui assistoit audit conseil, repliqua qu'il ne faloit point parler d'ordonnance, où il s'agissoit du peril de l'Estat et de la religion.

Ce jour, on donna advis au Roy de se garder d'un qui estoit à la Roine douairiere, qui parloit souvent à Sa Majesté pour les affaires de ladite dame sa maistresse. Cest advertissement venoit d'un de la religion qui estoit à Paris, qui ne bougeoit de chés le legat et le cardinal Pelvé, et estoit retourné à la messe, où il y avoit trente ans qui n'avoit esté, exprés pour descouvrir leurs menées et entreprises, et entre autres celle-ci, qu'un nommé Baron, secretaire du cardinal Pelvé, Lorain de nation, et de cœur Hespagnol parfait, avoit revélé à cestui-ci, comme le tenant pour tout autre qu'il n'estoit, le premier jour de cest an 1594; lui aiant dit qu'il faloit bien esperer, et qu'on auroit de meilleures estrennes que l'on ne pensoit pour le commencement de l'année.

Ce jour, Guarinus en son sermon dit que tous ceux qui soustenoient tant soit peu le Bearnois, qui parloient en bien de lui, qui affectionnoient la paix, qui disoient *le Roy*, et tous ceux et celles qui estoient allés ou alloient à Saint-Denis voir ceste idole, qu'il les faloit trestous pendre à Montfaucon. Ce qui repeta par trois fois; puis faisant tomber son propos sur la justice, dit que la pluspart d'entre eux alloient, venoient et escrivoient à Saint-Denis; et que ce fils de p..... de Bearnois n'avoit point de meilleurs agens ni de plus asseurés m......... de ses menées qu'eux, et qu'ils meritoient d'estre pendus. Le repeta par deux fois.

Celui de Saint-André, aprés avoir vomi un million d'injures contre le Roy, dit qu'on seroit tout estonné, si on n'i prenoit bien garde; qu'on feroit donner bientost une fausse alarme à Paris pour faire entrer l'ennemi par derriere : tant il y avoit de meschans et de faux freres parmi nous.

Le dimanche 9 de ce mois, Guarinus prescha que toutes les villes de la sainte Union estoient vendues par ces traistres de politiques; cria contre la foy *victrée* (1); puis, incitant le peuple à sedition, dit ces mots : « Mes-
« sieurs de Paris, mes bons freres catholiques, vostre
« ville estoit vendue; mais on ne l'a peu livrer comme
« les autres. Chacun sçait cela : on y voit plus clair
« que le jour. Ces menées continuent encores; et où est
« le politique qu'on en ait puni, ni qu'on parle de punir
« pour tout cela? Où est la recherche qu'on en a faite?
« Ah! messieurs de la justice, vous ne valés trestous
« rien : il vous faut pendre, tous tant que vous estes. »

Le lundi 10 de ce mois, les chambres furent assemblées au parlement, sur l'advis qu'avoient eu ceux de la cour qu'on ostoit le gouvernement de Paris à M. de

---

(1) *La foy victrée* : Allusion à Vitry, qui avoit abandonné la Ligue, et rendu Meaux au Roi.

Belin (¹), et qu'on le donnoit à M. de Brissac. Et pour ce qu'on leur avoit fait entendre que Belin avoit son congé, pour avoir dit qu'il estoit François et non Espagnol, ils deputerent deux de la compagnie pour l'aller trouver, et sçavoir de lui ( pour ce que les bruits estoient differents ) si c'estoit qu'on lui donnast congé, ou s'il le prenoit de lui-mesmes, afin d'aviser aprés ce qu'ils auroient affaire. Ils congneurent par sa response qu'il estoit comme forcé par le legat et les Hespagnols de se retirer. On disoit que M. du Maine, pour le faire sortir, en avoit touché quarante-trois mille escus, moiennant laquelle somme il avoit arresté avec le legat et le duc de Feria, le samedi au precedent 8 de ce mois, que M. de Belin sortiroit, comme mal affectionné au parti; et que, pour contenter ledit de Belin, il lui avoit promis qu'il lui feroit bailler par le legat la somme de quarante mil francs, qui disoit lui estre deus. A quoi ledit Belin s'estoit accordé, ne pouvant faire autrement.

Sur quoi intervinst un arrest de ladite cour, donné en la forme qui s'ensuit :

« Extrait des registres du parlement. La cour, aiant veu le mespris que le duc de Maienne a fait d'elle sur les remonstrances qu'elle lui a faites, a ordonné mettre par escrit autres remonstrances qui lui seroient envoiées par le procureur general du Roy, pour y faire response : laquelle sera inserée aux registres de la cour. Ladite cour, d'un commun accord, a protesté de s'opposer aux mauvais desseins de l'Hespagnol, et de ceux qui le voudroient introduire en France; ordonne que les gar-

---

(¹) *M. de Belin* : Il étoit soupçonné d'avoir des intelligences avec le Roi.

nisons estrangeres sortiront de la ville de Paris, et declare son intention estre d'empescher de tout son pouvoir que le sieur de Belin abandonne ladite ville, ni aucuns bourgeois d'icelle; et plustost sortir tous ensemble avec ledit sieur de Belin. A enjoint au prevost des marchans de faire assemblée de ville pour aviser à ce qui est necessaire, et se joindre à ladite cour pour l'execution dudit arrest; et cessera ladite cour toutes autres affaires, jusques à ce que ledit arrest soit entretenu et executé. »

Le mardi 11 de ce mois, le duc de Maienne envoia Ribaut son tresorier au president Le Maistre, lui faire plainte de ce qu'on lui avoit rapporté qu'il avoit mesdit de lui; et entre autres propos, qu'il avoit dit que ledit duc de Maienne n'avoit point envie de bien faire, et qu'il avoit usurpé une telle auctorité que les rois n'en avoient jamais pris de semblable; et qu'il s'estonnoit comme on lui enduroit: et plusieurs autres choses, desquelles, pour se justifier, il estoit d'avis qu'il vinst trouver le duc de Maienne. A quoi M. Le Maistre respondit qu'il n'estoit point besoing qu'il allast trouver M. de Maienne pour cela; qu'une calomnie n'estoit point sujette à justification; que personne ne l'avoit accusé, pour se defendre. Et toutefois qu'il vouloit bien que M. du Maine sceust (et lui prioit de lui dire) que tels propos estoient faux; qu'il ne les avoit jamais tenus. Trop bien avoit-il dit (et ce tout publiquement) que le bruit estoit partout que M. de Belin avoit son congé, pour avoir dit qu'il ne seroit jamais Hespagnol, et qu'il estoit et seroit tousjours bon François. Au surplus, qu'il ne faloit point tant de circuits ni tant d'allées et venues pour lui donner son congé; et qu'il estoit prest de le prendre quand M. du Maine le lui voudroit donner. Ce qu'estant rapporté à M. du Maine par Ribault, il ne dit autre chose, si non : « Voilà un terrible « homme! »

Ce jour mesme, M. de Brissac le vinst trouver, et lui dit que M. de Belin se demettoit volontairement de son gouvernement, et que M. du Maine l'en avoit honoré, encores qu'il n'eust jamais recherché une telle charge; au contraire, qu'il l'avoit fort prié de l'en excuser, comme la sentant, au temps où on estoit, trop pesante et onereuse pour lui. Enfin qu'il avoit esté comme contraint de l'accepter, mais sous le bon plaisir de la cour; et non autrement : n'i voulant entrer contre le gré d'une telle compagnie, qu'il honoreroit tousjours, et à laquelle il feroit service. Que la cour savoit d'où il estoit, et de quel lieu; et ne sçavoit pourquoi ils l'avoient si mal agreable, comme on lui avoit rapporté; et sur quoi ils fondoient leurs difficultés. Auquel M. le president Le Maistre respondit qu'il n'i avoit pas un de la compagnie qui ignorast son lieu et sa qualité, et que chacun le reconnoissoit pour seingneur de merite et d'honneur, et jamais n'avoit revoqué en doute sa preudhommie et bonne volonté : mais que M. de Belin estoit un bon gouverneur qui les avoit bien gouvernés, et que la cour n'avoit envie de le changer ni de le perdre. Quant aux difficultés, que c'estoit affaire à la cour à l'en resouldre, et non à lui, qui estoit un particulier; que la cour s'assembleroit pour cest effet, et qu'elle n'ordonneroit rien qui ne fust bon et de justice.

Le mecredi 12 de ce mois, les chambres furent assemblées au parlement, où M. du Maine vinst sur les dix heures, et ne les tinst gueres. Il leur dit sommairement qu'il leur estoit venu demander justice de tout plain de faux rapports qu'on leur avoit fait; à sçavoir, qu'il en vouloit chasser tout plain d'entre eux, avec un bon nombre des meilleurs bourgeois de la ville : qu'il n'i avoit jamais pensé, et qu'ils s'asseurassent qu'il ne feroit jamais rien à leur prejudice, ni contre le devoir d'un homme de sa qualité, et du renc qu'il tenoit; qu'il honoreroit tousjours la compagnie, et se gouverneroit par leur bon advis et conseil : mais aussi qu'il les prioit lui faire cest honneur de le tenir adverti de leurs bonnes deliberations, et ne les lui point tenir cachées, afin d'aviser plus commodement tous ensemble à ce qui seroit du bien publiq et repos du peuple. Quant au fait de M. de Belin, que ce n'estoit lui qui lui avoit donné son congé : mais que lui-mesme l'avoit pris, et qu'il l'en avoit prié, et qu'il ne le pouvoit pas retenir par force.

Estant sorti, la cour en delibera jusques à une heure aprés midi, où il fust arresté d'une commune voix que M. du Maine seroit supplié de ne permettre que M. de Belin sortist; ou s'il sortoit, qu'il emmenast avec lui la garnison estrangere, pour ce que sans cela la cour ne se trouvoit asseurée à Paris; aussi bien que tous ces congés n'estoient donnés que par le legat, et les ministres et pensionnaires d'Espagne : de quoi la cour estoit bien advertie. Fust deputé le president de Hacqueville pour en porter la parole au duc de Maienne, qui fist response que quant à Belin, la pierre en estoit jettée : qu'il faloit qu'il sortist, qu'il en estoit engagé de parole; aussi bien qu'il s'en vouloit aller, et que lui mesmes s'estoit donné son congé. Quant à la garnison estrangere, qu'elle lui estoit necessaire, et au publiq et à eux tous.

Et sur ce que ledit president s'estoit chargé de la part de la cour de lui remonstrer la misere du peuple, et vouloir pourvoir au repos publiq, il lui dit qu'il y veilloit, et n'avoit rien tant en recommandation que le soulagement et seureté d'icelui; qu'il avoit mesmes solicité le roy de Navarre de la treufve, lequel lui auroit offert des conditions si iniques, qu'elles estoient indignes d'un homme qui portoit l'espée comme lui. Aujourd'hui qu'on estoit à la guerre, qu'il faloit regarder à la faire.

Ce jour, Pericart (1) vinst trouver M. le president Le Maistre en son logis à six heures du matin, et le mena dans son coche parler au duc de Maienne, avec lequel il fust en son cabinet enfermé une bonne heure et plus. Entre autres propos il lui dit qu'il n'avoit jamais pensé à estre Hespagnol; lui en jura une sangdieu et une foy de prince qu'il ne le seroit jamais, le priant lui faire cest honneur de l'en croire. Lui monstra les articles de la treufve que le roy de Navarre lui avoit envoiés, et comme il vouloit estre recongneu avant que le Pape en eust decidé: ce qu'il ne permettroit jamais tant qu'il auroit une espée à son costé, pour ce qu'il y alloit de la religion, pour la manutention de laquelle il s'estoit armé, et y vouloit mourir. Bien le vouloit-il asseurer de son consentement à le recevoir quant le Pape l'auroit reçu; et qu'aussitost il baisseroit la teste comme son subjet, et le reconnoistroit pour son roy. Quant à

(1) *Pericart* : Il avoit été secrétaire du duc de Guise, et étoit un des quatre secrétaires d'Etat de la Ligue.

la paix, que pour toute recompense il lui offroit le gouvernement de la duché de Bourgogne; encores ne lui en bailloit-il autre chose pour asseurance qu'une promesse verbale; et qu'il lui laissoit à juger si telles conditions estoient recevables à un prince de sa qualité.

M. Le Maistre voiant qu'il insistoit fort pour son particulier (car il s'estendit fort au long sur ce propos), lui respondit en ces termes : « Monsieur, je ne « suis point ici pour le particulier de personne : j'y « suis pour le publiq. Quand je ne soustiendrai plus « la charge que j'ai, que je sens aussi bien trop pesante « pour moi, j'exposerai tousjours ma vie en particulier « contre quiconque vous voudra offenser. Mais estant « aujourd'hui ce que je suis et ce que m'avez fait estre, « je suis obligé de vous representer la necessité du pu- « bliq, qui est trés grande; et vous prier d'en avoir « pitié. Faites pour lui, monseingneur, comme il est « bien en vostre puissance; et l'obligés tant que mectant « pour ung temps en arriere vostre particulier, vous « entendiés à ce qui est de sa conservation, sans vous « arrester aux propositions et conseils de ceux qui, ne « se soucians gueres ni de l'un ni de l'autre, veulent « establir les affaires de leur maistre et non les vostres, « et les cimenter du sang du pauvre peuple. Outre ce « que vous ferés en cela le devoir de vostre charge, et « d'un grand prince tel que vous estes, vous acquer- « rés la benediction du peuple, et par mesme moien « attirerés sur vous et sur ceux de vostre maison celle « de Dieu, et si ruinerés ceux qui pretendent s'esta- « blir ici pour vous ruiner. Ce que M. du Maine fist « contenance d'avoir reçu de bonne part; le remercia fort, lui disant et asseurant qu'il y penseroit : si que le president Le Maistre s'en revinst à la cour à huit heures, fort joyeux et contant.

Le vendredi 14 de ce mois, à cinq heures du soir, une grande compagnie de bourgeois de Paris allerent sur Langlois, prevost des marchans (1); et estoit Le Vayer, referendaire en la chancelerie, qui portoit la parole. Lui remonstra la calamité du peuple, avec charge de lui dire qu'ils avoient presenté une requeste à la cour, pour avoir permission de s'assembler à la salle Saint-Lois, ou à l'hostel de ville, ou bien en tel autre lieu qu'on trouveroit bon, afin de pourvoir à la necessité du pauvre peuple, qui n'en pouvoit du tout plus. Le prevost des marchans leur respondit qu'il ne doutoit point que leur requeste ne fust plaine d'equité et de justice : mais qu'il lui sembloit qu'ils la lui devoient communiquer, et qu'il eust grandement desiré de la voir. A quoi fust respondu qu'ils lui en avoient desja parlé : mais qu'il les avoit tousjours renvoiés, et respondu qu'il ne faloit tant precipiter les choses, encores qu'il y eust six ans qu'ils endurassent; et que de se plaindre au bout de six ans, il n'i avoit point de precipitation. Supplioient M. le prevost des marchans de leur tenir la main, et les assister en leur necessité. Il y en eust un de la compagnie qui dit que le peuple souffroit beaucoup, et trop; mais qu'on se moquoit de lui. Pourtant estoient-ils resolus de s'unir et s'assembler, pour signer de leur sang la requeste qu'ils avoient signée de leurs seings.

Le prevost des marchans, tout estonné, s'en alla

---

(1) *Langlois, prevost des marchans* : Il n'étoit alors qu'échevin ; il ne fut prevôt des marchands que le 16 août suivant.

sur le president Le Maistre, où il sceust que la requeste n'avoit point esté presentée (comme la verité estoit telle, aiant tenu exprés ce langage, de peur que le prevost ne la communiquast au duc de Maienne) : lequel dit prevost fust trouver à sept heures du soir, et lui donna à entendre comme tout s'estoit passé, le priant d'y pourvoir, et y donner ordre plus tost que plus tard, pour ce que le peuple remuoit fort, et qu'il y avoit danger d'une mutinerie et dangereux soulevement. Auquel M. du Maine respondant lui demanda que c'est qu'ils vouloient de lui, et ce qu'ils lui demandoient ; de quoi ils se plaingnoient, et quel subjet il leur avoit donné de se plaindre et lui en vouloir tant. Auquel le prevost respondit qu'ils avoient ceste ferme opinion qu'on les vouloit trestous faire Hespagnols, et que tous ses desseins ne tendoient qu'à cela. Alors M. du Maine serrant le bras audit prevost, lui dit : « M. le pre-
« vost, je sçai que vous estes homme de bien, et mon
« serviteur. Je vous prie, de tant que m'aimés, d'en-
« tretenir ce peuple et le manier doucement, attendant
« que j'aie donné ordre à tout, qui sera le plus promp-
« tement que je pourrai : et par le sang Dieu je vous
« le dis et vous le jure, et vous prie d'en assurer ce
« peuple, que je ne suis et ne serai jamais Hespagnol,
« mais bon François. Ce que je leur ferai paroistre de
« brief, moyennant qu'ils me laissent gouverner les af-
« faires. Je n'i gasterai rien : au contraire, j'espere de
« leur en faire bientost ceuillir les fruits. Mais qu'ils
« se gardent bien d'enjamber sur mon auctorité : car
« je la defendrai tousjours, tant que j'aurai une espée
« au costé. »

Le samedi 15, M. de Belin vinst au parlement, où

toutes les chambres estoient assemblées; et là prist congé
de ceste compagnie la larmé à l'œil, qui lui dit adieu
avec apparence de regret : mesme le pria de patienter
deux ou trois jours, et ne s'en vouloir aller qu'ils n'eussent parlé encore une fois à M. du Maine. Mais M. de
Beliu leur dit que la pierre en estoit jettée : qu'il faloit
qu'il sortist; mais en quelque part qu'il fust, qu'il ne
seroit jamais Hespagnol, mais tousjours bon François,
et qu'il leur feroit service à tous, tant en general qu'en
particulier.

Ce jour, les quarteniers de Paris, avec bonne trouppe,
se trouverent de bon matin sur le prevost des marchans (1), auquel ils remonstrerent la necessité du peuple, et du besoin qu'on avoit d'y pourvoir; que depuis
qu'il avoit esté prevost des marchans, on n'avoit veu
que daces et imposts; qu'il n'avoit jamais rien fait
pour le soulagement du peuple, et qu'il n'avoit esté
possible de le faire condescendre à une seule assemblée
pour y pourvoir, combien que cela fust proprement
de sa charge et de son office. Aujourd'hui que la necessité pressoit tellement qu'ils estoient menassés du
peuple, et n'estoient en seureté en leurs maisons, ils
estoient revenus derechef par devers lui, pour leur
assigner jour et lieu où ils se peussent assembler, et à
ce qu'il eust à leur declarer s'il estoit Espagnol ou
François. Auxquels le prevost fist response que M. du
Maine ne trouvoit bonnes ces grandes assemblées, et
qu'il disoit que c'estoient comme especes de petites mu-
tineries au temps où nous estions, et semences de sedition : toutefois, quant à lui, qu'il recongnoissoit assés la

---

(1) *Le prevost des marchans :* Jean L'Huillier, maitre des coniptes.

necessité du peuple, et sa charge de prevost, qui l'astraignoit à y pourvoir. Ce qu'il avoit fait jusques alors, non si bien comme il eust voulu, mais comme la necessité lui avoit peu permettre; qu'il trouvoit bon qu'on s'assemblast par les dixaines, et qu'on y avisast. Sur quoi tous d'une voix repliquerent que c'estoient toutes moqueries; qu'il faloit une assemblée generale : que jamais il n'en avoit esté plus grand besoin; et que si ne la leur vouloit accorder, que la cour y pourvoiroit. Il leur dit là dessus que jamais telles assemblées ne seroient trouvées bonnes de M. du Maine, et que de fait on en alloit faire un cri pour y pourvoir; mais qu'ils patientassent un peu, et que tout se porteroit bien. A quoi ils repliquerent que ce n'estoit à M. du Maine qu'ils se devoient adresser, mais à lui, qui estoit prevost des marchans, auquel, comme pere et protecteur du peuple, ils demandoient justice contre tous ceux qui le voudroient opprimer; et que c'estoit proprement sa charge que celle-là. A quoi ne respondant rien, un nommé Parfait, quartenier, lui dit : « Nous voyons bien que c'est, monsieur; vous
« trouveriez nos assemblées bonnes, si M. du Maine
« les approuvoit : mais vous avez peur de le mescon-
« tenter. — A la verité, dit-il, n'estoit cela, je les trou-
« verois trés-bonnes : car je sais que la necessité vous
« presse; mais... — Or, monsieur, repliqua-il, il ne
« faut point de mais; nous vous attendions là : car
« c'est où est le mal. Vous n'estes pas prevost des mar-
« chans, mais prevost de M. du Maine. — Je ne laisse,
« respondit-il, pour vouloir contenter M. du Maine,
« d'estre ce que je suis, et trés-affectionné à vostre
« conservation; et me semble que vous devez deferer
« autrement à sa qualité. Pour le moins, qu'avec hon-

« neur vous lui donniés à entendre la necessité des
« affaires, vos justes raisons et demandes fondées sur
« la misere toute apparente et necessité du peuple, le
« priant de vous y pourvoir. Ce que je lui represen-
« terai moi-mesmes, m'acquittant en cela du devoir
« de ma charge; et ferai tant que vous obtiendrés ce
« que vous demandés. Quant à moi, messieurs, je ne
« suis point Hespagnol, je vous le declare tout haut,
« et ne le serai jamais; au contraire, celui qui y
« lairrai la vie pour conserver la liberté du François
« contre l'estranger. Pour le regard de M. du Maine,
« je vous puis asseurer qu'il ne l'est point et ne le sera
« jamais : il me l'a dit, et prié de vous le dire; aussi
« que ledit M. du Maine travailloit à une reconcilia-
« tion des Seize avec eux tous. » Auquel là dessus fust
respondu par tous ceux de la compagnie qu'ils estoient
gens d'honneur, non notés et diffamés comme les Seize;
et qu'ils ne vouloient point de reconciliation avec les
meschans.

Ce jour, furent faites defenses, sur peine de la vie,
de s'assembler au Palais et autres lieux publics plus de
six à la fois; enjoint à tous ceux du parti contraire de
vider la ville de Paris dans midi, sur peine de la hart.
Il n'i eust ce jour que deux portes ouvertes : celle de
Saint-Jacques et celle de Saint-Antoine.

Le dimanche 16, le curé de Saint-Germain prescha
à ses paroissiens une armée de trente mil hommes, qu'il
asseuroit estre desja en campagne; et qu'on n'avoit
que faire de treufve ni de paix : aussi n'i avoit-il que
les politiques qui la demandassent. Au reste, qu'on feroit bientost un mariage de la France avec un roy, et
qu'on en verroit à ceste heure là de bien camus.

Le curé de Saint-André prescha ce jour les quatre presidentes de sa paroisse : la presidente Seguier, Le Maistre, Cotton, et Saint-André; dit qu'elles se disoient catholiques, mais qu'il y avoit du venin caché là dessous, et de la mauvaise conscience : car l'une (Seguier), qui a ses enfans de de là, dit puisqu'il est catholique, qu'il le faut recevoir; et en babille tout haut. Sa parente ou alliée (Saint-André) en dit tout autant. L'autre (Le Maistre) jargonne que le Pape a puissance sur la spiritualité des rois, mais non sur la temporalité : lequel jargon elle a appris de son mary.

La quatriesme dit qu'il n'avoit point esté relaps [1], pour ce que ce qu'il avoit fait à la Saint-Berthelemi avoit esté par contrainte. « Ah! malheureuse que vous « estes trestoutes, dist-il, je voudrois estre aussi certain « d'aller en paradis comme je suis asseuré que vostre « Bearnois est heretique. »

Le lundi 17 de ce mois, M. de Belin, par commandement du duc de Maienne, monté en housse, sortist la ville par la porte Saint-Jacques, avec son nepveu de Serillac, seul. Ce qui fust fait exprés, de peur que le peuple, le voiant partir avec train, prist occasion de s'esmouvoir.

Le mardi 18, la cour de parlement assemblée resolut que puis que le duc de Maienne ne trouvoit bonnes les assemblées qui se faisoient pour demander la treufve ou la paix, que la cour suivroit sa volonté, et demeureroit unie avec lui.

Ce jour, M. de Vicq aiant arresté à Saint-Denis un

---

[1] Cotton, qui le dit sur la presidente Seguier : à laquelle le curé fist response qu'il l'estoit; et si fort, qu'il ne valoit plus rien qu'à brusler, ou mettre entre quatre muraillés. (*Note de L'Estoile.*)

laquais qui passoit pour aller à Paris, lui demanda où il alloit. Il lui dit qu'il s'en alloit à Paris. « Tu te trom-
« pes, lui dit M. de Vicq, tu t'en vas droit en Hespa-
« gne : c'en sont ici les frontieres. »

Le mecredi 19, le president de Nulli vinst dire en plaine cour qu'on avoit eu advis certain qu'il y avoit ja sur la frontiere huit mil hommes de pied et quatre mil chevaux. A quoi fust respondu, par un conseiller de la grande chambre, qu'il avoit entendu qu'il n'i avoit pas un cheval : ne sçai s'il y avoit quelque asne.

Ce jour, le cardinal Pellevé aiant rencontré au Louvre le prevost des marchands, en l'attaquant lui dit qu'on ne le voioit point à la messe des Estats, et qu'il y devoit venir. Auquel l'autre respondit qu'il alloit à la messe de sa paroisse. Le cardinal en colere lui repliqua qu'il ne faisoit pas sa charge. Il lui dit qu'il la pensoit faire aussi bien ou mieux qu'il ne faisoit la sienne. Lors le cardinal, transporté de colere, lui demanda s'il le reconnoissoit point pour son archevesque.
« Més que vous aiés fait election, lui dit l'autre, de l'une
« des deux, de Sens ou de Rheims, alors je vous recon-
« noistrai pour tel, et non pas plus tost. — Il vous faut
« deposer, dit le cardinal; aussi bien vous connoist-on
« trop, et chacun sçait le lieu d'où vous estes venu. —
« On me connoist bien voirement pour homme de bien,
« respondit le prevost; et pour le regard du lieu, je
« veus bien que vous sachiés que je suis d'aussi bonne
« maison et meilleure que vous n'estes. Quant à me
« deposer, il n'est en vostre puissance, ni d'homme
« qui vive : il n'i a que le peuple qui me l'a baillée qui
« m'en puisse deposer. Au reste, je n'ai que faire de
« vous, et ne vous connôis ni ne respecte que pour la

« couronne que vous avez sur la teste. Je sçai que vous
« avez force eveschés et charges d'ames; mais on ne
« void point que vous en acquictiés de pas une comme
« il faut, ni selon le renc que vous tenés en l'Eglise. »
Et ainsi se departirent, avec tout plain d'autres paroles
dites d'une part et d'autre plaines d'aigreur, qu'on composa le mieux qu'on peust par le moien de Rose, evesque de Senlis, et autres, qui y furent employés pour
composer ce different.

Le vendredi 21 de ce mois, un tavernier nommé
Roques, demeurant prés des Cordeliers, sergent de
bande, aiant esté le jour precedent cruellement fouetté
dans les Cordeliers par un frere de là dedans, nommé
Capreolus, lequel avec ceux de sa compagnie il avoit
surpris en un nic garsaillant; aiant esté contraint, pour
s'evader, de donner audit Roques et à ses compagnons
quelques dalles, vinst en plaine cour faire sa plainte de
l'excés et cruel traictement que lui avoit fait ledit Capreolus et ses compagnons dans les Cordeliers, et de
quelle façon ils l'avoient accoustré, lui aiant serré les
mains avec des cordes, puis foetté du menu jusques à
*vitulos*; et aprés du gros, c'est-à-dire du manche des
verges, si outrageusement qu'il ne pouvoit plus manger; et si peu qui mangeoit, il le rejettoit. Sur laquelle plainte la cour deputa M. Mazurier pour en informer.

Ce Roques avoit esté un des plus desesperés ligueus
de Paris : si qu'on l'appeloit le bras droit du curé de
Saint-Cosme; et n'estoit desligué que par la necessité,
comme beaucoup d'autres, et depuis l'execution du
president de Brissac. Au reste, le bon ami des cordeliers,
ausquels il fournissoit de vin?

Le lundi 24 de ce mois, M. de Brissac fist le serment à la cour de gouverneur de Paris. L'aisné Chauvelin fust son advocat.

Le mardi 25, furent jettés des placcards au logis de M. de Maienne, auquel on en porta ung. Ils estoient imprimés et dressés en forme d'arrest, signés Loson, qui estoit greffier de la cour; contenoient en somme un arresté et ordonnance de faire sortir de Paris le duc de Maienne et tous les Hespagnols.

Le jeudi 27, la treufve fust publiée à Saint-Denis pour toute l'Isle de France, excepté Paris, Beauvais et Soissons; et le lendemain fust publiée à Saint-Ladre, fauxbourg de Paris.

Le samedi 29, on me fist voir l'extraict d'un notable arrest donné peu de temps auparavant, par ceux du parlement de Thoulouze, contre un conseiller de la dite cour, qui n'avoit fait son rapport à la compagnie d'un seditieus predicateur qui en sa presence avoit mesdit de la cour et de la justice. Fut ordonné que le predicateur feroit amande honnorable, la torche au poing, par tous les endroits et quarrefours de la ville; et que le consciller, pour n'avoir fait le deu de sa charge, le conduiroit par la main, la teste nue.

*Supplément tiré de l'édition de* 1719.

En ce mois, et pour commencement de l'année, le duc de Mayenne fit faire à Paris des jettons d'argent, où d'un costé estoit gravé son portrait, tenant l'épée à la main, avec cette inscription : *Carolo Lotharingio clavum regni tenente;* de l'autre, les armoiries de France et de Lorraine, et autour ecrit : *Vacante lilio, dux me regit optimus.* J'en ay vu.

*Supplément tiré de l'édition de 1736.*

Le premier de ce mois, les hostilités ont recommencé aux environs de Paris. La garnison de Saint-Denys a fait une course jusqu'à Charenton; et ont été battues et chassées quelques compagnies de gens de pied de l'Union, qui y étoient logées : dont plusieurs ont été blessez, d'autres se sont sauvez ici, et plusieurs ont été noyez, et la plus grande partie ont été faits prisonniers. Cette action a jetté la consternation dans le cœur des Parisiens, qui se voyent resserrez plus que jamais, et demandent hautement la paix au duc de Mayenne.

Le dimanche 2 janvier, a été faite une procession à Notre-Dame, à laquelle le légat a assisté. Le docteur Pigenat, curé de Saint-Nicolas, a préché, et a dit que le Pape ayant deja trouvé la conversion du Navarrois feinte, simulée, et faite contre les saints canons, ce seroit tomber dans l'apostasie que de le reconnoître; que bien-tôt Dieu envoyera un secours puissant à ceux qui souffrent et qui ont souffert pour la gloire de la religion.

Le lundy 3 de janvier, a été rendue publique une lettre que le sieur de Villeroy a écrite au duc de Mayenne; dans laquelle, après avoir rappelé tout ce qu'il avoit eu l'honneur de lui dire et écrire par le passé, pour l'induire à faire la paix avec Sa Majesté, sans attendre davantage la resolution du Pape sur la conversion du Roy : vû le parti honorable qui lui a été proposé de la part de Sa Majesté, et le mauvais état de ses affaires s'il le refuse, et le peu de secours qu'il doit attendre des Espagnols, qui cherchent la ruine de l'Etat, il le prie d'agréer qu'il accepte la treve qu'il a demandée à Sa Majesté pour la ville de Pontoise.

Le jeudi 6 de janvier, plusieurs d'entre ceux qu'on appelle politiques ont reçû ordre de sortir de la ville. Le sieur Aubray, colonel, ayant reçu un pareil commandement, auparavant de l'executer il a supplié par lettre le duc de Mayenne de vouloir lui en mander les raisons. Le duc de Mayenne craignant que son autorité fût interessée si ledit d'Aubray demeuroit dans la ville, ou qu'il n'arrivât une émotion populaire s'il le faisoit sortir par la force, a pris le parti de lui écrire une lettre fort honnête (1), dans laquelle il le prie de vouloir aller prendre repos pour quelque temps à sa maison de campagne; et que cette retraite ne fera aucun tort à sa reputation. Le sieur Aubray, se voyant contraint si honnêtement, est allé à la maison de ville, où il a fait enregistrer ladite lettre, et puis s'est retiré à sa maison de campagne, appellée Briares-le-Château.

Le vendredy 7, le duc de Feria, du consentement

(1) *Une lettre fort honnête:* Il lui écrivit en ces termes : « Je vous prie de
« croire que je n'ai jamais rien cru de vous que ce que je dois croire d'un
« gentilhomme d'honneur, et qui a autant mérité en cette cause que
« nul autre : un chacun sachant assez le devoir que vous avez rendu
« au siege, et depuis à toutes les occasions qui se sont presentées ; et en
« mon particulier je le connois, et confesserai toujours vous avoir obli-
« gation. C'est pourquoi vous ne devez entrer en opinion que je voulusse
« penser seulement à chose qui vous dût importer à la reputation, ni
« des vôtres : vous conjurant que vous vouliez vous accommoder à la
« priere que je vous fais pour quelque tems pour prendre de repos
« chez vous, n'étant ce que je fais qu'au dessein que j'ai toujours eu
« d'empêcher la ruine du public, en conservant la religion. Cette lettre
« de ma main vous en fera foy, et du désir que j'aurai toujours de
« vous aimer et honorer comme mon pere : n'entendant pour cela
« pourvoir à votre charge, ni faire aucune chose qui vous doive offen-
« ser. Votre plus affectionné et parfait ami, *Charles de Lorraine.* »

du duc de Mayenne, a fait entrer dans Paris quelques compagnies d'Espagnols, Walons et Italiens, avec grande quantité de doublons, pour contenter les pensionnaires et conserver la ville.

Le dimanche 9, avis est venu de Mantes qu'avant-hier fut faite une grande ceremonie dans l'eglise de Notre-Dame de la même ville, à l'occasion de madame Louise de Lorraine, royne douairiere de France, veuve du feu roi Henry III; dans laquelle le sieur de Guesle, procureur general du Roy, a fait une très belle remontrance sur l'assassinat dudit feu Roy.

Sur quoi Sa Majesté a promis à ladite Royne que justice seroit faite de tous ceux qui se trouveroient coupables, attendant un tems opportun pour les ceremonies funebres qui sont dûes à un si grand roy.

Le mercredy 12 de janvier, le duc de Mayenne a mené le duc de Guise au parlement, cuidant par ce moyen détruire les bruits qui courent sur la mésintelligence de ces deux princes (car on dit que le duc de Mayenne a obtenu parole du legat et de dom Diego d'Ibarra que le roy Philippe leur maître donnera l'Infante à son fils). Etant à la chambre, il a notifié à la cour qu'il avoit diminué grandement les impôts, et leur a fait un discours plein d'attachement singulier pour la cour en general, et pour chaque particulier.

Le même jour, ont paru plusieurs copies d'un manifeste fait par le sieur de Vitry, adressé à la noblesse de France, dans lequel il expose au long les causes qui l'ont mû de quitter le parti de la Ligue, pour rentrer en celui du Roy. Entr'autres, qu'ayant porté les armes depuis son bas âge pour le service des rois de France, il n'avoit quitté le Roy à present regnant que parce qu'il n'étoit point catholique; mais après avoir été certain de sa conversion, il avoit plusieurs fois temoigné au duc de Mayenne que la conscience et l'honneur ne lui permettent plus de servir contre lui; qu'il n'étoit point entré au parti de la Ligue par aucun motif d'interest, comme plusieurs autres, ayant toujours fait le service à ses frais et depens, sans avoir encore reçu la plus petite recompense, ni en avoir attendu, etc.

Le vendredy 14 de janvier, le duc de Mayenne, averti que le parlement vouloit publier l'arrêt et les remontrances qui lui avoient été faites hier de la part de cette cour, est allé au Palais, où, après plusieurs complimens et assurances d'amitié qu'il vouloit toujours garder, il les assura que ses intentions n'avoient jamais été de faire aucun traité avec les Espagnols; et que si ledit sieur Belin s'étoit demis de son gouvernement, il en étoit fort marry, pour l'estime qu'il en faisoit. Et a conjuré la cour de ne se mettre davantage en peine, et de ne plus déliberer sur cette affaire.

Après ce discours le duc s'étant retiré, la chambre a continué ses déliberations, où force conseillers ont éclaté grandement en leurs opinions, louant hautement ceux de Meaux et le sieur de Vitry d'avoir, comme bons et vrays serviteurs, reconnu le Roy, puisqu'il étoit catholique: chacun reconnoissant trop bien les pernicieux desseins de ceux qui vouloient envahir et transporter cette couronne. A été déliberé d'un commun consentement que, vû le mépris que le duc de Mayenne a fait des remontrances verbales à lui faites par la cour, seront mises par écrit autres remontrances qui lui seront envoyées par le procureur general du Roy pour y faire reponse, laquelle sera inserée aux registres de la cour.

Sçavoir, que ladite cour proteste s'opposer aux mauvais desseins de l'Espagnol, et de ceux qui vouloient l'introduire en France.

Ordonne que les garnisons espagnoles sortiront de la ville de Paris, et déclare son intention être d'empêcher de tout son pouvoir que le sieur de Belin abandonne ladite ville, ni aucuns bourgeois d'icelle ; et plutôt sortir tous ensemble avec ledit sieur de Belin. Enjoint au prevôt des marchands de faire assemblée de ville pour aviser à ce qui est necessaire, et de se joindre à ladite cour pour l'exécution dudit arrêt ; et cessera ladite cour toutes autres affaires, jusques à ce que ledit arrêt soit exécuté.

Les lettres de Rome portent que le 5 du mois dernier le duc de Nevers avoit eu audience de Sa Sainteté, dans laquelle le Pape a commencé par se plaindre de ce que les prelats françois qui étoient à sa suite ne vouloient aller trouver le cardinal, chef de l'inquisition ; mais puisqu'ils avoient quelque peine d'y aller, il se contenteroit qu'ils allassent par devant le cardinal d'Arragonne, chef de la congrégation de France : ajoutant qu'il trouvoit étrange qu'ils ne voulussent obéir. A quoi le duc de Nevers a dit que lesdits prelats ne pouvoient faire rien d'eux mêmes ; et que pour lui il ne pouvoit permettre qu'ils fissent chose préjudiciable à leur qualité, de crainte qu'il en reçût lui-même le deshonneur. Et connoissant que Sa Sainteté étoit toujours dans la resolution de ne point approuver la conversion du Roy, et croyant que cette audience seroit la derniere ; après l'avoir suppliée par mille prieres et soumissions de vouloir recevoir un roy penitent dans l'Eglise, il lui donna le memorial suivant :

« Très-saint Pere, le duc de Nevers, pour moins ennuyer Votre Sainteté, au lieu d'une audience il la supplie très-humblement, par ce peu de lignes, qu'il plaise à Votre Sainteté donner reponse sur le memorial; à celle fin que ledit duc puisse rapporter au Roy son seigneur la vraye verité, et clairement la volonté de Votre Sainteté. Et pour sa plus grande décharge, il la supplie en toute humilité que ce soit son plaisir de faire donner ladite réponse par écrit; et ledit duc prie Dieu qu'il donne à Votre Sainteté très-longue et très-heureuse vie. »

Après ce peu de paroles, le duc lui a donné son memorial. Sur quoi le Pape lui a dit qu'il verroit ce memorial, et qu'il lui feroit sçavoir sa resolution.

Cette réponse obligea le duc de demeurer à Rome, quoique le tems qu'on lui avoit donné n'eût pas été prolongé. Ce qui lui fut permis tacitement.

Après cette audience coururent divers bruits à Rome: les uns disant que le Pape devoit approuver l'absolution du Roy, les autres le contraire. Il y eut même plusieurs cardinaux qui se plaignirent qu'une telle affaire se traitât avec certains cardinaux seulement.

Ce bruit a obligé le Pape de déclarer son sentiment le lundy 28 decembre, par un long discours qu'il fit dans un consistoire, dans lequel il assura les cardinaux qu'il avoit mandé le pere Poussevin au duc de Nevers, pour lui persuader de ne pas venir à Rome, ne le voulant recevoir pour ambassadeur; qu'il proteste souffrir plutôt le martyre que d'admettre le *Navarre* dans l'Eglise, pour trois raisons; sçavoir, à cause de son impenitence, du scandale et du péril qu'il y auroit à le recevoir, étant encore uni avec les heretiques.

38.

Le mardy 25 de janvier, les magistrats et bourgeois de la ville d'Orleans, à l'imitation de plusieurs autres villes, ont deputé au Roy, avec l'agrément du sieur de La Chastre leur gouverneur, pour obtenir de Sa Majesté une prolongation de treve et surséance d'armes, et la levée des tailles. Ce qu'ayant sçû le cardinal legat, en a écrit fortement audit sieur de La Chastre, et lui apprend, pour le tenir dans le parti, que le Pape n'approuvera jamais l'absolution qui a été donnée au prétendu roy de Navarre.

Par ordre du duc de Mayenne, on a doublé les gardes de la ville, et augmenté les corps de garde sur les remparts.

[FEBVRIER.] Le mecredi 2 de ce mois, feste de la Chandeleur, trois maheustres, qu'on appeloit, entrerent dans l'eglise Saint Supplice, qui est au fauxbourg Saint Germain, pendant le service, aians leurs coustelas nuds au poing : ce qui effraia grandement tout ce pauvre peuple, qui ne sçavoit où se sauver et se cacher. Enfin ils s'en allerent sans prendre aucun prisonnier, disans qu'ils y venoient chercher un homme. Il y en eust un seulement de blessé, auquel ils coupperent trois doigts de la main.

Le dimanche 6, les predicateurs de Paris prescherent tous unanimement le siege levé de devant La Ferté-Milon. En font dire force *Pater* et force *Ave* pour en remercier Dieu. Guarinus, entre les autres, prescha que c'estoit un grand miracle, et des plus extraordinaires, de dire qu'une petite pongnée de gens eussent fait lever le siege en plain minuict à ce maudit Bearnois; l'appela plusieurs fois fils de p....., et dit que sa mere estoit si publique, qu'elle se prestoit à tout le monde; et qu'il y avoit cinquante ou soixante ministres qui y alloient ordinairement les uns aprés les autres. Taxa ceux de la justice, et dit qu'il couroit une declaration de ce meschant, que chacun avoit; et toutefois on n'i donnoit point d'ordre. Mesme que les grands en avoient : qu'il le sçavoit bien; mais qu'il les avisoit de la mettre au feu, s'ils estoient sages.

Le curé de Saint Germain, comme un des plus sages, prescha ce jour qu'on faisoit bruit de tout plain de politiques qui avoient signé une requeste en faveur du Bearnois. Ne sçavoit s'il y en avoit de sa paroisse; mais s'il y en avoit, qu'il les raïeroit du livre de leur baptesme. Apela le Roy l'archiduc de Geneve : qui estoit un procés contre le duc de Nemoux, qui pretend de l'estre.

En ce temps, les deputés de ceux de la religion arrivés à Mantes, presenterent requeste au Roy pour avoir l'edit de janvier; et estoit M. Du Plessis-Mornay qui en portoit la parole. Mais le Roy s'en moquant, les paia tous d'un mot. « Comment, dist il, sommes nous
« pas en febvrier? Ce ne seroit pas l'edit de janvier,
« ce seroit l'edit de febvrier. Je suis d'avis qu'on at-
« tende le mois de janvier qui vient; et lors on vous
« pourvoira. » Et ayant tiré M. Du Plessis à part, lui dit quelques mots à l'aureille.

En ce mesme temps on ramena au Roy ses grands chevaux, pour ce qu'il n'i avoit pas de quoi les nourrir. Le Roy s'adressant à M. d'O, lui demanda d'où cela venoit. « Sire, dit-il, il n'i a point d'argent. — Ma con-
« dition, respondit le Roy, est bien miserable! On me
« fera tantost aller tout nud et à pied. » Puis se retour-

nant vers un sien valet de chambre, lui demanda combien il avoit de chemises? « Une douzaine, sire, dist-il; « encore y en a-il de deschirées. — Et de mouchoirs, « dit le Roy, est-ce pas huit que j'ai? — Il n'i en a pour « ceste heure que cinq, dist il. » Alors M. d'O lui dit qu'il avoit commandé pour six mil escus de toile en Flandre pour lui en faire. « Cela va bien, dit le Roy; « on me veult faire ressembler aux escoliers qui ont « leurs robbes fourrées en leur pays, et cependant « meurent de froid. »

En mesme temps le Roi aiant advisé un gentilhomme à la messe qui tousjours avoit fait profession de la religion, lui demanda s'il l'avoit pas veu au presche, et s'il n'avoit pas tousjours esté de la religion. « Oui, dit-« il, sire. — Comment donc allés-vous aujourd'hui à « la messe? — Pour ce que vous y allés, sire, lui res-« pondit il. — Ah! dit le Roy, j'entends bien que c'est : « vous avés volontiers quelque couronne à gangner. »

Le dimanche 13, le Roy estant encores au lit, receust à Melun les bonnes nouvelles de la reduction de la ville de Lion en son obeissance, par lettres expresses du capitaine Alphonse Corse, qui portoient ces mots : Qu'il eust à remercier Dieu et sa sainte mere de ce qu'il avoit pleu à Dieu, avant que mourir, lui faire la grace de faire un bon service à Sa Majesté, qui estoit la reduction de sa ville de Lion; à laquelle, encores que ses bons serviteurs eussent fort travaillé, toutefois qu'il le pouvoit asseurer qu'il tenoit de Dieu seul ceste victoire. Le Roy les aiant leues, se leva aussitost; et aiant demandé sa robbe de chambre, se prosterna à genoux pour en remercier Dieu; le manda à M. de Vicq et par tout, avec injonction et mandement exprés d'en faire chanter le *Te Deum*, et en faire feux de joie. Ce qu'ils firent dés le lendemain à Saint-Denis; de quoi les ligueus de Paris advertis y chanterent le *Requiem* au lieu du *Te Deum*.

Le mecredi 16, fust emprisonné le frere Capreolus, cordelier, pour l'excés par lui commis en la personne du tavernier Roques. De quoi les predicateurs se formaliserent fort, principalement Guarinus, qui en cria enragement, jusques à vomir mille injures contre la justice. Apella ceux de la cour traistres, meschans et politiques, les menassa, et dit que Paris n'estoit pas Tours, pour y donner de tels arrests. De quoi la cour advertie tansa fort ceux qu'elle y avoit envoiés, de ce qu'ils n'avoient chargé leur registre des injures de Guarinus.

Ce jour, fust executée en la place de Greve à Paris une femme, accusée et convaincue d'estre sorciere.

Le jeudi 17, vinrent nouvelles à Paris de l'execution du greffier Dantham, qui estoit des Seize, et un des principaux complices de la mort du president Brisson; lequel le jour precedent à Melun, aprés avoir esté trainé sur une claye, avoit esté pendu, et son corps reduit en cendre.

Le premier qui en donna l'advis aux Seize fust un nommé Trigallot leur espion, appointé à dix escus par mois et ung septier de bled : courtier, ainsi qu'on disoit, de chair humaine.

Le dimanche 20, on receust les nouvelles à Paris de la reduction d'Orleans, qui fust un renfort de douleurs aux Seize, lesquels toutefois la mort de Dantham effraie plus que la prise de ceste ville. Le duc de Maienne fort estonné s'en fâche, le duc de Feria et le legat encores plus : lesquels vont trouver le dit duc, et l'importunent de mettre quatre cens politiques dehors la ville, dont ils lui bailleront la liste; ou leur accorder une garnison de deux mil Hespagnols, qu'ils paieront. M. du Maine respond que quant à la garnison, il n'en veult avoir que de François, qui soient à sa devotion; et qu'il y en mettra deux mille, s'ils les veulent paier. Quant à chasser les politiques, qu'il y faudra adviser; et s'il se trouve quelques faciendaires dans la ville, qu'il estoit bien raisonnable de l'en purger. Laquelle response ouie fist murmurer fort le legat, le duc de Feria, tous les Espagnols et les Seize, qui disoient assez haut que le duc de Maienne s'entendoit avec l'ennemi; et qu'il le faloit mettre en la Bastille.

Ce qu'estant parvenu jusques à ses aureilles, dit tout haut et proteste que les villes qui se rendoient estoit tout à son desavantage : mais qu'il n'estoit point si petit compagnon qu'il n'eust encores le moien de faire mourir cent mil hommes avant que mourir; qu'il y avoit des politiques qui se resjouissoient d'Orleans : mais qu'il y avoit danger, devant qu'il fust gueres, qu'ils en pleurassent.

Le prevost des marchans dit qu'il falloit attacher à des potences les premiers qu'on sçauroit qui s'en resjouiroient. Madame de Montpensier crie qu'à ceste heure on les sert à desjuner d'une bicoque rendue, à disner d'une ville, et le soir d'une province entière. Madame de Nemoux, sa mere, dit qu'elle n'a que faire d'Orleans : qu'elle ne songe qu'à Lion. M. le legat fait courir le bruit qu'il s'en va à Reims, achete des chevaux ; mais pour ce que c'est la troisiesme fois qu'il en a acheté sans s'en aller, on n'en croid plus rien.

La reduction de la ville d'Orleans fust conclue aux

Halliers, maison appartenante à M. de Victri, prés Orleans, où il se trouva avec messieurs de La Chastre, Givri et Villeroy.

Ce jour de dimanche, Guarinus prescha trois heures et demie; fist une repetition de tout ce qu'il avoit presché depuis la Saint-Remi jusques à ce jour, qui n'estoient que declamations catilinaires contre le Bearnois et les politiques, et ceux de la justice, qui maintenoit estre leur support. Dit qu'on n'en vouloit qu'aux bons catholiques; qu'en allant par les rues, on leur donnoit des atteintes et des broccards qu'ils estoient contraints d'avaler; que l'on ne leur respondoit qu'injures; et sur les justes plaintes qu'ils proposoient, qu'on les menassoit d'un fond de cachot et de prison. Qu'il y avoit quinze jours qu'un politique estoit entré jusques dans sa chambre avec un poingnart pour le tuer; qu'on ne lui en avoit point fait de justice, encores qu'il le l'eust demandée; mais quand il y avoit quelcun des leurs en peine, ou quelque autre bon catholique, que jamais ils n'en pouvoient sortir, et qu'ils estoient traictés aux prisons pirement que les chiens : par où on connoissoit que c'estoit de la justice d'aujourd'hui, et comme ils ne valoient rien, estant la pluspart d'eux politiques, atheistes et bearnistes. Et par tels et semblables propos, faux et controuvés, amusoit le peuple, et l'incitoit à faire une sedition.

Le lundi 21 de ce mois, veuille de quaresme prenant, le duc de Maienne, importuné du duc de Feria, du legat et des Seize, envoia par Choulier, qui estoit des leurs, six billets à six bourgeois de Paris politiques, où pour le moins tenus pour tels : à sçavoir, à Lassus, Becchu, Chocquard, de Rosnel, le commissaire Le Sage, et le commissaire Normant; lesquels dés le lendemain presenterent leur requeste à la cour, pour ne point s'en aller : laquelle ordonna qu'ils ne sortiroient point, et leur en fist faire defenses, et à tous geoliers des prisons de recevoir aucuns prisonniers sans expresse ordonnance de la cour. Là dessus ils font ferme, avec leurs bravades ordinaires de manans. Lassus dit tout haut qu'on le mettra plustost en seize quartiers, qu'il s'en voise (1). Et Rosnel, contre le mandement exprés de M. du Maine, s'en alla à la porte, où il ne fust pas longtemps que ledit sieur de Maienne l'envoia prendre prisonnier avec Lassus : monstrant par là son auctorité par dessus celle de la cour, à laquelle il fist sommairement entendre, par messieurs de Here et Damours, deputés par devers lui, qu'il vouloit estre obei; qu'ils se meslassent seulement de faire la justice, et qu'ils lui laissassent faire les affaires d'Estat; qu'ils avoient entrepris sur son auctorité, en faisant ce qu'ils avoient fait : mais qu'il leur monstreroit qu'il avoit moyen de la defendre, et vouloit bien que la cour sceust, encores qu'il ne fust autrement tenu de leur en rendre compte, qu'il y estoit allé par la plus douce voie, et qu'il y avoit des informations contre ceux qu'il chassoit assez pour les faire pendre; mais qu'il ne vouloit point qu'elles fussent veues.

Ce jour, le commissaire Le Sage, qui avoit eu un billet, fut renvoyé en sa maison par le duc de Mayenne pour huit jours seulement, à la requeste de Nicolas, secretaire du Roy, qui lui remonstra les services que ledit Le Sage lui avoit fait, et ce qu'il avoit souffert pendant le siege; que pour son service il avoit mangé

---

(1) *Qu'il s'en voise :* qu'il s'en aille.

du pain d'avoine, et mangé de la chair de cheval, qu'il avoit trouvé bonne. Au reste qu'il n'avoit pas un liard, et qu'il n'auroit point d'argent s'il ne lui en prestoit; mais qu'il n'en avoit point.

Ce mesme jour, qui estoit le jour de quaresme prenant, les Seize semerent le placcard suivant, qu'ils afficherent par les quarrefours, et en divers endroits de la ville :

*On fait à sçavoir à tous maheustres, politiques, atheistes, roiaux, que ce jourd'hui à deux heures de relevée, attendans trois, au cimetiere Saint-Jean, le prince de Biart tiendra ses assises, habillé en quaresme prenant, comme ses predecesseurs : à ce qu'ils viennent pour lui faire les soubmissions et hommages, comme à leur roy et prince naturel. Ce qu'ils pourront faire sans recherche.*

Les politiques le renvierent le lendemain de la suivante affiche, imprimée en gros canon : *Nouveau livre intitulé La Chandeleuse de Lion, le Quaresme prenant d'Orleans, la Miquaresme de Rouen, et les OEufs de Pasques de Paris.*

Le jeudi 24 de ce mois, Lassus, tapissier, demeurant au bout du pont Saint-Michel à Paris, sortist la ville comme politique. Dit tout haut, en sortant, qu'il lui estoit deu à la ville vingt-sept mil francs; pria qu'on y eust esgard, et qu'on lui satisfist de quelque chose : qu'il estoit bon bourgeois, et l'avoit tousjours esté; qu'on ne le chassoit point pour avoir mal fait, et toutefois qu'on le mettoit dehors comme un maraud.

Cest homme avoit esté des premiers et principaux barricadeus de Paris, qui ne parloit que de chasser tout le monde, comme aussi avoient esté ses compagnons, qu'on chassoit avec lui : entre les autres Choquart, vivant de ses rentes, Dieu merci la Saint Berthelemi, massacreur insigne, et des premiers ligueus de Paris.

Le dimanche 27, qui estoit le dimanche des Brandons, Guarinus prescha que la ville de Lion avoit esté trahie par son faux lion d'archevesque; que dés les Estats de Blois il complottoit ce qu'il avoit executé, et qu'il ne valoit rien ; que La Chastre, comme Victri, estoit une foy chastrée ; dit que si messieurs de la cour n'en faisoient justice, qu'il les tiendroit tous pour traistres et meschans, et fauteurs de l'heretique. Il parla aussi d'un coup du ciel; et qu'il y avoit un ange par pays qui leur apporteroit bonnes nouvelles. On apeloit cela le pont aux asnes des predicateurs de Paris, qui pendant ce karesme, jusques à la reduction, ne firent qu'entretenir le peuple de menteries et balivernes, et l'animer à sedition; mais principalement Guarinus, qui preschoit à Saint-Berthelemi, où j'allois ordinairement, et faisois extraict au sortir de ce que j'avois oui, et de la saine doctrine de ce venerable cordelier.

Ce jour, Commolet prescha fort en politique, et que tout estoit perdu; qu'il n'i avoit pas un brin de religion en nostre fait : que ce n'estoit que toute pure ambition. Lincestre passa outre, et en propos couverts dit qu'il estoit serviteur du Roy. Nouvelet et le petit Benoist prescherent simplement leur evangile.

La nuit de ce dimanche, les Cordelieres Saint Marceau furent pillées.

Le lundi 28 et dernier de ce mois, nostre maistre Guarinus prescha le jugement, où il fist le diable à vingt-quatre; demanda à messieurs de la justice que c'est qu'ils feroient et ce qu'ils deviendroient quand on leur representeroit tant de meschants arrests qu'ils avoient donnés en faveur de l'heretique, qui sentoient leur fagot d'une lieue loin; tant d'injustices, tant de concussions, tant de faussetés, tant d'executions de bons catholiques, desquels ils avoient esté juges et parties, qui continuoient encores aujourd'hui. « Non, non, « messieurs, dit-il, je trencherai le mot, puisque je « suis en la chaise de verité. Il n'a tenu qu'à ces beaux « messieurs de la cour, tant ils sont meschans, que « vous n'aiés eu un roi; sans eux nous en aurions un, « et seriés en repos, pauvre peuple, et nous et tout. Ils « ont fait un grand vacarme ces jours passés, sur ce « qu'on leur avoit rapporté qu'un de nos bons freres, « nommé Capreolus, avoit fouetté un homme; cela est « faux : on n'a point accoustumé de fouetter les bour- « geois en nostre maison, comme les politiques crient. « Cependant on l'a emprisonné, et si cruellement et es- « troictement, que depuis qu'il y est nous n'avons pas « eu le moien de lui faire tenir seulement un pauvre « bouillon, encores que nous en aions prié et reprié le « greffier. Mais il ne nous a esté possible d'en venir « à bout. »

Puis se mettant sur le Bearnois (qui est tousjours le refrain de l'evangile), dit que pendant qu'il estoit à la messe il avoit tousjours prés de lui son archevesque de Bourges, qui croioit en Dieu comme en ses vieux souliers; babilloit tantost à l'un, tantost à l'autre; puis regardoit une p.....; et quant ce venoit à l'elevation, au lieu de regarder Dieu baissoit la vue et se taisoit un petit; puis recommençoit de plus belles à goguenarder et dire mots nouveaux, et souvent se moquer des saints misteres de nostre sainte messe. « Voila, messieurs,

« dit-il, quel est le Bearnois; et toutefois c'est le roy
« que veulent avoir ceux de la cour, et les politiques;
« c'est leur redempteur, leur christ et leur sauveur,
« qu'ils veulent seul adorer et reconnoistre. Au reste,
« messieurs, dit-il, prenés garde à vostre ville, si vous
« voulés : car les politiques y brassent un terrible mes-
« nage, qui ne les previendra. » Que c'estoit grande
pitié de ce que les pauvres predicateurs enduroient,
et principalement les pauvres mendians comme lui,
quand ils alloient par les rues; qu'on leur disoit mille
injures, jusques à les menasser de leur jetter de la fange
au visage. Voila une partie de son evangile de ce jour :
car de celui de Jesuschrist, il estoit trop vieil pour
en parler : comme le dit un ligueus à un autre, qu'il
valoit bien mieux parler du temps que de s'amuser à
prescher une evangile.

Pendant ce mois, il fust grand bruit à Paris d'un
esprit qui revenoit à Saint Innocent, où le monde alloit en procession, depuis qu'il estoit nuit jusqu'à onze
heures du soir. On l'oioit se plaindre en forme d'un
tonnerre grondant quand le ciel est encore clair, devant
que le grand orage vienne. Il appeloit son pere, sa
mere, sa tante; disoit qu'il faloit tuer les politiques,
et ne recevoir le Bearnois. Cest esprit enfin fust trouvé
avec son corps et sa teste, qu'il avoit dans un chau-
dron, en une tombe de Saint Innocent. Et aiant esté
recongneu pour le vallet d'un coustelier, fut emprisonné à petit bruit, à cause du temps, crainte d'emo-
tion et de scandale.

Les Hespagnols en ce mois donnerent force colla-
tions aux belles dames et damoiselles de Paris, et firent
des festins magnifiques.

*Supplément tiré de l'édition de* 1736.

Au commencement de ce mois, le sieur de Villeroy ayant fait son accord, et celui de son fils le sieur d'Alincourt, avec le Roy, pour la ville de Pontoise, est rentré au service de Sa Majesté, qui lui a donné l'employ de secretaire d'Estat, qu'il avoit occupé sous le roy Henry III.

Le dimanche 6 de fevrier, le duc de Mayenne a assisté à la messe des capitaines de quartier, aux Augustins.

Le samedi 12 de fevrier, un honneste bourgeois a reçû la lettre suivante, sur la reduction de Lyon :

« Monsieur, c'est à ce coup que je vous écrirai librement, et nommerai les personnes par leur nom, puisque Dieu m'a fait la grâce de voir le Roi reconnu en cette ville, remise entierement en son obéissance, contre toute esperance humaine. Si ma lettre du present mois vous a été rendue, vous aurez vû que nous étions en terme et à la veille d'être Espagnols et Savoyards, d'autant que le gouvernement de notre ville étoit ès mains de personnes du tout affectionnées à leur parti; et vous dirai en peu de mots ce qui s'est passé, sans repeter le precédent.

« Le roy d'Espagne depuis peu de tems a confirmé plus que jamais ses pratiques et intelligences avec le duc de Mayenne, comme nous avons vû par ses lettres écrites à Madrid le 11 de janvier dernier, à ceux de sa faction en cette ville, par lesquelles il les assuroit d'hommes et d'argent : en exécution de quoi le duc de Terra-Nova, gouverneur de Milan, en même tems leur écrivit, et les assura d'une levée de gens de guerre, et même de douze cens Suisses, par le commandement de son maître, qu'il devoit avec d'autres forces, sous pretexte de secours contre le marquis de Sorlin, frere de M. de Nemours, faire approcher de cette ville, pour après les introduire et' faire glisser parmi nous, avec la faveur de ceux du parti espagnol, et se rendre maître de Lyon.

« Sur ces termes, quelques bons serviteurs du Roy postposans le danger de leurs personnes à la conservation de leur liberté, et au témoignage qu'ils desiroient rendre de leur affection au service du Roy, en une si grande necessité et péril si évident de voir leur ville tomber en la domination et tyrannie de l'etranger; du consentement de quatre echevins, aussi serviteurs du Roy, le cinquieme de ce mois, à huit heures du soir, se resolurent de prendre les armes, pour remettre la ville en l'obéissance de Sa Majesté. Et pour favoriser l'exécution d'une si belle et si glorieuse entreprise, en avertirent M. le colonel Alphonse d'Ornano, de l'amitié et du secours duquel ils avoient toute assurance. A quoi il ne manqua nullement, et se rendit en toute diligence au fauxbourg de la Guillotiere le lundy ensuivant septiéme, avec de fort belles troupes de gens de guerre.

« Ce même jour, entre les quatre heures du matin, M. Jacques, echevin, et l'un des quatre susdits, assisté de messieurs de Liergues et de Seve, suivis de bon nombre de gens armez du quartier du Plastre, donnerent sur un corps de garde de l'Herberie au pied du pont, où étoit et commandoit en personne Thiery, echevin, l'un des plus factieux ; lequel fut forcé avec beaucoup de resistance, et quitta la place aux nôtres, au bruit des arquebusades. L'allarme fut donnée par toute la ville, et les barricades aussitôt faites en la plûpart des quartiers, par ceux qui étoient avertis de ce qui se faisoit.

« Sur cette premiere émotion, chacun en son quartier cria *vive la liberté françoise !* et qu'il falloit se délivrer de toute tyrannie et servitude étrangere. Monsieur notre archevêque, de la maison d'Espinac, voyant une si prompte et si inopinée prise des armes, accompagné des sieurs baron de Lux et de Chasseul ses neveux, après avoir demeuré deux heures avant que de pouvoir passer le pont de la Saone, enfin se rendit en la maison de ville, et remontra en l'assemblée qu'il falloit être neutres, en attendant la résolution du Pape et de M. de Nevers. Cette opinion fut si mal reçûe par ceux qui étoient à ladite assemblée, que, sur un murmure de leur mécontentement, ledit sieur archevêque se retira assez vîte en son logis; et néanmoins pour cela ne fut parlé que sourdement du service du Roy, ni fait autre exécution, sinon qu'on se saisit de l'Arsenal, et qu'on s'assura des personnes des sept autres échevins factieux, et quelques penons ou capitaines, et autres ligueurs. Mais la nuit du lundy au mardy, la vigilance et sollicitation de ceux qui avoient hardiment acheminé cette affaire eut tel pouvoir sur le peuple, que le mardy on commença les uns et les autres à prendre des panaches blancs, et peu de tems après des écharpes blanches; et à dix heures du matin ne se trouvoit plus de tafetas ni de crespe blanc dans la ville, tant fut grande l'affluence de ceux, et jusques aux enfans, qui voulurent porter les marques du Roy. Quelques serviteurs de Sa Majesté en firent largesse; et se perdit le son de nos cloches par la force de la voix du peuple qui crioit *vive le Roi!* chacun s'éclatant à qui mieux mieux, excepté quelque petit reste qui faisoit, ou pour le duc de Mayenne, ou pour le duc de Nemours. Il n'y eut rüe ni carrefour où l'on n'aye fait feu de jóye, et brulé les armes et livrées d'Espagne, de Savoye, de Nemours, et l'effigie de la Ligue, qui fut feinte et peinte en forme de sorciere. En un même instant furent les armes du Roy partout, aux places et barricades.

« Les serviteurs du Roy firent libéralité au peuple, tenans tables ouvertes, et bûvoient à la santé de Sa Majesté. Sur les deux heures après midy, mondit sieur colonel entra dans la ville à pied, botté et éperonné, accompagné des sieurs d'Andelot, de Chevrieres et de Saint-Forgeu, de Botheron, La Liegue, La Baume, de Mures, et plusieurs autres gentilshommes du pays, tous avec l'écharpe blanche. Ledit sieur colonel étant entré, on advisa à ce qui restoit pour la sureté de la ville; et à la requête et cri du peuple, furent demis de leurs charges sept echevins: sçavoir, Amablé Turry, Jean-Baptiste Regnard, Pousson, Bernard, Guillaume Gella, Charles Noyrat de Berny, et Claude Du Rubis, cy-devant conseiller au siege presidial, et procureur de la maison de ville, qu'on peut appeller le flambeau de Lyon, et qui, par son livre imprimé en 1589, et par toutes ses paroles, a tellement blasphemé contre la memoire du feu Roy, et contre Sa Majesté régnante, qu'il ne peut plus vivre au monde qu'à la honte de tous les François. Ce dernier avoit été suspendu de sa charge depuis l'emprisonnement du duc de Nemours.

« Au lieu des sept echevins demis, ont été créez messieurs de Combelande, de Montmartin, Le Thresörier, Henry Pelletier, Laurens Pessalion, et Mormeu. Les capitaines penons suspects ont été ôtez, et le serment de fidelité fait solemnellement au Roy, avec plus de joye, d'allegresse et de contentement qu'on ne sçauroit exprimer. Les factieux et adherans à l'Espagnol ont été depuis mis dehors, qui sont les susdits sept echevins: et avec eux Tourneon, lieutenant criminel; Austrain, lieutenant particulier; Dupré et Dubourg, conseillers au presidial; le baron de Vaux-Platel, Piguiere, Prest, Maleval, Antoine Testu, Mathieu Balbani et tous les siens, et les deux Poggio, lucquois. Quant aux thresoriers Baraillon, Jannete, Dallequi et Resmaud, ils se sauverent en habits deguisez dès-lors l'emprisonnement du duc de Nemours, sçachant que comme étant des principaux instrumens desquels ledit duc de Nemours se servoit pour son entreprise d'assujettir à lui cette grande et ancienne ville, et qui ne peuvent attendre, pour ces méchancetez qu'ils ont commises, qu'une mort ignominieuse. Ces trois insignes traîtres, de pauvres et affamez qu'ils étoient, sont devenus riches par leurs pratiques et voleries.

« Ce qui est de plus remarquable en cette exécution est qu'encore que la vie et les biens de tous les particuliers d'Espagne et des traîtres de la France fût en notre main, et que par droit de la guerre nous pussions venger la mort de plusieurs gens de bien qu'ils avoient fait exécuter injustement par des bourreaux, et la perte de leurs biens par eux pillez : néanmoins nous avons usé de toute douceur, tant en leurs personnes qu'en leurs biens mêmes. On leur a donné seureté en leurs maisons des champs, attendant de les remettre et rappeller quand la ville aura obtenu pardon de Sa Majesté pour eux.

« M. l'archevêque a eu quelque mécontentement de ce changement, et a demandé de sortir : il a été prié de demeurer. Nous attendons de reconnoître et obéir à celui qu'il plaira à Dieu nous donner pour gouverneur, comme feront entendre à Sa Majesté les deputez que dans peu de jours nous lui envoyerons : et cependant nous obéirons aux echevins. Il a été resolu en la maison de ville et juré de n'admettre jamais aux charges publiques nuls Italiens. Toutes choses sont si paisibles, que demain on levera les barricades. Il faut reconnoître en cette conduite et exécution une grace speciale de Dieu, qui nous a miraculeusement delivrez de la servitude jusqu'à la porte de laquelle nous avons donné ; enfin cette grace, que justement au bout de cinq ans le même mois de fevrier et les mêmes barricades, qui nous avoient perdus, nous ont rendu notre liberté. Cependant M. de Nemours demeure prisonnier de Sa Majesté. »

Le même jour 12 de fevrier, on a eu avis de Rome que le duc de Nevers avoit eu audience de Sa Sainteté le deuxiéme jour de cette année, sans rien obtenir; que le dixiéme il avoit pris congé, avant lequel Sa Sainteté avoit fait des presens considerables à monsieur son fils; qu'il étoit parti de Rome le 15 de janvier; et qu'il avoit rencontré sur son chemin le cardinal de Joyeuse et le baron de Seneçay, qui s'en alloient à Rome de la part du duc de Mayenne et du parti de l'Union.

Le mercredy 16 de fevrier, parut une lettre du cardinal legat, adressée aux catholiques; par laquelle il les assure que Sa Sainteté ne veut pas approuver l'absolution donnée au Roy. Cette lettre n'empêche pas que le nombre des politiques et des royalistes n'augmente tous les jours, aussi bien que leur hardiesse à dire qu'il faut le reconnoître pour roy legitime.

Le dimanche 20, on apprit que les sieurs de Chiverny, chancelier, et de Rhodes, étoient à Chartres, où ils faisoient de grands preparatifs pour une ceremonie extraordinaire. Les Espagnols et les ligueurs craignent que ce ne soit pour le sacre et couronnement du Roy.

Le vendredy 25 de fevrier, est venu avis que le Roy s'étant rendu à Chartres le 17 du present mois, avec les princes et grand nombre de seigneurs, pour se faire sacrer dimanche prochain, qu'il y avoit eu une grande contestation entre l'archevêque de Bourges et l'evêque de Chartres, l'un et l'autre cuidant faire la ceremonie : le premier, parce qu'il est archevêque, primat des Gaules, et encore grand aumônier de France, et qu'il a reçû le Roy en l'eglise; le second, parce qu'il est evêque du lieu, et que la jurisdiction lui appartient en propre dans son eglise, et qu'il n'y a que le Pape ou un legat envoyé exprès à qui il dût ceder. Et dit-on qu'il a ajouté qu'il excommunieroit tout autre qui s'ingereroit de faire cette ceremonie; et qu'il a été resolu dans le conseil du Roy que ce seroit l'evêque de Chartres qui sacreroit le Roy; dont l'archevêque de Bourges paroît grandement mécontent.

[MARS.] Le mardi premier de mars, vinrent les nouvelles à Paris du sacre du Roy à Chartres le dimanche au precedent 27 fevrier. Dont dit Guarinus en son sermon, où j'estois, qu'on l'avoit gressé, et qu'il n'estoit non plus roi de France qu'estoit le diable, quand il promettoit à Jesuschrist tous les royaumes qu'il n'avoit que par imagination. Au surplus, qu'il y avoit une conjuration dedans la ville, et que ceux de la cour y connivoient; que les bons catholiques n'avoient desja plus de liberté. « Moi-mesme, dist-il, messieurs, je « n'ose aller voir pas un de mes amis : car sitost que j'y « vois, on dit que c'est pour quelque faccion. Ils m'en-« voieront bien quelque fois une bouteille de vin, et « me manderont qu'ils desireroient en boire avec moi; « mais ils n'osent, tant la condition des bons catholi-« ques, et principalement de ceux de l'Eglise, est mi-« serable à Paris. » Parla aprés de seize ou dix-huit politiques de Beauvais, refugiés à Paris; et que c'estoit une grande honte de dire qu'une telle ville que Paris servist d'azyle et de refuge à ces belistres de politiques.

Appela La Chastre et Victri ces faux vieillards de Susanne; et que le Bearnois, leur sauveur, estoit un pendu, qu'on devoit attacher à une potence. Qu'on lui avoit voulu desja par plusieurs fois imposer silence là dessus; mais qu'il en diroit quatre fois davantage qu'il n'en avoit dit.

Le mecredi 2 de ce mois, les Seize, sous la permission du duc de Maienne, s'assemblerent aux Carmes, où presida nostre maistre Boucher, et y harangua assez modestement et succinctement. Il leur dit qu'il avoit charge de M. de Maienne de les asseurer que sa volonté et resolution estoit de ne faire jamais paix avec l'heretique, et de vivre et mourir avec eux dans le parti de la sainte Union. Senault leur en dit autant. Ils avoient fait courir le bruit qu'ils estoient bien douze cens : mais ils n'estoient que trois cens, ou un peu plus.

La cour aiant eu advis de ceste assemblée, se troubla fort, se souvenant de la prise de la cour, de Brisson, et autres faits d'armes des Seize : qui fust cause que le lendemain M. de Brissac les vinst trouver, avec charge du duc de Maienne de leur dire qu'il avoit permis aux Seize de s'assembler seulement pour ceste fois, pour quelques occasions particulieres bonnes et grandement considerables, qui ne touchoient en rien leur particulier, ni celui de personne de la ville : dont il les asseuroit sur sa vie et sur son honneur. De quoi la cour toutefois ne se pouvoit contenter, disant qu'on permettoit bien à des coquins de s'assembler, et qu'on le defendoit à une cour qui avoit puissance de ce faire. Enfin M. de Brissac leur dit qu'on donneroit ordre qu'ils ne s'assembleroient plus. Et toutefois, ce mesme jour ils s'assemblerent publiquement jusques à cent, au jeu de paume de la Tournelle, où on trouva escrit en grosse lettre avec un charbon : *Ne quis, nisi Cantabrus aut genere Loyola, huc adito, secus flammis ustulandus, aut toxico necandus, jubetor.*

Le dimanche 6 de ce mois, le duc de Maienne sortist de Paris à cinq heures du matin. Devant que de partir, il recommanda la ville aux capitaines et colonnels, et au prevost des marchans; et leur dit qu'il s'en alloit pour communiquer avec ceux de sa maison, et faire quelque chose pour le repos du peuple, duquel il avoit pitié. Il ne prist point congé de la cour, et ne parla à eux ni en general ni en particulier. A M. de Marines, nepveu de M. de Belin, il lui dist qu'il se retirast : qu'il feroit bien ; et qu'il ne le retrouvast pas hardiment à Paris.

De ceste sienne sortie la ville fust mal contente et

en rumeur, et principalement les Seize, qui en prirent l'alarme : si que le curé de Saint-Cosme, avec Josset et autres semblables garnemens, arma; firent porter des armes aux Cordeliers ; et marchoit ledit curé par Paris avec sa troupe, armé jusques aux dents, aiant baptisé ce jour, tout armé qu'il estoit, un enfant dans son eglise Saint-Cosme. Quelque temps au paravant il avoit celebré la messe avec une cuirasse : pour laquelle cause nous lisons dans l'histoire de Florence que Francisque Salviati, archevesque de Pise, l'aiant celebrée de ceste façon, fust pris et pendu avec son propre habit audit Florence. Mais ce bon curé, tout au contraire, au lieu d'estre pendu pendoit les autres. Quant aux predicateurs, encores qu'ils fussent mal contens de ceste sortie, toutefois ils n'en dirent mot; mais en termes generaux crierent plus fort que devant; que tout estoit perdu, et que de secours du costé des hommes il n'en falloit plus attendre; animerent fort le peuple à se desfaire des politiques. Guarinus arma tous les moines, et les anima à prendre le corselet et la pique pour la cause de Dieu; cria comme de coustume contre ceux de la justice, et dit que tout n'en valoit rien ; et que si on ne mettoit bientost la main aux cousteaus, que les politiques nous esgorgeroient; mais qu'il fourniroit encores de deux mil moines dedans Paris contre eux, qui tireroient l'espée et arriveroient pour ceste querelle. Et que de cela il s'en faisoit fort.

Le curé de Saint-André le seconda fort bien, et anima comme lui le peuple à sedition; appela M. de La Chastre traistre, meschant, politique et atheiste, engressé de la Ligue, et fait par elle mareschal, « lui qui « n'estoit rien devant, dist-il, qu'un pauvre garson, et

« bien petit compagnon : » le fist descendre d'Esau, qu'il prescha estre le grand pere des politiques.

Ce jour, l'apotiquaire de Saint-Antoine des Champs aiant esté pris de bonne guerre par ceux de Saint-Denis, fust renvoyé de M. de Vicq à Paris avec une trompette, sur l'asseurance qu'il lui donna qu'il n'estoit et ne seroit jamais Hespagnol. Enchargea au trompette de dire de sa part à la porte, à ceux qui y commandoient, que son intention n'estoit plus de faire la guerre aux bons François catholiques, mais seulement aux Hespagnols. A quoi la pluspart de ceux de la porte respondirent, et entre autres un nommé Phelippes qui y commandoit, qu'ils n'estoient point Hespagnols, mais bons catholiques françois, et ne seroient jamais autres ; qu'ils se recommandoient à M. de Vicq, et le remercioient. La verité toutefois estoit que ce prisonnier, auquel on avoit donné les champs, estoit archiligueur et seize, et Hespagnol ; mais il ne fust sceu qu'aprés que M. de Vicq l'eust laissé aller.

Le lundi 7 de ce mois, Guarinus prescha le pecché contre le Saint-Esprit, qui dit estre proprement celui du Bearnois et des politiques; qu'ils estoient tous damnés infailliblement, et qu'il n'i avoit remission aucune ni pour lui ni pour eux; que c'estoit une chose monstrueuse qu'un politique; qu'il ne faloit avoir communication aucune avec eux, non pas seulement les regarder, pour ce que ce n'estoit qu'abomination ; qu'on se donnast garde hardiment de leur faccion : car un des leurs, de robbe longue, avoit dit ces jours passés que les Seize n'en estoient là où ils pensoient ; et qu'avant peu de temps qu'on verroit beau mesnage : qu'ils prissent garde aux portes.

Le curé de Saint-Germain, qu'on apeloit Toni, dit à Saint-Germain le Vieil, où il preschoit, que les politiques avoient fait courir le bruit que le cardinal Pelvé estoit mort; mais qu'ils avoient menti, et que devant que mourir il se promettoit bien de sacrer un roy catholique. De quoi il faloit que tous les bons catholiques priassent Dieu.

Le mardi 8, Guarinus en son sermon dit qu'on laissast abbayer ces chiens de politiques, et que pour cela on ne se desunist point : qu'il s'en faloit bien garder; qu'il sçavoit bien qu'on parloit entre eux de faire un patriarche, qui estoit cest atheiste de Bourges. Mais quand le Pape vouldroit absouldre le Bearnois, il ne pourroit, d'autant qu'il se declareroit heretique lui-mesme.

Nouvelet, preschant à Saint-Sevrin, dit que la coustume des rois aprés leur sacre estoit d'envoier des ambassadeurs vers la Sainteté; et pourtant qu'on eust patience : qu'il ne vouloit pas dire que le sacre du roy de Navarre fust bon; qu'il y pouvoit avoir manqué quelques cerimonies; aussi n'en entroit-il pas jusques là : mais quoi que c'en fust, qu'il avoit esté sacré comme roy; et que si Dieu leur vouloit donner, qu'il faudroit qu'ils l'eussent. Pour cest effet, qu'il en falloit attendre la sentence du souverain en l'Eglise, qui estoit nostre saint pere le Pape; que pour un procés des affaires du monde, qui estoit de neant, la cour renvoyoit bien souvent un procés de trente et quarante ans, duquel on estoit quasi aussi long-temps à en attendre le jugement : à plus forte raison de cestuici, qui touchoit les ames, et le salut et repos de tant de peuples. Que c'estoit une grande honte, en un saint temps de caresme comme nous estions, d'estre ainsi miserablement desunis; « en un temps, dist-il, que toutes par-« tialités et haines devoient cesser. » Brief, exhorta le peuple à reconciliation et concorde : chose belle et digne d'un predicateur, mais rare.

Le mecredi 9, toutes les portes de la ville, horsmis celles de Saint-Antoine et Saint-Jacques, furent, à la requeste des Seize, terrassées, gabionnées et condamnées. On bailla les clefs de celle de Saint-Antoine au moine dit Devaux, archiligueur; et de celle de Saint-Jacques à Pichonnat, l'ame des Seize.

Le jeudi 10, le Roy arriva à Saint-Denis. Les curés de Saint-Cosme et de Saint-Jacques firent tout aussitost porter des armes par crochetées en leurs maisons, donnans à entendre que ce n'estoit en intention de nuire à personne: mais que c'estoit pour leur seureté; et que les politiques vouloient mettre le Bearnois dans la ville. Guarinus leur trompette cria à plaine teste en son sermon *aux armes!* et qu'on commençast : autrement qu'ils estoient tous perdus; que les politiques les alloient esgorger. Avoua les armes portées aux Cordeliers, et dit que c'estoit pour armer les bons catholiques; cria contre ceux de la justice, et dit qu'ils ne valoient tous rien qu'à jetter en la riviere. Puis se ruant sur le Bearnois, en dit tous les maux du monde: entre autres choses, qu'estant en Beart il avoit couché avec deux sœurs, à chacune desquelles il avoit fait un enfant.

Cette nuit, M. de Brissac coucha à Sainte-Genevieve, sur quelque avis qu'on lui donna d'une entreprise sur la porte Saint-Marceau.

Le vendredi 11 de ce mois, la cour de parlement

assemblée, où se trouva M. de Brissac, avec messieurs les eschevins et le prevost des marchans, fist grande plainte, tant des sanglantes et seditieuses predications de Guarinus, que de l'insolence des Seize, et de leurs armes et remuemens : s'estans vantés tout haut d'exterminer tous ceux qui avoient donné l'arrest. Que la maison du curé de Saint-Cosme et les Cordeliers estoient plains d'armes; qu'il falloit ou qu'ils quittassent la place à ces gens là, ou qu'ils fussent reprimés, et qu'on y donnast promtement ordre.

Anroux, conseiller en la grand chambre, fist sa plainte de ce que deux ou trois jours auparavant deux Hespagnols estoient entrés en sa maison en plain midi pour le voler, lui demandans de l'argent, avec menasses et propos outrageus.

Sur quoi la cour ordonna que le legat seroit interpellé de faire prescher autrement Guarinus, ou lui donner congé; et au surplus qu'il seroit fait defenses aux Seize, sur peine de la vie, de s'assembler; que les maisons où ils s'assembleroient seroient rasées, et que l'edit de l'abolition du 16 novembre 1591, fait par le duc de Maienne, seroit renouvelé.

Le lendemain, qui estoit le samedi 12, l'arrest en fust donné, où il y eust debat entre le gouverneur et ceux de la cour : le gouverneur voulant que les defenses de s'assembler se fissent en son nom, et leur monstrant le mandement qu'il en avoit eu de M. de Maienne, duquel il pretendoit s'aider. Auquel la cour respondit qu'il les devoit donc faire publier de son auctorité, et ne donner pas la peine à la cour de s'assembler pour y donner ordre; et que puisqu'elle en estoit saisie, il faloit que l'arrest et les defenses fussent en son nom. Ce qui passa enfin selon l'ordonnance et volonté de la cour.

En ceste assemblée, le president de Nulli, attaqué par M. Damours sur ce qu'il avoit dit tout haut qu'il faloit jetter en la riviere tous ceux qui parleroient de la paix, se leva furieusement en grand colere, et dit qu'il voiioit bien qu'il ne faloit plus venir au Palais, et qu'il estoit temps d'endosser le corselet. De fait, il n'i vinst point ceste aprés disnée, et en perdist deux bons escus d'un procés de commissaire. Mais le lundi s'estant ravisé, il y retourna.

La nuict de ce jour, un chandelier demeurant vis à vis des Jacobins, qui avoit esté enseingne de Crucé, et estoit grand ligueur et des Seize, comme il faisoit la garde sur les remparts de la porte Saint-Michel, tumba du haut en bas, s'escrasa la teste; et avec son corps de cuirasse, qui lui aida bien, se creva le cœur au ventre : si qu'il tumba tout roide mort. Sa femme le pleurant et se tourmentant, disoit le lendemain tout haut que deux dalles (1) que les Espagnols donnoient à son mari toutes les semaines lui coustoient bien cher. A laquelle un des Seize qui passoit respondit qu'elle avoit menti, et qu'on ne donnoit point de dalles aux bons catholiques. Ceste femme outrée lui repliqua que c'estoit lui mesmes qui avoit menti; qu'elle eust voulu qu'eux, les Hespagnols et toutes leurs dalles eussent esté au fond de la riviere; et que sans eux son pauvre mari eust esté encores en vie. Il y en avoit bien quatre mil de ces gens là à Paris, et en chaque quartier de la ville, qu'on apeloit minotiers, auxquels on donnoit un minot de bled et une dalle de quarante-cinq sols toutes

(1) *Deux dalles* : deux écus.

les semaines. Ce qui leur estoit baillé par les agens de l'Espagnol qui estoient ici, suivant un rolle particulier : tellement qu'en chaque rue ils avoient des gens qui tenoient resolument et opiniastrement leur parti.

Ce jour, Guarinus corrigeant un peu ses plaidoiers à la requeste du legat, touchant ceux de la justice, maintinst de faux ce qui estoit tres vrai, et qui se pouvoit tesmoingner par tous ceux qui assistoient à ses sermons; tellement que mettant un peu la justice à part, il se desgorgea contre le Bearnois, duquel il dit pis qu'il n'avoit jamais fait, le chargeant d'injures, comme il eust fait le plus meschant garnement et vil faquin de la terre.

Le lendemain, qui estoit le dimanche 13 de ce mois, où il se fist procession, il dist encore pis ; prescha que celui qui avoit tué le feu Roy, qui estoit un vrai tiran, devoit estre annobli avec toute sa race; qu'il avoit fait un acte plus genereux que Judith, qui tua Holoferne ; qu'il faloit necessairement se desfaire de cestuici ; qu'il estoit permis de ce faire, « et que c'estoit un œuvre trés « saint, heroïque et louable. » Demanda s'il se trouveroit point quelque homme qui le voulust entreprendre; que de lui, il pourroit bien asseurer cestui-là, quel qu'il fust, d'aller en paradis, et tenir le lieu le plus proche de Dieu en sa gloire. Brief, ce sermon, où j'estois, ne fust qu'une continuelle exhortation de tuer le Roy, avec grandes promesses de recompense en ceste vie et en l'autre, à quiconques le vouldroit entreprendre.

Ce dimanche pendant la procession, on trouva semé en divers endroits de la ville le billet suivant :

« Mes amis et bons François, vous savez que la

traison des seize bourreaux avec ceste race maudite d'Hespagnols est descouverte. De ma part, je dirai ce que j'ai descouvert en mon quartier. Le traistre Sainction, avec son records Du Fresnoi, ont fait porter des armes au logis de dom Diego, pour armer six vingts hommes de leur faccion pour le jour d'aujourd'hui, pendant la procession; mais estant descouverts, ils ont remis la partie à jeudi, par l'avis du legat et des heretiques Hespagnols. Mais, par la grace de Dieu, nous y avons donné ordre, par le moyen que nous en a donné monsieur nostre gouverneur, auquel j'ai asseuré d'avoir pour le moins quatre mil hommes bons et bien armés en mon quartier; avec telle devotion que j'espere que nous nous delivrerons de la tirannie de ces Mores hespagnols; et garderai bien que la moustache blonde ne bravera pas tousjours depuis son logis jusques à celui de son bon maistre dom Diego. Nous avons l'asseurance des autres quartiers qui n'ont pas moindre bonne affection. »

Ce jour, les Seize s'assemblerent au moulin prés la porte Neufve; mais estant descouverts, s'escarterent, et se rassemblerent aux Jesuistes.

Le lundi 14 de ce mois, les defenses de s'assembler sur peine de la vie furent publiées, de par la cour, à son de trompe, par tous les endroits et quarrefours de Paris, avec inhibitions trés expresses de ne parler au desadvantage de la sainte Union. M. de Brissac, pour ne point tant esfaroucher les Seize, auxquels ses defenses s'adressoient, supplia la cour de trouver bon qu'on y adjoustast que sous les mesmes peines on defendoit de parler aucunement de paix, ni à l'avantage du roy de Navarre. Mais ceux de la cour lui respondirent qu'ils n'avoient point accoustumé de mettre cela en leurs arrests.

Ce jour, le Roy chassa tout le long du jour jusques auprés des portes de Paris. M. de Brissac, sur les trois heures aprés midi, sortist pour parler à M. de Saint-Luc son beau-frere, pour ses affaires particulieres, comme il disoit, qui lui importoient presque de tout son bien, comme il leur donna à entendre. De quoi toutefois les Seize prirent l'alarme : car il y fust depuis trois heures jusques à sept. Tellement que la pluspart des mutins, estonnés et effraiés d'un si long sejour, estans sur les rempars, et voyans la cavalerie de l'ennemi approcher prés, leur crierent qu'ils se retirassent : autrement qu'ils les tireroient. Mais les autres se moquans d'eux, et les appelans badaux et canailles, leur respondirent qu'au cas qu'ils fissent les fols, qu'ils tenoient leur gouverneur, et que sa teste leur en respondroit.

Quand M. de Brissac fust revenu, il s'en alla trouver le legat ; et se prosternant à ses pieds, lui demanda humblement l'absolution de la faute qu'il avoit faite d'avoir communiqué avec un heretique, disant que c'estoit à son grand regret ; mais qu'il y avoit esté forcé par la necessité, et par le grand interest qu'il y avoit. Le legat la lui donna, et loua hautement sa devotion et soubmission, laquelle toutefois tendoit bien à autre chose qu'il ne pensoit. Ce traict, ainsi dextrement prattiqué, leva les soubçons et desfiances que les mutins avoient conceu de cest abouchement.

Le legat en ayant fait le recit au duc de Feria, il lui respondit que c'estoit un bon homme que M. de Brissac ; qu'il l'avoit tousjours congneu pour tel ; et qu'il

ne faloit employer que les jesuistes pour lui faire faire tout ce qu'on voudroit. « Mesme, dist-il, pour vous
« monstrer quel grand homme d'affaires c'est, une
« fois que nous tenions le conseil seant, au lieu de
« songer à ce qu'on disoit, il s'amusoit à prendre des
« mouches contre la muraille. »

La verité estoit toutefois que ce bon homme qu'ils apeloient, qui vaut à dire en françois un sot, estoit plus advisé et plus fin qu'eux tous : car il les affina à la fin, et se moqua d'eux.

Ce jour, une pauvre femme, au sortir du sermon de Saint-Sevrin, dit tout haut qu'on devoit tuer tous les politiques jeudi à la procession. Ce qu'entendu par un seize qui se trouva là, l'injuria et l'apela meschante, et dit qu'elle en avoit menti, et qu'on ne faisoit point de processions pour tuer les gens. Ceste pauvre femme repliqua qu'il estoit vrai; mais qu'ils pouvoient bien faire leurs processions tous seuls, et que les gens de bien n'avoient garde de s'y trouver.

Ce bruict couroit fort à Paris : mesme madame de Nemoux en eust advis de bon lieu; et M. de Brissac aussi, qui asseura ceux de la cour qui en avoient pris l'espouvante, qu'ils s'en reposassent sur lui; qu'il estoit le plus fort, et qu'aucun d'eux n'auroit mal.

Ce mesme jour, Boucher prescha qu'il n'estoit pas en la puissance du Pape, non pas de Dieu mesme, d'absoudre le Bearnois. Lincestre et Nouvelet preschérent le contraire.

Ce jour, le Roy estant à Saint-Denis, comme des Cars se fust trouvé à son disner, en entretenant le Roy lui dit qu'un qui estoit de la religion que Sa Majesté avoit tenue l'avoit abjurée, et qu'il alloit à la messe.

« Quelle religion dites-vous que j'ai tenue? lui respon-
« dit le Roy. Je n'ai jamais congneu ni ne congnois
« qu'une religion catholique : je ne suis point juif. »

Le mardi 15, nostre maistre Boucher prescha contre ceux de la cour qui avoient defendu de s'assembler; dit que c'estoient des badins auxquels il falloit bailler des chapperons verts, et y attacher des sonnettes, au lieu des chapperons fourrés qu'ils avoient coustume de porter; cria contre le Bearnois et les politiques, et qu'il s'en falloit saisir; qu'il y en avoit quatre ou cinq à Paris qui y avoient fait plus de mal, depuis quatre jours, que ceux qu'on avoit chassés n'avoient fait en quatre ans.

Ce jour, le duc de Feria envoia prisonnier le capitaine Saint Quentin, capitaine des Walons, sur le rapport qu'on lui avoit fait qu'il ne parloit que de paix; et qu'on se doutoit de quelque intelligence qu'il avoit avec l'ennemi, estant bon François et mauvais Hespagnol.

Ce mesme jour, un carme d'Orleans, auquel l'evesque avoit fait jurer comme aux autres, et prester le serment de fidelité au Roy, meu de repentance comme un bon ligueur qu'il estoit, en vinst demander avec grande et profonde humilité l'absolution au legat, lequel la lui refusa; et le renvoiant rudement, lui respondit en ces mots : *Non dabo; debebatis sufferre martyrium.*

Le mecredi 16 de ce mois, s'esleva un faux bruit à Paris qu'on avoit estranglé le capitaine Saint-Quentin, par commandement du duc de Feria.

Ceste nuict à Paris, il y eust remuement d'armes en beaucoup de quartiers de Paris, principalement en la colonnelle du president de Nulli, où il alloit luimesmes heurter aux portes, menassant de les enfoncer au cas qu'on ne sortist.

Ce jour, fust faite assemblée à la porte Bussi pour proceder à l'election d'un capitaine en chef, au lieu du colonnel d'Aubrai. Maistre Pierre Senault remuoit ce mesnage, disant que ledit d'Aubrai suivoit le parti du Bearnois, et estoit de ses capitaines appointés. Il pretendoit s'y faire nommer, et de fait avoit dix-sept voix. Mais enfin il perdist sa brigue, et fust resolu qu'on ne procederoit à autre election que d'une enseingne, et qu'ils n'avoient autre mandement. Le prevost des marchans en estant adverti, dit qu'on n'en feroit autre chose, et que plus tost on laissast les choses comme elles estoient.

Ce jour, un advocat de la cour, nommé Rosée, grand faciendaire, et qui estoit des Seize, alla trouver M. le gouverneur, auquel il demanda permission de s'assembler, non obstant les defenses de la cour; lui dit que c'estoit pour la manutention de leur religion catholique, laquelle autrement ne se pouvoit conserver. Et sur le refus que lui en fist M. de Brissac, lui disant qu'il ne pouvoit passer par dessus les arrests de messieurs du parlement, pour ce qu'ils y estoient contraires, fust si effronté de lui dire que la pluspart d'eux estoient heretiques, et fauteurs d'heretiques et de l'heretique, comme ils avoient tousjours monstré par leurs arrests; et qu'en les favorisant comme il faisoit, il mettoit en hazard la religion, pour la defense de laquelle ils vouloient tous mourir. Lors M. de Brissac se monstrant fort retenu, lui respondit que ces affaires là passoient son esprit; que la cour n'avoit rien fait qui ne fust bien fait, et qu'on n'en feroit autre chose.

Ce jour, M. Michon, conseiller en la grand chambre, mourut en sa maison à Paris.

Ce mesme jour, M. le prevost des marchans alla voir particulierement en leurs maisons la pluspart de ceux de la cour, pour les asseurer contre les mauvais bruits qui couroient de la procession du lendemain; leur promist et jura qu'il y lairroit la vie, plustost que pas un d'eux eust mal.

Ce jour, une pauvre femme, à la descente de la chasse sainte Genevieve, eust le bras rompu, tant la foule du peuple y estoit grande.

Ce jour, M. le gouverneur, sous le tacit consentement de la cour, fist publier des defenses de ne parler de paix ni aucunement à l'avantage du roi de Navarre, en quelque façon que ce fust.

Ce jour, vinrent les nouvelles à Paris de la mort de M. Drieux, gouverneur de Pierrefons, degradé de noblesse et pendu à Compiegne. Aussi d'ung se disant trompette du duc de Maienne, vrai trompeur, pendu à Saint-Denis, tout botté, à la chandelle, à huit heures du soir.

Le jeudi 17 mars, la procession solennelle de la chasse sainte Genevieve se fist à Paris, où il y eust tel concours et affluence de peuple, qu'il y eust une femme qui mourust dans l'eglise, estouffée de la presse.

Messieurs de la cour en bon nombre y assisterent, aians chacun d'eux un lansquenet à la queue.

Des presidens, il ne s'y trouva que Nulli.

Au demeurant, y eust un fort bon ordre, qui monstra aux Seize que quand ils eussent voulu remuer, qu'ils n'eussent esté les plus forts : car il y avoit pour le moins deux mil bons hommes en armes, desquels il n'y eu avoit pas trois cents qui fussent des Seize.

En ceste procession, un de ceux qui portoit la chasse, nommé Caverri, fust oui prier Dieu tout haut, la benoiste vierge Marie, tous les saints et saintes de paradis, et specialement madame sainte Genevieve, qu'ils lui fissent la grace, avant que mourir, de voir pendre les Seize et faire une bonne paix. Ce que les predicateurs n'oublierent en leurs sermons, et specialement Boucher; qui l'accoustra le lendemain de toutes ses façons, recitant en sa chaize les susdits propos, desquels il dit qu'on informoit.

Ce jour, aprés disner, madame de Montpensier communiqua hors la porte Saint-Antoine, sur le pavé, bien cinq quarts d'heure durant avec M. de Belin: dont les Seize prirent nouvelle allarme, mais sans cause.

Le vendredi 18 de ce mois, Guarinus continuant ses sermons invectifs contre le Bearnois et les politiques, dit qu'à Saint-Denis la boucherie estoit ouverte; que le Bearnois mangeoit tous les jours de la chair tout publiquement; et que les politiques à Paris en eussent volontiers mangé au lieu de pois, s'ils en eussent eu. Dit qu'il avoit appris, d'un qui avoit veu disner à Saint-Denis le jour de devant le Bearnois, qu'il avoit avallé à l'entrée de table six moiaux d'œufs; puis on lui avoit servi d'un quartier de chevreau, dont il avoit trés bien mangé; puis un chapon, qu'il avoit mangé tout entier jusques aux os. Sur quoi un politique, qui estoit à ce beau sermon, dit à un autre qui estoit prés de lui : « Ce meschant Bearnois donc, tout excommunié qu'il « est, se porte bien? »

Ce jour, des Portes Beauvilliers, muni d'un bon passeport du Roi; et tel qu'il avoit voulu, enleva tout ce que le duc de Maienne avoit à Paris, jusques aux petits tableaux et menues hardes. Se loue fort du Roy, et dit à un de ses amis qu'il avoit charge de Sa Majesté de dire au duc de Maienne qu'il se recommandoit à lui, et qu'il lui prioit d'ouvrir les yeux, et ne se faire ensevelir dans les ruines de la France.

Le samedi 19 de ce mois, s'esleva un bruict à Paris qu'on avoit voulu livrer la Bastille à l'ennemi. Les uns l'interpretoient pour le Roy, les autres pour l'Hespagnol. On en prist trois prisonniers à Paris, entre lesquels y avoit un prœbstre.

Le dimanche 20, tous les predicateurs parlerent de l'entreprise de la Bastille, et de la vertu de la chasse de madame de sainte Genevieve, qui avoit exaucé les vœux et prieres des bons catholiques : encores que tous ces faux bruits fussent semés par les principaux, à dessein pour couvrir l'entreprise arrestée entre eux de la reduction de la ville sous l'obeissance du Roy.

Ce jour, maistre Guillaume Rose, evesque de Senlis, commença à prescher à Saint-André des Ars les aprés disnées, disant que pour l'amour de leur bon curé il leur vouloit donner une huictaine, pendant laquelle il feroit et parferoit le procés au Bearnois. De fait, il commença à l'instruire ce jour; mais aprés y avoir vacqué deux aprés disnées, il fust interrompu dés le lendemain matin, et contraint de quitter les pieces et le procés, se trouvant assez empesché à se defendre qu'on ne lui fist le sien, qui estoit desja tout preparé et instruit.

Le lundi 21 mars, nostre maistre Guarinus continuant ses menteries et invectives contre le Roy, aprés avoir desgorgé une milliasse d'injures contre lui, dit que les pauvres femmes catholiques qui estoient à Saint Denis n'osoient plus porter d'Heures ni de chapelets à l'eglise, pour ce que les heretiques et politiques qui estoient là crioient aprés elles, leur reprochans que c'estoient les marques de la Ligue.

Ce soir bien tard, veuille de la reduction de Paris, les Hespagnols et les Seize, advertis d'une intelligence et remuement qui se prattiquoit dans la ville à leur ruine et prejudice, vinrent trouver M. de Brissac pour lui en donner advis, et le prier d'y donner ordre promptement. Ausquels il respondit froidement et sagement qu'il en avoit eu l'advis devant eux : qu'ils l'en laissassent seulement faire, et s'en reposassent sur lui; et que l'ordre y estoit tout donné. Seulement, qu'ils se tinssent cois, afin de ne resveiller ceux desquels on se vouloit saisir; et que dans le matin ils verroient beau mesnage, et les politiques bien estourdis. De laquelle promesse ils virent les effects le lendemain de bon matin; mais tous autres qu'ils n'attendoient. Ainsi se rid ce grand Dieu de la vanité des desseins des hommes et de leurs providences.

A LA VILLE DE PARIS, PEU AVANT SA REDUCTION.

Paris, tu es perdu; ton gouverneur Brissac
Mettera ton navire et au bris et au sac.

A LA MESME, RETOURNÉ APRÈS SA REDUCTION.

Pren courage, Paris; ton gouverneur Brissac
Sauvera ton navire et du bris et du sac.

Ainsi tourne le monde; mais qui craint Dieu et fait sa volonté demeure éternellement.

Crains le donc et te fie en lui, puisque c'est le tout de tout homme.

*Supplément tiré de l'édition de* 1719.

M. de Brissac se servit pourtant de cet avis (1) pour être toute la nuit sous les armes, visitant les portes où il avoit mis des soldats et des corps de garde, avec apparence de grands soins et inquietudes; et eut peine à se delivrer de quelques capitaines espagnols que le duc de Feria luy avoit donnés pour luy faire compagnie dans ses rondes, avec ordre de se jetter sur luy et le tuer, au premier bruit et mouvement qui seroit entendu. Lesquels n'ayant rien veu ny ouy qui confirmast leur soupçon, il les ramena bien las et fatigués à deux heures du matin chez leur duc, et les y laissa.

Les Seize coururent aussy bonne partie de la nuit, et furent en armes au quartier de l'Université, où M. de Brissac les envoya pour se deffaire d'eux, et où ils croyoient le danger plus grand, ayant faux avis que c'étoit par là que l'on devoit remettre la ville au Roy. Ce qui étoit pour les fatiguer d'autant, et les detourner des lieux où ils auroient pû apporter du trouble.

Le même jour, sur les neuf heures du soir, je fus averty, comme aussy furent plusieurs autres bons habitans de cette ville de Paris qui avoient tenu et tenoient le party du Roy et des François, que le lendemain 22 de mars, sur les trois à quatre heures du matin, le Roy, avec ses troupes qui s'approchoient toute la nuit, devoit entrer par une ou deux portes de la ville; et que partant j'eusse à me tenir prest à l'heure

---

(1) *De cet avis*: Les Seize avoient été avertis que les portes de la ville devoient être ouvertes au Roi le 21 mars, à minuit. (Voyez le Journal, page précédente.)

susdite, avec mes armes et echarpe blanche. Ce que je fis à la même heure d'entre trois et quatre, où étant sur le pont Saint-Michel je trouvay quatre ou cinq personnes, lesquels m'ayant decouvert et reconnu, me dirent qu'il étoit encor trop matin, et qu'il se falloit retirer pour demy heure : ce que faisans tous ensemble, rencontrames quelques cinquante hommes armés avec les echarpes blanches, qui demandans le mot leur fut donné, qui étoit *vive le Roy et la paix!* Au même instant vinrent encor quelques autres quarante ou cinquante hommes armés, portans echarpes blanches, qui se joignirent avec nous, et faisions bien ensemble cent ou cent vingt hommes; et nous saisimes des deux bouts du pont Saint-Michel, mettant sentinelles aux avenues des rues, et recevant ceux qui nous arrivoient avec armes et echarpes blanches, en assés grand nombre.

Les Espagnols et Neapolitains avertis envoyerent de toutes parts de leurs gens pour decouvrir; et eux se mirent en armes dans leurs corps de gardes près la porte de Bussy, où ils s'assembloient et couchoient tous il y avoit sept à huit jours. Les hommes qu'ils envoyoient pour decouvrir étoient comme laquais sans armes, lesquels furent par nous retenus, tant ceux qui alloient à leurs corps de gardes que ceux qui en sortoient : en sorte qu'ils n'avoient nulles nouvelles.

Cependant le peuple s'assembloit peu à peu; les uns au pont Saint-Michel, les autres au Petit Pont, et autres aux autres quartiers; et quand il sortoit quelque ligueur de sa maison, on se saisissoit de luy.

Or combien que du commencement il y eut peu d'hommes pour le Roy, neantmoins ils étoient tellement hardis et resolus en leur entreprise, que cette assurance fit peu à peu croistre le nombre et le cœur. Les Italiens et Espagnols, combien qu'ils fussent bien six ou sept cens en leurs corps de gardes près la porte de Bussy, et tous armez : neantmoins, par la permission divine, ils furent saisis de telle crainte que nul d'eux n'osa se hasarder de sortir de leurs corps de gardes, et ne donnerent ni reçurent aucuns ordres de le faire. C'est ainsi qu'alloient les affaires en nos quartiers.

*Supplément tiré de l'édition de 1736.*

Le mercredy 2 du mois de mars, on a appris par plusieurs lettres que le Roy avoit été sacré dimanche dernier 27 fevrier, dans l'eglise de Notre-Dame de Chartres, par Nicolas de Thou, evêque de ladite ville, en presence du prince de Conty, du duc de Montpensier, du duc d'Epinay-Luxembourg, du duc de Raiz, du duc de Ventadour, qui ont tenu la place des pairs laïcs absens; de Philippes Du Bec, evêque de Nantes; Henry Maignan, de Digne; Henry Descoubleau, de Maillezais; Claude de L'Aubespine, d'Orleans; Charles Miron, d'Angers, qui ont tenu la place des pairs ecclesiastiques; et d'un grand nombre de seigneurs et dames de la premiere distinction et noblesse de France.

Cette ceremonie commença par une prédication prononcée par maître René Benoit, curé de Saint-Eustache de Paris, nommé à l'evêché de Troyes, sur la divine institution du sacre et onction du roy de France. La sainte Ampoule fut apportée de l'abbaye de Marmoutier par le frere Mathieu Giron, sacristain de ladite abbaye, monté sur une haquenée blanche, sous un poile de damas blanc à fleurs d'or, soutenu par quatre religieux, et accompagné par quatre barons. Le Roy fut sacré par l'evêque de Chartres, et toutes les ceremonies requises (1) en pareilles occasions y ont été très-magnifiquement et devotement observées : en sorte que plusieurs personnes y ont versé des larmes de joye. Le pere Girard, prieur des Augustins, s'étoit rendu à Chartres pour y recevoir l'aumône portée par les statuts dudit ordre. Messieurs les chevaliers lui donnerent trois-cens écus d'or sol.

Le lendemain, le Roy fut entendre les vespres du Saint-Esprit; et pendant le *Magnificat* chanté par la musique, Sa Majesté reçut le collier de l'ordre du Saint-Esprit par les mains du même evêque qui l'avoit sacré, en presence des officiers, prelats, commandeurs et chevaliers dudit ordre, vêtus de leurs grands manteaux, et ayant leurs grands colliers au col. Après quoi Sa Majesté fit le serment porté par les statuts de l'ordre.

Le vendredy 11 de mars, les principaux des Seize se sont rendus au logis de dom Diego Ibarra, où il a été fait une assemblée à laquelle le sieur de Brissac notre gouverneur a assisté; et dit-on que c'est pour aviser sur la conduite des royalistes, contre plusieurs desquels ils ont demandé des billets pour les faire sortir de Paris.

On a remarqué que, pendant les rejouissances et les allegresses de la my-carême, nombre d'etrangers se sont introduits dans divers quartiers de la ville : ce qui a causé une émotion entre les Seize et les politi-

---

(1) *Toutes les ceremonies requises :* Les cérémonies du sacre et couronnement de Henri IV ont été décrites au long et données au public par Nicolas de Thou, évêque de Chartres.

ques, les uns et les autres s'accusant mutuellement de vouloir détruire le parti contraire.

Le samedy 19 de mars, a été faite en cachette une assemblée à l'Arsenal, à laquelle le comte de Brissac et quelques conseillers de la cour se sont trouvez, sans qu'on sçache ce qui a été avisé.

Le lundy 21 de mars, on reçut deux avis qui émurent diversement les politiques et les Seize. Le premier portoit que le Roy revenant de Senlis avoit passé à Ruel pour aller à Saint-Denys, et qu'on menoit un convoy considérable d'argent à Sa Majesté, qui étoit deja arrivé à Palaiseau. Sur quoi le comte de Brissac fit partir Jacques Ferrarois, capitaine, avec deux compagnies des troupes de la garnison, pour aller enlever ledit convoy lorsqu'il passeroit le bac; et lui donna toutes les instructions pour réussir.

Le second, que la paix étoit accordée entre le Roy et le duc de Mayenne : ce qui afflige grandement les ligueurs et les Espagnols.

FIN DU QUARANTE-SIXIÈME VOLUME.

www.ingramcontent.com/pod-product-compliance
Lightning Source LLC
Chambersburg PA
CBHW071158230426
43668CB00009B/1001